Handbuch der Dritten Welt

Herausgegeben von
Dieter Nohlen
Franz Nuscheler

1

Grundprobleme
Theorien
Strategien

Verlag J. H. W. Dietz Nachf.

ISBN 3 8012 0201 1

1., durchgesehener Nachdruck der 3. Auflage (6.–10. Tsd.) 1993
(1. u. 2. Aufl. im Verlag Hoffmann und Campe erschienen)

In der Raste 2, D-5300 Bonn 1
Umschlaggestaltung Rainer Groothuis, Berlin
unter Verwendung eines Fotos von Rudi Herzog
Gesamtherstellung Ebner Ulm

Printed in Germany 1993

Inhalt

IV. **Bedingungen und Akteure von Entwicklung**

V. **Internationale Ordnungsprobleme**

VI. **Nord-Süd-Beziehungen**

VII. **Anhang**

Vorwort

Die 2. Auflage dieses Handbuchs (HDW II) ist seit mehreren Jahren vergriffen. Mit dem Einführungsband zur 3. Auflage (HDW III) legen wir einen völlig neu konzipierten Sammelband vor, der die entwicklungspolitischen Kernprobleme, die sich im Verlauf der III. Entwicklungsdekade herausgebildet haben, sowie den entwicklungstheoretischen Diskussionsstand zu Beginn der 90er Jahre behandelt. Die drei Einführungsbände spiegeln also die Gewichtsverschiebungen von Entwicklungsproblemen und den entwicklungstheoretischen Paradigmenwechsel während dreier Entwicklungsdekaden wider.

Im vorliegenden Einführungsband (HDW III,1) treten dependenztheoretische Fragestellungen (strukturelle Heterogenität, ungleicher Tausch, autozentrierte Entwicklung, kollektive Self-reliance), die in den 70er Jahren im Mittelpunkt der entwicklungstheoretischen Diskussion gestanden hatten, in den Hintergrund. Statt ihrer rückten neue Problembereiche (Verschuldungskrise, Fluchtbewegungen, Umweltzerstörung und *sustainable development*, Rolle der Frauen und der NGO, soziale und politische Menschenrechte) in den Vordergrund.

Einige Grundprobleme („Bevölkerungsexplosion", Verelendungswachstum und Ernährungssicherung, soziale Ungleichheit und Nord-Süd-Gefälle, Rüstung und Kriege) bilden weiterhin den harten Kern des Nord-Süd-Problems. Trotz der Versachlichung der Entwicklungsdebatte gab es weiterhin Kontroversen über Wachstumstheorien, den „Sachzwang Weltmarkt", die Strukturanpassungspolitik der Bretton-Woods-Zwillinge (d. h. Weltbank und Internationaler Währungsfonds), über Entwicklungsstrategien, die am ehesten geeignet sein könnten, die wachsende Massenarmut einzudämmen, und – nicht zuletzt – über den Sinn und Nutzen von Entwicklungshilfe.

Inzwischen wurden alle zentralen Begriffe der Dritte-Welt-Forschung (Entwicklung, Unterentwicklung, Dritte Welt, Entwicklungshilfe etc.) mit Anführungs- und Fragezeichen versehen. Die Veränderungen im Ost-West-Verhältnis verändern die Dimension und Funktion des Nord-Süd-Konflikts und die Rolle der Dritten Welt in der internationalen Politik; sie stellen auch neue Fragen an den Sinn des Begriffs „Dritte Welt", den manche schon für sinnlos erklärten. Die Herausgeber behielten ihn als einen weiterhin nützlichen Begriff bei und versuchen, die entwicklungstheoretische Diskussion in einer Definition von Unterentwicklung und Entwicklung zusammenzufassen.

Gegenüber der Erstauflage wurde der Diskussion über Sozial- und Entwicklungsindikatoren erneut weniger Raum gegeben, auch deshalb, weil die „Indikator-Bewegung" seit der lebhaften Diskussion in den 70er Jahren wenig Fortschritte machte. Sie erhielt erst durch den von UNDP entwickelten *Human Development Index* (HDI) wieder neue Impulse. Den aktuellen Stand der Indikator-Diskussion faßt ein umfangreicher Beitrag der Herausgeber zusammen.

Der vorliegende Einführungsband leitet die Neuausgabe des gesamten HDW III ein, das wieder – freilich bei einem neuen Verlag – in acht Bänden erscheinen wird. Die Herausgeber wurden durch die Aufnahme der beiden ersten Auflagen darin bestärkt, an der Konzeption des Handbuches festzuhalten, die auf eine entwicklungspolitisch relevante Struktur- und Problemanalyse abzielt. Es versteht sich als Informationskompendium, das nach einem durchgängigen Grundmuster die Struktur- und Entwicklungsprobleme eines jeden Entwicklungslandes und der Regionen in kompakter Weise zu erfassen versucht. Der Zwang zur Umfangsbegrenzung verlangte den Autoren wieder erhebliche Disziplin ab.

Wir danken dem *Verlag J. H. W. Dietz Nachf.* für die Übernahme des verlegerischen Risikos und der *Friedrich-Ebert-Stiftung*, die es durch einen Druckkostenzuschuß ermöglicht hat, daß der Preis des Bandes trotz erheblicher Kostensteigerungen seit Beginn der 80er Jahre nicht angehoben werden mußte. Wir danken unseren Mitarbeiterinnen und Mitarbeitern (besonders *Ursula Schürmann, Bärbel Jensen, Stephan Klingebiel* und *Harald Barrios*), die von den vielen anfallenden Arbeiten an diesem Großunternehmen HDW III nicht verschont bleiben; unseren beiden Universitäten in Heidelberg und Duisburg für die Bereitstellung einer einigermaßen funktionsfähigen Infrastruktur; den Autoren, die sich einigen Vorgaben beugen müssen und das Zustandekommen des ambitionierten Gesamtwerkes ermöglichen.

Die Herausgeber wollten auch durch die Auswahl der Autoren Kontroversen in der entwicklungstheoretischen Diskussion aufzeigen. Sie stimmen nicht mit allen Positionen überein, die im einführenden „Theorieband“ vorgetragen werden, halten aber solche Kontroversen für ein Lebenselixier einer praxis- und problemorientierten Wissenschaft.

Heidelberg und Duisburg
im Frühjahr 1992

Dieter Nohlen
Franz Nuscheler

Abkürzungsverzeichnis
(* bedeutet, daß der Begriff im Glossar erklärt wird)

1. Abkürzungen einiger im Text häufig verwendeter Begriffe

Bev.	=	Bevölkerung
BSP*	=	Bruttosozialprodukt
E.	=	Einwohner
EH	=	Entwicklungshilfe
EL	=	Entwicklungsländer
EP	=	Entwicklungspolitik
IL	=	Industrieländer
NGO/NRO*	=	Non-Governmental Organizations/Nicht-Regierungsorganisationen
NIC*	=	Newly Industrializing Countries (Schwellenländer)
PKE	=	Pro-Kopf-Einkommen

2. Sonstige Abkürzungen

AFDB*	Afrikanische Entwicklungsbank
AID*	Agency for International Development (US-Entwicklungsbehörde)
AKP*	Die mit der EG assoziierten Staaten in Afrika, in der Karibik und im Südpazifik
ASDB*	Asiatische Entwicklungsbank
ASEAN*	Association of South-East Asian Nations
AwZ	Ausschuß für wirtschaftliche Zusammenarbeit (im Deutschen Bundestag)
BID/IBD*	Banco Interamericano de Desarrollo/Interamerikanische Entwicklungsbank
BIP*	Bruttoinlandsprodukt
BIZ	Bank für internationalen Zahlungsausgleich
BMZ	Bundesministerium für wirtschaftliche Zusammenarbeit
CDC	Cooperation among Developing Countries
CDG	Carl-Duisberg-Gesellschaft
CEPAL*	UN-Wirtschaftskommission für Lateinamerika
DAC*	Development Assistance Committee (der OECD)
DC*	Development Committee (von IWF und Weltbank)
DED	Deutscher Entwicklungsdienst
DIE	Deutsches Institut für Entwicklungpolitik
DSE	Deutsche Stiftung für internationale Entwicklung
ECA	UN-Wirtschaftskommission für Afrika
ECDC*	Economic Cooperation among Developing Countries

ECOSOC*	Economic and Social Council/Wirtschafts- und Sozialrat der Vereinten Nationen
EEF*	Europäischer Entwicklungsfonds
EIB	Europäische Investitionsbank
FAO*	Food and Agriculture Organization
FZ	Finanzielle Zusammenarbeit (Kapitalhilfe)
GATT*	General Agreement on Tariffs and Trade/Allgemeines Zoll- und Handelsabkommen
G 7	Gruppe der 7 führenden Industrieländer
GSTP*	Global System for Trade Preferences among Developing Countries
GTZ*	Deutsche Gesellschaft für Technische Zusammenarbeit
HDI*	Human Development Index (von UNDP*)
HDR	Human Development Report (von UNDP*)
HDW	Handbuch der Dritten Welt
IBRD*	International Bank for Reconstruction and Development (Weltbank)
IDA*	International Development Association
IFAD*	International Fund for Agrarian Development
ILO*	International Labour Organization/Internationale Arbeitsorganisation
IMF/IWF*	International Monetary Fund/Internationaler Währungsfonds
KfW*	Kreditanstalt für Wiederaufbau
LDC	Less Developed Countries (Entwicklungsländer)
LIBOR*	London Interbank Offered Rate
LIC	Low-Income Countries (Länderkategorie der Weltbank)
LLDC*	Least Developed Countries („Vierte Welt“)
LLC*	Land-locked Countries (Binnenländer)
MDB*	Multilateral Development Banks/Multilaterale Entwicklungsbanken
MIC	Middle-Income Countries (Länderkategorie der Weltbank)
MIGA*	Multilateral Investment Guarantee Agency
MSAC*	Most Seriously Affected Countries (Länderkategorie der UN)
NIE	Newly Industrializing Economies (= NIC*)
NWWO	Neue Weltwirtschaftsordnung
OAS*	Organisation Amerikanischer Staaten

OAU*	Organization for African Unity
ODA*	Official Development Assistance (öffentliche Entwicklungshilfe)
OECD*	Organization for Economic Cooperation and Development
OPEC*	Organization for the Petroleum Exporting Countries
SAARC*	South Asian Association for Regional Cooperation
SADCC*	Southern Africa Development Coordination Conference
SAF*	Structural Adjustment Facilities (des IWF)
SAP*	Structural Adjustment Programme (der Weltbank)
SILIC/ SIMIC*	Severely Indebted Low-Income Countries bzw. Middle-Income Countries (Länderkategorien der Weltbank)
SRZ*	Sonderziehungsrechte des IWF
TCDC*	Technical Cooperation among Developing Countries
TNK	Transnationale Konzerne („Multis“)
ToT*	Terms of Trade
TZ	Technische Zusammenarbeit
UN/VN	United Nations/Vereinte Nationen
UNCED*	UN Conference on Environment and Development
UNCLOS*	UN Conference on the Law of the Sea/Internationale Seerechtskonferenz
UNCTAD*	UN Conference on Trade and Development
UNDP*	UN Development Programme
UNEP*	UN Environment Programme
UNFPA*	UN Fund for Population Activities/UN-Bevölkerungsfonds
UNHCR*	UN High Commissioner for Refugees/UN-Hochkommissar für Flüchtlinge
UNICEF*	UN Children's Fund/UN-Kinderhilfswerk
UNIDO*	UN Industrial Development Organization
UNIFEM	UN Development Fund for Women
UVP	Umweltverträglichkeitsprüfung
WEB	Weltentwicklungsbericht (der Weltbank)
WFC*	World Food Council
WFP/WEP*	World Food Programme/Welternährungsprogramm
WHO*	World Health Organization/Weltgesundheitsorganisation
WWF	Worldwide Fund for Nature (ehemals World Wildlife Fund)

I. Begriffliche Grundlegungen – Entwicklungsindikatoren

„Ende der Dritten Welt"?

Dieter Nohlen und Franz Nuscheler

Schon seit Ende der 70er Jahre ist vom „Ende der Dritten Welt" die Rede (vgl. *Abdalla* 1978; *Barati-Novbari/Seelow* 1982; *Eikenberg* 1983; *Harris* 1986; *Menzel* 1983, 1991; *Westlake* 1991). Der Grund lag vor allem in der Auseinanderentwicklung der rund 125 EL, die gemeinhin zu dieser „Dritten Welt" gezählt werden, in Ländergruppen mit sehr unterschiedlichen Entwicklungsniveaus, Problem- und Interessenlagen, die auch die Formulierung gemeinsamer Verhandlungspositionen auf Nord-Süd-Konferenzen und in internationalen Organisationen erschwerten. Heterogenität und Differenzierung, nicht Einheit und Geschlossenheit wurden zu Schlüsselbegriffen in Abhandlungen über den Begriff und die Geschichte der Dritten Welt.

Andreas Boeckh (S. 111) vermutet, daß

> „die Dritte Welt nicht nur aufgehört hat zu existieren; es hat sie vermutlich nie gegeben in dem Sinne, daß man ihr gemeinsame Strukturmerkmale, Entwicklungsvoraussetzungen und eine ähnliche Entwicklungsdynamik je hätte unterstellen können. Wahrscheinlich ist sie von Anfang an das Produkt unserer grobschlächtigen analytischen Kategorien gewesen, welche eine Vielfalt von gesellschaftlichen Strukturen und Entwicklungspotentialen zu *der* Dritten Welt bzw. *der* Peripherie zusammengeklumpt haben."

1. Heterogenität und Differenzierung

Von Anfang an bildete die mit der Dekolonisation rasch wachsende Staatengruppe, die sich selbst hinter der Fahne der „Dritten Welt" sammelt, ein höchst heterogenes Gemisch aus großen und kleinen, einigen sehr großen und vielen sehr kleinen, rohstoffreichen und -armen, ethnisch vielfarbigen und kulturell vielfältigen, sozio-ökonomisch unterschiedlich strukturierten, ungleich entwickelten, innen- und außenpolitisch verschieden orientierten alten Nationalstaaten in Lateinamerika und von den Kolonialmächten künstlich geschaffenen „jungen Staaten" in Afrika und in großen Teilen Asiens. Ausgestattet mit sehr unterschiedlichen Entwicklungspotentialen und -viabilitäten, menschlichen Ressourcen („Humankapital") und politischen Systemen hat sich dieses Sammelsurium von Staaten auf drei Kontinenten schnell in verschiedene „Entwicklungswelten" auseinanderentwickelt.

Einerseits brachten Wachstums- und Industrialisierungsschübe eine kleine Gruppe von *Newly Industrializing Countries* (NIC) bzw. Schwellenländern hervor, die in industriellen Teilbereichen zu den OECD-Ländern aufschlossen und das Pro-Kopf-Einkommen (PKE) sowohl der ehemaligen RgW-Länder als auch einiger EG-Länder (Griechenland, Portugal, Irland) überholten. Kap. 5.3 wird zeigen, welche Länder aufgrund welcher Definitionsmerkmale zu den NIC gerechnet werden.

Durch einen Glücksfall der Natur und die Organisations- und Verhandlungsmacht des OPEC-Kartells konnten sich die bevölkerungsarmen Golf-Staaten (und in deren Schlepptau der Kleinstaat Brunei) nach den Ölpreissprüngen von 1974 und 1979/80 in die Gruppe der Länder mit dem höchsten PKE katapultieren, ohne indessen – im Unterschied zu den NIC – als prototypische Rentierstaaten die Strukturprobleme der Unterentwicklung überwunden zu haben (vgl. *Pawelka/Aves* 1990).

Tabelle 1: Bevölkerung, Pro-Kopf-Einkommen (in US-$) und Industrialisierungsgrad der OPEC-Staaten

Länder	Bevölkerung (Mitte 1989)	PKE (1989)	Industrie[a] in % des BIP
Nigeria	113,8	250	10
Indonesien	178,2	500	17
Ekuador	10,3	1020	21
Algerien	24,4	2230	14
Venezuela	19,2	2450	28
Irak	18,3	3172[b]	..
Iran	53,3	3200	7
Gabun	1,1	2960	10
Libyen	4,4	5220	7
Saudi-Arabien	14,4	6020	8
Katar	0,4	15500	..
Kuwait	2,0	16150	9
VAE	1,5	18430	8
Ölexporteure (ohne UdSSR)	265,2	1840	9
Mexiko	84,6	2010	23

[a] verarbeitende Industrie; [b] 1988.

Quelle: Weltentwicklungsbericht 1991.

Tab. 1. zeigt die erheblichen Einkommensunterschiede zwischen den bevölkerungsarmen und reichen OPEC-Staaten. Auch erdölexportierende Staaten (Mexiko, Venezuela, Algerien, Nigeria, Irak oder Indonesien) gerieten in die

Schuldenfalle. Die Tabelle weist außerdem den Anteil der verarbeitenden Industrie an der Erstellung des BIP aus. Der vom *Human Development Report 1990* ermittelte *Human Development Index* zeigt, daß die „menschliche Entwicklung" der Einkommensentwicklung nachhinkt.

Am Ende der internationalen Einkommensskala vergrößerte sich die Zahl der EL, die die Vereinten Nationen im Jahre 1971 als die Gruppe der „am wenigsten entwickelten Länder" (LLDC = *Least Developed Countries*) aus der Großgruppe der „weniger entwickelten Länder" ausgesondert hatten. (Einige internationale Organisationen ersetzten die Abkürzung LLDC durch LDC. Zur Abgrenzung von den übrigen *Less Developed Countries* wird in diesem Buch an den LLDC festgehalten.) In den heute 42 LLDC (vgl. Tab. 3) fand keine Entwicklung, sondern ein Verelendungswachstum statt. Sie wurden noch weiter von der internationalen Entwicklung abgekoppelt (vgl. S. 157 ff.).

Im entwicklungspolitischen Sprachgebrauch werden die LLDC häufig als „Vierte Welt" umschrieben. Dieser Begriff wurde zunächst auf die devisenreichen Ölstaaten bezogen (vgl. *Muni* 1979: 124). Geblieben ist die Assoziation der Dritten Welt mit einer zur Drittklassigkeit degradierten Staatengruppe, mit den Habenichtsen oder *Underdogs* des internationalen Systems.

Bei genauerem Hinsehen trifft keines der wirtschaftlichen, politischen oder sozialen Verwandtschaftsmerkmale, die üblicherweise mit dem Begriff der Dritten Welt assoziiert werden, auf alle 137 Länder zu, die von der OECD als EL (*developing countries*) eingestuft werden. Die neueste OECD-Liste enthält auch drei NATO- und zwei EG-Mitglieder (Griechenland, Portugal und Türkei) sowie fünf Mitglieder des ehemaligen RgW (Polen, Ungarn, Kuba, Vietnam und die Mongolei).

Unter den Bedingungen der bipolaren Ost-West-Blockbildung wurden dagegen alle Länder, die weder der westlich-kapitalistischen „Ersten Welt" der OECD-Staaten noch der im RgW organisierten sozialistischen „Zweiten Welt" angehörten, pauschal der „Dritten Welt" zugeschlagen: Sie bildete somit eine unspezifische Residualkategorie, die weder die enge Anlehnung einiger „sozialistischer EL" an den Osten noch die Einbindung der „peripherkapitalistischen" EL in die vom Westen dominierte „kapitalistische Weltökonomie" erkennen ließ. Diese Welteinteilung nach ausschließlich blockpolitischen Gesichtspunkten war ebenso grobschlächtig und irreführend wie das simple Zweikriterien-Schema unterentwickelt-entwickelt.

Die Auflösung des Ost-West-Konflikts und die tendenzielle Einbindung der alten „Zweiten Welt" in die „Erste Welt" machten den Begriff der Dritten Welt nach *Menzel* (1991) endgültig sinnlos. Selbst wenn es so wäre, was wir bestreiten (s. u.), wäre es lohnend, die Geschichte des Begriffs zu rekonstruieren. Er hat in verschiedenen Perioden und Zusammenhängen einen Bedeutungswandel durchgemacht, der die Geschichte der Nord-Süd-Beziehungen und den Wandel des Selbstverständnisses der Staaten erkennen läßt, die sich noch immer als Dritte Welt-Staaten bezeichnen und begreifen.

2. Entstehen und Bedeutungswandel des Dritte-Welt-Begriffs

Die Wortschöpfung „Dritte Welt“ *(Tiers Monde)* ist französischen Ursprungs. *Irving Louis Horowitz* (1966), dem wir die bislang eingehendste Bedeutungsanalyse des Begriffs verdanken, weist, wie andere Forscher vor und nach ihm, *Frantz Fanon* die Urheberschaft zu. Diese kommt ihm nicht zu, aber er hat den Begriff in den internationalen Sprachgebrauch eingeführt. In seiner 1961 veröffentlichten Schrift „Die Verdammten dieser Erde“ setzte *Fanon* den Begriff mit der kolonialisierten und unterentwickelten Welt gleich, und zwar mit auffallender Selbstverständlichkeit, die auf seine Gebräuchlichkeit im französischen Sprachraum bereits in den 50er Jahren schließen läßt.

Für Frankreich sind frühere Verwendungen nachweisbar. *Peter Worsley* (1979: 101) datiert das erste Auftreten des Begriffs ins Jahr 1949. Eine unabhängige Linke habe damals den Versuch, innenpolitisch eine von der Kommunistischen Partei unabhängige Oppositionspolitik gegenüber den rechten Parteien zu entwickeln, auf die internationale Ebene übertragen und einen „dritten Weg“ der Blockfreiheit zwischen Washington und Moskau angestrebt. *Leslie Wolf-Phillips* (1987) schreibt die Urheberschaft dem Demographen *Alfred Sauvy* (1952) zu.

Wem auch immer das Verdienst für die Begriffsschöpfung zukommen mag: Die Herkunft des Begriffs ist bedeutungsgeschichtlich im Kontext des sich ausbreitenden Ost-West-Gegensatzes zu verorten. Mit „Dritter Welt“ waren anfänglich nur die afro-asiatischen Länder gemeint, die nach der *Bandung-Konferenz* von 1955 den „dritten Weg“ der Blockfreiheit zu beschreiten gewillt schienen. Lateinamerika hingegen war im Rahmen des *Rio-Paktes* Teil des Westens und versteht sich größtenteils bis heute als solcher. Dieses enge blockpolitische Verständnis des Begriffs wurde bald aufgelockert

- erstens durch sehr unterschiedliche Deutungen und Praktiken von „Blockfreiheit“, z. B. durch das Konzept des „positiven Neutralismus“, das zur Umschreibung auch sehr enger Blockbindungen (wie *Nassers* Ägypten, *Castros* Kuba oder Vietnam, die sogar dem RgW angehörten) diente, oder durch enge Bindungen zum Westen (wie der frankophonen Staaten Afrikas zu Frankreich oder mancher „Freunde der USA“);
- zweitens durch den Vorrang, den in den 60er Jahren wirtschaftliche Fragen erhielten. Sowohl im Rahmen internationaler Organisationen als auch innerhalb der Blockfreienbewegung – der beitrat, wer sich als blockfrei verstand – absorbierte die wachsende Kluft zwischen den IL und EL die politischen Energien und ließ die Frage des Verhältnisses zu den Militärblöcken oder zu den Großmächten in den Hintergrund treten.

Frühe Definitionen von Dritter Welt hatten sich auch an einem „dritten Weg“ zwischen Kapitalismus und Sozialismus, konkretisiert in verschiedenen Versionen der *mixed economy*, orientiert. Bereits *Horowitz* (1966: 21 ff.) verneinte die Gültigkeit dieses Kriteriums. Die seither verfolgten Entwicklungsstrategien gaben allen Grund, das Kriterium ganz fallenzulassen. Die Krise des Sozialismus hat vorläufig auch der Diskussion über „dritte Wege“ den Garaus gemacht.

Der Sammelbegriff der Dritten Welt begann mit der ersten UNCTAD-Konferenz (1964) jene Länder zu umfassen, die sich der „Gruppe der 77“ anschlossen, deren Mitgliedschaft sich im Gefolge der Dekolonisation rasch erhöhte. Sie verständigten sich in den internationalen Wirtschaftsbeziehungen trotz aller Unterschiede, die zwischen ihnen hinsichtlich Größe, Ressourcen, Geschichte, politischer Regime, Entwicklungsstile etc. bestanden, auf einen gemeinsamen und zur Sammlung der divergierenden Interessen maximierenden, nicht aggregierenden Forderungskatalog gegenüber den westlichen IL.

Der Begriff symbolisierte den politischen Selbstbehauptungswillen der EL in der sich seit Beginn der 70er Jahre verschärfenden Auseinandersetzung um eine Neue Weltwirtschaftsordnung; er erhielt also eine trade-unionistische Bedeutung. Kennzeichnend ist die Aussage von *Julius Nyerere* (1982), daß die Dritte Welt aus den „Opfern und Ohnmächtigen der Weltwirtschaft“ bestehe.

Den OPEC-Ländern wuchs nach der erfolgreichen Kartellbildung und Preispolitik 1973/74 eine Führungsrolle in den Bemühungen um eine Umverteilung der Ressourcen im Weltmaßstab zu. Doch förderten diese Entwicklungen zugleich die Differenzen zwischen den EL, insbesondere zwischen ölproduzierenden und energieabhängigen EL, die sich in der Gruppenbildung der LLDC und MSAC (s. u.) niederschlugen.

Es war aber nicht so sehr diese entwicklungspolitisch sinnvolle Unterteilung der EL, die einen dem Entwicklungsstand angepaßten Ressourcentransfer ermöglichte (von den IL aber nicht ganz ohne Hintergedanken betrieben wurde, um die Aktionseinheit der Dritten Welt zu schwächen), die u. a. *Abdalla* (1978) schon früh von einem „Ende der Dritten Welt“ sprechen ließ. Es waren vielmehr die großen Unterschiede in den Entwicklungsvoraussetzungen und -erfolgen sowie die daraus resultierenden Interessendivergenzen, welche die „Solidargemeinschaft“ der Dritten Welt insbesondere dann in Frage stellten, wenn die Ebene globaler Zielsetzungen und Beteuerungen verlassen und konkrete Einzelmaßnahmen vereinbart werden sollten.

Menzel (1991: 16) faßt die Argumente, warum er nicht nur vom „Ende der Dritten Welt“, sondern auch vom Ende des Nord-Süd-Konflikts spricht, so zusammen:

> „Begriffe wie ‚Dritte Welt‘ und ‚Nord-Süd-Konflikt‘ hatten nur so lange eine solide Basis, wie das gemeinsame Interesse nach nationaler Unabhängigkeit der Kolonien auf der Tagesordnung stand. Seitdem machen sie aufgrund der unterschiedlichen wirtschaftlichen Ausgangsbedingungen, der unterschiedlichen politischen Systeme und des fortschreitenden Differenzierungsprozesses keinen Sinn mehr, von der kulturellen und historischen Vielfalt der betroffenen Länder ganz zu schweigen. Existiert haben sie vor allem in der politischen Propaganda, in den großen Theorien über Entwicklung und Unterentwicklung.“

3. Konzepte des „tiersmondisme" und der „collective self-reliance"

In den 60er und 70er Jahren florierten auch einige marxistische Dritte-Welt-Theorien, die die Dritte Welt als *tiers état* in einem internationalen Klassenkampf verorteten oder als neues „weltrevolutionäres Subjekt" der Ausgebeuteten und Unterdrückten verstanden. Sie definierten die Dritte Welt kurz und bündig als „unterentwickelt gehaltene Welt". Diese weltrevolutionären Halluzinationen, die sich eine Einkreisung der kapitalistischen „Weltstädte" durch die „Weltdörfer" vorstellten, übersahen völlig die – von *Johan Galtung* (1972) analysierten – Nabelschnüre zwischen den Weltzentren und den Zentren in der Peripherie (also den Herrschaftseliten); sie entbehrten also einer Klassen- und Herrschaftsanalyse.

Auch *Mao Zedongs* Drei-Welten-Theorie wies der Dritten Welt, als deren Avantgarde sich damals das „Reich der Mitte" verstand, eine weltrevolutionäre Avantgarderolle zu, setzte aber an einer anderen und ziemlich willkürlichen Welteinteilung an: Sie bildete die Erste Welt aus den beiden Supermächten und die Zweite Welt aus den restlichen entwickelten Ländern, unabhängig vom Wirtschafts- und Gesellschaftssystem und von der Zugehörigkeit zu konkurrierenden Wirtschafts- und Militärblöcken. Sie wies der Dritten Welt – allen voran China – die Rolle des „weltrevolutionären Subjekts" zu, weil die Sowjetunion mit der Doktrin der friedlichen Koexistenz als weltrevolutionäre Kraft abgedankt habe.

Diese Theorien haben zwar die imperialismustheoretischen Debatten der 60er und 70er Jahre und die revolutionäre Praxis von Aufstands- und Befreiungsbewegungen in vielen Teilen der Dritten Welt stark beeinflußt. Sie haben den Begriff der Dritten Welt mit einem politisch-strategischen Bedeutungsgehalt befrachtet, dem sich die große Mehrheit der von revolutionären Strategien bedrohten Herrschaftseliten schon aus Selbsterhaltungsinteresse verschließen mußte.

Eine breitere Akzeptanz auch außerhalb akademischer Zirkel konnten *tiersmondisme*- oder *Third-Worldism*-Konzepte gewinnen, die durch die erfolgreiche Kartellbildung der OPEC und die stürmischen Nord-Süd-Konferenzen in den 70er Jahren politischen Rückenwind erhielten. Die verschiedenen Szenarien von *collective self-reliance* wollten durch eine verstärkte Süd-Süd-Kooperation und vor allem durch eine gewerkschaftsähnliche Kampfstrategie die Verhandlungsmacht des Südens vergrößern (vgl. *Khan* 1980; *Matthies* 1982; *Mortimer* 1984).

Solche *Third-Worldism*-Konzepte wurden im „verlorenen Jahrzehnt" der 80er Jahre von den Folgen der Verschuldungskrise überrollt, die den westlichen IL und den von ihnen beherrschten „Bretton-Woods-Zwillingen" (IWF und Weltbank) den Hebel zu einer Bändigung aufmüpfiger Protagonisten des *Third Worldism* (wie Mexiko, Jamaika, Algerien oder Tanzania) lieferte (vgl. *Ghai* 1991). Als die Zeit der großen Resolutionen auf UNCTAD-Konferenzen und in der UN-Vollversammlung zu Ende ging, zeigte es sich, wie brüchig die vielbeschworene Aktionseinheit der „Gruppe der 77" war. Die Rhetorik

„gemeinsamer Interessen" hatte den Differenzierungsprozeß innerhalb der Dritten Welt verdeckt, der auch unterschiedliche Interessenlagen (z. B. von Rohstoffländern oder von Produzenten von Halb- und Fertigprodukten) im Verhältnis zu den IL begründete. Auch die OPEC verlor durch Interessengegensätze, den Krieg zwischen dem Irak und Iran und durch das Auftauchen neuer Produzenten ihre Demonstrationswirkung als Modell für die Organisation von Gegenmacht.

Die Süd-Süd-Kooperation als materielle Basis einer *collective self-reliance* konnte sich nicht entwickeln, weil die Exportwirtschaften des Südens auf die westlichen IL ausgerichtet blieben. Der Süd-Süd-Handel macht nur ein Viertel der gesamten Ausfuhren des Südens aus, wobei Erdöl das wichtigste Handelsgut darstellt (vgl. *Parsan* 1991).

Die „Gruppe der 77" hatte unrealistische Maximalforderungen gestellt und Mehrheitsentscheidungen erzwungen, ohne die international üblichen Konsensregeln zu beachten und die Machtverhältnisse in der Weltpolitik und Weltwirtschaft hinreichend zu berücksichtigen. Die Entscheidungsträger in den westlichen Hauptstädten wußten, daß hinter dem vordergründig lautstark und konfliktiv ausgetragenen Nord-Süd-Konflikt Herrschaftseliten standen, die sich den Zugang zu den westlichen Märkten und Hilfsquellen sowie zu den vom Westen kontrollierten internationalen Kreditquellen (des IWF, der Weltbank und IDA, der EG und der regionalen Entwicklungsbanken) nicht versperren wollten.

Auf diese Weise wurde die kollektive Gegenmacht der „Gruppe der 77" domestiziert. Sie mußte unter dem Würgegriff der Schuldenkrise kapitulieren. Weil sie nun auch das Reizthema der Neuen Weltwirtschaftsordnung nicht mehr auf die Tagesordnung des Nord-Süd-Dialogs zu bringen versuchte, ging ihr das Herzstück ihres Selbstverständnisses als „Gewerkschaft der Dritten Welt" verloren.

Zu Beginn der 90er Jahre versuchte der Bericht der von *Julius Nyerere* geleiteten *Süd-Kommission* (1990), den Ideen der *collective self-reliance* neues Leben einzuhauchen. Die Resonanz unter den Herrschaftseliten, die der Bericht zu kollektiver Selbsthilfe aufrief, blieb jedoch zurückhaltend (auch deshalb, weil der Bericht ihre Korruption, mangelnde Legitimation und Menschenrechtsverletzungen nicht verschwieg). Es gab zwar nach den Erfahrungen der 80er Jahre, der Demontage des Nord-Süd-Dialogs und unter dem Druck der weltpolitischen Veränderungen, die die Verhandlungsmacht des Südens noch weiter zu schwächen drohen, zu Beginn der 90er Jahre zahlreiche regionale Initiativen zu Kooperation und Integration, aber kaum Initiativen zur Realisierung der vom *Nyerere-Bericht* empfohlenen Süd-Süd-Kooperation.

4. **Kriterien einer Definition der Dritten Welt**

Der Begriff Dritte Welt ist im Kern ein politischer Begriff. Die Gruppenzugehörigkeit bestimmt sich zwar auch nach wirtschaftlichen Kriterien, aber diese sind nicht hinreichend. Sämtliche Länder der Dritten Welt sind EL, aber nicht alle international als EL geführten Länder (wie die NATO-Länder Portugal und Türkei) rechnen sich selbst zu ihr. Andererseits werden einige Dritte-Welt-Länder, die ein bestimmtes PKE erreicht haben, von einigen internationalen Entwicklungsagenturen nicht mehr als EL klassifiziert.

George T. Kurian (1979: VII) hat seiner zweibändigen *Encyclopedia of the Third World* die folgende Definition vorangestellt:

> „The Third World is defined as the politically nonaligned and economically developing and less industrialized nations of the world."

Eine sehr ähnliche Definition verbreitet seit 1986 ein Ergänzungsband (Bd. 4) des *Oxford English Dictionary:*

> „Third World: The countries of the world, especially those of Africa and Asia, which are aligned with neither the Communist nor the non-Communist bloc; hence the under-developed or poorer countries of the world, usually those of Africa, Asia and Latin America."

Beide Definitionen verbinden das politische Kriterium der Blockfreiheit mit dem ökonomischen Kriterium der Unterentwicklung. Mit der Überwindung des Ost-West-Konflikts, die auch die *Bewegung der Blockfreien* dazu zwingt, einen neuen Standort in der Weltpolitik zu suchen, ist das politische Kriterium der Blockfreiheit endgültig unbrauchbar geworden, das bisher schon rund ein Fünftel der EL, die sich nicht der politischen Organisation der blockfreien Staaten angeschlossen haben, aus der Dritten Welt ausgeschlossen hätte.

Als ziemlich „weiches", aber unumstrittenes politisches Kriterium der Zuordnung zur Dritten Welt blieb die Mitgliedschaft in der „Gruppe der 77" übrig, die sich selbst – noch mehr als die *Bewegung der Blockfreien* – als „Gewerkschaft der Dritten Welt" versteht (vgl. *Sauvant* 1981). Auch dieses Handbuch begründet sein Festhalten am Begriff der Dritten Welt mit diesem „weichen" Kriterium, verbindet es allerdings mit der weiterhin bestehenden Brisanz des Nord-Süd-Konflikts, der trotz des politischen Muskelschwunds des Südens keineswegs zu einem Konflikt der leeren Drohungen wurde.

5. **Organisationen und Untergliederungen der Dritten Welt**

Zwei locker organisierte Zusammenschlüsse von EL versuchen, gemeinsame Interessen gegenüber dem Norden, vor allem aber gegenüber den westlichen IL, die die Weltwirtschaft beherrschen und das Sagen in den internationalen Finanzorganisationen haben, durchzusetzen:

1. Die *„Gruppe der 77"*, die im Anschluß an UNCTAD I (Genf 1964) 1967 in Algier gegründet wurde und heute 125 Mitglieder hat. Sie ist das wichtigste und umfassendste, allerdings nur mit einer schwachen Organisation ausgestattete Koordinationsorgan der EL, die vor allem vor größeren Nord-Süd-Konferenzen gemeinsame Verhandlungspositionen zu erarbeiten versucht. Aufgrund ihrer schwachen Organisation und mangelnden Expertise, aber ausgestattet mit ihrer Stimmenmacht in den Vereinten Nationen, nutzte sie in den 70er Jahren das UNCTAD-Sekretariat als eine Art von Denkfabrik. Die westlichen IL begegneten dieser „Politisierung" von UNCTAD mit deren Demontage als wichtigstes Forum des Nord-Süd-Dialogs (vgl. *Nuscheler* 1990).

2. Die *Bewegung der Blockfreien*, der sich rund 80% der EL, aber weder China noch die Mehrheit der lateinamerikanischen Staaten angeschlossen haben (vgl. Tab. 3). Sie konzentrierte sich seit den 70er Jahren darauf, den von der „Gruppe der 77" artikulierten Forderungen nach einer Neuen Weltwirtschaftsordnung politischen Nachdruck zu verleihen. *Peter Meyns* (1985: 343) billigte ihr zu, die „Nord-Süd-Beziehungen zu einem zentralen Bestandteil der Weltpolitik" gemacht zu haben. Seine Erwartung, daß sie allein wegen des Fortbestehens des Ost-West-Konflikts „eine wichtige Größe in der Weltpolitik" bleiben werde, wurde wenige Jahre später durch die Geschichte überholt.

Die Gipfelkonferenzen der blockfreien Staaten widerspiegelten bereits in den 80er Jahren die Schwächung der Dritten Welt durch die Schuldenkrise. Nachdem auch das OPEC-Kartell seine Demonstrationswirkung verloren hatte, war die kämpferische Aufbruchstimmung der 70er Jahre einer resignativen Larmoyanz gewichen. Kooperationsangebote an die Adresse der IL verdrängten das Konfrontationsgehabe. Die *Bewegung der Blockfreien* ist aber auch nach dem Ende des Ost-West-Konflikts keineswegs „sinnlos" geworden, wie *Menzel* (S. 154) feststellt, sondern sie muß sich einen neuen Sinn suchen, der nur in ihrer Funktion als *pressure group* einer nicht mehr blockpolitisch definierten Dritten Welt liegen kann. Dieses Selbstverständnis als Organisation der „Opfer und Ohnmächtigen der Weltwirtschaft" (*Nyerere*) hat sich keineswegs überlebt.

5.1 **Ländergruppierungen der Vereinten Nationen**

Die vom *Pearson-Bericht* (1969) analysierte „Krise der Entwicklung" bewegte die IL dazu, ihre Hilfszusagen auf 0,7% des BSP zu erhöhen und sich mehr um die ärmsten EL zu kümmern, die durch die Filter von strategischen und außenwirtschaftlichen Interessen fielen. Die UN-Vollversammlung verabschiedete im November 1971 eine Liste von damals 25 *Least Developed Countries* (LLDC) auf der Grundlage von drei Kriterien:

- ein PKE von damals weniger als 100 US-$, das schrittweise auf inzwischen 355 US-$ angehoben wurde;
- ein Anteil der industriellen Produktion am BIP von weniger als 10%, wobei sich die Industrieproduktion auf den verarbeitenden Sektor bezieht;

– eine Alphabetisierungsrate von weniger als 20% unter den Erwachsenen über 15 Jahren.

In den heute 42 LLDC, deren große Mehrheit in Afrika liegt, leben rund 400 Mio. Menschen oder 10% der Bevölkerung der gesamten Dritten Welt, aber nur 20% der von der Weltbank auf 1,1 Mrd. geschätzten „absolut Armen". Allein in Indien, das nicht zu den LLDC zählt, leben mehr Arme als in der ganzen „Vierten Welt". Die Einstufung in die LLDC-Gruppe hat eine Vorzugsbehandlung durch die „Geberländer" zur Folge: Sie überlassen den LLDC bevorzugt (nicht-rückzahlbare) Zuschüsse oder räumen ihnen zumindest Sonderbedingungen ein. Außerdem haben sie den meisten LLDC die ausstehenden Schulden ganz oder teilweise erlassen.

Nach der ersten Ölpreisexplosion von 1973 mit ihren schweren Folgelasten für die ölimportierenden EL beschloß die 6. UN-Sondergeneralversammlung ein Sonderprogramm für die MSAC *(Most Seriously Affected Countries)*. Das UN-Generalsekretariat ordnete dieser Ländergruppe zunächst 33, bis zu Beginn der 90er Jahre 45 Länder (vgl. Tab. 3) zu – und zwar auf der Grundlage von Kriterien, die wesentlich weicher als die LLDC-Kriterien sind: ein niedriges PKE; eine hohe Exportquote (als Indikator für die außenwirtschaftliche Verwundbarkeit); gestiegene Transport- und Transitkosten; eine Verschlechterung der *terms of trade*; eine wesentliche Verminderung der Exporterlöse und Devisenreserven; ein hoher Schuldendienst. In den 45 MSAC leben 1,5 Mrd. Menschen (vor allem deshalb, weil Indien zu ihnen gezählt wird).

5.2 **Ländergruppierungen der Weltbank**

Die Weltbank mißt den Entwicklungsstand und die Förderungwürdigkeit eines EL ausschließlich an der Größe des PKE, das als Durchschnittswert wenig über die Lebensverhältnisse aussagt. Sie legt die Trennlinie zwischen LIC *(Low-Income Countries)* und MIC *(Middle-Income Countries)*, die sie weder in eine untere und obere Einkommensgrenze unterteilt, bei derzeit 480 US-$ fest. Die OECD rechnet Länder bis zu einem PKE von 700 US-$ zu den LIC, so daß auf ihrer LIC-Liste viele MIC der Weltbank erscheinen und statistische Vergleiche erschwert werden. Es ist bemerkenswert, daß sich von den 42 LLDC nur 26 unter den 42 LIC der Weltbank befinden, weil die LLDC-Liste auch einen Struktur- und Sozialindikator berücksichtigt.

Um die entwicklungspolitische Bedeutung der Schuldenbelastung zu unterstreichen, bildete die Weltbank die zusätzlichen Gruppen der SILIC *(Severely Indebted Low-Income Countries)* und der SIMIC *(Severely Indebted Middle-Income Countries)*, die Tab. 3 ausweist. SILIC und SIMIC sind Länder, bei denen drei von vier Schuldenkennzahlen kritische Schwellenwerte überschreiten: 50% beim Verhältnis von Schulden zum BSP; 100% beim Verhältnis von Schulden zu Exporterlösen; 30% beim Verhältnis von Schuldendienst zu Exporterlösen; 20% beim Verhältnis von Zinsleistungen zu Exporterlösen.

5.3 **Schwellenländer**

Aus den 125 Mitgliedern der „Gruppe der 77" hat sich in den letzten drei Entwicklungsdekaden eine kleine Gruppe von Ländern herausgebildet, die im internationalen Sprachgebrauch NIC *(Newly Industrializing Countries)* oder *Take-off-Countries*, im deutschen Sprachgebrauch als Schwellenländer bezeichnet werden. Hinter den verschiedenen Listen von NIC stehen unterschiedliche Schwellenwerte, neben dem PKE vor allem wachsende Anteile der Industrieproduktion am BIP und am Weltexport von Fertigprodukten.

Tabelle 2: Listen von Schwellenländern

OECD (1979)	Weltbank[a] (1989)	IWF[a] (1989)	UNCTAD[a] 1989)
Griechenland Jugoslawien Spanien Portugal ------------ Brasilien Mexiko ------------ Hongkong Singapur Südkorea Taiwan	Jugoslawien Polen Portugal Rumänien Ungarn ------------ Brasilien ------------ Hongkong Indien Singapur Südkorea Taiwan	Griechenland Polen Portugal Rumänien ------------ Brasilien ------------ Hongkong Indien Israel Singapur Südkorea Taiwan	Jugoslawien Türkei ------------ Argentinien Brasilien ------------ Hongkong Singapur Südkorea Taiwan

[a] definiert als "Exporteure von Industrieprodukten".

Auf den NIC-Listen der OECD und des IWF, die die herkömmliche Unterscheidung der „Entwicklungswelten" durchkreuzen, erscheinen zunächst nur sechs NIC, die gemeinhin (noch) zur Dritten Welt gezählt werden (vgl. Tab. 2). Ihnen gemein ist, daß sie die für EL als typisch angesehene weltwirtschaftliche Spezialisierung als Exporteure von Rohstoffen und Importeure von Fertigwaren durchbrochen haben.

Während Mexiko aus dieser Kerngruppe ausschied, Brasilien durch die Verschuldungskrise zurückgeworfen wurde und Argentinien seinen Status als „ewiges Schwellenland" verlor, konnten die vier „kleinen Tiger" ihren Erfolgskurs fortsetzen. Hongkong, Taiwan und Singapur überholten mit ihren PKE bereits die osteuropäischen Staaten. Taiwan und Südkorea katapultierten sich auf die Plätze 11–13, Singapur auf den 17. Platz unter den 25 größten Exporteuren der Welt. Gleichzeitig holte eine „zweite Generation" von „kleinen Tigern" in Südostasien (Malaysia, Thailand, Indonesien) auf dem Weg der exportgestützten „nachholenden Entwicklung" auf. Die OECD erweiterte 1982 ihre NIC-Liste um eine „zweite Generation" von 16 EL, die in den 70er Jahren hohe Zuwachsraten im Export von Fertigwaren hatten.

Die Bestimmung der Schwellenländer war und blieb umstritten (vgl. *Bergmann* 1983). Die Versuche des BMZ und der EG, bei ihrer Auswahl auch soziale und politische Indikatoren zu berücksichtigen, haben sich nicht durchgesetzt. Das BMZ hat seine Liste von 30 Schwellenländern, die auch solch kaum „sprungfähigen“ EL wie Ekuador, Jamaika oder Nicaragua enthielt, zurückgezogen. *Bratzel/Müller* (1979) ermittelten mit Hilfe von 52 Indikatoren 28 Schwellenländer, unter denen sich u. a. auch Papua-Neuguinea, die Fidschi-Inseln, Guyana und Honduras befinden. Einen theoretisch begründeten und operationalisierten Vorschlag zur Bestimmung von Schwellenländern legten *Menzel/Senghaas* (1985) vor. All diese wissenschaftlichen Bemühungen wurden von den internationalen Organisationen nicht aufgegriffen. Für IWF, Weltbank und UNCTAD sind NIC schlicht und einfach „Exporteure von Industriegütern“.

5.4 **Die „AKP-Familie“**

Tabelle 3 weist auch die inzwischen 69 mit der EG assoziierten AKP-Staaten aus, die einen privilegierten Zugang zum EG-Markt erhielten. Die *Lomé-Abkommen*, die die EG mit ehemaligen Kolonien in Afrika, in der Karibik und im Südpazifik abschloß, wurden einerseits von ihren Konstrukteuren als Modell für partnerschaftliche Nord-Süd-Beziehungen gefeiert, waren andererseits stets mit dem Verdacht konfrontiert, mit ein wenig Entwicklungshilfe und ein paar handelspolitischen Konzessionen die Solidargemeinschaft der Dritten Welt spalten zu wollen.

Es geht hier nicht um die Verifikation der einen oder anderen Deutung, sondern um den Hinweis, in welch vielfältiger Weise der *Third Worldism* durch Nabelschnüre der Abhängigkeit, aber auch durch das Feilschen von einzelnen Staatengruppen um mehr oder weniger große Vorteile paralysiert wird. Die „AKP-Familie“ bemüht sich darum, ihre Sonderbeziehungen zur EG gegen eine entwicklungspolitisch sinnvolle Globalisierung der Lomé-Konditionen zu verteidigen.

6. **Die Dritte Welt ist nicht am Ende**

Julius Nyerere, ein Protagonist des *Third Worldism*, wies häufig auf die Gefahr hin, daß die politische Solidarität der Dritten Welt durch ihre Ausdifferenzierung in miteinander konkurrierende Länder und Interessengruppen untergraben werden könnte. Diese Differenzierung ist Realität, die Einheit war immer eine politische Fiktion. Eine Dritte Welt, wie sie sich die „Tiermondisten“ vorstellten, gab es nicht und wird es nicht geben.

Gemessen am PKE und Industrialisierungsgrad formiert sich eine nicht mehr blockpolitisch definierte Zweite Welt oder neue „Semi-Peripherie“ aus

Tabelle 3: Dritte Welt nach Ländergruppen

Länder	LLDC	MSAC	SILIC	SIMIC	AKP	Block-frei
Afghanistan	X	X				X
Ägypten		X				X
Algerien						X
Angola						X
Antigua/B.					X	
Äqu. Guinea	X		X			X
Argentinien				X		X
Äthiopien	X	X			X	X
Bahamas					X	X
Bahrain						X
Bangladesh	X	X				X
Barbados					X	X
Belize					X	X
Benin	X	X	X		X	X
Bhutan	X					X
Bolivien				X		X
Botswana	X				X	X
Brasilien				X		
Brunei						
Burkina Faso	X	X			X	X
Burundi	X	X	X		X	X
Chile				X		X[a]
China, VR						
Costa Rica				X		
Dschibuti	X	X			X	X
Dominica					X	X
Dom. Rep.					X	
Ekuador				X		X
Elfenbeinküste		X		X	X	X
El Salvador		X				
Fidschi					X	
Gabun					X	X
Gambia	X	X			X	X
Ghana		X	X		X	X
Grenada					X	X
Guatemala		X				
Guinea	X	X	X		X	X
G.-Bissau	X	X	X		X	X
Guyana		X	X		X	X
Haiti	X	X			X	X
Honduras		X		X		
Indien		X				X
Indonesien						X

Länder	LLDC	MSAC	SILIC	SIMIC	AKP	Block-frei
Irak						x
Iran						x
Jamaika					x	x
Jemen	x	x				x
Jordanien						x
Kambodscha	x	x				x
Kamerun		x			x	x
Kapverden	x	x			x	x
Katar						x
Kenya		x	x		x	x
Kiribati	x				x	
Kolumbien						x
Komoren	x		x		x	x
Kongo				x	x	x
Korea-Nord						x
Korea-Süd						
Kuba						x
Kuwait						x
Laos	x	x				x
Lesotho	x	x			x	x
Libanon						x
Liberia			x		x	x
Libyen						x
Madagaskar		x	x		x	x
Malawi	x		x		x	x
Malaysia						x
Malediven	x					x
Mali	x	x	x		x	x
Marokko				x		x
Mauretanien	x	x	x		x	x
Mauritius					x	x
Mexiko				x		
Mongolei	x					
Mocambique		x	x		x	x
Myanmar	x	x	x			
Namibia					x	x
Nauru						
Nepal	x	x				x
Nicaragua				x		x
Niger	x	x	x		x	x
Nigeria			x		x	x
Oman						x
Pakistan		x				x

Länder	LLDC	MSAC	SILIC	SIMIC	AKP	Block-frei
Panama						X
Papua-NG					X	
Paraguay						
Peru				X		X
Philippinen						
Réunion						
Ruanda	X	X	X		X	X
Salomonen					X	
Samoa	X	X			X	
Sao Tomé/P.	X		X		X	X
Saudi-Arabien						X
Senegal		X		X	X	X
Seychellen					X	X
Sierra Leone	X	X	X		X	X
Singapur						X
Somalia	X	X	X		X	X
Sri Lanka		X				X
St. Lucia					X	X
St. Vincent					X	
Sudan	X	X	X		X	X
Surinam					X	X
Swaziland					X	X
Syrien						X
Taiwan						
Tanzania	X	X	X		X	X
Thailand						
Togo	X		X		X	X
Tonga					X	
Trinidad/T.					X	X
Tschad	X	X			X	X
Tunesien						X
Tuvalu	X				X	
Uganda	X	X			X	X
Uruguay				X	X	X
Vanuatu	X					
Venezuela				X		
VAE						X
Vietnam	X					X
Zaire					X	X
Zambia			X		X	X
Zentralafr. Rep.	X	X			X	X
Zimbabwe					X	X

[a] unter dem Pinochet-Regime suspendiert.

den osteuropäischen Staaten, die aus der Gruppe der „entwickelten IL" zurückfallen, den aus der Peripherie aufsteigenden NIC und den wichtigsten Ölexporteuren, die nicht nur reich sind, sondern über eine Ressource verfügen, die die IL dringend zur Aufrechterhaltung ihrer industriellen Zivilisation und ihres Wohlstands brauchen. In Stratifikationsmodellen der internationalen Beziehungen werden sie zu den „new influentials" gezählt.

Etwa 100 EL bilden dann eine Dritte Welt der Habenichtse, die mangels wirtschaftlicher und politischer Potenz weiter aus der weltwirtschaftlichen Dynamik abgekoppelt werden. Auf einer vom *Economist* entworfenen Weltkarte (abgedruckt in *Globale Trends* 1991: 31) ist der Großteil von Afrika bereits im Ozean versunken. Auch der Aufbau regionaler Sonder- und Klientelbeziehungen (Lateinamerika/Karibik um den Pol USA, Afrika/Mittelmeerraum um den Pol EG-Europa, Südostasien um den Pol Japan) kann diese Deklassierung der internationalen *Underdogs* nicht aufhalten, falls sie nicht – wie der *Nyerere-Bericht* hofft – durch Organisation politische Gegen- und Verhandlungsmacht aufbauen können. Aber auch dann gilt eine einfache politische Arithmetik: Wenig wirtschaftliche Potenz + geringe Ressourcen politischer Macht = Ohnmacht oder in mathematischer Kurzform 0 + 0 = 0.

Allerdings könnte das Drohpotential, das aus der weiteren Verelendung und Umweltzerstörung entsteht, die wiederum massenhafte Wanderungsbewegungen von Elends- und Umweltflüchtlingen in Gang zu setzen drohen, also die inzwischen sogenannten „neuen Bedrohungen" aus dem Süden, die das Feindbild Ost durch das Feindbild Süd zu ersetzen beginnen, ihrer Vernachlässigung und unfreiwilligen Abkoppelung entgegenwirken (vgl. *Matthies* 1991; *Wöhlcke* 1991a). Ihr Konfliktpotenial entsteht dann nicht aus wirtschaftlicher oder politischer Verhandlungsmacht, sondern aus potentiell destruktiver „Chaos-Macht" in einem verwundbaren System der globalen Interdependenz.

Gibt es noch überzeugende Argumente für das Festhalten an einem „bequemen", aber „falschen Begriff" (so *Eikenberg* 1983)? *Lothar Brock* (S. 450) hält dem Gerede über das „Ende der Dritten Welt" entgegen, daß erstens das Abbröckeln an den Rändern der Staatengruppe, die gemeinhin zur Dritten Welt gezählt wird, nicht den Kernbestand berühre, zweitens die gemeinsamen Probleme dieses „harten Kerns" sich eher vertieft als verflüchtigt hätten. Mit ähnlichen Argumenten bestritt auch *Holm* (1990) das „Verschwinden der Dritten Welt" aus der internationalen Politik. Der Bericht der *Süd-Kommission* setzte Signale für eine wieder konfliktreichere Zukunft der Nord-Süd-Beziehungen und eine Reaktivierung des *Third Worldism*. Der Nord-Süd-Konflikt ist noch keineswegs zu Ende, wie *Menzel* (1991) suggeriert; vielmehr formiert er sich neu und droht sich nach der Überwindung des Ost-West-Konflikts zu verschärfen, wie *Matthies* (1991) oder *Ruf* (1991) argumentieren.

Dieses Handbuch hält an dem fragwürdigen Begriff der Dritten Welt fest, den die Herausgeber bei seiner zu Beginn der 70er Jahre erschienenen Erstauflage gewählt haben. Auch die Zeitschriften *Tiers Monde* und *Third World Quarterly* oder das *Jahrbuch Dritte Welt* haben sich nicht umbenannt. Es gibt gute Gründe: Erstens haben eingeführte Titel Tradition und Eigendynamik. Zweitens gibt es keinen allgemein akzeptierten Ersatzbegriff. Die Begriffe der „Süden“ oder die „Peripherie“ (nach der sich noch immer eine Zeitschrift benennt) sind nicht minder undifferenziert. Wir verzichten auch auf den Zusatz „sogenannt“, weil diese Verlegenheitslösung ohne Angabe von Gründen nichts besagt und beliebige Deutungen zuläßt.

Mangels einer besseren Alternative bleibt der Begriff der Dritten Welt, der den Vorzug hat, daß er auch von den Staaten des „Südens“ goutiert wird, ein nützlicher Begriff und bedingt gebrauchsfähig, allerdings nur unter der Voraussetzung, daß er als ein Sammelbegriff für die in der „Gruppe der 77“ zusammengeschlossenen Länder dient. Er wäre ein „falscher Begriff“, wenn diese Dritte Welt als eine einheitliche und eigene Welt mißverstanden würde. Dies war sie auch nicht, als der Begriff auftauchte und zu einem Schlüsselbegriff der internationalen Politik wurde. Er war immer ein politischer Begriff und kein „rein theoretisches Konstrukt“ (*Berg-Schlosser* 1972: 10).

Mangels einer allgemein akzeptierten Definition des Begriffs können wir nur definieren, was wir unter Dritter Welt verstehen, wenn wir diesen Begriff weiterhin gebrauchen. Wir definieren: Die Dritte Welt besteht aus EL, die sich im Selbstverständnis, „Opfer und Ohnmächtige der Weltwirtschaft“ zu sein (nach *Nyerere*), zur Durchsetzung ihrer wirtschaftlichen und politischen Ziele gegenüber den IL in der „Gruppe der 77“ zusammengeschlossen haben.

Konstitutiv für diese Definition ist nicht allein das mehr oder weniger gemeinsame Merkmal der wirtschaftlichen Unterentwicklung, sondern auch das politische Selbstverständnis und der Versuch, durch Organisation von kollektiver Gegenmacht der Drittklassigkeit im internationalen System zu entgehen. Solange es einen Nord-Süd-Konflikt gibt, ist das Ende der Dritten Welt noch nicht da. Auch die „neue Weltordnung“ ist nicht dazu angetan, den Nord-Süd-Konflikt zu überwinden, weil sie keine Lösung für die grundlegenden, obgleich unterschiedlich wirksamen und perzipierten Interessenkonflikte zwischen Nord und Süd anbietet.

(Die erwähnte oder zitierte Literatur ist im zusammenfassenden Literaturverzeichnis auf den S. 492 ff. aufgeführt.)

Was heißt Unterentwicklung?

Dieter Nohlen und Franz Nuscheler

Man spricht aus diplomatischer Rücksichtnahme in der Regel nicht mehr von den „unterentwickelten" oder „rückständigen Ländern", sondern von Entwicklungsländern (EL) oder *less developed countries* (LDC), als ginge es nur um kleine Unterschiede. Diplomatische Höflichkeit ist jedoch kein guter Schlüssel zur Erkenntnis der Wirklichkeit. Der undifferenzierte Sammelbegriff der EL läßt erstens große Entwicklungsunterschiede nicht erkennen und täuscht zweitens auch dort Entwicklung vor, wo keine Entwicklung oder gar Rückentwicklung stattfindet.

Unterentwicklung ist zu einem anstößigen Begriff geworden. Die Dritte Welt wird vorzugsweise als „arme Welt" umschrieben. Dieses Etikett verschweigt nicht nur den Tatbestand, daß manche EL (wie die Golf-Staaten) keine armen Länder sind und der Widerspruch zwischen dem Reichtum von Minderheiten und der Massenarmut zum Erscheinungsbild dieser „armen Welt" gehört, sondern es sagt auch nichts über Strukturen aus, die Armut erzeugen. Wir halten an dem „undiplomatischen" Begriff der Unterentwicklung fest, weil er uns wirklichkeitsnäher erscheint als diplomatische Ersatzbegriffe.

Es gibt viele Definitionsversuche von Unterentwicklung, jedoch keine Definition, die beanspruchen könnte, alle Aspekte zu erfassen und einhellige Zustimmung zu finden. Dies liegt zum einen im Theorienpluralismus begründet, zum anderen in den unterschiedlichen Ansprüchen, die an eine Definition gestellt werden. Soll sie nur das Phänomen beschreiben oder auch sein Zustandekommen erklären oder gar Handlungsanleitungen zu seiner Überwindung enthalten? Bedeutsam ist auch, ob das zu Definierende als Zustand, Stadium oder Struktur begriffen wird. Schließlich fließen in jede Definition theoretische und politisch-ideologische Vorstellungen ein, die jeder von dem zu definierenden Sachverhalt hat.

1. Unterentwicklung als Armut

Die einfachste und eingängigste Gleichung von Unterentwicklung lautet: Unterentwicklung = Hunger + Krankheit + Unwissen (Analphabetismus). Sie enthält den Kernbestand des Begriffs der „absoluten Armut", den der ehemalige Präsident der Weltbank *Robert McNamara* in seiner berühmten Nairobi-Rede von 1973 mit dem „Zustand solch entwürdigender Lebensbedingungen wie Krankheit, Analphabetismus, Unterernährung und Verwahrlosung" umschrieben hatte. Die Berechnung der Weltbank, daß Ende der 80er Jahre über 1,1 Mrd. Menschen in Armut, davon 630 Mio. in dieser „absoluten Armut" lebten, hat zwar vielen die Augen für die Größenordnung des Problems materieller Armut geöffnet, aber mit der Dramatisierung der blanken Magen- und Überlebensfrage den Begriff von Unterentwicklung verengt.

Schon die berühmte *Erklärung von Cocoyoc* (1974) hatte auf den Unterschied zwischen Sein und Haben hingewiesen und einen Begriff von Entwicklung kritisiert, der auf mehr oder weniger Haben reduziert wird. Auch *Wolfgang Sachs* (1989) wies auf die diskriminierenden Assoziationen des Armutsbegriffs hin:

> „So definierte ‚Armut' ganze Völker nicht in dem, was sie sind und sein wollen, sondern in dem, was ihnen fehlt und was sie zu werden haben. Ökonomische Geringschätzung war so an die Stelle kolonialer Geringschätzung getreten."

Wenn man Unterentwicklung mit Armut umschreibt, bleibt die Aufgabe, den Begriffsinhalt von Armut zu präzisieren. Sie bedeutet nicht nur Mangel an lebensnotwendigen Gütern, sondern außerdem unzureichende Befriedigung von menschlichen Grundbedürfnissen, die nicht durch eine bestimmte Kalorienmenge pro Tag und Person gedeckt werden. Aber auch eine erweiterte Definition von Armut als ein Zuwenig an Gütern des Grundbedarfs (Nahrung, Kleidung, Wohnraum) und an grundlegenden Dienstleistungen (Bildung und Gesundheit) löst noch nicht das von *Wolfgang Sachs* betonte Bewertungsproblem. Allerdings stellt sich die Frage, ob solche Subtilitäten unter den menschenunwürdigen Bedingungen von „absoluter Armut", die das elementare Haben zur Voraussetzung des physischen Seins machen, nicht allzu sophistisch sind.

Wie fragwürdig die Gleichsetzung von Unterentwicklung mit materieller Armut ist, wird auch durch den Umkehrschluß verdeutlicht, daß Gesellschaften nicht als unterentwickelt gelten dürften, wenn sie durch einen Glücksfall der Natur, indem sie z. B. über reiche Ölvorkommen verfügen, finanziell in die Lage versetzt werden, die Grundbedürfnisse nicht durch eigene geistige und körperliche Arbeit, sondern durch Importe zu befriedigen. Bei solchen Rentierstaaten spiegelt das PKE nicht den Entwicklungsstand der Produktivkräfte wider.

1.1 Unterentwicklung als ein Bündel von Strukturdefiziten

Um einen analytischen Zugang zur Komplexität des Problems zu finden, wurde Unterentwicklung in ein Bündel von Merkmalen zerlegt. Die bekanntesten Kriterienkataloge (von *Leibenstein* 1957, *Ringer* 1966 und *Hemmer* 1988) hoben zunächst ziemlich übereinstimmend auf Determinanten der unzureichenden Kapitalbildung ab:

- niedriges PKE als Schlüsselindikator;
- hohe Konsumquote (d. h. hoher Verbrauchsanteil von Nahrungsmitteln und einfachen Konsumgütern);
- niedrige Spar- und Investitionsquoten;
- niedrige Kapitalausstattung und Produktivität der Arbeit, besonders in der Landwirtschaft.

Sie ergänzten diese Indikatoren, die auf das als zentral erachtete Problem des Kapitalmangels hinweisen sollten, durch eine Reihe von weiteren Strukturmerkmalen:

- eine hohe Agrarquote (d. h. Beschäftigung des größten Teils der Bevölkerung in der Landwirtschaft zur Sicherung des eigenen Bedarfs);
- ein niedriger Industrialisierungs- und Verarbeitungsgrad der meist wenigen agrarischen und mineralischen Rohstoffe;
- hohe offene und versteckte Arbeitslosigkeit;
- die mangelnde Erschließung und Nutzung des Bodens und der Bodenschätze; bei einem Teil der Länder auch eine ökologische Benachteiligung durch geringe Ertragskraft der Böden, Wasserknappheit oder klimatische Belastungen;
- unzureichende Markt- und Kreditorganisation, um die Produktion zu erhöhen und überlokale Märkte zu versorgen;
- eine ungenügende Infrastruktur (Verkehrserschließung, Energieversorgung) außerhalb der an den Weltmarkt angeschlossenen Exportenklaven.

Auch Ökonomen, die ansonsten dazu neigen, nicht-ökonomische Faktoren als Voraussetzungen oder Begleit- und Folgeerscheinungen wirtschaftlicher Prozesse in den mehr oder weniger modellrelevanten Datenkranz abzudrängen, füllten solche Kriterienkataloge mit gesellschaftlichen, politisch-institutionellen, kulturellen, individual- und sozialpsychologischen Variablen auf. Beispielhaft, auch für die kausale Erklärungsbedürftigkeit beschreibender Merkmalskollektionen, ist der von *Leibenstein* schon 1957 vorgelegte, häufig zitierte und hier etwas gekürzte Katalog der gesellschaftlichen Bedingungsfaktoren und Begleiterscheinungen „wirtschaftlicher Rückständigkeit“:

- die Wachstumsrate der Bevölkerung liegt bei 2–3% (*Leibenstein* sah im Wettlauf zwischen Bevölkerungs- und Wirtschaftswachstum das entwicklungspolitische Kernproblem);
- die Gesundheitsverhältnisse sind schlecht, die Lebenserwartung bleibt gering;
- die begrenzte Aufnahmefähigkeit des Agrarsektors und steigende Lebensansprüche führen zu städtischen Ballungen und zur Slumbildung;

- das Bildungswesen ist unterentwickelt, die Analphabetenquote hoch, die Rechtsstellung der Frau ungesichert;
- bei der Masse der Bevölkerung herrschen traditionelle Verhaltensweisen vor;
- da die Möglichkeiten der beruflichen Ausbildung begrenzt sind, fehlen qualifizierte Arbeitskräfte und ein Mittelstand.

1.2 Modernisierungstheoretische Mängeldiagnose

Mit der wachsenden Erkenntnis, daß Unterentwicklung nicht allein oder nicht einmal vorrangig ein wirtschaftliches Problem ist, wurde vor allem der Katalog der sozio-politischen Faktoren wesentlich erweitert und verfeinert. Zwei Jahrzehnte lang haben ganze Hundertschaften von Forschern, ausgestattet mit dem modernisierungstheoretischen Parameter, eine Art Begleitforschung der Geburtswehen der „neuen Staaten“ betrieben und herausgefunden, was ihnen im Vergleich zu den „modernen Gesellschaften“ noch fehlt. Auf diese Weise diagnostizierten sie die strukturellen Gebrechen der staatlichen Neugeburten und markierten die Wegstrecke, welche die Neulinge zu durchlaufen hätten, um entwickelt zu werden. Ihre Diagnose von Unterentwicklung ergab ein vielseitiges Krankheitsbild und ein unspezifisches Raster von „strukturellen Universalien“ (*Talcott Parsons*), das sie in idealtypischen Dichotomien den Strukturmerkmalen und *pattern variables* der „modernen Gesellschaften“ gegenüberstellten (vgl. *Wehler* 1975):
- ein Mangel an Rationalisierung und Säkularisierung, an sozialer Mobilität und kultureller Dynamik; Verharren im Parochialismus von Primärgruppen (Tribalismus) und im „Zauber“ von Religionen, mit anderen Worten: Gefangenheit im „Ewiggestrigen“;
- Apathie, geringe Leistungsmotivation und mangelndes individuelles Besitz- und Gewinnstreben – mit der vor allem von *D. C. McClelland* (1966) begründeten Folge, daß sich nur schwer ein innovationsgeneigtes Unternehmertum entwickeln kann;
- eine unzureichende Integration der sozio-kulturellen Teilstrukturen von „dualen Gesellschaften“ mit statischen „traditionellen“ Segmenten;
- eine geringe institutionelle Regelung und Bändigung der sozialen und politischen Konflikte;
- eine geringe politische Partizipation der Bevölkerung sowie geringe Legitimation der politischen Systeme mit der Folge politischer Instabilität;
- eine geringe Autorität und Steuerungsfähigkeit des häufig korrupten „schwachen Staates“.

Die „neuen Staaten“ Afrikas und Asiens wurden mit diesen Geburtsfehlern in die „Weltkultur der Nationalstaaten“ entlassen und konnten sie auch nach drei oder vier Jahrzehnten staatlicher Selbständigkeit nicht überwinden. Längst hat sich die durch Forschungen über das Staatsversagen erhärtete Erkenntnis durchgesetzt, daß die politische Unterentwicklung des „schwachen

Staates", die Legitimationsschwäche autoritärer Regime und die Korruptionsanfälligkeit der „Staatsklassen" mehr zur Verschärfung der Entwicklungskrisen beigetragen haben als etwa fallende Rohstoffpreise (vgl. u. a. *Hanisch/Tetzlaff* 1981; *Elsenhans* 1981, 1985; *Rüland/Werz* 1985; *Simonis* 1985; *Evers/Schiel* 1988). Vor allem die Krise Afrikas wird vorrangig als eine politische Krise gedeutet (vgl. u. a. *Tetzlaff* 1991).

Die Kritik an den Modernisierungstheorien bezog sich also nicht auf die Behandlung dieser internen Strukturprobleme und Fehlentwicklungen, sondern erstens auf die Vernachlässigung oder Beschönigung „externer Faktoren", zweitens auf ihre Methode: Sie bestimmten Unterentwicklung nicht durch konkrete Zustands- und Situationsanalysen, sondern durch den idealtypischen Vergleich mit dem idealisierten Endzustand der „Modernität", wobei die „vertikale Dimension der Geschichte durch die horizontale Gegenüberstellung solcher Modernisierungskriterien ersetzt wird" (*Addicks/Bünning* 1979: 13).

Die Folge war auch, daß das historische Wirken von sozialen Klassen und politischen Machtgruppen hinter dem Generalnenner der „Tradition" verschwand, Strukturen und Prozesse der Unterdrückung und Ausbeutung sprachlich verschlüsselt und in einem strukturfunktionalistischen Glasperlenspiel neutralisiert wurden (vgl. *Nuscheler* 1974).

Solange lediglich Symptome von Unterentwicklung aufgelistet werden, bestehen keine großen Meinungsverschiedenheiten. Diese setzen bei der Frage ein – und hier beginnt erst die wissenschaftliche Erklärungsaufgabe jenseits der bloßen Beobachtungsgabe –, ob diese Kataloge die wirklich wesentlichen Probleme erfassen, wie die einzelnen Merkmale gewichtet und in welche kausale Beziehung sie zueinander gesetzt werden. Ist das Bevölkerungswachstum, die niedrige Sparrate, die Arbeitslosigkeit, die Traditionalität oder Abhängigkeit das Schlüsselproblem? *Ringer* (1966: 19) hat seiner eigenen Begriffsbestimmung von Unterentwicklung bedenkenswerte Erkenntnisgrenzen gesetzt:

> „Die Merkmale helfen, den Schleier vom allgemeinen Entwicklungsland-Begriff zu ziehen, ohne daß sie eine gültige Antwort auf die Fragen nach den Ursachen der wirtschaftlichen Unterentwicklung geben können und sollen. Sie sind Hilfsmittel für die wissenschaftliche Analyse, zeigen bestimmte Tatbestände auf und geben eine Vorstellung vom Umfang der Probleme, die alle Lebensbereiche in Entwicklungsländern der Entwicklungspolitik stellen. Bei ihrer Verwendung muß man sich immer der Tatsache bewußt bleiben, daß sie einem größeren Zusammenhang zuzuordnen sind."

2. **Erklärungsversuche von Unterentwicklung**

Die entwicklungstheoretischen Kontroversen kreisten seit dem Sturm der neomarxistischen Linken hierzulande und in der Dritten Welt gegen das „Elend der bürgerlichen Entwicklungstheorie" (*Hauck* 1975) um die Streitfrage, ob die Ursachen der Unterentwicklung außerhalb oder innerhalb der Dritten Welt, also in exogenen oder endogenen Faktoren, zu suchen seien. Diese Kontroverse war eingebettet in die Konkurrenz zwischen Modernisierungs- und Dependenztheorien, der sich auch ältere Erklärungsansätze und Teiltheorien von Unterentwicklung (wie die Akkulturationstheorien einerseits und die verschiedenen Varianten der Imperialismustheorie sowie der sog. Weltsystem-Theorien andererseits) zuordnen lassen. Diesen beiden „großen Theorien" war gemein, daß sie globale Erklärungen mit einem universellen Geltungsanspruch anboten – und an diesem Anspruch scheiterten.

Die potentiell kreative Situation der Theoriekonkurrenz wurde kaum zu fruchtbarer wechselseitiger Kritik genutzt. Dies lag zum einen an unterschiedlichen Fragestellungen: Während die Modernisierungstheorien mehr auf mikrosoziologische und behavioristische Aspekte abhoben, waren die *Dependencia*-Theorien stärker makro-soziologisch und strukturalistisch orientiert (*Nohlen* 1980: 93), zum anderen resultierte der begrenzte Erkenntnisfortschritt aus der polemisch und emotional geführten Kontroverse.

Dies änderte sich in den 80er Jahren, als die Entwicklungstheoretiker aus den in den 70er Jahren ausgehobenen Schützengräben hervorkamen, wieder miteinander diskutierten und aufgrund von Entwicklungen, die – wie das Aufholen der NIC (*Newly Industrializing Countries*) – quer zu ihren Theoriekonstruktionen lagen, zu Korrekturen und gelegentlich auch zu Konversionen bereit waren. *Andreas Boeckh* legt in diesem Band wieder eine fundierte Auseinandersetzung mit den „großen Theorien" vor. Sein Fazit, das *Ulrich Menzel* (1991) mit selbstkritischen Einsichten teilt, lautet an anderer Stelle (1985: 68 f.):

> „Globaltheorien wie die Modernisierungstheorien, die Dependencia und der Weltsystemansatz von Wallerstein haben für den Forschungsprozeß eine wichtige heuristische Funktion ... Andererseits enden sie, wenn sie zu Paradigmen gerinnen ... und beanspruchen, ein global gültiges Kategoriensystem zu entwickeln, regelmäßig in einem entwicklungstheoretischen Katzenjammer und führen dann zu einem hektischen Paradigmenwechsel. Diese Sprunghaftigkeit kann leicht dazu führen, daß sich die Entwicklungsländerforschung im Kreise bewegt und weder zu einem kumulativen noch zu einem dialektischen Fortschritt fähig ist. So wie es eine Zeitlang zum guten Ton gehörte, an den Modernisierungstheorien kein gutes Haar zu lassen, ist es heute Standard geworden, die Dependencia für tot zu erklären, und es ist abzusehen, daß es dem jeweiligen *dernier cri* der Entwicklungstheorie genauso ergehen wird."

Ein solches Einvernehmen über das „Ende der großen Theorien" könnte die

Fortentwicklung der Entwicklungstheorien lähmen. Theoretischer Erkenntnisfortschritt braucht den Widerspruch. *Elmar Altvater* setzt in diesem Band allen Abgesängen auf die *grand theories* den Versuch einer „großen Theorie" zur Erklärung der Nord-Süd-Beziehungen entgegen. Dieser Versuch kann sich freilich nicht dem Test der empirisch untermauerten Gegenargumente, die *Boeckh* und *Menzel* vortragen, entziehen.

Wenn wir im folgenden auch ältere Erklärungsansätze und zählebige Klischees (wie vordergründige Deutungen der „Bevölkerungsexplosion" oder Vorurteile über die Arbeitsunlust) in den Rückblick einbeziehen, dann nicht allein der Vollständigkeit wegen, sondern auch deshalb, weil sie sich als überlebensfähiger erwiesen haben als viele der theoretisch anspruchsvolleren Problemdeutungen. Der Erfolg von 30 Jahren entwicklungspolitischer Bildungsarbeit ist offensichtlich begrenzt.

2.1 **Die Suche nach „endogenen" Kausalfaktoren**

Lange standen sich zwei grundlegende Erklärungsmuster für Unterentwicklung gegenüber, die entweder endogene oder exogene Determinanten in den Mittelpunkt stellten. Die Herausgeber dieses Handbuches unternahmen schon in der 1. Auflage des HDW den Versuch eines „synthetisierten Entwicklungsbegriffs", der diese analytisch unfruchtbare Gegenüberstellung aufheben sollte. Nachdem in den 60er und 70er Jahren die externalistische Problemsicht der Dependenztheorien zumindest in der akademischen Entwicklungsdiskussion vorherrschend war, schlug in den 80er Jahren das Pendel zu internalistischen Problemdeutungen zurück.

2.1.1 *Bevölkerungswachstum und Unterentwicklung*

In der Bevölkerungs- und Entwicklungstheorie machte sich ein „neuer Malthusianismus" breit, der von einem schicksalhaften Zusammenhang zwischen dem Bevölkerungswachstum und dem Wachstum der Armut ausgeht. Auch seriöse Autoren und Institutionen warnen – wie *Thomas Robert Malthus* vor fast zwei Jahrhunderten – vor einer Überfüllung der Erde, vor Hungersnöten, Kriegen um Ressourcen, Flüchtlingsströmen und einer vom Bevölkerungsdruck beschleunigten Umweltzerstörung.

Der *Weltbevölkerungsbericht 1990* aktualisierte die Warnungen des Berichts des *Club of Rome* über die „Grenzen des Wachstums" und von *Global 2000.* Seine Prognosen übertrafen sogar alle bisherigen Alarmmeldungen, weil die Geburtenrate in vielen EL nicht so schnell wie erwartet sank und in 13 afrikanischen Ländern sogar anstieg. Während die heutigen IL zu Beginn ihrer Industrialisierung nur ein Bevölkerungswachstum von 1 % p. a. verkraften mußten, lag es zu Beginn der 90er Jahre in Subsahara-Afrika bei 3 %, in Südasien bei 2,3 % und in der Gesamtheit der EL bei 2,1 %.

Der Beitrag von *Heide Mertens* warnt vor einer Verniedlichung dieser Zuwachsraten, aber auch vor apokalyptischen Horrorszenarien. Die sinkenden Geburtenraten in Ostasien bekräftigen die historische Erfahrung der heutigen IL, daß das Verelendungsgesetz von *Malthus* durch Entwicklung widerlegt werden kann. Die Katastrophe ist vermeidbar, nicht allein durch Geburtenkontrolle, sondern vor allem durch eine Verbesserung der Lebensbedingungen, der Stellung und Bildung der Frauen sowie durch eine inner- und zwischenstaatliche Umverteilung der Ressourcen (vgl. *Skriver* 1986). Das hohe Bevölkerungswachstum kann sowohl Ursache als auch Folge von Armut sein, aber es kann Unterentwicklung nicht erklären.

2.1.2 *Klima- und Ökologietheorien (Rassentheorien)*

Zwar hatte schon der *RIO-Bericht* (1977) eine gesunde Umwelt in seine sechs Leitziele von Entwicklung aufgenommen. Aber erst im letzten Jahrzehnt wurde das Problem der Umweltzerstörung als ein zentrales Entwicklungsproblem erkannt. Der *Brundtland-Bericht* (1987) beförderte diese Einsicht und die Aufnahme von Umweltschutzprogrammen in die internationale Entwicklungspolitik (vgl. *Wöhlcke* 1987, 1990).

Es fällt nicht schwer, die ökologische Benachteiligung einzelner Regionen (Wasserknappheit, geringe Sorptionsfähigkeit der tropischen Böden bei Regenfülle, Bodenerosion, Versandung und Versalzung der Böden etc.) nachzuweisen. Die Forschung hat gezeigt, daß vor allem das Bestreben des Menschen nach Beherrschung und Ausbeutung der Natur zu Störungen des empfindlichen Ökosystems geführt hat.

Der Beitrag von *Hans-Jürgen Harborth* zeigt, daß die Umweltzerstörung zugleich eine Ursache und Folge von Armut ist; daß der globalen Umweltkatastrophe nur durch eine „Revision des oligarchischen Produktions-, Konsumtions- und Lebensstils der Ersten Welt“ und gleichzeitig durch eine Überwindung der Massenarmut in der Dritten Welt, die allein das Bevölkerungswachstum und die armutsbedingte Umweltzerstörung eindämmen kann, begegnet werden kann.

Sozialanthropologisch erweiterte Klimatheorien untersuchten den Einfluß von Natur und Umwelt auf das menschliche Verhalten und Formen der Gesellschaftsbildung. Ihre evolutionstheoretischen Erkenntnisse wurden jedoch häufig auf die Trivialität verkürzt, daß Lebensweise, Weltbild und Arbeitsverhalten des „tropischen Menschen“ durch seine Umwelt geprägt werden; und sie wurden nicht selten zu einer Vulgäranthropologie des „faulen Wilden“ verfälscht. Klimatheorien geraten dann in gefährliche Nähe zu rassistischen Deutungen, wenn sie vorschnelle Folgerungen aus einzelnen sozialgeographischen Tatbeständen ziehen:

- daß die meisten IL in den gemäßigten Klimazonen und die meisten EL in den tropischen und subtropischen Zonen liegen;
- daß die Dritte Welt weitgehend identisch mit der sog. „farbigen Welt“ ist;
- daß zudem in den industrialisierten Enklaven oder erfolgreichen Agrarwirtschaften auf der südlichen Halbkugel Weiße am Ruder sind.

Edgar Salin (1959) unterschied die „Sprungfähigkeit" seiner vier Entwicklungszonen auch nach dem Grad des Arbeitswillens der Bevölkerung, wobei er besonders in den „Zonen gleichbleibenden Agrikulturstandes" neben einem Mangel an Bodenschätzen und Eigenkapital auch einen Mangel an Arbeitswillen feststellte. *Rudolf Stucken* (1966) vermißte bei den „Naturvölkern" die Fähigkeit zur Naturbeherrschung und zur problemlösenden Sozialorganisation. Ganz offen tritt ein in gelehrte Reflexionen gekleidetes Vorurteil bei *J. K. Galbraith* (1964: 15) zutage: „Die Menschen sind arm, weil sie es so vorziehen." Solche Thesen beruhen auf vordergründigen Beobachtungen und sind weit entfernt von wissenschaftlicher Empirie, obwohl sie sich wissenschaftlich gerieren.

Arbeit hat in den verschiedenen Kulturen unterschiedliche Wertbegründungen und wird nicht überall zum Selbstzweck erhoben. Aber daraus kann nicht verallgemeinernd gefolgert werden, daß Massenarbeitslosigkeit und Unterbeschäftigung selbstverschuldete Folgen von Faulheit seien. Vielmehr hat die Weltbank die „arbeitenden Armen" entdeckt, die lange Arbeitszeiten auf wenig einträgliche und wenig produktive Tätigkeiten verwenden. Dies ist ein völlig anderer Tatbestand als der ihnen unterstellte Mangel an Arbeitswillen.

Häufig sind geringe Leistungsfähigkeit und Apathie die Folgen von Unterernährung, nicht kultur- oder rassenbedingtes Merkmal. Teilweise erweist sich das Arbeitsverhalten als sehr rationale Anpassung an vorherrschende Bedingungen: wenn z. B. Bauern keinen Überschuß erzeugen, der aufgrund der staatlich festgesetzten Niedrigpreise die Kosten nicht deckt, oder wenn sie weder veredeltes Saatgut noch Kunstdünger einsetzen, deren Kauf sie von Händlern und Wucherern abhängig macht. Teilweise erweist sich weniger Arbeit nur als vernünftiger Selbstschutz vor Überausbeutung (z. B. in Pachtverhältnissen mit Abgaben- oder Arbeitszwang) oder als verinnerlichte Reaktion auf die Struktur und Kultur der Unterdrückung (vgl. *Bosse* 1979).

2.1.3 *„Teufelskreise der Armut"*

„Teufelskreise der Armut" sollen zum Ausdruck bringen, daß in EL „zerstörende Kräfte am Werke sind, die den Armutszustand zementieren" (*Stucken* 1966: 54). Solche *circuli vitiosi* wurden in zahlreichen Anordnungen und Variationen konstruiert, um die Vielzahl der ökonomischen und nicht-ökonomischen Faktoren in einen kausalen Wirkungs- und Erklärungszusammenhang zu bringen. Es wird eine Konstante als Kausalfaktor gesetzt und dieser eine Reihe von abhängigen und voneinander ableitbaren Variablen oder Folgeproblemen zugeordnet. Dabei sind der Vorstellungs- und Erfindungsgabe von Kausalketten nahezu keine Grenzen gesetzt.

Der folgende Basis-Teufelskreis soll die zirkuläre Blockierung der Kapitalbildung in EL aufzeigen: niedriges Einkommen → niedrige Sparquote → niedrige Investitionsquote → niedrige Produktivität → niedriges Einkommen. Die Exportstruktur wird in folgender Anordnung zur Ursache: geringer

Entwicklungsstand → hoher Primärgüteranteil an den Exporten → Devisenknappheit/Verschlechterung der *terms of trade*/Exporterlösschwankungen/unzureichende Wachstumsübertragungseffekte → geringer Entwicklungsstand. Wählt man die Unterernährung, die natürlich ursächlich auf das geringe Einkommen zurückgeführt werden kann, als Ausgangspunkt, kann folgende Kausalkette gebildet werden: Unterernährung → hohe Krankheitsanfälligkeit → geringe Leistungsfähigkeit → niedrige Produktivität → geringes Einkommen → Unterernährung. Am Ende steht der einfache Zirkelschluß, der weiteres Nachdenken zu erübrigen scheint: Ein Land ist arm, weil es arm ist.

Solche „Teufelskreise“ können beweisen, was sie beweisen sollen. Nur: eine Erklärung für Unterentwicklung liefern sie nicht, weil sie auf Tautologien aufbauen, indem „eine Variable durch eine andere erklärt wird, diese wiederum durch eine dritte usw. und umgekehrt“ (*Grimm* 1979: 44). Sie drehen sich im Kreis um einen willkürlich gesetzten Ausgangspunkt und suchen zur jeweiligen Ursache die passende Wirkung, die dann ihrerseits zur Ursache wird.

Das Wehklagen über die Schicksalhaftigkeit der „Teufelskreise der Armut“ eignet sich bestens dazu, die Fragen nach den historischen Ursachen und politischer Verantwortung zu umgehen. Die falsche Diagnose führt aber zur falschen Therapie. Obwohl die Tücken der „Teufelskreise“ längst bekannt sind, blieben ihre Anschaulichkeit und trügerische Schlüssigkeit verführerisch und verleiteten auch dort zum Mißbrauch, wo besseres Wissen ihre Trugschlüsse aufdecken müßte. Dies gilt beispielsweise auch für die in Massenauflagen verbreiteten Informationsbroschüren des BMZ.

2.1.4 *Unterentwicklung als Gefangenheit in Traditionen*

Seit *Max Webers* Aussagen in „Die protestantische Ethik und der Geist des Kapitalismus“ fanden viele Entwicklungstheoretiker im Fehlen eines Äquivalents zu dieser protestantischen oder einer anderen dynamisierenden Wirtschaftsethik den Schlüssel zum Verständnis der in der Dritten Welt ausgebliebenen Modernisierung. Das Ausbleiben einer geistig-religiösen Reformation und „Entzauberung der Welt“ und das Verharren in den von der Religion bestimmten Traditionen lieferten die Erklärung für Unterentwicklung. Hier könnten viele Aussagen wie die folgende zitiert werden:

> „Die grundlegenden Ursachen der Armut sind nicht so sehr in ökonomischen Tatbeständen wie Kapitalmangel etc. zu suchen, sondern mehr im psychologischen und gesellschaftlichen Bereich. Vor allem die religiöse Tradition ist es, die die Menschen im ‚Ewig-Gestrigen‘ (Max Weber) gefangenhält“ (*Stucken* 1966: 59).

Der „geistige Habitus“ wird – ganz nach *Weber* – zum retardierenden Geschichtsmoment. Man könnte auch *Marx* zitieren, der in der Zerstörung der religiös geprägten Dorfidylle durch die „britische Kolonialherrschaft in Indien" (MEW, Bd. 9) eine geschichtlich notwendige Befreiung und sogar revolutionäre Großtat des Imperialismus sah. Unter Berufung auf ihn verfocht dann auch *R. F. Behrendt* (1971) seine Thesen gegen die Neomarxisten, daß Unterentwicklung in Wertordnungen und Verhaltensmustern begründet liege und nicht vom Imperialismus geschaffen worden sei. Die modernisierungstheoretische Quintessenz lautete: Die EL sind unterentwickelt, weil und solange sie sich nicht aus den retardierenden Fesseln der Tradition befreien können und nicht so denken und handeln, produzieren und konsumieren wie die „modernen" Gesellschaften.

Marxistische Kritiker neigten in ihrem Eifer, dieses „Elend der bürgerlichen Entwicklungstheorie" (*Hauck* 1975) offenzulegen, zu ziemlich platten materialistischen Gegenpositionen, die der „Tradition" (als Summe von Wertvorstellungen und Verhaltensweisen) und dem „subjektiven Faktor", also dem Denken und Handeln von Menschen als Subjekten der Geschichte, keine Erklärungskraft für Nicht- oder Unterentwicklung zubilligten. Dieser Verarmung lag ein plumper Basis-Überbau-Schematismus zugrunde.

Manche marxistische Politökonomen haben offensichtlich die „Deutsche Ideologie" oder die *Feuerbach-Thesen* von *Marx* nicht gelesen und die Erkenntnisse der ökonomischen Anthropologie (z. B. von *Meillassoux* oder *Terray*) oder der Ethno-Hermeneutik (vgl. *Bosse* 1979) nicht zur Kenntnis genommen. Sie drückten sich auch um die Frage, warum in den „weißen Kolonien" (Kanada, Südafrika, Australien) trotz der Einbindung in das Kolonialsystem oder Abhängigkeit von überlegenen Nachbarn eine industrielle Entwicklung in Gang kam oder warum im stark von Traditionen geprägten „konfuzianischen Kulturkreis" eine stürmische industrielle Entwicklung stattfand.

Wer Unterentwicklung als unzureichende Entwicklung der Produktivkräfte definiert, stößt bei der Frage nach dem Warum nicht nur auf den Kolonialismus, sondern auch auf Menschen, Kulturen, Religionen, gesellschaftliche und politische Verhältnisse, die einer industriellen Entwicklung, wie sie in Europa, Nordamerika und Japan stattfand, nicht förderlich waren.

Es gibt bereits genügend sozial- und kulturanthropologische Erkenntnisse, die eine pauschale Stigmatisierung der Tradition als Entwicklungshindernis verbieten. Der schlechte Ausbildungsstand ist nicht die Folge „traditioneller" Lernunwilligkeit, sondern ungleich verteilter Bildungschancen. *Klaus-Georg Riegel* (1976: 195), der in HDW II, 1 das „Modernisierungspotential traditionaler Kulturen" untersuchte, zeigte gerade an dem häufig mißbrauchten indischen Beispiel die falsche Alternative zwischen Tradition und Modernität auf, indem er schrieb, daß

> „die traditionale Kultur weder starr, noch festgefügt, noch modernisierungsfeindlich ist, sondern elastisch, kreativ und anpassungsfähig auf moderne kulturelle, wirtschaftliche, politische Orientierungen und Verhaltensweisen reagiert und sie phasenweise – selektiv abstoßend oder inkorporierend – so verarbeitet, daß Modernität und Tradition nur zwei Seiten einer Lebensform, einer Kultur und einer Struktur darstellen."

Der modernisierungstheoretische Begriff der Tradition ist also ein analytisch untaugliches Füllsel für alles, was nicht westlich-modern ist, religionssoziologisch und kulturgeschichtlich höchst dürftig abgesichert. Der Hinduismus, Buddhismus, Islam, Animismus in Afrika oder Katholizismus in Lateinamerika können nicht über den gemeinsamen Kamm der Tradition geschoren werden. Ein solcher Sammelbegriff ignoriert die einfachsten Gebote des kulturellen Relativismus, der die Beachtung der Besonderheiten jeder Kultur verlangt. Der falsche Gegensatz zwischen Tradition und Modernität macht erstere zum historisch-analytisch unbrauchbaren Klischee und wertet sie zur abschätzigen, mit allen Untugenden der Rückständigkeit behafteten Residualkategorie ab. *Braun/Rösel* (S. 251) beobachten „unbekümmerte Verallgemeinerungen" und „intellektuelle Rationalisierungen".

Eine methodisch auf so wackligem Grund beruhende Theorie kann nur einen höchst begrenzten Erklärungswert haben; sie liefert allein weder einen geeigneten Zugang zur kausalen Bestimmung von Unterentwicklung noch ein geeignetes strategisches Konzept zu ihrer Überwindung. Dieses Fazit bedeutet jedoch nicht, daß der „subjektive Faktor" gering geschätzt wird. Ganz im Gegenteil: Er wird als Element gesellschaftlicher Entwicklung und als geschichtliche Bewegungskraft als so wichtig gewertet, daß er weder einem plumpen Ökonomismus mit seinem Basis-Überbau-Schematismus noch der alles- und zugleich nichtssagenden Kategorie der Tradition geopfert wird. Gerade Revolutionäre (wie die chinesischen und kubanischen) wollten erst den „neuen Menschen" erziehen, weil die Veränderung von Herrschafts- und Eigentumsverhältnissen allein noch nicht die Produktivkräfte mobilisiert.

2.2 **Unterentwicklung als Struktur und Prozeß**

2.2.1 *Das Konzept des Dualismus*

Der Niederländer *J. H. Boeke* (1953) hatte in einer Fallstudie über Indonesien den Begriff der „dualen Gesellschaft" geprägt, der – von *Gunnar Myrdal* (1959) aufgegriffen und für die „unterentwickelten Regionen" verallgemeinert – zu einem entwicklungstheoretischen Schlüsselbegriff wurde. Das Konzept des Dualismus wurde so attraktiv, weil es an der Oberfläche der Unterentwicklung ungemein plausibel erschien und die vielfältigen, auch jedem flüchtigen Dritte-Welt-Reisenden auffälligen Desintegrationserscheinungen und Ungleichgewichte auf den eingängigen Begriff brachte:

- Der *ökonomische und technologische Dualismus* sollte das Nebeneinander eines dynamischen, kapitalistisch organisierten, kapitalintensiven, meist exportorientierten und vom Auslandskapital beherrschten „modernen Sektors" und eines „traditionellen", stagnierenden Subsistenzsektors mit primitiver und arbeitsintensiver Technik mit nur loser Anbindung an den nationalen Güter- und Geldmarkt bezeichnen;

- der *regionale Dualismus* den Gegensatz zwischen industrialisierten Zentren und dem marginalisierten, infrastrukturell nur schwach erschlossenen Hinterland, zwischen der Stadt als dem dynamischen Zentrum von Verwaltung, Geld und Kultur und dem Land als Inbegriff der Rückständigkeit;
- der *soziale und kulturelle Dualismus* den Gegensatz zwischen besitzenden Klassen und der besitzlosen Masse, zwischen Wolkenkratzern und Hütten an den Stadtperipherien, zwischen westlich gebildeten Eliten und der analphabetischen Bevölkerungsmehrheit.

Für Ökonomen bildet der wirtschaftliche, technologische, infrastrukturelle und regionale Dualismus deshalb ein spezifisches Strukturmerkmal von Unterentwicklung, weil für sie der Integrationsgrad einer Volkswirtschaft ein entscheidendes Kriterium ihres Entwicklungsstandes bildet (vgl. *Jochimsen* 1968). Den allen Dualismustheorien gemeinsamen Kern bildet erstens die Annahme, daß sich die gespaltenen Teilgesellschaften unabhängig voneinander nach eigenen Gesetzmäßigkeiten entwickeln; zweitens die Erklärung, daß Unterentwicklung aus der Zählebigkeit der vorkapitalistischen Strukturen resultiere; drittens die Folgerung, daß Entwicklung nur durch die Diffusion des modernen und Verdrängung des traditionellen Sektors, also durch Homogenisierung der Strukturen, stattfinden könne – wobei mehr oder weniger stillschweigend Modernität und Kapitalismus gleichgesetzt wurden.

Auch die sowjet-marxistische Entwicklungstheorie, die von lateinamerikanischen Marxisten ob ihrer theoretischen Verkümmerung heftig kritisiert wurde, hing einer nur in andere Begriffe verpackten Spielart des Dualismusmodells an, indem sie der Spaltung von Ökonomie und Gesellschaft und gleichzeitigen Entfaltung verschiedener Produktionsweisen das analytisch und theoretisch höchst fragwürdige Begriffspaar Feudalismus und Kapitalismus überstülpte.

Die Kritik stellte zunächst die Annahme in Frage, daß Dualismus ein spezifisches Strukturmerkmal unterentwickelter Gesellschaften darstelle. *Boeckh* (S. 114) weist auf neuere wirtschaftsgeschichtliche Forschungen hin, die nachweisen, daß auch die Industriegesellschaften im Prozeß des Strukturwandels fortwährend ihre je eigenen sektoralen und regionalen Dualismen hervorbringen. *Hemmer* (1988: 188ff.) betonte zwar die Selbstverstärkungseffekte dualistischer Strukturen, ihre negativen Konsequenzen für das Erreichen des Akkumulations- und Verteilungszieles, aber zugleich ihre Veränderbarkeit:

> Dualistische Strukturen sind „kein Wesensmerkmal im Sine eines unentwirrbaren Komplexes, sondern die kumulative Verknüpfung einer Reihe struktureller Faktoren, die der Veränderung zugänglich sind" (S. 203).

Die massivere Kritik setzte gerade an der vordergründigen Plausibilität des Dualismus-Modells an. *Rodolfo Stavenhagen* (1969) trug sie in seinen berühmten „Sieben falschen Thesen über Lateinamerika" vor:

> „1. Der Dualismusansatz verhüllt die Interdependenzen zwischen den

beiden Sektoren. Der unhistorischen, auf die Zuschreibung unterschiedlicher Merkmalssätze ausgerichteten Betrachtung entgeht, daß die scheinbar unabhängig nebeneinander existierenden Sektoren, in der Regel seit Jahrhunderten in einem gemeinsamen historischen Prozeß einbezogen, gemeinsam den Gesetzmäßigkeiten der Expansion des Kapitalismus auf Weltebene ausgesetzt sind.
2. Das dualistische Schema bringt nicht nur die Komplexität peripherer Gesellschaftsstrukturen auf die falschen, auf der Erscheinungsebene gewonnenen Begriffe, sondern es verdeckt zudem ihre andersgeartete, viel weitergehende Heterogenität. Sowohl der ‚traditionelle' als auch der ‚moderne' Sektor umfassen in der Regel mehrere Bereiche mit unterschiedlichen Formen der Organisation gesellschaftlicher Beziehungen."

Der zunächst von *Córdova/Michelena* (1969) auf Lateinamerika bezogene, später vor allem von *Samir Amin* und *Dieter Senghaas* in die allgemeine Analyse des „peripheren Kapitalismus" eingebrachte Begriff der *strukturellen Heterogenität* wandte sich sowohl gegen das von den Dualismustheoretikern konstruierte Nebeneinander traditioneller (= vorkapitalistischer) und moderner (= kapitalistischer) Sektoren als auch gegen die von *A. G. Frank* (1970) popularisierte These, daß sich der Kapitalismus seit der Kolonialzeit in hierarchisch angeordneten Zentrum-Peripherie-Kreisen bis in die letzten überseeischen Winkel ausgebreitet habe.

2.2.2 *Strukturelle Heterogenität und Marginalität*

Der Begriff der *strukturellen Heterogenität* versuchte diese beiden Positionen zu verknüpfen: die von außen importierte und beherrschte kapitalistische Produktionsweise habe sich zwar als vorherrschende durchgesetzt und zwinge deshalb die nach dem Entwicklungsstand der Produktivkräfte und der gesellschaftlichen Organisation unterschiedene vorkapitalistische Produktionsweise in eine abhängige Krückenfunktion (z. B. als Reservoir von benötigten und Auffanglager von überschüssigen Arbeitskräften), führe aber nicht zu einer Homogenisierung („Durchkapitalisierung") der Strukturen.

Im Unterschied zu dualismus- oder modernisierungstheoretischen Annahmen wurde also strukturelle Heterogenität nicht als Übergangsphase, in der das „moderne" Zentrum allmählich die „traditionelle" Peripherie zurückdrängt, sondern als Prozeß verstanden, der immer neu Desintegration und Verarmung, also Marginalität und Unterentwicklung, reproduziere. *Nohlen/Sturm* (1982) problematisierten dieses Verständnis struktureller Heterogenität, das der *Theorie des peripheren Kapitalismus* zugrunde lag. Sie zeigten die explikativ-prognostische Leistungsgrenze des Konzepts auf und plädierten für eine Definition, die auf Überwindung struktureller Heterogenität zielende Strategien favorisiert.

Marginalität diente häufig als Umschreibung oder sogar als Inbegriff von Unterentwicklung. In älteren Begriffsbestimmungen war Marginalität weitgehend mit Dualismus austauschbar. Sie konnte leicht an den um die Haupt- und Industriestädte wachsenden Elendsvierteln und am rückständigen Hinterland illustriert werden; sie wurde definiert als Lebenssituation von entwurzelten Randgruppen, als mangelnde soziale und politische Partizipation.

Die Dependenztheoretiker interpretierten dagegen Marginalität nicht als eine Randerscheinung, als naturwüchsige „Kultur der Armut" (*Oscar Lewis*) oder gar als mangelnde Akkulturations- und Anpassungsfähigkeit an die „Kultur des Fortschritts" (*Behrendt* 1965: 250 f.), sondern leiteten sie aus der strukturellen Heterogenität ab. Sie verlagerten also ihre Ursachen aus den Köpfen und Seelen der „Randständigen" in sozio-ökonomische Strukturen; sie entdeckten ihren eigentlichen Grund in Arbeitslosigkeit und Unterbeschäftigung (vgl. *Bennholdt-Thomsen* 1979). Gleichzeitig stellten sie die Frage, warum es zu Massenarbeitslosigkeit kam, obwohl sich gleichzeitig die Meßwerte für industrielle Produktion und Produktivität positiv veränderten. Die Antwort fanden sie in *dependencia*.

Es war zwangsläufig, daß das Konzept der *strukturellen Heterogenität* samt der aus ihm abgeleiteten Marginalitätstheorien in den Abgesang auf die Dependenztheorien einbezogen wurde. So wurde ein fruchtbarer Forschungsansatz Opfer eines hektischen Paradigmenwechsels, auch dort (in Lateinamerika), wo er die Erforschung der sozio-ökonomischen Wirklichkeit wesentlich bereichert und von den modernisierungstheoretischen Denkschablonen befreit hatte. Der entwicklungstheoretische Paradigmenwechsel verhinderte das Ausreifen eines keineswegs obsoleten Paradigmas.

Hemmer (1988: 42) wollte dem Konzept der *strukturellen Heterogenität* nichts abgewinnen, weil es empirisch nicht überprüfbar und deshalb beliebig interpretierbar sei. Er muß sich jedoch die Gegenfrage gefallen lassen, ob dieser Vorwurf nicht auch dem Konzept des Dualismus, den er als struktur- und gruppenbildend für EL erachtet, zu gelten hat.

Dieser Streit verflüchtigt sich dann zu einem Streit um Worte, wenn sowohl der Dualismus als auch die *strukturelle Heterogenität* durch inter-sektorale und intra-sektorale Produktivitätsunterschiede gemessen werden sollen (wie wir in unserem Katalog der Entwicklungsindikatoren vorschlagen). Inzwischen verlor die theoretische Kontroverse auch deshalb an Bedeutung, weil der („traditionelle") *informelle Sektor* als eine durchaus funktionsfähige und „moderne" Überlebensökonomie, der *formelle Sektor* aber trotz aller Modernität als armutsverschärfender Krisensektor entdeckt wurde (vgl. *De Soto* 1989; *Kochendörfer-Lucius* 1990; *Der Überblick* 3/91).

2.3 **Exogene Verursachung von Unterentwicklung?**

Wenn wir im folgenden noch einmal skizzenhaft auf die dependenz- und imperialismustheoretischen Kernargumente eingehen, dann geschieht dies nicht aus nostalgischen Gründen, sondern erstens aus der Erfahrung, daß diese Argumente in der entwicklungspolitischen Diskussion immer noch nachwirken, weiterhin von Sprechern der Dritten Welt und ihren Sympathisanten in der Ersten Welt vorgetragen werden und durch die Verschärfung der außenwirtschaftlichen Probleme der meisten EL in den 80er Jahren neue Nahrung erhielten; zweitens aus der eigenen Überzeugung, daß zwar Außenhandelstheorien nicht den Gesamtkomplex von Unterentwicklung erklären und monokausale Erklärungsmuster dies ohnehin nicht leisten können, aber die außenwirtschaftliche Abhängigkeit und Verwundbarkeit weiterhin die entwicklungspolitische Achillesferse der meisten EL darstellt.

Seit der neo-liberalen Wende zu Beginn der 80er Jahre, symbolisiert durch den *Reaganism* und *Thatcherism*, bedeutet dies, gegen den *mainstream* der „herrschenden Lehre" zu schwimmen. Die Herausgeber wurden durch die Erfahrungen des „verlorenen Jahrzehnts" davon abgehalten, in das vielstimmige Hohelied auf die Segnungen des Weltmarkts einzustimmen – was wiederum nicht impliziert, daß sie ihn allein für die Misere vieler EL verantwortlich machen. Mit den Dependenztheorien geriet auch der Begriff der Abhängigkeit in das ideologische Abseits. Die „Schuldknechtschaft" (in der Terminologie des *Nyerere-Berichts*) verdeutlichte jedoch, daß Abhängigkeit keineswegs zu einer Leerformel geworden ist; sie stellt das Gegenteil von „freedom from servitude" dar, in der *Michael P. Todaro* (1989: 50) ein wichtiges Entwicklungsziel erkannte. *Rainer Tetzlaff* arbeitet am Beispiel der Strukturanpassungsauflagen von IWF und Weltbank die „Realität globaler Dependenzstrukturen" heraus. Er kritisiert deshalb auch den voreiligen und pauschalen Abgesang auf die Dependenztheorien.

Während die Modernisierungstheorien „exogene Faktoren" (Handelsaustausch, Kapital- und Technologietransfer etc.) als Entwicklung stimulierende Impulse begriffen, weil sie in den „traditionalen Gesellschaften" keine hinreichende Wandlungsfähigkeit zu entdecken vermochten, bildeten sie für die Dependenztheoretiker – und in dieser Annahme stimmten ihre verschiedenen Denkrichtungen weitgehend überein – die entscheidende Ursache für das Entstehen und Fortwirken von Unterentwicklung. Der dependenztheoretische Kontrapunkt zu den Modernisierungstheorien lautete:

Die Dritte Welt blieb nicht aufgrund von Ressourcen- oder Kapitalknappheit, der „Bevölkerungsexplosion", klimatischer oder ökologischer Benachteiligung, kultureller Rückständigkeit oder gar von Arbeitsunlust der „Primitiven" unterentwickelt, sondern wurde vom Imperialismus zur entwicklungsunfähigen „Peripherie" gemacht. EL wurden auf diese Weise zu „unterentwikkelt gehaltenen Ländern", zum billigen Rohstoffreservoir und mit Gewalt geöffneten Absatzmarkt für die industrielle Massenproduktion, die auch den „industriellen Kindesmord" einschloß. Entwicklung und Unterentwicklung seien also Resultate einer gemeinsamen Geschichte: des sich in Europa entfaltenden Kapitalismus und seiner verschiedenen Etappen und Formen des Imperialismus.

Während die neo-klassische Außenhandelstheorie von dem Lehrsatz ausgeht, daß der ungehinderte internationale Warenaustausch durch die Nutzung der *komparativen Kostenvorteile* den Wohlstand aller am Handel beteiligten Länder mehre, folgerten die Dependenztheoretiker aus der ungleichen Kosten- und Nutzenverteilung, daß – wie es *Dieter Senghaas* (1977) auf einen einprägsamen Nenner brachte – der Weltmarkt eine „Sackgasse für EL" darstelle. Dann war der „Imperativ der Dissoziation", des Abkoppelns vom Weltmarkt, folgerichtig.

Die Dependenztheorien kamen aus Lateinamerika und waren deshalb ursprünglich auf diesen relativ entwickelten Subkontinent bezogen. Erst *Samir Amin* (1974, 1975) und vor allem *Dieter Senghaas* (1974) verallgemeinerten die *dependencia*-Thesen in ihrer „Theorie des peripheren Kapitalismus" und stülpten dieses Erklärungsmodell der gesamten „Peripherie" über. Auf diese Weise wurden Lateinamerika mit einem relativ fortgeschrittenen Kapitalismus, Afrika mit seiner strukturellen Heterogenität von Export- und Subsistenzwirtschaften, der Orient mit seinen Inseln des Rentenkapitalismus, die dynamischen Schwellenländer Ostasiens und verschiedene Versionen von *mixed economies* unter einer Weltformel vereinheitlicht und vergewaltigt.

Vor allem an dieser Konstruktion von verallgemeinerten Modellen setzte die Kritik an. Die Schwellenländer, die nach dependenztheoretischer Logik alles falsch machten und dennoch das angebliche Gesetz von *dependencia* = Unterentwicklung durchbrechen konnten, wurden zu Zeugen des dependenztheoretischen Irrtums (vgl. *Menzel* 1983; *Asche* 1984, 1985). Gerade bei den ostasiatischen „kleinen Tigern" boten sich modernisierungstheoretische Erklärungen (konfuzianische Arbeitsethik, „starker Staat", hohe Wertschätzung der Bildung u. a. m.) an.

Selbst die multinationalen Unternehmen, an denen die Imperialismus- und Dependenztheorien vornehmlich ihre Thesen der Ausbeutung, Denationalisierung und Dekapitalisierung festgemacht hatten, gerieten aus der Schußlinie der Kritik, weil sie, nun auch vom Osten umworben, kaum noch zu Neuinvestitionen in der von Wirtschafts- und Zahlungskrisen heimgesuchten Dritten Welt bereit waren. Die *Vierte UN-Entwicklungsdekade* forderte mit Zustimmung der EL eine Verbesserung des Investitionsklimas für die multinationalen Unternehmen, die „Träger des Technologietransfers, des Welthandels und der Vermarktung" geworden seien und „im allgemeinen keine Schulden erzeugen".

2.3.1 *„Säkulare Verschlechterung der terms of trade"?*

Bereits zu Beginn der 50er Jahre hatte der argentinische Ökonom *Raúl Prebisch* (später der erste Generalsekretär von UNCTAD) seine „Theorie der säkularen Verschlechterung der terms of trade" vorgelegt, derzufolge die Handelsbeziehungen zwischen den vorwiegend Rohstoffe exportierenden EL und den auf Industrieprodukte spezialisierten IL entgegen den Lehrsätzen der neo-klassischen Außenhandelstheorien nicht beiden Ländergruppen gleichermaßen, sondern einseitig den IL Vorteile verschaffen. Nach seiner Annahme verschlechterte sich für die EL, und zwar über längere Zeiträume hinweg, das Verhältnis zwischen Export- und Importpreisen. Selbst wenn die EL

Produktivitätssteigerungen erreichen, kommen sie den IL in Form niedrigerer Preise zugute, während sich deren Produktivitätssteigerungen in höheren Preisen, Gewinnen und Löhnen niederschlagen.

> *TERMS OF TRADE (ToT):*
> Die am häufigsten ausgewiesene, aber nicht aussagefähigste Berechnungsgröße sind die *Commodity ToT*: Sie bezeichnen das Verhältnis zwischen Exportpreisen und Importpreisen (genauer: zwischen Exportpreis- und Importpreisindex), im Regelfall der EL also das Verhältnis zwischen den Preisen für exportierte Rohstoffe und importierte Fertigprodukte; sie geben mit anderen Worten an, in welchem Maß die Menge von Importgütern, die gegen eine bestimmte Menge von Exportgütern ausgetauscht wird, in einem bestimmten Zeitraum zu- oder abgenommen hat.
> Diese *Commodity ToT* geben keine Auskunft darüber, ob sich die Importkapazität eines Landes verändert hat, das heißt, ob die Gütermenge, die ein Land mit seinen Exporterlösen kaufen kann, zu- oder abgenommen hat. Diese Veränderung der Importkapazität zeigen die *Income ToT*, die durch die Multiplizierung der *Commodity ToT* mit dem Exportmengenindex errechnet werden.
> Die *Commodity ToT* beziehen sich ausschließlich auf den Warenaustausch und berücksichtigen nicht Produktivitätsveränderungen im Exportsektor (die Faktorproduktivität), die Frage also, welche Menge von Importgütern mit einer im Exportsektor geleisteten Arbeitsstunde erworben werden kann. Diese Veränderung zeigen die *Single Factor ToT* an, die sich aber nur auf Produktivitätsveränderungen im inländischen Exportsektor beziehen.
> Die *Double Factoral ToT* berücksichtigen zusätzlich auch die Produktivitätsveränderungen im ausländischen Exportsektor, aus dem Importgüter stammen; sie bilden einen (freilich ziemlich schwierig zu berechnenden) Indikator für die Veränderung der relativen Einkommensposition eines Landes. (Quelle: *Ochel* 1982: 175 ff.)

Dieser Theorie, die in der Dritten Welt breite Resonanz fand und die Grundlage für ihre Forderungen nach einer Neuen Weltwirtschaftsordnung, vor allem nach einer neuen internationalen Rohstoffpolitik, bildete, konnten einige statistische und explikative Mängel nachgewiesen werden (vgl. *Kaiser/Wagner* 1986: 205 ff.; *Hemmer* 1988: 227 ff.):

- Mit der passenden Wahl des Stichjahres kann je nach argumentativem Bedarf sowohl eine Verschlechterung als auch eine Verbesserung der ToT belegt werden.
- Globale und durchschnittliche ToT-Werte sagen wenig über die unterschiedliche Betroffenheit einzelner Länder aufgrund unterschiedlicher Exportstrukturen und Preisentwicklungen für einzelne Rohstoffe aus.

- Die drei ToT-Konzepte (siehe Kasten) zeigen, daß es wesentlich darauf ankommt, was gemessen und verglichen wird, weil eine Verschlechterung der *Commodity ToT* durchaus eine Verbesserung der *Income ToT* gegenüberstehen kann.
- Die Annahme einer „säkularen Verschlechterung" geht von gleichbleibenden Güterstrukturen und Qualitätsstandards aus. Wie die NIC zeigen, findet auch in den EL eine ständige Veränderung der Export- und Güterstrukturen statt.
- Selbst wenn eine „säkulare Verschlechterung" der ToT zum Nachteil der EL belegt werden könnte, bliebe die Frage offen, ob sie für die längerfristige Wirtschaftsentwicklung nachteilig ist, weil sie eine Diversifizierung der Exportstruktur bewirken kann.

  Aber auch dieser Kritik am ToT-Konzept gelang es nicht, die ungleiche Verteilung der Handelsgewinne aufgrund ungleicher Markt- und Machtpositionen zu widerlegen. Längerfristige ToT-Kurven zeigen für die Gesamtheit der EL keine tendenzielle Verschlechterung, aber ausgerechnet bei den LLDC eine Verschlechterung aller drei ToT-Indikatoren, die in den 80er Jahren geradezu dramatische Dimensionen erreichte. Der Nachweis einiger statistischer Mängel konnte nicht verhindern, daß das Dogma der *komparativen Kostenvorteile* nachhaltig erschüttert wurde. Damit war aber noch kein Beweis für die außenhandelstheoretische Begründung von Unterentwicklung erbracht.

2.3.2 *Ausbeutung von „unterentwickelt gehaltenen Ländern" durch „ungleichen Tausch"?*

Das Theorem des „ungleichen Tausches" ist nicht mit dem ToT-Konzept identisch, obwohl es häufig mit ihm verwechselt wird. Eine einfache Version versteht unter „ungleichem Tausch" die hinter Produktivitätsunterschieden versteckten Werttransfers zwischen ungleich entwickelten Volkswirtschaften: Die Produktion industrieller Fertigprodukte habe eine höhere Wertschöpfung als die Förderung und Ausfuhr von Rohstoffen, sowie größere Lerneffekte, die wiederum das Entwicklungsniveau anheben, führe zu Verbesserungen der materiellen und sozialen Infrastruktur und ermögliche höhere Gewinne und Löhne. Es finde also ein durch Struktur- und Produktivitätsunterschiede bewirkter „ungleicher Tausch" von Werten – und nicht allein von Preisen, von denen das ToT-Konzept ausgeht – statt.

Eine marxistische Theorievariante übertrug die Arbeitswertlehre von *Marx* auf den internationalen Güteraustausch und stellte einen „ungleichen Tausch" von Arbeitsquanten fest, der einen versteckten Werttransfer darstelle. „Ungleicher Tausch" liegt demnach vor, wenn Waren nicht entsprechend der in ihnen enthaltenen Menge gesellschaftlich notwendiger Arbeit ausgetauscht werden und die Preise der auf dem Weltmarkt getauschten Waren nicht mit den Arbeitswerten übereinstimmen. Mit anderen Worten: Die

IL wenden aufgrund überdurchschnittlicher Arbeitsproduktivität weniger Arbeit für die exportierten Waren auf als die EL mit ihrer unterdurchschnittlichen Arbeitsproduktivität und erhalten über den Austausch der Güter mehr Arbeitsquanten als sie selbst aufwenden.

Der intellektuelle Energieaufwand dieser werttheoretischen Begründung des „ungleichen Tausches", die sich einer empirischen Überprüfung entzieht, war groß, blieb aber eine akademische Übung, die in der Entwicklungstheorie kaum Spuren hinterließ, weil sie nur für marxistische Politökonomen nachvollziehbar war (vgl. *Schmidt* 1982). *Menzel* (1991: 27) bezieht seinen Vorwurf der „Narzißmen der kleinsten Differenz" vor allem auf solche Ableitungsdebatten. Mancher redet weiterhin vom „ungleichen Tausch", gebraucht dabei aber eher die Preisargumente des ToT-Konzepts als werttheoretische Argumente.

2.3.3 *Die Überschuldung als Entwicklungsblockade*

Bereits *Lenin* hatte in seinem für die marxistisch-leninistische Imperialismustheorie grundlegenden Traktat über den „Imperialismus als höchstes Stadium des Kapitalismus" die Spaltung der Welt in ein „Häuflein Wucherstaaten und in eine ungeheure Mehrheit von Schuldnerstaaten" vorausgesagt. Spätestens nach dem „Mexiko-Schock" vom September 1982 wurde die Weitsicht dieser Prognose offensichtlich.

Bei der Suche nach den Ursachen der Verschuldungskrise lebte der alte dependenztheoretische Streit wieder auf: War die Krise hausgemacht oder von außen verursacht? Waren die Ölpreissteigerungen, der Zerfall der Rohstoffpreise, die Verschlechterung der ToT und die US-Hochzinspolitik oder die Mißwirtschaft, Korruption und Kapitalflucht, die „Entwicklungsgigantomanie" und hohen Waffenimporte der Schuldnerländer die Hauptursachen? Seriöse Analytiker gehen inzwischen ziemlich übereinstimmend davon aus, daß es keine einzelne Ursache, sondern ein sich wechselseitig verstärkendes Bündel von externen und internen Ursachen gibt, die im Einzelfall mit unterschiedlichem Gewicht zur Anhäufung der Schuldenberge beigetragen haben (vgl. den Beitrag von *Hartmut Sangmeister*).

Wie auch immer die Ursachen bestimmt werden mögen: Die Schuldenkrise erwies sich nicht als eine kurzfristige Liquiditätskrise, sondern als eine strukturell bedingte Solvenzkrise, als eine Folge von Unterentwicklung. Sie resultierte in einem wachsenden Nettokapitaltransfer aus dem Süden in den Norden, nach einem Bild von *Willy Brandt* (1985: 148 ff.) in einer „Bluttransfusion vom Kranken zum Gesunden", also in einem finanziellen Ausbluten der Schuldnerländer, das einer Entwicklungsblockade gleichkommt.

Die westlichen Gläubigerstaaten setzten auf ein internationales Schuldenmanagement durch den *Pariser Club* und den IWF, in dessen Entscheidungsgremien sie mittels ihrer überlegenen Stimmenanteile ihre Interessen durchsetzen können. Der IWF nutzte seine „Konditionalität" nicht nur zur Stabilisierung der Zahlungsbilanzen und Wiederherstellung der Kreditwürdigkeit der Schuldnerstaaten, sondern betätigte sich auch als ordnungspolitischer Zuchtmeister. Er griff durch seine Auflagen zur Strukturanpassung tief in die Wirtschafts- und Sozialpolitik der zahlungsunfähigen Schuldner ein (vgl. den Beitrag von *Rainer Tetzlaff*).

Der IWF gilt vielen Kritikern als Verkörperung des Imperialismus oder als „kapitalistischer Weltdiktator" (nach *Fidel Castro*), obwohl ihm nun auch die ehemaligen RgW-Staaten und „sozialistischen EL" flugs beitraten oder beizutreten versuchen. Der Bericht der *Süd-Kommission* (1990) beschuldigte den IWF des Neokolonialismus. Abgesehen von solchen Verbalinjurien: Die „Schuldknechtschaft" machte die Strukturen und Mechanismen von Abhängigkeit deutlich. Deshalb schlagen wir den Schuldendienstquotienten als Indikator für Abhängigkeit vor (vgl. S. 101).

2.3.4 *Ideologie der komparativen Kostenvorteile – Realität des Protektionismus*

Hesse/Sautter (1977), die den Dependenztheorien nichts abgewinnen konnten, nahmen dennoch das Außenhandels- und Dependenzproblem in ihren entwicklungspolitischen Problemkatalog auf. Inzwischen weisen auch die internationalen Entwicklungsagenturen immer nachdrücklicher auf den Tatbestand hin, daß der erfindungsreiche Protektionismus der IL, insbesondere ihre nicht-tarifären Handelshemmnisse (Mengenbeschränkungen, Exportsubventionen, Einfuhrabschöpfungen, Ausfuhrerstattungen, Importquoten, Antidumping-Verfahren), die EL mehr kostet, als ihnen alle Kompensationszahlungen in Form von Entwicklungshilfe zurückbringen; daß die praktizierenden Mechanismen des Welthandels allen Verheißungen des Freihandelsprinzips und damit auch dem neo-klassischen Dogma der *komparativen Kostenvorteile* widersprechen.

Die 80er Jahre waren enthüllend (vgl. den Beitrag von *Nuscheler* über „Entwicklungspolitische Bilanz der 80er Jahre . . ."). Der Außenhandel erwies sich für die große Mehrheit der EL nicht als Motor, sondern tatsächlich als eine Sackgasse für Entwicklung. Der Hinweis auf die Vorteile, die die NIC aus dem Weltmarkt zu ziehen verstanden, ist ein wenig überzeugendes Gegenargument.

Einige weitere EL, die in Teilbereichen (Stahlprodukte, Textilien, Lederwaren u. a.) konkurrenzfähig wurden, und die Agrarexporteure stießen auf ein ganzes Arsenal von protektionistischen Abwehrmaßnahmen der IL. Deshalb ist fraglich, ob das Modell der exportgestützten Industrialisierung, das die „kleinen Tiger" erfolgreich erprobten, als Vorbild verallgemeinert werden kann. Die Schwierigkeiten, die *Uruguay-Runde* des GATT zu einem erfolgreichen Abschluß zu bringen, wiesen auf die Widerstände in den IL gegen einen wirklich freien Welthandel hin, der auch ihnen Strukturanpassungen abverlangt (vgl. *Raghavan* 1990). Die Schlußfolgerung, die *Joachim Jungfer* (1991: 420) aus der Auseinandersetzung mit den Dependenztheorien zieht, wird deshalb eher der neo-liberalen Doktrin und dem „Prinzip Hoffnung" denn der weltwirtschaftlichen Realität gerecht:

„Die Produktion für den Weltmarkt ist nicht das Übel Nummer eins, wie die Neomarxisten und Dependenztheoretiker behaupten, sondern die größte Chance für eine rasche wirtschaftliche Entwicklung der Dritten Welt."

3. Entwicklungstheoretische Konvergenzen

Es war nicht schwer, Schwachstellen in der dependenztheoretischen Argumentation ausfindig zu machen, besonders dann, wenn *dependencia* als inhaltsvage Allerweltsformel gebraucht wurde. Der Kolonialismus dient vor allem den Herrschaftseliten der Dritten Welt, die am meisten von ihm imprägniert und sozialisiert wurden, noch immer als ein allzu bequemes und wohlfeiles Alibi für eigenes Versagen; er kann aber nicht als Sündenbock mit allen Übeln der Gegenwart beladen werden (vgl. u. a. *von Albertini* 1982). *Dependencia* erwies sich ebenso als ungeeignete Kurzformel für Unterentwicklung wie die modernisierungstheoretischen Klischees (Tradition, Mentalität etc.).

Längst hat sich auch bei ehemaligen Dependenztheoretikern die Erkenntnis durchgesetzt, daß bei allen außenwirtschaftlichen Zwängen die Sozial- und Herrschaftsstrukturen für die Entwicklungsgeschichte eines Landes von vorrangiger Bedeutung sind. *Menzel* (1983: 41) beispielsweise kritisierte alle Theorien, die den wirtschaftlichen Außenbeziehungen einen „zu ausschließlichen Stellenwert im Hinblick auf Entwicklung und Unterentwicklung" beimessen; er suchte die Antwort auf die Frage, wie die Risiken des Weltmarkts verringert und auch seine Chancen genutzt werden können, „eher im politischen System und der Sozialstruktur". Nur noch wenige Entwicklungstheoretiker betrachten den Weltmarkt als das „Übel Nummer eins", wie *Jungfer* (1991: 420) der Gesamtheit der Dependenztheoretiker unterstellt. Hier werden ideologische Fronten der 70er Jahre aufgefrischt und in die 80er Jahre fortgeschrieben.

Gerade die Herrschafts- und Klassenanalysen von mehr oder weniger marxistischen Politökonomen haben zu der nun weithin konsensfähigen Einsicht beigetragen, daß ohne interne Strukturveränderungen weder eine Neue Weltwirtschaftsordnung noch mehr Entwicklungshilfe das Entwicklungsproblem lösen können; diese Analysen haben die „Krise des Entwicklungsstaates" entdeckt, bevor ihn die neo-liberale Deregulierungsmanie ins Visier nahm; sie haben die Repression und Selbstbereicherung der Herrschaftseliten („Staatsklassen") kritisiert, bevor die Weltbank die Rezeptur des *good governance* propagierte und „politische Konditionalität" zu einem Schlagwort wurde; sie haben die hohen Rüstungsausgaben der EL und Rüstungsexporte der IL kritisiert, als sie noch mit geo-strategischen Argumenten gerechtfertigt wurden; sie verschlossen sich auch nicht der Einsicht, daß marktwirtschaftliche Strukturanpassungen zur Eindämmung des wirtschaftlichen Zerfalls unausweichlich wurden. Die Krise des Realsozialismus half solchen Einsichten nach.

In der entwicklungstheoretischen Diskussion wurden viele Tabus aufgebrochen (vgl. *Menzel* 1991). In den Jahren 1989/90 führten Vordenker der „linken Szene“ in den Zeitschriften *Blätter des iz3w* und *Blätter für deutsche und internationale Politik* eine lebendige Diskussion über Mythen und Theorieruinen der Entwicklungsforschung. *Roger Peltzer* (1989) warf großen Teilen dieser Szene vor, noch immer die „platteste Version der Dependenztheorie“ nachzubeten. Die Diskutanten waren sich darin einig, daß weder dependenztheoretische Glaubensbekenntnisse noch voreilige Konversionen zu den Modernisierungstheorien weiterhelfen. Geblieben ist eine heilsame Nachdenklichkeit, aber auch allerhand entwicklungstheoretische Ratlosigkeit, die durch den Zusammenbruch sozialistischer Alternativen noch verstärkt wurde. Vereinzelte Versuche, z. B. von *Gerhard Hauck* (1990), den Marxismus für die Entwicklungstheorie zu retten, wirken wie ein Nachhutgefecht einer verlorenen Schlacht.

Die Dependenztheorien haben seit den 80er Jahren selbst an den Universitäten keine Konjunktur mehr, nachdem sich auch ihre ehemaligen Propheten mit selbstkritischen Bekenntnissen von ihnen abwandten (vgl. *Menzel* 1991). Alle Ideologie- und Empiriekritik kann ihnen jedoch kaum das Verdienst streitig machen, nicht nur die entwicklungstheoretische Debatte belebt, sondern auch das Wissen über Entstehen, Strukturen und Prozesse von Unterentwicklung bereichert zu haben. Sie haben einen theoretischen Innovationsschub vollbracht, der nachwirkt, obwohl ihnen ständig Totenscheine ausgestellt werden.

Erich Weede (1985, 1986) versuchte, das dependenztheoretische Denkgebäude endgültig auszuhebeln, indem er in der Manier von *Adam Smith* den kapitalistischen Weltmarkt zum universellen Entwicklungsmotor aufwertete. *Joachim Jungfer* (1991) setzte diese Abrechnung mit den Dependenztheorien fort. Obwohl inzwischen der Markt auch bei der ziemlich sprachlos gewordenen Linken entdämonisiert wurde und der Weltmarkt auch vom kleinen Häuflein von „kritischen“ Entwicklungstheoretikern, die nicht zum neo-liberalen Paradigma konvertierten, nicht prinzipiell und generell als „Sackgasse für Entwicklung“ betrachtet wird, endet bei solchen Rückfällen in die doktrinäre „große Theorie“ mit universellem Geltungsanspruch die entwicklungstheoretische Konvergenz. Dies gilt umgekehrt auch für *Elmar Altvaters* „Sachzwang Weltmarkt“ (1987) und für die „große Theorie“, die er in diesem Band vorträgt.

4. Schlußfolgerungen für einen Begriff von Unterentwicklung

Unterentwicklung ist ein vielschichtiger Zustand und Prozeß, der nicht mit griffigen Formeln erfaßt werden kann. Monokausale Erklärungen, die ihre Multidimensionalität und Multikausalität auf einzelne Ursachen – sei es den Kolonialismus, den „Sachzwang Weltmarkt“, die (gar als „Ewiggestriges“ verkürzte) „Tradition“ oder die „Bevölkerungsexplosion“ – zurückführen, bringen allenfalls vereinfachende Halbwahrheiten hervor. Solche Halbwahrheiten sind jedoch verführerisch, weil sie leichter zu handhaben sind als mühsame und letztlich vergebliche Bemühungen, das ganze, vielschichtige und jeweils unterschiedliche Problem der Unterentwicklung in den analytischen und verstehenden Griff zu bekommen.

Unterentwicklung bedeutet formelhaft die ungenügende Entwicklung der Produktivkräfte. Das Warum ist und bleibt das zu Erklärende, das sich nicht an ideologisch besetzten Unterscheidungen zwischen endogenen und exogenen Faktoren oder an Gewandeinteilungen wissenschaftlicher Disziplinen orientieren darf. Es gibt keinen allumfassenden und alleserklärenden Begriff von Unterentwicklung, der die jeweils verschiedenen historischen, natürlichen und ökonomischen, gesellschaftlichen und politischen, kulturellen und anthropologischen Komponenten in sich vereinen und gleichzeitig in eine kausale Wechselbeziehung unter Berücksichtigung internationaler Rahmenbedingungen bringen könnte. Es wird diesen Begriff auch niemals geben. Deshalb muß die Kapitelfrage unbeantwortet bleiben, sofern sie die Erwartung auf eine bündige Definition geweckt haben sollte.

Das jeweils spezifische Bündel von Ursachen sowie erfolgversprechende Strategien zur Überwindung von Unterentwicklung können nur interdisziplinär angelegte Fall- und Vergleichsanalysen ausfindig machen, die sich um Theorien mittlerer Reichweite bemühen. Die Regional- und Länderanalysen in den sieben Regionalbänden dieses Handbuches werden sich an dieser Suche beteiligen.

(Die zitierte oder erwähnte Literatur ist im zusammenfassenden Literaturverzeichnis auf den S. 492ff. aufgeführt.)

Was heißt Entwicklung?

Dieter Nohlen und Franz Nuscheler

Keiner der zentralen Begriffe im Bereich der Entwicklungsforschung blieb von Mißverständnissen und Nichtigkeitserklärungen verschont. So wurde vielfach das „Ende der Dritten Welt" verkündet, Entwicklungshilfe sogar zur „tödlichen Hilfe" (*Erler* 1988) abqualifiziert und Entwicklung zu einem „Märchen" erklärt (so *Rist/Sabelli* 1989). *Ulrich Menzel* (1991: 20) forderte eine Enttabuisierung des Entwicklungsbegriffs, *Wolfgang Sachs* (1989) sprach ihm sogar jedweden Gehalt ab:

> „Inzwischen ist ‚Entwicklung' zu einem qualligen, amöben-gleichen Wort geworden. Es faßt nichts mehr, weil seine Konturen verschwimmen ... Wer es ausspricht, benennt gar nichts, doch nimmt für sich alle guten Absichten dieser Welt in Anspruch. Zwar hat es keinen Inhalt, aber doch eine Funktion: es verleiht jedem beliebigen Eingriff die Weihe, im Namen eines höheren evolutionären Ziels vollzogen zu werden. ‚Entwicklung' ist ausgehöhlt bis auf ein leeres Plus."

Dietmar Dirmoser (1991: 13) billigt dem Entwicklungsbegriff nur noch die Rolle eines „Leitfossils" zu:

> „In ‚Entwicklung' klingt zu vieles an, daß noch etwas Bestimmtes damit benannt werden könnte. Entwicklung ist einer jener unsäglichen Konglomeratbegriffe, die einen zur Weißglut treiben."

Zwar wird ziemlich einhellig die Fragwürdigkeit des Begriffs festgestellt, dennoch fällt der Abschied von ihm offensichtlich schwer: Aus Mangel an Alternativen oder – wie *Wittpoth* (1991) vermutet – aufgrund der Erwartung, bisherige Grundüberzeugungen beibehalten zu können? Und warum versuchen wir, einen solch fragwürdigen, „qualligen", „amöben-gleichen" oder „unsäglichen" Begriff beizubehalten und zu definieren, ihm also Inhalt und Sinn zu geben? Weil wir eine Definition brauchen, um Entwicklungen, Rück- oder Fehlentwicklungen, die in diesem Handbuch analysiert werden, bewerten zu können.

Die wesentliche Funktion eines Begriffes ist es, einen Gegenstand zu begreifen, intersubjektiv begreifbar und damit für den wissenschaftlichen Diskurs zugänglich zu machen. Viele Mißverständnisse und Kontroversen in der „Entwicklungsdebatte" beruhen auf der mangelnden Verständigung über Begriffsinhalte. Es genügt nicht, einen Begriff für bankrott zu erklären, ohne ihn durch einen besseren und allgemein akzeptierten Begriff zu ersetzen. Dieser gehaltvollere und weniger fragwürdige Begriff steht noch aus.

1. Probleme der Begriffsbildung

„Entwicklung" ist ein in den verschiedensten Zusammenhängen verwendeter, entsprechend vieldeutiger, definitorisch kaum exakt erfaßbarer und dem Meinungs- und Ideologiestreit entrückbarer Begriff. Die Schwierigkeiten einer Definition, die begriffslogischen Forderungen nach Klarheit, Eindeutigkeit und intersubjektiver Überprüfbarkeit gerecht wird, liegen erstens im nicht-statischen Wesen und Wortsinn von Entwicklung: Der Begriff ist wie sein Gegenstand dauernder Veränderung unterworfen. Zweitens ist jeder Begriff von Entwicklung – weil er sich nicht auf einen statischen Zustand, sondern auf ein Ziel bezieht – ein normativer Begriff, abhängig von individuellen und kollektiven Wertvorstellungen in Raum und Zeit.

Der Entwicklungsbegriff ist nicht allgemeingültig (im Sinne ahistorischer Allgemeingültigkeit) definierbar; er ist ein Cluster-Begriff, dessen konstitutive Eigenschaften nicht verbindlich festgelegt werden können. Das vielfache Lamentieren darüber, daß es *den* allumfassenden und allgemeingültigen Entwicklungsbegriff nicht gebe, aber geben müsse, verkennt deshalb diese grundlegende Konstitutionsproblematik des Begriffs.

Wir begeben uns also nicht auf die Suche nach *dem* Begriff von Entwicklung, weil sie vergeblich wäre. Möglich ist allein die Definition eines von raumzeitlichen Bedingungen und Erfahrungen abhängigen Kernbestandes von Eigenschaften, welche zusammen den Entwicklungsbegriff ausmachen. Wir leiten diese Begriffsstücke aus theoretischen Vorstellungen ab, die wir von Entwicklung haben. Im „magischen Fünfeck von Entwicklung" sind es fünf theoretisch begründete Elemente von Entwicklung, die Ziel- *und* Mittelfunktionen erfüllen und zu einer begrifflichen Synthese verknüpft werden.

Wir definieren kraft Setzung, welche normativen Elemente im Entwicklungsbegriff enthalten sein *sollen*. Unsere Definition von Entwicklung entsteht in der argumentativen Auseinandersetzung mit der internationalen Theorie- und Begriffsbildung, ist damit zwar eingebettet in teilweise polemisch geführte Kontroversen, versucht aber durch Abwägen von theoretischen und empirischen Argumenten, ein möglichst großes Maß an Übereinkunft zu erzielen, ohne Kontroversen zu verwischen und Positionen aufzugeben. Dieser Begriff ist nicht statisch, sondern für Veränderungen in der Wirklichkeit und wissenschaftlichen Diskussion offen.

Wie schwierig die Verständigung über einen allgemein akzeptierten Entwicklungsbegriff ist, deutete der *Brandt-Bericht* (1980: 64) an: Der Begriff „bezeichnet, weit gefaßt, den erwünschten sozialen und wirtschaftlichen Fortschritt – und es wird immer unterschiedliche Auffassungen darüber geben, was erwünscht ist". Zum Streit zwischen Ideologien gesellte sich der Streit zwischen wissenschaftlichen Disziplinen, die Entwicklung aus unterschiedlichen Perspektiven betrachten und den integralen Begriff in fachspezifische Segmente zerlegen. Ein wirtschafts- und/oder sozialwissenschaftlich begründeter Entwicklungsbegriff übersieht beispielsweise, wie es *Peter Hünermann* (1990) beklagte, die anthropologisch-theologischen Bedingungen von Entwicklung.

Die *development sciences* haben keinen gemeinsamen Entwicklungsbegriff. Die Wissenschaftsorganisation ist nicht auf Interdisziplinarität, sondern auf disziplinäre Gewandeinteilung angelegt. Interdisziplinäre Lehr- und Forschungseinrichtungen wie das *Institute for Development Studies* (IDS) in Brighton/Sussex bilden rühmliche Ausnahmen. Im deutschen Wissenschaftsbetrieb sind Entwicklungsforscher ziemlich isolierte „Einzelkämpfer“, die unter disziplinärem Profilierungsdruck stehen (vgl. *Nuscheler* 1985, 1986). Die Diversifizierung und Pluralität der Entwicklungswissenschaften erzeugen zwar eine fruchtbare Konkurrenz, erschweren aber die Verständigung auf einen gemeinsamen Entwicklungsbegriff.

Es gibt zwar über alle Fachgrenzen und ideologischen Lager hinweg einen *common sense*, daß Entwicklung mit der Beseitigung der schlimmsten Mangelerscheinungen, vor allem mit der Überwindung von Hunger und Krankheit, beginnen muß. Wenn es nur um das animalische Existenzminimum geht, werden alle akademischen Reflexionen über den Entwicklungsbegriff ziemlich überflüssig. Es geht dann nicht um Entwicklung, sondern nur um das nackte Überleben; „Entwicklung“ bedeutet dann schlicht und einfach Verbesserung der menschenunwürdigen Lebensbedingungen.

Aber was bedeutet Menschenwürde in den verschiedenen Kulturen, in der „Kultur der Armut“ (*Oscar Lewis*) oder dort, wo das Christentum den Menschen zu einem „Ebenbild Gottes“ erhoben hat? Welche Güter und Werte sind für den Menschen über die Befriedigung der elementaren Existenzbedürfnisse hinaus wichtig? Welche machen das Leben lebenswert? Was nutzt und frommt dem Melanesier, Inder, Araber, Afrikaner und Indio? Wer ist legitimiert, für andere Entwicklungsziele zu formulieren? Die Empfängerländer von bi- und multilateraler Entwicklungshilfe beklagen sich häufig und mit guten Gründen, daß ihnen mit Gütern und Personal auch noch die Interessen und der Entwicklungsbegriff der „Geberländer“ mitgeliefert würden.

2. Annäherungen an den Entwicklungsbegriff

Dudley Seers erörterte im HDW I drei Möglichkeiten, den Begriff mit Inhalt zu füllen:

- erstens durch seine Ableitung aus dem Leitbild der entwickelten Länder;
- zweitens durch seine Ermittlung aus den in den nationalen Entwicklungsplänen gesetzten Zielen;

– drittens durch seine Orientierung an universell anerkannten und von internationalen Organisationen proklamierten Zielen.

Jede dieser Möglichkeiten birgt erhebliche Risiken und ist deshalb als Methode der Begriffsbildung und als Mittel der Zielfindung von Entwicklung keineswegs problemlos. Hilfreich und aufschlußreich ist ein Rückblick auf die Geschichte des Entwicklungsbegriffs, weil er auf verschüttete Konnotationen hinweist.

2.1 **Geschichte des Entwicklungsbegriffs**

Bis an die Schwelle der Moderne war der Entwicklungsbegriff ein anthropologischer und theologischer Begriff, eingebettet in die heilsgeschichtliche Teleologie und Entelechie (vgl. *Hünermann* 1990: 49 f.). Bei *Leibnitz* erhielten die Begriffe *evolutio, développement* und *enveloppement* eine richtungsweisende Bedeutung: das Auswickeln von etwas Eingewickeltem, von etwas Vorhandenem, aber noch Verborgenem, das Entfalten von Anlagen. In den Fortschrittsphilosophien des 18. und 19. Jahrhunderts verbindet sich der Begriff mit dem Optimismus, daß Individuen und Gesellschaften befähigt seien, aus eigener Kraft eine immer bessere Welt hervorzubringen (vgl. *Geiger/Mansilla* 1983: 33 ff.). Entwicklung bedeutete Bewegung, Prozeß, Veränderung und Befreiung.

Für *Kant* gilt, daß „alle Naturanlagen eines Geschöpfs bestimmt (sind), sich einmal vollständig und zweckmäßig auszuwickeln“, die Menschen aber „durch ihre eigene Tätigkeit die Entwicklung ... dereinst zu Stande“ bringen müssen (zit. nach *Weyand* 1972). Dieser Lehrsatz läßt, auf die aktuelle Entwicklungsdiskussion übertragen, nur die Folgerung zu: Entwicklung kann nicht Entwikkelt-Werden, sondern nur Sich-Entwickeln bedeuten (auch das Auswickeln der durch Entwicklungshilfe eingewickelten eigenen Fähigkeiten zu Problemlösungen).

Allerdings erhielt der Begriff schon in den Rechtfertigungsdoktrinen für den Imperialismus (*mission civilisatrice, the white man's burden* oder *manifest destiny*) eine transitive Bedeutung, die dann noch 1945 von den Modernisierungstheorien aufgegriffen, fortentwickelt und in „strukturelle Universalien“ (nach *Talcott Parsons*) gegossen wurde: daß die „nichtwestlichen Gesellschaften“ durch die Übertragung von wirtschaftlichen, politischen und kulturellen Lebensformen des Westens entwickelt („zivilisiert“) werden sollen (vgl. *Mols* 1989; *Wehler* 1975). Dieser Kulturimperialismus, wie er auch verkleidet und wie gut er gemeint gewesen sein mochte, ersetzte die koloniale durch eine kulturelle Geringschätzung der „primitiven Gesellschaften“, denen er keine Entwicklungsfähigkeit ohne fremde Hilfe zutraute. „Entwicklung“ war eine Nachgeburt von *colonial development* (vgl. *Sieberg* 1985).

Erst das Bewußtwerden der „Trugbilder von Entwicklung“ (nach *Mansilla* 1986) im Gefolge des Scheiterns von Entwicklungsstrategien, die durch Transfers von Kapital, Personal und Know how Entwicklung von außen in Gang zu setzen versuchten, revitalisierte den ursprünglichen Wortsinn von Entwicklung als Auswickeln und Entfalten eigener Fähigkeiten. Die Vordenker von *self-reliance* mögen sich der Kant'schen Wurzeln ihrer Ideen nicht bewußt gewesen sein, aber sie setzten an seinem Verständnis von Entwicklung an.

2.2 **Das Leitbild entwickelter Gesellschaften**

Prämisse der Modernisierungstheorien war, daß die heutigen westlich-kapitalistischen IL den historischen Nachzüglern (*late-comers*) in der Dritten Welt den einzig möglichen (unilinearen) Weg zu Entwicklung – und zwar hin zu Industriegesellschaften – weisen. Entwicklung bedeutete für sie – bei aller Differenzierung in Einzelaspekten – Aufholen und Nachahmen des zum Leit- und Idealbild verklärten westlichen Vorbilds (vgl. u. a. *Nuscheler* 1974; *Mansilla* 1978). Die einflußreiche Stadien- und Stufentheorie von *Walt W. Rostow* (1960), die den EL einen treppenförmigen Weg des Aufholens vorzeichnete, hatte das im Untertitel erklärte politische Ziel, ihnen die einzig erfolgversprechende Alternative zu kommunistischen Verheißungen aufzuzeigen, teilte aber mit *Marx* die Vorstellung einer stufenförmigen Evolution mit einem festgelegten Ziel.

Obwohl schon *Lenin* den damaligen Kolonien und „Halbkolonien" mit seiner Doktrin der „nichtkapitalistischen Entwicklung" einen Weg am Kapitalismus vorbei vorgezeichnet hatte, konnten die Modernisierungstheoretiker auf den berühmten Satz von *Karl Marx*, daß „das industriell entwickelte Land ... dem minder entwickelten nur das Bild der eigenen Zukunft" zeige (MEW 23:12), oder auf die Warnung im *Kommunistischen Manifest* verweisen, daß sich alle Nationen die kapitalistische Produktionsweise aneignen müßten, um nicht zugrunde zu gehen. Die Krise des Realsozialismus in Osteuropa und seiner Ableger in der Dritten Welt erscheint wie eine späte Bestätigung dieser prophetischen Warnungen.

2.2.1 *Kritik an der modernisierungstheoretischen Unilinearität*

Die Kritiker des modernisierungstheoretischen Ein-Gesellschafts-Modells hoben die unterschiedlichen historischen Ausgangs- und weltwirtschaftlichen Rahmenbedingungen der heutigen EL hervor (vgl. *Hemmer* 1988: 113 ff.). Alle, die über alternative oder dritte Wege nachdachten, mußten die in *Rostows* Studienmodell vorgezeichnete Einbahnstraße der Modernisierung in Frage stellen. So erklärten die in Cocoyoc/Mexiko versammelten Wissenschaftler in ihrer aufsehenerregenden *Erklärung von Cocoyoc* (1974):

> „Entwicklung ist kein ‚unilinearer' Prozeß, der die Erfahrungen der heute wohlhabenden Nationen kopiert; es gibt verschiedene Wege, Strategien und Zugänge zur Entwicklung. In der Tat ist Verschiedenheit ein Schlüssel zu erfolgreicher Modernisierung."

Der *Rio-Bericht* bekräftigte mit der Autorität des *Club of Rome*: „Entwicklung heißt nicht Aufholen“ (*Tinbergen* 1977: 71). Der *Brandt-Bericht* (1980: 33) deutete das selbstbewußte Auftreten der Dritten Welt in den 70er Jahren und die vielfältigen intellektuellen und politischen Versuche, den importierten Leitbildern mit einer Rückbesinnung auf die eigene Geschichte und Kultur zu begegnen, als eine „zweite Phase der Dekolonisierung“. Die vom *Club of Rome* aufgezeigten „Grenzen des Wachstums“, die Warnungen des Berichts *Global 2000* sowie die in den IL wachsende Selbstkritik an der industriellen Überentwicklung mit ihrer global wirksamen ökologischen Destruktivität haben die Vorbildhaftigkeit und Nachahmungswürdigkeit der Industriegesellschaften, sowohl in ihrer kapitalistischen als auch in ihrer realsozialistischen Version, erheblich vermindert.

Die UNESCO hat in ihrer *Weltdekade für kulturelle Entwicklung* eine Definition von Entwicklung vorgeschlagen, die nicht nur alle Einengungen auf wirtschaftliches Wachstum und technologischen Fortschritt überschreitet, sondern auch das Gegenteil einer nach westlichem Vorbild vereinheitlichten und verarmten *Einen Welt* anvisiert. Sie definierte Entwicklung als einen Prozeß, der

> „alles umfaßt, was das Wohl der Gesellschaften, das Aufblühen ihrer Kultur, die aktive Teilnahme der Gesellschaften an ihrem Fortschreiten herbeiführen soll. Das läßt sich nicht vorstellen ohne eine Bewährung der fundamentalen geistigen, gesellschaftlichen und menschlichen Werte, auf denen das Leben in den verschiedenen, so unterschiedlichen Gesellschaften beruht; mehr noch, der Sinn für diese Werte muß gestärkt werden“.

2.2.2 *Renaissance der Modernisierungstheorien*

Zu Beginn der 90er Jahre zeigte die im Unterschied zu den 70er Jahren leidenschaftslose entwicklungstheoretische Diskussion ein widersprüchliches Bild. Einerseits wurde die Krise des Sozialismus als weltweiter Triumph des westlich-kapitalistischen Politik- und Wirtschaftsmodells und gelegentlich sogar als „Ende der Geschichte“ gefeiert, weil sich die westliche Regierungs- und Wirtschaftsweise als höchste Entwicklungsstufe erwiesen habe (vgl. *Fukuyama* 1989). Die Versuchung war groß, mit der Krise des Realsozialismus auch die Idee des Sozialismus oder von „dritten Wegen“ für tot zu erklären und das Nachdenken über alternative Entwicklungswege einzustellen.

Die Erfolgsgeschichte einer Handvoll von Schwellenländern hat auch ehemalige Dependenztheoretiker von der Annahme abgebracht, daß eine „nachholende Entwicklung“ unter den Strukturbedingungen der internationalen Arbeitsteilung unmöglich sei. Die Dependenztheorien waren in die Geschichte der Entwicklungstheorien eingegangen, die von ihnen attackierten Modernisierungstheorien erlebten dagegen eine Renaissance.

Andererseits hatte das „verlorene Jahrzehnt“ der 80er Jahre die Einsicht befördert, daß sich das Konzept der „nachholenden Entwicklung“ für den größten Teil der EL nicht nur als eine Illusion erwies, sondern auch eine Horrorvision verhieß: Die Natur und die weltweit verfügbaren Ressourcen würden eine Verallgemeinerung des Produktions- und Konsumstils, wie ihn sich die IL in Ost und West erlauben, nicht aushalten. Deshalb wurde immer häufiger die Frage gestellt: „Wer entwickelt den Norden?" (vgl. *Wittpoth* 1991). Eine Lösung der globalen Umweltkrise muß am Verschwendungswohlstand der IL ansetzen.

Das vom *Brundtland-Bericht* (1987) in die internationale Diskussion eingeführte Konzept des *sustainable development* setzte nicht mehr auf nachholende, sondern auf nachhaltige bzw. dauerhafte Entwicklung, ohne freilich den Anspruch der EL auf Aufholen und das Mittel des *sustainable growth* in Frage zu stellen. Die Weltbank als programmatische Vordenkerin der internationalen Entwicklungspolitik griff die neue Formel auf und reformulierte ihr altes Wachstumskonzept als *sustainable growth*. Bemerkenswert war, daß sie in ihrem Dekadenprogramm für Subsahara-Afrika (1989) das Aufoktroyieren und Kopieren von westlichen Modernisierungsvorbildern, vor allem von verwestlichten Konsumerwartungen, für die Krise Afrikas mitverantwortlich machte.

Bei diesen Anflügen von Selbstkritik sollte nicht übersehen werden, daß sie einen Selbstschutz vor den Risiken einer Globalisierung des westlichen Produktions- und Konsumstils und vor der „Revolution der steigenden Erwartungen", die das von den Medien weltweit vermittelte Bild der westlichen Wohlstandsgesellschaften geweckt hat, darstellt. Der Süden will aufholen und betrachtet die Warnungen aus dem Norden als den Versuch, dieses Aufholen zu verhindern; er ist nicht bereit, durch Verzicht auf Aufholen den Preis für die Folgelasten der Industrialisierung in den IL zu zahlen. Alle Kritik an den Modernisierungstheorien konnte nicht verhindern, daß sie sich in den Köpfen seiner Eliten festgesetzt haben.

Die Renaissance der Modernisierungstheorien bedeutet also nicht so sehr ein Aufpolieren des westlichen Leitbildes (obwohl auch dieser Versuch nicht ausblieb, wie die Debatte über das „Ende der Geschichte" zeigte), sondern eher eine Wiederentdeckung von „endogenen" sozio-politischen und soziokulturellen Erklärungsfaktoren für Unterentwicklung. Dabei spielten wiederum die allesamt im „konfuzianischen Kulturkreis" beheimateten ostasiatischen großen und kleinen „Tiger" eine umstrittene Rolle, weil sie als Zeugen gegen das dependenztheoretische Paradigma vorgeführt wurden. *Braun/Rösel* (S. 259) weisen am Beispiel des Konfuzianismus auf die Widersprüchlichkeit und Beliebigkeit der „Kulturdebatte" hin:

> „Während die Japanologen das konfuzianische Werte- und Normensystem(...) zur Erklärungsgrundlage des ‚japanischen Wunders' emporstilisierten, verurteilten viele Sinologen das gleiche Wertesystem(...) als modernisierungsfeindliche Entwicklungsblockade."

Die Renaissance der Modernisierungstheorien bedeutet auch eine Rückbesinnung auf den Individualismus, auf Werte der bürgerlichen Gesellschaft und – in einer ordo-liberalen Verknüpfung – auf die „Magie der Marktkräfte". Markt und *freedom of choice* erlebten nach der Krise des Kollektivismus eine Renaissance. Auch frühere Kapitalismuskritiker beteiligten sich an der Entdämonisierung von Markt und bürgerlicher Gesellschaft, die neben ökonomischer Dynamik auch gesellschaftliche Reformfähigkeit bewiesen. Sie begannen, sich mit einem sozial und ökologisch gebändigten Kapitalismus zu arrangieren.

2.2.3 *Plädoyer für eine „kritische Modernisierungstheorie"*

Wir plädieren – wie schon in den ersten beiden Auflagen des HDW, wie früher *Mansilla* (1978, 1986) und nun z. B. auch *Menzel* (1983) – für eine „kritische Modernisierungstheorie", die weder *dependencia* noch den ominösen „subjektiven Faktor" zum alleserklärenden Passepartout für komplexe Zusammenhänge erhebt, sondern die Multidimensionalität und Multikausalität von Unterentwicklung zu erfassen versucht. Trotz tausendfacher Bemühungen von inzwischen zwei Generationen von Entwicklungsforschern in aller Welt fehlen uns noch hinreichend intime Einblicke in die Zusammenhänge von Kultur und Entwicklung, wie sie *Jürgen Riedel u. a.* (1990) am Beispiel von Niger aufgezeigt haben.

Die von *Karl Marx, Max Weber, Gunnar Myrdal* und vielen anderen Modernisierungstheoretikern aus der Entwicklungsgeschichte von Kapitalismus und Sozialismus oder aus den unterschiedlichen Entwicklungen in verschiedenen Kulturkreisen gezogenen Lehre bleibt eine Herausforderung an die Entwicklungstheorien: daß sich die agro-industrielle und kulturelle Revolution wechselseitig bedingen; daß bestimmte Wert- und Verhaltensänderungen Bedingungen von Entwicklung sind; daß eine Industrialisierung ohne den *industrial man* mit einer von vorindustriellem Arbeitsverhalten unterschiedenen Arbeitsethik nicht möglich ist; daß beispielsweise auch die islamische Retraditionalisierung an ihre Grenzen stoßen wird, wo vom Koran nicht nur Verheißungen für das Jenseits, sondern auch Problemlösungen im Diesseits erwartet werden (vgl. *Tibi* 1981).

Die von *Gunnar Myrdal* (1973) im „Asiatischen Drama" gestellte Frage bleibt aktuell, ob die Herrschaftseliten und Massen der EL aus der Verpflichtung von „Idealen der Modernisierung" entlassen werden dürfen, wenn der Preis die weitere Verelendung ist. Nicht das Denken in Modellen und Schablonen, sei es modernisierungs- oder dependenztheoretischer Provenienz, sondern allein die theoriegeleitete und zugleich falsifikationsbereite Empirie kann – im Unterschied zur verifikationsgeneigten Ideologie – solchen Fragen und Zusammenhängen auf die Spur kommen. Die theoretische Synthese ist vonnöten, der ideologische Schlagabtausch von Übel.

3. Ermittlung eines empirischen Entwicklungsbegriffs

Die meisten EL haben Entwicklungspläne, die Ziele und Prioritäten setzen und ordnungspolitische Vorstellungen der politischen Führungsgruppen in entwicklungspolitische Maßnahmen umzusetzen versuchen. Der Vorschlag von *Rosenstein-Rodan* (1969) scheint naheliegend, durch eine Querschnittsanalyse dieser Programme selbstgewählte Entwicklungsziele ausfindig zu machen, die nicht in den Planungsbüros westlicher oder östlicher Metropolen oder in akademischen Elfenbeintürmen entstanden; er erscheint außerdem geeignet, utopische Traumziele auf den Boden der Möglichkeiten herunterzuholen.

Dieser Schein der autonomen Zielbestimmung trügt jedoch. Entwicklungspläne entstehen häufig unter maßgeblicher Mitwirkung ausländischer Experten und unter dem Einfluß von gesamtwirtschaftlichen oder sektoralen Expertisen oder der Sanierungsauflagen von internationalen Kreditgebern (Weltbank, IMF). Spätestens seit den 80er Jahren gaben ihre Strukturanpassungsprogramme die makroökonomischen und sektoralen Planziele vor. Entwicklungspläne erhielten die Funktion von Bewerbungsunterlagen, in denen zu lesen ist, was die internationalen Kreditgeber erwarten.

Durch diese inhaltsanalytischen Evaluierungsverfahren kann man also nur bedingt den widersprüchlichen Entwicklungsideologien der Eliten auf die Spur kommen oder gar den Verpflichtungscharakter der proklamierten Entwicklungsziele erkennen, die sich häufig auf den verschlungenen Wegen der Planimplementation verflüchtigen. Entwicklungspläne dienen zwar den regierenden Eliten als Vorzeigestücke nach innen und außen, bilden aber selten verbindliche Handlungsanleitungen. Diese parasitären Nutznießer können als „Staatsklasse" ihre Interessen in die Planung einbringen, während die Bevölkerungsmehrheit kaum ihre Bedürfnisse anmelden kann.

Ohne eine herrschaftssoziologische Analyse der Klassen- und Machtstrukturen ist eine methodisch auch noch so ausgefeilte Plan- und Zielanalyse wenig ergiebig. Der auf diese Weise gefundene Entwicklungsbegriff eignet sich für das Schaufenster, weil er den Eliten edle Gemeinwohlideale zuschreibt, die ihre handfesten Eigeninteressen verbergen; er liefert allenfalls einen von ihnen selbst propagierten Bewertungsmaßstab ihres entwicklungspolitischen Handelns bzw. Nichthandelns.

Wir beziehen uns häufig auf den Bericht der von *Julius Nyerere* geleiteten *Süd-Kommission* (1990), die sich selbst als authentische Stimme des Südens verstand. Wie in anderen internationalen Kommissionen saßen auch in dieser Kommission Vertreter der Eliten. Aber ihr Bericht ist selbstkritischer, gehaltvoller und glaubwürdiger als viele diplomatisch aufpolierte Resolutionen von UN-Gremien oder larmoyante Anklagen vieler Süd-Konferenzen.

4. Zielfindung durch internationale Übereinkunft

Wenn internationale Organisationen oder Konferenzen tagen, kommen Diplomaten als Delegierte von Regierungen zusammen, handeln politische Kompromisse aus, verständigen sich entweder auf den kleinsten konsensfähigen Nenner oder bekennen sich per Mehrheitsbeschluß zu hochgesteckten Zielen, die niemanden binden. Die Verhandlungen zwischen den Staatsgruppen und das Feilschen um Formulierungen, Ziffern oder diplomatische Prestigegewinne laufen in weiter Distanz zu den eigentlich Betroffenen ab. „Entwicklungsdiplomatie" ist das Geschäft von Eliten, die in supermodernen Konferenzzentren der Armut weit entrückt sind.

Die von den UN-Vollversammlungen verabschiedeten Dekadenstrategien und Aktionsprogramme blieben zwar weitgehend wirkungslos, weil sie die Hauptadressaten der Forderungen nicht in die rechtliche Pflicht nehmen konnten. Dennoch drücken diese Willensäußerungen der internationalen Gemeinschaft einen mehrheitlich akzeptierten und damit zumindest moralisch verpflichtenden Konsens aus.

Jenseits von konkurrierenden Gesellschaftssystemen mit ihren je eigenen Ordnungs- und Wertvorstellungen besteht zumindest darüber eine universelle Übereinstimmung, daß alle Menschen das Recht auf ein menschenwürdiges Leben haben, das mehr als das physische Überleben und materielle Existenzminimum voraussetzt. Es läge deshalb nahe, diesen universellen Konsens dazu zu nutzen, Entwicklung schlicht und einfach als „Befriedigung der Grundbedürfnisse" zu definieren. Eine solche Definition könnte sich auf gewichtige Stimmen in der internationalen Entwicklungsdebatte und auf die Kodifizierung der sozialen Menschenrechte im „Sozialpaket" von 1966 berufen.

Angesichts der Massenarmut und des Massensterbens in der Dritten Welt wird niemand bestreiten, daß Entwicklung tatsächlich mit der Befriedigung der elementaren Existenzbedürfnisse beginnen muß. Aber weil sich Entwicklung nicht in diesem entwicklungspolitischen Nahziel erschöpfen kann, mehr bedeutet als Nahrung, Kleidung und Behausung, kann der Entwicklungsbegriff nicht in der Formel „Befriedigung der Grundbedürfnisse" aufgelöst werden. Ein Land, das mit dem Export von Rohstoffen (z. B. Rohöl) den Import von Grundbedarfsgütern finanzieren kann, ist ebenso wenig entwickelt wie ein Land, das notdürftig mit Nahrungsmittelhilfe überlebt.

5. Das „magische Fünfeck von Entwicklung"

Die prinzipielle Übereinstimmung, daß das Ziel aller Entwicklungspolitik in der Befriedigung der Grundbedürfnisse liegen müsse, bedeutet noch keine Übereinkunft über Zielprioritäten, Nah- und Fernziele oder gar über die Mittel, die zu diesem Ziel führen sollen.

Seers (HDW I, 1) ging von den drei grundlegenden Zielen Nahrung, Arbeit und soziale Gleichheit aus und ergänzte diese strategischen Ziele durch eine Reihe von instrumentellen Variablen, die bei anderen Autoren wieder eine eigenständige Zielfunktion erhielten. Die dependenztheoretische Prämisse, daß Abhängigkeit das Schlüsselproblem von Unterentwicklung darstelle, bewegte *Charles Elliott* (1970) dazu, Unabhängigkeit zusammen mit Wachstum und sozialer Gerechtigkeit in ein „magisches Dreieck von Entwicklung" einzubinden.

Der Ökonom *Michael P. Todaro* ([1]1977, [4]1989) hob in einer anderen Trias drei Kernziele hervor, die dem im *Dag Hammarskjöld-Bericht* (1975) begründeten Entwicklungsbegriff sehr nahekamen: Befriedigung der Grundbedürfnisse, Selbstachtung der Person, Freiheit von innerer und äußerer Fremdbestimmung („in the more fundamental sense of freedom or emancipation from alienating material conditions of life and from social servitude to nature, ignorance, other people, misery, institutions, and dogmatic beliefs"). Es ist bemerkenswert, daß *Todaro* auch in der 4. Auflage (1989) seines Standardwerkes an dieser Zielbestimmung festhielt. Er definierte Freiheit als „freedom from servitude":

> „Freedom involves the expanded range of choices for societies and their members together with the minimization of external constraints in the pursuit of some social goal we call development" (S. 90).

Der *Rio-Bericht* (1977) formulierte sechs Leitprinzipien: Gleichheit, Freiheit, Demokratie und Partizipation, Solidarität, kulturelle Verschiedenheit und – schon damals – gesunde Umwelt.

Wir wiederholen unseren erstmals 1974 vorgelegten und 1982 erneuerten Vorschlag: das aus den Elementen Wachstum, Arbeit, Gleichheit/Gerechtigkeit, Partizipation und Unabhängigkeit zusammengesetzte „magische Fünfeck von Entwicklung". Wir setzen also – wie die oben erwähnten Zielkollektionen – bestimmte Ziele, die selbst Begriffe darstellen und als solche zu definieren sind, in ein Gefüge von Begriffen, welches den Entwicklungsbegriff ausmacht. Die Aufgabe, diesen synthetisierten Begriff zu begründen, besteht in dreierlei Hinsicht:

1. In der Begründung der Wahl dieser und nicht anderer Elemente aus einer komplexen Vielfalt von Zuständen, Mitteln, Zielvorstellungen, d. h. der Reduzierung der Mannigfaltigkeit von Gegebenheiten und Möglichkeiten, die für einen nicht-statischen und normativen Begriff charakeristisch sind, auf eine begrenzte Zahl begründbarer Elemente.

2. In der Definition dieser gesetzten Elemente, die selbst ausgesprochen komplexe Sachverhalte darstellen, als Begriffsstücke im Gefüge des Entwicklungsbegriffs aber nur einen bestimmten Inhalt repräsentieren (Beispiel: Wachstum kann nicht als beliebiges Wachstum, sondern nur als qualitatives, armutsverminderndes und umweltschonendes verstanden werden).

3. In der Bestimmung der Relation der Begriffselemente zueinander und zum Entwicklungsbegriff in verschiedenen Hinsichten:

– der Mittel-Ziel-Relation (Beispiel: Ist Wachstum die Voraussetzung für Beschäftigung oder umgekehrt?);
– der Über- und Unterordnung bzw. der Gleichgewichtsrelation (Beispiel: Hat Wachstum oder Unabhängigkeit Vorrang?);
– der zeitlichen Vor- oder Nachordnung bzw. der Zeitrelation (Beispiel: Soll erst umverteilt oder erst die Partizipation erhöht werden oder sollen erst die Produktivität und das Sozialprodukt angehoben werden?).

Wenn wir das „magische Fünfeck von Entwicklung" als Entwicklungsbegriff wiederholen, so heißt das, daß wir uns durch Empirie und Theorie seit 1974 zumindest hinsichtlich der ersten Definitionsaufgabe bestätigt fühlen. Zwar wurden gewichtige Argumente gegen den Beschäftigungsansatz vorgebracht (vgl. *Satzinger/Schwefel* 1982), doch haben uns die Analysen der ILO und die Erkenntnisse der Marginalitätstheorien darin bestärkt, Arbeit aufgrund ihrer Schlüsselfunktion für die Entwicklungschancen der Marginalisierten und ihres ethischen Eigenwerts als primäres Entwicklungsziel hervorzuheben.

Die Diskussion über die Grundbedürfnisse und das u. a. vom Bericht der *Süd-Kommission* (*Nyerere-Bericht*) betonte „Muß der Partizipation" haben außerdem unsere normative Betonung von Partizipation im Sinne von Teilnahme und Teilhabe an Entwicklungs- und Entscheidungsprozessen, der individuellen Freiheit und sozialen Selbstverwirklichung untermauert. Partizipation und soziale Gerechtigkeit sind nicht abstrakte Ziele von bürgerlichen oder sozialistischen Sozialphilosophien, sondern konkrete Voraussetzungen von Entwicklung, weil sie den Menschen Chancen und Antriebe zum Auswikkeln ihrer eigenen Fähigkeit eröffnen.

Hingegen machen verschiedene neuere Erkenntnisse Anpassungen unseres Entwicklungsbegriffs auf der Ebene der Definition seiner Elemente selbst und ihrer Beziehung zueinander und zur begrifflichen Einheit erforderlich. Beispielsweise müssen wir Wachstum nicht nur als armutsverminderndes, sondern auch als umweltverträgliches Wachstum präzisieren, um das dem Begriff von Entwicklung adäquate Verständnis von Wachstum deutlicher von bedingungslosen Wachstumskonzepten abzugrenzen.

Auf dieser Definitionsebene ist auch das Problem der Zielkonflikte zwischen den fünf Einzelzielen anzusiedeln. Sie werden weniger durch modelltheoretische Logik als vielmehr durch die Erfahrung von drei Entwicklungsdekaden und eine ethische Güterabwägung gelöst werden können. Diese Güterabwägung kann zu anderen Gewichtungen führen, z. B. zu einer wesentlich stärkeren Betonung des Umweltschutzes im Sinne von *sustainable development*.

Die „Magie" des hier erneut vorgeschlagenen Fünfecks mag an einzelnen Ecken und in der Summe zum Höhenflug einer kaum noch konkreten Utopie abheben, die sich weit von den z. Zt. vorstellbaren Realisierungschancen entfernt. Aber auch das kurzfristig Notwendige und Machbare bedarf des normativ-kritischen Maßstabs und der Langzeitperspektive, um nicht in einem ziel- und normblinden Pragmatismus zu verkümmern. Wenn jedoch Zieldefinitionen maximalistisch ausarten und idyllische Züge annehmen, verlieren sie auch diese orientierende und kritische Potenz und damit ihre praktische Relevanz.

5.1 **Wachstum**

Unter Wachstum verstehen wir nicht nur eine quantitative Vermehrung von Gütern und Dienstleistungen. Ein entwicklungskonformes Wachstum ist an qualitative Bedingungen geknüpft: erstens an seine Verwendung zur *gesamtgesellschaftlichen Wohlfahrtsmehrung* (mit anderen Worten, zur Verminderung von Armut), zweitens an die Voraussetzung, daß es nicht auf Kosten der natürlichen Lebensgrundlagen erfolgt. Beide Bedingungen werden verletzt, wenn z. B. durch Umwandlung ganzer Bundesstaaten Brasiliens zu mechanisierten Monokulturen zwar das Exportwachstum gefördert wird, aber Hunderttausende von Kleinbauern und Landarbeitern vertrieben werden und zugleich die Versteppung des Landes beschleunigt wird. Die Diskussion über *ecodevelopment* und *sustainable development* hat uns dafür sensibilisiert, daß auch *sustainable growth* ein Irrweg sein kann, wenn es nicht an der Beseitigung problemverursachender Faktoren ansetzt.

Wir ersetzen dennoch den allenthalben schon dämonisierten Wachstumsbegriff nicht durch weniger anstößige, häufig nur beschönigende Ersatzbegriffe, um unsere Auffassung zu verdeutlichen, daß Wachstum eine Bedingung von Entwicklung bleibt. Die Forderung von *Willy Brandt* (1980: 33), „von der ständigen Verwechslung zwischen Wachstum und Entwicklung loszukommen", rannte längst offene Türen ein, kann aber auch zu dem Mißverständnis führen, daß Entwicklung – oder auch nur Befriedigung der Grundbedürfnisse – ohne Wachstum möglich sei. Die entwicklungspolitische Diskussion ignoriert gelegentlich simple Zusammenhänge. Die Gretchenfrage lautet, wem Wachstum zugute kommt und auf welche Weise es zustande kommt.

Der Beitrag von *Ulrich Menzel* verdeutlicht, wie sehr die Entwicklungstheorien und -strategien trotz allen Wechselns von Formeln und Attributen auf Wachstum als Mittel zur Überwindung von Armut und Unterentwicklung fixiert blieben. Jeder *Weltentwicklungsbericht* der Weltbank oder *Economic Outlook* des IWF liefert eine Illustration, daß trotz allen rhetorischen Vorbehalten Wachstum weiterhin als ein Synonym für Entwicklung gilt.

Die neuen entwicklungsstrategischen Formeln und Slogans, die zu Beginn der II. Entwicklungsdekade auftauchten, signalisierten, daß mit der Kritik an den Wachstumstheorien nicht das Wachstumsziel aufgegeben wurde: „Wachstum von unten" oder „Umverteilung von unten". Dies gilt auch für den Begriff des *sustainable growth*, der zunächst im *Brundtland-Bericht* (1987) und dann in Strategiedokumenten der Weltbank auftauchte.

An der Wirkungslosigkeit der Grundbedürfnis- und Umwegstrategien (Umverteilung mit Wachstum bzw. Wachstum durch eine produktive Mobilisierung des brachliegenden Arbeitskräftepotentials) bei der Bekämpfung der

Massenarmut (die auch deshalb zunahm, weil die strategischen Konzepte nur ansatzweise in praktische Entwicklungspolitik umgesetzt wurden), setzten dann im Übergang zur III. Entwicklungsdekade Forderungen nach einem „Krieg gegen die Armut“ durch eine direkte Bedarfsdeckung der Armen mit den lebensnotwendigen Gütern und Dienstleistungen an. Im Jahre 1990 tauchte dieses Konzept wieder in einer Studie der GTZ auf, die zur wirksamen und gezielten Bekämpfung der Armut direkte Transferleistungen an die Armen vorschlug. Es blieb beim Vorschlag, weil ein solches Konzept der Maxime „Hilfe zur Selbsthilfe“ widerspricht.

Die intellektuellen Vordenker dieses „Krieges gegen die Armut“ inner- und außerhalb der Weltbank (u. a. *Satzinger/Schwefel* 1982) wollten die notwendigen Mittel durch eine generelle Kürzung der Verbrauchsausgaben für nicht grundlegende Dinge (u. a. für das Militär), eine Konzentration der öffentlichen Ausgaben und Leistungen auf den Grundbedarf der Armen sowie durch eine staatliche Planung von Produktion, Angebot und Nachfrage, Preisen und Einkommen erreichen. Sie gerieten damit nicht nur in Konflikt mit der angebotsorientierten „Magie des Marktes“, die eine „Armenpolitik“ geradezu als ordnungspolitischen Sündenfall klassifizierte, sondern sie wichen auch der Frage aus, wer Brot und Milch in ausreichenden Mengen zur unentgeltlichen direkten Versorgung der Armen produzieren soll.

Wenn die elementaren Bedarfsgüter für alle – und sei es an staatlichen Verteilungsstellen – verfügbar sein sollen, dann müssen sie in ausreichender Menge produziert oder importiert werden. Auch eine radikale Umverteilung und Veränderung des Bedarfsprofils kann gerade in den ärmsten Ländern das Mangelproblem nicht lösen. Es entstünde eine entwicklungspolitische Horrorperspektive, wenn die nationale und internationale Gemeinschaft auf Dauer zu Versorgungsunternehmen und die „arme Mehrheit“ zu Versorgungsempfängern werden sollten (vgl. *Nuscheler* 1982). Der Bericht der *Süd-Kommission* (1991: 127 f.) betonte zwar, daß die Befriedigung der menschlichen Grundbedürfnisse Vorrang haben müsse, fügte aber sogleich hinzu, daß „Grundbedürfnisse nur in einer dynamisch wachsenden Wirtschaft befriedigt werden können“.

5.2 **Arbeit**

Arbeit betrachten wir insofern als unverzichtbares Element des Entwicklungsbegriffs, als mittels produktiver und ausreichend bezahlter Beschäftigung
- gesamtgesellschaftlich gesehen die Entwicklungsressource, über die die EL reichlich verfügen, genutzt werden kann;
- individuell gesehen die Voraussetzung dafür geschaffen wird, daß Menschen aus eigener Kraft ihre Armut überwinden oder zumindest ihre existentiellen Bedürfnisse befriedigen können;
- sozialethisch gesehen die Chance der Selbstverwirklichung des Menschen gefördert wird.

Es ist das große Verdienst der ILO, durch überzeugende Analysen das Beschäftigungsproblem in den Mittelpunkt gerückt zu haben. Ihr *Weltbeschäftigungsprogramm* von 1969 setzte der wachstumstheoretischen Maxime „Arbeit durch Entwicklung" die beschäftigungspolitische Devise entgegen: Entwicklung durch Arbeitsplatzbeschaffung. Die *Weltbeschäftigungskonferenz* von 1976 hat dieser durch die Dramatik der fortschreitenden Verelendung untermauerten Auffassung breite Zustimmung verschafft. Es gibt allerdings auch Kritiker, die im „Beschäftigungsansatz" der ILO eine „ziemlich stumpfe Waffe" im Kampf gegen die Armut sehen (so *Streeten* 1979: 29 f.). *Satzinger/Schwefel* (1982: 320 ff.) lieferten ein ganzes Arsenal gewichtiger Gegenargumente:

- daß die Beschäftigungspolitik große Teile der städtischen und ländlichen Armen nicht erreiche;
- in vielen EL Arbeitslosigkeit mit erheblicher Knappheit an qualifizierter Arbeit und einer Unterauslastung des eingesetzten Kapitals einhergehe;
- das eigentliche Problem in der harten und überlangen Arbeit der „arbeitenden Armen" liege, also weniger am Mangel an Arbeit als vielmehr am Mangel an ausreichend bezahlter Arbeit;
- Lebensbedingungen, Verhaltensweisen und der begrenzte Zugang zu Ressourcen (Land, Krediten, Bildung) der Nutzung des überreichlich vorhandenen Arbeitskräftereservoirs entgegenstünde;
- die Forderung nach dem Einsatz einfacher und arbeitsintensiver Technologie unter den weltweiten Effizienz- und Rentabilitätskriterien industrieller Produktionsweise „reichlich naiv" sei.

Arghiri Emmanuel (1984) griff in scharfer Form die Verfechter der „angepaßten Technologie" an, die für ihn eine verkümmerte Technologie darstellt und dazu angetan sei, den Entwicklungsrückstand der EL zu vergrößern. Entscheidend sei die Menge der produzierten Güter und nicht die Zahl der zu ihrer Produktion geschaffenen Arbeitsplätze. Es stellt sich allerdings die Frage an die *supply side-economy*, wer die produzierten Güter mangels Kaufkraft aus dem Arbeitseinkommen kaufen soll.

Die Kontroversen zwischen den Verfechtern eines kapital- oder arbeitsintensiven Entwicklungsweges leiden auch unter einer unzureichenden Differenzierung: Was für die exportgestützte Industrialisierungsstrategie der wenigen Schwellenländer gelten mag, gilt nicht für die Mehrheit der EL. Inzwischen mehrten sich auch die Zweifel, ob diese Mehrheit der EL eine solche Entwicklungsstrategie erfolgreich wiederholen könnte, falls sie dazu aus sozio-ökonomischen und sozio-kulturellen Gründen überhaupt in der Lage wäre. Der Protektionismus der IL bildet eine Barriere für potentielle Konkurrenten.

Wir halten am Plädoyer für einen arbeitsorientierten Entwicklungsweg fest, weil unter den Bedingungen wachsender Massenarmut der Mobilisierung unqualifizierter Arbeit und der Erhöhung der Massennachfrage nach Nahrungsmitteln und einfachen Gebrauchsgütern eine strategische Bedeutung zukommt. Importierte kapitalintensive Technologie kann die Arbeitsproduktivität erhöhen und das Wachstum steigern, aber wenn sie gleichzeitig Arbeit einspart, verstärkt sie Marginalisierungsprozesse.

Hans-Peter Neuhoff und *Hartmut Elsenhans* bekräftigten im HDW II, 1 mit überzeugenden Argumenten die ILO-Konzeption. Der *Weltentwicklungsbericht 1990* schlug zur Überwindung der Armut u. a. wieder die Strategie eines „arbeitsintensiven Wachstums" vor, weil die Weltbank offensichtlich erkannt hatte, daß die kapitalorientierte Rezeptur das Verelendungswachstum nicht eindämmen kann. Wie dieses „arbeitsintensive Wachstum" auch immer organisiert werden soll: Der Rückgriff der Weltbank auf strategische Konzepte der 70er Jahre ist aufschlußreich.

Der Abwertung der Arbeit zum Kostenfaktor und zur instrumentellen Variablen von Wachstum stehen neben ökonomischen Effekten (Wachstumsimpulsen durch Erhöhung der Massenkaufkraft) auch gesellschaftliche und politische Wirkungen (soziale und politische Integration bzw. Überwindung von Marginalität) gegenüber, ganz zu schweigen von ethischen (Arbeit als Eigenwert) und anthropologischen Werten (Selbstachtung und Selbstentfaltung durch eine sinnvolle Lebensaufgabe). Beschäftigung ist also mehr als eine Einkommensquelle, die – vorausgesetzt, daß die Arbeitskräfte ausreichend bezahlt und nicht überausgebeutet werden – Zugang zu existentiellen Verbrauchs- und Gebrauchsgütern schafft.

5.3 **Gleichheit/Gerechtigkeit**

Entwicklung trägt „in sich nicht nur die Idee des materiellen Wohlstands, sondern auch die von mehr menschlicher Würde, der Sicherheit, Gerechtigkeit und Gleichheit" (*Brandt-Bericht* 1980: 65). Das Gleichheitspostulat bildet das notwendige qualitative Korrektiv zu Wachstum, um „Wachstum ohne Entwicklung" zu verhindern. Entwicklung erfordert sowohl die Erzeugung als auch gerechte Verteilung des gesellschaftlichen Mehrprodukts, zumal die Erfahrung gezeigt hat, daß auch extreme Einkommensunterschiede nicht modellgerecht zu höheren Spar- und Investitionsleistungen, sondern meist zu Luxuskonsum, unproduktiver Schatzbildung und Kapitalflucht führen. Mehr Verteilungsgerechtigkeit muß – ganz abgesehen von ihrer ethischen Wünschbarkeit – Wachstum nicht blockieren (nach dem üblichen Küchenargument, daß der Kuchen erst gebacken werden muß, bevor er verteilt werden kann).

Ungleichheit beruht nicht auf ökonomischen Sachzwängen, sondern auf politischer Macht. Die Armut in der Dritten Welt ist in aller Regel nicht mit der Knappheit der Ressourcen, sondern mit ihrer ungleichen Verteilung zu erklären. Der *Weltentwicklungsbericht 1990* weist beispielsweise darauf hin, daß in Lateinamerika eine geringe Höherbesteuerung der oberen Einkommensgruppen ausreichen würde, um genügend Mittel zur wirksamen Bekämpfung der Armut zu mobilisieren. Weniger Luxus bei einer Minderheit wäre nicht – gemäß der Bienenfabel von *Mandeville* oder der Pferd-Spatz-Parabel von *J. K. Galbraith* – investitions- und wachstumshemmend.

Weder die Theologie noch die praktische Philosophie konnten zweifelsfrei klären, welche Anforderungen das Prinzip der Gerechtigkeit an eine Gesellschaftsordnung stellt. Für *John Rawls* sind soziale Unterschiede nur zulässig, wenn sie „den am wenigsten Begünstigten den größtmöglichen Vorteil bringen". Diese Regel enthält eher eine Rechtfertigung für Ungleichheit denn für Gleichheit – ganz im Sinne der Bienenfabel von *Mandeville*. Unter den Sozialethikern besteht jedoch weitgehende Übereinstimmung, daß Gerechtigkeit – verstanden als „gute Ordnung" – Anforderungen an die Gesamtverfassung einer Gesellschaft stellt: an die Verteilung von Land und Einkommen, von Zugängen zu öffentlichen Gütern (Bildung, Gesundheit, soziale Sicherheit), von Chancen zur politischen Partizipation. In der Entwicklungsethik der christlichen Kirchen stellt *justice* ein Kontrastprogramm zu *charity* dar. Das Grundsatzprogramm von *Brot für die Welt* („Den Armen Gerechtigkeit") betont:

> „Alle Anstrengungen zur Überwindung von Hunger und Armut in der Dritten Welt müssen auf soziale und wirtschaftliche Gerechtigkeit und auf die politische Mitverantwortung aller zielen."

Es ist bemerkenswert, welch hohen Stellenwert auch das gemeinsame Strategiepapier von DAC, Weltbank, IWF und UNDP (OECD 1989), der *Weltentwicklungsbericht 1990* und der *Nyerere-Bericht* der Herstellung größerer sozialer Gerechtigkeit gaben. Letzterer betonte: „Das Streben nach sozialer Gerechtigkeit muß zum integralen Bestandteil echter Entwicklung werden" (S. 128). Und er fügte hinzu (S. 408):

> „Wie der Süden für Gerechtigkeit, Gleichheit und Demokratie eintritt, ist letzten Endes nicht davon zu trennen, wie er innerhalb seiner eigenen Gesellschaften nach diesen Zielen strebt."

5.4 **Partizipation**

Partizipation ist ein normativer Sammelbegriff, der politische und soziale Menschenrechte zusammenfaßt. Partizipation fordert politische Mitwirkung und soziale Teilhabe an den materiellen und kulturellen Gütern einer Gesellschaft, ist also der Gegenbegriff zu Marginalität. Die Grundbedürfnisstrategie fordert neben einer Entwicklungspolitik für die Armen eine Entwicklung durch die Armen, meint also basisdemokratische „Entwicklung von unten". Sie setzt der bürokratischen Verplanung, Gängelung und Entmündigung von oben das eigenverantwortliche Entscheiden und Handeln entgegen:

> „Entwicklung findet statt, wenn Menschen und ihre Gemeinschaften ... als Subjekte handeln und nicht als Objekte behandelt werden; ihre Autonomie, Eigenständigkeit und ihr Selbstvertrauen behaupten, wenn sie Projekte planen und durchführen. Entwicklung heißt zu sein und zu werden, nicht zu haben" (*IFAD-Dossier*, Nr. 17/1980).

Gerade weil Partizipation nicht zu den politischen Tugenden der autokratisch-bürokratischen Herrschaftssysteme in der Dritten Welt gehört, stellte der *Nyerere-Bericht* (1991: 394) kategorisch fest: „Partizipatorische Entwicklung ist ein Muß." Die internationale NGO-Bewegung machte die Forderung nach Partizipation zu ihrer Kernforderung, nicht zuletzt deshalb, um die Funktion der NGO als Sauerteig und Organisationsbasis der „Entwicklung von unten" aufzuwerten (vgl. den Beitrag von *Manfred Glagow*).

Partizipation bedeutet Demokratie, aber mehr als die Veranstaltung von Wahlen. Der *Nyerere-Bericht* machte gegenüber den Führungsgruppen der Dritten Welt einige wichtige Aussagen zum Inhalt von Partizipation: Sie verlange die Achtung der Menschenrechte, die Veranstaltung von echten Wahlen, die pluralistische Organisationsfreiheit, die Anerkennung von Basisbewegungen und ihre Mitwirkung bei der „Entwicklung von unten". Ein „demokratisches Umfeld" sei „sowohl wesentliches Ziel einer am Menschen orientierten Entwicklung als auch ein entscheidendes Mittel zu ihrer Beschleunigung" (S. 129). Ein solches Verständnis von Partizipation verträgt sich nicht mit der von oben befohlenen Massenmobilisierung, wie Diktaturen Partizipation umzudeuten pflegen.

Der Partizipationsbegriff setzt normative Maßstäbe für die Reorganisation der politischen Systeme und Entwicklungsverwaltungen in der Dritten Welt, aber auch für die Organisation der bi- und multilateralen Entwicklungspolitik. Diese forderte zwar ständig Partizipation, förderte sie aber nicht, weil sie nicht „unten", sondern „oben" (also bei zentralen Bürokratien) ansetzte. *Lord Bauers* scharfe Kritik an der Entwicklungspolitik beruhte auf diesem die privaten Energien und Selbstheilungskräfte lähmenden Bürokratismus der staatlichen Entwicklungszusammenarbeit. Inzwischen erhoben auch die internationalen Entwicklungsagenturen Partizipation zu einem zentralen Richtwert von Entwicklungspolitik, weil sie erkannten, daß ihr bürokratischer Planungs- und Implementationsansatz zum Syndrom gescheiterter Entwicklungsstrategien gehört.

5.5 **Unabhängigkeit/Eigenständigkeit**

Gerade weil die ökonomischen und politischen Auflagen, die das internationale Gläubigerkartell im Gefolge der Verschuldungskrise über die große Mehrheit der EL verhängen konnte, die völkerrechtliche Souveränität zur Schimäre abgewertet haben, bleibt die Chance zu einer eigenständigen Entwicklung (*self-reliant development* nach der Begrifflichkeit des *Nyerere-Berichts*) im Prioritätenkatalog der EL ein vorrangiges Entwicklungsziel. Was sie unter Unabhängigkeit verstehen, haben sie in Art. 1 der 1974 von der UN-Vollversammlung verabschiedeten *Charta der wirtschaftlichen Rechte und Pflichten der Staaten* so formuliert:

„Jeder Staat hat das souveräne und unveräußerliche Recht, sein Wirtschaftssystem sowie sein politisches, soziales und kulturelles System entsprechend dem Willen des Volkes ohne Einmischung, Zwang oder Drohung irgendwelcher Art von außen zu wählen."

Die ökonomische und politische Konditionalität der internationalen Kreditgeber setzt ein ganzes Arsenal von solchen Einmischungen, Zwängen und Drohungen ein. Die Weltwirtschaft enthält für die große Mehrheit der EL mehr Zwänge als Befreiungspotentiale, wie die Beiträge von *Rainer Tetzlaff* und *Elmar Altvater* zeigen. Auch deshalb rückte der *Nyerere-Bericht* (1991 : 34) *self-reliant development* in den Mittelpunkt seiner Definition von Entwicklung, die beanspruchen kann, eine Definition des Südens zu sein, die dem Ziel der Selbstbestimmung/Eigenständigkeit einen höheren Stellenwert einräumt als dies Definitionen aus der Problemperzeption des Nordens zu tun pflegen:

> „Entwicklung (ist) ein Prozeß, der es Menschen ermöglicht, ihre Fähigkeiten zu entfalten, Selbstvertrauen zu gewinnen und ein erfülltes und menschenwürdiges Leben zu führen. Entwicklung ist ein Prozeß, der die Menschen von der Angst vor Armut und Ausbeutung befreit. Sie ist der Ausweg aus politischer, wirtschaftlicher oder sozialer Unterdrückung. Erst durch Entwicklung erlangt die politische Unabhängigkeit ihre eigentliche Bedeutung ... Entwicklung ist daher gleichbedeutend mit wachsender individueller und kollektiver Eigenständigkeit."

Unabhängigkeit mag angesichts der wachsenden Interdependenz des Staatensystems ein überholter Wert, für die vielen „Zwerge der Weltpolitik" ein unerreichbares Ziel sein. Aber auch sie haben Anspruch auf Selbstbestimmung, auf das Recht auf eine eigenständige Entwicklung, auf *freedom from servitude.*

6. **Zusammenfassung**

Wir haben das auf fünf Komponenten zusammengesetzte „magische Fünfeck" in den ersten beiden Auflagen des HDW in der folgenden Definition von Entwicklung zusammengefaßt als

> „die eigenständige Entfaltung der Produktivkräfte zur Versorgung der gesamten Gesellschaft mit lebensnotwendigen materiellen sowie lebenswerten kulturellen Gütern und Dienstleistungen im Rahmen einer sozialen und politischen Ordnung, die allen Gesellschaftsmitgliedern Chancengleichheit gewährt, sie an politischen Entscheidungen mitwirken und am gemeinsam erarbeiteten Wohlstand teilhaben läßt."

Diese mit hohen und weitreichenden Zielen vollgepackte Definition bedarf einer Eingrenzung und Ergänzung, die unseren einleitenden Forderungen nach einem für neue Entwicklungen und theoretische Erkenntnisse offenen Entwicklungsbegriff genügen:

1. Sie ist angesichts der höchst unterschiedlichen Entwicklungen, der Fortschritte in wenigen EL und Rückschritte in vielen EL, allzu rund und ambitiös. Die normative Vorgabe einer „sozialen und politischen Ordnung, die allen Gesellschaftsmitgliedern Chancengleichheit gewährt, sie an politischen Entscheidungen mitwirken läßt", ist selbst für die reichen und demokratisch verfaßten IL eine idealistische Vision. Für eine wachsende Zahl von Menschen in der Dritten Welt bedeutet Entwicklung voraussichtlich auch weiterhin Befriedigung der Grundbedürfnisse.

2. Ihr fehlte die ökologische Dimension im Sinne von *ecodevelopment* oder *sustainable development*, die uns vor einem Jahrzehnt noch nicht so bewußt war wie heute. Ihre Berücksichtigung ist kein pflichtschuldiges Zugeständnis an den ökologiebewußten Zeitgeist, sondern eine *conditio sine qua non*, weil Entwicklung, wie sie auch immer definiert werden mag, bei einer fortschreitenden Zerstörung der natürlichen Lebensgrundlagen selbstzerstörerische Wirkung hat. Boden, Wasser und Luft sind die Grundlagen allen Lebens.

3. Ordo-liberale Entwicklungstheoretiker dürften im „magischen Fünfeck der Entwicklung" den Markt als Motor von Entwicklung und die Marktwirtschaft als Inbegriff einer entwickelten Gesellschaft vermissen. Die Strukturanpassungspolitik der Bretton Woods-Institutionen hat dieses ordnungspolitische Ziel. Der Markt ist ein wirksames Regulativ für Angebot und Nachfrage und für die Allokation der Ressourcen; er kann die von Bürokratien gebremsten Energien der Privatinitiative und des Eigennutzes freisetzen; er ist aber kein *deus ex machina* zur Überwindung von Unterentwicklung, vor allem dort, wo die strukturellen und sozio-kulturellen Voraussetzungen für eine funktionsfähige Marktwirtschaft fehlen. Unter diesen Bedingungen sind allgemeine Bekenntnisse zum Königsweg einer marktwirtschaftlichen Ordnungspolitik, wie sie z. B. *Joachim Jungfer* (1991) vortrug, nicht hinreichend zu Ende gedacht. Bekenntnisse lösen keine Probleme.

Der inzwischen schon übliche Hinweis auf die Erfolgsgeschichte der „kleinen Tiger" Ostasiens übersieht, daß Wirtschafts- und Gesellschaftsmodelle nicht beliebig verpflanzt werden können, außerdem der planende und regulierende „starke Staat" sowie die politische Repression zur Geschichte dieser Erfolgsmodelle gehören. Die Weltbank setzt dort, wo die Armut am größten ist, auf die Überlebensökonomie des „informellen Sektors" (vgl. *De Soto* 1989; *Der Überblick* 3/91). Hier bietet auch der Weltmarkt nicht „die größte Chance für eine rasche wirtschaftliche Entwicklung", wie *Jungfer* (1991: 420) für die Gesamtheit der Dritten Welt propagierte. Die Lehre der vergleichenden Entwicklungsgeschichte ist: Weder die heutigen IL noch die „kleinen Tiger" Ostasiens haben ihre Erfolgsgeschichte einer Freihandelspolitik zu verdanken (vgl. *Senghaas* 1982).

Der Kapitalismus hat seine Überlegenheit als Wirtschaftssystem bewiesen, aber noch nicht den Beweis erbracht, daß er auch das Verelendungswachstum in großen Teilen der Dritten Welt eindämmen kann. Dennoch bleiben unter den internationalen Rahmenbedingungen, die auch einen ordnungspolitischen Rahmen setzen, ein sozial und ökologisch gebändigter Kapitalismus sowie eine internationale soziale Marktwirtschaft ordnungspolitische Orientierungsmodelle. Eine Denkschrift der EKD (1991) lieferte für diese Option sozialethische Argumente.

Dieses bedingte Plädoyer für eine soziale Marktwirtschaft geht nicht vom „Ende der Geschichte“, d. h. der Annahme, daß der Kapitalismus die höchste Entwicklungsstufe der Menschheit sei, sondern von der Erfahrung aus, daß sich andere Wirtschaftssysteme bisher nicht als geeigneter für eine sozial- und umweltverträgliche Entwicklung (*sustainable development*) erwiesen haben. Dennoch erscheint uns die folgende Feststellung von *Menzel* (1991: 23) als allzu apodiktisch, definitiv und undifferenziert, weil sie Sozialismus mit dem Realsozialismus gleichsetzt und mit diesem auch andere Spielarten (bis hin zum „demokratischen Sozialismus“) oder „dritte Wege“ für gescheitert erklärt.

> „Der Sozialismus als ordnungspolitisches Konzept und emanzipatorisches Projekt ist nicht nur in Osteuropa, er ist gleichermaßen auch in der „Dritten Welt“ gescheitert.“

Entwicklung könnte auch als Verwirklichung der politischen und sozialen Menschenrechte definiert werden. Voraussetzung dazu wäre, wie schon Art. 28 der *Allgemeinen Erklärung der Menschenrechte* von 1948 feststellte, die Herstellung einer neuen „sozialen und internationalen Ordnung“. Ihre rechtliche Kodifizierung durch ein „Recht auf Entwicklung“ und Verwirklichung haben bisher die Staaten verhindert, die sich selbst als Lordsiegelbewahrer der Menschenrechte verstehen. *Sustainable development* fordert konsequenterweise auch ihnen Strukturanpassungen als Voraussetzung für qualitativ neue Nord-Süd-Beziehungen und für eine globalethische Redefinition des Entwicklungsbegriffs ab.

(Die erwähnte oder zitierte Literatur ist im zusammenfassenden Literaturverzeichnis auf den Seiten 492 ff. aufgeführt.)

Indikatoren von Unterentwicklung und Entwicklung

Dieter Nohlen und Franz Nuscheler

Die erste Auflage dieses Handbuches (HDW) widmete der Diskussion über Entwicklungsindikatoren breiten Raum. Der Band enthielt auch einen Beitrag von *Dudley Seers*, dessen Fragen und Antworten auch noch nach zwei Jahrzehnten wichtig und aktuell für alle Versuche sind, den komplexen Vorgang der Entwicklung durch quantitative Meßverfahren zu erfassen.

Nach der lebendigen Diskussion über Sozial- und Entwicklungsindikatoren, die in den 70er Jahren vor allem UNRISD (*UN Research Institute for Social Development*) und UNESCO (1977, 1978) vorangetrieben haben, wurde es um die „Indikator-Bewegung" ziemlich still. Die internationalen Organisationen, die für ihre Vergleichsstatistiken solide und von den nationalen statistischen Ämtern akzeptierte Indikatoren benötigen, setzten jedoch ihre Indikatorenforschung fort. Die UNESCO (1981, 1984) legte mehrere methodologische Studien vor, u. a. über den Gebrauch von Indikatoren in der Frauenforschung. Die UNU (*United Nations University*) gab das Projekt GPID (*Goals, Processes and Indicators of Development*) in Auftrag, dessen Ergebnisse 1985 veröffentlicht wurden (*Miles* 1985). Die Vereinten Nationen faßten diese verschiedenen Studien im *Handbook on Social Indicators* (1989) zusammen.

Der von UNDP im *Human Development Report* (HDR) von 1990 vorgestellte *Human Development Index* (HDI) löste wieder eine breitere Diskussion aus. Die Gründe, die in den 70er Jahren der „Indikator-Bewegung" Auftrieb gegeben hatten, blieben die Gründe für die Wiederbelebung zu Beginn der 90er Jahre: die Suche nach einem operationalisierbaren und meßbaren Begriff von Entwicklung, der mehr als ein Synomym für Wirtschaftswachstum ist. Nun wetteiferten die UN-Organisationen geradezu um die Erarbeitung indikatorengestützter Weltberichte.

1. Grundfragen der „Sozialindikator-Bewegung"

Die Diskussion über Entwicklungsindikatoren war ein Teil der sog. „Sozialindikator-Bewegung" (*SI Movement*), also des Versuchs von Sozial- und Wirtschaftswissenschaftlern, Statistikern und internationalen Organisationen, die mit allerhand Mängeln behaftete volkswirtschaftliche Gesamtrechnung durch Information über soziale Entwicklungen zu ergänzen und den internationalen Vergleich von Gesellschaften durch quantitative Vergleichsdaten zu untermauern. Die „Sozialindikator-Bewegung" resultierte aus der Unzufriedenheit mit den Methoden und Ergebnissen des herkömmlichen volkswirtschaftlichen Rechnungswesen und reagierte auf die wachsende Nachfrage nach einer wissenschaftlich fundierten Planungs- und Steuerungskompetenz des Staates (vgl. *Simonis* 1977).

Es gab immer Vorbehalte gegenüber der „Indikator-Bewegung". Es wurde ihr nicht nur unterstellt, ein attraktives Schlagwort für schlichte und gelegentlich schlechte Datenhuberei, sondern auch ein wissenschaftliches Instrumentarium zur Perfektionierung des politischen Kontrollsystems und Anreicherung des Herrschaftswissens zu liefern. Es gibt Kritik an der Bedeutung, die das Kriterium der Meßbarkeit gewinnt, und an der fast zwangsläufigen Vernachlässigung von nicht oder nur schwer meßbaren Entwicklungen. Es gibt die Gefahr der Datengläubigkeit trotz ungesicherter Datenbasis und des Anscheins der Objektivität von Daten. Fehltritte in die Datenfalle sind jedoch nicht zwangsläufig. Indikatoren ersetzen nicht die theoretische Reflexion und kritische Analyse, sondern setzen diese voraus.

Dieser Beitrag will aufzeigen, wie sich die „Indikator-Bewegung" im Bereich der Entwicklungsforschung fortbewegt hat. Er greift grundlegende Fragen und Diskussionen wieder auf, die in den ersten beiden Auflagen des HDW behandelt wurden: Was sind Indikatoren im allgemeinen und Entwicklungsindikatoren im besonderen? Zu welchem Zweck und Ende sind Indikatoren gut? Wie können die vieldimensionale Struktur von Unterentwicklung und der Prozeß von Entwicklung gemessen und durch Messung vergleichbar gemacht werden? Welche Maßeinheiten sind hinreichend aussagefähig?

1.1 **Was ist ein Indikator – und was ist er nicht?**

Der Indikator-Begriff taucht in vielfachen Bedeutungen, Zusammenhängen und Gebrauchsanweisungen auf. Häufig wird er einfach für eine als besonders wichtig erachtete statistische Meßgröße verwandt – und dabei der schlichte Wortsinn übersehen. Ein Indikator weist auf etwas hin, was er nicht selbst oder nur partiell selbst ist; er „indiziert" mehr Aspekte eines komplexen Zusammenhangs als er selbst als Maßeinheit messen kann; er ist also eine Teil- oder Ersatzmaßeinheit. Beispiel: Die Lebenserwartung bei Geburt mißt direkt nur diese durchschnittliche Lebenserwartung, indirekt aber den Gesundheitszustand und die Lebensverhältnisse einer Gesellschaft. Eine statistische Größe ist nur dann ein Indikator, wenn sie in einen theoretischen Begründungs- und Bedeutungszusammenhang gestellt wird, der ihr indikative Aussagefähigkeit verleiht:

> „. . . ökonomische und soziale Indikatoren sind nicht einfach Statistiken und Statistiken sind nicht ipso facto Indikatoren – es sei denn, eine

Theorie oder Annahme mache sie dazu, indem die Indikator-Variable zu einem Phänomen in Beziehung gesetzt wird, das nicht ist, was sie direkt und voll mißt" (*McGranahan* 1974: 208).

In der Entwicklungsforschung stellt die Verwendung von Indikatoren den Versuch dar, eine Entwicklungskonzeption zu quantifizieren. Eine ökonomische oder soziale Variable wird deshalb nur dann zu einem Entwicklungsindikator, wenn sie etwas anzeigt, was aufgrund einer solchen Konzeption relevant ist (bzw. erscheint). Das Hauptproblem besteht nicht in der Frage, ob etwas gemessen werden kann, sondern ob die Meßgrößen Ziele oder Elemente von Entwicklung ausdrücken. Wenn ein Entwicklungselement nicht direkt gemessen werden kann, erhält der Indikator die Funktion, dieses nicht meßbare Element möglichst gut zu repräsentieren. Beispiel: Wenn das entwicklungspolitische Ziel die Verbesserung des Gesundheitszustandes einer Bevölkerung ist, mißt die Kindersterblichkeitsrate direkt nur das Ausmaß der Kindersterblichkeit, indirekt aber den Gesundheitszustand.

Während die meisten ökonomischen Entwicklungsfaktoren direkt meßbar sind, sind die meisten Ziele der sozialen Entwicklung (Gesundheit, Bildung, soziale Gerechtigkeit, Wohlfahrt) weder übereinstimmend definiert noch direkt meßbar. Indikatoren dienen hier als Ersatz- oder Teilmaßeinheiten, die zur Gesamtheit in einer Teil- und Ganzheits- oder Ursache- und Wirkungsbeziehung stehen. Diese Eingrenzung der Eigenart und Funktion eines Indikators macht auch deutlich, daß er kein anderes Wort für Operationalisierung darstellt. Mittels Operationalisierung wird vielmehr ein Begriff in seine eigenen konstitutiven Bestandteile zerlegt. Der Indikator weist aber über den Begriff hinaus und auf einen anderen Begriff hin:

> „Der Unterschied zwischen Indikator und Operationalisierung ist klar, wenn man überprüft, ob durch eine Veränderung der Indikatoren notwendigerweise der zu indizierende gesellschaftliche Problembereich sich verändert ... Ein gut geputzter Teppich ist ein guter Indikator für eine saubere Hausfrau, durch das Putzen des Teppichs wird aber die Hausfrau nicht sauberer" (*Schwefel* 1978: 87 f.).

1.2 **Konstruktions- und Verfahrensprobleme bei der Indikatorbildung**

Partialität und *Substituierbarkeit* bilden die wesentlichen Prinzipien der Indikatorbildung. Partialität bedeutet, daß der Indikator etwas indiziert, was er allenfalls partiell selbst ist. Substituierbarkeit bedeutet, daß der Indikator etwas repräsentiert, was auch durch andere Indikatoren repräsentiert werden könnte; daß es also in der Regel eine Vielzahl von Indikatoren gibt, die einen komplexen Sachverhalt erschließen können. So können z. B. die Lebenserwartung bei Geburt, die Säuglingssterblichkeit oder die allgemeine Sterberate den Gesundheitszustand indizieren, allerdings nicht mit gleicher Indikatorschärfe. Das analytische Kernproblem besteht dann darin, aus dem Bündel möglicher Indikatoren jene heauszufinden, die als besonders signifikant gelten können und einen Sachverhalt am besten repräsentieren.

Die sog. „repräsentativen Indikatoren" beruhen auf der Annahme, daß aufgrund theoretischer Vorentscheidung innerhalb bestimmter Untersuchungsbereiche jeweils besonders aussagefähige Komponenten ausfindig gemacht werden können, das beste Maß darzustellen. Es gibt bei einer ganzen Reihe von Entwicklungskomponenten (Bildung, Gesundheit, Ernährung u. a.) weitgehende Übereinstimmung über die Auswahl dieser „repräsentativen Indikatoren" und das jeweils beste Maß (z. B. Lebenserwartung für den Gesundheitszustand). Es bestehen aber immer noch erhebliche Meinungsverschiedenheiten über die besten Indikatoren für so zentrale Problembereiche wie Armut, Wohlfahrt oder soziale Sicherheit.

In der Regel genügt kein einziger auch noch so repräsentativer Indikator, um komplexe Sachverhalte wie Armut, Fehlentwicklung, Abhängigkeit, soziale Gerechtigkeit oder Entwicklung zu erfassen. Es bedarf dann einer Kombination von Indikatoren, um Fehlschlüsse und Fehldeutungen der sozialen Wirklichkeit zu vermeiden. Einerseits sagt das Pro-Kopf-Einkommen der OPEC-Staaten nichts über die Entwicklung der Produktivkräfte aus, andererseits könnten im Falle Kubas die statistischen Werte für Lebenserwartung, Säuglingssterblichkeit oder Alphabetisierung, die denen der IL sehr nahekommen, einen materiellen Entwicklungsstand vortäuschen, den die wirtschaftlichen Indikatoren nicht ausweisen.

Diese Erfahrung mit den Schwächen hochaggregierter Indikatoren und die methodischen Probleme, qualitative Maßstäbe (wie Lebensqualität) in quantitative Meßgrößen umzusetzen, begründeten eine Scheu vor Aggregationen und die Neigung, ihren Tücken durch Kollektionen von Einzelindikatoren zu entgehen. Grundsätzlich können Indikatoren je nach analytischer Zweckmäßigkeit entweder desaggregiert, um eine Komplexität in präzisierende und meßbare Komponenten zu zerlegen, oder aggregiert werden, um gehaltvolle Maßeinheiten zu gewinnen, die in internationalen Vergleichen, auf eine überschaubare, handhabbare und zugleich aussagefähige Menge zu verdichten. Nicht die Menge, sondern die Qualität der Indikatoren und Meßdaten ist für das analytische Resultat entscheidend.

Beispielhaft ist der Versuch des UNRISD, den auf Datenbanken angehäuften Informationsberg durch Eliminierung, Korrelierung und Aggregierung von Variablen zu „Kernindikatoren" zu bewältigen. Die zunächst ausgewählten 73 ökonomischen und sozialen Variablen wurden in einer ersten Eliminierungsrunde auf ein „Reservoir" von 42 und durch weitere Aussonderungen und Korrelationen auf 24 und schließlich auf 18 *core indicators* verdichtet (vgl. HDW I, 1:330 ff.). Am Ende dieses Aggregierungsverfahrens bleibt ein einziger „Entwicklungsindex" übrig, der sich zu allerlei Computeroperationen eignet.

Man kann die vorherrschende Vorgehensweise bei der Quantifizierung mittels Indikatoren so zusammenfassen:

- Definition von Bereichen bzw. Komponenten, die als signifikant für gesamtgesellschaftliche/sektorale Entwicklungen gelten können;

- Bestimmung und Auswahl von Indikatoren, die die Situation in den Untersuchungsbereichen am besten zu repräsentieren vermögen;
- Zerlegung komplexer Aggregate in meßbare Komponenten/Subkomponenten oder Aggregierung der Komponenten zu übergeordneten Gesamtindikatoren (vgl. *Simonis* 1977: 156 f.).

1.3 **Typen von Indikatoren**

Entwicklungsindikatoren können danach unterschieden werden, welche Art von Aussagen sie machen und in welchem Maße sie rein technisch in der Lage sind, Entwicklungsziele zu repräsentieren. Das UNRISD unterscheidet zwischen drei Typen von Indikatoren:

1. *Der Pro-Kopf-Typ:* Die Indikatoren bilden hinsichtlich dessen, was sie direkt messen, statistische Mittelwerte (durch Division aggregierter Größen durch die angenommene Bevölkerungszahl). Sie „sind eher ökonomischen Charakters und berücksichtigen keine Verteilungskriterien" (*McGranahan u. a.* 1982: 416). Beispiele: PKE, Kalorienverbrauch pro Kopf.
2. *Der Prozent-Typ:* Die Indikatoren geben hinsichtlich dessen, was sie direkt messen, den prozentualen Anteil der Bevölkerung an, der an einem bestimmten Gut teilhat oder von einem bestimmten Entwicklungsdefizit betroffen ist: „Indikatoren dieser Art sind grundlegend sozialer Natur und berücksichtigen Verteilungskriterien" (*McGranahan u. a.* 1982: 416).
3. *Der Struktur-Typ:* Strukturindikatoren geben Sachverhalte, die sie quantifizieren, auch in Prozent an, doch im Unterschied zum Prozent-Typ repräsentieren sie keine Entwicklungsziele, die für das Erreichen eines auf 100 oder auf 0 % zulaufenden Anteils ein erstrebenswertes Ziel ist.

Die Verwendung eines bestimmten Indikator-Typs in ausschließlicher oder überwiegender Weise beeinflußt unmittelbar die Ergebnisse von Entwicklungsanalysen. Das Problem der Auswahl von Indikatoren stellt sich folglich bereits von der technischen Seite her. Indikatoren des Prozent-Typs und des Struktur-Typs sollten gegenüber den in der Regel leichter datenmäßig verfügbaren Pro-Kopf-Typen in ausreichendem Maße vertreten sein.

1.4 **Funktion und Nutzen von Indikatoren**

Indikatoren können zu vielfachen Zwecken verwendet werden:
- zur Diagnose von gesamtgesellschaftlichen und sektoralen Lebens- und Entwicklungsbedingungen;
- zur Informationsbeschaffung über soziale Probleme und Krisenpotentiale;
- zur Grundlegung von politischer Planung und zur Vorbereitung von politischen Entscheidungen;
- zur Evaluierung globaler/sektoraler Zielsysteme und -implementationen.

Indikatoren können also über eine informative *Funktion* hinaus eine evaluierende und normative sowie entscheidungsorientierende Funktion erhalten, indem sie soziale Zustände im Hinblick auf normative Zielsetzungen als progressiv oder regressiv ausweisen (vgl. *Simonis* 1977: 155). Sie können eingesetzt werden, um Politik zu kontrollieren, aber auch dazu mißbraucht werden, das Herrschaftswissen und die Kontroll- und Steuerungsmacht der Regierenden zu vergrößern. Im breiten Spektrum der Verwendungszwecke kommt dieser Funktion von Indikatoren, Krisen anzuzeigen und zu steuern, eine problematische Bedeutung zu.

Selbst wenn die Leistungsfähigkeit von Indikatoren darauf beschränkt bliebe, „bestenfalls als hilfreiche Instrumente zur Aneignung und Systematisierung der mannigfaltigen konkreten Wirklichkeit" zu dienen (so das *Hamburger Autorenkollektiv* in HDW I, 1), lohnt sich schon eine eingehendere Beschäftigung mit ihnen, denn „Aneignung und Systematisierung der mannigfaltigen konkreten Wirklichkeit", und dies außerdem im Zeit- und Ländervergleich, ist ja eine der Hauptaufgaben der vergleichenden EL-Forschung. Sie können also nicht als wert- und nutzlose Spielereien von Quantifizierungsfanatikern abgetan werden. Ob sie die ihnen zugedachten Leistungen erbringen und die ihnen anhängenden Schwächen und Gefahren vermeiden können, hängt von ihrem richtigen Gebrauch ab: Sie sind analytische Hilfsinstrumente, kein Selbstzweck.

1.5 **Probleme der Auswahl und Gewichtung von Indikatoren**

McGranahan u. a. (1982: 418) fassen die vom UNRISD bei der Indikatorenauswahl beachteten Kriterien, die als Wahlkriterien bei der Indikatorenbildung verallgemeinert werden können, zusammen:
- die Verfügbarkeit von Daten, weil auch das beste Maß nicht messen kann, wenn nicht ausreichend Daten vorliegen;
- die länderübergreifende und intertemporale Vergleichbarkeit von Daten, die sicherstellen soll, daß Indikatoren in verschiedenen Ländern und zu verschiedenen Zeitpunkten wirklich dieselben Dinge messen, um historische Vergleiche und Trendanalysen zu ermöglichen;
- die Konsistenz, Vollständigkeit und Verläßlichkeit der Daten;
- die Validität, die anzeigt, in welchem Umfang Indikatoren ein theoretisches Konzept repräsentieren und wirklich das messen, was sie messen sollen;
- die begriffliche Signifikanz, die danach zu fragen hat, ob der Indikator wirklich wichtige Aspekte anzeigt;
- die Unterscheidungskraft, die dem Indikator abverlangt, Entwicklungsunterschiede zu messen und zwischen Ländern auf unterschiedlicher Entwicklungsstufe zu unterscheiden;
- die Ausgewogenheit und Vermeidung von Doppelzählungen innerhalb einer Indikatorengruppe.

Das *Handbook on Social Indicators* (UN 1989: 22) weist darauf hin, daß besonders bei den Sozialindikatoren das Problem nicht so sehr im Datenmangel, sondern in der mangelnden Vergleichbarkeit der Daten liegt und nur wenig Fortschritt bei der internationalen Angleichung von Definitionen und Klassifikationen erzielt worden ist. *Ghai u a.* (1988) sowie *McGranahan u. a.* (1990) beklagen den niedrigen Standard von Datenerhebungen in vielen EL, der den Aussagewert der erhobenen Daten erheblich vermindert. Die verfügbaren Daten beruhen häufig auf groben Schätzungen, so daß die von Daten vorgespiegelte Objektivität höchst trügerisch sein kann.

Die methodischen Konstruktions- und statistischen Verfahrensprobleme sind sicherlich groß. Wichtiger ist jedoch die Beantwortung der von *Dudley Seers* (1974) gestellten Frage, *was* durch Entwicklungsindikatoren gemessen werden soll, also die Bestimmung dessen, was theoretisch wichtig und empirisch relevant ist. Auswahl und Gewichtung von Indikatoren setzen also eine Theorie voraus, die das Gewicht einzelner Komponenten und die kausalen Beziehungen zwischen ihnen zu erklären vermag. Keine Meßgröße ist neutral; jede Kennziffer erhält ihre Aussagekraft erst im Rahmen eines theoretischen Konzepts.

Auswahl und Gewichtung der Indikatoren lassen auch dann, wenn sie nicht theoretisch explizit werden, Rückschlüsse auf theoretische Prämissen zu. Dies gilt z. B. für die Statistiken der Weltbank, die die hinter den Meßgrößen liegende Wachstumsideologie deutlich zum Ausdruck bringen. Das BSP bildet nicht nur die strategische Meßgröße, mit deren Hilfe (angeblich) der Entwicklungsstand von Gesellschaften gemessen und verglichen werden kann, sondern impliziert in seiner Funktion als Entwicklungsindikator auch unausrottbare wachstumstheoretische Annahmen: daß ein steigendes Bruttosozialprodukt als wohlstandskonstitutive Bedingung auch die Lebensverhältnisse der breiten Massen verbessere; institutionelle Strukturen und soziale Verhaltensweisen verändere und zu einer gerechteren Verteilung führe. Nur mit Hilfe dieser *trickle down*-Illusion konnte das BSP zum herausragenden Entwicklungsindikator avancieren.

2. **Der umstrittene BSP-Indikator**

Die „Indikator-Bewegung" wurde wesentlich von der Kritik an der Verwendung des BSP bzw. PKE als Wohlfahrtsindikator in den IL und als Indikator für wirtschaftliche und soziale Entwicklung in den EL angestoßen. Die vielfachen Mängel dieses Indikators wurden schon häufig analysiert (vgl. *Seers* 1974; *Simonis* 1974; *Leipert* 1975; *Addicks* 1977: Kap. 2; *Miles* 1985: 33 ff.) und sollen hier nur zusammengefaßt werden.

Erstens liefern die internationalen Organisationen (IWF, Weltbank, GATT, OECD, UNCTAD und andere UN-Organisationen) teilweise erheblich voneinander abweichende Zahlen, ohne die Gründe für die Abweichungen zu benennen. Hier entsteht das Problem der Vergleichbarkeit von Daten.

Zweitens kann das BSP in Gesellschaften mit einem hohen Anteil von Selbstversorgung allenfalls auf groben Schätzungen beruhen. In vielen EL stößt die die Erfassung aller Einkommen auf erhebliche Schwierigkeiten (vgl. *Hemmer* 1988: 9f). Hinzu kommt, daß die Belohnung eines niedrigen PKE durch die Zuteilung von nicht-rückzahlbaren Zuschüssen *(grants)* oder besonders günstigen Kreditbedingungen sowie durch eine Sonderbehandlung bei Schuldenregelungen geradezu zu statistischen Manipulationen verführt. Beispielsweise wichen die Angaben von Weltbank und CIA über das PKE der VR China um mehr als 100% voneinander ab.

Drittens mißversteht die BSP-Berechnung Marktferne als Unterentwicklung: „The GNP and associated statistics focus on the dominant economic activities of Western societies – those mediated by the market" (*Miles* 1985: 38). Sie unterschätzt die Überlebenskunst der Armutsgruppen, die außerhalb aller Erhebungstechniken vielfältige Wirtschaftsaktivitäten entfalten. Der „informelle Sektor" der kleinbäuerlichen Subsistenzproduktion und der städtischen Armen ist eine durchaus funktionstüchtige Überlebensökonomie, die mehr Menschen ernährt als der formelle Sektor; diese städtische „Parallelökonomie" beschäftigt in vielen EL bis zu zwei Drittel der Erwerbsfähigen, vor allem Frauen und Kinder. Es besteht deshalb kein kausaler Zusammenhang zwischen den Veränderungen des BSP und der sozialen Lage der Bevölkerungsmehrheit. Die amtlichen Statistiken enthalten vieles nicht, was sie zu enthalten vortäuschen.

Tabelle 1: Unterschiede zwischen PKE und PPP (1987)

Länder	PKE	PPP	Länder	PKE	PPP
Ägypten	848	1357	Marokko	527	1761
Äthiopien	153	454	Nigeria	805	668
Bangladesh	165	883	Pakistan	339	1585
Brasilien	1573	4307	Peru	960	3129
China	251	2124	Tanzania	247	405
Indien	272	1053	Zaire	410	717

(Quelle: Freedom House: Freedom in the World, 1989-90)

Viertens sagen die in US-Dollars ausgedrückten Meßzahlen des PKE wenig über die tatsächliche Kaufkraft der nationalen Währungen aus. Eine UN-Forschungsgruppe (*International Comparison Project*) fand heraus, daß das in US-$ ausgedrückte PKE im Falle der ärmsten EL um einen durchschnittlichen Faktor von 3, im Falle der EL mit mittlerem PKE um einen Faktor von 2,0 bis 2,5 gewichtet werden muß, um die reale Kaufkraft (PPP = *Purchasing Power Parities*) ermessen zu können. Tabelle 1 zeigt an Beispielen die Differenz zwischen PKE und PPP. Außerdem muß berücksichtigt werden, daß ein Einkommen, das in einem reichen Land Armut bedeutet, in einem armen Land sogar einen relativen Wohlstand bedeuten kann.

Fünftens honoriert die BSP-Berechnung kostenintensive Dienstleistungen und diskriminiert die den Massenbedürfnissen eher angepaßten Güter und Leistungen, bevorzugt also Tauschwerte gegenüber Gebrauchswerten. Sie berücksichtigt nicht die Zusammensetzung und den Nutzen von Gütern. Beispielsweise schätzt sie den „Wert" eines Farbfernsehers höher ein als den Wert von 1 000 Schreibtafeln.

Sechstens: „Wachstumsstatistiken lassen die entscheidenden Elemente der sozialen Wohlfahrt, der Rechte des einzelnen, sowie andere in Mark und Pfennig nicht meßbaren Werte außer acht" (*Brandt-Bericht* 1980: 65).

Siebtens kümmern sich die Wachstumsstatistiken nicht um die ökologischen Kosten des Wachstums. Der Raubbau an den Regenwäldern und die Ausweitung der Monokulturen können das Wachstum fördern, haben aber fatale Langzeitfolgen. Das Konzept des *sustainable development* setzt auf ein umweltverträgliches Wachstum und eine *environmental productivity.*

Achtens verdeckt das PKE als statistischer Durchschnittswert die teilweise großen Einkommensunterschiede zwischen Regionen (Kern- und Randregionen), sozialen Schichten, Stadt und Land, Mann und Frau. Dies gilt auch für andere statistische Durchschnittswerte. Die Dritte Welt ist eben nicht nur eine arme Welt, sondern auch durch eine Mischung aus obszönem Reichtum von kleinen Minderheiten und extremer Armut von Mehrheiten gekennzeichnet. Durchschnittswerte bügeln diese Unterschiede nach beiden Seiten glatt.

Neuntens verleitet die Eindimensionalität von Einkommensstatistiken zur Geringschätzung des kulturellen Reichtums von armen Gesellschaften. Sie messen Unterschiede des Habens, die wenig über die Potentiale des Seins aussagen:

> „Kaum war die Einkommensskala angelegt, war Ordnung auf dem unübersichtlichen Erdball geschaffen: Horizontal ließen sich so verschiedene Welten wie die der Zapoteken, Tuaregs und Rajasthani als gleichartig einstufen und vertikal im Vergleich zu den ‚reichen' Nationen auf eine Position nahezu unermeßlicher Unterlegenheit verweisen. So definiert ‚Armut' ganze Völker nicht in dem, was sie sind und sein wollen, sondern in dem, was ihnen fehlt und was sie zu werden haben. Ökonomische Geringschätzung war so an die Stelle kolonialer Geringschätzung getreten" (*Sachs* 1989: f).

Zehntens zählen Menschen in Wachstumstheorien nur als Kostenfaktoren, Konsumenten oder als produktivitätssteigerndes Humankapital, also als Mittel zum Zweck, nicht umgekehrt als Subjekte und Ziel allen Wirtschaftens.

Das BSP hat trotz all dieser längst erkannten Schwächen seine Bedeutung als Wohlfahrts- und Entwicklungsindikator jedoch noch nicht verloren. Es fungiert innerhalb des Kernbestandes von Indikatoren, die wirtschaftliche Unterentwicklung und Entwicklung messen sollen, immer noch als Schlüsselindikator; es nimmt diese Rolle ein, nicht etwa weil „Übereinstimmung über die Bedeutung des BSP, seine Einfachheit als Instrument der Wohlfahrtsmessung und seine Funktion als Lenkungsinstrument für Entscheidungsträger" besteht (*Donald* 1979: 121), sondern weil die oben erwähnten wachstumstheoretischen Annahmen nach wie vor das entwicklungsstrategische Credo nationaler und internationaler Entwicklungsagenturen darstellen. Auch seine Kritiker benutzen es, vor allem deshalb, weil es leichter verfügbar ist als Daten, die sie aus theoretischer Einsicht bevorzugen würden.

Wenn man davon ausgeht, daß mehr Güter produziert und mehr Dienstleistungen bereitgestellt werden müssen, um die Grundbedürfnisse der gesamten Bevölkerung zu befriedigen, und dieses Ziel nicht allein durch Umverteilung der verfügbaren Güter und Dienstleistungen erreicht werden kann, ist der BSP-Indikator keineswegs überflüssig. Aber er taugt dann allenfalls noch als Potentialgröße, als „Barometer des Wohlstandes" (*Seers*), das nicht selbst Entwicklung mißt, weil es konstitutive Dimensionen des Entwicklungsbegriffes ausklammert. Die nahezu regelhafte Erfahrung des „Wachstums ohne Entwicklung" schließt die Verwendung des BSP als *Potentialgröße* – und nicht als *Synonym für Entwicklung* – nicht aus, weil das allgemeinste Entwicklungsziel, d. h. die „Verbesserung der Lebensbedingungen aller Menschen", auch Wachstum erfordert.

3. **Sozialindikatoren für soziale Entwicklung**

In internationalen Vergleichen und Skalierungen des Entwicklungsstandes wird das nackte PKE meist mit einem mehr oder weniger dichten Kranz weiterer „Entwicklungsindikatoren" – also von Meßziffern, die als repräsentativ und signifikant für Entwicklung gelten – umgeben. Das wohl bekannteste Beispiel ist die Bestimmung und Aussonderung der LLDC (der sog. „Vierten Welt") aus der heterogenen Gesamtheit der Dritten Welt anhand der drei Meßgrößen PKE, Industrialisierungs- und Alphabetisierungsrate. Aber weder die Höhe des PKE noch der Industrialisierungsgrad geben eine realistische Auskunft über die Lebensbedingungen der Bevölkerungsmehrheit. Dennoch dient dieser Indikator, zusammen mit dem Anteil von Industriegütern am Export, als Hauptindikator für die Unterscheidung der Schwellenländer von den übrigen EL (vgl. *Menzel/Senghaas* 1985).

Das wachsende Massenelend in der Dritten Welt drängte sich der SI-Bewegung als Operationsfeld auf. Entwicklung hieß für sie zuvörderst soziale Entwicklung (vgl. *Satzinger/Schwefel* 1982). Soziale Indikatoren wurden zu Meßinstrumenten von sozialen Problemen, der Kosten- und Nutzenverteilung von Entwicklung, der tatsächlichen Versorgung der Bevölkerungsmehrheit mit lebenswichtigen Gütern und Dienstleistungen. Nach dem „verlorenen Jahrzehnt" der 80er Jahre lebte die Indikatoren-Diskussion der 70er Jahre, die sich auf soziale Entwicklung konzentriert hatte, wieder auf. Mit dem entwicklungsstrategischen Rückgriff auf Elemente der Grundbedürfnisstrategie wurden auch die an ihr orientierten Indikatoren-Modelle wieder aktuell.

Für die Messung von Armut und des Grades der existentiellen Bedürfnisbefriedigung bietet sich ein ganzes Bündel von Indikatoren an. Ihre Auswahl hängt zunächst davon ab, wie weit (im Sinne der *menschlichen* Grundbedürfnisse, die nicht nur das biologische Überleben, sondern ein *menschenwürdiges* Dasein ermöglichen) oder wie eng (eben im Sinne der blanken Überlebensfähigkeit) der Bedürfnisbegriff gefaßt wird. Diese Option geht der Auswahl der jeweils repräsentativen aus der Fülle der möglichen Indikatoren voraus. Weiterhin müssen kritische Grenzen, die Versorgungsdefizite oder Sättigungspunkte anzeigen, gesetzt und die methodische Frage gelöst werden, ob die für die verschiedenen Dimensionen von Armut ausgewählten Indikatoren in Leitindikatoren oder gar – ähnlich dem BSP oder einem Gesamtindex für Lebensqualität – in einem entsprechenden Gesamtindex für Armut oder Bedürfnisbefriedigung aggregiert werden können und sollen.

Das Angebot von Indikatoren für Grundbedürfnisse ist inzwischen reichlich. Der bereits 1966 vom UNRISD (bzw. *Drewnowski/Scott*) vorgelegte *Index of the Level of Living,* der schon zwischen physischen (Ernährung, Gesundheit, Obdach) und kulturellen Bedürfnissen (Bildung, Muße, Sicherheit) unterschieden hatte, wurde in der Folgezeit modifiziert, ergänzt und verfeinert: von *Ghai/Alfthan* (1977), *Addicks* (1977), *Sheehan/Hopkins* (1979), *Hicks/Streeten* (1979), *Morris* (1979) und *Behrmann* (1990).

Wie auch die hier eingefügten Übersichten dokumentieren, gibt es zwar eine weitgehende Übereinstimmung über einen Kernbestand von repräsentativen Indikatoren, aber Meinungsverschiedenheiten über das jeweils beste Maß. *Addicks, Ghai/Alfthan* und *Behrmann* führen eine eingehende Diskussion über Vor- und Nachteile, Aussagekraft und Signifikanz des Bündels von Maßeinheiten. *Sheehan/Hopkins* messen den Grad der Bedürfnisbefriedigung anhand von zehn Indikatoren (s. Tab. 2). *Addicks* und *Hicks/Streeten* schlagen einen teils übereinstimmenden, teils erheblich abweichenden Satz von Indikatoren vor (s. Tab. 3). Diese Differenzen beruhen auf unterschiedlichen Einschätzungen der Entwicklungsprobleme, entwicklungsstrategischen Perspektiven und ethischen Wertpräferenzen.

3.1 **Indikatoren für Ernährung**

Nahrung ist das elementarste, weil existenzbedingende Grundbedürfnis. Ausreichende Ernährung ist die Voraussetzung für Gesundheit, körperliche und geistige Entwicklung und Leistungsfähigkeit; Unterernährung verursacht mittelbar und unmittelbar eine Reihe von Krankheiten. Im Hunger erlischt jedes Interesse an Dingen außer Nahrung, so daß die „Magenfrage“ alle anderen Existenzfragen überlagert.

Lange galt der Mangel an Eiweiß („Fehlernährung“) als zentrales Ernährungsproblem. Inzwischen haben Ernährungswissenschaft und Medizin herausgefunden, daß der Kalorien- oder Energieverbrauch für die Ernährung grundlegender ist, weil das Gewebe erst nach ausreichender Energieaufnahme zur Verarbeitung von Proteinen und Nährstoffen fähig ist bzw. das

Eiweiß ersatzweise zur Energiegewinnung nutzt. Deshalb hat sich die Meßgröße des täglichen Kalorienverbrauchs pro Kopf als Kernindikator für die Ernährungslage durchgesetzt, ergänzt durch anthropometrische Bedingungen (Alter, Körpergröße, Rasse etc.). Als aggregierte Größe läßt sie zugleich Rückschlüsse auf die Entwicklung der Nahrungsmittelproduktion zu.

Tabelle 2: Indikatoren zur Messung der Grundbedürfnisbefriedigung nach Sheehan/Hopkins (1979)

Komponente	Indikatoren
Ernährung	a. Tägl. Kalorienverbrauch pro Kopf b. Tägl. Proteinverbrauch pro Kopf
Trinkwasser	Zugang zu Trinkwasser in % der Bevölkerung
Gesundheit	a. Lebenserwartung bei Geburt b. Säuglingssterblichkeit pro Tausend Lebendgeburten c. Todesfälle infolge von Seuchen und Infektionskrankheiten pro 100.000 Einwohner d. Ärzte pro 100.000 Einwohner e. Krankenschwestern pro 100.000 E.
Bildung	Alphabetisierungsrate
Wohnung	Wohnraum pro Person
Entwicklungsniveau	BIP pro Kopf

Der Proteinverbrauch – häufig qualitativ spezifiziert als „täglicher Verbrauch von Proteinen tierischen Ursprungs“, weil diese eine größere Menge an Aminosäuren enthalten – wurde nicht überflüssig, sondern behielt, besonders bei Kleinkindern, schwangeren und stillenden Frauen sowie bei Kranken, seine indikative Bedeutung für eine qualitativ ausreichende Ernährung.

3.2 **Indikatoren für Gesundheit**

Am größten ist die Variation der Indikatoren beim Grundbedürfnis Gesundheit. Ein Teil der Autoren und Institutionen bevorzugt Indikatoren für die input-orientierte *Gesundheitsversorgung*, also Meßziffern für die personelle und materielle Ausstattung des Gesundheitswesens, die die Verfügbarkeit qualifizierter Gesundheitsdienste anzeigen: Anzahl der Ärzte bzw. Krankenschwestern bzw. Krankenhausbetten pro einer wechselnden Personeneinheit.

Das nicht immer bedachte Problem dieser Indikatorenauswahl liegt darin, daß sie sich an einer teuren klinischen Medizin orientiert, die sich nur wenige

EL aufgrund der knappen finanziellen und personellen Ressourcen leisten können und die dann in der Regel nur für eine begüterte Minderheit verfügbar ist. Die Bestrebungen der WHO zielen längst darauf hin, eine Einfach- und Präventivmedizin zu fördern, die wieder auf traditionelle Heilmethoden zurückgreift, nur wenige und relativ billige Grundsubstanzen der Pharmakologie verwendet, weniger aufwendig ausgebildetes Personal („Barfußärzte") einsetzt und auch außerhalb der Stadtgrenzen eine Gesundheitsversorgung ermöglichen (vgl. WHO 1986).
Zur Messung des output-orientierten *Gesundheitszustandes* einer Bevölkerung haben sich zwei Indikatoren als besonders aussagefähig erwiesen, die Veränderungen der Lebenserwartung und der Sterberaten – und hier wiederum vorzugsweise der Säuglingssterblichkeitsrate, weil Säuglinge als die am meisten gefährdete Altersklasse gelten – anzeigen:

> „Wenn die soziale Dimension Gesundheit zum einen durch die ‚Lebenserwartung bei Geburt' und zum anderen durch die ‚Säuglingssterblichkeitsrate' repräsentiert wird, liegt die Annahme zugrunde, daß die Lebenserwartung allgemein den Saldo der lebensfördernden und lebensbeeinträchtigenden Bedingungen einer Gesellschaft verkörpert, daß die Säuglingssterblichkeit speziell jenen Bereich der Gesundheitsverhältnisse in EL markiert, der die von lebensbeeinträchtigenden Bedingungen am stärksten betroffene Altersklasse umfaßt" (*Addicks* 1977: 309).

Außerdem sind Lebenserwartung und Kindersterblichkeit „technisch gute Gesundheitsindikatoren", leicht verfügbar und international vergleichbar. Allerdings zeigte eine Studie von *Murray* (1987), daß die vom *UN Statistics Office* und von der Weltbank publizierten Sterblichkeitsraten „ungeeignet für quantitative Analysen" sind. *Sheehan/Hopkins* (1979) fügten Indikatoren für Todesursachen (Todesfälle infolge von Seuchen, Infektions- und Parasitenkrankheiten) hinzu, weil sie auf besondere Gesundheitsgefährdungen in der Mehrzahl der EL hinweisen und Anhaltspunkte für Präventivmaßnahmen liefern. Hier liegt freilich das praktische Meßproblem darin, daß dort, wo die Menschen an solchen Krankheiten dahinsterben, niemand Statistiken erstellt.

3.3 **Indikatoren für Umwelt und sustainable development**

Die starke Hervorhebung der physischen Infrastrukturausstattung (Versorgung mit Wasser und sanitären Einrichtungen) im Indikatorenkatalog von *Hicks/Streeten* (Tab. 4) ist ungewöhnlich, aber angesichts der lebensgefährdenden Hygienebedingungen in den Slums der Dritten Welt sinnvoll. Während die beiden Indikatoren – Anteil der Bevölkerung, der Zugang zu Trinkwasser und sanitären Einrichtungen hat, sei es innerhalb der Wohnung oder im Umkreis von 100 m – auf breitem Konsens beruhen, weist der zusätzliche Indikator der Säuglingssterblichkeit zwar auf die besonders „lebensbeeinträchtigenden Bedingungen" in den Slums hin, aber Säuglingssterblichkeit hat eine Reihe von weiteren Ursachen.

Die Versorgung mit Leitungswasser und sanitären Einrichtungen könnte in den vor Unrat stinkenden und von allerlei Krankheiten geplagten Slums auch einen guten Ersatzindikator bilden: erstens für Umwelt, da die unmittelbare Lebensumwelt die Lebensbedingungen der städtischen Marginalen schwerer belastet als die industrielle Umweltverschmutzung; zweitens für die schlimmste Erscheinungsweise der städtischen Marginalität (vgl. UNESCO 1978).

Eine dringende Aufgabe der Indikatorbewegung ist nun die Entwicklung eines Index für *sustainable development.* Die von der OECD (1991) erarbeiteten Indikatoren sind noch nicht hinreichend spezifisch für den Zusammenhang von Ökologie und Entwicklung. Von der Umweltzerstörung (Desertifikation, Bodenerosion, Vergiftung der Oberflächengewässer u. a. m.) sind vor allem die Armutsgruppen betroffen (*Ghai u. a.* 1988: 26).

Inzwischen gibt es erste Versuche des *World Resources Institute (Repetto* 1990), Meßkriterien für eine *environmental productivity* zu entwickeln. *Hazel Henderson* (1990) listete zur Messung von *sustainable development* einige Umweltprobleme (Luft- und Wasserqualität, Verringerung der Artenvielfalt und der nicht-erneuerbaren Ressourcen) auf, aber mehr als eine Problematisierung des BSP-Indikators kam bei diesen Bemühungen noch nicht heraus. Nun ist vor allem UNEP gefordert, auf der Grundlage der von ihm gesammelten Umweltdaten einen aussagefähigen Index zu bilden.

3.4 **Indikatoren für Wohnen**

Während weder *Addicks* noch *Hicks/Streeten* einen signifikanten Indikator für das Grundbedürfnis nach einem menschenwürdigen Obdach ausweisen, machen sich andere Autoren die Indikatorwahl zu einfach. Auch wenn das menschliche Wohlbefinden wesentlich von seiner Wohnsituation abhängen sollte, berücksichtigen die von *Sheehan/Hopkins* (Tab. 2) ausgewählten Indikatoren „Zahl der Bewohner pro Raum" oder „Wohnfläche pro Person" nur den quantitativen Aspekt der Wohnsituation.

Diejenigen Indikatoren, die die qualitative Ausstattung der Wohnung (feste und wetterfeste Bauweise, Anschluß an Kanalisation und Wasser) zu messen versuchen, kommen der Schlußfolgerung des *UN World Housing Survey* von 1974 wesentlich näher, daß es in den EL mehr auf qualitative denn quantitative Standards ankomme. Der vom UNRISD ausgewählte Indikator „Anteil der Wohnungen mit Elektrizitätsversorgung" orientiert sich allerdings schon mehr an Komfort- denn an Grundbedürfnissen; denn Wasser ist lebenswichtiger als Strom. Wir verzichten auf einen Indikator für Wohnen, weil keiner der vorgeschlagenen Indikatoren überzeugen kann und die verfügbaren Daten unzuverlässig sind. Die Wohnbedingungen in den wachsenden städtischen Slums sind nur punktuell erforscht.

3.5 **Indikatoren für Bildung**

Es besteht weitgehend Übereinstimmung darüber, daß der Anteil der Analphabeten bzw. Alphabeten an der Gesamtbevölkerung über 15 Jahre den Ausbildungsstand einer Gesellschaft am besten zu repräsentieren und zu messen vermag. Während Einschulungsraten einen Hinweis auf bildungspolitische Bemühungen geben, aber z. B. den (häufig hohen) Anteil der Aussteiger nicht erfassen, zeigt die Alphabetisierungsrate den Erfolg dieser Bemühungen an. Das Meßproblem wird nahezu unlösbar, wenn Alphabetisierung, etwa im Verlauf von Kampagnen wie in Kuba und Nicaragua in Schnellkursen vermittelt, über die vordergründige Aneignung von Lese- und Schreibkenntnissen hinaus entsprechend der Definition der UNESCO als eine funktionale verstanden wird, die Einstellungen und Verhaltensweisen verändert und Fähigkeiten zur individuellen und kollektiven Selbstentfaltung vermittelt.

Tabelle 3: Grundbedürfnis-Indikatoren nach Hicks/Streeten (1979)

Komponente	"Kernindikatoren"
Gesundheit	Lebenserwartung bei Geburt
Bildung	Alphabetisierungsrate Einschulungsrate (in % der Altersgruppe 5-14 Jahre)
Ernährung	Kalorienverbrauch pro Kopf
Wasserversorgung	Säuglingssterblichkeit pro 1.000 Geburten Anteil der Bevölkerung mit Zugang zu sanitären Einrichtungen
Wohnen	kein signifikanter Indikator

Weitere Indikatoren zur Messung der Qualität von Ausbildung haben sich vor allem aufgrund der Probleme der Datenbeschaffung nicht allgemein durchsetzen können: so z. B. die von *Addicks* vorgeschlagene Schüler-Lehrer-Relation, die selbst in hochentwickelten Statistiksystemen in nur wenig differenzierten Globalgrößen vorliegt. Wichtiger erscheint, wenn man den dringenden Bedarf der meisten EL an landwirtschaftlichen und technischen Fachkräften bedenkt, ein Indikator (z. B. Anteil der in landwirtschaftlichen und technischen Ausbildungsgängen eingeschriebenen Studierenden), der auf den Erfolg/Mißerfolg einer bedarfsorientierten Bildungsplanung hinweist.

4. Aggregierte Indices für Armut bzw. Wohlfahrt

Das hier schon ausgelesene Bündel von Sozialindikatoren ist immer noch so umfangreich und bunt, daß es die Messung von Armut erheblich erschwert: Die Summe von Einzelindikatoren ergibt noch kein Gesamtbild. Deshalb liegt der Versuch nahe, möglichst aussagefähige Meßziffern ausfindig zu machen, also mittels weniger Kern- oder Leitindikatoren viele Erscheinungsformen von Armut zu erfassen. Diese Eingrenzung und Kombination erscheint möglich, weil sich die Grundbedürfnisse wechselseitig bedingen, teilweise in einer Ursache-Wirkung-Beziehung zueinander stehen. Dies gilt nicht nur für Ernährung als existentielle Bedingung menschlichen Lebens.

Eine strategische Leit- oder Kernfunktion mit Auswirkungen auf alle anderen sozialen Bereiche wird im besonderen der Kombination von Gesundheit und Bildung zuerkannt. So hält *Hicks* (1980: 19) in der Annahme, daß die Lebenserwartung die Auswirkungen der Gesundheitsfürsorge, der Verbesserungen der Versorgung mit Wasser, sanitären Einrichtungen und Ernährung widerspiegele, diesen Indikator zusammen mit der Alphabetisierungsrate (als Leitindikator für den Ausbildungsstand) für hinreichende Maßstäbe der Bedürfnisbefriedigung. *Addicks* (1977: 331) weist ihnen ebenfalls eine „funktionale Priorität" zu:

> „Sie verkörpern die entscheidenden Faktoren zur Akkumulation des *human capital* und reflektieren Niveau und Veränderung der sozialen Indikatoren der Komponenten Ernährung, Wohnung, Wohlfahrt und Umwelt."

Schwefel (1972: 31) bildete sogar aus den Komponenten Gesundheit (gemessen an der Säuglingssterblichkeitsrate) und Ausbildung (gemessen am Anteil der Analphabeten) einen Gesamtindikator für die Verwirklichung der sozialen Gerechtigkeit. Die unterschiedliche Problemsicht, die sich auch in der Auswahl dieser Leitindikatoren niederschlägt, zeigt sich sowohl bei der vom *Bariloche-Modell* gewählten Kombination von Ernährung, Ausbildung und Wohnen als auch beim Vorschlag von *Seers* (1974: 231), den *Gini-Koeffizienten* zur Messung von Einkommen und Wohlstand zu nutzen, weil die Einkommensverteilung die Verteilung der Lebenschancen ausdrücke.

Mit dieser Auswahl von Leitindikatoren ist noch nicht die Frage nach der Zweckmäßigkeit eines aggregierten Gesamtindex für Lebensstandard oder Wohlfahrt beantwortet. Die Konstruktion einer solchen „synthetischen Maßeinheit" erscheint attraktiv, um mittels einer einzigen Zahlenreihe internationale Vergleiche des Entwicklungsstandes anstellen zu können. Der von *Drewnowski* (1974) konstruierte Wohlfahrts-Index, der diese Erwartung zu erfüllen scheint, erweist sich als so kompliziert, daß ihn allenfalls Forschungsinstitutionen à la UNRISD handhaben können.

Wesentlich einfacher ist der von *Morris/Liser* (1977) entworfene *Physical Quality of Life Index* (PQLI), der die Befriedigung der „Mindestbedürfnisse des Menschen" messen soll und auf drei leicht verfügbaren, konsensfähigen und gleichgewichteten Indikatoren aufbaut: Lebenserwartung, Säuglingssterblichkeit und Alphabetisierungsrate. Während *Leipert/Simonis* (1982: 440 ff.) die großen Vorteile dieses PQLI gegenüber anderen Wohlfahrts-Meßgrößen hervorheben, monierten *Hicks/Streeten* (1979: 576), daß der Indikator Lebenserwartung nicht die Qualität, sondern nur die Quantität des Lebens messe – was sie freilich selbst nicht davon abhielt, eben diesen Indikator einem hochaggregierten Index für Lebensqualität vorzuziehen.

Gewichtiger ist ihr Einwand, daß der PQLI das entwicklungstheoretische und methodische Problem der Gewichtung zwischen den drei Einzelindikatoren, die gleichgewichtig in ihm aggregiert werden, nicht gelöst und damit seine Aussagefähigkeit erheblich vermindert habe. In der Tat läßt das arithmetische Mittel die qualitativen Gewichte der Teilkomponenten nicht erkennen, obwohl es dennoch für Entwicklung wesentlich aussagefähiger als das BIP ist.

In der Abwägung von Vor- und Nachteilen sprechen mehr Gründe gegen als für die Konstruktion eines aggregierten Armuts- oder Wohlfahrtsindex, der wesentlich über den Komplexitätsgrad des PQLI hinausgeht, besonders dann, wenn er nur die relative Veränderung der allgemeinen Lebensbedingungen anzeigt (vgl. *Addicks* 1977: 289 ff.). Die Auswahl von wenigen strategischen Leitindikatoren erleichtert die Handhabung der Indikatoren und erhöht ihren Informationsgehalt.

4.1 **Der Human Development Index (HDI)**

Der HDR von 1990 unternahm den ambitionierten Versuch, als wichtig erachtete Aspekte der „menschlichen Entwicklung" in einen *Human Development Index* (HDI) zusammenzufassen, der globale Entwicklungen, regionale Differenzierungen und die Lage von 130 Ländern im Vergleich erkennen läßt. Dieser HDI ist aus Indikatoren für drei „wesentliche Elemente des Lebens" zusammengesetzt: der Lebenserwartung bei Geburt, Alphabetisierungsrate und realen Kaufkraft pro Kopf (PPP = *Purchase Power Parities*), die den Zugang zu Ressourcen (Boden, Einkommen, Kredit) indizieren soll. Er übernimmt aus den verschiedenen Indikator-Modellen zur Messung von sozialer Entwicklung die beiden Leitindikatoren Lebenserwartung bei Geburt und Alphabetisierungsrate, baut aber in seine Definition von menschlicher Entwicklung als Prozeß der Erweiterung von Wahlmöglichkeiten sowie der Bildung und Nutzung von menschlichen Fähigkeiten den in der Entwicklungstheorie neuerdings stärker betonten Individualismus ein.

UNDP projizierte die Werte von 130 Ländern (mit über 1 Mio. E.) für diese drei Indikatoren auf eine Skala von 0 bis 1. Der Wert der einzelnen Indikatoren für jedes Land wird berechnet, indem der reale Wert eines Landes sowohl auf den real ermittelten internationalen Minimalwert als auch auf den Maximalwert (als internationalem Zielwert) bezogen wird. Dadurch gelingt es, den jeweiligen Durchschnitt eines Landes auf die international existierende Spannweite zu beziehen. Aus den so konstruierten Einzelindikatoren wird dann das arithmetische Mittel berechnet. Der HDI bringt zum Ausdruck, wie stark dieser Durchschnitt vom Maximalwert 1 abweicht.

Vergleicht man die mit Hilfe des HDI ermittelte Reihenfolge der Länder mit ihrer allein nach dem PKE errechneten Rangfolge (wie sie die *Weltentwicklungsberichte* der Weltbank ausweisen), ergeben sich teilweise große Rangunterschiede. Absteiger sind vor allem die reichen Ölstaaten, Aufsteiger die sozialistischen Länder. Dennoch lassen Ländervergleiche erkennen, daß die mit dem PKE gemessenen Einkommensunterschiede zwischen den Ländern größer sind als die mittels des HDI gemessenen Unterschiede in der „menschlichen Entwicklung“.

Es gab an diesem HDI heftige Kritik, die teilweise politisch motiviert war, weil er einerseits Japan, dessen Erfolgsgeschichte mit erheblichen menschlichen Kosten belastet ist, den höchsten HDI-Wert zuschrieb, andererseits den sozialistischen Ländern ohne Berücksichtigung der Menschenrechtslage gute Plätze im Ländervergleich zuwies. Der *HDR* von 1991 versuchte, dieser Kritik durch eine Erweiterung des HDI zu begegnen (s. u.). Der HDI belegte mit Daten aus den 80er Jahren eine weltweite Verbesserung der „menschlichen Entwicklung“, ließ aber Rückschritte im „verlorenen Jahrzehnt“ (z. B. das Ansteigen der Kindersterblichkeit und Absinken der Einschulungsraten in Afrika und Teilen Lateinamerikas) nicht erkennen.

Teilweise wurde die Kritik methodisch begründet. Die beiden Sozialindikatoren Lebenserwartung bei Geburt und Alphabetisierungsrate erfassen nur vergleichsweise „billige“ Entwicklungsfortschritte, die darüber hinwegtäuschen können, daß auch Arme länger leben und Millionen von Schulabsolventen sich nicht entfalten können, weil sie keine Arbeit finden. Schon *Hicks/Streeten* (1979: 576) hatten darauf hingewiesen, daß die Lebenserwartung bei Geburt nur die Quantität, aber nicht die Qualität des Lebens messe. *Karl Wohlmuth* (1990: 189) kritisierte „gravierende Verzerrungen bei der Erfassung und Erstellung der Grundlagen des HDI“, vor allem der altbekannten Schwachstellen von durchschnittlichen Einkommensgrößen, und faßte seine Kritik zusammen:

> „Insgesamt ist wohl die Umsetzung des Konzepts der menschlichen Entwicklung in den HDI nicht befriedigend gelöst worden; dieser Index ist die eigentliche Schwachstelle des Berichts. Der HDI kann daher für apologetische Zwecke, für das Heranziehen irrelevanter Entwicklungsmodelle als Leitmodelle mißbraucht werden.“

4.2 Kritische Grenzen für Bedürfnisbefriedigung und Armutslinien

Wenn nicht nur Veränderungen von Durchschnittswerten, sondern güter- oder gruppenspezifische Defizite oder Verbesserungen der Grundbedarfsdeckung gemessen werden sollen, müßten kritische Grenzen für das Existenzminimum (den sogenannten *survival point*), unterhalb dessen das blanke Überleben unmöglich ist, für die Armutsgrenze, unterhalb derer ein menschenwürdiges Dasein unmöglich ist, oder für den Sättigungspunkt gefunden werden. Aber nicht einmal das physische Existenzminimum, geschweige denn *menschliche Grundbedürfnisse*, sind objektivierbar, so daß jedem Quantifizierungsversuch der Bedürfnisbefriedigung eine gehörige Dosis von subjektiver Wertsetzung anhaftet. Allenfalls für den Nahrungsbedarf gibt es wissenschaftlich begründete Mindestmaße.

Tabelle 4: Grundbedürfnis-Normen nach FAO/ILO/Bariloche-Modell

Komponente	Ernährung Kalorien pro Kopf/Tag	Bildung Einschulungsrate[a]	Wohnen qm pro Person
Afrika (arid)	2.360	98	5,25
Afrika (tropisch)	2.240	98	5,25
Asien (ohne VR China)	2.216	98	5,25
China	2.180	98	5,25
Lateinamerika	2.380	98	7,50

[a] in der Altersgruppe zwischen 7-16 Jahren

Quelle: ILO 1976; Weltentwicklungsbericht 1990.

Die FAO ging bei ihrem Versuch, den Mindestbedarf an Nahrung zu bestimmen und Versorgungsdefizite zu ermitteln, von einem menschlichen Durchschnittswesen aus, das sie wechselnden Bedingungen – des Geschlechts, des Alters und Körpergewichts, der Art der Arbeit und Herkunftsregion – anpaßte: einem 20- bis 39jährigen Mann, der 65 kg wiegt und mittelschwere Arbeit in einem Achtstundentag verrichtet (vgl. FAO 1974). Dieses männliche Wesen benötigt pro Tag 3 000 Kalorien und 17 Gramm Proteine. Bezogen auf den Pro-Kopf-Verbrauch und auf die verschiedenen Regionen der Dritten Welt ergeben sich die in Tab. 4 ausgewiesenen Mindestsätze.

Die IDA kombinierte ein niedriges PKE mit einem Kalorienverbrauch unter 2 160 bis 2 670 kcal je nach Region; einer Lebenserwartung unter 55 Jahre; einer Kindersterblichkeit über 33 pro Tsd. und einer Geburtenrate über 25 pro Tsd.. Durch die Sprachregelung der Weltbank ist die Unterscheidung zwischen relativer und absoluter Armut üblich geworden. „Absolute Armut“ wird durch einen bestimmten Wert von Verbrauchsausgaben definiert, die zur Befriedigung der Mindestbedürfnisse notwendig sind. Das Meßproblem liegt hier in der Wahl des Warenkorbes, der Auswahl der repräsentativen Güter und der Festsetzung der Preise, um den Wert des Warenkorbes zu bestimmen (vgl. *Bohnet* 1978: 20).

4.3 Verzerrungs- und Täuschungseffekte von nationalen Durchschnittswerten

Die in den internationalen Statistiken ausgewiesenen Durchschnittswerte berücksichtigen weder den zu hohen Verbrauch der Mittel- und Oberklassen noch den zu niedrigen Verbrauch der Armen. Die ILO (1976: 42 ff.) verdeutlichte den Täuschungseffekt dieser statistischen Mittelwerte am Beispiel Asiens, in dem zwar nur 8 % der Bevölkerung hinter dem von der FAO errechneten Mindestsoll zurückbleiben, aber ein großer Teil der Armen auch in guten Erntejahren seinen Mindestbedarf an Kalorien nicht decken kann.

Bei der Mehrzahl der Daten, die zur Messung mittels sozialer Indikatoren verwandt werden, handelt es sich um nationale Durchschnittswerte, die die regionale und soziale Verteilungsungleichheit in den meisten EL mehr verschleiern denn aufklären. Für die Messung von gruppen- oder regionalspezifischen Verschlechterungen oder Verbesserungen der Lebensbedingungen sind entsprechende Disaggregationen notwendig, die in der Regel schon am Mangel an spezifischen Daten scheitern. Hier bestehen die großen Lücken in den ansonsten überfüllten Datenbanken. Ohne Dispersionen können jedoch die hinter nationalen Mittelwerten versteckten Strukturen der Ungleichheit und die extremen Verteilungsungleichheiten nicht aufgedeckt werden (vgl. *Galtung* 1974: 261). Hier wird die Gefahr deutlich, daß Quantifizierungsprobleme als Vorwand zur Verschleierung von sozialen Realitäten mißbraucht werden können:

> „Allein die Verwendung sozialer Indikatoren zur Entwicklungsmessung bedeutet keine Revision der herkömmlichen Betrachtungsweise von Entwicklung, solange nicht das Verhältnis von durchschnittlichen Indikatorgrößen, Dispersions-, Korrelations- und Strukturparametern in den Vordergrund der Betrachtung gerückt wird" (*Addicks* 1977: 338).

Nimmt man diese Aussage ernst, erweisen sich die ganzen Datenhalden der internationalen Organisationen, auch die meisten Vergleichsstatistiken, die soziale Entwicklung zu messen versuchen, als Unternehmen zur Verschleierung der sozialen Realität. Es bedarf also jenseits der *cross national*-Analysen spezifischer Analysen zu den verschiedenen Dimensionen innergesellschaftlicher Ungleichheit.

4.4 Indikatoren zur Lage von Frauen und Kindern

Angestoßen durch die UN-Frauendekade (1976–85), die 1977 vom ECOSOC verabschiedete Resolution 2061, die zur Erarbeitung der Studie über „Social Indicators Applicable to Studies on Women" (1981) führte, sowie durch Studien der UNESCO (1981) und der Vereinten Nationen (1984) über frauenspezifische Indikatoren machten die Datenerhebungen zur sozialen Situation der Frauen erhebliche Fortschritte. Die Vereinten Nationen legen seit 1989 den *World Survey on the Role of Women in Development* vor, der einige statistische Durchschnittswerte frauenspezifisch aufschlüsselt.

Der *HDR* von 1990 zeigte war die Diskriminierung der Frauen im Bildungs- und Arbeitsleben und in der Politik, bezog aber das *female-male-gap* nicht in den HDI ein. Ein ungelöstes Statistikproblem führte also zur Ausklammerung des weltweit virulenten Geschlechterproblems. Der *HDR* von 1991 wies für 30 Länder geschlechtsspezifische Daten aus und zeigte, daß beispielsweise in Kenya der „weibliche HDI" nur den halben Wert des „männlichen HDI" erreicht. Das ist eine wichtige Erkenntnis, die – so ist zunächst zu vermuten – für viele EL verallgemeinert werden kann. Alle guten Vorsätze, den spezifischen Problemen der Frauen auch statistisch besser gerecht zu werden, werden zunächst noch durch eine ungenügende Datenlage konterkariert.

Bei UNICEF gibt es Ansätze zur Erforschung der Situation der Kinder, die sich in seinen Jahresberichten niederschlagen. Eine Ergänzung zum *State of the World's Children 1989* erstellte anhand der Kindersterblichkeit unter 5 Jahren (U5MR) eine Leistungstabelle, die zeigt, daß die Länder mit den niedrigsten HDI-Werten (s. u.) auch die schlechtesten U5MR–Werte aufweisen. Armut drückt sich in allen Lebensbereichen und Altersgruppen aus.

5. Indikatoren für die Verwirklichung der sozialen und politischen Menschenrechte

Während man – bei allen Lücken der Datenlage und Schwächen der verfügbaren Daten – materielle Entwicklungsziele quantifizieren und messen kann, entziehen sich wesentliche und für die Entwicklung konstitutive Strukturnormen zumindest teilweise einer Quantifizierung mittels Indikatoren. Wie in der Einleitung begründet wurde, gehören soziale Gleichheit bzw. soziale Gerechtigkeit, Partizipation in der doppelten Bedeutung von sozialer Teilhabe und politischer Mitwirkung sowie politische und ökonomische Unabhängigkeit, d. h. die Fähigkeit, einen selbstgewählten Entwicklungsweg zu gehen und selbst über die gesellschafts- und außenpolitischen Optionen zu bestimmen, zum „magischen Fünfeck von Entwicklung".

Die Grundbedürfnisstrategien postulieren nicht nur die Befriedigung von materiellen Bedürfnissen, sondern die Erfüllung sozialer, politischer und kultureller Grundrechte, die erst ein menschenwürdiges Leben ermöglichen. Eine solche Entwicklung ist, falls sie nicht als karitatives Nothilfeprogramm verstanden wird, ohne tiefgreifende Veränderungen der sozialen und politischen, nationalen und internationalen Strukturen nicht möglich.

5.1 **Indikatoren für soziale Gerechtigkeit**

Gleichheit ist kein abstraktes ethisches Ziel, das schon deshalb fragwürdig ist, weil es schwer objektivierbar und operationalisierbar ist. Der konkreten Befriedigung der Grundbedürfnisse mag ein höherer Stellenwert als der Verminderung von Ungleichheit zukommen (wie *Streeten* 1979: 30 argumentiert), aber diese falsche Alternative übersieht, daß das eine das andere bedingt. Eine bedürfnisorientierte Entwicklungspolitik muß auf die „grundsätzliche Gleichberechtigung der Ansprüche *aller* Menschen" abzielen. Soziale Gerechtigkeit stellt also Anforderungen an die Gesamtverfassung einer Gesellschaft, „fordert nicht nur die Gleichheit vor dem Gesetz, sondern Gleichheit in der politischen und sozialökonomischen Realität" (*Schwefel* 1978: 12).

Schwefel (1972: 31) machte einen verblüffend einfachen Vorschlag, um die Verwirklichung der sozialen Gerechtigkeit zu messen: er bildete aus den Komponenten Gesundheit (gemessen an der Säuglingssterblichkeitsrate) und Bildung (gemessen an der Analphabetenrate) einen kombinierten Maßstab:

> „In der gegenwärtigen internationalen geschichtlich-gesellschaftlichen Konstellation bedeutet soziale Gerechtigkeit die Sicherheit der sozialen Gleichheit des Zugangs zu Gesundheit und zu fundamentaler Bildung ... Erst wenn Gesundheit und Bildung für alle Menschen selbstverständlich sind wie Luft, dann ist die soziale Gerechtigkeit erreicht."

Nun steht der HDI von UNDP zur Verfügung, der drei „wesentliche Elemente des Lebens" kombiniert. Der Beitrag von *Nuscheler* über „Menschenrechte und Entwicklung" gebraucht ihn hilfsweise als Gradmesser für die Verwirklichung der im „Sozialpakt" von 1966 kodifizierten sozialen Menschenrechte. Dieser Index ist nun leicht verfügbar, aber er läßt keine zwingenden Rückschlüsse auf die Verteilungsstrukturen zu. Einige Länderbeispiele, vor allem aus Lateinamerika, zeigen, daß ein hoher HDI-Wert mit großer Ungleichheit gepaart sein kann. Der *HDR* von 1991 berücksichtigte bei 53 Ländern auch die Einkommensverteilung. Der auf diese Weise adjustierte HDI verschlechterte sich in vielen Fällen gegenüber dem ursprünglichen HDI.

Soziale Gerechtigkeit stellt zwar nicht allein die Verteilungsfrage, kann sie aber nicht ausklammern. Zumindest müssen meßbare Komponenten der Vermögens- und Einkommensverteilung in die Indikatorbildung für soziale Gerechtigkeit einbezogen werden. *Seers* (1974: 341) erachtete den *Gini-Koeffizienten* als „wahrscheinlich immer noch am nützlichsten, sowohl zur Messung von Einkommen als auch von Wohlstand". Obwohl dieser aus der *Lorenz-Kurve* errechnete Koeffizient kein problemloses Maß ist, weil er z. B. nicht aussagt, wo in der Einkommenshierarchie die Ungleichheit am größten ist, hat er sich gegenüber anderen Verfahren zur Messung der Einkommensverteilung behauptet (vgl. *Bohnet* 1978).

Marginalität macht die verschiedenen Erscheinungsformen von Unterentwicklung – Armut, Krankheit, Verelendung, Verslumung – sichtbar; sie bedeutet in Kurzfassung für die Bevölkerungsmehrheit, nicht nur für eine „Randgruppe", Ausgeschlossenheit von Entwicklung und Überlebenskampf am Rande des Existenzminimums – allzu häufig auch darunter. Wenn man den Begriff nach dependenztheoretischer Deutung auf die „strukturell gegenüber der Restgesellschaft von stabilen Arbeitsverhältnissen bei vernünftiger Produktivität und vernünftigem Einkommen ausgeschlossenen Bevölkerungssektoren" bezieht (nach *Córdova* 1973: 13), die Ursache von Marginalität im Mangel an produktiver Beschäftigung erkennt, dann könnte der Anteil der im „informellen Sektor" Beschäftigten, Arbeitslosen und Kleinbauern ohne existenzsicherndes Einkommen einen gebündelten Indikator für Marginalität bilden.

Zwar sagen amtliche Arbeitsmarktdaten wenig über die soziale Lage der Menschen aus, zumal auch ein fester, aber schlecht bezahlter Arbeitsplatz häufig nicht zur Lebenssicherung ausreicht (vgl. *Satzinger/Schwefel* 1982: 321); auch erweist sich der „informelle Sektor" für viele Menschen als eine Überlebensökonomie. Dennoch: Der von uns vorgeschlagene Indikator des Anteils der Lohn- und Gehaltsempfänger im „formellen Sektor" an der Gesamtheit der ökonomisch aktiven Bevölkerung entgeht noch am ehesten den Abgrenzungsproblemen zwischen Nicht- und Unterbeschäftigung und macht zumindest deutlich, wie wenig arbeitsfähige Menschen in stabilen Arbeitsverhältnissen ein „vernünftiges Einkommen" verdienen.

Arbeit/Arbeitslosigkeit wären gute Indikatoren für den Zustand einer Gesellschaft und für die Chancen ihrer Mitglieder, aus eigener Kraft die Armut überwinden zu können, aber die Datenlage, z. B. im *Yearbook of Labour Statistics* der ILO, ist höchst ungenügend. Wenn nur registrierte Arbeitslose in Statistiken auftauchen, sind diese Statistiken für die Mehrzahl der EL ziemlich wertlos. Die meisten EL sammeln nur in den städtischen Gebieten Arbeitsmarktdaten. Für Afrika weisen die ILO-Statistiken größtenteils Lücken aus.

5.2 **Indikatoren für politische Freiheit**

Der *HDR* von 1990 stellte fest:

> „Human development is incomplete without human freedom ... Any index of human development should therefore give adequate weight to a society's human freedom in pursuit of material and social goals."

Er fügte dennoch keine Meßwerte für politische Freiheit in den HDI ein, weil es leichter sei, über Freiheit zu reden als sie zu messen. Der HDR von 1991 bezog sich auf den von *Charles Humana* entwickelten *Human Freedom Index* (HFI) für das Jahr 1985, sah sich aber aufgrund der unzureichenden Datenlage und methodischer Probleme außerstande, den HDI und HFI miteinander zu verbinden. So beließ er es bei der Annahme einer hohen Korrelation zwischen HDI und HFI, ohne eine kausale Beziehung herzustellen.

Es gab in den letzten Jahren mehrere Versuche, den Grad der Verwirklichung der politischen Menschenrechte zu messen (vgl. *Nanda u. a.* 1981; *Bollen* 1986, 1991; *Stohl u. a.* 1986), u. a. durch Auswertung der Jahresberichte von *Amnesty International.* Das New Yorker *Freedom House* vergibt in seinem jährlichen Bericht *Freedom in the World* Noten für die Verwirklichung der politischen Rechte und bürgerlichen Freiheiten. Gedrängt durch das entwicklungspolitische Programm *The Democracy Initiative* (DI) ging die USAID *(US–Agency for International Development)* 1990/91 auf die Suche nach regionalspezifischen Meßkriterien für Demokratisierung. Während ihre Lateinamerika-Abteilung die Bewertung des *Freedom House* übernahm, war die Afrika-Abteilung gezwungen, „weichere" Kriterien anzuwenden.

Ein Gutachten für die AID (*Heilmann/Kurz* 1991) schlug einen elaborierten Indikatorenkatalog für 11 DI-Ziele vor, die weitgehend mit den Bewertungskriterien des *Freedom House* übereinstimmen. Wirklich weiterführend sind die Operationalisierungs- und Messungsvorschläge für den Prozeß der Demokratisierung *(performance indicators),* die quantitative und qualitative Kriterien mischen. Es bleibt jedoch abzuwarten, welche Indikatoren das von den Gutachtern vorgeschlagene *Management Information System* innerhalb der USAID aus dem umfangreichen Katalog der *performance indicators* auswählen wird, weil das Gesamtpaket einen riesigen Forschungsaufwand erfordern würde.

Der Beitrag von *Nuscheler* über „Menschenrechte und Entwicklung" kombiniert die Bewertungen des *Freedom House* mit dem HDI als Gradmesser für die Verwirklichung der sozialen Menschenrechte. Die Zusammenstellung bringt teilweise groteske Ergebnisse zutage, die auch der Annahme einer Korrelation zwischen HDI und HFI widersprechen und die methodischen Schwierigkeiten belegen, Werte wie Freiheit zu messen (vgl. *Goldstein* 1986; *Inkeles* 1991). Die vom *Freedom House* hochbewertete Veranstaltung von Wahlen zwischen konkurrierenden Parteien schließt nicht, wie viele Formaldemokratien belegen, schwere Verletzungen der politischen und sozialen Menschenrechte aus.

5.3 **Indikatoren für Partizipation**

Der Bericht der *Süd-Kommission* umschrieb Entwicklung als „partizipatorische Entwicklung" und betonte: „Partizipation ist ein Muß!" Er verstand aber unter Partizipation mehr als die Teilnahme an Wahlen in einem Mehrparteiensystem, die in Indikatorenmodellen für politische Entwicklung meistens im Vordergrund stehen (vgl. die Beiträge von *Taylor* und *Adelman/Morris* in HDW I, 1). Die neuere Partizipationsforschung erkannte das Problem, daß durch die einseitige Bindung von Partizipation an Wahlakte ein Großteil der Welt in den Gemischtwarenkorb der nicht-partizipatorischen Systeme abfällt. *Ghai u. a.* (1988: 25) weisen darauf hin, daß Partizipationsindikatoren, die für demokratische IL aussagefähig sein mögen, für die EL kaum brauchbar sind:

„Such indicators provide useful information but may be a poor measure of meaningful participation by the people. Since it is the economically and socially disadvantaged groups who lack opportunities for effective participation in the affairs of the country, indicators in this field need to relate to their situation in the economy and the society.“

Wir verstehen unter Partizipation primär „Entwicklung von unten“, d. h. die Mitwirkung und Teilhabe am Entwicklungsprozeß, aber nicht unter Zwangsbedingungen autoritärer „Massenmobilisierung“, sondern als Chance zum selbstbestimmten Handeln, die Organisationsfreiheit (z. B. in Form von NGO) voraussetzt. Wir haben keinen signifikanten Einzelindikator für dieses Verständnis von Partizipation.

Wir stimmen der Aussage des *HDR* von 1990 zu, daß „menschliche Entwicklung“ ohne menschliche Freiheit unvollständig ist. Der HDI könnte jedoch mit der o. g. Begründung von *Schwefel* als Ersatzindikator für soziale Teilhabe und soziale Gerechtigkeit und damit auch als Gradmesser für die Verwirklichung der sozialen Menschenrechte dienen, die Voraussetzungen für die Wahrnehmung der politischen Freiheits- und Mitwirkungsrechte bilden. Der hohe HFI-Wert Indiens verschafft den 250 Mio. „extrem Armen“ kein menschenwürdiges Leben: Die Menschenwürde aber ist das Fundament aller Menschenrechte.

6. Indikatoren für außenwirtschaftliche Verwundbarkeit (Abhängigkeit)

Die beiden ersten Auflagen des HDW waren stark von den Dependenztheorien beeinflußt, die sich folglich auch in den Indikatorenkatalogen niederschlugen. Die 3. Auflage beteiligt sich zwar an der notwendigen Kritik, aber nicht an den modischen Abgesängen auf die Dependenztheorien. Der Begriff der Abhängigkeit *(dependencia)* mag längst „jeden entwicklungstheoretisch definierbaren Inhalt“ verloren haben (so *Elsenhans* 1982: 154), aber mit solchen Nichtigkeitserklärungen ist das Problem der Abhängigkeit nicht verschwunden, das in den 80er Jahren durch die Schuldenkrise verschärft wurde.

Obwohl kein Mangel an internationalen Handels- und Finanzstatistiken herrscht, fehlen in den meisten Kollektionen von Entwicklungsindikatoren Maßeinheiten für die außenwirtschaftliche Verwundbarkeit ganz oder blieben supplementär. Die Gründe liegen einerseits in der modernisierungstheoretischen Untergewichtung externer Rahmenbedingungen, andererseits in den methodischen Schwierigkeiten, selbst so zentrale Theoreme wie die des „ungleichen Tausches“ zu quantifizieren (vgl. *Schmidt* 1982). Die Vielschichtigkeit und Tiefendimensionen von „Abhängigkeit“ lassen sich ohnehin nicht an Handels- und Kapitalströmen ablesen.

Der Kolonialismus hat seine tiefen Spuren nicht nur in Wirtschafts- und

Verkehrsstrukturen, sondern auch in Herrschafts- und Sozialstrukturen, in überlagerten Kulturen, verlorenen Identitäten und entfremdeten Bedürfnissen hinterlassen: Abhängigkeit steckt auch in den Köpfen. Man kann die technologische Abhängigkeit am Anteil der importierten Technologie am nationalen Technologiepotential oder den „kommunikativen Imperialismus" an der Fremdbestimmung über Medien, Programme und Informationen ablesen, vielleicht auch der Wert- und Bedürfnismanipulation durch Medien- und Schulbuchanalysen auf die Spur kommen, aber die Tiefenlagen des Alltagsbewußtseins oder das, was *Todaro* (1989: 89 f.) unter „freedom from servitude" versteht, entziehen sich derartigen Meßmethoden.

6.1 **Der Schuldendienstquotient als kumulativer Indikator für Abhängigkeit**

Die Überschuldung wurde spätestens in den 80er Jahren zum entwicklungspolitischen Kernproblem der meisten EL. Viele gerieten an oder schon über den Rand der Zahlungsfähigkeit und internationalen Kreditwürdigkeit und mußten sich mit substantiellen Souveränitätseinbußen den Sanierungsauflagen der Gläubigerkartelle unterwerfen. Umschuldungen wurden zum Hebel einer ordnungspolitischen Rekolonisierung. Der Beitrag von *Sangmeister* in diesem Band analysiert die Wirkungen des internationalen Schuldenmanagements.

Es gibt keinen Indikator, der ökonomische *und* politische Abhängigkeit besser als Umsatzanteile von „Multis" oder Exportquoten anzeigen kann, weil er die Kosteneffekte der asymmetrischen Handels- und Kapitalbeziehungen kumuliert und durch politische Folgewirkungen potenziert: den Schuldendienstquotienten (d. h. das Verhältnis von Schuldendienst zu den Güter- und Dienstleistungsexporten). Dieser Quotient signalisiert die außen- und entwicklungspolitische Zwangsjacke, in der sich die Mehrheit der EL ohne Erdöl befindet.

Wenn die Verfügbarkeit von Devisen als die „wesentlichste äußere Beschränkung der Handlungsfreiheit der EL" gelten kann (so schon der *Pearson-Bericht* von 1969), dann wird dieser Spielraum durch den Zwang der meist hochverschuldeten EL, einen immer größeren Teil ihrer Exporterlöse und neuen Kredite zur Schuldentilgung aufzuwenden, immer mehr eingeschnürt – und damit wächst die politische Abhängigkeit von den bi- und multilateralen Gläubigern. Die Tatsache, daß sich kleine Staaten und so mächtige Finanzorganisationen wie IMF und Weltbank als Schuldner und Gläubiger gegenüberstehen, erhöht den politischen Druck. Die Schuldennachlässe, die den LLDC eingeräumt wurden, sind nicht bedingungslos. Zu Beginn der 90er Jahre wurde die Strukturanpassungs-Konditionalität durch eine „politische Konditionalität" ergänzt, die die Vergabe von Entwicklungshilfe von der Absenkung der Militärausgaben und Wahrung der Menschenrechte abhängig machen will. Was entwicklungspolitisch geboten sein mag, bedeutet dennoch Einmischung und Fremdbestimmung.

6.2 Indikatoren für Handelsabhängigkeit

Im Gegensatz zu *Altvater* ziehen *Boeckh* und *Menzel* in ihren Beiträgen in diesem Band den Gehalt von Außenhandelstheorien zur Erklärung von Unterentwicklung erheblich in Zweifel. Sind deshalb die empirischen Sachverhalte, die Handelsabhängigkeit anzeigen, entwicklungstheoretisch belanglos geworden? Dies behaupten nicht einmal die internationalen Entwicklungsagenturen, die ansonsten dazu neigen, den von den IL beherrschten Weltmarkt aus der Schußlinie der Kritik zu nehmen.

Die auch in den Kernindikatoren des UNRISD auftauchende Außenhandelsquote (d. h. der Anteil des Außenhandels am BSP) kann nur unzureichend die außenwirtschaftliche Verwundbarkeit („Sensibilität") eines Landes anzeigen. Signifikanter für die strukturell verwurzelte Ausrichtung der peripheren Ökonomien auf die Bedürfnisse der industriellen Metropolen und für die gesamtwirtschaftliche Anfälligkeit der Rohstoffländer für Nachfrage- und Preisschwankungen ist – wenn man das kartellierte Erdöl ausnimmt – der Anteil eines Monoprodukts oder einiger weniger Produkte am Gesamtexport.

Córdova/Michelena (1969: 113) definierten den Abhängigkeitskoeffizienten als den „Grad von Sensibilität, mit der ein Land auf die Veränderungen der unabhängigen Variablen reagiert" – wobei der Weltmarkt die unabhängige Variable und die peripheren Ökonomien die abhängigen Variablen bilden. Die Richtung des Exports und die Konzentration bzw. Diversifikation der Handelspartner zeigen an, in welchem Ausmaß man mit *Galtung* (1972) von einem „feudalen Handelsaustausch" sprechen kann.

Wenn die „neo-koloniale" internationale Arbeitsteilung – mit den schwer beweisbaren, dennoch nicht abweisbaren ungleichen Wohlfahrtseffekten – daran festgemacht wird, in welchem Umfang die EL noch Rohstoffe exportieren und industrielle Fertigwaren importieren, dann erhält die qualitative Außenhandelsstruktur eine Indikatorwirkung für den Grad der industriellen Unterentwicklung/Entwicklung und für die Stellung eines Landes im wertmäßig sehr ungleich verteilten Prozeß der Produktion und Verarbeitung von Rohstoffen. Einfacher zu vermitteln als der von *Galtung* (1972: 83 f.) konstruierte Index des industriellen Verarbeitungsniveaus ist der Anteil von mineralischen Rohstoffen am Gesamtexport, den auch *Sheehan/Hopkins* (1979: 106) für „Handelsabhängigkeit" sprechen lassen.

Handelsabhängigkeit hat die beiden Dimensionen des Exports und Imports. Genauer als die Importquote indiziert die warenmäßige Zusammensetzung der Importe spezifische Defizite eines Landes. Noch aufschlußreicher als der Importanteil der Investitionsgüter, der sowohl die industrielle Unterentwicklung als auch die sinnvolle Nutzung der Devisen (statt Konsumwaren, Rüstungsgütern etc.) anzeigen kann, ist dabei der Importanteil der Nahrungsmittel: Er sagt zwar allein wenig über den agrikulturellen oder gar gesamtwirtschaftlichen Entwicklungsstand aus, wie die Importstatistik der IL zeigt, aber er weist auf strukturelle Fehlentwicklungen hin, wenn z. B. Agrargesellschaften mit hohen BIP- und Beschäftigtenanteilen der Landwirtschaft unfähig sind, sich selbst zu ernähren, mit der fatalen Folge, daß sie harte Devisen für die Einfuhr von Nahrungsmitteln aufwenden müssen.

Um die jeweils spezifische handelspolitische Situation eines Landes zu ermitteln, bleibt schließlich doch nichts anderes übrig als der Rückgriff auf die *terms of trade*, wobei sie weder einen verallgemeinerungsfähigen Langzeittrend anzeigen noch als generelle Erklärung für Unterentwicklung überstrapaziert werden sollen.

Zusammengefaßt: Die Export- oder Importquoten allein sind unzureichend und der Exportanteil von Rohstoffen noch nicht ausreichend, um die hinter außenwirtschaftlichen Daten verborgenen Strukturdefizite der EL aufzudecken. Wir schlagen deshalb drei zusätzliche Indikatoren vor, die erstens auf die „außengerichtete Entwicklung" und gesamtwirtschaftliche Verwundbarkeit, zweitens auf die aus der Exportorientierung resultierende Unfähigkeit zur Selbstversorgung mit Grundbedarfsgütern hinweisen: also erstens der Exportanteil von Monoprodukten, zweitens der Importanteil von Nahrungsmitteln.

6.3 **Indikatoren für Self-reliance**

Wenn Abhängigkeit nicht nur als internationale Umweltbedingung, sondern als strukturelle Fehlentwicklung verstanden wird, dann wären tiefgreifende Veränderungen der Außenbeziehungen *und* der Binnenstruktur notwendig, wie sie in den 70er Jahren unter den Schlagworten der „autozentrierten Entwicklung" oder *collective self-reliance* diskutiert und im Bericht der *Süd-Kommission* unter der entwicklungspolitischen Zielvorgabe des *self-reliant and people-oriented development* wiederbelebt wurden. Was *Volker Matthies* (1982: 382) als *self-reliance* definierte, enthält die programmatischen Kerngedanken der *Süd-Kommission:*

> „Letztlich soll SR den EL auf der Basis einer eigenständigen kulturellen Identität, eines autonomen politischen Entscheidungs- und Steuerungsapparates und einer Nutzung lokal vorhandener sozioökonomischer Ressourcen und technologischer Fähigkeiten eine den jeweiligen Gegebenheiten und Bedürfnissen angemessene und nicht fremdbestimmte ... Existenz ermöglichen."

Bei der Prüfung, ob und in welchem Ausmaß Schritte und Fortschritte in Richtung auf diese Ziele gemacht wurden, kann die evaluative Funktion der Indikatoren genutzt werden, wobei Zeitreihen die Veränderungen erkennen lassen:

1. Abbau der vertikalen und feudalen Handelsstruktur durch die Umpolung der Rohstoffproduktion für den Export auf eine diversifizierte Produktion der Versorgungs- und Gebrauchsgüter für die eigene Bevölkerung. Die qualitativ aussagekräftigste Veränderung läßt sich an den Exportanteilen von Rohstoffen ablesen.

Tabelle 5: Indikatoren von Unterentwicklung und Entwicklung nach Nohlen/ Nuscheler (revidierte Fassung)

Komponente/ strategisches Konzept	Indikatoren
I. Befriedigung der Grundbedürfnisse	Übergeordnete Indikatoren: a) Lebenserwartung bei Geburt b) Alphabetisierung
1. Ernährung	Durchschnittlicher Kalorienverbrauch pro Kopf
2. Gesundheit	a) Lebenserwartung bei Geburt b) Säuglingssterblichkeitsrate c) Einwohner pro Arzt d) Anteil der Bevölkerung mit Zugang zu Trinkwasser
3. Bildung	a) Anteil der Alphabeten an der Gesamtbevölkerung über 15 J. b) Einschulungsrate in Primarschulen
II. Sozioökonomische Entwicklung	Übergeordnete Indikatoren: a) BIP pro Kopf b) Anteil der Lohn- und Gehaltsempfänger an der Gesamtzahl der Erwerbstätigen
1. Industrielle Entwicklung	a) Beitrag der gewerblichen Industrie zum BIP b) Exportanteil gewerblicher Güter c) Anteil der Beschäftigten im Industriesektor
2. Landwirtschaftliche Entwicklung	a) Nahrungsmittelproduktion pro Kopf b) Landwirtschaftliche Arbeitsproduktivität pro Kopf
3. Technische Entwicklung/Humankapital	Zahl der Wissenschaftler/ Ingenieure auf 1 Mio. E.
4. Strukt. Heterogenität/Integration	a) Intersektorale Arbeitsproduktivität pro Kopf b) Intrasektorale Arbeitsproduktivität
III. Soziopolitische Entwicklung	Übergeordneter Indikator: HDI
1. Soziale Gleichheit/ Gerechtigkeit	a) Gini-Koeffizient b) "Frauen-HDI"
2. Partizipation	Kein signifikanter Indikator; hilfsweise: HDI
IV. **Sustainable development**	Kein signifikanter Indikator

V. Abhängigkeit/ self-reliance	Übergeordnete Indikatoren: a) Schuldendienstquotient b) Außenhandelsquote b) Importquote
1. Handelsabhängigkeit	a) Exportanteil von Rohstoffen b) Exportanteil von Monoprodukten c) Importanteil von Nahrungsmitteln
2. Denationalisierung/ Dekapitalisierung	a) Beitrag der Auslandsunternehmen zum BIP b) Durchschn. Reinvestitionsrate der Auslandsunternehmen
3. Autonomie/ self-reliance	a) Anteil importierter Technologien am gesamten nationalen Technologiepotential b) Importanteil von Nahrungsmitteln c) Außenhandelsanteil der übrigen EL

2. Abbau der „außengerichteten Entwicklung" durch den Aufbau von Produktionszweigen, die für die Bedürfnisse der eigenen Bevölkerung produzieren; Ausrichtung der Investitionen auf die Eigenversorgung mit Nahrungsmitteln sowie auf die Herstellung der wichtigsten Massenbedarfs- und Arbeitsmittel; Homogenisierung der Produktionsstruktur. Neben der Importquote als einem aggregierten Indikator für Importabhängigkeit könnten ein abnehmender Investitionsanteil des exportierenden Primärsektors und zunehmende Investitionsanteile der binnenmarktorientierten Landwirtschaft und Industrie die entwicklungspolitische Prioritätenverschiebung von einer außengerichteten zu einer autozentrierten Entwicklung anzeigen.

3. Eigenständige oder kooperative Entwicklung und Anwendung angepaßter Technologien im Sinne eines arbeitsorientierten Entwicklungsweges, dessen Verwirklichung sich an Veränderungen des Kapitalkoeffizienten, des Verhältnisses von Produktionssteigerungen zu Arbeitsplätzen sowie – freilich nur in sehr wenigen EL mit einem entwickelten Statistikwesen – des Anteils importierter Technologie am gesamten nationalen Technologiepotential ablesen ließe.

4. Ausbau größerer Wirtschaftsräume und transnationaler Infrastrukturen durch regionale Integration. Der Anteil des Außenhandels läßt leicht erkennen, welche handelspolitische Bedeutung eine regionale Wirtschaftsgemeinschaft hat.

5. Ausbau der Süd-Süd-Kooperation im Sinne der *collective self-reliance* mittels einer intensiveren wirtschaftlichen (ECDC), technischen (TCDC) und politischen Zusammenarbeit („Gruppe der 77", Blockfreienbewegung) innerhalb der Dritten Welt. Der Anteil des Außenhandels mit der übrigen Dritten Welt könnte Tendenzen zu engeren Süd-Süd-Beziehungen anzeigen.

7. Schlußbemerkungen

Wir fassen die von uns vorgeschlagenen und begründeten Indikatoren in Tab. 5 zusammen. Den theoretischen Bezugsrahmen bilden die unter entwicklungstheoretischen Gesichtspunkten ausgewählten Beiträge dieses Bandes und unser „magisches Fünfeck". Um jedem Mißverständnis vorzubeugen, betonen wir noch einmal: Wir reden mit unserem Plädoyer für die analytische Nutzung von Entwicklungsindikatoren keinem unkritischen oder gar theoriefeindlichen Empirismus und Quantifizierungsfanatismus das Wort, sondern begreifen Indikatoren lediglich als analytische Hilfsinstrumente, die nur im Rahmen einer Entwicklungstheorie Sinn und Funktion erhalten. Nicht alles kann quantifiziert und gemessen werden, was wichtig ist. Deshalb kann Messung mittels Indikatoren die qualitative Analyse niemals ersetzen, sondern lediglich ergänzen und empirisch abstützen.

Die „Indikator-Bewegung" hat sicherlich auch in der Entwicklungsforschung zu große Erwartungen geweckt und bisher zu wenige eingelöst, teilweise gerade deshalb, weil ihr analytisches Potential zu wenig genutzt wurde. Auch in den Länderanalysen dieses Handbuches erhalten sie nicht die zentrale analytische Funktion. Der Grund liegt darin, daß das HDW konzeptionell kein zweites *World Handbook of Political and Social Indicators* à la *Taylor/Hudson* (1972) und keine Zusammenfassung der UNO-Jahrbücher in Form einer unverdaulichen Datenhalde darstellen will, sondern eher darauf abzielt, die Struktur- und Problemanalyse der Dritten Welt empirisch mittels eines entwicklungstheoretisch geknüpften Sicherheitsnetzes von Struktur- und Zielindikatoren zu untermauern. Indikatoren sollen helfen, „datensammlerische Aktivitäten" zu strukturieren: nicht mehr, aber auch nicht weniger.

Literatur

(Die umfangreiche Literatur zur Indikatoren-Diskussion in den 60er und 70er Jahren, auf die HDW I und HDW II Bezug nehmen, wird hier nur teilweise noch einmal erfaßt. Mit der Ausnahme der folgenden Titel sind die zitierten oder erwähnten Quellen im zusammenfassenden Literaturverzeichnis auf den S. 492 ff. aufgeführt.)

Addicks, G. 1977: Aussagefähigkeit wirtschaftlicher und sozialer Indikatoren der Entwicklungsmessung, Diss. Augsburg.

Baster, N. (Hrsg.) 1972: Measuring Development. The Role and Adequacy of Development Indicators, London.

Behrmann, J. R. 1990: The Action of Human Resources and Poverty on One Another (Living Standards Measurement Study, Nr. 74, Weltbank), Washington, D.C.

Bohnet, M. 1978: Zur Messung der Einkommensverteilung in Entwicklungsländern, in: Von Urff, W. (Hrsg.), Wachstum, Einkommensverteilung und Beschäftigung in Entwicklungsländern, Berlin, S. 9–41.

Bollen, K. A. 1986: Political Rights and Political Liberties in Nations: An Evaluation of Human Rights Measures, 1950 to 1984, in: Human Rights Quarterly, Bd. 8, S. 567–591.

– 1991: Political Democracy: Conceptual and Measurement Traps, in: Inkeles 1991, S. 3–20.
(The) Caracas Report on Alternative Development Indicators 1989: Redefining Wealth and Progress, Indianapolis/New York.
Drewnowski, J. 1970: Studies in the Measurement of Levels of Living and Welfare (UNRISD-Report, No. 70), Genf.
– 1974: On Measurement and Planning the Quality of Life, Den Haag/Paris.
FAO 1974: Handbook on Human Nutritional Requirements, Rom.
Galtung, J. 1974: Zur Problematik sozialer Indikatoren, in HDW I, 1, S. 258–278.
Ghai, D. P./Alfthan, T. 1977: On the Principles of Quantifying and Satisfying Basic Needs, in: ILO 1977, S. 19–59.
Ghai, D./Hopkins, M./McGranahan, D. 1988: Some Reflections on Human and Social Indicators for Development (UNRISD), Genf.
Goldstein, R. J. 1986: The Limitations of Using Quantitative Data in Studying Human Rights Abuses, in: Humans Rights Quarterly, Bd. 8, S. 607–627.
Heilmann, L. C./Kurz, R. J. 1991: Democratic Initiatives Performance Monitoring Study (Gutachten für die USAID), Bd. 1: DI Objectives and Indicators (unveröff.).
Henderson, H. 1990: Beyond Economics: New Indicators for Culturally Specific, Sustainable Development, in: Development, H. 3/4, S. 60–80.
Hicks, N./Streeten, P. 1979: Indicators of Development: The Search for a Basic Needs Yardstick, in: World Development, Bd. 7, S. 567–580.
Hoffmann-Nowotny, H. J. (Hrsg.) 1980: Soziale Indikatoren im internationalen Vergleich, Frankfurt/New York.
ILO 1977: The Basic-Needs Approach to Development, Genf.
Inkeles, A. (Hrsg.) 1991: On Measuring Democracy, New Brunswick.
Leipert, C. 1975: Unzulänglichkeiten des Sozialprodukts in seiner Eigenschaft als Wohlstandsmaß, Tübingen.
– 1978: Gesellschaftliche Berichterstattung. Eine Einführung in Theorie und Praxis sozialer Indikatoren, Berlin usw.
– /Simonis, U. E. 1982: Sozialindikatoren und Entwicklungsplanung, in: HDW II, 1, S. 432–450.
McGranahan, D. 1974: Entwicklungsindikatoren und Entwicklungsmodelle, in: HDW I, 1, S. 208–221.
McGranahan, D. /Pizarro, E./Richard, C. 1982: Methodologische Probleme bei Selektion und Analyse von Indikatoren für sozioökonomische Entwicklung, in: HDW II, 1, S. 414–431.
– 1985: Measurement and Analysis of Socio-Economic Development (UNRISD), Genf.
McGranahan, D./Scott, W./Richard, C. 1990: Quantitative Indicators of Development (UNRISD), Genf.
Miles, I. 1985: Social Indicators for Human Development, London.
Morris, M. D./Liser, F. B. 1977: The PQLI: Measuring Progress in Meeting Human Needs (ODC), Washington, D. C.
Morris, M. D. 1979: Measuring the Condition of the World's Poor: The Physical Quality of Life Index, New York.
Murray, C. J. L. 1987: A Critical Review of International Mortality Data, in: Social Science and Medicine, Bd. 25, Nr. 7.
Nanda, V. P./Scarritt, J. R./Shepherd, G. W. (Hrsg.) 1981: Global Human Rights, Boulder/Col.
OECD 1976: Measuring Social Well-Being: A Progress Report on the Development of Social Indicators, Paris.
Peters, M./Zeugin, P. 1979: Sozialindikatorenforschung. Eine Einführung, Stuttgart.
Rao, M. V. S./Porwit, K./Baster, N. 1978: Indicators of Human and Social Development: Report on the State of the Art (United Nations University), Tokyo.

Repetto, R. 1990: Environmental Productivity and Why It Is So Important, in: Challenge, Sept./Oct., S. 33–38.
– 1990: Wasting Assets, in: Technology Review, Jan., S. 38–44.
Schwefel, D. 1972: Indikatoren der sozialen Gerechtigkeit, in: Beiträge zur Sozialplanung in Entwicklungsländern, Berlin.
Scott, W. 1981: Concepts and Measurement of Poverty (UNRISD), Genf.
Seers, D. 1974: Was wollen wir messen?, in: HDW I, 1, S. 222–238.
Sheehan, G./Hopkins, M. 1979: Basic Needs Performance: An Analysis of Some International Data (ILO), Genf.
Simonis, U. E. 1974: Das Sozialprodukt als Entwicklungsindikator. Bemerkungen und Ergänzungen, in: Priebe, H. (Hrsg.), Beiträge zur Beurteilung von Entwicklungsstrategien, Berlin, S. 49–59.
– 1977: Sozialindikatoren als methodische Innovation. Erwartungen und Grenzen, in: Wirtschaftsdienst (III).
Steinhausen, J. 1975: Soziale Indikatoren als Elemente eines gesellschaftlichen Planungs- und Steuerungssystems, Meisenheim.
Stohl, M./Carlton, D./Lopez, G./Samuels, St. 1986: State Violation of Human Rights: Issues and Problems of Measurement, in: Human Rights Quarterly, Bd. 8, S. 592–606.
Taylor, Ch. L. 1974: Indikatoren politischer Entwicklung, in: HDW I, 1, S. 279–285.
– /Hudson, M. C. 1972: World Handbook of Political and Social Indicators, 2. Aufl., New Haven/London.
UNDP 1990: Social Progress Index. A Proposal (Ms.), New York.
UNESCO 1976: The Use of Socio-Economic Indicators in Development Planning, Paris.
– 1989: Measuring Real Development (Ergänzung zu The State of World's Children 1989).
UNRISD 1974: Konzept und Messung von Entwicklung, in: HDW I, 1, S. 239–248.
Vereinte Nationen 1978: Indicators of Environmental Quality and Quality of Life, Paris.
– 1981: Women and Development: Indicators of their Changing Role, Paris.
– 1984: Applicability of Indicators of Socioeconomic Change for Development Planning, Paris.
– 1984: Compiling Social Indicators on the Situation of Women, New York.
– 1989: Handbook on Social Indicators, New York.
WHO 1986: Indicators for Health-for-All Strategies, in: World Health Statistics Quarterly, Bd. 39, Nr. 4.
Wohlmuth, K. 1990, in: Vereinte Nationen, H. 5, S. 188–190.

II. Vier Jahrzehnte Entwicklungstheorie und Entwicklungspolitik

Entwicklungstheorien: Eine Rückschau

Andreas Boeckh

1. Einleitende Bemerkungen

Betrachtet man die entwicklungstheoretische Diskussion der letzten 40 Jahre, dann gewinnt man den Eindruck, als habe sich diese im Kreise bewegt: Von den Modernisierungstheorien hin zur *Dependencia* bzw. den Theorien des peripheren Kapitalismus und wieder zurück zur Modernisierungstheorie. Darstellungen von bestimmten Theorierichtungen nehmen oft den Charakter eines Nachrufs an, wenn etwa *I. Wallerstein* die Modernisierungstheorien mit einem höhnischen *„Requiescat in pace"* bedenkt (*Wallerstein* 1979: Kap. 7) oder wenn die *Dependencia*-Ansätze reihum für tot erklärt werden (vgl. *Boeckh* 1982, 1985), die Wallerstein'sche Variante des kapitalistischen Weltsystems eingeschlossen (vgl. u. a. *Brenner* 1983; *Chirot-Hall* 1982; *Skocpol* 1977; *Imbusch* 1990). Die Totenscheine sind jedoch voreilig ausgestellt worden. Gegenwärtig läßt sich nicht nur eine Renaissance der Modernisierungstheorien beobachten, sondern auch Themen und Überlegungen der *Dependencia* gewinnen wieder an Bedeutung.

Aus einer Reihe von Gründen schätzt man inzwischen die Erklärungskraft und Prognosefähigkeit der Groß- bzw. Metatheorien ziemlich skeptisch ein, was angesichts der früheren Gewißheit, mit der man zentrale Fragen der Entwicklungstheorie beantwortet hat, allgemein als „Theoriekrise" empfunden wird.[1] Von „Theorieruinen" ist die Rede (*Ziebura* 1988: 26), und so mancher theoriegeschichtliche Rückblick fällt wahrlich vernichtend aus.[2] Angesichts einer anscheinend sehr dürftigen Bilanz von 50 Jahren theoretischer Bemühungen drängen sich zwei Fragen auf, die in diesem Beitrag behandelt werden sollen: erstens die Frage nach den Ursachen der gegenwärtigen theoretischen Verunsicherung, zweitens die Frage nach den Konsequenzen, die aus dieser Situation gezogen werden.

2. Die Ursachen der Theoriekrise

Die Theoriekrise hat viele Ursachen, von denen eine Reihe im Wissenschaftsprozeß selbst und in den Besonderheiten der Theorieproduktion zu suchen ist, andere in Veränderungen, die in der Dritten Welt in den letzten Jahrzehnten stattgefunden haben und die auf die Theorien zurückgewirkt haben, und in neuen Entwicklungsproblemen, die mit den bisherigen Ansätzen nicht mehr angemessen erfaßbar sind. Eine Analyse der Theoriekrise würde eine integrierte Darstellung dieser Aspekte erfordern. Mehr als eine kurze Aufzählung der verschiedenen Dimensionen der Theoriekrise ist in einem kurzen Beitrag jedoch nicht zu leisten.[3]

2.1 **Wissenschaftsimmanente Ursachen**

2.1.1 *Anspruch und Wirklichkeit*

In der Entwicklungsforschung wurde lange Zeit mit überzogenen Ansprüchen hantiert. Auch wenn das Schwanken zwischen modernisierungs- und dependenztheoretischen Ansätzen hin und wieder als Paradigmenwechsel beschrieben wird: Zu Paradigmen im Sinne der Wissenschaftstheorie hat es die Entwicklungsforschung nie gebracht, und auch mit dem Theoriebegriff wurde oft recht locker umgegangen. *David Apter* (1987: 27) spricht von „jener Art der Modernisierungsansätze (für die insbesondere Politologen anfällig zu sein scheinen), die schlichten heuristischen Kategorien den Status von „Theorien" verliehen, indem sie ihnen pseudosystematische Eigenschaften zuschrieben ... oder ihnen Etiketten aus anderen Disziplinen verpaßten ..."; und *Tulio Halperin-Dhongi* (1982: 121) sieht in manchem, was mit dem Anspruch einer Dependenz-*Theorie* daherkam, „just another set of ready labels that the researcher doesn't care to explore painstakingly enough."

Als eine der Ursachen der Theoriekrise wird häufig angeführt, daß mit der unterschiedlichen Entwicklungsdynamik in der Dritten Welt diese aufgehört hat zu existieren, und daß es somit kaum noch möglich sei, *die* Dritte Welt bzw. *die* Peripherie mit einheitlichen Kategorien zu analysieren (vgl. u. a. *Menzel* 1983). Dies ist gewiß richtig. Allerdings kann man vermuten, daß die Dritte Welt nicht nur aufgehört hat zu existieren; es hat sie vermutlich nie gegeben in dem Sinne, daß man ihr gemeinsame Strukturmerkmale, Entwicklungsvoraussetzungen und eine ähnliche Entwicklungsdynamik je hätte unterstellen können. Wahrscheinlich ist sie von Anfang an das Produkt unserer grobschlächtigen analytischen Kategorien gewesen, welche eine Vielfalt von gesellschaftlichen Strukturen und Entwicklungspotentialen zu *der* Dritten Welt bzw. zu *der* Peripherie zusammengeklumpt haben.

Wer hochentwickelte Großreiche wie China und akephale Stammesgesellschaften wie die der Ibo in Nigeria als traditionale Gesellschaften zusammengefaßt hat (so die frühen Modernisierungstheorien), wer von Mali bis Brasilien und Südkorea nur einen peripheren Kapitalismus mit weitgehend „identischen Tiefenstrukturen"[4] zu erkennen vermochte, wer allenthalben „Staatsklassen" am Werke sieht, dem gehen zwangsläufig eine Menge relevanter Informationen über die Unterschiede zwischen diesen Gesellschaften verloren, die man jedoch dringend bräuchte, um die keineswegs identische Entwicklungsdynamik in der Region erklären zu können, die man bisher als die Dritte Welt bezeichnet hat.

Da Theorien meist auch dann, wenn sie mit abstrakten und allgemeinen

Kategorien arbeiten, aus der Analyse von konkreten Gesellschaften bzw. von bestimmten Regionen hervorgegangen sind, besitzen sie in der Regel für eben jene Gesellschaften und Regionen mehr Relevanz als für andere. Das von *Samir Amin* (1974, 1975) entwickelte Schema einer angeblich typisch peripher-kapitalistischen Reproduktion läßt sich offenbar in einigen afrikanischen Gesellschaften nachweisen, für die Dritte Welt kann es jedoch keine Gültigkeit beanspruchen (vgl. *Schiffer* 1981).

Die von *Hartmut Elsenhans* (1981, 1986) entwickelten Kategorien der Staatsklasse und des bürokratischen Entwicklungsstaates haben sich für die Analyse Algeriens und einiger anderer Staaten Afrikas und des Mittleren Ostens als überaus fruchtbar erwiesen, wie z. B. die Diskussion über den Rentierstaat deutlich macht (*Beblawil/Luciani* 1987; *Schmid/Pawelka* 1990), aber selbst auf ausgesprochene Rentengesellschaften (d. h. Erdölländer) anderer Regionen lassen sie sich nicht mehr übertragen (*Boeckh* 1988).

Ein weiteres Problem, das in diesem Zusammenhang erwähnt werden muß, ist die Tendenz, Theorien, die Teilaspekte von Entwicklungsprozessen behandeln, als allgemeine Entwicklungstheorien auszugeben und zu verstehen. Als heuristische Konzepte konnten die verschiedenen Ansätze in Teilbereichen sehr nützlich sein, als Entwicklungstheorien mußten sie scheitern, und zwar auch dann, wenn es sich nicht, wie in dem *Apter*-Zitat angedeutet, um einen schlichten Etikettenschwindel handelte. Dies soll anhand eines Beispiels kurz erläutert werden.

Die Einbeziehung der kulturellen Dimension in die Analyse von Entwicklung und Unterentwicklung, wie sie in der *Weber'schen* Tradition von Modernisierungstheorien gefordert und z. T. auch umgesetzt worden ist, hat wichtige Erkenntnisse über kulturelle Voraussetzungen und Korrelate von Entwicklungs- und Adaptionsprozessen produziert (statt vieler: *Riegel* 1982). Allerdings haben diese Studien weder Prozesse der Entwicklung und Unterentwicklung wirklich *erklärt*, d. h. sie haben keine Entwicklungs*theorie* hervorgebracht, sondern eben Aspekte von Akkulturationsprozessen untersucht, die nur einen Teil des Entwicklungsproblems ausmachen, deren relative Bedeutung zu anderen Bereichen meist nicht einmal thematisiert, geschweige denn geklärt wurde. Insbesondere der gesamte Komplex der nationalen und internationalen Herrschaftsbeziehungen, Ausbeutungsstrukturen, strukturellen Deformationen und der darin zu verortenden Entwicklungshemmnisse bleiben ausgeblendet.

Dies waren Themen der *Dependencia*-Theorien, die ihrerseits, neben allen konzeptionellen und methodischen Problemen (vgl. *Boeckh* 1982, 1985), es weitgehend versäumten, binnengesellschaftliche Entwicklungsaspekte in ihre Analyse einzubeziehen bzw. das Verhältnis von endogenen und exogenen Faktoren der Entwicklung und Unterentwicklung anders als definitorisch zu bestimmen. Auch sie produzierten daher keine Entwicklungs*theorie* im eigentlichen Sinne, was spätestens dann deutlich wurde, als sich die gegenläufige Entwicklung an der Peripherie nicht länger mit Weltmarkt und Abhängigkeit erklären ließ (siehe Abs. 2.2.1).

Eine ansatzweise Verbindung zwischen *Weber'schen* und marxistischen Fragestellungen ließ sich bisher nur bei *F. H. Cardoso* (1973, 1977) feststellen. Neuerdings werden wieder Forderungen nach einer methodischen Verknüpfung beider Wissenschaftstraditionen erhoben (*Menzel* 1985b: 30; *Vandergeest/Buttel* 1988). Soweit ersichtlich, ist es bislang bei Forderungen geblieben.

2.1.2 *Entwicklungstheorie und Geschichte*

Die Vertreter der *Dependencia* und verwandter Ansätze haben zurecht die frühen Modernisierungstheorien wegen ihrer ahistorischen Betrachtungsweise und ihres linearen Entwicklungsverständnisses kritisiert. Es ist zweifellos ihr Verdienst, Prozesse der Entwicklung *und* Unterentwicklung in eine historische Perspektive gestellt zu haben.[5] Dennoch blieben, mit wenigen Ausnahmen, vor allem von *Cardoso/Faletto* (1971), die *Dependencia* und erst recht die aus ihr hervorgegangene „Theorie des kapitalistischen Weltsystems" einer stark formalistischen und, was letztere betrifft, auch funktionalistischen Geschichtsschreibung verhaftet, mit der die Geschichte der sog. Peripherie gründlich eingeebnet wurde.

Im Grunde sind die *Dependencia* und die „Theorie des kapitalistischen Weltsystems" in diesem Punkt über eine spiegelbildliche Umkehrung der alten Modernisierungstheorien nicht hinausgekommen: Die Geschichte nahm für außereuropäische Gesellschaften in jedem Falle erst mit der europäischen Expansion ihren Anfang. Für die Modernisierungstheorien begann damit die weltweite Diffusion von Modernität, für die *Dependencia* etc. die „Entwicklung der Unterentwicklung", um einen oft zitierten Aphorismus von *A. G. Frank* (1970) zu gebrauchen. Die Spezifika der vorkolonialen und kolonialen Gesellschaften und ihre Bedeutung für die nachkoloniale Entwicklung wurden so einfach übersehen. Ob eine Kolonialmacht eine Kolonie als Produzenten von tropischen Genußgütern in Wert setzt oder, wie dies Japan mit dem Süden Koreas und mit Taiwan gemacht hat, als Produzenten von Grundnahrungsmitteln (Reis), kann für die nachkoloniale Entwicklung und Entwicklungsfähigkeit eines Landes von entscheidender Bedeutung sein (vgl. *Hurtienne* 1982; *Menzel* 1985a). Die Undifferenziertheit der analytischen Kategorien steht mit den entwicklungsgeschichtlichen Defiziten der Entwicklungstheorien in einer engen Wechselwirkung.

Die neueren imperialismustheoretischen Ansätze und die *Dependencia* blieben noch aus einem weiteren Grund hinter ihrem historischen Anspruch weit zurück. Damit ist weniger die Tendenz einiger Autoren gemeint, Ableitungen aus angeblich marxistischen Entwicklungsgesetzen mit historischen Analysen zu verwechseln, als vielmehr die weitgehende Unkenntnis der europäischen und nordamerikanischen Entwicklungs- und Sozialgeschichte. Diese wurde gerne als positiver Kontrast zum Elend der peripher-kapitalistischen Entwicklung benutzt. Der Fortbestand und die Ausdehnung des sog. „informellen Sektors", der hohe Anteil an Subsistenzproduktion, d. h. all das, was unter den Begriffen der „Marginalisierung" und der „strukturellen Heterogenität" zusammengefaßt wurde (vgl. *Nohlen/Sturm* 1982), galten als spezifisch peripher-kapitalistische Phänomene und als Beleg für die Unmöglichkeit einer kapitalistischen Entwicklung an der Peripherie. Wie schon seit einiger Zeit bekannt ist, sind die Strukturen eines „autozentrierten" Kapitalismus und die Reduzierung der Einkommensungleichheit auch in den Metropolen späte Resultate der kapitalistischen Entwicklung und können nicht auf die Frühphase der Industrialisierung projiziert werden (*Kuznets* 1955 und *Adelman/Morris* 1978 zur Frage der Einkommensverteilung).

Jüngere Arbeiten aus dem Umfeld der französischen Regulationstheorie, die hierzulande mehr unter dem Stichwort *Fordismus* bekannt geworden sind, haben gezeigt, *wie* spät es in der europäischen Entwicklung zu einer Auflösung dessen gekommen ist, was man an der Peripherie als „strukturelle Heterogenität" und als angeblich typisches peripher-kapitalistisches Reproduktionsmodell verstanden hat: Erst nach dem II. Weltkrieg kam es zu einer engen Nachfrageverflechtung zwischen Konsumgüter- und Kapitalgüterindustrien, zur Deckung der Massennachfrage durch die industrielle Produktion und zu einer Verkoppelung der Produktivitäts- und Lohnentwicklung.[6]

Wenngleich die regulationstheoretischen Arbeiten ähnlich wie die früheren marxistischen Ansätze z. T. sehr schnell zu sehr pauschalen Aussagen kommen, und wenn auch hier sicherlich noch eine Menge an empirischer und komparativer Arbeit zu leisten ist, deuten sie doch an, daß die früheren imperialismus- und dependenztheoretischen Aussagen über die angeblich peripher-kapitalistischen Entwicklungsdefizite in Wirklichkeit Merkmale einer metropolitanen industriekapitalistischen Entwicklung beschrieben haben. Die wirtschafts- und sozialstrukturellen Unterschiede zwischen einigen EL, die ein vergleichsweise hohes Maß an Industrialisierung aufzuweisen haben (wie etwa Brasilien), und den europäischen IL bis zum II. Weltkrieg sind möglicherweise nur gradueller und nicht prinzipieller Natur.[7] Die Konsequenzen, die sich aus diesen Defiziten ergeben[8], sind beachtlich, da sie die für die ganze *Dependencia*-Schule zentrale Frage nach der Entwicklungsfähigkeit von EL berühren und die dabei zugrundegelegten Kriterien und Prämissen in Frage stellen.

Die entwicklungsgeschichtliche Ahnungslosigkeit ist allerdings kein Privileg der frühen Modernisierungstheorien, der *Dependencia* und verwandter Theorierichtungen. Am krassesten tritt sie bei jenem Teil der neo-liberalen Schule zu Tage, der die liberalen Ordnungsprinzipien zu zeitlos gültigen Wahrheiten erklärt (wie z. B. *Weede* 1985, 1986) und keinen Gedanken darauf zu verschwenden scheint, ob die dieser Theorierichtung zugrundeliegenden Annahmen historisch in den heutigen IL je nachweisbar waren.[9]

Besonders offensichtlich wird dies bei der Art und Weise, mit der das Thema des Staatsinterventionismus abgehandelt wird. Die Resultate eines ganzen Forschungszweigs, der sich mit dem komplexen Verhältnis von Staat und Wirtschaft in der europäischen und außereuropäischen Entwicklungsgeschichte beschäftigt hat, werden schlicht ignoriert. Dasselbe gilt für die oft katastrophalen Erfahrungen, die man bei der Anwendung von liberalen

Prinzipien in lateinamerikanischen Ländern im Laufe des 19. Jahrhunderts hat sammeln können, und die in der wirtschaftsgeschichtlichen Literatur gut dokumentiert sind.

2.1.3 *Entwicklungstheorien als gesellschaftspolitisches Programm*

Die wirtschaftsgeschichtlichen Lücken der verschiedenen Theorierichtungen sind nicht als mehr oder minder zufällige Forschungsdefizite zu interpretieren, sondern sie stehen in einem engen Zusammenhang mit der geringen Kommunikation zwischen konkurrierenden Theorieschulen und der Neigung, die Ansätze und Resultate der jeweils anderen Richtung gar nicht oder nur als Karikatur wahrzunehmen[10] und sich gegen solche Informationen abzuschotten, welche den eigenen Ansatz in Frage stellen oder zumindest verkomplizieren könnten.

Wenn sich etwa *Wallerstein* (1979: 71) ausgerechnet auf das Theorem des *ungleichen Tausches* in der Version von *Emmanuel* (1972) stützt, um die fortdauernde Unterentwicklung an der Peripherie zu erklären, mag dies zwar erforderlich sein, um die Konsistenz seines Konzepts des „kapitalistischen Weltsystems" zu bewahren; damit wird aber die ganze Diskussion um die Weltmarkttheorien und die internationalen Austauschprozesse ignoriert, die vom *ungleichen Tausch* wenig übrig gelassen hat (vgl. *Massarat* 1978; *Schmidt* 1979, 1982; *Schweers* 1980).[11] Wer, wie *Weede* (1986: 114), ausgerechnet die renteninduzierten und rentenabhängigen „Wohlstandsinseln" am Persischen Golf als Folge des Wirkens der kapitalistischen Marktwirtschaft ausgibt und die hochgradig etatistischen Entwicklungen in Ostasien für das Resultat des freien Marktes hält, nimmt außer den eigenen Prämissen wenig wahr.

Die theoretische Lagerbildung, der Mangel an diskursivem Lernen und die Lagermentalität, die sich damit verbindet, sind im Kontext der Doppelfunktion von Entwicklungstheorien zu sehen. Es handelt sich bei ihnen nicht nur um Versuche der Erklärung von Prozessen der Entwicklung und Unterentwicklung, sondern immer auch um gesellschaftspolitische Entwürfe.[12] Die frühen Modernisierungstheorien haben auch dann, wenn die abstrakte Sprache evolutionärer Universalien benutzt wurde, die US-amerikanische Gesellschaft als den Inbegriff von Modernität verstanden und damit den Entwicklungsstand der USA als Ziel und Endpunkt der Entwicklung und damit der Geschichte definiert. Angesichts der unbestrittenen und umfassenden Hegemonie der USA nach dem II. Weltkrieg und der Neigung der amerikanischen Gesellschaft, sich als „Neues Zion" zu verstehen (*Wehler* 1975: 18), waren die Gleichsetzung von Modernität mit dem gesellschaftlichen Zustand der USA und der sich damit verbindende evolutionäre Optimismus beinahe zwangsläufig.

Ein Teil der damaligen länder- bzw. regionalspezifischen Studien ging daher auch von der Annahme aus, daß nur einige Hemmnisse („obstacles to development") in den betreffenden Gesellschaften beseitigt werden müßten, um eine nachholende Entwicklung in Gang zu setzen. Damit verband sich auch der Wunsch, die übrige Welt möge sich im Einklang mit der amerikanischen Gesellschaftsordnung und mit amerikanischen Wertvorstellungen entwikkeln, ein Wunsch, der im Zeitalter des Kalten Krieges und im Hinblick auf die Existenz alternativer ordnungspolitischer Vorstellungen eine unmittelbare politische Relevanz bekam.

Der „Dependencia" und den ihr verwandten Ansätzen lagen zwar durchaus ähnliche Zielvorstellungen zugrunde; auch ihnen ging es um eine nachholende Entwicklung, allerdings nicht im Kontext der amerikanischen Hegemonie. Sie sollte entweder als national-kapitalistische Entwicklung, befreit von der Dominanz des US-amerikanischen Kapitals, bewerkstelligt werden, oder aber in einem sozialistischen Rahmen. Beide Vorstellungen bedingten die Ablehnung einer Theorie, welche Modernisierung als „Westernization" im Sinne der Diffusion amerikanischer Werte und Normen verstand, und die den Beginn der Modernisierung *de facto* mit dem Kolonialismus datierte. Die Modernisierungstheorien waren so für Gesellschaften nicht akzeptabel, die den Versuch einer Emanzipation unternahmen, und folgerichtig wurden sie unter imperialismustheoretischen Vorzeichen kritisiert. Insbesondere die frühen Auseinandersetzungen der *dependistas* mit den Modernisierungstheorien und die frühe Rezeption der *Dependencia* in den USA waren stark vom Ideologievorwurf geprägt (vgl. u. a. *Frank* 1970; *Bodenheimer* 1971).[13]

Die ideologische Konfrontation setzt sich natürlich auch auf dem Gebiet der Entwicklungsstrategien fort. Wer in den 70er Jahren einer assoziativen, weltmarktorientierten Entwicklung Chancen gab, galt schnell als Apologet des Imperialismus, und wer dissoziative, binnenmarktorientierte Strategien bevorzugte, geriet ebenso schnell in den Sozialismusverdacht.

Die programmatische und ideologische Funktion, die Entwicklungstheorien immer auch erfüllen, hat nicht nur den Diskurs zwischen den Theorieschulen außerordentlich erschwert, sondern auch die Selbstkorrektur innerhalb der einzelnen Richtungen. Anders ist die enorme zeitliche Verzögerung nicht erklärbar, mit der etwa die Differenzierungsprozesse in der Dritten Welt von den Anhängern der *Dependencia* etc. wahrgenommen wurden und diese zu einer Überprüfung ihrer Prämissen veranlaßt hat.[14] Im Umkreis der *Kieler Schule* wurden diese Veränderungen sehr viel früher registriert. Nicht nur in der Wirtschaft gerät eine Anpassung an neue Realitäten leicht zur Katastrophe, wenn sie zu spät erfolgt.

2.2 **Neue Realitäten und ihre theoretische Verarbeitung**

2.2.1 *Differenzierungsprozesse in der Dritten Welt*

Zu Beginn der 80er Jahre setzte sich die Erkenntnis durch, daß es *eine* Dritte Welt nicht mehr gibt (vgl. u. a. *Balassa* 1981; *Barati-Novbari/Seelow* 1982; *Menzel* 1983). Insbesondere die Industrialisierungserfolge einiger EL und die Veränderungen in ihrem Außenhandelsprofil machten deutlich, daß eine

Reihe von Ländern offenbar an der Schwelle zu modernen Industrienationen standen. Noch in den 70er Jahren waren die offenkundigen Industrialisierungsschübe vor allem in Südost- und Ostasien unter dem Aspekt der Verlagerung lohnintensiver Industrien bzw. Fertigungsschritte aus Europa und den USA in sogenannte „Billiglohnländer" abgehandelt worden (*Fröbel/Heinrichs/Kreye* 1977).

Im Laufe des folgenden Jahrzehnts wurde jedoch deutlich, daß die Entwicklung in den asiatischen Schwellenländern[15] keineswegs nur einen Reflex auf die veränderten Verwertungsbedingungen in den Metropolen darstellte. Vielmehr waren dort international exportfähige, nationale Industrien entstanden, die keineswegs mehr einen bloßen Enklavencharakter aufwiesen, und die auch im Hochtechnologiebereich die Imitationsphase schnell hinter sich gelassen hatten. Diese Veränderungen scheinen sich nicht nur auf die vier „kleinen Tiger" Taiwan, Südkorea, Hong Kong und Singapur beschränkt zu haben. Auch Indonesien, Malaysia und Thailand sind inzwischen offenbar in eine industrielle Aufschwungphase eingetreten.

Wichtiger noch war die Tatsache, daß die Wirtschafts- und Sozialstruktur in Taiwan und in einem geringen Maße auch in Südkorea sich rasch dem Profil entwickelter IL annäherte (*Asche* 1984, 1985; *Menzel* 1985a). Daß eine weltmarktorientierte Industrialisierung nicht nur Exporterfolge, sondern auch eine Entwicklung der betreffenden Gesellschaften im Sinne einer strukturellen Angleichung an das sog. OECD-Profil nach sich ziehen konnte, war nun eine Einsicht, die insbesondere die Weltmarkttheorien, die mit Konzepten des *ungleichen Tauschs* gearbeitet hatten, und die *Dependencia* und verwandte Ansätze vor erhebliche Probleme stellte (*Menzel* 1983; 1985a; *Messner* 1988; *Mármora/Messner* 1989). Nach dependenztheoretischer Sicht hätten die in Ostasien verfolgten Entwicklungsstrategien geradewegs in die Katastrophe führen müssen. Ganz offensichtlich war der Weltmarkt für eine Reihe von EL keineswegs zwangsläufig eine Falle.

Außer in Ostasien hatten sich auch in Lateinamerika eine Reihe von Schwellenländern herausgebildet, deren Industrien jedoch weitaus stärker binnenmarktorientiert blieben. Länder wie Mexiko, Argentinien und Brasilien verfügen spätestens seit den 70er Jahren über eine ausdifferenzierte Industriestruktur. Allerdings, und auch dies war ein Problem für die *Dependencia*, gerieten alle lateinamerikanischen Schwellenländer Anfang der 80er Jahre in die Schuldenkrise, und zwar nicht zuletzt wegen ihrer vorwiegend binnenmarktorientierten Industrialisierungspolitik, die sie beim Schuldendienst angesichts fallender Rohstoffpreise vor unlösbare Transferprobleme stellte. Südkorea wies zu Beginn der 80er Jahre etwa dieselbe Auslandsverschuldung auf wie Argentinien, ohne daß sich daraus mehr als eine nur kurzfristige Anpassungsrezession ergeben hätte (*Asche/Ramalho* 1984).[16] Erwies sich nun gar der Binnenmarkt als Falle, und hatten die Neo-Liberalen nicht recht behalten, die Dissoziationskonzepte schon immer als gefährlichen Unfug betrachtet haben?

Es gab und gibt aber nach wie vor eine Vielzahl von EL, bei denen eher eine „Entwicklung der Unterentwicklung“ als eine irgendwie geartete Entwicklung auf der Tagesordnung steht. Insbesondere in Afrika südlich der Sahara scheint sich eine unaufhaltsame Entwicklungskatastrophe anzubahnen. Wenngleich es schwer fallen dürfte, diesen Trend allein mit Kategorien der *Dependencia* zu erklären, entspricht er dennoch eher den Prognosen dieser Theorierichtung. Aber dennoch bietet das keinen Ausweg für eine Denkschule, die einmal beansprucht hatte, allgemeine, für die gesamte Peripherie gültige Aussagen über die Ursachen von Unterentwicklung anbieten zu können. Die Ausdifferenzierung der Dritten Welt schien für Theorien mit globalem Geltungsanspruch den Todesstoß zu bedeuten.[17]

2.2.2 *Krise des Fortschrittsbegriffs und Theoriekrise*

Zur selben Zeit, als man die Differenzierungsprozesse in der Dritten Welt zu perzipieren und als theoretisches Problem zu begreifen begann, wurden die bisherigen Entwicklungsvorstellungen auch noch aus anderen Gründen in Zweifel gezogen. Allen bisherigen Entwicklungstheorien war die Vorstellung zueigen gewesen, daß das Ziel der Entwicklung eine moderne Industriegesellschaft sein müsse. Die frühen Modernisierungstheorien ließen mit ihren linearen Entwicklungsvorstellungen ohnehin keine andere Zielbestimmung zu und waren darüber hinaus auf einen bestimmten Typus von Industriegesellschaft festgelegt. Strittig waren allenfalls die gesellschaftlichen und politischen Korrelate eines solchen Entwicklungsprozesses sowie die Frage, ob dieser Prozeß ohne Rückschläge und krisenhafte Einbrüche würde vonstatten gehen können.[18]

Die marxistischen Theorien, der nicht-marxistische Strang der *Dependencia* eingeschlossen, unterschieden sich von den Modernisierungstheorien hinsichtlich des Entwicklungsziels nicht grundsätzlich. „Produktivkraftentwicklung“, zu der sozialistische Gesellschaften angeblich besser in der Lage gewesen sein sollen als kapitalistische, hieß immer Industrialisierung, wobei vor allem und ausgerechnet die Schwerindustrie als Symbol des Fortschritts galt. Für die *Dependencia* bedeutete Entwicklung den Aufbau einer Gesellschaft „metropolitanen Typs“ (*Senghaas*). Wenn dies im Rahmen einer kapitalistischen Weltwirtschaft nicht möglich war, so sollte dies eben auf sozialistischem Wege geschehen, wobei meist „Errungenschaften der kapitalistischen Ordnung als sozialistische Entwicklungsziele“ ausgegeben wurden (*Mansilla* 1986b: 99).

Nirgendwo in der Dritten Welt wurden konzeptionelle Alternativen zu diesen Leitwerten und Zielvorstellungen entwickelt, die über Aspekte institutioneller und stilistischer Besonderheiten hinausgegangen wären. Die Prägekraft des westlich-instrumentellen Fortschrittsbegriffs war schließlich gerade deshalb so ungeheuer, weil sich für den größten Teil der Dritten Welt die materielle Überlegenheit der IL in der Konkurrenz verschiedener Gesellschaftstypen auf traumatische Weise bestätigt hat, nämlich in der Form der imperialistischen Unterwerfung. Eine Befreiung von dieser Erfahrung und ein Ausbruch aus diesen Herrschaftsverhältnissen setzten daher paradoxerweise voraus, daß man das überlegene Modell kopieren mußte, denn mit der Konstatierung einer wie auch immer definierten moralischen Überlegenheit der eigenen Lebensentwürfe und Traditionen war es nicht getan.

Zu Beginn der 70er Jahre wurde deutlich, daß die in allen bisherigen Entwicklungskonzepten steckende Zielvorstellung einer nachholenden Industrialisierung nach dem Muster westlicher oder sozialistischer IL für zahlreiche EL sich nicht würde realisieren lassen. Daß in der damaligen entwicklungspolitischen Diskussion der „Grundbedürfnisbefriedigung" der Vorrang gegeben wurde, beruhte auf dieser Einsicht und bedeutete, daß man vom Ziel der nachholenden Entwicklung abzurücken begann.[19]

Im späteren Verlauf dieser Debatte kamen dann bekanntlich ökologische Argumente hinzu: Eine globale Ausdehnung des ressourcenverschlingenden und umweltzerstörenden Industrie- und Konsummodells hätte für die gesamte Menschheit mit Sicherheit katastrophale Konsequenzen. Wenngleich die frühen Publikationen zu diesem Thema mit sehr unzulänglichen Weltmodellen arbeiteten und z. T. groteske Fehlprognosen hinsichtlich des Zeitpunkts der Ressourcenerschöpfung enthielten (vor allem *Meadows u. a.* 1972), und trotz eines ausgesprochen neo-malthusianischen Zungenschlags vor allem in populärwissenschaftlichen Veröffentlichungen, war das Problem fortan präsent und nicht mehr zu leugnen.

Die Einsicht, daß die Fortsetzung dessen, was man bisher für Entwicklung und Fortschritt gehalten hatte, künftig möglicherweise in einer Menschheitskatastrophe enden könnte, hatte nun profunde Rückwirkungen auf den Entwicklungs- und Fortschrittsbegriff selbst, und zwar im Sinne einer Entkoppelung eines Begriffspaars, das man bislang als nahezu synonym betrachtet hatte. „Entwicklung" im alten Stil konnte nun gleichgesetzt werden mit „Fortschritt der Destruktivkräfte" (*Ehrke* u. a. 1983; *Mansilla* 1986a; *Simonis* 1984; *Wöhlcke* 1987, 1990). Dies bedeutete zumindest eine Relativierung der bisherigen, vorwiegend produktions- und konsumorientierten Vorstellungen von Entwicklung und führte zu einer Auflösung eines einheitlichen Entwicklungsbegriffs. Was in den IL „Entwicklung" gewesen war und immer noch ist, konnte und sollte in den EL nicht mehr stattfinden – und zwar im Interesse der Menschheit. Damit verbunden war eine profunde Verunsicherung darüber, was angesichts der fatalen Konsequenzen des technisch-instrumentellen Fortschritts überhaupt noch als Entwicklung verstanden werden sollte (vgl. u. a. *Cardoso* 1981). An die Stelle der Fortschrittsgläubigkeit und des Entwicklungsoptimismus, den im Grunde alle Entwicklungstheorien geteilt hatten, trat nun eine an Pessimismus grenzende Skepsis.[20]

Die Problematisierung des Fortschrittsbegriffs verband sich für die Dritte Welt mit einigen Widersprüchen. Sie ging nämlich einher mit einem Prozeß, den man als den weltweiten Siegeszug der Marktlogik bezeichnen kann, deren zentrale Aspekte die Verwertung von Kapital und die Inwertsetzung von Ressourcen sind. In diesem Zusammenhang wirkte die Schuldenkrise als Akzelerator, da sie die verschuldeten Länder zu einer Mobilisierung ihrer Ressourcen um jeden Preis zwang (vgl. u. a. *Altvater* 1987; *Raffer* 1989). Wenn in einer solchen Situation EL, die in ökologisch besonders sensiblen Regionen liegen, sich mit der Forderung konfrontiert sehen, sie möchten doch im Interesse des Weltklimas ihre Ressourcen (Regenwaldregionen) sehr schonend oder lieber gar nicht ökonomisch nutzen, muß ihnen das wie eine Verweigerungsstrategie vorkommen. Entwicklung ging in den heutigen IL immer einher mit einer meist rücksichtslosen Inwertsetzung der Natur (vgl. *Hein* 1989). Auch heute noch bereitet in den IL eine Steuerung der ökonomischen Entwicklung nach ökologischen Kriterien große Schwierigkeiten. Solange die Einsicht in die Notwendigkeit einer ökologisch verträglichen Form des Wirtschaftens nicht auch in den IL zu einem Wandel des Produktions- und Konsumstils führt und damit zu einer Korrektur des für diese Länder bislang gültigen Entwicklungsbegriffs[21], werden entsprechende Forderungen an die EL wenig Überzeugungskraft haben.

3. **Reaktionen auf die Krise**

3.1 **Die Auflösung der Dritten Welt und ihre theoretische Verarbeitung**

Die Differenzierungsprozesse in der Dritten Welt hat man, seitdem sie wahrgenommen wurden, theoretisch auf recht unterschiedliche Weise verarbeitet. Für die Richtung der *Dependencia*, welche Prozesse der Entwicklung bzw. Unterentwicklung ausschließlich vom Weltmarkt her definiert, und die sich überdies als allgemeine Entwicklungstheorie verstanden hat, war die erfolgreiche Entwicklung einer Reihe von Schwellenländern mit Hilfe einer weltmarktorientierten Strategie das Ende.[22]

A. G. Frank stellt hierbei eine Ausnahme dar. Für ihn mußten zwar ebenfalls alle Theorien, die eine Alternative zum Kapitalismus bieten wollten, „Bankrott anmelden" (*Frank* 1983: 249), was er aber mit ihrem Scheitern in der Entwicklungspraxis begründet. Die Veränderungen in der Peripherie spielen dabei aber keine Rolle, da sie von ihm nicht wahrgenommen bzw. für irrelevant erklärt werden. Für ihn war noch 1983 alles, was sich in der Dritten Welt abspielte, „trotz brasilianischer, koreanischer, iranischer und mexikanischer Wirtschaftswunder oder Ölbooms ... kapitalistische Unterentwicklung"; und es sei ihm völlig unverständlich, wie man von einer linken Position aus behaupten könne, daß Kapitalismus und Entwicklung an der Peripherie nicht in jedem Falle Gegensatzpaare seien (*Frank* 1984: 252 f.).

Für *Wallerstein* bereiteten die Veränderungen in der Dritten Welt ebenfalls keine Probleme, da er mit seinem Ansatz den Auf- und Abstieg von Regionen und Ländern in der Hierarchie von Zentrum, Semiperipherie und Peripherie von vornherein als historisches Problem begreift und aus den funktionalen Erfordernissen des kapitalistischen Weltsystems abzuleiten versucht. Hierin unterscheidet er sich von einem Großteil der *Dependencia*, die im Rahmen des kapitalistischen Weltmarktes für ein peripheres Land keine Aufstiegsmöglichkeiten sah. Die Veränderungen innerhalb der Hierarchie des Weltsystems vermag er aber nur als Null-Summen-Spiel wahrzunehmen: Der Aufsteig eines Landes wird erkauft durch den Abstieg eines anderen (*Wallerstein* 1979: 73 ff.). Als Erklärung dafür nennt er die „dog eats dog workings of capitalism".

Schaut man hinter diese reichlich schlichte Metaphorik, dann rührt diese Annahme offenbar aus der Vorstellung *Wallersteins* vom ungleichen Tausch als dem Struktur- und Regelmechanismus des Weltssystems her. Dieser Regelmechanismus wird nach *Wallerstein* politisch dadurch verstärkt, daß die Staaten in den Ländern des Zentrums von den jeweiligen Kapitalen dazu benutzt werden, sich die Vorteile aus dem ungleichen Tausch auf Dauer zu sichern. Bei diesem ungleichen Tausch gibt es anscheinend nur eine konstante Summe zu verteilen, sonst wäre dies kein Null-Summen-Spiel. Auch ohne die konzeptionellen Schwierigkeiten, die sich mit dem Theorem des ungleichen Tauschs verbinden (siehe Abs. 2.1.3), ist dies nun eine gänzlich unhaltbare Annahme.

Ein flüchtiger Blick auf die Wachstumsraten von Ländern im Zentrum, der Semiperipherie und der Peripherie nach dem II. Weltkrieg zeigt, daß die Wachstumsraten in der Semiperipherie und z. T. auch in der Peripherie lange Zeit deutlich höher waren als im Zentrum. Träfe die *Wallerstein'sche* Vorstellung vom ungleichen Tausch als Surplustransfer auf der Basis einer konstanten Summe zu, wäre dieses Resultat völlig ausgeschlossen (vgl. *Imbusch* 1990: 80).

Zusammenfassend kann man also feststellen, daß die Differenzierungsprozesse in der Peripherie für sich genommen den Weltsystemansatz nicht aushebeln, da nach *Wallerstein* solche Veränderungen durchaus zu erwarten sind. Allerdings ist das von ihm gewählte Theorem nicht geeignet, die tatsächlich stattfindenden Prozesse zu erklären, da es theoretisch wie empirisch nicht haltbar ist. Hinzu kommt noch ein weiteres konzeptionelles Problem, das ihm eine wirkliche Erklärung der sich abspielenden Veränderungen unmöglich macht. Das kapitalistische Weltsystem und seine Veränderungen werden strikt von seinen funktionalen Erfordernissen her gedacht, was im Grunde zu einer Überdeterminierung des ganzen Systems führt, welche die der *Dependencia* noch in den Schatten stellt (vgl. auch *Skocpol* 1977; *Worsley* 1983).

Wallerstein kann zwar so noch theorie-immanent erklären, daß es zu Veränderungen kommt, nicht aber, warum ganz bestimmte Nationen im System aufsteigen und andere nicht. Letzteres würde eben doch eine Beschäftigung mit den entwicklungsrelevanten Unterschieden zwischen den Ländern erfordern und damit letztlich eine Befassung mit endogenen Faktoren und Veränderungen, die aus dem Weltsystem nicht ableitbar sind. Da sie innergesellschaftliche Konflikte als veränderungsrelevante Faktoren und auch modernisierungstheoretische Fragestellungen noch im Blick hatte, konnte die *Dependencia* der *Cardoso'schen* Prägung dies noch leisten, *Wallerstein* jedoch nicht mehr.

Eine andere Variante, mit dem Problem der Differenzierung innerhalb der Peripherie umzugehen, ist die Fragmentierung des Weltmarkts in „unterschiedliche Konstellationen, die jeweils die Bedingungen für die nachholende Entwicklung verändern und vorstrukturieren", womit gemeint ist, daß „die nationalen Ökonomien ... nicht in den Weltmarkt schlechthin eingebunden (sind), sondern in Segmente, spezielle Funktionsräume desselben", wobei „... die nationalen Volkswirtschaften, Branchen und Rohstoffvorkommen (andererseits) selbst Segmente des Globalzusammenhanges (sind)" (*Mármora/Messner* 1990: 89). Bei *Altvater* (1987) klingen ähnliche Überlegungen an. Anders formuliert: Ein rohstoffexportierendes EL wird vom Preisverfall bei Rohstoffen negativ betroffen, ein rohstoffimportierendes positiv. Der Weltmarkt wirkt sich auf unterschiedlich strukturierte Länder auch an der Peripherie unterschiedlich aus.

Auf dem Hintergrund der Globalitätsansprüche von Teilen der *Dependencia* ist diese Einsicht weniger banal, als sie auf den ersten Blick erscheinen mag, und sie erlaubt in der Tat auch dann einen differenzierteren Ansatz, wenn man an dem Primat von (diesmal historisch und geographisch fragmentierten) Weltmarkteinflüssen unbedingt festhalten will. Er läßt einen aber spätestens dann im Stich, wenn man bei Ländern mit ähnlichen bis identischen Exportprodukten, mit ähnlicher Exportabhängigkeit und dazu noch in der selben historischen Phase unterschiedliche Entwicklungsresultate feststellen muß: die Herausbildung und Verfestigung von peripheren Strukturen im einen Fall, eine „autozentrierte" Entwicklung im anderen. Spätestens dann kann man sich „dem Zeittrend der modernisierungstheoretischen Renaissance nicht (mehr) entziehen" (*Mármora/Messner* 1990: 88). Es ist im übrigen nicht einzusehen, warum man dies soll, und warum endogene Krisen- und Problembearbeitungskapazitäten von einzelnen Gesellschaften bei der Reaktion auf Weltmarkteinflüsse keine Rolle spielen dürfen.[23]

Damit ist eine weitere Variante angesprochen, mit den Differenzierungsprozessen in der Peripherie fertig zu werden. Das theoriesprengende Verhalten insbesondere der ostasiatischen Schwellenländer hat das Augenmerk wieder stärker auf endogene Transformationskapazitäten gelenkt und u. a. zur Forderung geführt, „die internen, sozio-kulturellen Bedingungen, unter denen sich nachholende Entwicklung vollzieht, stärker ins Blickfeld treten zu lassen" (*Menzel* 1985b: 30). Am deutlichsten ist dieser Perspektivenwechsel bei *Dieter Senghaas* (vgl. 1977 mit 1982). Zwar wird immer noch nach den Bedingungen „autozentrierter Entwicklung" gefragt, aber es wird nicht mehr ausgeschlossen, daß sich eine solche Entwicklung auch im Rahmen einer weltmarktorientierten Strategie entfalten kann.

Des weiteren haben die Veränderungen in Ostasien Anlaß zu einer Neuinterpretation der europäischen Entwicklungsgeschichte gegeben, deren Relevanz für die heutigen EL trotz wesentlicher Veränderungen bei den weltwirtschaftlichen Rahmenbedingungen nicht mehr grundsätzlich bestritten wird (*Senghaas* 1982; *Menzel/Senghaas* 1983; *Menzel* 1988).[24] Mit solchen historischen Entwicklungsvergleichen versucht man auch der Frage nachzugehen, warum trotz ähnlicher Ausgangsvoraussetzungen und Exportprodukte in der selben historischen Phase einige Länder sich „peripherisiert“ haben, während andere dem „Peripherisierungsdruck“ erfolgreich widerstanden haben.[25]

Es liegt auf der Hand, daß diese Fragestellung inzwischen auch die entwicklungsstrategische Diskussion stark beeinflußt. Die Weltbank und ihr nahestehende Ökonomen sind schnell bei der Hand, wenn es darum geht, den binnenmarktorientierten lateinamerikanischen Staaten die Vorzüge einer Weltmarktstrategie anhand der marktwirtschaftlichen Musterschüler Ostasiens zu demonstrieren (vgl. u. a. *Lin* 1988; *Singh* 1986; *Weiss* 1986; eine interessante Variante bietet *Felix* 1989). Aber auch in Lateinamerika beginnt man sich angesichts der gegenläufigen Entwicklungsdynamik der beiden Regionen zu fragen, ob man nicht einen entscheidenden Fehler gemacht hat, wobei die Antwort auf diese Frage sehr unterschiedlich ausfällt.

3.2 Die Wiederentdeckung des Politischen

„Bringing the State Back In“ ist der Titel eines 1985 erschienenen Sammelbandes, der einen jüngeren Forschungstrend zutreffend wiedergibt (*Evans/Rueschemeyer/Skocpol* 1985), sich bei der Analyse von Entwicklungsprozessen verstärkt der Bedeutung des Staates und von politischen Systemfaktoren zuzuwenden. Nun hat die polit-ökonomische Literatur diesen Aspekt nicht vernachlässigt. Im Gegenteil: Die Bestimmung des Staates, seiner Funktionen und Handlungsspielräume im peripheren Kapitalismus war ein Thema, über das ausführlich diskutiert worden ist (vgl. u. a. *Evers* 1977; *Sonntag* 1973; *Hanisch/Tetzlaff* 1980, 1981; *Elsenhans* 1985). Die Fragestellungen und auch die Art der Herangehensweise blieben jedoch stark der kategorialen Ebene verhaftet und wiesen meist ein extrem hohes Abstraktionsniveau auf.

Die Bestimmungen der Funktionen des Staates im peripheren (abhängigen, unterentwickelten) Kapitalismus aus den stadienspezifischen Erfordernissen der peripher-kapitalistischen Entwicklung, den Interessen der herrschenden Klassen(fraktionen) bzw. der Position im kapitalistischen Weltsystem litten im wesentlichen an zwei Defiziten: Sie waren auch dann, wenn sie über eine bloße Marxphilologie hinausgingen, mit wenigen Ausnahmen (z. B. *Töpper* 1985) kaum in der Lage, eine Brücke von den abstrakten Kategorien zu konkreten Staaten zu schlagen bzw. Kriterien für eine theoriegeleitete Unterscheidung von Staaten im peripheren Kapitalismus bereitzustellen. Was den letzteren Punkt anging, wurde der Leser – wenig hilfreich meist – auf die „historische Konkretion“ der abstrakten Kategorie verwiesen. Eine theoretisch begründete Analyse der Varianz von Staatsformen und -funktionen im peripheren Kapitalismus, d. h. ein komparativer Ansatz, war damit im Grunde ausgeschlossen.

Das zweite Defizit lag in der Bestimmung der Bedeutung des Staates und der Politik überhaupt für den Entwicklungsprozeß. Damit ist die Frage der

Beziehung zwischen der ökonomischen, sozialen und politischen Ebene und der Autonomie der politischen Ebene gegenüber den anderen angesprochen. In Anlehnung an *Poulantzas* und eingedenk der subtilen und z. T. verwirrenden Äußerungen bei *Marx* zum Verhältnis von Basis und Überbau war viel von der „relativen Autonomie des Politischen" die Rede, wobei die Ökonomie die anderen Instanzen „letztlich" dominierte. Für eine konkrete bzw. vergleichende Analyse war damit gar nichts gewonnen, und die Antwort auf die überaus wichtige Frage nach den politischen Spielräumen an der Peripherie und der Art und Weise der Wechselbeziehungen zwischen der politischen und den anderen Instanzen blieb völlig formelhaft.

Wenn heute wieder – wie in dem zu Beginn dieses Abschnitts zitierten Titel – davon die Rede ist, Staat und Politik allgemein müßten wieder in die Analyse eingebracht werden, dann ist damit gemeint, daß die benannten Defizite überwunden werden sollen, d. h., daß man die Interaktionen zwischen den verschiedenen Ebenen empirisch und komparativ angehen und von einer schon im kategorialen Bezugssystem angelegten Überdeterminierung durch die ökonomische Ebene abkommen muß.[27] Der Bedarf an theoretisch durchdachten und entwicklungsgeschichtlich fundierten Typologien von politischen Systemen und institutionellen Rahmenbedingungen von Entwicklung wird heute allenthalben angemeldet (*Menzel/Senghaas* 1986: 16; *Elsenhans* 1986: 152). Sie sollen die signifikanten Unterschiede bei den politischen Systemen, ihren Problemlösungskapazitäten und Entwicklungsleistungen benennen und einer Erklärung zugänglich machen (vgl. *Berg-Schlosser* 1988).

Die Tatsache, daß nach dem Zusammenbruch sozialistischer Systeme eine sozialistische Alternative an der Peripherie für die absehbare Zukunft nicht mehr existiert, hat inzwischen auch bei polit-ökonomisch orientierten Autoren den Blick für die bislang mit pauschalen Kategorien verdeckten Varianzen im peripheren Kapitalismus geschärft. Man wendet sich daher nun vermehrt der Frage zu, welche Bedeutung politische Systemtypen für eine Entwicklung im vorgegebenen kapitalistischen Rahmen haben können, und welche politischen Spielräume sich an der Peripherie hieraus ergeben (vgl. u. a. *Töpper* 1990). Ein Korrelat hierzu ist ein erneutes Interesse an den Möglichkeiten reformistischer Strategien und ein Wiederaufleben der Diskussion über Entwicklungsstile, bei der es ja auch um die Frage der möglichen Varianzen im Rahmen einer kapitalistischen Entwicklung an der Peripherie gegangen ist und wieder geht (vgl. u. a. *Faletto/Martner* 1986).

In diesem Zusammenhang ist auch die jüngere Demokratisierungs- und Transitionsforschung in Lateinamerika zu sehen, die sich ja nicht nur auf verästelte Typologien von Arten des Übergangs von autoritären zu demokratischen Herrschaftsformen beschränkt, wie dies in der Kritik hin und wieder anklingt.[28] Vielmehr geht es auch und vor allem darum, angesichts des z. T. katastrophalen entwicklungspolitischen Scheiterns von autoritär eingefärbten demokratischen bzw. von offen autoritären Regimes danach zu fragen, ob die Demokratie und eine Demokratisierung im Sinne der Stärkung und institutionellen Ausdifferenzierung der Zivilgesellschaft nicht nur einen Wert an sich, sondern eine bislang sträflich vernachlässigte Entwicklungsressource darstellt (*Fajnzylber* 1989; *CEPAL* 1990). Zwar wird auch hier die Frage nach den sozialen Trägern eher gestellt als beantwortet, doch bieten die Forschungen über neue soziale Bewegungen, die Krise des Paternalismus und Klientelismus im Zusammenhang mit der verteilungspolitischen Entmachtung des Staates und die Veränderungen im Verhältnis von Staat und Zivilgesellschaft einige Anhaltspunkte.[29]

In der volkswirtschaftlichen Entwicklungsdiskussion läßt sich ein ähnlicher Trend hin zur Einbeziehung von ansonsten gerne in den Datenkranz der Analyse verbannten sozialen, politischen und institutionellen Faktoren beobachten. Die sog. *New Institutional Economics* ist mit ihren vielfältigen Variationen aus den neo-institutionalistischen Ansätzen (*Myrdal, Galbraith*) hervorgegangen und beansprucht für die EL insofern eine besondere Relevanz, als sie gerade die in diesen Ländern ausgeprägten Abweichungen von den üblichen Modellannahmen (Marktunvollkommenheiten) sowie die außerökonomischen Rahmenbedingungen von Entwicklung (Kultur, Moral, Staat, aber auch Besitzstrukturen etc.) thematisieren und in Anlehnung an *public choice*-Theorien spieltheoretisch in die Analyse einschließen (vgl. u. a. *Bradhan* 1989; *Grabowski* 1988; *Liebenstein* 1989; *Sunkel* 1988).

Entwicklungsgeschichtliche Untersuchungen zur Rolle und Bedeutung solcher „institutioneller" Faktoren in der europäischen Entwicklung haben einige Annahmen der *New Institutional Economics* gestützt (*Adelman/Morris* 1989; *North* 1989).[30] Auf die unterschiedlichen Richtungen dieses Ansatzes und auf die Fragwürdigkeit einiger der von ihnen verwandten Annahmen kann an dieser Stelle nicht eingegangen werden. Für die hier behandelte Thematik ist diese Diskussion insofern interessant, als sie analog zu den Sozialwissenschaften eine Relativierung von bisher akzeptierten theoretischen Annahmen sowie eine Verknüpfung von bisher getrennten Analyseebenen signalisiert.

3.3 **Neue Komplexität und neue Bescheidenheit**

Das Scheitern der Entwicklungstheorien an der Komplexität ihres Gegenstandes hat zu wesentlichen Veränderungen bei der Theoriebildung und beim Diskussionsstil geführt. Man läßt sich heute viel eher als früher auf multikausale oder wenigstens auf eine die Vielzahl relevanter Faktoren berücksichtigende Erklärungsansätze ein, selbst wenn die Stringenz der Theorie und die Reinheit des Modells darunter leiden sollten. Eklektizimus ist heute eher eine Tugend denn eine wissenschaftliche Sünde, was nicht unbedingt im Trend einer postmodernen Beliebigkeit zu liegen braucht, als vielmehr auf der Einsicht beruht, daß keine der bisherigen Globaltheorien der Komplexität und der Varianz von Entwicklungsprozessen gewachsen war.

Nuschelers Plädoyer für eine Integration von modernisierungs- und herrschaftssoziologischen Aspekten bei der Analyse von Entwicklung und Unterentwicklung kam 1974 zu früh, da man damals noch von paradigmatischen Hochgefühlen beseelt war. Heute könnte es eher Gehör finden. Die Theoriekrise hat nicht nur einen Katzenjammer angesichts der enttäuschten paradigmatischen Ansprüche verursacht, sondern auch die Bereitschaft zu diskursivem Lernen zwischen den „Lagern" gefördert, wofür eine Reihe jüngerer Publikationen als Belege gelten können (vgl. u. a. *Booth* 1985; *Sklair* 1988; *Vandergeest/Buttel* 1988).

Dieser Trend scheint sich auch in der entwicklungsstrategischen Diskussion durchzusetzen, was angesichts der horrenden Pleiten der unterschiedlichsten entwicklungspolitischen Ansätze in der Praxis insbesondere in Lateinamerika nicht zu verwundern braucht (vgl. *Ehrke* 1989). Dies macht sich u. a. dadurch bemerkbar, daß die sterilen Gegenüberstellungen von Entwicklungsalternativen langsam aus der Mode kommen. Die „neo-strukturalistische Schule" hat durchaus aus dem Scheitern des „Strukturalismus" und aus der monetaristischen Kritik an diesem gelernt (vgl. u. a. *Bitar* 1988; *Ffrench-Davis* 1988; *Eßer* 1978). Monetären Maßnahmen wird heute mehr Bedeutung beigemessen, und die Fähigkeit des Staates zur Wirtschaftsplanung wird heute viel skeptischer eingeschätzt als früher, ohne daß man deshalb die Demystifizierung des Staates mit Hilfe einer Mystifizierung des Marktes betreibt.

Die Frage lautet nicht Staat oder Markt (ähnlich auch *Ashoff* 1988). Vielmehr kommt es darauf an, die jeweiligen historischen Mischungsverhältnisse und ihre inneren und äußeren Voraussetzungen zu untersuchen und zu fragen, unter welchen Bedingungen der Staat und der Markt als Steuerungsmechanismen funktionieren können. In einer Zeit, in der in wichtigen Regionen der Dritten Welt Staats- und Marktversagen aufeinanderzutreffen scheinen, ist in diesem Punkt ohnehin Bescheidenheit angesagt.

Auch die Gegenüberstellung von Importsubstitution (Binnenmarktorientierung) und Exportindustrialisierung (Weltmarktstrategie) im Sinne sich wechselseitig ausschließender Konzepte, wie sie in der Diskussion üblich war, ist heute obsolet. Hier ist ebenfalls nach den inneren und äußeren Rahmenbedingungen für den Erfolg der einen oder anderen Strategie zu fragen, und wie eine genauere Untersuchung der Exporterfolge der ostasiatischen Schwellenländer zeigt, kommt es vor allem auf das Mischungsverhältnis und die zeitliche Abfolge an (*Menzel* 1985a).

Es steht zu hoffen, daß die neue Nachdenklichkeit und Bescheidenheit nicht nur das Resultat einer vorübergehenden Verunsicherung sind, sondern zum dauerhaften Bestandteil der Wissenschaftskultur werden. Der Zusammenbruch des Sozialismus und der universelle Siegeszug des Kapitalismus können sehr wohl dazu führen, daß die kritisch-selbstkritische Stimmung dem Triumphalismus *einer* Theorie Platz macht, wenngleich für Triumph und neue theoretische Gewißheiten angesichts der Krisenhaftigkeit des nun konkurrenzlosen Entwicklungsmodells und der offenkundigen Zukunftsgefährdung, die von ihm ausgeht, wenig Anlaß bestünde.

Anmerkungen

1 Die Literatur, die sich mit der „Theoriekrise" befaßt, ist inzwischen umfangreich geworden. Für die folgende Liste von Publikationen wird kein Anspruch auf Vollständigkeit erhoben: *Boeckh* 1985; *Booth* 1988; *Frank* 1983; *Hauck* 1990; *Hein* 1985, 1990; *Hurtienne* 1982, 1985/86, *Menzel* 1983, 1985; *Paz* 1981; *Sklair* 1988; *Sonntag* 1988; *Vandergeest/Buttel* 1988. Die in der Zeitschrift *Peripherie* (Nr. 39/40) anläßlich ihres zehnjährigen Bestehens abgedruckte Diskussion zwischen Mitarbeitern und Autoren der Zeitschrift, mit der die entwicklungstheoretischen Veränderungen der letzten zehn Jahre bilanziert werden sollen, macht die enorme Verunsicherung deutlich, welche vor allem die Anhänger einer kritischen Theorierichtung erfaßt hat. Inzwischen macht sich die Theoriekrise selbst in solchen Publikationen bemerkbar, die sich lange von jedwedem Zweifel freigehalten haben. Die Kontroversen, die 1989/90 in den *Blättern für deutsche und internationale Politik* geführt wurden, wären vor wenigen Jahren noch undenkbar gewesen. Jüngere sowjetische Publikationen zu Fragen der Entwicklung zeigen einen völligen Orientierungsverlust.

2 „Die großen Theorien – Modernisierung, Dependencia, Weltsysteme – kommen und gehen nach einem Rhythmus, welcher weder dem Standard einer kumulativen Selbstkorrektur noch dem von aufeinanderfolgenden ... wissenschaftlichen Revolutionen entspricht. Verschwundene Paradigmen, wie die Modernisierung, sind wieder da und sehen gesund aus. Dependenztheorien, an denen man ein Jahrzehnt lang kein gutes Haar gelassen hat und die angeblich ersetzt worden sind, werden aufs Neue mit Wohlwollen betrachtet. Fortschritt ist langweilig; theoretische Kontrapunkte ergeben eine anregende, neue Art zu forschen. Welch ein Fortschritt das ist!" (*Walton* 1987: 193).

3 Eine interessante Darstellung der Theorieentwicklung und Theoriekrise im Kontext der lateinamerikanischen Entwicklungsgeschichte findet sich bei *Sonntag* 1988. Die mehr wissenschaftsimmanenten Ursachen werden in dieser Analyse jedoch ausgespart.

4 So *Senghaas* 1977:15. Bekanntlich vertritt *Senghaas* seit gut zehn Jahren nicht mehr diese Position.

5 Auch diese Feststellung kann nur *cum grano salis* gelten. Sie läßt Arbeiten wie die von *B. Moore* (1966) und von *Holt/Turner* (1966) unberücksichtigt, die immerhin historische Modernisierungsprozesse nicht nur, wie sonst üblich, schematisch skizziert und auf heutige Situationen übertragen, sondern wirklich untersucht haben. Sie sind aber im Rahmen der modernisierungstheoretischen Richtung eher Ausnahmen, und sie stellen, im Gegensatz zur „Dependencia", auch nicht die Frage nach den historischen Ursachen von Unterentwicklung.

6 Vgl. u. a. *Aglietta* 1979 über die Entwicklung in den USA; *Lipietz* 1985, 1989 mit Schwerpunkt auf Frankreich; zu ähnlichen Ergebnissen bzgl. der deutschen Entwicklung kommt *Lutz* 1984. Einen hervorragenden Überblick über die regulationstheoretischen Ansätze bietet *Hurtienne* 1985/86.

7 Zurecht betont *Hurtienne* (1985/86) die Notwendigkeit, zwischen verschiedenen Typen von peripheren Gesellschaften zu unterscheiden. Die Tatsache, daß die Merkmale der „strukturellen Heterogenität" und der „peripheren" Akkumulation auch in den Metropolen lange nachzuweisen waren, bedeutet nicht, daß ihre hartnäckige Fortdauer in peripheren Gesellschaften in jedem Fall als übliches Muster einer kapitalistischen Entwicklung zu interpretieren ist, das in naher bis mittlerer Zukunft dann durch moderne metropolitane Strukturen abgelöst wird. In *einigen* Schwellenländern läßt sich eine solche Entwicklung nicht ausschließen bzw. zeichnet sie sich schon ab; in vielen sind Phänomene wie „strukturelle Heterogenität" und Marginalisierungsprozesse nicht einmal ansatzweise mit einer irgendwie gearteten Entwicklung verbunden.

8 Sie konnten hier nicht erschöpfend behandelt werden; ausführlicher *Meyers* 1987.

9 Daß sie es in den heutigen EL bestimmt nicht sind, ist schon oft genug und plausibel

dargelegt worden (vgl. u. a. *Lall* 1986 sowie die in Abs. 3.2 genannten Titel aus der *New Institutional Economics*).

10 Was z. B. *Wallerstein* (1979: Kap. 7) über die Modernisierungstheorien zu sagen hat, hat mit deren tatsächlichen Leistungen kaum noch etwas zu tun.

11 Es gehört zu den Wunderlichkeiten marxistischer Ansätze der 70er Jahre, daß man ausgerechnet bei Erdölländern eine Ausplünderung durch den ungleichen Tausch (*Emmanuel* 1972: 201 ff.) bzw. eine Dekapitalisierung über den Erdölsektor konstatieren wollte (*Bärtschi* 1976: 130 ff.). Dies konnte nur gelingen, indem man die gewaltigen Rentenzahlungen der Ölgesellschaften an die Ölstaaten ignorierte und darüberhinaus übersah, daß die Extraprofite der Ölgesellschaften durch Verkäufe auf dem Weltmarkt und nicht in den Ölländern entstanden. Die Dritte Welt konnte und wollte man sich nur als Opfer vorstellen.

12 Auch in dieser Hinsicht stehen die modernen Entwicklungstheorien in der Tradition der großen geschichtsphilosophischen Entwürfe des 19. Jahrhunderts, deren programmatische (bei *Hegel, Marx* und *Comte*) und z. T. auch legitimatorische Züge (bei *Spencer* und dem Sozialdarwinismus als der Rechtfertigungsideologie für den Imperialismus des ausgehenden 19. Jahrhunderts) unverkennbar sind.

13 In der theoretischen Diskussion spielte auch der Aspekt der Solidarität mit der Dritten Welt eine wichtige Rolle. In den 70er Jahren galt es bei vielen als unsolidarisch, wenn auf in den EL selbst zu verortende Entwicklungsblockaden verwiesen und wenn eine Perspektive entwickelt wurde, welche die EL nicht nur als Opfer begriff. Diese Abschottung vor unwillkommenen Forschungsresultaten aus einer unkritischen Solidarität heraus hat der linken Theoriediskussion sehr geschadet und eine theoretische Selbstkorrektur unnötig verzögert.

14 In der Bundesrepublik ist die theologische Auseinandersetzung mit der Befreiungstheologie und ihren entwicklungstheoretischen Grundlagen immer noch stark von solchen Positionen der *Dependencia* geprägt, die nach dem heutigen Kenntnisstand nicht mehr haltbar sind (vgl. *Eichner/Mette* 1989).

15 Der Begriff „Schwellenland" wird in der Literatur sehr unterschiedlich gefaßt; vgl. S. 24 in diesem Band.

16 Dabei ließ sich nicht einmal mit einer überlegenen sozialen und politischen Bilanz der binnenmarktorientierten Entwicklung argumentieren. Gewiß waren Taiwan und Südkorea repressive Regime, aber zu Chile, Argentinien und Brasilien läßt sich hier kaum ein Unterschied ausmachen. Die soziale Bilanz der ostasiatischen „Viererbande" ist weitaus besser als die der lateinamerikanischen Schwellenländer: Die Reallöhne in der Industrie zeigen in Lateinamerika seit 1968 das Muster einer hektischen Fieberkurve mit insgesamt stagnativen und z. T. sogar fallenden Tendenzen; in Südostasien steigen sie kontinuierlich, wenn auch von einem niedrigeren Ausgangspunkt aus. Die Einkommensverteilung ist zumindest in Taiwan weitaus egalitäter als in allen lateinamerikanischen Ländern; sie ist sogar besser als in den meisten westeuropäischen Staaten (*Asche* 1984; *Asche/Ramalho* 1984; *Ramis* 1978).

17 Daß die Vorstellung von *einer* Dritten Welt möglicherweise schon von Anfang an unzutreffend und eher auf undifferenzierte analytische Kategorien als auf eine undifferenzierte Realität zurückzuführen war, wurde schon in Abs. 2.1.1 angedeutet.

18 In den 60 er Jahren begann der Entwicklungsoptimismus der frühen Entwicklungstheorien einer skeptischeren Haltung Platz zu machen. Der bahnbrechende Aufsatz von *S. Eisenstadt* (1964) behandelte zum ersten Mal „breakdowns of modernization". Unter dem Eindruck von zunehmenden Sozialkonflikten in den EL und der Ablösung demokratischer Regime durch Diktaturen traten nun die destabilisierenden Aspekte des Modernisierungsprozesses in den Vordergrund; Entwicklung wurde im Gegensatz zu früher als hochgradig konfliktiver Prozeß begriffen (vgl. u. a. *Eisenstadt* 1966, 1982). „Entwicklungskrisen" waren nun das dominierende Thema (vgl. u. a. *Huntington* 1968). Die Ablösung

des harmonischen Entwicklungsbildes durch ein konfliktgeprägtes bedeutete jedoch nicht, daß das Ziel des Modernisierungsprozesses je in Frage gestellt und seine Erreichbarkeit grundsätzlich in Zweifel gezogen worden wäre.

19 Diese Diskussion fand ausgerechnet zu einem Zeitpunkt statt, als einige EL an der Schwelle zu IL angelangt waren und mit ihren Industriegüterexporten den IL z. T. schmerzhafte Konkurrenz zu machen begannen. So konnte der Eindruck entstehen, als gehe es mit der Grundbedürfnisstrategie vor allem um die Abwehr unliebsamer Weltmarktkonkurrenz und weniger darum, die Grundversorgung der Bev. in vielen EL zu sichern.

20 Wenn *Mansilla* (1986b) seine sehr subtile Kritik der bislang gängigen Vorstellungen von Entwicklung mit einem Kapitel abschließt, dem er die Überschrift gibt „Geschichte ist, was dem Menschen mißglückt", wird deutlich, mit welchem Stimmungswandel man es zu tun hat.

21 An Entwürfen fehlt es nicht; siehe etwa *Hobbensiefken* 1989.

22 Dies gilt allerdings nicht für solche Autoren, die wie *Cardoso* eine konzeptionelle Verknüpfung von endogenen und exogenen Entwicklungsfaktoren versucht und die von Anfang an davor gewarnt haben, in einer permanenten Unterentwicklung das einzig denkbare Resultat von Abhängigkeit zu sehen. Für *Cardoso* war die *Dependencia* auch nie eine Theorie, sondern eine Beschreibung einer historischen Situation. In der hiesigen Rezeption ist auch weitgehend übersehen worden, daß die Pionierstudie von *Cardoso/Faletto* (1971) den Titel „Abhängigkeit und *Entwicklung* in Lateinamerika" trug.

23 Daß darunter u. U. die Eleganz und Kohärenz der Theorie leiden könnte, wie die Autoren andeuten (*Mármora/Messner* 1990: 88), sei unbestritten; aber es ist die Frage, ob es bei Theorien wirklich darum geht.

24 Gemessen an den früheren Annahmen ist ein Titel wie „Von Europa lernen" (*Senghaas* 1982) eine Provokation.

25 Für eine ähnliche Fragestellung, wenn auch auf dem Hintergrund der „staple theory of development", vgl. *Platt/di Tella* 1985, eine Studie, in der die Agrarexportländer Kanada, Australien und Argentinien verglichen werden.

26 Die Gefahr bei dieser Diskussion liegt allerdings darin, daß sie allzu sehr der Ebene der „richtigen" Wirtschaftspolitik verhaftet bleibt, ohne daß man ernsthaft die Frage nach den sozialen Trägern der einen oder anderen Politik stellt. So widmet ein der CEPAL nahestehender Ökonom in einer gründlichen Untersuchung der „verstümmelten Industrialisierung" in Lateinamerika dem Problem der Schaffung einer neuen entwicklungspolitischen Koalition, welche ein neues Industrialisierungsmodell stützen soll, nicht ganz zwei Seiten (*Fajnzylber* 1988).

27 Der *Elsenhans'sche* Staatsklassenansatz versucht hier in einer Hinsicht Abhilfe zu schaffen, indem er die Bürokratie und die politischen Eliten und deren Besonderheiten in den EL als entwicklungsrelevante Faktoren herausarbeitet. Allerdings ist dieser Ansatz selbst stark ökonomisch determiniert und argumentiert darüber hinaus in seiner frühen Version (*Elsenhans* 1981) ähnlich pauschal und undifferenziert wie die Theorien, von denen er sich absetzt. So werden sämtliche EL als Rentier-Staaten beschrieben, die von Staatsklassen beherrscht werden, die wegen ihrer Renteneinnahmen gegenüber den Klassen ihrer Gesellschaften weitgehend autonom sind, und die mit ihrer Entwicklungspolitik zwischen den Polen der Selbstprivilegierung und einer auf Steigerung des Massenkonsums angelegten Entwicklungspolitik schwanken.

28 Hierzu einige Titel einer inzwischen umfangreichen Literatur: *Baloyra* 1987; *Berg-Schlosser* 1985; *Cardoso* 1986/87; *Cheresky/Chonchol* 1985; *Cueva* 1988; *Mols* 1985; *Nohlen/Solari* 1988; *Nohlen/Barrios* 1989; *O'Donnell/Schmitter/Whitehead* 1986.

29 Hierzu nur einige Titel aus einer umfangreichen Literatur: *Gomez Calcaño* 1987; *Jelin* 1987; *Meschkat* 1989; *Keith/Keith* 1988; *Slater* 1985.

30 Die Resultate sind für Sozial- und Politikwissenschaftler nicht unbedingt eine Überra-

schung; sie gewinnen ihre Relevanz auf dem Hintergrund der Annahme der neo-klassischen Theorien, daß sich die Erklärung von wirtschaftlichem Wachstum im wesentlichen auf die Variablen „Bevölkerung“ und „Sparrate“ beschränken könne.

(Die zitierte oder erwähnte Literatur ist im zusammenfassenden Literaturverzeichnis auf den S. 492 ff. aufgeführt.)

40 Jahre Entwicklungsstrategie = 40 Jahre Wachstumsstrategie

Ulrich Menzel

40 Jahre Entwicklungsstrategie – das heißt trotz aller Paradigmenwechsel und Vielfalt der Begrifflichkeit bei Licht betrachtet 40 Jahre Wachstumsstrategie. Die Unterschiede reduzieren sich im Grunde auf die Frage, ob dieses Wachstum neoklassisch, keynesianisch, neomerkantilistisch oder sozialistisch angeregt werden soll. Welche Rolle kommt dem Markt oder dem Staat bei der Wachstumsförderung zu? Ist dieses Wachstum binnenmarktorientiert oder exportgetrieben? Soll protektionistisch unter Verletzung oder eher freihändlerisch nach Maßgabe komparativer Kostenvorteile verfahren werden? Bietet eine Verteilungspolitik zugunsten der oberen Einkommensbezieher zur Erhöhung der Sparquote die besten Wachstumschancen oder läßt sich durch eine Verteilungspolitik zugunsten der unteren Einkommensbezieher, um deren Produktivität zu steigern, das Wachstumsziel mit dem Aspekt der Gerechtigkeit verbinden? Soll das Wachstum maximiert oder im Sinne eines „dauerhaften Wachstums“ begrenzt werden? Gewährleistet ein globaler Einkommenstransfer zugunsten des Südens und damit eine Regulierung der Weltwirtschaftsbeziehungen oder eine globale Deregulierung die effektivste weltweite Allokation der Produktionsfaktoren und damit den universalen Wohlfahrtsgewinn?

Die jeweiligen Wachstumsstrategien sind mit unterschiedlichen Interessen verbunden, je nachdem ob eher der Süden oder eher der Norden, ob eher einzelne Ländergruppen des Südens wie etwa die OPEC oder die Schwellenländer, ob eher die Eliten bzw. Staatsklassen oder die Armen des Südens die Nutznießer sind. Daß die Strategien in den vergangenen 40 Jahren unterschiedliche und zum Teil widersprüchliche Konjunkturen erfahren haben, ist nicht nur auf die sich verschiebenden Kräfteverhältnisse zwischen den angesprochenen Staaten- und Interessengruppen, sondern auch auf die Erfolge und Mißerfolge der jeweiligen Strategien, weltwirtschaftliche und weltpolitische Konstellationen sowie auf den Einfluß zurückzuführen, den die theoretische Debatte auf die Strategiebildung ausgeübt hat.[1]

1. Definitionen und Abgrenzungen

Entwicklungstheorie, Entwicklungsstrategie, Entwicklungsmodell, Entwicklungspolitik, Entwicklungshilfe, Entwicklungszusammenarbeit, Nord-Süd-Politik – diese Begriffe werden vielfach verwendet, ohne daß immer eindeutig geklärt ist, welcher Sachverhalt jeweils gemeint ist. Ich verstehe unter *Entwicklungstheorie* Aussagen, mit deren Hilfe, in der Regel in idealtypischer Weise, begründet wird, warum es in den Industriegesellschaften Westeuropas, Nordamerikas und Ostasiens zu Wirtschaftswachstum, Industrialisierung, sozialer Differenzierung und Mobilisierung, mentalem Wandel, Demokratisierung und Umverteilung gekommen ist (diese Prozesse nennt man Entwicklung) bzw. warum in den übrigen Teilen der Welt diese Prozesse ausbleiben, nur unvollständig realisiert werden oder lediglich eine Karikatur dieser Prozesse zu beobachten ist. Letzteres nennt man, je nach analytischem Zugang, Rückständigkeit oder Unterentwicklung.

Unter Theorie können aber auch Aussagen mit universellem Geltungsanspruch verstanden werden, deren Befolgung, unabhängig vom jeweiligen Entwicklungsstand, als wohlfahrtssteigernd empfohlen werden. Dies macht deutlich, daß Theorie immer eine analytische und eine normative Dimension aufweist. Mit Hilfe von Theorien können ferner Stadien oder Ausprägungen von Entwicklung definiert und durch die Diagnose und Analyse der Abweichungen das Ausmaß und die Ursachen von Rückständigkeit bzw. Unterentwicklung identifiziert werden.

Entwicklungsstrategien sind demgegenüber aus den Theorien abgeleitete Maßnahmen, mit deren Hilfe die Abweichungen von diesen Normen behoben werden sollen. Der Begriff *Entwicklungsmodell* bezieht sich wiederum auf Fälle, bei denen konsistente Maßnahmen zur Anwendung kommen, die für sich in Anspruch nehmen, paradigmatische Bedeutung für andere Fälle bzw. Länder zu haben. *Entwicklungspolitik* ist dann die Implementierung dieser Strategien auf der Ebene politischer Handlungen, d. h. die Identifizierung und der Einsatz besonderer Instrumente zur Umsetzung der Strategie.

Entwicklungshilfe oder *Entwicklungszusammenarbeit* meint die Ebene bi- und multilateraler Beziehungen zwischen Industrieländern (IL) und Entwicklungsländern (EL) zur Unterstützung der Strategie, zielt also auf die Ebene der politischen Akteure, während mit *Nord-Süd-Politik* die Beeinflussung der Struktur des internationalen Systems gemeint ist, innerhalb derer die Akteure politisch handeln.

Ein Beispiel mag die angesprochenen Ebenen verdeutlichen. Die *Theorie der komparativen Kostenvorteile* besagt, daß internationale Arbeitsteilung nach Maßgabe der jeweiligen Faktorenausstattung für alle Beteiligten, unabhängig von ihrem Entwicklungsstand, zu einem Wohlfahrtsgewinn führt. Strategie meint in diesem Fall die Befolgung der daraus resultierenden Normen, d. h. die Identifizierung und Förderung von Bereichen wirtschaftlicher Tätigkeit, in denen komparative Kostenvorteile vorliegen. Entwicklungspolitik heißt in diesem Fall Freihandelspolitik, damit komparative Kostenvorteile auch wirksam werden können. Als Entwicklungsmodell würde man ein Land bezeichnen, das sich in möglichst reiner Form arbeitsteilig und freihändlerisch verhält. Entwicklungszusammenarbeit hieße dann die Mitwirkung bei der Implementierung der Strategie, also etwa die Finanzierung zum Aufbau eines Exportsektors. Nord-Süd-Politik wäre die Durchsetzung des Freihandels im Weltmaßstab.

Geht man umgekehrt von der Theorie aus, daß internationale Arbeitsteilung eine wesentliche Ursache für den Wohlfahrtsverlust (Ausbeutung) im nichtindustrialisierten Teil der Welt ist, kann die strategische Konsequenz lauten: Reduzierung dieser Arbeitsteilung und Verfolgung einer importsubstituierenden Industrialisierung, die auf der Ebene der Entwicklungspolitik durch handels- oder währungspolitische Maßnahmen abzusichern ist. Auf der Ebene der Nord-Süd-Politik wäre ein globaler Interventionismus anzustreben, der die negativen Auswirkungen der internationalen Arbeitsteilung kompensiert.

Für den Bereich der Entwicklungsstrategie im engeren Sinne sind vier Ebenen analytisch auseinanderzuhalten: Erstens die Ebene des *theoretischen und normativen Bezugspunkts*. Hier lassen sich in den letzten 40–50 Jahren mindestens fünf Ansätze unterscheiden: die Neoklassik, der Keynesianismus, der Marxismus, der Strukturalismus bzw. die Systemtheorie und die Ökologie. Daraus resultieren mehr oder weniger dichotomische Strategien wie Integration versus Dissoziation, Wachstum versus Umverteilung, Deregulierung versus Intervention, Wachstumsförderung versus Wachstumsbegrenzung.

Zweitens ist die Ebene der *Akteure* und damit deren Interessen, die eine bestimmte Strategie verfolgen, zu berücksichtigen: IL, EL, nationale Institutionen der Entwicklungszusammenarbeit, bi- oder multinationale Organisationen. In den 50er und 60er Jahren wurde die Diskussion von den IL dominiert, während in den 70er Jahren die Initiative auf die EL und die internationalen Organisationen überging. Seit den 80er Jahren ist eine neuerliche Dominanz der IL zu konstatieren.

Drittens gibt es die Ebene der *Adressaten*: Staatsklassen bzw. Eliten oder Nichtprivilegierte in den Ländern des Südens; moderner, städtischer, industrieller oder traditioneller, ländlicher, agrarischer Sektor. Und viertens muß die *Handlungsebene* unterschieden werden. Geht es um ein einzelnes Projekt, um Regionalförderung, um ein ganzes Land oder um die Nord-Süd-Politik auf der Ebene des internationalen Systems?

2. Die Strategie der 50er und 60er Jahre: Wachstum zuerst, Umverteilung und Demokratisierung später

Die entwicklungsstrategische Diskussion im engeren Sinne begann Mitte der 40er Jahre und erlebte ihren ersten Höhepunkt in den 50er Jahren. Sie ist verbunden mit den „Pionieren“ wie *Paul Rosenstein-Rodan, Ragnar Nurkse,*

Arthur W. Lewis, Albert O. Hirschman u. a., deren Überlegungen im damals vorherrschenden keynesianischen Denken verwurzelt waren (vgl. *Adelman* 1961; *Besters* 1966; *Bhatt* 1964; *Ernst* 1973; *Hoffmann* 1965; *Laumas* 1966; *Meyer/Seers* 1984; *Seers* 1979; *Stern* 1989; *Streeten* 1972).

Entwicklung wurde bei ihnen gleichgesetzt mit Wirtschaftswachstum, insbesondere Industrialisierung. Die notwendige Kapitalbildung sollte durch die Erhöhung der Sparquote gewährleistet werden. Deshalb wurde eine Umverteilung zugunsten der Bezieher hoher Einkommen als notwendig erachtet. Sofern ein Mangel an Unternehmern bestehe, könne der Staat bei der Industrialisierung eine Initialfunktion übernehmen, wobei autoritäre Regime in der Anfangsphase als besonders geeignet angesehen wurden (*Löwenthal* 1963). Die aus dieser Überlegung resultierende strategische Konsequenz lautete: Wachstum zuerst, Umverteilung später (growth first, redistribution later) bzw. erst Industrialisierung und dann Demokratisierung.

Um diesen Denkansatz zu verstehen, ist ein Rückblick auf die weltwirtschaftlichen und weltpolitischen Ereignisse der 30er Jahre und 40er Jahre geboten sowie auf die Folgerungen, die auf der politischen Ebene wie auf der Ebene der volkswirtschaftlichen Doktrinenbildung gezogen wurden. Die Revolutionierung des internationalen Transportwesens durch den Eisenbahnbau in Übersee und die Ersetzung des Segelschiffs durch das Dampfschiff hatte seit den 1880er Jahren über die drastische Reduzierung der Transportkosten zum ersten Mal in der Weltgeschichte einen wirklichen Weltmarkt für Massenfrachtgüter wie Getreide, Vieh, Ölsaaten, aber auch Kohle, Erz, Holz u. a. konstituiert. Seitdem war es aus europäischer Sicht wirtschaftlich sinnvoll, die Böden und Rohstoffvorkommen der überseeischen Territorien zu erschließen. Folge war ein rapides, exportgetriebenes Wachstum in den ehemaligen Kolonien in Lateinamerika, insbesondere seinem südlichen Teil, in den angelsächsischen Siedlerkolonien, in Osteuropa (Ukraine, Rumänien), aber auch in den tropischen Plantagenregionen, das bis 1930 anhielt (*Menzel* 1988).

Vor diesem Hintergrund ist die Durchsetzung der Neoklassik als herrschende volkswirtschaftliche Lehrmeinung zu sehen, die auf außenwirtschaftlichem Gebiet die internationale Spezialisierung nach Maßgabe komparativer Kostenvorteile empfahl, die sich damals noch an natürlichen Produktionsfaktoren orientierte, also auf eine Arbeitsteilung Rohstoffe versus Fertigwaren (sog. Ricardo-Güter) hinauslief. Der daraus im neoklassischen Sinne resultierende Wohlfahrtsgewinn konnte um so mehr erzielt werden, je weniger handelspolitische Restriktionen die Arbeitsteilung beeinträchtigten. Die damalige Entwicklungsstrategie lautete demnach, wenn auch noch nicht dem Namen, so doch der Sache nach: Freihandel.

Der Exportboom in Übersee wurde mit Ausbruch der Weltwirtschaftskrise jäh unterbrochen, da die IL zur Linderung ihrer wirtschaftlichen Probleme hochprotektionistische Maßnahmen ergriffen und ihr Heil in separaten, möglichst autarken Großraumwirtschaften suchten. Genannt sei nur der *Smooth-Hawley-Tarif* der USA von 1930, das *Ottawa-Abkommen* von 1932, das England mit seinen Dominions abschloß, oder die deutschen und japanischen Anstrengungen, in Süd-Osteuropa bzw. Ostasien komplementäre regionale Ökonomien aufzubauen. Für die übrige Welt waren die Konsequenzen wegen des daraus resultierenden überproportionalen Rückgangs des Welthandels besonders fatal, weil damit die Logik des Exportwachstumsmodells schlechthin obsolet geworden war.

2.1 **Keynesianismus und das Wachstumsmodell von Harrod/Domar**

Da die neoklassischen Rezepte zur Überwindung der Krise in den IL versagten, bildete sich ein neues volkswirtschaftliches Paradigma heraus, das unter dem Namen *Keynesianismus* in die Lehrbücher einging. *John Maynard Keynes* hatte im Gegensatz zur neoklassischen Annahme gezeigt, daß keineswegs immer eine Tendenz zur vollen Auslastung der Produktionsfaktoren bestehen muß, daß ein wirtschaftliches Gleichgewicht vielmehr auch bei ihrer Unterauslastung, also hoher Arbeitslosigkeit und brachliegenden Kapazitäten, möglich ist. Als Weg aus einer solchen Situation empfahl er ein Instrumentarium staatlicher Anreize, um den Wachstumsprozeß wieder in Gang zu setzen und so die Produktionsfaktoren wieder auszulasten.

Darauf aufbauend entwickelten die englischen Ökonomen *Roy Harrod* (1970) und *Evsey Domar* (1970) ein Wachstumsmodell, das im Kern auf folgender Aussage beruhte: Die Wachstumsrate des BSP ist gleich dem Koeffizienten aus Sparquote und Kapitalkoeffizienten, wobei der Kapitalkoeffizient wiederum aus dem Verhältnis von Kapitalstock und dem Koeffizienten aus BSP und Arbeitskräftepotential gebildet wird.[2] Um das Wachstum zu steigern, bedarf es also einer Anhebung der Sparquote oder einer Senkung des Kapitalkoeffizienten, d. h. einer Steigerung der Kapitalproduktivität, die wiederum gleichbedeutend mit einer effektiveren Nutzung des Kapitalstocks ist. Die strategischen Überlegungen konzentrierten sich allerdings auf den Zähler des Koeffizienten, d. h. die Erhöhung des Kapitalangebots. Diese kann entweder durch eine Steigerung des Sparaufkommens oder durch die Kapitalzufuhr von außen erreicht werden.

Da man von der Prämisse ausging, daß in erster Linie die Bezieher höherer Einkommen in der Lage sind zu sparen bzw. daß bei wachsendem Einkommen auch der relative Anteil des Sparaufkommens steigt, ist eine ungleiche Verteilung der Einkommen durchaus positiv. Dieses Argument wurde durch die sog. U-Hypothese von *Simon Kuznets* (1955) gestützt. Aufgrund vergleichender statistischer Untersuchungen über die Industrialisierungsprozesse in diversen Ländern war er zu der Aussage gelangt, daß eine zu Beginn der Industrialisierung vorhandene eher egalitäre sich in eine stärker ungleiche Einkommensverteilung verwandelt, die sich erst mit fortschreitender Industrialisierung wieder abbaut.

Aus dieser Beobachtung wurde die normative Schlußfolgerung gezogen, daß eine anfänglich wachsende Ungleichheit der Einkommensverteilung sogar anzustreben ist, da sie zur Beschleunigung des Wirtschaftswachstums führt und so langfristig auch den unteren Einkommensbeziehern nützt. Entwicklungspolitik war also im damaligen Verständnis nicht nur *Wachstums-* sondern auch *Verteilungspolitik.*

Soweit die private Investitionstätigkeit nicht ausreicht, kann der Staat die mangelnde Unternehmerfunktion ersetzen, indem er Anreize gibt, die das Sparaufkommen erhöhen bzw. die Investitionstätigkeit fördern. Letztere kann außenwirtschaftlich durch eine entsprechende Handels- und Währungspolitik (Zölle, Abwertungen u. a.) abgesichert werden. Falls diese Anreize nicht ausreichen, kann der Staat durch seine Einnahme- und Ausgabepolitik (Besteuerung bzw. staatliche Investitionen) auch selber unternehmerisch tätig werden.

Nur am Rande sei hier bemerkt, daß die sozialistische Industrialisierungsstrategie des sowjetischen Typs auf dem gleichen Grundgedanken basiert, nur daß hier nicht ein System von indirekten Anreizen, sondern der direkte Zwang im Vordergrund steht. Über eine Zwangskollektivierung und systematisch unterbewertete Agrarpreise gelangen die landwirtschaftlichen Überschüsse in die Hände des Staates, um so im Rahmen einer volkswirtschaftlichen Gesamtplanung die staatliche Investitionstätigkeit vor allem im Bereich der Schwerindustrie zu finanzieren.

Das auf *Keynes* bzw. *Harrod/Domar* zurückgehende Denken wurde von den frühen Entwicklungsökonomen auf die nichtindustrialisierten Länder übertragen, wobei *Rosenstein-Rodan* (1943, 1961) mit Blick auf die Industrialisierung in Ost- und Südosteuropa die Ehre gebührt, diesen Gedanken 1943 zum ersten Mal formuliert zu haben. Er forderte dort gezielte und umfassende staatliche Investitionen, vor allem im schwerindustriellen Sektor, um so ein allgemeines Wirtschaftswachstum in Gang zu setzen.

Daß der Entwicklungskeynesianismus sich aber tatsächlich als herrschende Lehrmeinung durchsetzte und insbesondere in Lateinamerika in den 50er und 60er Jahren auch praktiziert wurde, hatte noch andere Gründe. *Raúl Prebisch* (1968) und *Hans Singer* (1949) hatten damals den Nachweis zu erbringen versucht, daß entgegen der neoklassischen Argumentation für die Primärgüterproduzenten die Teilnahme an der internationalen Arbeitsteilung mit einem Wohlfahrtsverlust verbunden sei, da sie eine säkulare Verschlechterung ihrer Austauschrelationen (*Terms of Trade*) hinzunehmen habe.

Auch wenn die theoretische Begründung für ihre These unbefriedigend blieb, so lautete die strategische Konsequenz: Möglichst weitgehende Reduzierung der einseitigen Rohstoffspezialisierung und Konzentration auf die Entwicklung des Binnenmarkts, eine Politik, die angesichts des zusammengebrochenen Weltmarkts ohnehin nahelag. Die bislang aus den IL im Gegenzug für die eigenen Primärgüter importierten Fertigwaren sollten zum Ausgangspunkt einer eigenen Industrialisierung genommen und dadurch protektionistische Maßnahmen abgesichert werden. Diese Strategie wurde später Importsubstitutionsindustrialisierung (ISI) genannt.

2.2 Dekolonisierung und Ost-West-Konflikt

Von größerer Bedeutung für die Durchsetzung des Entwicklungskeynesianismus dürften allerdings zwei unmittelbare Resultate des II. Weltkriegs gewesen sein. Gemeint ist die in Asien einsetzende neuerliche Welle der Entkolonialisierung, die in den 60er Jahren in Afrika ihre Fortsetzung fand, sowie der Ausbruch des Ost-West-Konflikts. Die Regierungen der unabhängig gewordenen Länder, allen voran Indien, setzten alles daran, neben der politischen auch die wirtschaftliche Souveränität zu gewinnen. An die Stelle der überkommenen Kolonialökonomie mit ihrer einseitigen Ausrichtung auf die Bedürfnisse der Metropolen sollte eine eigenständige Industrialisierung treten. Da ein nationales Unternehmertum sich in der Kolonialzeit allenfalls rudimentär hatte entfalten können, von bürgerlicher Entwicklung in nicht-westlichen Gesellschaften auch aus anderen Gründen kaum die Rede sein konnte, war es naheliegend, daß in den sogenannten „neuen Nationen“ dem Staat eine entscheidende Rolle bei der Finanzierung und Organisation dieser Industrialisierung zukam. Hier bot der Keynesianismus, angereichert durch sozialistisches Gedankengut, das entsprechende Angebot.

Der Ost-West-Konflikt, der seit Ende der 40er Jahre zunehmend auf dem Territorium der Kolonien bzw. ehemaligen Kolonien ausgetragen wurde, erzwang auch ein wachsendes Interesse der westlichen IL, insbesondere der USA, für deren wirtschaftliche und soziale Belange. Chinesische Revolution, Korea-Krieg und sich anbahnender Vietnam-Krieg hatten deutlich gemacht, daß die Expansion des sowjetischen Einflußbereichs auch nach den Grenzziehungen des Jahres 1945 ungebrochen war. Die Sowjetunion setzte ihr eigenes Ordnungs- und Industrialisierungsmodell als Hebel in der globalen Auseinandersetzung ein, indem sie es als adäquate Strategie wirtschaftlicher Entwicklung empfahl und über die von ihr beeinflußten Kommunistischen Parteien vor Ort auch durchzusetzen suchte. Insbesondere die kubanische Revolution und ihr mögliches Übergreifen auf andere Länder in Lateinamerika hatte hier ihre Wirkung gezeigt.

Daraus ergab sich aus amerikanischer Sicht die Notwendigkeit, neben die militärische Eindämmung auch der ideologischen Attraktivität der Sowjetunion ein eigenes Modell wirtschaftlicher und sozialer Entwicklung entgegenzusetzen und durch Beratungstätigkeit und Finanzhilfe zu fördern. Dieser Gedanke war erstmals bereits 1947 vom damaligen amerikanischen Präsidenten *Truman* formuliert worden. Die Entwicklungspolitik als neues Politikfeld war geboren. Mittels amerikanischen Drucks hatten sich dem auch andere IL, so etwa die Bundesrepublik und Japan, anzuschließen, die im Gegensatz zu England oder Frankreich durch ihre koloniale Vergangenheit weniger kompromittiert schienen. Die Zusammenarbeit mit autoritären Regimen, wenn sie nur antikommunistisch auftraten, war kein Hinderungsgrund, da sie erstens als Bündnispartner gesucht wurden und zweitens im Sinne der keynesianischen Strategie als notwendiges, wenn auch vorübergehendes Übel angesehen wurden.

Das alles bildet den Hintergrund, warum der Entwicklungskeynesianismus, also eine Politik der Wachstumsförderung bei vorrangiger Industrialisierung, in den 50er und 60er Jahren zur Leitidee aller Entwicklungsstrategien wurde. Daß die wachsende Ungleichheit sich wieder abbauen würde, wurde auch politisch mit der Hoffnung begründet, daß es im Zuge der Industrialisierung zu Urbanisierung, Alphabetisierung, sozialer Mobilisierung und damit auch zu politischer Partizipation und über die Demokratisierung und die Etablierung gewerkschaftlicher Gegenmacht zu Umverteilung kommen würde.

Ferner wurde argumentiert, daß die anfänglich aus Effektivitätsgründen für notwendig erachtete Konzentration der Ressourcen auf einen modernen industriellen Kern zu Ausbreitungs- und Durchsickerungseffekten (*spread* und *trickle down*) in den traditionellen und ländlichen Raum führen werde, dessen Bevölkerung auf diese Weise langfristig an der Modernisierung teilnehmen werde.

Lewis' Argumentation lautete sogar explizit, daß der anfängliche Vorteil der traditionellen Ökonomien, ihr schier unbegrenztes Angebot von Arbeitskräften, wegen der daraus resultierenden geringen Lohnkosten eine wichtige Wachstumsvoraussetzung sei. Im Zuge des Wachstums würden immer mehr Arbeitskräfte beschäftigt, bis auf diese Weise das Arbeitskräfteangebot des traditionellen Sektors aufgesaugt werde und auch dort der Modernisierungsprozeß einsetze (*Lewis* 1985; 1956).

2.3 **Gleichgewichtiges oder ungleichgewichtiges Wachstum?**

Hinsichtlich des Industrialisierungsweges rivalisierte die von *Rosenstein-Rodan* und *Nurkse* (1953) favorisierte Strategie des gleichgewichtigen Wachstums (*balanced growth*) mit *Hirschmans* Plädoyer für ein ungleichgewichtiges Wachstum (*unbalanced growth*). *Nurkses* Einwand gegen eine reine Angebotspolitik, also eine Politik, die lediglich das Sparaufkommen steigert, lautete, daß das Vorhandensein von Finanzierungskapital nicht automatisch auch zu Investitionen führe. Stimuliert werden müsse auch die Nachfrage nach Kapital. Da wegen der geringen internationalen Nachfrageelastizität für Primärgüter die Exportsektoren nicht als Motor für beschleunigtes Wachstum in Frage kommen, sah er die einzige Chance in der raschen Expansion der Binnenmärkte. Seine Grundidee lautete deshalb ähnlich wie bei *Rosenstein-Rodan*, die Investitionsanreize so zu setzen, daß eine Produktion entsteht, die ihren eigenen Markt schafft, sich also nach den Einkommenselastizitäten der Nachfrage zu richten hat. Während *Nurkse* bei der Implementierung dieser Strategie auf den privaten Unternehmer baute, dem nur ein entsprechendes Informations- und Anreizsystem geboten werden müsse, ging *Rosenstein-Rodan* einen Schritt weiter und schlug eine straffe Investitionslenkung vor.

Diesen Überlegungen stellte *Hirschman* (1967) seine Vorstellung des ungleichgewichtigen Wachstums entgegen. Auch er ging von der These aus, daß der eigentliche Engpaß nicht auf der Seite des Kapitalangebots liege, da Luxuskonsum, Horten, unproduktive Investitionen oder Kapitalflucht weit verbreitet seien. Der Engpaß liege vielmehr in der unzureichenden Nachfrage nach Kapital, weil die Fähigkeit zu investieren fehle. Die eigentliche Schuld wurde also der sozio-kulturell begründeten Unzulänglichkeit der privaten Unternehmer zugeschoben, denen es an Risikofreude und Innovationsbereitschaft, etwa im Sinne *Schumpeters*, mangele. Also müßten in ausgewählten Schlüsselsektoren durch Überkapazitäten und Engpässe Drucksituationen geschaffen werden, deren Wachstum sich durch einen kumulativen Prozeß auf die übrige Wirtschaft fortpflanze.

Geeignet seien vor allem Investitionen in Infrastruktur und Schwerindustrie, weil sie besonders viele Koppelungseffekte für die übrige Wirtschaft aufweisen. In diesen Schlüsselsektoren habe der Staat ggf. selber zu investieren. Die vor- und nachgelagerten Koppelungseffekte würden dann über zusätzliche Nachfrage bzw. verbesserte Produktionsbedingungen (Infrastruktur) neue Investitionen von seiten der privaten Unternehmer induzieren. Diese Strategie sei durch Importrestriktionen abzusichern und ggf. durch Anreize für ausländische Investitionen zu ergänzen.

Die Landwirtschaft blieb bis in die 60er Jahre von diesen Überlegungen weitgehend unberührt, bis man auch dort auf eine Wachstumsstrategie setzte, die unter dem Namen „Grüne Revolution" bekannt wurde (*Griffin* 1984). Durch die Züchtung und Verbreitung neuen Hochleistungssaatguts, insbesondere bei Reis, Mais und Weizen, sollten die Erträge gesteigert werden, wobei entsprechende zusätzliche Vorleistungen an Kunstdünger, Pflanzenschutzmitteln und Bewässerung sowie Agrartechnik, Lagerungs- und Verarbeitungskapazitäten notwendig waren. Daß die dafür notwendigen Investitionen nur von Großgrundbesitzern und wohlhabenden Bauern aufgebracht werden konnten und so eine weitere Einkommenskluft jetzt auch innerhalb der Landwirtschaft geschaffen wurde, nahm man bewußt in Kauf, da auch hier der Wachstumsaspekt Vorrang vor dem Verteilungsgesichtspunkt hatte. Insbesondere der Aufschwung der Weizenproduktion im indischen Punjab ist auf die „Grüne Revolution" zurückzuführen.

Rückblickend läßt sich sagen, daß die skizzierte Strategie, wenn man die reinen Wachstumsziele betrachtet, in einigen Ländern, namentlich in Lateinamerika (Paradebeispiel Brasilien), nicht ohne Erfolg war. Das ihr zugrundeliegende Denken wurde deshalb auch in der sog. Ersten Entwicklungsdekade der 60er Jahre nicht in Frage gestellt. Die Kritik setzte allerdings Ende der 60er Jahre ein und wurde gleich von mehreren Seiten vorgetragen.

3. **Die Kritik an der Wachstumsstrategie**

Im Jahre 1969 erschien ein Bericht der „Kommission für Internationale Entwicklung" unter Leitung des ehemaligen kanadischen Außenministers, *Lester Pearson* (Pearson-Bericht), der die überkommenen Strategien einer kritischen Bilanz unterzog. In dem Bericht wurde, wenn auch in moderater Form, zum ersten Mal Skepsis geäußert, ob der bis dato verbreitete Optimismus, daß Wachstum automatisch zu Entwicklung führe, berechtigt sei, weil die weltwirtschaftlichen Rahmenbedingungen zu wenig berücksichtigt würden. Seine Empfehlungen liefen deshalb auf Forderungen hinaus, die die wesentlichen Punkte der Diskussion um die Neue Weltwirtschaftsordnung der späten 70er Jahre bereits vorwegnahmen. Der *Pearson-Bericht* leitete damit eine neue und durchaus innovative Phase der entwicklungsstrategischen Diskussion ein, die den Akzent von der internen auf die externe Dimension verlagerte.

Radikaler in der Diagnose wie in den strategischen Schlußfolgerungen war die gleichzeitig einsetzende Kritik, die von seiten der Vertreter des Südens, insbesondere von lateinamerikanischen Sozialwissenschaftlern, vorgetragen wurde und unter dem Begriff „Dependenztheorie" für weltweite Rezeption sorgte. Sie entzündete sich an dem Umstand, daß die Wachstumsstrategien in die Krise geraten waren, als es darum ging, den Übergang von der Importsubstitution der leichten Phase (Konsumgüter) in die schwere Phase (Investitionsgüter und Grundstoffe) zu bewerkstelligen.

Es hatte sich herausgestellt, daß für letzteres die Binnennachfrage nicht ausreichend war, nicht zuletzt deshalb, weil die erhofften Durchsickerungs- und Ausbreitungseffekte sich nicht einstellen mochten. Auch die erwartete Demokratisierung blieb aus. Stattdessen war eher eine Ausbreitung und Verfestigung autoritäter politischer Systeme zu beobachten, eine Tendenz, die mit den Schwierigkeiten des Übergangs von der leichten zur schweren Importsubstitutionsphase in Verbindung gebracht wurde (*O'Donnell* 1979). Es bewahrheitete sich mithin weder die ökonomisch (Verknappung von Arbeitskraft, Lohnsteigerungen) noch die politisch (Partizipation, Aufbau von Gegenmacht) begründete Argumentation zur Überwindung des Scheitelpunkts der U-Kurve von *Kuznets*.

Während also die frühen Entwicklungsökonomen im zu geringen Sparaufkommen und in der mangelnden Investitionsbereitschaft der einheimischen Unternehmer das Problem gesehen hatten, verorteten die Dependenztheoretiker den Kern des Problems in weltwirtschaftlichen und weltpolitischen Faktoren. Insbesondere der Ressourcenabfluß als Folge ungleicher Verwertungschancen auf dem Weltmarkt und die aus der langen Einbindung in die internationale Arbeitsteilung resultierende strukturelle Deformation der Ökonomien der EL wurden als entscheidende Variablen angesehen. Die strategische Konsequenz mußte deshalb auf eine Modifikation der Modalitäten hinauslaufen, unter denen diese internationale Arbeitsteilung vonstatten ging.

Bevor die diesbezüglichen Überlegungen im einzelnen dargestellt werden, ist allerdings auf einige weltpolitische Entwicklungen hinzuweisen, die den daraus abgeleiteten Forderungen für die zweite Hälfte der 70er Jahre in Form des sog. Nord-Süd-Dialogs eine erhebliche Durchschlagskraft verliehen (*Braun* 1985; *Brock* 1991; *Elsenhans* 1987; *Link/Tücks* 1985). Dazu gehörten erstens die zeitweise sehr erfolgreiche Kartellpolitik der OPEC, die 1973 und 1978/9 substantielle Ölpreissteigerungen durchsetzen konnte und so erstmals in der Weltgeschichte eine erhebliche Umverteilung des Welteinkommens in einen Teil der EL zustande brachte. Daraus wurden Hoffnungen abgeleitet, daß ähnliches auch bei anderen Rohstoffen möglich sei.

Zweitens hatte die mittlerweile weitgehend abgeschlossene Entkolonialisierung und der damit einhergehende Mitgliederzuwachs in der UNO die Stimmenverteilung dort so sehr geändert, daß deren einschlägige Unterorganisationen, insbesondere die 1964 gegründete UNCTAD, zur Interessenvertretung des Südens avancierten. Anders als bei IWF und Weltbank, wo die Machtverhältnisse von den eingezahlten Kapitalanteilen abhängen (Quotensystem), gilt bei den Vereinten Nationen (abgesehen vom Sicherheitsrat) das Prinzip „Ein Land, eine Stimme".

Hinzu kam die wachsende Thematisierungsmacht der EL, die über diverse Zusammenschlüsse wie die Blockfreienbewegung (*Matthies* 1985) oder die „Gruppe der 77", den Nord-Süd-Konflikt für die folgenden 10–15 Jahre zum zweiten Globalkonflikt machen konnten. Das war nicht zuletzt deshalb möglich, weil die 70er Jahre eine Phase der Entspannung im Ost-West-Gegensatz darstellten (Ostverträge, KSZE, Rüstungskontrollabkommen, *Carter-Ära* in den USA), die die Dominanz der Ost-West-Optik auch auf dem Gebiet der Entwicklungspolitik etwas in den Hintergrund treten ließ.

Schließlich sorgten die tatsächlichen oder vermeintlichen Erfolge einiger sozialistischer EL (insbesondere der VR China) für einen tiefen Eindruck, weil sie eine Strategie verfolgten, die bewußt auf die Eingliederung in die internationale Arbeitsteilung und den Kapital- und Technologietransfer aus den IL verzichtete und an deren Stelle eine auf die eigenen Kräfte vertrauende Basisentwicklung des ländlichen Raums mit den Mitteln der Arbeitsakkumulation und des Rückgriffs auf traditionelle, einfache, angepaßte Technologien setzte.

Das chinesische Modell wurde als Alternative zur sowjetischen Strategie der vorrangigen großindustriellen Schwerindustrialisierung reklamiert und z. T. (etwa in Tanzania) auch kopiert. Es stieß jedenfalls von seiten der westlichen IL auf viel weniger Widerstand als die Modellvorstellungen der Sowjetunion, nicht zuletzt weil man der Spaltung des sozialistischen Lagers auch auf entwicklungspolitischem Gebiet durchaus positive Seiten abzugewinnen vermochte.

Nicht unerwähnt bleiben darf allerdings, daß 1973 mit dem ersten Bericht des *Club of Rome* über die „Grenzen des Wachstums" zum erstenmal auch von ökologischer Seite die Wachstumsstrategien grundsätzlich in Frage gestellt wurden (*Meadows u. a.* 1972). Dem lag die These zugrunde, daß einem Nachvollzug des westlichen Wirtschaftswachstums in den EL objektive Grenzen der nicht ausreichend vorhandenen natürlichen Ressourcen (Rohstoffe und Energie) gesetzt seien. Dieses Thema sollte allerdings erst in den 80er Jahren zu einem zentralen entwicklungsstrategischen Thema werden.[3]

Die genannten negativen Entwicklungsbefunde, die theoretische Diskussion und die Entspannungspolitik verlagerten in den 70er Jahren, also der Zweiten Entwicklungsdekade, den Akzent der Diskussion von der Ebene der Entwicklungszusammenarbeit auf die Systemebene, wobei sich allerdings fundamentale Widersprüche auftaten. Von den EL, präziser deren Eliten, wurde unter dem Begriff einer Neuen Weltwirtschaftsordnung eine Modifikation der weltwirtschaftlichen Rahmenbedingungen verlangt, die auf eine *externe* Umverteilung zu ihren Gunsten hinauslief. In der radikalen Variante wurde sogar eine weitgehende oder völlige Herauslösung aus der internationalen Arbeitsteilung verlangt, wobei hier allerdings die eigentlichen Wortführer kritische oder marxistische Sozialwissenschaftler des Nordens waren.

Die entwicklungspolitischen Repräsentanten der IL und der von ihnen beherrschten internationalen Organisationen (insbesondere der Weltbank) favorisierten demgegenüber das Konzept der *internen* Umverteilung in den EL, also statt der Neuen Weltwirtschaftsordnung die neue Ordnung in den EL, eine Strategie, die unter Begriffen wie Beschäftigungs-, Armuts- oder Grundbedürfnisorientierung Eingang in die Diskussion fand. Erstere, hier liegt der Widerspruch, stieß auf wenig Gegenliebe im Norden, während letztere im Süden mit großem Mißtrauen verfolgt wurde, da sie zu Lasten der dortigen Eliten ging und als Behinderung der eigenen Industrialisierungsziele angesehen wurde.

4. Alternative 1: Globaler Entwicklungskeynesianismus

Die Zweite Entwicklungsdekade sollte zumindest in programmatischer Hinsicht ein Erfolg werden. Die 1961 auf der Konferenz von Belgrad ins Leben gerufene Blockfreienbewegung und die 1964 gegründete *Welthandels- und Entwicklungskonferenz* (UNCTAD), ein Organ der UN-Generalversammlung, in der die EL längst über die Stimmenmajorität verfügen, wurden zu den Foren, auf denen man die Neue Weltwirtschaftsordnung diskutierte. Das Paket der hier anvisierten Forderungen bestand aus einer Neuen Internationalen Wirtschaftsordnung im engeren Sinne, einer Neuen Meeres- und Seeverkehrsordnung und einer Neuen Technologie-, Informations- und Kommunikationsordnung (*Agarwala* 1983; *Bhagwati* 1977; *Camps/Gwin* 1981; *Hart* 1983; *Matthies* 1980; *Menzel/Senghaas* 1986: Kap. 7).

Während UNCTAD I (1964 in Genf) das Ziel aufstellte, daß 1 % bzw. 0,7 % des BSP der IL als Nettokapitalzufluß bzw. als öffentliche Entwicklungshilfe in die EL transferiert werden sollten, und UNCTAD II (1968 in Nairobi) ein *Allgemeines System der Zollpräferenzen* vorschlug, brachte UNCTAD III (1972 in Santiago de Chile) die eigentliche Diskussion in Gang. Die UN-Generalversammlung verabschiedete am 1. 5. 1974 die *Erklärung über die Errichtung einer neuen Weltwirtschaftsordnung*, die auf der 29. Generalversammlung am 12. 12. 1974 um die *Charta der wirtschaftlichen Rechte und Pflichten der Staaten* ergänzt wurde.

4.1 **Forderungen nach einer Neuen Weltwirtschaftsordnung**

Die Idee, die hinter der Forderung nach einer Neuen Weltwirtschaftsordnung stand, lief darauf hinaus, den bislang praktizierten Entwicklungskeynesianismus um die internationale Dimension zu erweitern, also eine Art globalen Keynesianismus zu betreiben, der eine handelspolitische, eine transferpolitische, eine strukturpolitische und eine egalitäre Komponente aufwies. Im einzelnen ging es um die folgenden Punkte.

1. Respektierung des Rechts auf die Kontrolle der eigenen Ressourcen, das ggf. auch die Nationalisierung oder Verstaatlichung ausländischen Besitzes, etwa von seiten multinationaler Konzerne, beinhaltete. Dazu gehörte auch die gleichberechtigte Mitsprache bei der Ausbeutung der Meere, die nicht allein denjenigen Ländern vorbehalten sein dürfe, die über die dafür notwendigen technischen und finanziellen Mittel verfügen. Ferner ging es um eine Demokratisierung derjenigen internationalen Organisationen, insbesondere von Weltbank und IWF, in denen die Wirtschaftskraft der Mitglieder den alleinigen Ausschlag bei den Entscheidungen gibt.

2. Öffnung der Märkte der IL für die Exporte der EL entsprechend ihren jeweiligen Möglichkeiten. Die Agrarexporteure stoßen auf hohe Handelshemmnisse, da die Agrarmärkte von den liberalen GATT-Regeln ausgeklammert sind. Die Fertigwarenexporteure, also in erster Linie die Schwellenländer, verlangten einseitige Präferenzen. Diese waren zwar im *Lomé-Abkommen* von 1985 zwischen der EG und den AKP-Staaten etlichen Ländern gewährt worden, nur war es in dieser Hinsicht weitgehend folgenlos geblieben, da die AKP-Staaten im Unterschied zu den Schwellenländern kaum konkurrenzfähige Fertigwaren anzubieten haben.

3. Stabilisierung der Exporterlöse der Rohstoffproduzenten durch eine Regulierung der Weltrohstoffmärkte. Das System zur Stabilisierung der Wechselkurse, das in den IL durch Kauf und Verkauf von Devisen von seiten der Zentralbanken praktiziert wird, sollte auf die Rohstoffmärkte übertragen werden. Eine internationale Behörde sollte bei einem Überangebot von Rohstoffen diese durch Ankauf aus dem Markt nehmen und in Ausgleichslagern (Bufferstocks) deponieren. Auf diese Weise sollte einem Preisverfall entgegengewirkt werden. Bei einer Verknappung des Rohstoffangebots sollten umgekehrt die gelagerten Bestände veräußert werden, um so einen Preisauftrieb zu vermeiden. Die Finanzierung dieser Bufferstocks sollte durch einen gemeinsamen Fonds erfolgen, an dem die IL maßgeblich zu beteiligen seien.

Ein alternativer Vorschlag lief auf die Indexierung der Rohstoffpreise, d. h.

ihre Koppelung an die Preisentwicklung für Industriegüter hinaus, eine Vorstellung, bei der die Agrarpreispolitik der EG Pate gestanden hatte. Während letzteres abgelehnt wurde, kam es bei ersterem immerhin zu einem scheinbaren Erfolg. Das *Integrierte Rohstoffabkommen* wurde 1976 auf der 4. UNCTAD-Konferenz in Nairobi verabschiedet, allerdings nur von 56 Ländern ratifiziert.

4. Förderung der Industrialisierung in den EL. Die Deklaration der UNIDO auf der Konferenz von Lima im Jahre 1975 hatte das phantastische Ziel ausgegeben, bis zum Jahre 2000 den Anteil der EL an der Weltindustrieproduktion von 8 % auf 25 % zu steigern. Zu diesem Zweck sollte ein vermehrter Transfer von Finanzmitteln und Technologie aus den IL erfolgen. Entsprechend sollte auch die Geldpolitik an den Finanzbedürfnissen der EL ausgerichtet werden.

Während UNCTAD IV (1976 in Nairobi), die ganz im Zeichen der ersten Ölpreissteigerung und der daraus resultierenden größeren Verhandlungsbereitschaft der IL stand, den Höhepunkt des Nord-Süd-Dialogs markierte, schlug das Pendel danach allmählich wieder in die andere Richtung. UNCTAD V (1979 in Manila) brachte immerhin noch einen gewissen Abbau der nichttarifären Handelshemmnisse, während die Gipfelkonferenz von Cancún 1981 in Mexiko im Grunde das Ende des Nord-Süd-Dialogs markierte (*Khan* 1989). Die IL, insbesondere die Bundesrepublik, zeigten aus prinzipiellen Erwägungen wie aus ihrem Eigeninteresse heraus keine weitere Bereitschaft, den globalen dirigistischen Forderungen nachzugeben. UNCTAD VI (1983 in Belgrad) brachte deshalb keine nennenswerten Ergebnisse. UNCTAD VII (1987 in Genf) machte mit ihrer Betonung der Eigenanstrengungen der EL, die lediglich durch Beiträge der IL und der internationalen Organisationen zu unterstützen seien, den neuerlichen Paradigmenwechsel und die Abkehr von der Betonung der außenwirtschaftlichen Rahmenbedingungen perfekt.

4.2 **Der Brandt-Bericht**

Der 1980 von der *Nord-Süd-Kommission* vorgelegte *Brandt-Bericht* hatte noch einmal den Versuch gemacht, die festgefahrene Situation wieder in Bewegung zu bringen. Er muß in erster Linie als ein politisches Dokument gewertet werden, weil hier von prominenten, aber nicht mehr im Amt befindlichen Politikern des Nordens im Gegensatz zu ihren Regierungen die Forderungen hinsichtlich der Neuen Weltwirtschaftsordnung weitgehend unterstützt wurden. Demzufolge wurde der Schwerpunkt der Empfehlungen auf den Beitrag der IL gelegt. Ein neuer Aspekt war dabei, daß neben einer ethisch motivierten Solidarität auch das Interesse des Nordens an einem verstärkten Transfer herausgestellt wurde:

Erstens wurde angesichts der sich dramatisierenden Lage in vielen Teilen der Welt das Wohlergehen der IL langfristig in Abhängigkeit von der Überwindung der Armut im Süden gesehen, handelte es sich hier letztendlich doch um eine Frage des globalen Überlebens. Und zweitens wurde auf die auch kurzfristig komplementären Interessen verwiesen, da eine durch den Ressourcentransfer gesteigerte Nachfrage des Südens die damalige Wachstumskrise in den IL hätte überwinden helfen können. Entwicklungspolitik sollte auf diese Weise also auch die Funktion der Konjunktursteuerung bekommen. Der Kerngedanke des *Brandt-Berichts*, der im zweiten Bericht vom Februar 1983 hinsichtlich des Sofortprogramms noch einmal spezifiziert wurde, lief also auf eine keynesianische Wachstumspolitik im Weltmaßstab hinaus.

Trotz des hohen Ansehens der in der Kommission vertretenen Persönlichkeiten waren die Reaktionen bei den Verantwortlichen des Südens eher reserviert (vgl. *Friedrich-Ebert-Stiftung* 1983), da die neokonservative Wende und die neuerliche Eskalation des Ost-West-Konflikts in den 80er Jahren dem Liberalismus in der globalen wie nationalen Wirtschaftspolitik wieder zum Durchbruch verholfen und dem Thema Nord-Süd-Politik einen untergeordneten Rang in der Weltpolitik zugewiesen hatten. Noch schlechter erging es der radikalen Variante der Neuen Weltwirtschaftsordnung.

5. **Alternative 2: Abkoppelung und Süd-Süd-Kooperation**

Während die Forderungen nach veränderten weltwirtschaftlichen Rahmenbedingungen und verstärktem Ressourcentransfer vom Norden in den Süden eine Teilnahme der EL an der internationalen Arbeitsteilung keineswegs grundsätzlich in Frage stellten, ging die radikale Variante der aus der Dependenztheorie gezogenen entwicklungsstrategischen Konsequenzen einen wesentlichen Schritt weiter. Wenn die Diagnose zutraf, daß die Probleme extern verursacht seien, dann mußte im Sinne einer Therapie die Axt an die eigentlichen Wurzeln gelegt werden, dann mußten die Außenbeziehungen nicht nur modifiziert, sondern soweit wie möglich oder gar vollständig abgebrochen werden.

Das einschlägige Stichwort, das vor allem auf die Arbeiten von *Samir Amin* (1974, 1990) zurückging, lautete eigenständige bzw. autozentrierte Entwicklung. *Dieter Senghaas* (1977) brachte in seinem „Plädoyer für Dissoziation" die daraus abzuleitende Strategie mit den drei entwicklungspolitischen Imperativen auf den Begriff: Abkoppelung (Dissoziation), interne Restrukturierung und regionale Kooperation.

Dieses „Plädoyer für Dissoziation" wurde allerdings über viele Jahre hinweg mißverstanden, insofern die Abkoppelung bereits als Ziel und nicht als Instrument für eine eigenständige Entwicklung begriffen wurde. Im Grunde handelte es sich um eine radikale Weiterentwicklung der protektionistischen Argumentation von *Friedrich List* (1920) aus der ersten Hälfte des 19. Jahrhunderts, der für die „Länder der zweiten Stufe" (die kontinentaleuropäischen Nachzügler bei der Industrialisierung) eine bewußte Verletzung der klassischen Freihandelsargumentation verlangt hatte, da nur mittels eines Protektionismus auf Zeit (Erziehungszoll) dem damals erdrückenden englischen Wettbewerbsdruck standgehalten und eine eigenständige Industrialisierung in Gang gesetzt werden könne. Der mit dem Verzicht auf den Freihandel verbundene Wohlfahrtsverlust würde nach einem Intermezzo zu zahlender Lernkosten durch die Entwicklung der eigenen produktiven Kräfte (Aufbau von wissenschaftlich-technischer Kompetenz und Qualifizierung von Arbeitskräften) langfristig kompensiert.

Das Problem, so die Folgerungen der Dependenztheoretiker, stelle sich in der zweiten Hälfte des 20. Jh.s für die „Länder der dritten Stufe" schärfer, da die lang anhaltende Einbindung der ehemaligen Kolonien in die internationale Arbeitsteilung nicht nur einen permanenten Ressourcenabfluß, sondern über die strukturelle Deformation ihrer Ökonomien und Gesellschaften auch die Entwicklung eigener produktiver Kräfte verhindert habe. Also sei ein bloßer Protektionismus, wie im Zuge der Importsubstitutionspolitik der 50er und 60er Jahre bereits praktiziert, nicht ausreichend. Die Abhängigkeit habe sich lediglich auf eine technologisch anspruchsvollere Ebene verlagert. Nur ein weitgehender Rückzug aus dem Weltmarkt eröffne die Chance einer völligen Restrukturierung der eigenen Ökonomien. Gestützt auf die eigenen Kräfte und Ressourcen, so bescheiden sie auch sein mögen, wäre dann ein völliger Neubeginn einzuleiten. An die Stelle der von *Amin* so genannten peripheren Grundverbindung: Primärgüterexporte versus Luxusgüterimporte habe ein gleichgewichtiges Wachstum von Kapital- und Massenkonsumgüterindustrien zu treten. Dabei sei dem Rückgriff auf traditionelle oder selbstentwickelte einfache (angepaßte) Technologien der Vorrang gegenüber dem Import moderner Großtechnologien einzuräumen, um die im Sinne einer eigenständigen Entwicklung für notwendig erachteten Lernschritte durch die Mobilisierung der eigenen Kreativität statt durch Nachahmung zu vollziehen.

Insbesondere die VR China, die in den 60er und 70er Jahren einen solchen Weg gegangen war, hat hier als praktisches Vorbild gedient. Eine inkomplette Ressourcenausstattung und zu geringe Märkte, gerade der kleinen Ökonomien, sollten durch eine regionale Kooperation zwischen den EL kompensiert werden. Festzuhalten bleibt allerdings, daß es sich hierbei ganz eindeutig auch um eine Wachstumsstrategie handelte, die viele Elemente des *balanced growth* aufwies. Nur unterschied man sich gegenüber den Empfehlungen à la *Nurkse* oder *Rosenstein-Rodan* hinsichtlich der Instrumente ihrer Durchsetzung.

Wenn auch nicht immer explizit thematisiert, so lautete doch die politische Konsequenz, daß die Implementierung dieser Strategie nur über eine radikale Transformation der gesellschaftlichen Verhältnisse in den jeweiligen Ländern möglich ist, wurden doch Nationalisierung und ggf. Verstaatlichung ausländischer Unternehmen, radikale Bodenreformen, Entfeudalisierung und die Entmachtung der an der internationalen Arbeitsteilung partizipierenden Kompradorenbourgeoisien und Agraroligarchien als Voraussetzungen erachtet. Praktische Relevanz besaß das Konzept eher für sozialistische EL, sofern sie es verstanden hatten, auch zur Sowjetunion und der von dieser propagierten sozialistischen internationalen Arbeitsteilung auf Distanz zu gehen.

Nur einige wenige Länder folgten diesem radikalen Konzept tatsächlich, so neben der VR China etwa Nordkorea, Albanien, Birma und Kampuchea. Die Ergebnisse waren jedoch zwiespältig bis katastrophal, da der politische Preis im Gegensatz zum sozialistischen Anspruch in einer besonders krassen Entmündigung, Indoktrinierung und Vergewaltigung der jeweiligen Bevölkerung bestand, die in die Strukturen des neuen Systems gepreßt wurde (z. B. durch Zwangskollektivierung und Umsiedlungskampagnen). Die wirtschaftlichen Resultate waren eher bescheiden, so daß seit Ende der 70er Jahre, zunächst in der VR China und zögerlicher auch in den anderen Ländern, eine neuerliche Öffnung eingeleitet wurde und statt des Vertrauens auf die eigene Kraft doch der Modernisierung mittels der Hilfe des Westens der Vorzug gegeben wurde.

Auf die internationale strategische Diskussion hatte die Grundidee immerhin einigen Einfluß. Insbesondere das Konzept von der *kollektiven Self-Reliance*, also verstärkter Süd-Süd-Zusammenarbeit, war ein wichtiges Thema der 70er Jahre, das erstmals 1970 auf der Konferenz der Blockfreien in Lusaka auf die Tagesordnung gesetzt wurde (*Matthies* 1982, 1982a; *Khan* 1980).

Die *kollektive Self-Reliance* sollte sich auf die Bereiche Handel, Transportwesen, industrielle Kooperation, Finanzen und Währung, Kontrolle von Direktinvestitionen durch Angleichung einschlägiger Gesetze sowie Wissenschaft und Technologie beziehen. Diverse Versuche, eine solche regionale Kooperation auch zu institutionalisieren, wurden zwar gemacht (ASEAN, Andenpakt, Kooperationsabkommen in der Karibik, in West- und Ostafrika), doch hatten diese Abkommen allesamt keine entwicklungspolitischen Erfolge aufzuweisen, da die Bündelung von nicht komplementären Rohstoffökonomien die Probleme eher vergrößert als einer Lösung näher bringt. Dies gilt selbst für die ASEAN, deren durchaus positive entwicklungspolitische Bilanz auf diverse Umstände, aber kaum auf Kooperation im Sinne der *kollektiven Self-Reliance* zurückzuführen ist.

6. **Alternative 3: Wachstum mit Umverteilung**

Von einem ganz anderen, nämlich *internen* Blickwinkel wurden seit Beginn der 70er Jahre von internationalen Organisationen, wie der Weltbank, der ILO und der FAO, die überkommenen Strategien einer Revision unterzogen. Diese Organisationen, in denen eher Politiker und Entwicklungsökonomen aus den westlichen IL das Sagen haben, konstatierten, daß die Erste Entwicklungsdekade zwar für eine beträchtliche Zahl von Ländern ein durchaus bemerkenswertes Wachstum gebracht hatte, daran aber nur ein geringer Teil

Durchschnittliche Wachstumsraten des Volkseinkommens pro Kopf zu konstanten Preisen

Land	1965-73	1973-80	1980-87
Afrika südlich der Sahara			
Äthiopien	1,2	-0,3	-1,6
Benin	0,4	-0,9	-0,6
Burkina Faso	0,9	1,9	1,2
Burundi	3,1	2,3	-0,6
Elfenbeinküste	3,7	2,8	-2,5
Ghana	1,1	-1,6	-2,1
Guinea		2,2	-0,5
Guinea-Bissau[a]		-4,4	3,1
Kamerun	-0,4	4,9	1,2
Kenia	4,0	0,9	-1,5
Kongo	1,8	-1,6	0,3
Madagaskar	0,9	-2,7	-3,4
Malawi		2,3	0,7
Mali	-0,2	4,3	0,6
Mauretanien	0,5	-1,9	0,9
Mauritius	-0,6	1,9	5,7
Mozambik			-7,3
Niger	-4,4	3,5	-3,8
Nigeria	5,3	2,1	-5,8
Sambia	-0,8	-8,8	-5,5
Senegal	-1,7	-0,6	0,1
Simbabwe		-1,8	-2,4
Somalia	0,1	4,7	-1,9
Sudan	-3,1	3,8	-4,2
Tansania	1,5	-1,3	-1,6
Togo[a]	1,7	1,6	-4,8
Tschad	-1,2	-5,4	2,9
Uganda	0,5	-6,2	
Zaire	0,5	-5,9	-3,8
Zentralafr. Rep.	1,5	0,3	-0,6
Ost-, Südost- und Südasien			
Bangladesh	-3,0	2,7	1,0
China	5,1	4,1	8,9
Indien	1,8	1,7	3,3
Indonesien	5,4	7,6	1,1
Malaysia	3,0	6,6	-0,2
Myanmar (Birma)	0,0	3,8	0,7
Pakistan	1,9	2,0	2,8
Papua Neuguinea	3,6	-0,4	-1,3
Philippinen	2,7	2,7	-0,7
Sri Lanka	1,8	4,8	3,6
Südkorea	7,5	6,8	8,0
Taiwan	8,9	5,2	7,2
Thailand	4,1	3,6	2,9
Nahost/Nordafrika			
Ägypten[b]		7,7	-0,2
Algerien	7,2	6,6	-1,1
Jemen, Rep.		5,0	5,0
Jordanien[c]		9,0	1,6
Marokko	2,3	2,0	1,3
Tunesien	4,9	3,9	-0,4
Türkei	3,9	1,4	3,3

	1965-73	1973-80	1980-87
Lateinamerika			
Argentinien	2,6	0,3	-2,2
Bolivien	2,4	0,3	-6,6
Brasilien	7,4	3,6	1,1
Chile	1,7	0,6	-1,8
Costa Rica	3,3	2,6	-2,8
Dominikan. Rep.	4,2	1,5	-2,7
Ecuador	2,1	6,4	-4,1
El Salvador	1,2	1,8	-2,4
Guatemala	2,7	2,4	-4,8
Haiti[a]	-0,2	2,5	-4,2
Honduras	0,3	-4,4	2,3
Jamaica	3,5	-4,2	-0,5
Kolumbien	3,8	3,1	1,3
Mexiko	4,3	3,4	-2,9
Panama	5,0	0,6	1,0
Paraguay	2,9	6,2	-2,6
Uruguay	2,2	3,1	-2,4
Venezuela		2,3	-4,5
Süd- und Osteuropa			
Jugoslawien	5,2	5,3	-0,1
Polen[a]			-0,1
Portugal	8,2	0,0	1,5
Ungarn		5,5	-0,5
von 72 Ländern			
mit Wachstum über 1 %	42	46	21
mit Wachstum 1 - -1 %	14	11	20
mit Wachstum unter -1 %	5	13	30

[a] 1980-1985; [b] 1974-81, 1982-87; [c] 1980-86
Quelle: Worldbank: Trends in Developing Economies 1989; Taiwan Statistical Data Book 1989.

der Bevölkerung wirklich partizipierte, während es für schätzungsweise 40 % mit weiterer Verarmung verbunden war. Nach heutigen Berechnungen sind das etwa 1 Mrd. Menschen.
Die obige Tabelle weist über den Zeitraum 1965–87 für 72 Länder die durchschnittlichen *Wachstumsraten des Volkseinkommens pro Kopf* aus, wobei der gesamte Zeitraum in die Abschnitte 1965–73, 1973–80 und 1980–87 unterteilt ist. Diese drei Perioden sollen hilfsweise für die bisherigen Entwicklungsdekaden gelten. Demnach weisen im Zeitraum 1965-73 immerhin 42 Länder und 1973–80 sogar 46 Länder ein durchschnittliches Pro-Kopf- Wachstum von mehr als 1 % auf. Etliche Länder erreichten wesentlich mehr. Bei 14 bzw. 11 Ländern war eine Stagnation und nur bei 5 bzw. 13 Ländern ein deutlicher Rückgang des Pro-Kopf-Einkommens zu verzeichnen.

Dieser durchaus positive Befund wird allerdings relativiert, wenn man die Verteilung des Einkommens berücksichtigt. Der nur für einen Teil der EL vorliegende *Gini-Koeffizient* zeigt, daß die Länder mit besonders krasser Ungleichheit in der Einkommensverteilung (mit Gini-Werten von 0,6 bis 0,7) vor allem in Lateinamerika und Schwarzafrika zu finden sind. Dagegen weisen

Ost-, Südost- und Südasien (mit Gini-Werten von 0,3 bis 0,5) eine eher homogene Verteilung auf. Dies liegt u. a. daran, daß die Bodenverteilung in den Reiskulturen Asiens relativ egalitär ist. Abgesehen von den Philippinen ist ein ausgeprägter Großgrundbesitz dort kaum vorhanden. Gerade Länder, die in den 60er und 70er Jahren eine sehr positive Wachstumsbilanz aufwiesen – wie die Elfenbeinküste, Kenia, Brasilien, Kolumbien oder Mexiko – erreichen besonders hohe Gini-Werte.

Die These vom Verelendungswachstum läßt sich also bei aller Vorsicht bestätigen. Dem stehen allerdings Länder wie Südkorea und vor allem Taiwan gegenüber, die ein ähnliches oder gar noch höheres Wachstum bei einer homogenen oder sehr homogenen Einkommensverteilung zu erzielen vermochten. Hier war das Wachstum also von Anfang an durchaus breitenwirksam, läßt sich die U-Hypothese von *Kuznets* kaum bestätigen.

Dieser unterschiedliche Befund führte von seiten der Weltbank zu einem wachstumsstrategischen Paradigmenwechsel. Unter Leitung von *Hollis Chenery* wurde 1973 zusammen mit dem *Institute of Development Studies* in Brighton eine Konferenz veranstaltet, die auf theoretischer und empirischer Ebene der Fragestellung gewidmet war, wie denn Wachstum mit Umverteilung (*redistribution with growth*) zu verbinden bzw. Wachstum sogar durch Umverteilung zu erreichen sei. Gegenüber der Argumentation der 50er Jahre war das eine Kehrtwendung um 180 Grad. Taiwan, Südkorea, Israel, Jugoslawien, Sri Lanka, Costa Rica und Tanzania wurden dabei als positive Belege herangezogen (*Chenery u. a.* 1974).

Um den *urban bias* (*Lipton* 1977), d. h. die einseitige Konzentration des Wachstums auf den modernen, städtischen, industriellen Sektor zu vermeiden, sei eine Wachstumsstrategie zu verfolgen, die sich auf die Produktivitätssteigerung der ländlichen wie städtischen Armen (den sog. „informellen Sektor") konzentriert. Zur Erreichung dieses Ziels seien Bodenreformen, Ausbau des Bildungswesens, Dezentralisierung von Entscheidungsinstanzen, Förderung arbeitsintensiver und kleinbetrieblicher Fertigung u. a. notwendig. Als entscheidender Mechanismus zur entsprechenden Allokation der notwendigen Investitionen und damit der Umverteilung von den modernen in den traditionellen Sektor wurde der Staatshaushalt angesehen.

Kein Geringerer als der damalige Präsident der Weltbank, *Robert McNamara*, war es, der 1973 in seiner berühmten Rede vor den Gouverneuren der Weltbank in Nairobi auf politischer Ebene den Kurswechsel einleitete. Gefördert werden sollten in Zukunft vor allem die Kleinbauern. Aufsehen erregten in diesem Zusammenhang auch das Buch des einflußreichen Weltbank-Direktors *Mahbub ul Haq* „The Poverty Curtain" (1976), das in eindrucksvoller Weise die Spaltung der Welt in eine arme und eine reiche beschrieb, der erste Bericht der ILO über „Beschäftigung, Wachstum und Grundbedürfnisse" sowie die Arbeiten einer Forschungsgruppe der Weltbank unter Leitung von *Paul Streeten* (1981), deren Ergebnisse unter dem Titel „First Things First" veröffentlicht wurden.

Im Vordergrund standen seitdem bis weit in die 80er Jahre auf der programmatischen Ebene diverse Varianten einer beschäftigungs-, armuts- oder grundbedürfnisorientierten Entwicklungsstrategie, wobei ein Dissens in der Frage bestand, ob die Steigerung der Produktivität der Armen durch eine Umlenkung der Investitionen in arbeitsintensive Bereiche (= Beschäftigungsorientierung) oder die direkte Bedarfsdeckung im Sinne einer sozialstaatlichen Versorgungspolitik (= Armutsorientierung) im Vordergrund zu stehen habe (*Lisk* 1977; *Nuscheler* 1982). Unter Grundbedürfnisstrategie, die die verschiedenen Ziele zu integrieren suchte, wurde im engeren Sinne die Gewährleistung von Ernährung, Gesundheit, Behausung, sauberem Wasser, Hygiene und Erziehung, im weiteren Sinne auch die Garantie der Menschenrechte und politische Partizipation verstanden.

Der brisante Kern des neuen Paradigmas bestand darin, daß die negativen Konsequenzen der bisherigen Wachstumsstrategien im wesentlichen auf politische Faktoren in den EL selber zurückgeführt wurden. Das Argument lautete, daß deren Machtstrukturen und die Selbstprivilegierungsinteressen der dortigen Eliten verhinderten, daß die Bedürftigen am Wachstum zu partizipieren vermögen (*Myrdal* 1981; *Sen* 1983). Würde es durch einschlägige Investitionen gelingen, die Ernährungs-, Gesundheits- und Bildungssituation der Armen zu verbessern, ließe sich deren Arbeitsproduktivität steigern und auch auf diesem Wege das Wirtschaftswachstum fördern.

Ein Anliegen der beiden Weltbank-Forschungsgruppen von *Chenery* und *Streeten* bestand darin, den bereits praktizierten, aber unkoordinierten Maßnahmen der diversen UN-Unterorganisationen (WHO im Bereich des Gesundheitswesens, UNESCO im Bereich der Grundschulbildung, FAO im Bereich der Ernährung, ILO im Bereich der Beschäftigung und UNICEF im Bereich der Kinder- und Familienpolitik) einen theoretischen Rahmen zu geben und ihren Programmen über den Einfluß der Weltbank auch entsprechende Durchschlagskraft zu verleihen.

So gelang es denn auch unter dem neuen Schlagwort „integrierte ländliche Entwicklung“, die noch durch den besonderen Aspekt der Frauenförderung ergänzt wurde, die neue Strategie seit Ende der 70er Jahre zur Richtschnur nationaler und internationaler Entwicklungshilfeinstitutionen zu machen, die ihren Niederschlag in vielen Einzelprojekten fand. Daß trotz des politischen Drucks der Weltbank und des großen Engagements der beteiligten Institutionen die Ergebnisse aus heutiger Sicht eher mager sind, lag nicht zuletzt daran, daß der Widerstand von seiten der Behörden und Eliten in den betroffenen Ländern so stark war. Ihr explizites Argument lautete, daß auf diese Weise nur deren angestrebte Industrialisierung aus dem Eigeninteresse der IL heraus verhindert werden solle. Der implizite Grund war sicherlich, daß die notwendige Umverteilung von Boden und Finanzmitteln, also auch eine Umwidmung der staatlichen Budgets, zu ihren Lasten gegangen wäre und somit eine, wenn nicht die wichtigste, Quelle zur Selbstprivilegierung der Eliten verloren gegangen wäre (*Evers/Schiel* 1988).

7. Die späten 1980er Jahre: Die Renaissance der Neoklassik und die Rückkehr zur reinen Wachstumsförderung

Die Dritte Entwicklungsdekade (*Saladin* 1981) der 80er Jahre wird von der Weltbank in ihrem zweiten (nach 1980) der „Armut" gewidmeten Weltentwicklungsbericht des Jahres 1990 als das „verlorene Jahrzehnt" bezeichnet. Verloren einmal, weil die innovativen Ansätze der 70er Jahre (Neue Weltwirtschaftsordnung, Süd-Süd-Kooperation, Grundbedürfnisorientierung) gescheitert sind oder nur geringe Erfolge aufzuweisen haben, ohne daß ein überzeugender neuer strategischer Entwurf in Sicht wäre; verloren aber vor allem deshalb, weil sich die reale Situation in einer wachsenden Zahl von EL dramatisch verschlechtert hat, wie die Tabelle über Wachstumsraten zeigt.

Im Zeitraum 1980–87 hatten von 72 Ländern nur noch 21 ein durchschnittliches Pro-Kopf-Wachstum des Einkommens von mehr als 1 % zu verzeichnen. 20 Länder wiesen eine Stagnation auf und immerhin 30 Länder ein z. T. beträchtliches Negativwachstum, das in einzelnen Fällen sogar 4–7 % jährlich erreichte. Die sich in den letzten Jahren häufenden Meldungen über Hungersnöte, Massensterben und Flüchtlingsströme haben also den gemeinsamen Nenner einer sich rapide verschlechternden Gesamtlage. Kommt es dort zu Katastrophen (ausbleibender Regen, Überschwemmungen etc.), ziehen diese fast schon zwangsläufig verheerende Konsequenzen nach sich. Insbesondere in Afrika südlich der Sahara visierte die Weltbank (1989) nur noch ein viel bescheidener definiertes „dauerhaftes Wachstum" an.

Hier liegt einer der Gründe, warum in der Diskussion das Pendel in der zweiten Hälfte der 80er Jahre wieder in Richtung Wachstumsorientierung und damit nach Manier der frühen Jahre auf Umverteilung zugunsten der Wohlhabenden umgeschlagen ist, steht doch die Förderung des modernen Sektors mittels Großprojekten wieder stärker im Vordergrund (*Pater* 1990; *Simonis/Ludwig* 1986). Das betrifft nicht so sehr die Projektebene, auf der wegen der langen Laufzeiten Strategiewandel nur langfristig umsetzbar sind, wohl aber die Programmatik und die Verteilung der Budgetmittel im Rahmen der gesamten Entwicklungszusammenarbeit, also einschließlich der Kredite.

Neu ist allerdings, daß jetzt nicht mehr den keynesianischen Rezepten einer binnenmarktorientierten Importsubstitution, sondern einem neoklassisch inspirierten *Exportwachstum* das Wort geredet wird. Theoretischer Hintergrund dieses Strategiewechsels ist die Dynamisierung des Faktorproportionentheorems von *Heckscher* (1949) und *Ohlin* (1930) durch *Bela Balassa* (1981), dessen sog. *Neofaktorproportionentheorem* (Dynamisierung komparativer Kostenvorteile durch technologischen Wandel und Qualifizierung von Arbeitskraft) seit den späten 70er Jahren Eingang in die Diskussion gefunden hat.

Dieser Kurswechsel hat verschiedene Gründe. Hierzu gehört einmal die Renaissance der Neoklassik in der Wirtschaftspolitik schlechthin, die auch auf die Entwicklungsökonomie durchschlug. Importsubstitutionsprotektionismus und globaler Interventionismus im Sinne des *Brandt-Berichts* mußten sich vehementer Attacken aus dem liberalen Lager erwehren (z. B. *Lal* 1983 versus *Toye* 1987), ihre Vertreter allerdings auch selbstkritisch einräumen, daß die Hoffnungen der frühen Jahre sich nicht erfüllt hatten (*Hirschmann* 1989; *Streeten* 1986).

An Stelle der staatlichen Intervention im nationalen wie im internationalen Rahmen wird jetzt, in der Bundesrepublik insbesondere von seiten der „Kieler Schule" (*Donges* 1981; *Donges/Müller-Ohlsen* 1978), eine Deregulierung empfohlen und, wie im Zeitraum von 1880–1930, auf die Wirksamkeit der indirekten Steuerung durch den Weltmarkt vertraut. Die EL sollen sich auf solche Sektoren konzentrieren, in denen sie international wettbewerbsfähige Produkte anzubieten haben. Ihre Wachstumschancen sollen sie folglich auf den Exportmärkten suchen.

Als empirischer Beleg wird auf das anhaltend hohe Wachstum der weltmarktorientierten ostasiatischen Schwellenländer und die Wachstumseinbrüche der binnenmarktorientierten lateinamerikanischen Schwellenländer verwiesen. Auch wenn dieser Hinweis sicherlich eine korrekte Beobachtung wiedergibt, so muß doch darauf hingewiesen werden, daß die Alternative vorrangiger Export- oder Binnenmarktorientierung zunächst eine Frage der Größenverhältnisse ist. Was in Hongkong, Singapur, Taiwan und selbst noch in Südkorea angebracht ist, kann in Ländern wie Indien, Indonesien, Brasilien oder Mexiko nicht mehr funktionieren, weil auch die Aufnahmefähigkeit des Weltmarkts ihre Grenze hat (*Menzel* 1983). Des weiteren wird unterschlagen, daß die ostasiatischen Schwellenländer alles andere als eine liberale Wirtschaftspolitik betreiben, sie vielmehr – entsprechend ihrer konfuzianischen Staatsauffassung – ohne besondere theoretische Begründung einen ausgeprägten *Neomerkantilismus* praktizieren, wie er von dem ehemaligen Schwellenland Japan so erfolgreich vorexerziert worden ist.

Die Gründe für den Paradigmenwechsel sind aber auch an anderer Stelle zu suchen. Die hohe Verschuldung vieler EL in den 80er Jahren und ihre anschließende Zahlungsunfähigkeit veranlaßten den IWF zu einer harten Auflagepolitik gegenüber den Schuldnerländern. Die von ihm verlangte Austerity-Politik bedeutete drastische Einsparungen bei den Staatsausgaben, um eine Konsolidierung der Staatsfinanzen herbeizuführen, sowie die Förderung des Exports, um die Leistungsbilanz ins Gleichgewicht zu bringen und so Zahlungsfähigkeit und neue Bonität zurückzugewinnen. Um aber wettbewerbsfähige Exportgüter anbieten zu können, wurden Lohnkürzungen und Steuersenkungen empfohlen. Senkung der Staatsquote und Reduzierung der Lohnquote bilden immer den Kern neoklassischer Rezepte. Die Politik des IWF konterkariert also paradoxerweise die weiterhin hochgehaltene Strategie der Weltbank, Wachstum durch Umverteilung zugunsten der unteren Einkommensschichten zu induzieren.

Schließlich ist auch ein weltpolitischer Faktor zu nennen. Die neuerliche Eskalation des Ost-West-Konflikts in den 80er Jahren im Zuge der *Reagan*schen Rüstungspolitik ließ die Bereitschaft der IL, dritte Wege oder im weitesten Sinne sozialistisch angehauchte Experimente zu unterstützen, zurückgehen. Entwicklungspolitik wies damit, wie zu Beginn des Kalten Krieges, Aspekte eines *Neo-containment* auf. Damit war auch von dieser Seite das Ende einer Politik der Umverteilung besiegelt, zumal die EL seit Anfang der 80er Jahre kaum noch Druckmittel besaßen, ihre Interessen wahrzunehmen. Ihre Position ist sogar schwächer als in den 50er und 60er Jahren, bleibt vielen doch kaum mehr als die Rolle des internationalen Bittstellers.

8. **Ratlosigkeit zu Beginn der 90er Jahre**

Zu Beginn der 90er Jahre – vom Beginn einer *Vierten Entwicklungsdekade* kann derzeit keine Rede sein – ist eine weitverbreitete Ratlosigkeit unter den Entwicklungsexperten zu konstatieren. Mit dem Ende der „Zweiten Welt" macht auch der Begriff „Dritte Welt" keinen Sinn mehr, ist der Sozialismus als entwicklungsstrategische Option nicht nur in Osteuropa, sondern gleichermaßen auch in Afrika, Asien und Lateinamerika gescheitert. Wenn es aber die sozialistische Option nicht mehr gibt, gibt es auch keine dritten Wege jenseits von Kapitalismus und Sozialismus mehr. Mit dem Ende des Ost-West-Konflikts ist auch die Blockfreienbewegung sinnlos geworden und damit, wie in den 70er Jahren, die Möglichkeit, aus der globalen Auseinandersetzung der Blöcke Kapital (und Waffen) zu schlagen (*Menzel* 1991a).

Was bleibt, ist die fortschreitende Differenzierung der „Dritten Welt" in wenige Schwellenländer, die in Ostasien bereits den Anschluß an die Welt der OECD gefunden haben; die ölexportierenden Länder, die zusammen mit wenigen Rohstofflieferanten als Ressourcenbasis der IL dienen, die ggf., wie im Krieg gegen den Irak geschehen, auch militärisch behauptet wird; sowie den relativ oder gar absolut weiter verarmenden „Rest", der mehr oder weniger sich selbst überlassen, sozusagen zwangsweise abgekoppelt wird, da er weder als Rohstofflieferant noch als Absatzmarkt von besonderem Interesse ist. Um nur eine Zahl zu nennen: Das kombinierte Sozialprodukt *aller* Länder südlich der Sahara war 1989 mit 161,8 Mrd. US-$ fast um ein Drittel geringer als das Sozialprodukt der Niederlande.

Als reale Denkmöglichkeit ist deshalb nicht auszuschließen, daß für diesen „Rest" nur noch eine globale Sozialpolitik in Frage kommt, wie von *Gunnar Myrdal* bereits 1981 in kritischer Absicht gefordert, weil angesichts der katastrophalen Situation die Ansätze für jegliche Wachstumsstrategie nicht mehr gegeben sind. Daneben ist die Idee von der „politischen Konditionalität", d. h. der Verknüpfung der Entwicklungszusammenarbeit mit Demokratisierungsauflagen ein neues Thema geworden (vgl. *Waller* 1991).

Neben dem schon seit langem durch den IWF praktizierten Eingriff in die wirtschaftliche Souveränität würde damit auch das Tabu gebrochen, sich nicht in die inneren politischen Angelegenheiten einzelner Länder einzumischen. Die aus geostrategischen oder wegen ihrer Rohstoffvorkommen wichtigen Länder werden sich demgegenüber weiterhin der Aufmerksamkeit der IL erfreuen und ihre Eliten die „Nutznießer" von Direktinvestitionen, Krediten und Waffenlieferungen sein, während die Schwellenländer sich, ähnlich Japan, einem verstärkten defensiven Protektionismus der westlichen IL ausgesetzt sehen werden.

Anmerkungen

1 Als Überblicksdarstellungen vgl. *Addicks/Büning* 1979; *Bodemer* 1985; *Dauderstädt* 1984; *Dauderstädt/Pfaller* 1984; *Informationszentrum Dritte Welt* 1984; *Hoffmann/Sanders* 1980; *Lisk* 1977; *Nuscheler* 1991; *Satzinger/Schwefel* 1982. Zu den Erfahrungen mit 40 Jahren „Entwicklung" aus Sicht der Weltbank vgl. den 1991er Weltentwicklungsbericht „The Challenge of Development". Einen knappen Gesamtüberblick der Theorie- und Strategiegeschichte mit ausführlicher systematischer Bibliographie gibt *Menzel* 1991a.

2 Die entsprechende Formel lautet: Wachstumsrate BSP = Nettoinvestitionsrate (= Sparrate) / Kapitalkoeffizient, wobei Nettoinvestitionsrate = Nettoinvestitionen / BSP und Kapitalkoeffizient = Kapitalstock / Arbeitsproduktivität und Arbeitsproduktivität = BSP / Arbeitskräftepotential.

3 Dieses Thema wird hier nicht weiter behandelt; vgl. dazu *Harborth* in diesem Band; ferner *Braun* 1991; *Hein* 1990; *Simonis* 1990; *Brundtland-Bericht* 1987; *Wöhlcke* 1987, 1990.

(Die zitierte oder erwähnte Literatur ist im zusammenfassenden Literaturverzeichnis auf den S. 492ff. aufgeführt.)

Entwicklungspolitische Bilanz der 80er Jahre – Perspektiven für die 90er Jahre

Franz Nuscheler

Für die Mehrzahl der EL waren die 80er Jahre ein „verlorenes Jahrzehnt", keine Dekade der Entwicklung, sondern eher eine Dekade des Stillstands oder sogar der Rückentwicklung. Gemessen am Pro-Kopf-Einkommen (PKE) wurden 43 EL in dieser „Dritten Entwicklungsdekade" ärmer. Die Zahl der *Least Developed Countries* (LLDC) erhöhte sich von 31 auf 42. Der *Worldwatch Institute Report* (90/91) stellte zu Recht die Frage, ob diese Länder noch „Entwicklungsländer" genannt werden dürfen, weil dieser Begriff zur „grausamen Parodie" geworden sei.

Tabelle 1: Wachstumsraten des BIP und BIP pro Kopf
(im Jahresdurchschnitt in %)

Regionen/ Länder	Wachstum des BIP 1965-80	Wachstum des BIP 1980-89	Wachstum des BIP pro Kopf 1965-80	Wachstum des BIP pro Kopf 1980-89
Afrika (Subsahara)	5,2	1,0	2,0	- 2,2
Ostasien	7,3	8,4	4,8	6,7
- VR China	6,4	10,1	4,1	8,7
Südasien	3,6	5,5	1,2	3,2
- Indien	3,6	5,6	1,2	3,5
Mittlerer Osten/ Nordafrika/Europa[a]	6,3	2,9	3,9	0,8
Lateinamerika/ Karibik	6,0	1,6	3,4	- 0,6
Entwicklungsländer	5,9	4,3	3,4	2,3
OECD-Länder	3,7	3,0	2,8	2,5

[a] Portugal, Malta, Zypern, Jugoslawien.
(Quelle: Weltentwicklungsbericht 1990)

In vielen Ländern fielen die Wachstumsraten, verringerten sich aufgrund fallender Rohstoffpreise die Exporterlöse und türmten sich die Schuldenberge auf. Viele Schuldnerländer gerieten in Zahlungsschwierigkeiten und verloren ihre internationale Kreditwürdigkeit. Auch einige ehemalige „Wirtschaftswunderländer" (wie Brasilien und die Elfenbeinküste) und Ölländer (Mexiko, Venezuela, Nigeria, Algerien) gerieten in schwere Wirtschaftskrisen, die politische Eruptionen auslösten. Erst am Ende des Jahrzehnts zeigten die Wachstumskurven fast überall wieder nach oben.

Am schwersten traf die Krise die LLDC, deren PKE schon in den 70er Jahren im Jahresdurchschnitt nur noch um 0,5 % gewachsen war und in den 80er Jahren auf Minuswerte absank. Das PKE in Subsahara-Afrika fiel von 400 US-$ (1977) auf 330 US-$ ein Jahrzehnt später zurück, auch bedingt durch ein hohes Bevölkerungswachstum, welches das Wirtschaftswachstum deutlich überstieg. Hier, aber auch in anderen Armutsregionen, ging es nicht mehr um Entwicklung, sondern nur noch um das notdürftige Überleben. Afrika wurde zum internationalen Sozialfall, manche Skeptiker sagen, zum hoffnungslosen Fall.

Es gab aber auch Ausnahmen in diesem Krisenszenario. Neben den vier „kleinen Tigern" in Ostasien, die in den Jahren 1980–1987 trotz aller weltwirtschaftlichen Turbulenzen ein jährliches Wirtschaftswachstum von 8 % erreichten, erzielte die VR China noch höhere Zuwachsraten. Selbst Indien erreichte höhere Wachstumsraten als die westlichen IL, ohne indessen das Verelendungswachstum wirksam eindämmen zu können. Der statistische Durchschnittswert des PKE verdeckt die teilweise großen Einkommensunterschiede zwischen Regionen, Stadt und Land, sozialen Schichten und Geschlechtern (vgl. die Beiträge von *Nissen* und *Klemp*).

1. Das wachsende Nord-Süd-Gefälle

Das erklärte Ziel aller Entwicklungspolitik (EP) war, das wirtschaftliche und soziale Nord-Süd-Gefälle zu verkleinern. Zwar haben einige bevölkerungsarme OPEC-Staaten das PKE der westlichen IL erreicht und das der östlichen IL, aber auch einiger EG-Staaten (Griechenland, Portugal, Irland), bei weitem überholt; zwar haben einige Schwellenländer den industriellen Rückstand verkleinert und sich sogar in die Gruppe der 20 größten Exportländer katapultiert. Aber insgesamt hat sich das Nord-Süd-Gefälle (genauer: das West-Süd-Gefälle) sogar noch vergrößert. Dabei müssen bei Nord-Süd-Vergleichen wieder die großen Entwicklungsunterschiede innerhalb des Südens beachtet werden:

- Gut drei Viertel der Menschheit muß sich mit etwa einem Fünftel (1987: 22,2 %), die 42 LLDC mit nur 0,4 % des Weltsozialprodukts begnügen.
- Das Pro-Kopf-Einkommensgefälle zwischen den OECD-Ländern und der Gesamtheit der 125 EL hat sich von einem Verhältnis von 15:1 Mitte der 60er Jahre auf ein Verhältnis von 20:1 am Ende der 80er Jahre, das Gefälle zwischen der Ersten Welt und der Vierten Welt der LLDC sogar auf ein Verhältnis von 50:1 verschlechtert.
- Der Anteil aller EL an der weltweiten Industrieproduktion erreichte Ende der 80er Jahre erst gut 11 %, wobei die wenigen NIC den Großteil des Zuwachses erzeugten. Die LLDC sind nur mit 0,8 % am Weltexport von Indu-

strieprodukten beteiligt. Es läßt sich bereits absehen, daß das von der 2. UNIDO-Konferenz (1975) verkündete „Lima-Ziel" weit verfehlt wird: Bis zum Jahre 2000 Steigerung des EL-Anteils an der Weltindustrieproduktion auf 25 %.

- Der Anteil der Dritten Welt an den Weltexporten fiel – vor allem als Folge des Ölpreissturzes nach 1986 und vor den Preissteigerungen im Gefolge der Golf-Krise – Ende der 80er Jahre auf rund 21 %, der Anteil der 42 LLDC am gesamten Welthandel auf 0,4 % zurück. Es fand eine unfreiwillige Abkoppelung eines Großteils der EL aus der weltwirtschaftlichen Dynamik statt.
- „Seit 1950 vergrößerte sich die Lücke zwischen den reichen und den armen Ländern vor allem deshalb, weil die reichen immer reicher wurden. Seit 1980 aber werden auch die Armen in vielen EL immer ärmer" (*Worldwatch Institute Report* 90/91:266).

1.1 Verschlechterung der Lebensverhältnisse

Diese ausgewählten Meßzahlen für das wirtschaftliche Nord-Süd-Gefälle bringen die ungleiche Verteilung von Lebenschancen nur ungenügend zum Ausdruck. Soziale Indikatoren verdeutlichen die „globale Apartheid" besser, obwohl sie in langfristigen Trends, die der *Human Development Report 1990* aufzeigte, sogar eine Verbesserung in einzelnen sozialen Bereichen (Lebenserwartung, Kindersterblichkeit, Alphabetisierung) erkennen lassen. Aber auch hier bewirkte das „verlorene Jahrzehnt" eine Trendumkehr:

- Wenn man – wie die Weltbank – die Armutslinie bei einem PKE von weniger als 380 US-$ pro Jahr festlegt, stieg die Zahl der Armen auf über 1,1 Mrd. Menschen, d. h. auf ein Drittel der in den EL lebenden Bevölkerung. Davon waren 630 Mio. „extrem arm", wenn man die Armutslinie bei einem PKE von unter 275 US-$ zieht. Von ihnen leben 300 Mio. in Südasien (250 Mio. allein in Indien), in der Wachstumsregion Ostasien ebensoviele (120 Mio.) wie in der „Katastrophenregion" Subsahara-Afrika.
- Die Zahl der Hungernden stieg auf mindestens 800 Millionen. Ein Drittel der Weltbevölkerung lebt in Ländern, in denen der durchschnittliche Kalorienverbrauch unter dem täglichen Mindestbedarf liegt. Die Nahrungsmittelproduktion pro Kopf ist in den 80er Jahren zwar in der Gesamtheit der EL gestiegen, am stärksten in China, aber in Afrika im jährlichen Durchschnitt um 1,2 % gesunken. Mangels Kaufkraft verhungern auch in Indien jährlich Mio. neben vollen Getreidespeichern, die die „grüne Revolution" füllt.
- Langfristig hat die Kindersterblichkeit abgenommen. Nach Berichten von UNICEF hat sie jedoch in den 80er Jahren in Teilen Afrikas und Lateinamerikas im Gefolge der vom IWF erzwungenen Einsparungen im Gesundheitswesen wieder zugenommen. Dies bedeutet eine Verringerung von Lebenschancen. Auch ausgerottet geglaubte Seuchen tauchten wieder auf: so die Cholera in Peru und die Pest in Angola.
- Obwohl die Vereinten Nationen die 80er Jahre zur „Internationalen Trink-

wasser- und Sanitärdekade" erklärt hatten, haben inzwischen 1,75 Mrd. Menschen keinen Zugang zu sauberem Trinkwasser und rund zwei Mrd. keinen Zugang zu „angemessenen" sanitären Anlagen. Nach Schätzungen der WHO sind 80 % der Krankheiten auf den Genuß von Schmutzwasser und auf mangelnde Hygiene zurückzuführen.

- Die Vereinten Nationen erklärten das Jahr 1990 mit gutem Grund zum „Internationalen Jahr der Alphabetisierung": Die Zahl der erwachsenen Analphabeten ist auf nahezu eine Mrd. angewachsen. Die Alphabetisierungsrate ist zwar fast überall gestiegen, erreicht aber in den LLDC erst 37 %. Sie liegt bei Frauen im Durchschnitt ein Drittel, in Südasien und im Nahen Osten sogar um die Hälfte unter der Rate bei Männern.
- Die Weltbank schätzt die Zahl der Kinder, die keine Schule besuchen, auf 110 Millionen. Schätzungen der UNESCO liegen wesentlich höher. Die Statistiken über Einschulungsraten verschweigen, daß die Einschulungsraten in den 80er Jahren – nach Erkenntnissen von UNICEF – in etwa einem Drittel der EL wieder fielen und die drop-out-Raten anstiegen. Etwa zwei Drittel der eingeschulten Kinder verlassen vorzeitig die Schule, häufig deshalb, weil ihre Eltern die häufig unter dem Druck von Auflagen des IWF erhöhten Schulgebühren nicht bezahlen können.
- Nach Schätzungen von UNICEF ist die Zahl der obdachlosen Straßenkinder auf mindestens 80 Mio. angewachsen. Rund die Hälfte davon lebt in Lateinamerika, also in Ländern mit einem relativ hohen PKE. Hier sind die in Banden organisierten Straßenkinder, die wehr- und schutzlose Opfer der Verelendung sind, zusätzlich dem Terror von Todesschwadronen ausgeliefert.
- Nach Daten der ILO stieg die Zahl der häufig schwerstarbeitenden und ausgebeutete Kinderarbeiter/innen auf mindestens 100 Millionen; sie schließt aber die zwei- oder gar dreifache Zahl nicht aus. Das Verbot der Kinderarbeit durch die im Dez. 1989 von der UN-Vollversammlung verabschiedete *Kinderkonvention* bewirkt wenig, solange sich die Lebensverhältnisse der Eltern nicht verbessern. Im Sept. 1990 unterzeichneten 71 Staats- und Regierungschefs im UN-Hauptquartier in einer spektakulären Zeremonie die „Erklärung zum Überleben, zum Schutz und zur Entwicklung von Kindern", die folgenlos blieb.
- Zu Beginn der 80er Jahre lebten schätzungsweise 40 % aller Stadtbewohner in Slums oder Spontanansiedlungen, die Brutherde von Krankheiten und alltäglicher Gewalt sind. Aufgrund der anhaltenden Land-Stadt-Flucht, aber auch der wachsenden Verelendung in den Städten, hat die Verslumung der Städte zugenommen. Die sozialen Folgen der Verschuldungskrise haben auch Teile der Mittelschichten in die Marginalität abgedrängt und damit Trägergruppen einer demokratischen Entwicklung marginalisiert, tragen also zur politischen Destabilisierung bei.

Auch in vielen EL mit einem relativ hohen PKE weiteten sich die Manifestationen einer „Vierten Welt" aus. Der Widerspruch zwischen dem obszönen Reichtum von Minderheiten und der Massenarmut gehört zum nahezu regelhaften Erscheinungsbild der Dritten Welt. In den meisten EL verdienen rund zwei Drittel der Bevölkerung weniger als das durchschnittliche PKE. Nach Schätzungen der Weltbank, die durch Erkenntnisse der UN-Sonderorganisationen ergänzt und differenziert werden, lebten Ende der 80er Jahre über 1,1 Mrd. Menschen unter den menschenunwürdigen und entmenschlichenden Bedingungen der Armut, die der frühere Weltbank-Präsident *Robert McNamara* in seiner dramatischen „Nairobi-Rede" von 1973 beschrieben hatte. Die sozialen Indikatoren belegen auch dort – wie in Lateinamerika – eine Erosion der sozialen Menschenrechte, wo sich durch den Rückzug von Militärdiktaturen die Lage der politischen Menschenrechte verbessert hat.

1.2 Das „Jahrzehnt der Flüchtlinge"

Das „verlorene Jahrzehnt" erhielt auch den unrühmlichen Beinamen „Jahrzehnt der Flüchtlinge", das mit den Massenfluchtbewegungen aus Afghanistan, Vietnam und Kambodscha, im „Horn von Afrika" und in Mittelamerika begann. Der *UN-Hochkommissar für Flüchtlinge* (UNHCR) zählte im Durchschnitt der Jahre rund 15 Millionen Flüchtlinge. Diese Zahl schloß jedoch nicht die kaum geringere Zahl von „Binnenflüchtlingen" in Bürgerkriegszonen sowie den wachsenden Strom von Elends- und Umweltflüchtlingen ein. Hauptursache für die größten Fluchtkatastrophen waren Kriege, vor allem Bürgerkriege. Eine strukturelle Ursache bildet die „strukturelle Gewalt" der Massenarmut, die Armutsflüchtlinge erzeugt. Sie werden durch eine wachsende Zahl von Umweltflüchtlingen vermehrt, die das *Worldwatch Institute* (1989: 96) bereits auf 10 Mio. schätzt (vgl. den Beitrag von *Opitz*).

2. Die Überschuldung als Entwicklungsblockade

Die vom „Mexiko-Schock" vom September 1982 in die internationalen Schlagzeilen gerückte Verschuldungskrise wurde zum Hauptproblem der Nord-Süd-Beziehungen. Sie stellte den Sinn der ganzen EP in Frage. Während das internationale Schuldenmanagement die bedrohliche Lage für die Gläubigerbanken entspannte, schwand die Entwicklungsfähigkeit der Schuldnerländer. Der Bericht der *Süd-Kommission* umschrieb ihre Zwangslage mit dem Begriff der „Schuldknechtschaft" (S. 55 ff.).

Der Schuldendienst (Zinsen und Tilgungen) kletterte trotz einer Serie von Umschuldungen von rund 20 Mrd. US-$ in den 70er Jahren auf 163 Mrd. US-$ im Jahre 1989. Wie auch immer die Ursachen für das Zustandekommen der Verschuldungskrise verteilt sein mögen (vgl. den Beitrag von *Sangmeister*): Die Dritte Welt mußte seit 1982 mehr Mittel für den Schuldendienst aufbringen als ihr aus dem Norden in Form von Entwicklungshilfe, Bank- und Exportkrediten sowie Direktinvestitionen zuflossen. Sie blutete finanziell aus, weil der wachsende Schuldendienst begleitet war von einem sinkenden Zufluß von Krediten und Direktinvestitionen. Die „privaten Leistungen" der OECD-Länder an die SILIC und SIMIC schrumpften auf Restgrößen. Wenn Neukredite (*fresh money*) gewährt wurden, dann in der Regel zur Refinanzierung fälliger Zinszahlungen und nicht zur Finanzierung produktiver Neuinvestitionen.

2.1 **Das internationale Schuldenmanagement**

Der Westen setzte auf ein Schuldenmanagement, in dem der IWF eine Schlüsselrolle spielte. In seinen Entscheidungsstrukturen spiegelt sich die oligopolistisch verteilte Macht in der Weltwirtschaft wider, weil die Stimmrechte nach eingezahlten Kapitalanteilen gewichtet sind. Sein Schuldenmanagement war aus der Interessenlage der öffentlichen und privaten Gläubiger durchaus erfolgreich, bürdete aber den Schuldnerländern schwere Sanierungslasten auf.

Erstens vergrößerte die „Konditionalität" des IWF, die allein auf die Wiederherstellung der Kreditwürdigkeit und nicht auf die Erhaltung der Entwicklungsfähigkeit abzielt, das Massenelend. Die von seinen Auflagen erzwungene Kürzung von Subventionen für Grundnahrungsmittel und öffentliche Dienstleistungen (Schulen, Gesundheitsdienste, Verkehrsmittel u. a.) traf vor allem die Armutsgruppen. Der *Human Development Report 1990* und die Jahresberichte von UNICEF stellten einen unmittelbaren Zusammenhang zwischen seiner Auflagenpolitik und dem wachsenden Massenelend her. Dabei konnte nur in Einzelfällen eine erfolgreiche Stabilisierung der Wirtschaft die hohen sozialen Kosten der Strukturanpassungspolitik rechtfertigen (vgl. den Beitrag von *Tetzlaff*).

Zweitens wurde mit den massiven Kürzungen der Bildungsausgaben gerade dort gespart, wo Entwicklung beginnt: bei der Entfaltung der menschlichen Fähigkeiten („Humankapital"). Die erzwungene Vernachlässigung des Bildungs- und Gesundheitswesens führte zu einem physischen und intellektuellen Substanzverlust. Während die Bildungsausgaben im Durchschnitt um 20 % gekürzt wurden, verzichtete der IWF mit Hinweis auf seine Pflicht zur politischen Neutralität auf Auflagen zur Verringerung der Militärausgaben. Die EL geben für das Militär durchschnittlich ebensoviel Geld aus wie für das Bildungs- und Gesundheitswesen zusammen, die Länder Afrikas mit 70 % sogar deutlich mehr.

Drittens verführte der Zwang zur Devisenbeschaffung auf Gedeih und Verderb zur Vernachlässigung der Nahrungsmittelproduktion und zum Ausbau von außenwirtschaftlich und ökologisch fatalen Monokulturen, zur beschleunigten Zerstörung der natürlichen Lebensgrundlagen und zum Raubbau an den tropischen Regenwäldern, zum Ausbau des Tourismus mit all seinen schädlichen sozio-kulturellen Nebenwirkungen, zur Bedenkenlosigkeit gegenüber umweltbelastenden Auslagerungsinvestitionen und Giftmüllimporten.

Viertens trug die durch die Sanierungsauflage des IWF verschärfte Massenverelendung zur politischen Destabilisierung, zur Ausbreitung von Elendskriminalität und Gewalttätigkeit sowie zum Ausbruch von Hungerrevolten bei, die von Armee und Polizei teilweise blutig niedergeschlagen wurden.

Fünftens machte die „Konditionalität" des IWF die völkerrechtliche Souveränität der Schuldnerstaaten und deren Recht auf eine eigenständige Entwicklung zur Schimäre. Sie lieferte den Gläubigerstaaten den Hebel zu einer ordnungspolitischen Rekolonisierung, die mittels eines mit Diktaten untermauerten „Politikdialogs" tief in die Wirtschafts- und Gesellschaftsordnungen eingriff. Die Auflagen zum Abbau des bürokratischen Interventionsstaates und zum Aufbau marktwirtschaftlicher Strukturen, die durchaus entwicklungspolitische Vernunft beanspruchen können, tasteten jedoch nicht die politisch und wirtschaftlich unvernünftigen Besitz- und Herrschaftsstrukturen an (vgl. den Beitrag von *Tetzlaff*).

Sechstens zwang die Schuldenkrise die „Gruppe der 77" dazu, von ihren Forderungen nach Herstellung einer Neuen Weltwirtschaftsordnung Abschied zu nehmen. Sie versetzte gleichzeitig die Gläubigerstaaten in eine Position der Stärke, die es ihnen ermöglichte, sich eigenen Strukturanpassungen und dem Abbau ihres Protektionismus zu widersetzen.

Das Schuldenmanagement des IWF hat zur kurzfristigen Stabilisierung von Zahlungsbilanzen beigetragen, den öffentlichen und privaten Gläubigern zu Rückzahlungen verholfen, den Schuldnerländern durch Umschuldungen kurzfristige Atempausen verschafft, aber ihre Entwicklungsfähigkeit blockiert und das Massenelend vergrößert. Es hat die Verschuldungskrise vor sich her geschoben, aber nicht gelöst.

Erst am Ende des Jahrzehnts einigten sich die sieben wichtigsten IL („G 7") auf dem Wirtschaftsgipfel von Toronto (1988) auf eine Entschuldungshilfe für die LLDC, die einen partiellen Schuldenerlaß, eine Zinssenkung und Streckung der Rückzahlungsfristen für öffentliche Kredite vorsah. Diese „Toronto-Initiative" entlastete zwar die LLDC, die sich vor allem bei öffentlichen Kreditgebern verschuldet hatten, bot aber den Schuldnerländern mit einem hohen Anteil von Verpflichtungen gegenüber Geschäftsbanken keine Lösung an. Sie wurden auf „marktkonforme" Rezepte verwiesen.

Die Initiative des US-Finanzministers *Nicholas Brady* ging in einem wesentlichen Punkt über frühere Entschuldungspläne (wie den *Baker-Plan*) hinaus: Sie schlug erstmals eine Verringerung des Schuldenstandes bzw. der Schuldendienstlasten durch mehrere Optionen vor, die auch den Geschäftsbanken Forderungsverzichte abverlangten. Dies war ein erster Schritt in die richtige Richtung, aber die angestrebte Entlastung von rund einem Drittel der Schulden erlaubte noch keinen Ausbruch aus der Schuldenfalle. Eine Lösung der Schuldenkrise und damit der entwicklungspolitischen Gretchenfrage steht also weiterhin aus.

2.2 Der Zerfall der Rohstoffpreise

Seriöse Analytiker der Verschuldungskrise stimmen darin überein, daß es für ihr Entstehen keine einzelne Ursache, sondern ein Bündel von internen und externen Ursachen gab, die im Einzelfall mit unterschiedlichem Gewicht zur Aufhäufung des Schuldenberges beigetragen haben. Es besteht auch weitgehend Übereinstimmung, daß – neben den beiden Ölpreisschocks von 1973 und 1979/80 – der Ende der 70er Jahre einsetzende Zerfall der Rohstoffpreise sowie die Verschlechterung der Terms of Trade wesentlich zur Verschärfung der Verschuldungskrise beigetragen haben. Alle methodische Kritik an der Berechnung von Terms of Trade-Verlusten (vgl. *Kaiser/Wagner* 1986: 293 ff.) kann nicht den Tatbestand solcher Verluste aus der Welt schaffen.

Während die Zahlungsverpflichtungen der Schuldnerstaaten rasch anstiegen, fielen gleichzeitig die Preise für mineralische und agrarische Rohstoffe, die für die meisten EL noch immer die wichtigste Devisenquelle bilden. Die Preise für Metalle, Mineralien und Agrarprodukte fielen in den Jahren 1980–85 durchschnittlich um rund 30 %. Die Einfuhrpreise für Rohkakao lagen Ende 1989 um 74 %, für Rohkaffee um 68 %, für Tee um 46 %, für Baumwolle und Bananen rund 25 % unter dem Jahresdurchschnitt von 1980.

Die Folgen dieses Preisverfalls bei Rohstoffen waren vor allem für Rohstoffländer mit wenig diversifizierten Exportstrukturen katastrophal. Auch die Ausgleichsmechanismen von STABEX und MINEX, die die *Lomé-Abkommen* den inzwischen 69 AKP-Staaten zur Stabilisierung der Exporterlöse anboten, konnten sie allenfalls ein wenig abmildern, weil die EG die Fondsmittel nicht aufstockte. Auf diese Weise verlor das einstmals als Modell für partnerschaftliche Nord-Süd-Beziehungen gefeierte *Lomé-Abkommen* ein gutes Stück seines Modellanspruchs.

Die Rohstoffländer versuchten, die sinkenden Preise durch höhere Exportmengen auszugleichen. Das Überangebot auf den Rohstoffmärkten drückte zusätzlich auf die Preise. Fallende Rohstoffpreise schaffen keine zusätzliche Nachfrage, weil der Verbrauch von Rohstoffen wenig elastisch auf Preisschwankungen reagiert. In ihrer Zwangslage spielten sich die Rohstoffländer auch gegeneinander auf den umkämpften Absatzmärkten aus. Weil sich die Zinn- und Kaffeeproduzenten nicht an vereinbarte Exportquoten hielten, trugen sie zum Zusammenbruch des Zinn- und Kaffeeabkommens bei, der den Preissturz bei diesen beiden Produkten noch beschleunigte. Gleichzeitig verstärkten sie die Einwände ordnungspolitischer Kritiker von markt- und preisregulierenden Rohstoffabkommen gegen den Abschluß neuer Abkommen. Das von der „Gruppe der 77" in den 70er Jahren als Kernstück einer Neuen Weltwirtschaftsordnung geforderte *Integrierte Rohstoffprogramm* verschwand von der Agenda des Nord-Süd-Dialogs (vgl. *Andersen* 1991).

3. Nord-Süd-Dialog: Diktate statt Dialog

Der Westen reagierte in den 70er Jahren auf den von der „Gruppe der 77" und Blockfreienbewegung organisierten Druck mit dem widerwilligen Angebot eines *Nord-Süd-Dialogs*, der auf konfliktreichen Nord-Süd-Konferenzen ausgetragen wurde. Zu Beginn der 80er Jahre blockte die neoliberale Wende alle Versuche zur Regulierung der internationalen Wirtschaftsbeziehungen ab: *Reaganism* und *Thatcherism* standen für Deregulierung und für die „Magie der Marktkräfte" – allerdings nicht für den Abbau der von den IL errichteten tarifären und nicht-tarifären Handelsbarrieren, die eine wesentliche Ursache für die außenwirtschaftlichen Probleme der EL bilden. Die Welthandelskonferenzen UNCTAD VI in Belgrad (1983) und UNCTAD VII in Genf (1987) begruben alle Hoffnungen, die der Nord-Süd-Dialog anfangs geweckt hatte. Unter dem Würgegriff der Verschuldungskrise verflüchtigte sich die Konfliktfähigkeit der Dritten Welt, die sich zunehmend in Ländergruppen mit unterschiedlichen Interessenlagen auseinanderentwickelte.

Der Westen nutzte nun die Notlage der in den 70er Jahren aufmüpfigen „Gruppe der 77" auch zur Aufkündigung von Zusagen, die er noch auf UNCTAD V in Manila (1979) gemacht hatte. Die Fronten in der internationalen Rohstoffpolitik, die immer im Mittelpunkt der Kontroversen auf den Nord-Süd-Konferenzen stand und durch den dramatischen Zerfall der Rohstoffpreise besondere Brisanz erhielt, verhärteten sich; die Bereitschaft zum Kompromiß und die Fähigkeit zum Konsens schwanden (vgl. *Kebschull* 1985).

Die *Reagan-Administration* verweigerte ihre Unterschrift unter die von der *Carter-Administration* ausgehandelte neue *UN-Seerechtskonvention*, die den Insel- und Küstenstaaten mehr Verfügungsrechte über ihre maritimen Wirtschaftszonen geben und den Tiefseebergbau internationaler Kontrolle und Nutznießung unterwerfen sollte. Sie demonstrierte gegenüber den in den Vereinten Nationen aufmüpfigen „Zwergen der Weltpolitik" eine Politik der Stärke, beispielsweise durch den Rückzug aus der UNESCO.

Allerdings war die „Gruppe der 77" nicht ganz schuldlos an der Blockade des Nord-Süd-Dialogs, der – so *Willy Brandt* (1985: 129) – in einem „Dialog zwischen Gehörlosen" und in einseitigen Diktaten endete. Die „Gruppe der 77" hatte, bildlich gesprochen, ihre Stimm- und Lautstärke mit Pferdestärken verwechselt, unrealistische Maximalforderungen gestellt und Mehrheitsentscheidungen erzwungen, ohne sich Gedanken über die politische Durchsetzbarkeit dieser Beschlüsse zu machen. Diese Taktik hoher Forderungen und stummer Antworten frustrierte beide Verhandlungsseiten.

Zur negativen Bilanz der 80er Jahre gehört also die Verschlechterung des Nord-Süd-Verhältnisses. Die westliche Staatengruppe setzte ihre wirtschaftliche und politische Macht ein, um ihre Interessen durchzusetzen; sie entwertete den Nord-Süd-Dialog zu einem folgenlosen Ritual und demontierte UNCTAD als Dialogforum (vgl. *Nuscheler* 1990); sie vergab damit die Chance auf einen verhandelten Interessenausgleich und vergrößerte das Konfliktpotential in den Nord-Süd-Beziehungen. Nach der Ost-West-Entspannung blieb der

Nord-Süd-Konflikt die zentrale Konfliktformation in der internationalen Politik. Die „neue Weltordnung" verspricht keine Entspannung dieses Verteilungskonflikts (vgl. *Matthies* 1991; *Hippler* 1991; *Ruf* 1991).

4. „Mythos Entwicklungshilfe"

Es gehört in der entwicklungspolitischen Diskussion, zumal in der Dritte Welt-Bewegung, schon zu einem Gemeinplatz, daß die Entwicklungshilfe (EH) wenig geholfen habe, um die Unterentwicklung zu überwinden. Die undifferenzierte Pauschalkritik von *Brigitte Erler* (1988) oder *Graham Hancock* (1989) fand breite Resonanz. „Tödliche Hilfe" (*Erler*) oder „Mythos Entwicklungshilfe" (*Dirmoser u. a.* 1991) waren nicht nur reißerische Buchtitel, sondern brachten eine weitverbreitete Skepsis auf den Punkt. Die EH geriet in einen Rechtfertigungsnotstand. Die Kritik bezog sich sowohl auf die bilaterale als auch auf die multilaterale EH, besonders der Weltbank (vgl. u. a. *Hancock* 1989), aber auch der EG (vgl. *Hagen* 1988; *Weidmann* 1991). In der BRD provozierte ein „Entwicklungshilfeminister" durch Forderungen nach dem generellen Vorrang deutscher Interessen die Solidaritätsgruppen (vgl. *Pater* 1990; *Nuscheler* 1991: Kap. XVI).

Zur alten Kritik der marxistischen Linken an der „Hilfe zur Unterentwicklung" und zur moralisch begründeten Kritik der kirchlichen Hilfswerke hatte sich die ordnungspolitisch begründete Kritik am marktstörenden und die Privatinitiative lähmenden „Staatsunternehmen" EH aus liberalen Kreisen gesellt, für die *Lord Bauer* ein Kronzeuge ist. Die Entwicklungshilfekritik kam nun von vielen Seiten mit unterschiedlichen Begründungen (vgl. *Klemp* 1988).

Es waren fast nur noch Nutznießer (wie die Lobbies der am „Entwicklungsgeschäft" beteiligten Branchen) sowie die Institutionen der staatlichen EH (und ihnen nahestehende akademische Ideologieproduzenten), die noch Erfolge meldeten und dies schon aus Selbsterhaltungsinteresse tun mußten. Sie verweisen auf die Verdoppelung des PKE seit 1950, die Erhöhung der Lebenserwartung und der Alphabetenrate. Gleichzeitig lasten sie der Kritik an, die Möglichkeiten der EH zu überschätzen und die Bedeutung der ordnungspolitischen und weltwirtschaftlichen Rahmenbedingungen zu unterschätzen. Dieser Einwand ist richtig, wirft allerdings sogleich die Frage auf, warum sich die meisten IL so vehement der Herstellung einer Neuen Weltwirtschaftsordnung widersetzten.

Gelegentlich stellten sich auch bei den Entwicklungsagenturen Zweifel am eigenen Tun und Lassen ein. Beispielsweise beklagte der Jahresbericht 1989 der *Asiatischen Entwicklungsbank* das Wachstum der städtischen und ländlichen Armut hinter der Fassade hoher Wachstumsraten. Der *Weltentwicklungsbericht 1990* der Weltbank konzedierte, daß die bisher praktizierte EH das proklamierte Ziel der Armutsbekämpfung aufgrund inkonsequenter Zielorientierung verfehlt habe. Zwei von ihr im Abstand von fast zwei Jahrzehnten in Auftrag gegebene Studien waren zu ähnlichen Ergebnissen gekommen:

Bereits der *Pearson-Bericht* (1969) hatte eine „Krise der EH" festgestellt, weil sie vor allem militär-strategischen und wirtschaftlichen Interessen gedient habe. EH war von Anfang an und blieb bis heute ein interessenpolitisches Vielzweckinstrument. *Robert Cassen* (1990) legte zwar eine insgesamt positive Bilanz vor, bemängelte aber ihren geringen Beitrag zur Verringerung der Armut; er schloß nicht aus, daß sie den Armutsgruppen gelegentlich mehr schade als nutze. Eine vom BMZ in Auftrag gegebene Vergleichsstudie über 80 EL fällte ein „vernichtendes Urteil über die Effizienz der Entwicklungshilfe in bezug auf das Grundbedürfnisziel" (*Agarwal u. a.* 1984).

Punkt 31 der amtlichen „Grundlinien der EP" von 1986 stellte dennoch, Anspruch und Wirklichkeit verwischend, fest: „Deutsche EP ist vorrangig auf die armen Bevölkerungsschichten ausgerichtet." Es gab diesen Vorrang der Armutsbekämpfung in der Vergabepraxis niemals. Exportinteressen, die industrielle oder infrastrukturelle Großprojekte bevorzugen, Organisationsdefizite der Entwicklungsverwaltung, aber auch Absorptionsprobleme in den EL und die Bevorzugung von Prestigeprojekten durch deren Führungsgruppen verhinderten ihn.

Viele Kritiker teilen zwar nicht das Verdammungsurteil von *Brigitte Erler*, daß EH allen schade, denen sie angeblich nutzen soll, aber sie haben begründete Zweifel, daß EH viel Gutes bewirkt habe. Das „verlorene Jahrzehnt" liefert ihnen für diese Zweifel hinreichend Belege, aber auch dafür, daß EH nicht einmal einen Ausgleich für die Kosten der weltwirtschaftlichen Benachteiligung der EL leisten kann. Der plausibel erscheinende Slogan „Weniger nehmen statt mehr zu geben" würde aber gerade den LLDC mit einer schwachen Exportleistung wenig helfen.

Fundamentalkritiker plädieren für Abschaffung der EH, Reformisten halten das „System der EH" für reformbedürftig und -fähig; manche Entwicklungspolitiker halten ohne weiteres Nachdenken am „0,7 %-Ziel" fest, von dem sich die Leistungen der meisten OECD-Länder in den 80er Jahren weiter entfernten. Die ODA-Leistungen der USA fielen 1989 auf einen Tiefststand von 0,15 % des BSP. Weitgehender Konsens entstand darüber, daß eine punktuelle „Projektitis" ohne Veränderungen der Macht- und Interessenstrukturen in den EL sowie der weltwirtschaftlichen Strukturen kaum geeignet ist, Entwicklung in Gang zu setzen; vielmehr liegt die Gefahr des Assistentialismus darin, die Fähigkeit und Kreativität zu Problemlösungen zu ersticken.

5. Inkonsequente Lehren aus dem „verlorenen Jahrzehnt"

Der *Worldwatch Institute Report 1989/90* (S. 323 f.) schrieb das Krisenszenario der 80er Jahre für die 90er Jahre fort, „wenn wir so weitermachen wie bisher":

> „Der Hunger und die Unterernährung, die in den achtziger Jahren schon große Teile Afrikas und Lateinamerikas überflutet haben, werden sich weiter ausbreiten. Die Zahl der Länder, in denen die Kindersterblichkeit steigt und die Lebenserwartung zurückgeht, . . ., wird zunehmen. Durch Hunger verursachte Unruhen werden alltägliche Erscheinungen, die Kluft zwischen Besitzenden und Armen vertieft sich; die politischen und gesellschaftlichen Institutionen lösen sich auf."

Die nationalen und internationalen Entwicklungsagenturen schienen Lehren aus solchen Befürchtungen ziehen zu wollen. Ein gemeinsam von Weltbank, IWF, UNDP und DAC verabschiedetes Strategiepapier für die EP in den 90er Jahren griff viele Forderungen der internationalen „Entwicklungslobby" nach einer stärker armutsorientierten, sozial- und umweltverträglichen EP auf (vgl. DAC 1989). Das *Committee for Development Planning* des ECOSOC verstärkte diesen internationalen Konsens. Seine Vorschläge gingen wiederum in die Schlußerklärung der 18. UN-Vollversammlung über internationale wirtschaftliche Zusammenarbeit vom 1. Mai 1990 und in die von der UN-Generalversammlung im Dezember 1990 verabschiedete *Vierte UN-Entwicklungsdekade* ein, die sich weitgehend das strategische Konzept der Weltbank zueigen machte (vgl. den Beitrag von *Tetzlaff*).

Der Deutsche Bundestag verabschiedete am 10. Mai 1990 fast einstimmig die Entschließung „Armutsbekämpfung durch Hilfe zur Selbsthilfe". In der Debatte gab es einen Allparteienkonsens, daß die bisherige Praxis der EH nicht dem Primat der Armutsbekämpfung verpflichtet gewesen sei. Angesichts der Katastrophenmeldungen aus vielen Teilen der Dritten Welt entdeckten die Entwicklungspolitiker wieder die Rezeptur der Grundbedürfnisstrategie, die sie schon in den 70er Jahren propagiert hatten. Sie hatte aber damals mehr die Rhetorik denn die Vergabepraxis der EH verändert (vgl. *Nuscheler* 1982).

Jetzt wie damals schien sich die hinreichend durch Erfahrung gestützte Erkenntnis durchzusetzen, daß Wachstum allein das Armutsproblem nicht lösen kann, weil es allenfalls tröpfchenweise zu den Armutsgruppen durchsikkert. Nun tauchten alle Argumente wieder auf, die die Weltbank – und in ihrer Nachfolge die UN-Organisationen und bilateralen Geber – zur Begründung einer stärker armutsorientierten EP vorgebracht hatten. Aber der Kernsatz lautete weiterhin:

> „Ohne ein breitfundiertes Wirtschaftswachstum wird es nicht zu dem tiefen Umbruch der strukturellen und sozialen Gegebenheiten (einschließlich der Verkleinerung der durchschnittlichen Familiengröße)

> kommen, der das eigentliche Wesen des Entwicklungsprozesses ausmacht“ (*DAC* 1989, Punkt 11).

Das Dekadenprogramm der Weltbank (1989) für Subsahara-Afrika steht unter der programmatischen Überschrift *sustainable growth*. Das Wirtschaftswachstum als Prometheus des sozialen Wandels und als Herkules des Bevölkerungsproblems? Wenn Entwicklung als eine abhängige Variable von Wachstum gilt, wird eigentlich alle Sozialpolitik, auch in Form der Grundbedürfnisstrategie, überflüssig. Diese Denkweise verstärkt die Zweifel, daß die Wiederentdeckung der Grundbedürfnisstrategie mehr als einen Versuch darstellt, der Legitimationskrise der EP durch die soziale Ummantelung des Wachstumskonzepts zu begegnen.

Die Geschichte der EP zeigt auch, daß zwar Entwicklungstheorien und -programme einem hektischen Konjunktur- und Paradigmenwechsel unterliegen, aber das bürokratisierte „Entwicklungsgeschäft“ solche Pendelausschläge durch ein hohes Maß an Konstanz austariert (vgl. *Glagow* 1983; *Bodemer* 1985). Die Zwänge des staatlichen Handelns und die großbürokratische Organisation der staatlichen EH erschweren die Umsetzung armutsorientierter Programme zusätzlich. Die Durchführungsorganisationen sind für eine solche Aufgabe „denkbar schlecht geeignet“ (*Braun* 1985: 244). Die Instrumentalisierung der NGO (Nicht-Regierungsorganisationen) als Hilfs- und Verteilungsagenturen („Verschiebebahnhöfe von Almosen und Alibis“) kann dieses Handlungsdefizit des Staates nur ein wenig verkleinern. Die NGO wurden als Hoffnungsträger einer weniger von Interessen geleiteten und stärker armutsorientierten Hilfe überfordert (vgl. den Beitrag von *Glagow*).

Der eigentliche Grund für die Skepsis gegenüber der Neuauflage der Grundbedürfnisstrategie liegt nicht in solchen Organisationsproblemen und Vollzugsdefiziten, sondern in dem Tatbestand, daß sie wieder den Forderungen nach strukturellen Veränderungen der Nord-Süd-Beziehungen ausweicht. Deshalb stieß sie bei den EL schon bei ihrer Erstauflage auf Skepsis. Nun gab ihr zwar auch der Bericht der *Süd-Kommission* entwicklungspolitische Priorität:

> „Die Herausforderung der Gesellschaften des Südens liegt in der Beseitigung der absoluten Armut. Dies kann nur verwirklicht werden, wenn sie der Befriedigung der Grundbedürfnisse durch Entwicklungsstrategien, die auf den Menschen ausgerichtet sind, Priorität geben.“

Aber sie kann keine Ersatzbefriedigung für die von der Tagesordnung des Nord-Süd-Dialogs abgesetzte Neue Weltwirtschaftsordnung sein. Deren Ziel war nicht die Herstellung einer internationalen Planwirtschaft, wie ihr Verteidiger und Nutznießer der bestehenden „Unordnung“ vorwarfen, sondern die Steigerung der Deviseneinkünfte zugunsten der EL durch eine Regulierung von Marktmechanismen, die die Wohlfahrtseffekte des Welthandels höchst ungleich verteilen (vgl. *Matthies* 1980; *Tetzlaff* 1982). Was die

„Gruppe der 77" forderte, „scheint tot, und Wiederbelebungsversuche sind m. E. weder sinnvoll noch erfolgversprechend" (*Andersen* 1991: 41).

Es geht aber weiterhin um den Aufbau einer Weltwirtschaftsordnung, die Prinzipien der sozialen Marktwirtschaft, zu denen sich auch die IL bekennen, auf die internationalen Wirtschaftsbeziehungen überträgt. Es geht um die Herstellung der „sozialen und internationalen Ordnung", die die *Allgemeine Erklärung der Menschenrechte* (Art. 28) als Voraussetzung für die Verwirklichung der politischen und sozialen Menschenrechte gefordert hatte (vgl. den Beitrag von *Nuscheler* über „Menschenrechte und Entwicklung" in diesem Band).

5.1 **Rezepte und Prognosen der Weltbank für die 90er Jahre**

Für *Ulrich Menzel* sind „40 Jahre Entwicklungsstrategie = 40 Jahre Wachstumsstrategie" (siehe seinen Beitrag in diesem Band). Er wird dieser Gleichung ein fünftes Jahrzehnt hinzufügen können. Die Weltbank, die in der internationalen EP eine programmatische Vordenker- und Vorreiterrolle ausübt, entwickelte im *Weltentwicklungsbericht 1990* eine Strategie für die 90er Jahre, die zur wirksamen Bekämpfung der Armut weiterhin auf Wachstum und Marktwirtschaft setzt, flankiert mit sozialpolitischen Komponenten aus der Rezeptur der Grundbedürfnisstrategie und ökologischen Komponenten aus der *sustainable development*-Diskussion. Sie setzt allen Katastrophenszenarien die optimistische Botschaft entgegen: Die Massenarmut kann nicht nur eingedämmt, sondern sogar zurückgedrängt werden, allerdings nur unter der Voraussetzung, daß die EL
- marktwirtschaftliche Strukturreformen durchführen;
- eine arbeitsintensive Wachstumsstrategie verfolgen;
- sich in „angemessener Weise" um soziale Dienstleistungen (Primarschulbildung, Basisgesundheitsdienste) kümmern;
- eine wirksame Familienplanung betreiben.

Die Weltbank verbindet diese Voraussetzungen mit regional unterschiedlichen Erwartungen zum Wirtschaftswachstum. Wenn auch diese realisiert werden können, sieht sie die Chance, daß die Zahl der Armen bis zum Jahr 2000 um 300 Mio. verringert wird: am stärksten in Ostasien bei einer Fortsetzung des bisherigen Erfolgskurses, aber auch in Indien, wenn ihm weiterhin ein jährliches Wachstum des PKE von 3 % gelingen sollte. Nur für Subsahara-Afrika sagt sie – selbst bei einem jährlichen Wirtschaftswachstum von 3,7 % – eine Zunahme der Armut voraus. Um sie zu verhindern, wären ein Wachstum von 5,5 % und gleichzeitig eine wesentliche Verbesserung der sozialen Dienstleistungen notwendig. Beides könnte nur durch wesentlich mehr EH von außen finanziert werden – und ist deshalb ziemlich illusorisch.

Gerade Subsahara-Afrika, das insgesamt über ein geringeres BSP verfügt als die Niederlande, könnte nach der Auflösung des Ost-West-Konflikts Opfer

Tabelle 2: Armut in den Jahren 1985 und 2000

Regionen/ Länder	Bev. unter der Armutslinie (370 US-$)[a]		Zahl der Armen in Mio.	
	1985	2000	1985	2000
Afrika (Subsahara)	46,8	43,1	180	265
Ostasien	20,4	4,0	280	70
- China	20,0	2,9	210	35
Südasien	50,9	26,0	525	365
- Indien	55,0	25,4	420	255
Osteuropa	7,8	7,9	5	5
Mittlerer Osten/ Nordafrika/Europa[b]	31,0	22,6	60	60
Lateinamerika/ Karibik	19,1	11,4	75	60
gesamt	32,7	18,0	1125	825

[a] Anteil an Gesamtbevölkerung in %;[b] Portugal, Malta, Zypern
(Quelle: Weltentwicklungsbericht 1990: 139)

eines veränderten Nutzenkalküls werden: Es hat wirtschaftlich wenig zu bieten und verliert nun auch seine strategische Funktion, die es im Ost-West-Konflikt hatte. Fast alle OECD-Länder haben 1990/91 Teile der Afrika-Hilfe zugunsten von Osteuropa umgeschichtet. Auf der 2. UN-Konferenz für die ärmsten EL im Sept. 1990 in Paris weigerten sie sich, ihren Mitteleinsatz für die LLDC über die bereits 1981 zugesagten, aber nicht eingelösten 0,15 % ihres BSP hinaus zu erhöhen.

Afrika kann also nicht mit mehr internationaler Hilfe rechnen; es kann aufgrund seiner geringen wirtschaftlichen Attraktivität auch nicht auf ein größeres Interesse von Privatinvestoren hoffen. In den 80er Jahren halbierten sich die privaten Kapitalzuflüsse in die Dritte Welt; vor allem die Bank- und Exportkredite schrumpften im Gefolge der Überschuldungskrise und politischen Destabilisierung auf Restgrößen zusammen. Von dieser Abkoppelung vom privaten Kapitaltransfer am stärksten betroffen waren wiederum die ärmsten EL.

Wie soll Afrika die hohe Wachstumsvorgabe erreichen? Wie sollen die Exporte jährlich um 5 % gesteigert werden, wenn die Nachfrage nach afrikanischen Rohstoffen zurückgeht und die Rohstoffpreise nicht deutlich ansteigen? Selbst wenn die Wachstumsraten die hohe Vorgabe erreichen sollten, steht erfahrungsgemäß in Frage, ob das Wachstum auch zu den Armutsgruppen durchsickert. Die Hoffnung auf die „Magie der Marktkräfte“ übersieht, daß in Afrika – um mit *Max Weber* zu sprechen – weder der „Geist des Kapitalismus“ noch die „protestantische Ethik“ Wurzeln geschlagen haben, also die sozio-ökonomischen und sozio-kulturellen Voraussetzungen für Marktwirtschaft allenfalls rudimentär vorhanden sind, nämlich im „informellen Sektor“ (vgl. *De Soto* 1989; *Der Überblick* 3/91).

Die Weltbank setzt sowohl die entwicklungspolitischen Bedingungen als auch die erforderlichen Wachstumsraten so hoch an, daß ein doppeltes Risiko des Scheiterns entsteht. Das 1981 verkündete Hilfsprogramm für die LLDC (*Substantial New Program of Action*) visierte zur Bekämpfung der Massenarmut ein Wachstumsziel von jährlich 7,2 % an – und erreichte nur 2,3 % (bei einem Bevölkerungswachstum von durchschnittlich 2,4 %). Die landwirtschaftliche Produktion wuchs statt der erhofften 4 % nur um 1,6 %; die verarbeitende Industrie verfehlte mit einem jährlichen Wachstum von nur 2,6 % bei weitem die Vorgabe von 9 %. Die Weltbank setzt dem Pessimismus von Katastrophenszenarien einen Optimismus entgegen, der auf kaum realisierbaren Annahmen beruht.

5.2 **Entwicklungspolitische Neuansätze mit begrenzter Wirkung**

Die westlichen Entwicklungspolitiker pflegen Forderungen nach einer Veränderung der weltwirtschaftlichen Rahmenbedingungen mit Gegenforderungen nach größeren Eigenanstrengungen der EL und Veränderungen der internen Strukturen zu kontern. Sie entwickelten eine „doppelte Konditionalität": nach der wirtschaftspolitischen „Konditionalität" von IWF und Weltbank auch eine „politische Konditionalität", die die Vergabe von EH an verschiedene politische Bedingungen knüpft:

1. In den Mittelpunkt der „politischen Konditionalität" rückte die Forderung nach Achtung der grundlegenden Menschenrechte, nachdem die Auflösung des Ost-West-Gegensatzes einen Verzicht auf den vierzig Jahre lang praktizierten „doppelten Standard" in der Menschenrechtspolitik, der rechte Diktaturen schonte und linke Diktaturen bestrafte, erleichterte (vgl. *Wallner* 1991). Die Universalität der Menschenrechte rechtfertigt prinzipiell eine Auflagenpolitik zu ihrem Schutz. Viele Despotien konnten auch deshalb so lange überleben, weil sie von außen, vom Westen und Osten, Wirtschafts- und Militärhilfe erhielten. Wenn EH schadet, dann nicht so sehr durch mißlungene Entwicklungsprojekte, sondern durch die Stabilisierung von Bereicherungsdiktaturen.

Die „politische Konditionalität" ist also auch aus entwicklungspolitischer Sicht begründbar und vernünftig. Es zeichnet sich aber bereits ab, daß der menschenrechtliche Vorbehalt nur gegenüber armen und schwachen Staaten, die auf Überlebenshilfe angewiesen sind und sich nicht gegen politische Auflagen wehren können, dagegen nicht gegenüber größeren Staaten (wie China, Indonesien oder den arabischen Staaten), die auch Exportgeschäfte versprechen, gemacht wird. Das Buhlen um die Gunst der chinesischen Führung – trotz aller internationalen Sanktionsbeschlüsse nach dem Massaker auf dem Tianmen-Platz – illustriert diesen nun stärker von kommerziellen Interessen erzeugten „doppelten Standard".

Die „politische Konditionalität" orientiert sich außerdem an einem Verständnis der Menschenrechte, das die prinzipiell gleichrangige „zweite Generation" der sozialen Menschenrechte der „ersten Generation" der politischen Freiheitsrechte nachzuordnen pflegt (vgl. den Beitrag von *Nuscheler* über „Menschenrechte und Entwicklung").

2. Bereits der *Schmidt-Bericht* (1989) gab die Empfehlung, EH als Druckmittel zur Verringerung „unangemessen hoher" Rüstungsausgaben einzusetzen. Zu Beginn der 90er Jahre griffen die bi- und multilateralen Geber diese Forderung auf, die angesichts der Verschleuderung von knappen Ressourcen für teure Militärapparate und Rüstungsimporte vernünftig ist. Es wird allerdings schwierig werden, die tatsächliche Höhe der Rüstungsausgaben zu messen und ihre Angemessenheit zu bewerten. Die Anwendung von Opportunitätskriterien ist vorprogrammiert, vor allem dann, wenn eigene Exportinteressen tangiert werden. Die rüstungspolitische Konditionalität ist angesichts der Tatsache, daß die wichtigsten OECD-Länder neben der UdSSR und VR China auch die größten Waffenexporteure sind, nicht sonderlich glaubwürdig. Zunächst müßten sich die Rüstungsexporteure einer Selbstbeschränkung und internationaler Kontrolle unterwerfen. Das Budget der US-Auslandshilfe wies auch noch zu Beginn der 90er Jahre einen wachsenden Anteil der Militärhilfe aus.

Sowohl die ordnungspolitische Auflagenpolitik, die marktwirtschaftliche Strukturreformen erzwingen will, als auch die „politische Konditionalität" kann durchaus entwicklungspolitische Vernunft beanspruchen. Das grundsätzliche Problem jeder Auflagenpolitik, das auch durch den schöneren Begriff des „politischen Dialogs" nicht entschärft wird, liegt jedoch nicht nur in der Einmischung in innere Angelegenheiten und im Gebrauch ungleicher Machtverhältnisse, sondern auch in ihrer Einseitigkeit: Die mit Macht und Geld ausgestatteten Dialogpartner diktieren Bedingungen, ohne ihre eigene Politik zur Diskussion oder gar zur Disposition zu stellen. Sie drängen beispielsweise auf die Privatisierung von Staatsbetrieben, aber nicht auf die Durchführung von Agrarreformen, die für die gesamtgesellschaftliche Entwicklung von zentraler Bedeutung wären; sie fordern „marktfreundliche" Strukturanpassungen, aber – mit Hinweis auf das politische Interventionsverbot – keine Reform der Besitz- und Einkommensverhältnisse; sie fordern die Weltmarktintegration der EL, überlassen sie aber schutzlos den Mechanismen dieses Weltmarkts (vgl. den Beitrag von *Rainer Tetzlaff*).

Der *Weltentwicklungsbericht 1990* machte in Lateinamerika eine erfolgreiche Bekämpfung der Massenarmut vor allem von einer Einkommensumverteilung abhängig. Schon eine um 2 % höhere Besteuerung des reichsten Fünftels könne genügend Mittel zur Finanzierung einer wirksamen Armutsbekämpfung mobilisieren. Wenn die „Armutsbekämpfung durch Hilfe zur Selbsthilfe" auf dem Programm steht, müßte der „Politikdialog" hier ansetzen – und nicht etwa bei der Beseitigung von Investitionshindernissen für das Auslandskapital.

Die EP gehört vor allem deshalb zur Negativbilanz der 80er Jahre, weil sie die eigentlichen Nord-Süd-Probleme nicht zu lösen versuchte. Ohne Veränderungen der Mechanismen des Weltmarkts, die weder Normen der Gerechtigkeit noch marktwirtschaftlichen Prinzipien genügen, ohne Abbau des Protektionismus der IL, dessen Kosten für die EL höher sind als alle Kompensationsleistungen in Form von EH, ohne Aufhebung der durch die Überschuldung bewirkten Entwicklungsblockade und ohne Umkehrung des Netto-Kapitaltransfers könnte auch mehr oder anders verteilte EH das Wachstum der Massenarmut nicht eindämmen. Sinnvolle EP müßte, auf einen Slogan verdichtet, heißen: Weniger nehmen statt mehr zu geben. Ohne wirksame Entschuldungsinitiativen (wie sie z. B. Polen und Ägypten aus politischen Gründen zugute kamen) kann EH nicht mehr als Flickschusterei sein.

6. Alternative Konzepte

Wenn die in den 80er Jahren erzielten Wachstumsraten des PKE bis zur Jahrtausendwende hochgerechnet werden, entsteht die folgende Perspektive: Die reichen Länder werden noch reicher, einige wenige Schwellenländer holen weiter auf, die große Mehrheit der EL kann ihre Lage nur wenig verbessern, die LLDC fallen noch weiter zurück.

Die von den Planungsabteilungen der nationalen und internationalen Entwicklungsagenturen vorgelegten Dekadenprogramme lassen keine substantiellen Politikänderungen erkennen, die den globalen Herausforderungen angemessen sind. Sie werden durch die Proliferation von Krisen und Katastrophen zunehmend dazu gezwungen, auf eine langfristig angelegte EP zu verzichten und sich auf ein kurzfristiges Krisenmanagement einzustellen. Die wachsende Nachfrage nach Katastrophenhilfe ist ein Indiz für das Scheitern einer vorausschauenden EP. Viele kritisieren diese Tendenz, manche halten sie für unausweichlich.

6.1 Katastrophenhilfe statt Entwicklungshilfe?

Zu Beginn der 80er Jahre schreckte *Gunnar Myrdal* (1982), der zuvor ein entschiedener Befürworter von EH war, mit einer Fundamentalkritik an ihrer Praxis die Entwicklungsbürokratien und Herrschaftseliten der EL auf. Für Aufregung sorgte vor allem seine Forderung, die Armutsgruppen direkt, unter Umgehung der Staatsapparate und unter Einsatz von engagierten Entwicklungshelfern (statt hochbezahlter Bürokraten), mit Nahrungsmitteln zu versorgen.

Ein Jahrzehnt später versuchte *Ulrich Menzel* in der *Frankfurter Rundschau* (vom 3.6. 1991) „*Myrdal* im Sinne einer linken Position weiterzudenken" und Tabus der entwicklungspolitischen Diskussion zu brechen. Für ihn steht fest: „Die Hilfe hilft nicht ... Die bisherigen Konzepte sind sämtlich fehlgeschlagen." Die Vermehrung von „außergewöhnlichen Krisensituationen" verlange, daß

- erstens internationale Solidarität nur noch Solidarität mit den wirklich Bedürftigen in den Krisenregionen der Welt bedeuten könne;
- zweitens irgendwelche entwicklungsstrategischen Überlegungen der unmittelbaren Basishilfe nachzuordnen seien;
- drittens Interventionen und der Einsatz von Eingreiftruppen in Krisengebieten aus humanitären Gründen und mit menschenrechtlichen Begründungen akzeptiert werden müßten.

Aus diesen Prämissen leitet er die folgenden „außergewöhnlichen Maßnahmen" ab:

- Statt der angestrebten Einschränkung die gezielte Produktion von Agrarüberschüssen, um eine wesentliche Steigerung der Nahrungsmittelhilfe zu ermöglichen;
- Unterstellung von Krisengebieten, die mit Nahrungsmitteln versorgt werden, unter die Treuhandschaft der IL;
- Aufstellung und Entsendung von internationalen Eingreiftruppen zur Wahrung der Menschenrechte;
- Finanzierung dieser Katastrophenhilfe aus den bi- und multilateralen Entwicklungsetats, aus den eingesparten Mitteln für die Bewirtschaftung der Agrarüberschüsse und aus der „Friedensdividende".

Die Zustimmung zu den Prämissen schließt keine Zustimmung zu diesen „außergewöhnlichen Maßnahmen" ein. Die Überschußproduktion (die nur durch Importe von Futtermitteln aus den EL möglich ist) bleibt ebenso unvernünftig wie eine Steigerung der Nahrungsmittelhilfe, die alle Anstrengungen zur Ernährungssicherung unterlaufen und noch mehr einheimische Bauern ruinieren würde. Die Zustimmung zum Vorrang von Menschenrechten vor Souveränitätsansprüchen, notfalls auch zum Einsatz von Eingreiftruppen, schließt nicht die Zustimmung zu einer Treuhandschaft ein, die einen Kolonialstatus darstellt.

Menzel geht allzu unbekümmert mit Souveränitätsrechten von Habenichtsen um und unterschätzt den möglichen Mißbrauch von Interventionsrechten. Seine Vorschläge sind nicht so sehr außergewöhnlich, sondern eher nicht hinreichend zu Ende gedacht, zumal „im Sinne einer linken Position". Katastrophenhilfe à la *Menzel* wäre der endgültige Bankrott von EP, die Treuhandschaft die Perversion der „neuen Weltordnung". Die entwicklungspolitische Maxime muß bleiben:

> „Wohlverstandene Entwicklung sorgt nicht nur für die Bedürftigen, sie vermittelt ihnen die Voraussetzungen, um für sich selbst sorgen zu können" (*Worldwatch Institute Report* 90/91: 287).

6.2 Neue Chancen für kollektive Self-reliance?

Zu Beginn der 90er Jahre erlebten die von *Dieter Senghaas* (1977) in die entwicklungspolitische Diskussion gebrachten Imperative der *Dissoziation* und *autozentrierten Entwicklung* eine Renaissance. Auch viele Überlegungen der *Süd-Kommission* könnten auf diese beiden Begriffe gebracht werden. Ihre Befürworter, die sich vor allem in den Dritte-Welt-Gruppen finden, setzten die unter den Führungsgruppen der Dritten Welt virulenten Befürchtungen, daß die Ost-West-Annäherung zu einer unfreiwilligen Abkoppelung des Südens führen könne, in Hoffnungen um. Zu dem wirtschaftlichen Bedeutungsverlust eines Großteils der EL kommt nun der Verlust der strategischen Bedeutung hinzu, die der Süden im Kontext des Ost-West-Konfliktes hatte und die eine wesentliche Schubkraft für Wirtschafts- und Militärhilfe bildete.

Dieser politische und weltwirtschaftliche Bedeutungsverlust sowie das Ende der Ost-West-Systemkonkurrenz könnten dem Süden größere Handlungsspielräume eröffnen, ihn aber auch dazu anhalten, sich weniger auf Hilfe von außen zu verlassen und das Potential für kollektive Selbsthilfe besser zu nutzen. Es gibt in allen Regionen neue Initiativen zu regionalen Kooperationen. Der Bericht der *Süd-Kommission* versuchte, der Idee der *collective self-reliance* (vgl. *Matthies* 1982) neues Leben einzuhauchen. Seine Botschaft lautete: Wenn sich der Süden nicht besser organisiert, nicht mehr auf Süd-Süd-Kooperation setzt und sich trotz aller Interessendivergenzen nicht befähigt, im Nord-Süd-Verhältnis geschlossener aufzutreten, wird er seine weitere Deklassierung im internationalen System nicht verhindern können.

Self-reliance, die auf die eigenen Kräfte und Anstrengungen baut, ist ein notwendiges Korrektiv gegen einen kollektiven Assistentialismus, der sich innerhalb der „Bitt- und Forderungsgemeinschaft" des Südens breitgemacht hat. Die von *Brigitte Erler* (1988) popularisierte Forderung, die Nabelschnüre zu kappen, die den Süden mit dem Norden verbinden, übersieht freilich, daß diese Schocktherapie auch zum Exitus führen könnte; daß die Möglichkeiten vieler EL, sich mit eigener Kraft aus dem Krisengemenge zu befreien, nicht ausreichen; daß sie, auch als Folge ihrer kolonialen und nachkolonialen „Inwertsetzung" für den Weltmarkt, nicht auf eigenen Beinen stehen können (vgl. *Simonis* 1981).

Dies gilt besonders für Subsahara-Afrika. Auch hier werden zwar die Chancen für mehr autozentrierte Entwicklung noch keineswegs genutzt, aber Abkoppelung ist keine realistische Überlebensstrategie. Die Abkoppelungsdiskussion ist nicht ganz frei von romantisierendem Realitätsverlust. Auch die neue weltpolitische Konstellation, die an der „Schuldknechtschaft" und an den Weltmarktstrukturen nichts ändert, hat die Chancen für Dissoziation nicht vergrößert.

Es kann nicht darum gehen, der Illusion von Dissoziation nachzujagen, sondern nur darum, die Voraussetzungen für mehr *Self-reliance* zu schaffen: durch den gezielten Ausbau binnenwirtschaftlicher Strukturen und Potentiale, vor allem zur Ernährungssicherung, durch die Entwicklung des Humankapitals und den Aufbau regionaler Wirtschaftsräume. Die vom *Nyerere-Bericht* erneuerten Imperative der *autozentrierten Entwicklung* und der *collective self-reliance* bleiben gebieterisch.

7. Entwicklungspolitische Imperative

Die lebhafte Produktion von „alternativen Entwicklungsmodellen" ist längst ausgelaufen. Die verschiedenen Versuche, alternative Entwicklungswege einzuschlagen, wurden durch die vielseitige Interventionsmacht des Westens abgewürgt. Die Schuldenkrise zwang auch Protagonisten des *Third Worldism* zur Kapitulation. Schließlich bedeutete die Auflösung der „Zweiten Welt", daß „erstmals seit über 70 Jahren Projektionen gesellschaftlicher Alternativen zunächst keine geographische Heimstatt auf der Welt finden" (*Peripherie*, Nr. 39/40:3). Der Ausfall der sozialistischen Systemkonkurrenz bedeutet aber weder das „Ende der Geschichte", das manche Geschichtsinterpreten im Zusammenbruch des „real existierenden Sozialismus" entdeckten (vgl. *Fukuyama* 1989), noch kann es das Ende des Nachdenkens über alternative Politikentwürfe bedeuten, die Antworten auf globale Herausforderungen zu geben versuchen.

Wenn das vom *Worldwatch Institute* für die 90er Jahre gezeichnete Katastrophenszenario vermieden werden soll, helfen weder die Rezepte der Weltbank noch Katastropheneinsätze à la *Menzel*. Vielmehr sind Neuansätze notwendig, die nicht nur die EP im engeren Sinne der EH, sondern die gesamte Nord-Süd-Politik auf neue Grundlagen zu stellen versuchen. Es geht um Veränderungen auf drei Ebenen, die sich wechselseitig bedingen:

- um sozio-ökonomische und politische Strukturreformen in den EL;
- um eine Veränderung der weltwirtschaftlichen Rahmenbedingungen mit dem Ziel, die strukturelle und systematische Benachteiligung der „Peripherie" zu überwinden;
- aber auch um Veränderungen in den Interessen-, Bewußtseins- und Konsumstrukturen in den IL (vgl. den Beitrag von *Harborth*).

Keine dieser drei interagierenden Handlungsebenen kann ausgespart werden. Längst hat sich auch bei ehemaligen Dependenztheoretikern die Erkenntnis durchgesetzt, daß unter dem „Sachzwang Weltmarkt" (*Altvater* 1987) die Sozial- und Herrschaftsstrukturen für die Entwicklungsgeschichte eines Landes von vorrangiger Bedeutung sind; daß die Korruption parasitärer Staatsklassen („Kleptokratien") mehr zum wirtschaftlichen und politischen Zerfall beigetragen hat als beispielsweise der Zerfall der Rohstoffpreise. Deshalb sind gesellschaftliche und politische Reformen, die Voraussetzungen für *good governance* schaffen und durch mehr Demokratie und Partizipation eine Beteiligung der Menschen am Entwicklungs- und Entscheidungsprozeß ermöglichen, ebenso wichtig wie wirtschaftliche Strukturreformen, welche die Dynamik der Marktkräfte, der Privatinitiative und des Eigennutzes freisetzen.

Die Erfahrung von 40 Jahren Entwicklungspolitik hat gezeigt: Eine selbstbestimmte und dauerhafte Entwicklung im Sinne von *self-reliant development* und *sustainable development* kann durch externe Inputs von Geld, Expertise und Personal allenfalls gefördert, aber nicht herbeigeführt werden. Deshalb darf sich Entwicklungspolitik nicht länger in einer punktuellen „Projektitis" erschöpfen, sondern muß Anstöße zu gesamtgesellschaftlichen Reformen geben. Die Maxime muß lauten: Helfen ist gut, Verändern ist besser! Beihilfe zu Agrarreformen ist wichtiger als isolierte Agrarprojekte, die häufig nur den Interessen der Landbesitzer dienen. Entwicklungshilfe kann aber nur dann eine an politischen und sozialen Menschenrechten orientierte „Befreiungshilfe" (nach *Fues* 1988) sein, wenn sie sich selbst von Macht- und Wirtschaftsinteressen zu befreien vermag. Die Reform der Entwicklungspolitik setzt also eine Demokratisierung der Interessen- und Entscheidungsstrukturen in den Geberländern voraus.

Veränderungen auf den beiden anderen Handlungsebenen müssen von den IL, die an den Schalthebeln der Weltwirtschaft sitzen, ausgehen. Die wichtigsten Beiträge, die sie zu einer globalen Entwicklung leisten können und müssen, bestehen

- erstens und vor allem in der Herstellung fairer weltwirtschaftlicher Rahmenbedingungen, die auch die EL an den Vorteilen der internationalen Arbeitsteilung teilhaben lassen und ihnen größere Handlungsspielräume eröffnen;
- zweitens in ihrer Bereitschaft, sich auf Regeln einer internationalen sozialen Marktwirtschaft, die den Schutz des Schwächeren dem Recht des Stärkeren überordnet, sowie auf dauerhafte, international geregelte und organisierte Mechanismen eines internationalen Interessenausgleichs und Ressourcentransfers einzulassen;
- drittens in der Aufhebung der Entwicklungsblockade, die die Überschuldungskrise darstellt, durch Entschuldungsinitiativen, die auch den Privatbanken größere Forderungsverzichte abverlangen;
- viertens in grundlegenden Veränderungen ihres eigenen verschwenderischen Produktions- und Konsumstils auf Kosten globaler Entwicklungschancen und Ressourcenbestände.

Spätestens der *Brundtland-Bericht* (1987) verdeutlichte, daß *sustainable development* auch den IL Strukturanpassungen, die sie bisher einseitig den EL aufzuzwingen versuchten, abverlangt. Eine glaubwürdige internationale Umweltpolitik muß zunächst bei den IL selbst ansetzen, verlangt aber auch eine Neuorientierung der Entwicklungspolitik: Sie muß durch ökologische Expertise, den Verzicht auf Exporte (z. B. von Giftmüll) und Importe (z. B. von Tropenholz) mit umweltschädlichen Wirkungen, die Bindung von Direktinvestitionen an ökologische Auflagen (die z. B. die Auslagerung von „Giftschleudern" verhindern) und schließlich die gezielte Finanzierung von Umweltschutzmaßnahmen ein umweltverträgliches Wachstum fördern. Wenn den IL die Erhaltung der tropischen Regenwälder aus großklimatischem Eigeninteresse so wichtig ist, bleibt ihnen ein Lastenausgleich nicht erspart; wenn eine aufholende Entwicklung durch eine Nachahmung ihres eigenen Wachstums- und Entwicklungsmodells den ökologischen Suizid der Menschheit bedeuten sollte, dann kann diese Katastrophe nicht allein durch den Verzicht der EL auf industrielle Entwicklung vermieden werden:

> „Soll der Süden und Osten wachsen, aber ökologisch orientiert, so muß gleichzeitig der Westen selbst von seinem auf Quantität und abstrakten Wertmaßstab fixierten Wachstumsmodell abrücken und versuchen, zu einem auf umfassende Lebensqualität ausgerichteten Gleichgewichtsmodell des Arbeitens und Lebens, des Produzierens und Konsumierens überzugehen. Wachsen darf vor allem bei uns nur noch, was sozial und ökologisch verträglich ist.“[1]

Das Problem der Massenarmut im Süden – und nun auch im Osten – kann nicht allein durch zusätzliches Wachstum gelöst werden, weil es einen steigenden Verbrauch der nicht erneuerbaren Ressourcen und zusätzliche Umweltbelastungen erzeugt. Eine Problemlösung ist deshalb ohne Umverteilung des vorhandenen Reichtums nicht möglich. Nur die Sicherung eines menschenwürdigen Existenzminimums in den Armutsregionen kann Bevölkerungswachstum und Massenmigrationen eindämmen, die als „neue Bedrohungen“ aus dem Süden perzipiert werden.

Bisher verhinderte die auf die Mehrung des eigenen Wohlstandes bedachte Interessenpolitik der IL einen Nord-Süd-Interessenausgleich und die Nutzung globaler Entwicklungschancen. Es geht in der Nord-Süd-Politik darum, die vom *Brandt-Bericht* betonten „gemeinsamen Interessen“ zwischen IL und EL nicht nur zu erkennen, sondern sie in eine Weltinnenpolitik umzusetzen. Das „aufgeklärte Selbstinteresse“ verlangt den Verzicht auf kurzfristige Vorteile auf Kosten anderer und der Natur, kurzum: eine globale Verantwortungsethik auf der Grundlage der universellen Menschenrechte.

(Die zitierte und erwähnte Literatur ist im zusammenfassenden Literaturverzeichnis auf den S. 492 ff. aufgeführt.)

Anmerkung

1 So *Ingomar Hauchler* (MdB/SPD) in einem bisher unveröffentlichten Vortrag in Potsdam, Oktober 1991.

III. Grundprobleme von Entwicklung

Das Bevölkerungsproblem als Indikator ungleichgewichtiger Entwicklung

Heide Mertens

1. Daten und Prognosen

Im Jahr 2000 werden bereits 6,4 Mrd. Menschen auf der Erde leben; im Jahr 2050 werden es voraussichtlich 10 Mrd. sein (DGVN 1991: 7). Dieses Bevölkerungswachstum findet fast ausschließlich in den EL statt.

Tabelle 1: Geburten- und Sterberaten (1990) – Bevölkerungswachstum

Regionen/ Länder	Geburtenrate[a]	Sterberate[a]	Bevölkerungswachstum[b] 1980-85	1990-95[c]
Afrika	43	13	2,95	3,0
- Nordafrika	34	9	2,87	2,5
- Westafrika	47	14	3,19	3,3
Lateinamerika	26	7	2,19	1,9
Ostasien	19	6	1,21	1,3
- China	19	6	1,23	1,3
Südostasien	26	8	2,13	1,8
Südasien	33	10	2,42	2,3
- Indien	31	10	2,21	2,1
Naher Osten	33	7	2,96	2,7
EL[d]	29	9	2,10	2,1
IL[e]	13	9	0,65	0,5
Welt	26	9	1,74	1,7

[a] auf 1000 Einwohner; [b] im Jahresdurchschnitt;
[c] Prognose; [d] Entwicklungsländer; [e] Industrieländer
(Quelle: Weltbevölkerungsbericht 1990)

Asien

Der größte Teil dieses Zuwachses entfällt, in absoluten Zahlen, auf Asien, wo bis zum Jahr 2025 rund 1,8 Mrd. Menschen mehr als heute leben werden. Die Wachstumsraten sind jedoch in Asien mit weniger als 2 % p. a. niedriger als in

Afrika. Die Bevölkerung Indiens wird von heute rund 800 Mio. auf weit über 1 Mrd. Menschen im Jahr 2025 anwachsen, obwohl in Indien seit den 50er Jahren Familienplanungsprogramme Bestandteil der staatlichen Entwicklungspolitik sind.
Für China wird dagegen um die Jahrtausendwende eine Fruchtbarkeitsrate auf dem Reproduktionsniveau prognostiziert (DGVN 1991: 7). Die Geburtenrate – die Zahl der Geburten auf 1000 E. und Jahr – entspricht also der Sterberate, so daß die Bevölkerungszahl gleichbleibt. Sinkt die Geburtenrate weiter, schrumpft die Bevölkerung, wie es einige europäische Staaten und Japan bereits erleben. Wird das Ziel des Nullwachstums in China oder anderen asiatischen Staaten erreicht, dann würde aufgrund des vorangegangenen starken Wachstums ein überproportional großer Anteil der Bevölkerung alt sein. Die Unterbringung, Versorgung und medizinische Betreuung einer wachsenden Zahl alter Menschen wird für die EL eine ähnliche Belastung darstellen wie die derzeitige hohe Zahl von Kindern und Jugendlichen.

Abbildung 1: Anteile an der Weltbevölkerung nach Regionen
(Bevölkerung in Millionen)

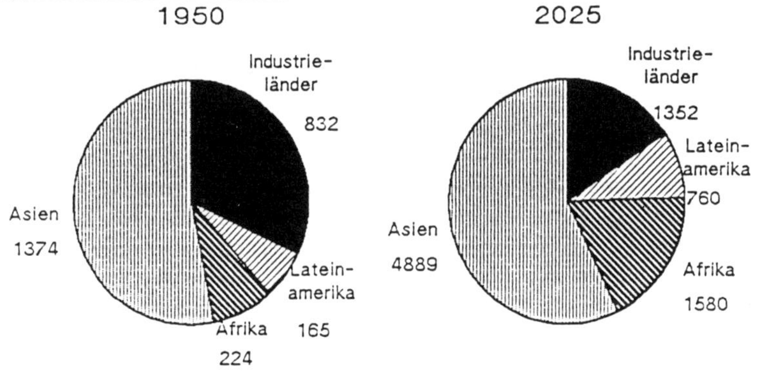

(Quelle: Weltbevölkerungsbericht 1990)

Afrika südlich der Sahara

Die größten Wachstumsraten der Bevölkerung weisen mit über 3% p. a. die afrikanischen Staaten auf. Bei Fortsetzung dieses Wachstums wird sich ihre Bevölkerung in weniger als 30 Jahren verdoppeln. Für Nigeria, das bevölkerungsreichste Land Afrikas mit einer derzeitigen Wachstumsrate von 3,2% p. a., wird ein Bevölkerungsanstieg von 108,5 Mio. (1991) auf fast 281 Mio. im Jahr 2025 vorausgesagt (DGVN 1991: 48).

Solche Prognosen, die von den Vereinten Nationen auf der Grundlage großangelegter demographischer Erhebungen gemacht werden, geben ungefähre Anhaltspunkte für künftige Bevölkerungsentwicklungen. Sie haben die internationalen Organisationen bereits zu verstärktem bevölkerungspolitischem Engagement veranlaßt. Die Daten und Prognosen müssen jedoch mit Skepsis betrachtet werden, da sie statistische Aussagen über Länder machen, in denen oft keine oder erst seit kurzem Bevölkerungszählungen durchgeführt werden. Auch ist in Afrika die Entwicklung der Sterblichkeit schwer vorhersehbar.

Arabische Staaten

Wesentlich weniger Aufmerksamkeit durch die internationalen Organisationen und die westliche Entwicklungshilfe findet die Bevölkerungsentwicklung in den arabischen Staaten, obwohl auch hier die Wachstumsrate bei 3 % p. a. liegt. Sie bildet in den bevölkerungsarmen und reichen Golf-Staaten kein Problem. In Ägypten, dem bevölkerungsreichsten arabischen Staat, stellt jedoch das Bevölkerungswachstum bei knappen Land- und Wasserressourcen ein schwerwiegendes Entwicklungsproblem dar. Deshalb wurden hier bereits in den 60er Jahren Familienplanungsprogramme eingeführt.

Lateinamerika

In Lateinamerika liegen die Bevölkerungswachstumsraten in denjenigen Ländern, in denen es einen hohen Bevölkerungsanteil mit indianischer Abstammung gibt, über 2 %: in Mexiko, allen mittelamerikanischen Staaten und den Andenstaaten außer Chile. Von den letzteren betrachtet allerdings nur die Regierung Perus das Bevölkerungswachstum von 2 % p. a. als zu hoch. Die Regierung von Bolivien wünscht sogar ein höheres Wachstum als von derzeit 2,8 %. In Mittelamerika, besonders in Mexiko, werden dagegen staatliche Familienplanungsprogramme zur Verringerung der Geburtenraten durchgeführt. Zielgruppen sind dabei besonders die indianischen Bevölkerungsgruppen.

2. Die Ursachen des Bevölkerungswachstums

Das Bevölkerungswachstum stellt für Länder, in denen auf Grund der strukturellen und ökonomischen Probleme viele Menschen keine Arbeit und kein Einkommen haben, die Landflucht die städtischen Zentren anschwellen läßt und viele von Bürgerkriegen und militärischen Auseinandersetzungen betroffen sind, ein großes Problem dar. Das Bevölkerungswachstum ist nicht Ursache für Armut und Unterentwicklung. Vielmehr läßt sich der Anstieg der Geburtenrate für diese Länder als Folge von Kolonialisierungs- und Modernisierungsprozessen erklären, die zu einer Zerstörung traditioneller Lebensformen und der Marginalisierung breiter Bevölkerungsschichten geführt haben. Einerseits kam es in vielen Regionen zu einer besseren Versorgung mit Grundnahrungsmitteln und zur Begrenzung von Seuchen und ansteckenden Krankheiten, die die Sterberate senkten. Andererseits führte die Aufhebung traditioneller Regeln in bezug auf Sexualität und Fortpflanzung zur Erhöhung der Geburtenrate.

Tabelle 2: Bevölkerungsentwicklung nach Länderbeispielen (1990)

Länder	Bev. in Mio.	Zuwachs in % p.a.	Geburtenrate	Sterberate	Kindersterblichkeit
Kenya	24.0	3.7	47	10	64
Rwanda	7.2	3.5	50	16	112
Nigeria	108.5	3.2	46	14	96
Kuba	10.6	0.9	17	7	13
Mexiko	88.6	2.0	27	5	36
Bolivien	7.3	2.8	41	12	93
Brasilien	150.4	1.9	26	7	57
China	1,139.1	1.4	21	7	27
Indien	853.1	2.1	31	10	88
Afghanistan	16.6	6.7	52	22	162
Polen	38.4	0.5	15	10	17
BRD[a]	61.3	-0.1	11	12	8
Japan	123.5	0.4	12	8	5

[a] ohne neue Länder.
Quelle: DGVN 1991

Die Problematik der Bevölkerungsentwicklung läßt sich kaum in globalen Katastrophenszenarien von Verelendung und Verwüstung erfassen. Denn die Dynamik von Bevölkerungsentwicklung und Entwicklung stellt sich in den einzelnen Regionen der Erde unterschiedlich dar. Es gibt für jedes Land bzw. jede Landschaft einen spezifischen historischen Zusammenhang von Umweltbedingungen, wirtschaftlicher Entwicklung, Einbindung in den Weltmarkt, kulturellen Normen und Bevölkerungsentwicklung.

2.1 **Der demographische Übergang in Europa**

Die europäische Bevölkerungsentwicklung der letzten 250 Jahre wird in der Regel mit dem Begriff des „demographischen Übergangs" beschrieben. Gemeint ist eine historische Veränderung des generativen Verhaltens, bei der zunächst die Sterberate fällt bzw. die Lebenserwartung steigt, die Geburtenzahlen pro Einwohnerzahl jedoch gleich bleiben und dadurch Bevölkerungswachstum entsteht.

Für die europäischen Länder trifft diese Entwicklung zu. Hier hat der Modernisierungs- und Industrialisierungsprozeß auch zu einer Rationalisierung des generativen Verhaltens geführt (vgl. *Mertens* 1991: IV.1). Das Modell des demographischen Übergangs wird der Komplexität in anderen Gebieten der Erde jedoch kaum gerecht; es bietet vor allem keine hinreichenden Erklärungsansätze für die aktuelle Bevölkerungsentwicklung in den EL.

In Europa setzte spätestens um 1750 ein stetiges Wachstum der Bevölkerung ein. Ursache war nicht allein eine Erhöhung der Lebenserwartung, sondern auch ein Ansteigen der Geburtenraten. Die wirtschaftlichen und sozialen Umwälzungen im Zuge der Frühindustrialisierung bewirkten auch eine Veränderung des generativen Verhaltens. Die Gesundheitsversorgung verbesserte sich dagegen erst gegen Ende des 19. Jh.s, als industriell hergestellte synthetische Arzneimittel Verbreitung fanden. Im 18. Jh. wurden alte Regeln zur Kontrolle des Bevölkerungswachstums, nach denen Menschen ohne Besitz von der Heirat und damit der Fortpflanzung ausgeschlossen blieben, aufgelöst. Die Ernährungssituation stabilisierte sich allmählich durch die Intensivierung der Landwirtschaft und die größeren Transportmöglichkeiten, durch die regionale Mißernten ausgeglichen werden konnten.

Das Bevölkerungswachstum trat gerade in Gegenden auf, die nicht im Zentrum industrieller Entwicklung lagen und oft wenig fruchtbare Böden hatten. Hier bot die Einführung der Kartoffel als anspruchslose, nahrhafte Subsistenzfrucht in Verbindung mit verlagsmäßig betriebener Warenproduktion den Menschen die „materielle" Voraussetzung dafür, früh zu heiraten. Eine große Kinderzahl war für die Produktion hilfreich und erhöhte das Einkommen, solange eine entsprechende Nachfrage auf den fernen Märkten bestand. Viele Kinder waren für die Produzenten ökonomisch rational (*Polgar* 1972:207; *Tilly* 1978:28).

Das Bevölkerungswachstum erreichte seinen Höhepunkt in der zweiten Hälfte des 19. Jh.s, überstieg aber kaum 1 % pro Jahr. In vielen Gebieten Europas verschärften sich die Probleme der Landarmut und der Verstädterung. Doch die Auswanderung „überzähliger Menschen" aus den armen bevölkerungsreichen Gegenden in die Kolonien erleichterte die Lösung der Probleme. Etwa 50 Mio. Menschen verließen zwischen 1845 und 1914 Europa. Die meisten wanderten in die USA und andere Teile Amerikas aus (*McEvedy/Jones* 1978:31).

Im ausgehenden 19. Jh. änderte sich das generative Verhalten erneut. Arbeitskräfte wurden nicht mehr so uneingeschränkt wie in der Frühphase der Industrialisierung nachgefragt. Das Verbot der Kinderarbeit, die Einschränkung der Frauenarbeit sowie die Einführung der Schulpflicht schufen eine Situation, in der die Reduzierung der Kinderzahl für die Arbeiter/innen sinnvoll war. Sozialreformer unterschiedlicher politischer Ausrichtung propagierten als Lösung der sozialen Probleme in den industriellen Zentren Geburtenkontrolle für die Arbeiter/innen. Dahinter stand auch die Sorge über ein unverhältnismäßig starkes Wachsen der Arbeiterklasse im Vergleich zum Bürgertum. Die Mitglieder der in allen europäischen Ländern entstehenden Geburtenkontrollbewegungen klärten teilweise gegen staatliche und kirchliche Verbote über die damals bekannten Verhütungsmethoden auf:

Coitus Interruptus, Kondome, Pessare und Vaginalduschen (vgl. *Lambrecht/Mertens* 1989).

2.2 **Bevölkerungsentwicklung und Kolonialisierung**

In den EL besteht ein enger Zusammenhang zwischen der Veränderung des generativen Verhaltens und der Kolonialisierung. Während im Europa des 18. und 19. Jh.s die Bevölkerung wuchs, verursachten die Eroberungskriege in den außereuropäischen Ländern vor und während dieser Zeit demographische Einbrüche, in Lateinamerika fast die Ausrottung der indianischen Bevölkerung (*Polgar* 1972:205).

Dabei kamen die Menschen weniger durch die direkte Gewalt der Eroberer um, sondern durch die Krankheitserreger von Windpocken und Masern, sowie Influenza, die die Spanier mitbrachten, und gegen die die indianische Bevölkerung keine Abwehrkräfte besaß. Als *Kolumbus* in Amerika landete, zählte die indianische Bevölkerung auf dem Kontinent etwa 14 Millionen Menschen. Ein Jh. später war die Zahl auf drei Viertel reduziert (*McEvedy/Jones* 1978:273). Die ursprüngliche Bevölkerung der karibischen Inseln wurde fast ganz ausgerottet, während von den Inkas und Azteken etwa 2,5 Mio. umkamen. Sie blieben aber zahlreich genug, um als ethnische Gruppe zu überleben.

Die demographischen Auswirkungen der Verschleppung von etwa 10 Mio. afrikanischen Sklaven/innen zwischen 1500 und 1800, etwa einem Viertel bis einem Fünftel der damaligen Bevölkerung Afrikas, sind ungeklärt. Zumindest während des Höhepunktes des Sklavenhandels zwischen 1750 und 1800 gab es ein erheblich verlangsamtes Bevölkerungswachstum. Gleichzeitig mit dem Sklavenhandel wurden neue Nahrungsmittel, z. B. Mais, eingeführt, die für eine Stabilisierung der Ernährungssituation sorgten und so wahrscheinlich die demographischen Folgen des Sklavenhandels ausglichen (*McEvedy/Jones* 1978:214).

In Indien war die erste Phase der britischen Kolonialisierung bis 1920 von Hungersnöten und Epidemien gekennzeichnet. Von 1891 bis 1920 stagnierte das Bevölkerungswachstum. 1919/20 lag die Sterberate sogar über der Geburtenrate. Erst danach gelang es der britischen Kolonialmacht, wirksame Maßnahmen gegen Seuchen und Hungersnöte zu ergreifen (*Lambrecht/Mertens* 1989:132).

Nach Abschluß der kolonialen Eroberungsphase verbesserte sich in den Kolonialländern langfristig die Ernährungs- und Gesundheitssituation. Gleichzeitig schufen zwei Faktoren nach der Etablierung der kolonialen Regime die Grundlage für die bis heute wirksame Erhöhung der Geburtenraten. Die traditionellen Methoden der Geburtenregulierung, die in allen kolonisierten Gesellschaften bestanden haben, wurden durch Einführung christlich-abendländischer Moralvorstellungen und die Zerstörung der sozialen Beziehungen unwirksam. Durch die wirtschaftliche Orientierung der meisten

Kolonien am Export in die Metropolen entstand eine gesteigerte Nachfrage nach Arbeitskräften, die zusätzlich das Bevölkerungswachstum stimulierte.

2.3 **Die Auflösung traditioneller Methoden der Bevölkerungsregulierung**

Die Einführung christlicher Erziehung durch Missionare und die Unterdrükkung von Abtreibungen, Kindestötung und Polygamie zerstörten besonders in den afrikanischen Ländern traditionelle Regelungen zur Geburtenbegrenzung. In den Stammesgesellschaften fanden rituelle Einführungen Jugendlicher statt, während der die Mädchen u. a. ihre fruchtbaren Tage zu erkennen lernten. In den polygamen Familiengefügen besuchte der Mann seine Frauen nach einem festen Plan, den die Frauen selbst mitgestalteten. Solange eine Frau stillte, verkehrte sie nicht mit ihrem Mann (vgl. *Mertens* 1991:III.3).

In den meisten Gesellschaften waren bestimmte pflanzliche oder mechanische Verhütungsmethoden bzw. Methoden zur Abtreibung bekannt. Sie konnten im Rahmen der gesellschaftlichen Normen zu Sexualität und Fortpflanzung angewandt werden, um unerwünschte Geburten zu verhindern. Das betraf in der Regel Schwangerschaften vor der Heirat, kurz nach der Geburt eines Kindes und nach der Heirat des ältesten Sohnes (*Nag* 1962). Einen Einfluß hatten auch Zeiten ritueller Abstinenz, wie sie z. B. aus dem Hinduismus bekannt sind. Aus Erzählungen der indianischen Bevölkerung Lateinamerikas sind Bäume bekannt, deren Rinde sterilmachende Substanzen enthält. Die Mythen und Geschichten um solche Bäume belegen den Machtkampf, der um sie und die lokale Geburtenpolitik entstehen konnte.

Es ist bisher wenig dazu geforscht worden, in welchem Ausmaß die durch die Kolonisierung hervorgerufenen Veränderungen der gesellschaftlichen Strukturen und der Moralvorstellungen auch die Geburtenregulierung verändert haben. Christliche Missionare haben auf jeden Fall zur Ächtung der Abtreibung beigetragen. Wo europäische monogame Ehen mit einem gemeinsamen Schlafgemach der Eheleute offenere Formen mit oftmals getrennten Wohnbereichen der Geschlechter ablösten, mußten Abstinenztabus aufweichen, da sie sozial nicht mehr kontrollierbar waren. Zu diesen sozialen Einflüssen auf das Fortpflanzungsverhalten kamen die materiellen Interessen der Kolonialherren an Arbeitskräften für Plantagen und Bergwerke.

2.4 **Exportorientierung als Motor des Bevölkerungswachstums**

Die weißen Plantagenbesitzer hatten ein wirtschaftliches Interesse an der Erhaltung und Vermehrung der Arbeitskraft ihrer Untergebenen. Deshalb lag es in ihrem Interesse, wenn die Arbeiter/innen christliche monogame Ehen eingingen, die zu vielen Kindern führten (*Mamozai* 1982:75;112). Die Holländer betrieben in ihren indonesischen Kolonien eine aktive Bevölkerungspolitik, indem sie Plantagenarbeiter aus anderen Inseln importierten, systematisch ansiedelten und zu Ehen mit ebenfalls aus anderen Landesteilen herbeigeschafften Frauen motivierten. Auch hinter den in vielen Kolonien geförderten Verbindungen zwischen weißen Kolonialbeamten und einheimischen Frauen standen bevölkerungspolitische Interessen, z. B. an für die Kolonialverwaltung einsetzbaren Arbeitskräften, die an europäische Lebensformen angepaßt waren.

Die ausgerottete Bevölkerung der karibischen Inseln wurde durch den Import afrikanischer Sklaven ersetzt. Sie bekamen so eine völlig neue Bevölkerung, afrikanischstämmige Sklaven, die als Arbeitskräfte für die Zuckerrohrplantagen importiert wurden. Insgesamt wurden zwischen 1550 und 1850 etwa 4 Mio. Sklaven in die Karibik gebracht. 3,5 Mio. afrikanische Sklaven kamen nach Brasilien, wo sie ebenfalls auf Plantagen und in Bergwerken arbeiteten.

Spätestens seit der Ächtung und allmählichen Abschaffung des Sklavenhandels im 19. Jh. lag es im Interesse der Plantagenbesitzer, daß ihre Sklaven/innen heirateten, um sich fortzupflanzen. Dies geschah nicht nach den sozialen Regeln, die in polygamen afrikanischen Stämmen, sondern in christlichen Ehen galten. Die schwarze Bevölkerung Amerikas hat sich im Verhältnis zur Zahl der importierten Sklaven/innen bis heute verzehnfacht (*McEvedy/Jones* 1978:277).

Ein anschauliches Beispiel für durch Kolonialherrschaft induziertes Bevölkerungswachstum ist Java. Die Bevölkerung der in der Nähe von Plantagen gelegenen Dörfer verkaufte dort ihre Arbeitskraft. Daneben betrieb sie für den Eigenbedarf weiter Landwirtschaft. Dies ermöglichte den Plantagenbesitzern, die Löhne niedrig zu halten: „Solange der Weltmarkt für indonesischen Zucker, Gummi und Tabak expandierte, vermehrten sich die Dorfbewohner und überlebten. Wenn die Plantagen schlossen, versanken die Dörfer in Elend" (*Tilly* 1978:31, Ü. d. V.).

Die Intensivierung der Landwirtschaft durch die Exportproduktion steigerte den Arbeitskräftebedarf auch dort, wo die Produktion in der Hand von Einheimischen verblieb. Sie mußten monetäres Einkommen erwirtschaften, um die Abgaben und Steuern zu zahlen, was oft nur durch eine Vergrößerung der Familien möglich war.

2.5 **Modernisierung und Bevölkerungsentwicklung**

In den neuen unabhängigen Staaten kam es dann vor allem seit den 60er Jahren durch gleichzeitige Modernisierungs- und Marginalisierungsprozesse zu einer weiteren Steigerung des Bevölkerungswachstums. Einerseits begannen in den 50er Jahren großangelegte Programme zur Bekämpfung von Malaria. Schutzimpfungen und andere hygienische Maßnahmen trugen zur Senkung der Sterberaten bei.

Gleichzeitig fand ein weiterer Anstieg der Geburtenraten statt. Besonders durch den Rückgang der Stillpraxis kam es in Afrika zu einer für Mütter und

Kinder lebensgefährlichen Verkürzung der Geburtenabstände. Heute soll dem durch eine erneute Propagierung des Stillens entgegengewirkt werden. Da aber die gleichzeitige Einhaltung der Abstinenzgebote nicht mehr gewährleistet ist, ist der Erfolg fraglich. In Kenia, wo heute die Bevölkerung im Jahr um 3% wächst, erhöhte sich die durchschnittliche Kinderzahl pro Frau von 6,8 (1962) auf 8,0 (1973) (*Nag* 1980:572).

Die zunehmende Durchdringung der Wirtschaft durch die westliche Geld- und Warenwirtschaft und die Einbeziehung in den Weltmarkt hat in den kolonialwirtschaftlich erschlossenen Regionen einen Anreiz für große Familien geschaffen. Das war z. B. dort der Fall, wo die Modernisierung der Landwirtschaft eine erhöhte Nachfrage nach Frauen- und Kinderarbeit für die Ernte geschaffen hat (*Mertens* 1991:III.5). Die Verarmung kann die kleinbäuerlichen und landlosen Familien aber selbst bei fehlender Nachfrage nach Arbeitskräften und sich verschlechternden Umweltbedingungen dazu zwingen, die fehlende soziale Sicherheit durch hohe Kinderzahlen auszugleichen. Solche Familien haben dabei die Hoffnung, durch eine familiäre Diversifizierung des Einkommens, zu der jedes Kind etwas beiträgt, das Überleben zu sichern.

Die Umweltzerstörung hat in vielen Gegenden vor allem zu einer Erhöhung ihrer Arbeitsbelastung geführt, weil die Beschaffung von Wasser und Brennholz mühsamer wurde. Für die Frauen bedeuten Kinder so eine potentielle Entlastung. Besonders in Lateinamerika, aber auch in vielen afrikanischen Städten, sorgt der überwiegende Teil der Frauen allein für ihre Kinder. Die Beziehungen zu den Vätern sind unverbindlich, und die Sicherheit großfamiliärer Strukturen trägt nicht mehr. In dieser Situation werden Mutterschaft und Kinder für die Frau zum wesentlichen Bestandteil ihres Selbstverständnisses und ihrer sozialen Sicherheit.

3. Die Folgen des Bevölkerungswachstums

3.1 Die Tragfähigkeit der Erde

Ein entscheidender Aspekt der Diskussion über das Bevölkerungswachstum liegt in der Frage, ob es möglich sein wird, eine wachsende Anzahl von Menschen zu ernähren und ihnen eine menschenwürdige Existenz zu ermöglichen. Das Konzept der „Überbevölkerung" geht davon aus, daß es eine bestimmte, möglicherweise sogar definierbare Grenze der Anzahl von Menschen gibt, die auf der Erde bzw. einem bestimmten Territorium ausreichend Lebensunterhalt finden können. Dabei überwiegt heute die Sorge um die Umweltzerstörung gegenüber dem Problem einer weiteren landwirtschaftlichen Produktivitätssteigerung.

Einer der ersten, der die Tragfähigkeit der Erde berechnete, war *Johann Peter Süßmilch* (1707–67), Geistlicher und Mitglied der „königlichen Academie der Wissenschaften zu Berlin". Er berechnete in seinem bevölkerungswissenschaftlichen Werk 1741 die Tragfähigkeit der Erde mit 7 Mrd. Menschen. Grundlage seiner Berechnungen waren die ihm bekannten landwirtschaftlichen Möglichkeiten seiner Zeit und die Verpflegungssätze der Soldaten Brandenburgs (*Weber* 1988:77).

Heute werden ähnliche Schätzungen von FAO, Weltbank und unabhängigen Forschungseinrichtungen versucht. Ausgehend von unterschiedlichen Bodenbeschaffenheiten und den klimatischen Verhältnissen wird das Ertragspotential der Weltregionen berechnet. Maßstab sind die Spitzenerträge modernster landwirtschaftlicher Betriebe, die arbeitssparend und unter hohem Einsatz von Energie, Dünger, Pestiziden und Bewässerung produzieren. Den errechneten produktiven Potentialen der Welt wird in Anlehnung an die von WHO/FAO in Kilokalorien definierten Nahrungsbedürfnisse der Menschen ein für die Weltbevölkerung zu produzierendes Getreideäquivalent gegenübergestellt. Daraus wird die optimistische Annahme gefolgert, daß selbst bei einer nur 50%-Ausnutzung des produktiven Potentials 11 Mrd. Menschen ernährt werden könnten, mehr Menschen als nach Berechnungen der UNO für das nächste Jh. erwartet werden (*Weber* 1988:87).

Allerdings werden fünf Länder in Afrika (Äthiopien, Mauretanien, Niger, Nigeria, Ruanda) und vier Länder in Asien (Afghanistan, Bangladesh, Nepal und Saudi-Arabien) ihre Bevölkerung auch im nächsten Jh. nicht ernähren können, wenn das für sie prognostizierte Bevölkerungswachstum eintritt. Sie könnten nur von den Überschüssen der anderen Länder leben.

Solche Studien sind nützlich, weil sie zeigen, daß die Unterernährung eher eine Frage sozialer Ungleichheit und verfehlter Landwirtschaftspolitik ist als ein Problem der „Überbevölkerung". Sie beinhalten allerdings auch schwerwiegende Probleme. Gerade die Reflexion sozialer Strukturen und Hierarchien ist in dem Konzept der Tragfähigkeit nicht berücksichtigt. Die Einteilung der Regionen nach Bodenqualitäten ist selbst bei den Länderstudien sehr grob. Land für den Anbau von Feuerholz wird nicht einkalkuliert. Auch die Möglichkeiten der Nutzung von Fisch- und Meeresressourcen werden nicht einbezogen. Die Annahmen über die Produktivität bewässerten Landes gehen von Höchstleistungen aus, ohne die Grenzen der Wasserressourcen zu beachten. Die ökologischen Folgen des Düngemittel- und Pestizideinsatzes werden zu optimistisch beurteilt.

Die extremen Unterschiede zwischen den in den IL verbreiteten Produktionssystemen, die auf hohem Energieeinsatz beruhen, und einem Subsistenzsystem, in das lokal vorhandene Energie (Holz) eingeht, werden ohne Berücksichtigung ihrer sozialen und ökologischen Konsequenzen diskutiert. Die Definition maximaler Produktivität orientiert sich unkritisch an den industriellen Anbaumethoden mit hohen Energieinputs. Ebenfalls offen bleibt, welche Nahrungsmittel sich hinter der Maßeinheit des Getreideäquivalents verbergen sollen. Fleischproduktion ist bekanntlich wesentlich uneffektiver als Getreideproduktion; mit Weizen können vom Ertrag desselben Landes weniger Menschen ernährt werden als beim Anbau anderer Früchte. In Abhängigkeit von Anbauweise und Produkt kann der Bedarf an Boden, Wassereinsatz, Arbeitseinsatz und Einsatz von externer Energie (Treibstoff, Dünger, Pestizide) extrem variieren.

Die genaue Definition der für ein Territorium optimalen Bevölkerungszahl ist wegen dieser hohen Variabilität der Produktionsweisen nicht möglich. Es ist auch schwierig, die für eine bestimmte Bevölkerung notwendige Gütermenge genau zu definieren, da der Bedarf an persönlichem Eigentum, Bequemlichkeit und Luxus sozial vermittelt ist und selbst der Verbrauch an Kalorien je nach Ernährungsgewohnheiten und Körperbau sehr unterschiedlich sein kann.

Entsprechend irreführend ist der Begriff der „Überbevölkerung". Es kann allerdings von einer „relativen Überbevölkerung" im Verhältnis zur landwirtschaftlichen Produktivität, den Produktionsverhältnissen, dem Arbeitsplätzeangebot oder dem Lebensstil gesprochen werden. „Relative Überbevölkerung" herrscht auch dann, wenn eine ungerechte Verteilung der Güter Teile der Bevölkerung vom Wohlstand ausschließt oder strukturelle Gründe der Steigerung der landwirtschaftlichen Produktivität entgegenstehen.

Eine maximale Bevölkerungszahl läßt sich weder durch das Kriterium der Nahrungsmittelversorgung noch durch Berücksichtigung der Umweltbedingungen bestimmen. Denn auch die Umweltbedingungen sind in den besiedelten Regionen der Erde Produkt der Wirtschaftsweise des Menschen. Die mögliche Nahrungsmittelproduktion wird mehr vom menschlichen Arbeitseinsatz als von den natürlichen Bedingungen bestimmt. Arbeitsintensive Produktionsmethoden wie Terrassenbau, Bewässerungsanlagen und abwechslungsreiche Fruchtfolgen machten es vielen Gesellschaften möglich, trotz hoher Bevölkerungsdichte eine langfristige Bodenfruchtbarkeit zu erhalten.

Das in der Bevölkerungsdiskussion verbreitete Bild, in dem jeder Mensch als zusätzliche Belastung der Umwelt dargestellt wird, ist mißverständlich. Umweltprobleme können nicht durch die Verbannung der Menschen aus gefährdeten Gebieten gelöst werden, da die Böden ohne sinnvolle Bewirtschaftung zu verbrachen drohen. Das Konzept des Naturschutzes heißt auch in EL vielfach nur, daß die weniger produktiven Böden aus der Nutzung ausgeschlossen werden, während fruchtbare Böden umso rücksichtsloser in Monokulturen für den Export ausgebeutet werden.

Die Herausforderung der wachsenden Weltbevölkerung besteht darin, auch in Europa solche Produktionsmethoden zu entwickeln und anzuwenden, die den jeweils lokalen Bedingungen angepaßt sind und ausreichende und ausgewogene Nahrung hervorbringen können, ohne die vorhandenen fossilen Energiereserven und Wasservorräte zu erschöpfen. Eine solche richtige Bodennutzung ist nicht nur eine technische, sondern auch eine politische Aufgabe, die die Landverteilung und die Definition allgemeiner Entwicklungsprioritäten einschließt.

3.2 Bevölkerungswachstum als Hindernis für die wirtschaftliche Entwicklung

Ein weiteres Problem des anhaltend hohen Bevölkerungswachstums stellt die Schaffung von Arbeitsplätzen für eine wachsende Zahl von arbeitsfähigen Menschen dar. Zwar war in bestimmten Stadien der wirtschaftlichen Entwicklung, z. B. der USA oder Japans im 19. Jh., das große Arbeitskräfteangebot günstig. Im Fortschreiten der Industrialisierung bekommt jedoch die „Qualität" der Arbeitskräfte eine zunehmende Bedeutung, da mit der technischen Entwicklung auch höhere Anforderungen an die Qualifikation der Arbeiter/innen gestellt werden. Bestimmte Anforderungen an Gesundheit, Erziehung und Disziplin werden zur Voraussetzung ihrer Einsetzbarkeit. Mit der Industrialisierung muß also eine Veränderung des generativen Verhaltens hin zur Kleinfamilie mit hohen Ansprüchen an die wenigen Kinder einhergehen (vgl. *Schmid* 1982).

Diese These wurde von *Coale/Hoover* (1958) in ein ökonomisches Modell übersetzt, das den Zusammenhang zwischen wirtschaftlicher Entwicklung und Bevölkerungswachstum in den EL darstellt. Sie stellten eine Gleichung auf, in der die staatlichen Aufwendungen für Gesundheitsversorgung und Erziehung der wachsenden Bevölkerung den möglichen Investitionen in produktive Arbeitsplätze gegenübergestellt sind. Wenn die Bevölkerung zu schnell wächst, verhindern die Kosten der Erziehung und Versorgung der zusätzlichen Kinder die Bildung von Rücklagen, die in die industrielle Entwicklung investiert werden könnten. Das Bevölkerungswachstum, so zeigt das Modell, hemmt so eine auf wirtschaftliches Wachstum und Industrialisierung ausgerichtete Entwicklung.

3.3 Die „Qualität" der Bevölkerung

Die „Entwicklung der menschlichen Ressourcen" (DGVN 1990:32) gehört heute zu den Prioritäten des bevölkerungspolitischen Engagements z. B. der Weltbank. Dieses Programm umschreibt in anderen Worten die Auffassung von der notwendigen Steigerung der Bevölkerungsqualität, wenn Industrialisierung angestrebt wird. Nicht die Ernährung einer größeren Bevölkerung gilt in diesem Modell als Problem, sondern es sind die steigenden Kosten für Bildung und Gesundheitsfürsorge, die als Schlüssel zur gewünschten Entwicklung des Arbeitskräftepotentials angesehen werden (vgl. *Weltbank* 1984:8).

Die Überzeugung von der ökonomischen Notwendigkeit der weltweiten Durchsetzung der „Zwei-Kind-Familie" und damit einer generellen Anpassung an europäische bzw. nordamerikanische Verhaltens- und Wertnormen ist Teil der Ideologie, mit der Familienplanung weltweit propagiert wird. Familienplanung wird dabei als Menschenrecht bezeichnet, das zur Selbstverwirklichung der Person beiträgt. Vor allem das Selbstbestimmungsrecht der

Frau, ihre Bildung und Eingliederung in den Arbeitsmarkt, wird dabei unhinterfragt mit der Reduzierung der Kinderzahlen in Zusammenhang gebracht. Daneben gilt Familienplanung durch die Erhöhung der Geburtenabstände als Mittel zur Senkung der Mütter- und Kindersterblichkeit (BMZ 1991).

So scheint die Verbesserung der Lebenssituation einzelner Frauen durch Familienplanung für den Industrialisierungsprozeß günstige Verhaltensveränderungen einzuschließen. Doch ist die Lebensrealität der Frauen in den EL zu komplex und widersprüchlich, als daß sie allein durch die Anwendung moderner Verhütungsmittel verbessert werden könnte.

Frauen in EL stehen heute im Spannungsfeld der Auflösung traditioneller und sich durchsetzender moderner Lebensformen. Sie hatten in ihren Gesellschaften nicht immer, aber vielfach eine untergeordnete Stellung, die soziale Sicherheiten und bestimmte Freiheiten bot. Vor allen Dingen bestanden konkrete Regelungen in bezug auf Sexualität und Fortpflanzung. Das Wissen über Schwangerschaft und Geburt wurde in vielen Fällen ausschließlich durch Frauen beherrscht und weitergegeben (vgl. *Mertens* 1991:III.3).

Die Zerstörung und Auflösung dieser Strukturen hat für die Frauen neue Möglichkeiten eröffnet, aber gleichzeitig zu einer sozialen Desintegration geführt, deren Hauptmerkmal in vielen Ländern die Verantwortungslosigkeit der Männer gegenüber ihren Kindern ist. In den zunehmend durch Marktbeziehungen geprägten Gesellschaften werden Frauen und Kinder leicht zu Objekten, sei es als billige Arbeitskräfte, Prostituierte oder sogar – im Fall des Kinderhandels – zur Erfüllung der Kinderwünsche anderer.

4. Familienplanung als Bestandteil der Entwicklungspolitik

Im Mittelpunkt der Bevölkerungs- und Familienplanungsprogramme in EL steht die Verbreitung moderner Verhütungsmittel. Die weltweite Senkung der Geburtenraten gehört heute zu den vorrangigen Zielen internationaler Entwicklungspolitik. Familienplanung wird dabei als eigenständiges Ziel zur Verbesserung der Lebenssituation der einzelnen verstanden, vor allem aber als Voraussetzung für die Bewältigung anderer ökonomischer und sozialer Probleme (DGVN 1991:9).

4.1 Nationale Politik und internationale Hilfe

Die überwiegende Zahl der Regierungen von EL teilte in den 80er Jahren die Meinung der Vereinten Nationen und der westlichen IL von der Notwendigkeit einer Kontrolle des Bevölkerungswachstums. Deshalb enthalten ihre nationalen Entwicklungspläne die Formulierung bevölkerungspolitischer Ziele. Während Indien, Bangladesh, Thailand, China und andere asiatische Länder sowie Kolumbien, Kenia und Ägypten bereits seit den 60er Jahren staatliche Familienplanungsprogramme durchführen, entschlossen sich die meisten afrikanischen und viele lateinamerikanische Länder erst in den letzten Jahren unter Einfluß der sich verschlechternden wirtschaftlichen Bedingungen und der Auslandsverschuldung zu Bevölkerungsprogrammen.

Obwohl gerade Familienplanung ein sehr sensibler Bereich der Entwicklungspolitik ist, spielen seit Beginn der Maßnahmen in den 50er Jahren (damals vor allem in Indien) internationale Organisationen und westliche Regierungen (zunächst besonders die USA) sowie private Träger aus westlichen Ländern (ebenfalls insbesondere US-amerikanische Organisationen) eine entscheidende Rolle bei der Durchführung der Familienplanungsprogramme (*Lambrecht/Mertens* 1989:59ff.). Japan, Kanada, Dänemark, Finnland, die Bundesrepublik, die Niederlande, Norwegen, Schweden und Großbritannien finanzieren derzeit den größten Teil der etwa 675 Mio. US-$ internationaler Hilfe für Bevölkerungsprogramme (DGVN 1991:41). Diese Länder bestimmen auch maßgeblich die Forschung, die Konzeption und den Charakter der Programme.

Der Bevölkerungsfonds der Vereinten Nationen fordert eine Steigerung der internationalen Aufwendungen auf 4,5 Mrd US-$. Er wurde 1969 unter dem Namen *United Nations Fund for Population Activities* (UNFPA) gegründet. Daneben besteht seit 1952 die *Planned Parenthood Federation* (IPPF) als größte private internationale Organisation und Dachverband der nationalen Familienplanungsverbände, z. B. der deutschen *Pro Familia*. Die Weltbank-Tochter IDA begann 1970 in Kenia mit ersten Bevölkerungsprogrammen. Die Weltgesundheitsorganisation (WHO) unterhält seit 1972 ein Sonderprogramm zur menschlichen Fortpflanzung (WHO-HRP, *Programme of Research, Development and Research Training in Human Reproduction*). Hier werden die weltweiten Forschungen zu Verhütungsmitteln und Reproduktionstechnologie koordiniert und teilweise finanziert. Die Bundesrepublik gehört zu den größten Gebern für diese internationalen Organisationen. Daneben führt sie seit den 80er Jahren zunehmend bilaterale Familienplanungs- und Bevölkerungsprojekte in EL durch (vgl. *Mertens* 1989).

4.2 **Die Durchführung der Familienplanung**

Der Charakter der nationalen Bevölkerungspolitik ist mitbestimmt durch die politische Situation vor Ort. Die Weltbank oder die UNFPA beraten die Regierungen bei der Einrichtung eigener Abteilungen für Bevölkerungspolitik im Gesundheitsministerium. In den einzelnen Regionen des Landes unterstützen ausländische Entwicklungshilfeorganisationen (z. B. die GTZ) den Aufbau und die Durchführung der Familienplanung. In den 70er Jahren glaubte man, allein das Angebot moderner Kontrazeptiva würde auch ihre Anwendung durch die Frauen garantieren. Heute wird Familienplanung dagegen in der Regel mit anderen Maßnahmen wie Gesundheitsfürsorge oder einkommenschaffenden Projekten kombiniert. Solche Maßnahmen basieren auf der Annahme, daß zusammen mit der allgemeinen Verbesserung der Lebenssituation auch Familienplanung akzeptiert wird. In einigen Projekten werden gezielt materielle Anreize für die Akzeptanz eines Verhütungsmittels gegeben.

4.3 **Verhütungsmittel**

Um die mittlere Projektion der Bevölkerungsentwicklung, 10 Mrd. Menschen um 2050, einhalten zu können, müssen nach Berechnungen der UNFPA 59 % aller Menschen im gebärfähigen Alter im Jahr 2000 Verhütungsmittel anwenden (DGVN 1991:36). Dann wird es in den EL etwa eine Mrd. Frauen zwischen 15 und 45 Jahren geben; 1990 waren es 747 Mio. (DGVN 1991:36). Entsprechend dieser Zielsetzung konzentrieren sich die Familienplanungsprogramme auf die Verabreichung langwirksamer Verhütungsmethoden, die wenig eigene Motivation auf seiten der Benutzer/innen erfordern. Auf solche Methoden konzentriert sich auch die Suche nach neuen Verhütungsmitteln. Zur Zeit wird z. B. ein „Anti-Schwangerschafts- Impfstoff“ erprobt.

Abbildung 2: Gebrauch von Verhütungsmitteln

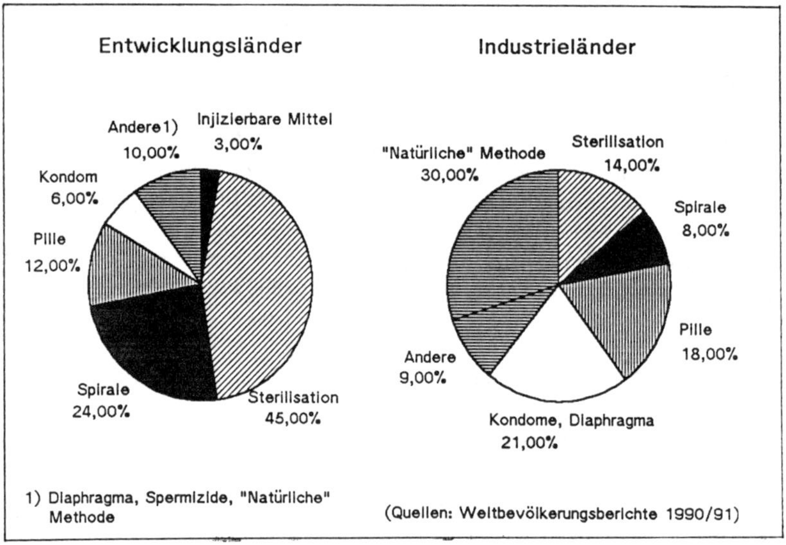

Diese Ausrichtung der Familienplanung in den EL verdeutlicht auch ein Vergleich mit den in den IL angewandten Verhütungsmethoden. In den EL ist bei 45 % der Familienplanung betreibenden Paare ein Partner, meistens die Frau, sterilisiert. 24 % der Frauen wurde eine Spirale eingesetzt, 12 % nimmt die „Pille“ ein. Bereits etwa 4 % verhütet mit injizierbaren Mitteln, d. h. mit

über mehrere Monate wirksamen Hormonspritzen, deren gesundheitliche Folgen jedoch umstritten sind. In den IL dagegen verhütet die überwiegende Zahl der Paare mit der sog. „natürlichen“ Methode, die in der Identifizierung der fruchtbaren Tage besteht, oder mit „Barriere“-Methoden, Kondomen, Diaphragma o. ä.
Die einfache Definition des Erfolges von Familienplanung als die statistische Akzeptanz eines bestimmten Verhütungsmittels ist zugleich der Hauptgrund für das Scheitern der Programme. Zwar haben Frauen in den EL den Wunsch, ihre Kinderzahl zu planen, doch bleibt ihnen oft keine andere Wahl, als das gerade propagierte Verhütungsmittel zu akzeptieren. Die kulturellen und sozialen Bedingungen, unter denen eine Frau ihre Entscheidung über Kinder fällt, werden wenig berücksichtigt.

Unter den in den EL gegebenen Bedingungen ist die Verabreichung hormoneller Verhütungsmittel, die zu Menstruationsstörungen, Kreislaufbeschwerden u. ä. führen können, problematisch. Auch Spiralen erfordern eine kontinuierliche gynäkologische Betreuung, da sie die Infektionsgefahr im Unterleib erhöhen. Viele Frauen geben bei Nebenwirkungen die Anwendung einer Verhütungsmethode schnell wieder auf. Das erklärte Ziel der Programme, Geburtenraten zu senken, widerspricht dem Ziel, Frauen zu Selbstbestimmung über ihr Leben, Sexualität und Kinderzahl zu verhelfen. Wo Frauen über die materiellen Voraussetzungen dafür verfügen, ihr Leben zu planen, werden sie auch Familienplanung betreiben.

5. Schlußfolgerungen

Es gibt keine „Überbevölkerung“. Die optimale Bevölkerungszahl für ein Land läßt sich nicht naturwissenschaftlich definieren; sie ist abhängig von Produktionsweise, Gesellschaftssystem und Lebensstandard. Es gibt allerdings eine relative „Überbevölkerung“ im Verhältnis zum angestrebten Industrialisierungsmodell, zu Landverteilung und Exportproduktion oder zu einem auf Verschwendung von Ressourcen basierenden Lebensstil. Solche ungerechten Verteilungsstrukturen können zugleich Bevölkerungswachstum verursachen. Ein ausgewogenes Verhältnis von Bevölkerung und Ressourcen kann nicht durch Bevölkerungspolitik erreicht werden, sondern durch einen politischen Prozeß, in dem Produktionsmethoden entwickelt werden, die allen Lebensunterhalt und Einkommen sichern und so den Männern und Frauen auch die Möglichkeit geben, ihre Familien zu planen.

Literatur

BMZ 1991: Förderkonzept Bevölkerungspolitik und Familienplanung, Bonn.

Coale, A./Hoover, E. 1958: Population Growth and Economic Development in Low-Income Countries, Princeton.

DGVN 1990: Entscheidungen für das nächste Jahrhundert. Weltbevölkerungsbericht 1990, Bonn.

DGVN 1991: Freie Entscheidung oder Schicksal. Weltbevölkerungsbericht 1991, Bonn.

Lambrecht, P./Mertens, H. 1989: Small Family – Happy Family. Internationale Bevölkerungspolitik und Familienplanung in Indien, Münster.

Mamozai, M. 1982: Herrenmenschen. Frauen im deutschen Kolonialismus, Reinbek.

McEvedy, C./Jones, R. 1978: Atlas of World Population History, Harmondsworth.

Mertens, H. 1989: Familienplanung als Entwicklungsstrategie. Die Rolle der internationalen Organisationen und der Bundesrepublik bei der Bevölkerungskontrolle, in: Peripherie, Nr. 36, S. 41–60.

– 1991: Wunschkinder. Natur, Vernunft und Politik, Münster.

Nag, M. 1962: Factors Affecting Human Fertility in Non-Industrial Societies. A Cross Cultural Study, Yale.

– 1980: How Modernisation Can also Increase Fertility, in: Current Anthropology, Bd. 21, S. 571–587.

Polgar, St. 1972: Population History and Population Policy from an Anthropological Perspective, in: Current Anthropology, Bd. 13, H. 2, S. 203–211.

Schmid, J. 1982: Das Bevölkerungsproblem in der Dritten Welt, in: HDW II, Bd. 1, S. 183–194.

Skriver, A. 1986: Zu viele Menschen? München/Zürich.

Tilly, Ch. 1978: The Historical Study of Vital Processes, in: ders. (Hrsg.), Historical Study of Changing Fertility, Princeton.

UNFPA 1987: Inventory of Population Projects in Developing Countries Around the World 1987/87, New York.

Weber, A. 1988: Die Tragfähigkeit der Erde, in: Steinmann/Zimmermann/Heilig (Hrsg.), Probleme und Chancen demographischer Entwicklung in der Dritten Welt, Berlin.

Weltbank 1984: Weltentwicklungsbericht 1984: Bevölkerungsentwicklung in der Dritten Welt, Washington, D. C.

Wichterich, Ch. 1988: Zum Beispiel Bevölkerung, Bornheim-Merten.

Hunger und Ernährung

Peter Meyns

1. Einleitung

Zusammen mit der Verschuldungskrise, der Umweltfrage, den Flüchtlingsströmen und der Bevölkerungsentwicklung gehört die Sicherung einer ausreichenden Ernährung für Millionen von Menschen zu den großen Entwicklungsproblemen der Dritten Welt zu Beginn der 90er Jahre. Immer wieder sind in den letzten Jahrzehnten akute Hungerkatastrophen durch dramatische Medienbilder in unser Blickfeld gerückt (worden). Dramatische und weltumspannende Nothilfemaßnahmen *(Band Aid)* wurden ergriffen. Das Problem von Hunger und Ernährung besteht jedoch weiter.

Die Analyse des Problems, die vor allem im Gefolge der Hungerkrisen in Afrika zu Beginn der 70er Jahre und dann wieder 1983/85 zu zahlreichen Veröffentlichungen geführt hat, hat – so kontrovers ihre Ergebnisse im einzelnen waren – eines deutlich gemacht, nämlich daß die Ernährungsproblematik eingebettet ist in die Vielschichtigkeit des allgemeinen Entwicklungsprozesses und sich jeglicher monokausaler Erklärungsversuche entzieht. Insbesondere besteht heute weitgehende Einigkeit darüber, daß das Auftreten von Hunger und Ernährungsdefiziten nur im Zusammenhang mit den Strukturen der Unterentwicklung angemessen begriffen werden kann. Anders ausgedrückt: Solange die Armut in der Dritten Welt nicht beseitigt ist, werden auch Hunger und Unterernährung fortbestehen.

Kennzeichnend für die Ernährungspolitik im Weltmaßstab sind zudem frappierende Gegensätze und Widersprüche. Während laut FAO-Schätzungen über 500 Mio. Menschen in EL hungern, produzieren einige IL – allen voran die USA und die EG – hohe Getreideüberschüsse. Zu den gängigen Empfehlungen der internationalen Entwicklungsagenturen sowie der westlichen Staaten für die Lösung der diversen Entwicklungsprobleme im Süden gehört heute die Stärkung der freien Marktwirtschaft. Demgegenüber beruht gerade die landwirtschaftliche Überschußproduktion der USA und der EG auf gravierenden Verletzungen marktwirtschaftlicher Prinzipien mit weitreichenden Auswirkungen auf den internationalen Agrarhandel. Wer Macht hat, bestimmt die Gesetze! Auch diese Zusammenhänge unterstreichen sowohl die Komplexität der Analyse des Welternährungsproblems als auch die Schwierigkeiten bei der Suche nach Wegen zur Beseitigung von Hunger und Unterernährung.

2. **Begriffliche Präzisierungen**

Zahlen über das Ausmaß von Hunger und Unterernährung beruhen notwendigerweise auf Schätzungen, denn es ist unmöglich, alle Menschen in den EL in empirische Erhebungen einzubeziehen. Die Ungenauigkeitsmarke wird jedoch verringert, wenn über die normativen Maßstäbe, deren Unterschreitung als Unterernährung bezeichnet wird, Einigkeit erzielt werden kann. Auch hier treten allerdings nicht unerhebliche methodische Schwierigkeiten auf.

Tabelle 1: Schätzungen der Unterernährung: 89 Entwicklungsländer[a]

	1969/70	1979/81	1983/85	2000
I. Unter 1,2facher Grundumsatz				
	in % der Bevölkerung			
89 Länder	18,6	14,7	14,6	10,5
Afrika südl. der Sahara	23,5	21,9	26,0	20,3
Naher Osten/Nordafrika	15,7	6,7	5,6	4,6
Asien	19,5	15,6	14,3	8,7
Lateinamerika	12,7	9,8	9,5	8,0
	Anzahl der Personen (in Mio.)			
89 Länder	316	320	348	353
Afrika südl. der Sahara	63	78	105	137
Naher Osten/Nordafrika	28	16	15	18
Asien	190	191	191	155
Lateinamerika	35	35	37	43
II. Unter 1,4facher Grundumsatz				
	in % der Bevölkerung			
89 Länder	27,0	21,8	21,5	15,6
Afrika südl. der Sahara	32,6	30,6	35,2	28,7
Naher Osten/Nordafrika	22,9	10,8	9,1	7,6
Asien	28,7	23,5	21,8	13,9
Lateinamerika	18,5	14,6	14,2	11,6
	Anzahl der Personen (in Mio.)			
89 Länder	460	475	512	532
Afrika südl. der Sahara	86	110	142	194
Naher Osten/Nordafrika	41	25	24	29
Asien	281	288	291	246
Lateinamerika	51	52	55	62

[a] ohne China
Quelle: Weltlandwirtschaft 2000: 88

„Hunger", so die FAO, „beginnt mit einem unangenehmen Gefühl, das die meisten Menschen kennen: Der Körper verlangt nach Nahrung. Dieses Gefühl ist intensiver und schmerzhafter als das, was wir Appetit nennen. Hunger, über einen kurzen Zeitraum hinweg, schadet nicht. Hunger, über einen längeren Zeitraum hinweg, kann lebensgefährlich sein" (DWW 1990:3). Hier wird das subjektive Moment in den Vordergrund gestellt. Es beruht aber, auch das wird deutlich, auf einem Nahrungsdefizit. Diese physiologisch meßbare Dimension des Hungers wird mit dem Begriff Unterernährung erfaßt: „Laut Definition der FAO ist Unterernährung jener Zustand, in dem die tägliche Energiezufuhr unter dem Bedarfsminimum liegt, das für einen gesunden Körper und ein gesundes, aktives Leben benötigt wird." Bei der Berechnung des Bedarfsminimums geht man vom Energiebedarf eines Menschen bei vollständig ruhendem Körper (physischer Mindestbedarf, Grundumsatz) aus. Dazu kommt der Energiebedarf, der durch körperliche Aktivität bei der Arbeit entsteht (Arbeitsumsatz). Bedingt durch Faktoren wie Alter, Körpergröße, Gewicht, Klimazone, Art der Arbeit, variiert das individuelle Bedarfsminimum. Das macht die Ermittlung eines Mittelwertes schwierig. Für die EL geht die FAO von einem Grundumsatz von etwa 1520 Kalorien pro Tag und Mensch aus (Weltlandwirtschaft 2000 : 10). In bezug auf den durchschnittlichen Arbeitsumsatz hat sich die FAO im 5. *World Food Survey* nicht auf einen einheitlichen Wert festgelegt, sondern hat ihre Schätzungen auf der Basis von zwei Werten, nämlich 0,2 bzw. 0,4 des Grundumsatzes, vorgenommen. Unterernährung liegt demnach vor, wenn die tägliche Energiezufuhr 1,2 bzw. 1,4 des Grundumsatzes, das sind 1824 bzw. 2128 Kalorien, unterschreitet.

Eine weitere qualitative Differenzierung der Fehlernährung würde auch Defizite bei anderen wesentlichen Nährstoffen (insbesondere Eiweiß) und Vitaminen berücksichtigen; hierfür wird der Begriff Mangelernährung verwendet (*Blanckenburg* 1986:84f.). In Tab. 1 sind die Schätzungen der FAO über das Ausmaß und die Entwicklung der Unterernährung in der Zeit von 1969/71 bis 2000 zusammengefaßt. Danach wird sich der Anteil der Unterernährten an der Gesamtbevölkerung bis zum Jahr 2000 relativ verringern, die Gesamtzahl aber weiter erhöhen. Ferner zeichnet sich eine Verstärkung des Trends ab, daß der regionale Schwerpunkt der Unterernährung sich von Asien nach Afrika südlich der Sahara verschiebt.

3. **Hunger und Armut**

In der Diskussion über die Gründe für Hunger und Unterernährung in der Dritten Welt hat sich in den letzten 20 Jahren das Hauptaugenmerk von einer angebots- zu einer nachfrageorientierten Betrachtungsweise verschoben. Zu Beginn der 70er Jahre schockte der *Club of Rome* die Welt mit seinem Bericht über „Die Grenzen des Wachstums", in dem in bezug auf die Nahrungsmittelproduktion in der Welt die Auffassung vertreten wurde, daß sie, vor allem wegen der immer knapper werdenden landwirtschaftlich bebaubaren Böden, nicht mit der exponentiell wachsenden Weltbevölkerung Schritt halten könne (*Meadows* 1973:37 ff.). Demgegenüber erklärte der damalige US-Außenminister *Kissinger* 1974 auf der *2. Welternährungskonferenz* in Rom, daß die Welt erstmals die technische Fähigkeit besitze, die Menschheit vom Übel des Hungers zu befreien, und rief dazu auf, innerhalb einer Dekade die Unterernährung in der Welt zu beseitigen (*Twose* 1984:5).

Tatsächlich wurden in den letzten 20 Jahren mehr als genug Nahrungsmittel in der Welt produziert, um alle Menschen sogar über dem Niveau des Bedarfsminimums zu ernähren, aber die Zahl der Unterernährten stieg weiter an. Was die Warnungen des *Club of Rome* anbelangt, werden sie längerfristig zu beachten sein, kurz- und mittelfristig waren sie aber zur Erklärung der Ernährungsprobleme in der Dritten Welt unbrauchbar, da diese nicht auf globalen Angebotsdefiziten beruhen. So unterschiedlich ihre Aussagen waren: sowohl der *Club of Rome* als auch *Kissinger* konnten mit ihrer angebotsorientierten Betrachtungsweise den Kern des Problems der strukturellen Unterernährung nicht erfassen.

Vorhandener Bedarf schafft noch kein Angebot. Es hat Situationen gegeben, bei denen auf nationaler Ebene genügend Nahrungsmittel verfügbar waren, kein Angebotsrückgang („food availability decline" (FAD)) vorlag, während im Lande Menschen verhungerten. Das Angebot wurde zurückgehalten, weil eine kaufkräftige Nachfrage fehlte. Menschen hungerten, weil sie keine Kaufkraft besaßen. Die Armut ist der Kern des Problems der Unterernährung. Selbst wenn ein Angebotsrückgang vorliegt, sind es nicht die Wohlhabenden, die hungern, sondern die Armen.

Die Schätzung der Zahl der Armen stößt auf ähnliche Schwierigkeiten wie die der Unterernährten. Die Weltbank geht von einem „minimalen Lebensstandard" aus, für den Haushaltseinkommen und Ausgaben pro Kopf, inklusive Subsistenzproduktion, als Maßstab verwendet werden. Faktoren wie Ernährung, Gesundheit, Lebenserwartung, Alphabetisierung und Zugang zu staatlichen Dienstleistungen, die den Lebensstandard ebenfalls beeinflussen, werden durch zusätzliche Indikatoren erfaßt. Auf der Basis zahlreicher Länderuntersuchungen wurde die „obere Armutsgrenze" bei Ausgaben pro Kopf und Jahr von 370 US-$ und die „untere Armutsgrenze" bei einem Verbrauch von 275 US-$ festgelegt. Danach gab es 1985 in der Dritten Welt 1116 Mio. arme Menschen, d. h. 1/3 der gesamten Bevölkerung, davon 72% in Asien und 16% in Afrika. Extrem arm mit einem jährlichen Verbrauch unter 275 US-$ waren 630 Mio. Menschen (Weltbank 1990:25 ff.).

Eine Erweiterung der nachfrageorientierten Betrachtungsweise hat *Sen* (1982) vorgenommen. Er spricht vom Anspruch („entitlement") auf Nahrungsmittel, der sich aus der jeweiligen Ressourcenausstattung sowie den gesellschaftlichen Verhältnissen und Austauschbeziehungen, die der einzelne damit eingehen kann, ergibt. Dieser Begriff geht über die kaufkräftige Nachfrage hinaus. Ein Bauer hat z. B. einen Anspruch auf die Nahrungsmittel, die er auf seinem eigenen Land anbaut; er kann seine Arbeitskraft verkaufen und mit dem Lohn Nahrungsmittel und andere Produkte kaufen; das gleiche kann er mit dem Erlös von „cash crops" tun, die er auf seinem Land anbaut. Da die Ansprüche verschiedener gesellschaftlicher Gruppen verschieden stark sind, wirken sie sich auf die Marktnachfrage unterschiedlich aus. Nahrungsmittel werden für die Gruppen und Personen zu haben sein, die Ansprüche geltend machen und notfalls höhere Preise bezahlen können, während sie dort, wo die Ansprüche schwach bzw. ganz zusammengebrochen sind und der Bedarf deshalb besonders dringend ist, knapp bzw. nicht verfügbar sein werden, so daß es für die betroffenen Gruppen und Personen zu einer Hungerkrise kommen kann.

Auch wenn Armut als Kern des Problems der Unterernährung anzusehen ist, bleibt die Komplexität von Faktoren, die zu einer Hungerkrise führen können, bestehen. Jede Situation wird zudem eigene Merkmale aufweisen. In diesem Sinne ist auch *Sens* Analyse kritisiert worden, weil sie zu einseitig auf über privaten Besitz und den Marktwettbewerb vermittelte Ansprüche abhebe. So ist die Bedeutung institutioneller Regelungen, z. B. staatlicher Landbesitz oder staatliche Preiskontrolle, als ein Faktor genannt worden, der die Wirkungsweise von Ansprüchen auf Nahrungsmittel ebenfalls stark beeinflusse (*Woldemeskel* 1990). Aber auch die Beachtung von ganz anderen, außerökonomischen Faktoren wie Kriegen, die sowohl das Nahrungsmittelangebot beeinträchtigen als auch die Anspruchsverhältnisse verzerren, als Ursache von Hungerkrisen wird gefordert (*Kula* 1988).

4. Außerökonomische Faktoren

Oft treten Hungerkrisen in Verbindung mit außerökonomischen Faktoren wie Naturkatastrophen und Krieg auf. Wichtig ist es dabei, den Stellenwert der einzelnen Faktoren im komplexen Gesamtzusammenhang des Problems von Hunger und Ernährung herauszuarbeiten. Weniger hilfreich erscheinen Versuche, zu „beweisen", daß einzelne dieser Faktoren entscheidende Ursache des Hungers sind oder in keinerlei Zusammenhang damit stehen. Insbesondere die Bevölkerungsentwicklung in den EL ist durch solcherart unversöhnliche Interpretationen strapaziert worden.

4.1 Naturkatastrophen

Die Hungerkrise in den Sahel-Ländern zu Beginn der 70er Jahre ebenso wie die von 1983/85 sind durch mehrjährige Dürreperioden ausgelöst worden. In anderen Teilen der Dritten Welt, z. B. in Bangladesh 1991, haben außergewöhnliche Überschwemmungen Hungersnöte ausgelöst. Anfällig für solche Notsituationen sind vor allem Regionen, in denen ein von natürlichen Bedingungen abhängiger Ackerbau *(rain-fed agriculture)* betrieben wird.

Die Anfälligkeit wird erhöht, wenn die traditionell übliche Vorsorge für

Ernteausfälle infolge der Ausbreitung der Geldwirtschaft eingeschränkt worden ist. Grundsätzlich gilt dennoch, daß die Menschen in der Dritten Welt auch in der vorkolonialen Zeit mit Hungerkrisen infolge von Naturkatastrophen leben mußten.

Naturkatastrophen führen zu vorübergehenden Hungerkrisen. Ihre Auswirkungen sind jedoch ungleich gravierender, wenn sie sich in Regionen ereignen, in denen armutsbedingte strukturelle Unterernährung bereits verbreitet ist. Dann fehlt es vielen Menschen an den Möglichkeiten, nachdem ihre Ernte ausgefallen ist, ihre Getreidereserven erschöpft sind oder vernichtet wurden, auf anderem Wege Ansprüche auf Nahrungsmittel geltend zu machen. Hier wird deutlich, daß durch Dürre oder Überschwemmungen ausgelöste Hungerkrisen in der Regel tieferliegende, vor allem durch die Armut der betroffenen Bevölkerungsgruppen begründete Ursachen haben.

4.2 **Die „Bevölkerungsexplosion"**

Die sprunghafte Entwicklung der Weltbevölkerung in diesem Jh. (vgl. den Beitrag von *Mertens*) ist immer wieder als Grund für Ernährungskrisen angeführt worden. Alle diese Erklärungsansätze gehen auf *Malthus* zurück, der schon vor 200 Jahren die These aufgestellt hat, daß die Bevölkerung sich von Generation zu Generation verdoppele, während die Nahrungsmittelproduktion nur linear wachsen könne. Um wachsende Ernährungsdefizite zu vermeiden, müsse daher die Bevölkerungsentwicklung gebremst werden. In der Realität hat sich *Malthus'* These nicht bewahrheitet (*Blanckenburg* 1986:16ff., 55f.). Nicht zuletzt durch die Bevölkerungsentwicklung gefordert, konnte auch die internationale Agrarproduktion sprunghaft gesteigert werden.

Hungerkrisen in der heutigen Dritten Welt werden nicht durch sprunghaftes Bevölkerungswachstum verursacht. Damit ist gesagt, daß die Bevölkerungsentwicklung nicht der entscheidende Faktor ist; unwichtig ist sie jedoch nicht. Das hohe Bevölkerungswachstum in Afrika stellt angesichts der Entwicklungs- und Verschuldungskrise, in der viele Länder des Kontinents stekken, ohne Frage eine zusätzliche Belastung bei der Bewältigung der anstehenden sozialen und wirtschaftlichen Probleme, einschließlich der Ernährungssicherung dar.

4.3 **Ökologische Zerstörungen**

Als monokausale Erklärungen für Hunger und Unterernährung haben weder die Bevölkerungstheorie von *Malthus* noch die an der Verschwendung und am Versiegen nicht erneuerbarer Ressourcen orientierten Thesen des *Club of Rome* Bestand gehabt. Daß es jedoch Zusammenhänge gibt zwischen den Menschen und ihrem ökologischen Lebensraum, der auch für die Ernährungssicherung von Bedeutung ist, daran kann kein Zweifel bestehen. Zu

Recht wird die globale Umweltkrise mit wachsender Intensität thematisiert (vgl. *Harborth* in diesem Band). Selbst einem Land wie China, das immer als positives Beispiel für die Sicherung der Ernährung seiner riesigen Bevölkerung hervorgehoben wird, drohen zukünftige Rückschläge, weil bei der Bodenbewirtschaftung ökologische Gefährdungen zu wenig berücksichtigt werden.

Es sind Menschen, die ökologische Zerstörungen begehen, aber aus ganz unterschiedlichen Gründen. Zum einen geht es um das nackte Überleben, wenn Menschen im Sahelgebiet die letzten Sträucher als Brennholz benutzen und dadurch die Desertifikation begünstigen (*Timberlake* 1986). Zum anderen ist es reine Profitsucht, wenn riesige Flächen im brasilianischen Urwald abgeholzt werden – mit weitreichenden Folgen für das Klima in der Welt –, um Land für neue Farmen zu gewinnen.

4.4 **Kriegerische Konflikte**

Lange vernachlässigt, inzwischen aber erkannt als Faktor, der die Entstehung von Hungerkrisen begünstigt, sind kriegerische Konflikte. Es geht dabei nicht nur um Rüstungsausgaben im globalen Maßstab, die Ressourcen verschlingen, die bei der Lösung des Hungerproblems in der Welt eingesetzt werden könnten (*Brandt* 1985). Vor allem sind die Auswirkungen lokaler, meist innerstaatlicher Bürgerkriege (häufig allerdings von außen durch Waffenlieferungen oder andere Formen der Einmischung genährt) angesprochen. Wo sie flächendeckend ausgetragen werden, führen sie zur weitgehenden Desintegration wirtschaftlicher Kreisläufe. Infrastrukturelle Einrichtungen werden zerstört, Ernten auf dem Feld vernichtet, Menschen auf dem Lande entwurzelt, vertrieben oder zwangsweise umgesiedelt und dadurch ihrer Reproduktionsbasis beraubt.

Am Ende stehen oft Hungerkrisen, die um so schlimmer ausfallen, wenn gleichzeitig auch Dürre herrscht (*Michler* 1991). In der Ende 1990 veröffentlichten Übersicht der FAO über Ernährungsnotstände in Afrika südlich der Sahara waren fast die Hälfte der genannten Länder Schauplätze kriegerischer Konflikte: Angola, Äthiopien, Liberia, Mozambique, Somalia und der Sudan (FAO 1990).

Eine weitere Zuspitzung erfährt das Problem, wenn der Hunger im Bürgerkrieg als „Mittel der Kriegsführung“ (*Matthies* 1990) eingesetzt wird. Sowohl in Äthiopien als auch im Sudan haben die Zentralregierungen Nahrungsmittelhilfe vorzuenthalten versucht, und zwar in Gebieten, wo ihre Bürgerkriegsgegner die Kontrolle ausübten. Anfang 1990 hat das inzwischen gestürzte äthiopische Regime Tausende von Tonnen Nahrungsmittelhilfe im Hafen von Massawa durch Luftangriffe zerstören lassen, nachdem die eritreische Befreiungsbewegung den Ort erobert hatte.

5. Nationale Agrarpolitik

Die entscheidende Grundlage für die Entstehung von Hungerkrisen ist die Schwäche der nationalen Ökonomien. So begründet die Feststellung ist, daß diese Schwäche durch schon in die Kolonialzeit zurückreichende und in der Gegenwart andauernde äußere Interventionen hervorgerufen wurde, so wenig läßt sich leugnen, daß sie zugleich auch hausgemacht ist.

5.1 Die Politik des „urban bias"

In vielen EL ist in den vergangenen Jahrzehnten eine Wirtschaftspolitik betrieben worden, die insgesamt die Städte zu Lasten der ländlichen Gebiete, insbesondere der kleinbäuerlichen Bevölkerungsgruppen, begünstigt hat. Differenzierungen von Land zu Land müssen natürlich vorgenommen werden. Wo in den letzten Jahren Defizite bei der inländischen Nahrungsmittelproduktion aufgetreten sind, lag indessen durchweg eine Politik des *urban bias* vor.

Die herrschende Klasse in diesen Staaten war städtisch orientiert. Sie rekrutierte sich in starkem Maße aus der Staatsbürokratie und den freien Berufen. Ihre Politik war zudem durch den Wunsch geprägt, die Unterstützung der städtischen Bevölkerung insgesamt sicherzustellen; und deren Interesse lag darin, Grundnahrungsmittel billig kaufen zu können. Die kleinen Bauern dagegen waren weit von den Zentren der Macht entfernt. So wurden die Aufkaufpreise für Nahrungsmittel auf einem niedrigen Niveau festgesetzt; und wenn Defizite auftraten, wurde Getreide importiert, was aufgrund der häufig überbewerteten Währungen ebenfalls preisgünstig möglich war (*Lofchie*, in *Glantz* 1987: 93 ff.). Damit waren für die inländische Nahrungsmittelproduktion in doppelter Weise negative Anreize (*disincentive effects*) gesetzt.

Ein weiterer Aspekt der Politik des *urban bias* war die häufig verfolgte Entwicklungsstrategie der importsubstituierenden Industrialisierung. Sie hatte die Konzentration staatlicher Entwicklungsausgaben auf den Industriesektor zur Folge, während die ländliche Infrastruktur und die Förderung der Kleinbauern vernachlässigt wurde. Dazu kam, daß die Industriepolitik durch Deviseneinnahmen aus dem Export von agrarischen Marktfrüchten (*cash crops*) finanziert werden sollte, so daß staatliche Vermarktungsbehörden die Aufgabe der Bereitstellung von Überschüssen (auf Kosten der bäuerlichen Produzenten) hatten – einmal abgesehen davon, daß der auswuchernde bürokratische Wasserkopf in den Städten bezahlt werden mußte.

5.2 Exportfrüchte versus Nahrungsmittel

Kaum eine Frage ist in den 80er Jahren so kontrovers diskutiert worden wie die, welche Auswirkungen die Förderung des Anbaus von Exportfrüchten auf die Nahrungsmittelproduktion in den EL hat. Keine nachteiligen, antworteten die einen, denn Agrarexporte bringen Einkünfte, mit denen Nahrungsmittel gekauft werden können. Die anderen sahen darin eine Abkehr von traditionellen Formen der Ernährungssicherung, die im Falle von Fehlernten unvermeidlich zu Hungerkrisen führe. Daß ein Staat Deviseneinkünfte braucht, um notwendige Importe tätigen zu können, dürfte unbestritten sein; wichtig ist allerdings, wie die Ausgaben verteilt werden.

Es muß eingeräumt werden, daß es Länder gibt (z. B. kleine Inselstaaten), deren natürliche Ausstattung eine Selbstversorgung mit Nahrungsmitteln nicht zuläßt und die daher auf Importe angewiesen sind. Auch sind Fälle, in denen der Exportfrüchteanbau durch die Vertreibung kleiner Bauern von ihren Getreidefeldern durchgesetzt wird, nicht die Regel. Aber die erwarteten Durchsickerungseffekte von Exportfrüchte- zum Nahrungsmittelanbau finden in der Regel ebenfalls nicht statt. Angesichts der überaus effizienten Baumwollinfrastruktur im dürregefährdeten Sahelgebiet und der wenig effizienten Getreidebehörde ist dies nicht überraschend.

Außer Frage steht im übrigen, daß je stärker ein Bauernhaushalt sich auf die Produktion von Exportfrüchten ausrichtet, desto größer seine Abhängigkeit von den Unsicherheiten des Weltmarktes wird. Kommt es zu einem drastischen Preisverfall und/oder Produktionsrückgang, wird sich seine Ernährungssituation zuspitzen, wenn er keine Reserven (*entitlements*), insbesondere aus eigener Subsistenzproduktion, mehr hat. Um die Ernährungssicherung bäuerlicher Haushalte zu gewährleisten, ist daher in jedem Fall die Kombination von Export- und Subsistenzanbau der geeignetere Weg.

5.3 **Die Vernachlässigung der Frauen**

Für den Nahrungsmittelanbau in bäuerlichen Haushalten sind in aller Regel die Frauen zuständig. Ihre Rolle wird jedoch im Rahmen der nationalen Agrarpolitik wie internationaler Hilfsmaßnahmen weitgehend vernachlässigt. Für den Marktfrüchteanbau sind die Männer zuständig; sie verfügen über die Geldeinkünfte daraus. Die Frauen müssen Arbeiten auf den Feldern des Mannes verrichten, während sie weiterhin die Subsistenzproduktion betreiben. Werden den Männern für den Anbau der Marktfrüchte neue Techniken zur Verfügung gestellt, können die Frauen sie für den Subsistenzanbau meist nicht übernehmen, weil sie das dafür notwendige Geld nicht haben.

So stellt die patriarchalische Struktur der Familie ein weiteres Hindernis für Durchsickerungseffekte dar. Da die Männer ihre Geldeinkünfte primär für ihre Konsumbedürfnisse ausgeben und den Frauen die Nahrungsversorgung überlassen, ist es durchaus folgerichtig, daß bei gesteigertem Marktfrüchteanbau (und den damit einhergehenden erhöhten Anforderungen an die Arbeitskraft der Frau) die Ernährung der Familie, insbesondere der Frau und ihrer Kinder, sich verschlechtert (*Donner-Reichle* 1985). Eine sinnvolle Kombination von Export- und Subsistenzanbau erfordert also eine angemessene Berücksichtigung der zentralen Rolle der Frauen bei der Ernährungssicherung bäuerlicher Haushalte (vgl. den Beitrag von *Klemp* in diesem Band).

6. Der internationale Agrarhandel

In den 80er Jahren sind die Preise für Agrarprodukte auf dem Weltmarkt in nicht für möglich gehaltene Tiefen gesunken und haben bei den Exporteuren unter den EL wesentlich zur Verschärfung ihrer Entwicklungskrise beigetragen. Auch bei Nahrungsmitteln sind die Weltmarktpreise wegen des Überangebots drastisch gesunken. Nur hier sind die EL mit nur wenigen Ausnahmen Nettogetreideimporteure, so daß einheimische Produzenten mit den Weltmarktpreisen oft nicht konkurrieren können (vgl. Tab. 2).

Tabelle 2: Nettogetreidebilanzen der Hauptimporteure und -exporteure (Mio. Tonnen)

	1969/71	1979/81	1983/85	1986
Nettoimporteure Dritte Welt	- 33,8	- 87,3	- 98,4	- 87,8
darunter:				
Erdölexporteure	- 5,8	- 28,3	- 37,3	- 30,6
China	- 3,8	- 15,8	- 10,8	- 4,8
Brasilien	- 1,0	- 6,3	- 4,8	- 6,0
Ägypten	- 1,1	- 5,9	- 8,2	- 8,5
Südkorea	- 2,5	- 5,7	- 6,4	- 7,4
Kuba	- 1,2	- 2,1	- 2,2	- 2,2
Bangladesch	- 1,3	- 1,3	- 1,7	- 1,2
Indien	- 3,6	0,4	- 1,7	0,3
Nettoexporteure Dritte Welt	14,1	21,5	29,5	24,1
darunter:				
Argentinien	9,4	14,4	20,2	13,6
Thailand	2,9	5,2	7,1	8,7
Osteuropa + UdSSR	- 0,1	- 43,9	- 41,7	- 27,4
Zwischenbilanz	- 19,9	-109,7	-110,6	- 91,1
Westl. IL	22,6	113,1	117,4	98,0
darunter:				
USA + Kanada	49,6	129,6	118,5	83,2
EG	- 16,2	3,1	17,2	22,4
Australien + NZ	8,9	14,6	16,8	22,7
Japan	- 14,4	- 24,5	- 26,6	- 27,4

NB: Minus bedeutet Nettoimporte
Quelle: Weltlandwirtschaft 2000, 1989: 142-3

Angesichts von Hungerkrisen in der Welt kann man zufrieden sein, daß Geteideüberschüsse auf dem Weltmarkt verfügbar sind, um die Defizite in der

Dritten Welt und anderswo auszugleichen. Dennoch ist zu fragen, inwieweit Getreideüberfluß und Hunger miteinander verbunden sind. Außer Frage steht, daß die Getreideüberschüsse in den USA und der EG durch massive Preissubventionen des Staates, die jährlich Milliardenbeträge verschlingen, zustandekommen (*Wesel* 1990). Noch zu Beginn der 70er Jahre hatte die EG bei Getreide einen Selbstversorgungsgrad von nur 85 % und mußte importieren. Mitte der 80er Jahre erzeugte sie bereits 19 % mehr, als in der EG verbraucht wird. Bei Weizen waren es sogar 24 % (*Hein* 1988: 214). Um nun Exporte zu ermöglichen, greift die EG-Behörde durch Erstattungen in Höhe der Differenzen zwischen dem höheren EG-Binnenmarkt- und dem Weltmarktpreis erneut ein.

Auch die USA verfolgen die Handelsstrategie, durch Preissubventionen den Absatz ihrer Getreideüberschüsse auf dem Weltmarkt zu sichern. Um das zu erreichen, wird ausdrücklich angestrebt, die EL von einer Politik der nationalen Selbstversorgung mit Nahrungsmitteln abzubringen. So erklärte Senator *Boschwitz* 1985 im US-Kongreß:

„If we do not lower our farm prices to discourage these developing countries from aiming at self-reliance now, our world-wide competitive position will continue to slide" (Zit. in *Watkins* 1991: 41).

Diese aggressive Marktpolitik trägt, zusammen mit der Nahrungsmittelhilfe, dazu bei, den Prozeß der Schaffung neuer Konsumgewohnheiten, konkret: ihre Ausrichtung auf die Weißbrot-Kultur zu vertiefen. Da in großen Teilen von Afrika südlich der Sahara z. B. Weizen nicht gedeiht, wird so die Abhängigkeit verfestigt. Der Markt wird durch den Preis und durch das Produkt erobert. Die Nachfrage nach traditionellen Nahrungsmitteln (Cassava, Yams, Süßkartoffeln) versiegt dagegen, zumindest in den Städten. Für die EL beruht die Logik dieser Politik darauf, daß sie die Kaufkraft für ihre Nahrungsmittelimporte aus einem erfolgreichen Exportfrüchteanbau oder anderen Exporteinnahmen beziehen. Wie prekär eine solche Politik ist, wenn sie auf dem Export sehr weniger Rohstoffe beruht, haben die 80er Jahre mit den drastischen Preiseinbrüchen auf dem Weltmarkt gezeigt. Fehlt die Kaufkraft, steigt die Gefahr einer Hungerkrise. Angesichts der Unsicherheiten des Weltagrarmarkts drängt sich eine Ernährungssicherungspolitik geradezu auf, die – insoweit möglich – eine nationale Selbstversorgung anstrebt und dabei auch bewußt dürreresistente lokale Nahrungsmittel fördert. Eine solche Politik ist von so großer Bedeutung, daß sie auch konkrete Schutzmaßnahmen des nationalen Marktes nach außen rechtfertigen würde. Gerade das aber wollen die USA und die EG, die größten Sünder wider den Freihandel auf dem Agrarweltmarkt, im Rahmen der Uruguay-Runde der GATT-Verhandlungen, die sich schon seit 1986 hinziehen, unterbinden (*Watkins* 1991), um weiterhin ungehindert Nahrungsmittel exportieren zu können. Was Grundlage ihrer Agrarpolitik war, die Selbstversorgung mit Nahrungsmitteln sicherzustellen, soll den EL verwehrt bleiben: Quod licet Iovi, non licet bovi!

7. Nahrungsmittelhilfe

Nahrungsmittelhilfe ist ein ambivalentes Mittel der internationalen Entwicklungspolitik, Fangnetz und Hemmfaktor zugleich: Fangnetz, um abertausende Opfer von Dürrekatastrophen vor dem Hungertod zu bewahren – Hemmfaktor, der EL daran hindert, ihr eigenes Potential zur Beseitigung von Hunger und Unterernährung voll zu entfalten.

7.1 Überschußverwertung und politische Waffe

In der Zeit seit dem II. Weltkrieg hat Nahrungsmittelhilfe vor allem in der Politik der USA eine große Rolle gespielt. Das *Public Law 480* kam in den 50er Jahren zustande, weil die USA riesige Getreideüberschüsse produzierten. Es wurde auf Betreiben der Agrarlobby verabschiedet und erfüllte zwei Zwecke. Zum einen sicherte es die Überschußverwertung, indem die US-Regierung Getreide aufkaufte und es EL nicht gegen Dollar, sondern gegen lokale Währung günstig verkaufte. Zum anderen wurde dadurch, daß der PL 480-Weizen an Länder ging, die nicht die Kaufkraft hatten, um internationale Nachfrage geltend zu machen, eine Beeinträchtigung des kommerziellen Marktes vermieden. Als ihre „Gemeinsame Agrarpolitik" ab Ende der 70er Jahre zu wachsenden Überschüssen führte, wurde auch die EG im Bereich der Nahrungsmittelhilfe zunehmend aktiv. Auch ihr ging es nicht zuletzt um die Verwertung ihrer strukturellen Nahrungsmittelüberschüsse.

Für das PL 480-Gesetz war zudem seine eindeutige politische Ausrichtung im Kontext des Kalten Krieges („Weizen als Waffe") kennzeichnend. Es wurde als *Food for Peace*-Programm vorgestellt; angesichts seines massiven Einsatzes während des Vietnam-Kriegs bevorzugten manche Kritiker jedoch die Bezeichnung *Food for War*. Bis heute ist die Nahrungsmittelhilfe mit einem Anteil von 20 % an der amerikanischen Entwicklungshilfe ein wichtiges Instrument der US-Außenpolitik. Wenn Nahrungsmittelhilfe zur Beseitigung von Hunger unter den Armen in der Dritten Welt beiträgt, ist allerdings einzuräumen, daß die Motive ihrer Träger zweitrangig sind.

7.2 Katastrophenhilfe

Unter den gesamten Nahrungsmittelzuflüssen, die jährlich in die EL gehen, kommen etwa 10 % auf dem Wege der Nahrungsmittelhilfe. Diese wird ihrerseits unterteilt in

- die Katastrophen- und Nothilfe, die rund 10 % der gesamten Nahrungsmittelhilfe ausmacht;
- die Projekthilfe, die im Rahmen von konkreten Entwicklungsprojekten, z. B. *food for work*-Programmen, vergeben wird und 25 % der Nahrungsmittelhilfe ausmacht;

- die Programmhilfe, zu der PL 480-Lieferungen zählen, *bulk supplies*, die bedürftigen Ländern kostengünstig oder sogar umsonst und ohne Auflagen zur Verfügung gestellt werden und die als eine indirekte Zahlungsbilanzhilfe angesehen werden können. Sie macht das Gros der Nahrungsmittelhilfe, etwa 65 %, aus.

Von diesen drei Formen der Nahrungsmittelhilfe ist nur die Katastrophenhilfe wirklich unumstritten, wenngleich auch sie kostenaufwendig und korruptionsanfällig ist. Sie ist aber unverzichtbar, um in Hungersnöten, die kurzfristig durch Dürre- oder andere Naturkatastrophen oder Bürgerkriegsfolgen und den damit verbundenen Flüchtlingsbewegungen entstanden sind, humanitäre Hilfe zu leisten.

7.3 **Kritik der Nahrungsmittelhilfe**

Ohne Frage gibt es Situationen, in denen die Projekt- oder Programmhilfe ebenfalls gerechtfertigt sind, weil es Bedarfslücken gibt, die – zumindest zeitweilig – nur auf diesem Wege auszugleichen sind. Manche armen Länder haben z. B. aufgrund ihrer natürlichen Gegebenheiten ein strukturelles Defizit an Nahrungsmitteln. Andere sind im Verlauf der 80er Jahre in eine so tiefe Entwicklungs- und Verschuldungskrise geraten, daß sie die – oft durch eine fehlgeleitete Agrarpolitik – entstandenen Versorgungslücken in den Städten nicht durch kommerzielle Importe ausgleichen können. Dennoch überwiegt die Kritik an diesen Formen der Nahrungsmittelhilfe. Sie wird als längerfristig kontraproduktiv angesehen. Die wesentlichen Kritikpunkte sind:

1. Da Getreide aus Nahrungsmittelhilfe billig ist, können lokale Produzenten nicht konkurrieren und stellen oft ihre Produktion für den Markt ein.
2. Bemühungen um eine nationale Selbstversorgung werden unterlaufen. Regierungen stellen sich auf die bequeme Hilfe von außen ein.
3. Die Abhängigkeit von außen wird weiter verstärkt, die Anfälligkeit für den Einsatz von Weizen als politische Waffe vergrößert.
4. Nahrungsmittelhilfe verändert – ebenso wie die aggressive Marktpolitik der Getreideexporteure – die Konsumgewohnheiten in den Empfängerländern und verdrängt zunehmend die einheimischen Produkte, die wegen ihrer Angepaßtheit besonders wichtig wären im Rahmen einer Politik dauerhafter Ernährungssicherung.

8. **Die „Grüne Revolution"**

Auf der „Grünen Revolution" ruhen bereits seit mehreren Jahrzehnten große Hoffnungen, was die Beseitigung des Hungers in der Welt betrifft. Die „Grüne Revolution" geht aus von der angebotsorientierten Annahme, daß eine Erhöhung der Getreideproduktion Hunger und Unterernährung beseitigen werde.

Die Erhöhung der Produktion wird durch laborgezüchtete Hochertragssorten angestrebt, zu deren Erfolg eine künstliche Bewässerung und Düngerbeigaben gebraucht werden. Zudem erhöht sich infolge der Verringerung der Artenvielfalt die Anfälligkeit der verwendeten Sorten, so daß auch der Einsatz von Pestiziden hoch ist. Der Kapitaleinsatz ist somit insgesamt hoch und begünstigt wohlhabendere Bauern, die größere Flächen bewirtschaften.

In Indien und anderen Ländern Südostasiens ist die „Grüne Revolution", gemessen am Ziel der Erhöhung der Getreideproduktion, erfolgreich gewesen. Indien konnte den Getreideimport weitgehend abbauen (vgl. Tab. 2) und die Ernährungsbedarfsdeckung pro Kopf der Bevölkerung in den Jahren 1965–86 von 2111 auf 2238 Kalorien/Tag erhöhen; es lag damit über dem Niveau des Bedarfsminimums (1,4facher Grundumsatz). Indonesien (1800 auf 2579) und die Philippinen (1924 auf 2372) erreichten in der gleichen Zeitspanne sogar noch eindrucksvollere Steigerungen ihres durchschnittlichen Ernährungsniveaus (*World Bank* 1990: 237). Dennoch verringerte sich die Zahl der Unterernährten in diesen Ländern nicht (Tab. 1). Die „Grüne Revolution" hat mit der Erhöhung der Produktion auch die Ungleichheit in der Verteilung des Bodens und der Einkommen verstärkt. Die Ansprüche großer Teile der Bevölkerung auf Nahrungsmittel blieben damit niedrig. Weil die „Grüne Revolution" die Armut nicht beseitigt, kann sie auch das Hungerproblem nicht lösen.

In Regionen, in denen überwiegend regenabhängiger Ackerbau betrieben wird, z. B. in großen Teilen Afrikas, hat die „Grüne Revolution" auch im Produktionsbereich wenig ausgerichtet. Zwar sind angepaßtere Getreidesorten mit größerer Dürreresistenz und kostengünstigere Technologiepakete entwickelt worden, doch der Niedergang der afrikanischen Landwirtschaft konnte nicht aufgehalten werden. Zahlenmäßig hat Asien mehr Unterernährte, in der Tendenz jedoch wies Afrika südlich der Sahara zu Beginn der 90er Jahre die gravierendsten Hunger- und Unterernährungsprobleme in der Dritten Welt auf (Tab. 1). Hatten die meisten Länder Afrikas in den 60er Jahren noch ausreichend Nahrungsmittel produziert, so stagnierte in den zwei Jahrzehnten seither die Produktion und konnte nicht mehr mit der rasch wachsenden Bevölkerung Schritt halten.

Die Hunger- und Ernährungsprobleme in Afrika sind nicht allein eine Folge von Produktionsdefiziten, sondern das Ergebnis einer Kombination von historischen (Ausrichtung der Wirtschaften auf Exportkulturen), internen (Anti-Agrarpolitik, staatliche Mißwirtschaft), externen (fallende Rohstoffpreise, Verschuldungskrise) sowie verschiedenen außerökonomischen (Dürre, hohes Bevölkerungswachstum, ökologische Zerstörung, Krieg) Faktoren. Lösungsansätze können nicht erfolgreich sein, wenn sie diese Faktoren, entsprechend ihrer jeweiligen konkreten Gewichtung, außer acht lassen.

9. **Hunger – ein politisches Problem**

Im Rahmen der „Grünen Revolution", durch die Biotechnologie (*Studier* 1989) und andere technische Neuerungen sind Methoden entwickelt worden, um mehr als genug Nahrungsmittel für die Weltbevölkerung zu produzieren. Doch noch immer hungern Mio. von Menschen in der Dritten Welt, und nicht nur dort. Hunger kann nicht allein durch die Erhöhung der Produktion beseitigt werden, sondern ist in erster Linie ein politisches Problem. Die Komplexität der Faktoren, die zusammenwirken, um Hunger und Unterernährung zu erzeugen und zu perpetuieren, erschwert auch die Lösung. Eins steht jedoch fest: Nur eingebettet in eine Strategie zur Bekämpfung der Armut kann eine Politik zur Beseitigung von Hunger und Unterernährung in der Dritten Welt auf Dauer erfolgreich sein.

Das Augenmerk stärker auf die Seite der Befähigung der Menschen, ihre Ansprüche auf eine ausreichende Ernährung geltend zu machen (was mehr ist als nur die Schaffung von Geldeinkommen und Kaufkraft), zu richten, bedeutet auch, daß eine Politik der Ernährungssicherung nicht primär auf internationaler, sondern auf nationaler und insbesondere lokaler Ebene anzusiedeln ist.

Die Aussage schließlich, daß Hunger in erster Linie ein politisches Problem ist, verweist darauf, daß hier unterschiedliche Gruppeninteressen involviert sind, die nicht immer miteinander vereinbar sind und die zudem in unterschiedlichem Maße Einfluß und Macht geltend machen können. Die Hauptbetroffenen von Hunger und Unterernährung, die Armen, die ihrerseits keine homogene Gruppe darstellen, sind diejenigen, die aufgrund ihrer gesellschaftlichen Stellung am wenigsten Macht besitzen.

Wenn es heißt, eine Politik der Ernährungssicherung setze voraus, daß die lokalen Produzenten ihre produktiven Kräfte eigenständig entfalten und daß sie dazu von bürokratischer Gängelung jeder Art befreit werden müssen, dann ist damit auch eine Herausforderung etablierter Interessen verbunden. Sind Vertreter dieser Interessen aber gerade diejenigen, die im nationalen Maßstab diese Politik umsetzen sollen, dann ist das politische Problem der Beseitigung von Hunger und Unterernährung auf den Punkt gebracht.

Literatur

Aziz, Sartaj 1990: Agricultural Policies for the 1990s, Paris.

von Blanckenburg, P. 1986: Welternährung. Gegenwartsprobleme und Strategien für die Zukunft, München.

Brandt, W. 1985: Der organisierte Wahnsinn. Wettrüsten und Welthunger, Köln.

Collins, J./F.M. Lappé 1980: Vom Mythos des Hungers, Frankfurt a.M.

Donner-Reichle, C. 1985: „Anima incognita" in der Analyse des Hungers?, in: Entwicklung und Zusammenarbeit, Jg. 26, Nr. 6.

Deutsche Welthungerhilfe (DWW) 1990: Was eigentlich ist Hunger? Zum Thema Welternährung: Daten, Fakten, Hintergründe, Bonn.
FAO 1990: Food Supply Situation und Crop Prospects in Sub-Saharan Africa, Special Report, Rom.
Food Aid 1989: Dossier, in: The Courier, Nr. 118, S. 48–78.
Fryer, J. 1983: Ein Recht auf Nahrung. Nutzen und Mißbrauch der Nahrungsmittelhilfe im Kampf gegen den Welthunger (= Texte zum Kirchlichen Entwicklungsdienst, 28), Frankfurt/M.
Glantz, M. H. 1987: Drought and Hunger in Africa: Denying Famine a Future, Cambridge.
Hein, W. 1988: Das Welternährungsproblem zwischen Überproduktion und Hungersnöten, in: Nord-Süd-Aktuell, Jg. 2, Nr. 2, S. 209–219.
Kula, Erhun 1988: The Inadequacy of the Entitlement Approach to Explain and Remedy Famines, in: Journal of Development Studies, Bd. 25, No. 1, S. 112–116.
Matthies, V. 1990: Hunger: Kriegsfolge und Mittel der Kriegsführung, in: Jahrbuch Frieden 1991, München, S. 79–86.
Meadows, D. u. a. 1973: Die Grenzen des Wachstums, Reinbek.
Michler, W. 1991: Weißbuch Afrika, 2. Aufl., Bonn.
Newman, L. F. (Hrsg.) 1990: Hunger in History. Food Shortage, Poverty and Deprivation, Cambridge, Mass./Oxford.
Sen, Amartya 1982: Poverty and Famines. An Essay on Entitlement and Deprivation, Oxford.
Studier, A. 1989: Biotechnologie: Waffe im Kampf gegen den Hunger in der Dritten Welt, in: Nord-Süd-Aktuell, Jg. 3, Nr. 3, S. 397–406.
Timberlake, L. 1986: Krisenkontinent Afrika. Der Umwelt-Bankrott – Ursachen und Abwendung, Wuppertal.
Twose, N. 1984: Cultivating Hunger. An Oxfam Study of Food, Power & Poverty, Oxford.
Watkins, K. 1991: Agriculture and Food Security in the GATT Uruguay Round, in: Review of African Political Economy, Nr. 50, S. 38–50.
Weltbank 1990: Weltentwicklungsbericht 1990: Armut, Washington, D.C.
Weltlandwirtschaft 2000, 1989: Eine FAO-Studie (= Schriftenreihe des Bundesministers für Ernährung, Landwirtschaft und Forsten, Reihe A, Heft 375), Münster.
Wesel, R. 1990: Mangel und Überfluß – Die weltweiten Widersprüche in Landwirtschaft und Ernährung, in: Opitz, P.J. (Hrsg.), Weltprobleme, 3. Aufl., München, S. 145–178.
Wold, Kiflemariam Gebre 1986: Der internationale Agrarhandel und die Bekämpfung des Hungers (= Texte zum Kirchlichen Entwicklungsdienst, Nr. 35), Stuttgart.
Woldemeskel, G. 1990: Famine and the Two Faces of Entitlement: A Comment on Sen, in: World Development, Bd. 18, Nr. 3, S. 491–495.

Einkommensverteilung und Armut

Hans-Peter Nissen

1. Das Phänomen ungleicher Einkommensverteilung

Die Frage der Einkommensverteilung hat für die EL eine globale, eine regionale und eine nationale Dimension:

- Global geht es um die Verteilung des Weltsozialproduktes auf die einzelnen Länder,
- regional um die Differenzierung der Einkommensanteile nach Ländergruppen,
- national um die interne Verteilung des Volkseinkommens.

Die 80er Jahre waren charakterisiert durch:

- rückläufige Wachstumsraten in den IL in den ersten Jahren der Dekade und eine kräftige Erholung in der zweiten Dekadenhälfte, so daß sich insgesamt ein durchschnittliches Wachstum von 3 % einstellte;
- negative Wachstumsraten des Pro-Kopf-Einkommens (PKE) in Afrika und Lateinamerika;
- weit überdurchschnittliche positive Wachstumsraten in China und ab 1988 auch in Indien;
- eine wachsende ökonomische Differenzierung innerhalb der Dritten Welt;
- teils verschärfende, teils nivellierende Verteilungsentwicklungen innerhalb der EL (*Weltentwicklungsbericht* 1990: Kap. 3).

Das PKE der OECD-Länder betrug 1989 das Zehnfache desjenigen Lateinamerikas und fast das Sechzigfache der LIC (*Low Income Countries*) (vgl. Tab. 1). Die OECD-Länder vermochten 71 % des Weltsozialproduktes (ohne Einbezug der RgW-Staaten) auf sich zu vereinen, obgleich ihr Bevölkerungsanteil lediglich 15 % der Weltbevölkerung beträgt. Zur Illustration der Bedeutung dieser Einkommensdiskrepanzen: Eine Wachstumsrate von 2,8 % des PKE der OECD-Länder wäre gleichbedeutend mit einem Zuwachs von 540 US-$. Allein dieser Zuwachs beträgt mehr als das Eineinhalbfache des durchschnittlichen PKE der LIC (330 US-$).

In diese Ländergruppe fallen neben China und Indien (mit zusammen knapp 2 Mrd. Menschen) auch die übrigen Länder Süd- und Ostasiens sowie Subsahara-Afrika (mit zusammen 1 Mrd. Menschen), also 57 % der Weltbevölkerung (vgl. Schaubild 1). Dieses Beispiel macht ebenfalls deutlich, daß auch noch so hohe Wachstumsraten dieser EL die absolute Einkommensdiffe-

Tabelle 1: BSP pro Kopf (1989) und Wachstumsraten

Ländergruppen	BSP pro Kopf (in US-$)	Durchschnittliches Wachstum des BSP pro Kopf (in %) p.a. 1965-73	1973-80	1980-89	1990
Länder mit niedrigem und mittlerem Einkommen	800	4,2	2,5	1,5	0,0
Länder mit niedrigem Einkommen	330	2,5	2,1	4,1	3,2
Länder mit mittlerem Einkommen	2040	5,2	2,3	0,5	-1,1
SIMIC[a]	1720	4,8	2,9	-0,3	-3,4
Afrika-Subsahara	340	1,7	0,6	-1,2	....
Ostasien	540	5,2	4,7	6,3	6,4
Südasien	320	1,2	1,9	2,9	3,1
Europa/Naher Osten/ Nordafrika	2180	....	1,8	0,4	....
Lateinamerika/Karibik	1950	4,7	2,3	-0,5	-2,4
Länder mit hohem Einkommen	18330	3,7	2,3	2,3	2,1
OECD-Länder	19090	3,8	2,3	2,4	2,1
Welt	3980	2,8	1,5	1,2	1,7
Ölexporteure (ohne UdSSR)	....	6,0	1,0	-2,5	....

[a] Länder mit mittlerem Einkommen und gravierenden Schuldenproblemen.

Quelle: Weltentwicklungsbericht 1991.

renz zu den IL in absehbarer Zeit nicht verringern können. Ein westlicher Lebensstandard ist nicht in Dekaden, sondern allenfalls in Jahrhunderten zu realisieren.

Diese ungleiche Verteilung des Weltsozialproduktes verbindet sich mit einer ungleichen nationalen Einkommensverteilung und erzeugt in dieser Kombination das Phänomen massenhafter Armut. Nach Angaben des *Weltentwicklungsberichtes 1990* leben 1,1 Mrd. Menschen in Armut, davon 630 Mio. in absoluter Verarmung. Als Armutsgrenze wird dabei ein PKE von 370 US-$ in der Kaufkraftparität von 1985 unterstellt. Das Kriterium extremer Armut liegt bei einem PKE von 275 US-$.

Die Armutsmassen konzentrieren sich auf den asiatischen Kontinent mit seinem hohen Weltbevölkerungs- und seinem niedrigen Weltsozialproduktanteil. Allein Indien zählt 420 Mio. in Armut lebende Menschen (d. h. 55 % der Bevölkerung). In Afrika südlich der Sahara umfaßt die in Armut lebende Bevölkerung noch 47 % der Gesamtbevölkerung (d. h. 180 Mio. Menschen). In China ist zwar der Prozentsatz (20 %) deutlich niedriger, aber bei einer Gesamtbevölkerung von über 1 Mrd. ergeben 20 % etwa 210 Mio. Arme. In den übrigen EL sind sowohl die prozentualen Anteile als auch die absolute Zahl der in Armut lebenden Bevölkerung deutlich geringer (vgl. Tab. 2).

Schaubild 1: Bevölkerung und Bruttosozialprodukt

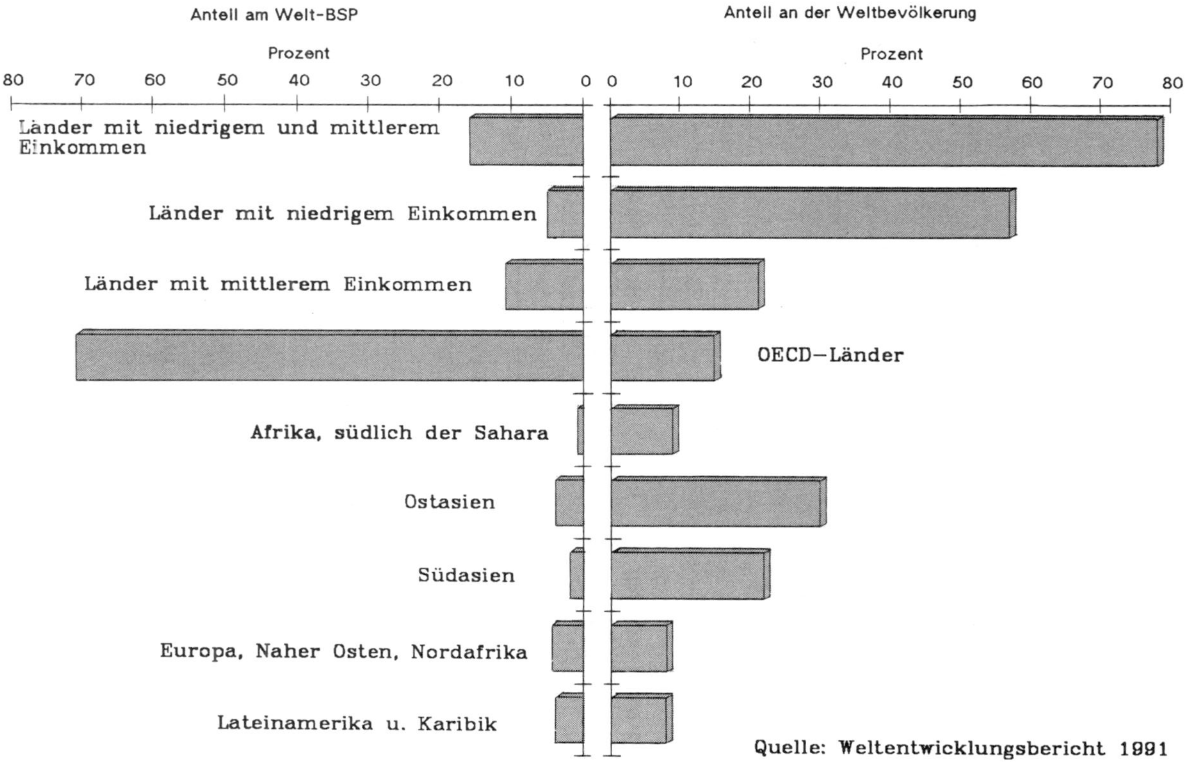

Quelle: Weltentwicklungsbericht 1991

2. **Die globale Dimension und EL-Strategien**

Zur Beeinflussung der globalen Ungleichheit zwischen IL und EL gingen die EL in den letzten Dekaden mit folgenden Strategien vor:

Sie traten den langen Marsch durch die von den IL geschaffenen Internationalen Organisationen (GATT, IMF, Weltbank) an und versuchten diese von innen her zu reformieren, d. h. ihre einseitige Interessenorientierung auf die Wirtschaftsinteressen der IL aufzuweichen. Dabei konnten sie besondere Handelspräferenzen zu ihren Gunsten durchsetzen (GATT, Art. IV), spezielle Kreditfazilitäten beim IMF erwirken und schließlich im Rahmen der Strukturanpassungsprogramme von Weltbank und IMF die harte monetaristische Linie mit einigen sozialen Akzeptanzkriterien aufweichen.

Tabelle 2: Regionale Verteilung der Armen (1985)

Regionen/ Länder	extrem arm in Mio.	extrem arm in %	arm[a] in Mio.	arm[a] in %
Afrika (Subsahara)	120	30	180	47
Ostasien	120	9	280	20
- China	80	8	210	20
Südasien	300	29	520	51
- Indien	250	33	420	55
Mittlerer Osten/ Nordafrika	40	21	60	31
Lateinamerika	50	12	70	19
Entwicklungsländer	633	18	1116	33

[a] inkl. extrem Arme
(Quelle: Weltentwicklungsbericht 1990)

Sie gründeten zur Durchsetzung ihrer Interessen neue internationale Organisationen, in denen sie nach dem UN-Prinzip „ein Land – eine Stimme" die Mehrheit haben. So wurde auf der UNCTAD I-Konferenz bereits 1964 das 1 %-Ziel für Entwicklungshilfe verabschiedet, das 1968 auf 0,7 % des BSP für öffentliche Entwicklungshilfe spezifiziert wurde. Die Realisierung dieses Ziels wurde immerhin zu fast 50 % erreicht – bei einem Instrument, das im wesentlichen nur moralischen Appell-Charakter besitzt.

2.1 **Die Demonstrationswirkung des OPEC-Kartells**

Eine deutlich stärkere Durchschlagskraft hatte in den 70er Jahren die Strategie der direkten Gegenmachtbildung. Das exklusive OPEC-Kartell hatte erfolgreich demonstriert, wie das Weltsozialprodukt in kürzester Frist und in einem signifikanten Umfang umverteilt werden kann. Allein im Jahre 1974 gelang es dieser Staatengruppe, ungefähr 3% des Sozialproduktes der IL zu ihren Gunsten umzuverteilen. Das war das Zehnfache dessen, was die IL zum damaligen Zeitpunkt global an öffentlicher Entwicklungshilfe freiwillig gewährten. Die OPEC-Staaten demonstrierten einer überraschten Weltöffentlichkeit, wie *countervailing power* effektvoll als globale *engine of redistribution* einzusetzen ist (vgl. *Nissen* 1983a: 17–29).

Die OPEC-Staaten haben dabei den kapitalistischen Weltmarkt akzeptiert – allerdings mußte die „Marktform" stimmen! Sie veränderten durch ihre *Kartellbildung* das bislang einseitige Monopson, bei dem die „Sieben Schwestern" der großen internationalen Ölkonzerne die Vorherrschaft hatten, zu einem bilateralen Monopol, bei dem die Anbieter die Preisgestaltung übernahmen. Die IL konnten diese Tatsache akzeptieren, weil sie systemkonform war (vgl. *Nissen* 1983: 280). Die OPEC-Länder konnten ihre Marktchancen voll ausnutzen, ökonomische Macht einsetzen und Monopolgewinne realisieren, da die grundlegenden Spielregeln eines kapitalistischen Weltmarktes im Prinzip unangetastet gelassen wurden.

In den IL haben das seit 1974 erheblich höhere Energiekostenniveau und die damit veränderte Preisstruktur industrieller Inputs erhebliche Anpassungsprobleme hervorgerufen. Das Wirtschaftswachstum, das bis dato auch dank (zu) billiger Energieimporte forciert worden war, mußte dem neuen Kostenniveau angepaßt und die gesamte Wirtschaftsstruktur von energieverschwendender Technologie auf energiesparende umstrukturiert werden. Sowohl die Wachstumsreduktion als auch die Öl-Substitution haben die Wirtschaftspolitik der IL während der 70er Jahre entscheidend geprägt und die zukünftigen Preiserhöhungspielräume der OPEC-Staaten empfindlich eingeschränkt. In den 80er Jahren sanken die realen *terms of trade* der OPEC-Staaten fast auf ihr Ausgangsniveau zurück.

2.2 **Forderungen nach einer Neuen Weltwirtschaftsordnung**

Die übrigen EL nutzten die Sternstunde des OPEC-Kartells, um sich in einer weltweiten Aktion mit ihnen zu solidarisieren und einen Katalog von weiteren Forderungen auf Veränderungen der weltwirtschaftlichen Beziehungen in den Vereinten Nationen zu beschließen, bekannt als *Neue Weltwirtschaftsordnung*. In der Folge versuchten die EL auf dem Wege von Verhandlungen die alte Ordnung durch eine neue zu ersetzen. Diese Forderungen scheiterten, da sie von keiner realen *countervailing power* getragen wurden. Der Lernprozeß aus dem OPEC-Kartell war für die EL klar: Monopolistische Macht kann nur durch Gegenmacht in Grenzen gehalten werden. Die Entwicklung einer wirksamen Gegenmachtposition scheiterte jedoch nicht allein an ihrer Interessenheterogenität, sondern auch an ihrer faktischen Machtlosigkeit.

Die *Schwellenländer* konnten hingegen mit neuen Exportprodukten die Vorteile marktwirtschaftlicher Beziehungen nutzen und ihre Einkommensposition im internationalen Vergleich stabilisieren bzw. erhöhen. Ihr Interesse richtet sich folgerichtig auf eine weitgehende Liberalisierung der internationalen Wirtschaftsbeziehungen und auf einen Abbau des Protektionismus. Diejenigen EL, die vorwiegend rohstofforientierte Weltmarktbeziehungen unterhalten, unterliegen in erheblichem Maße den Konjunkturschwankungen in den IL. Sie konnten ihre relative Einkommensposition im internationalen Kontext nicht behaupten und versuchten deshalb, die Bedingungen für ihre Exporte zu verbessern. Am umfassendsten war ihre Forderung nach einem globalen Rohstoffprogramm, das die Rohstoffpreise bzw. Rohstofferlöse stabilisieren und langfristig real erhöhen sollte. Eine partielle Umsetzung findet sich in den *Stabex-* und *Minex-Abkommen* der *Lomé-Verträge* zwischen der EG und den AKP-Ländern und auch in den speziellen Kreditfazilitäten des IMF zur Stabilisierung der Rohstofferlöse. Der große Durchbruch zu einem *Integrierten Rohstoffprogramm* blieb aber bisher aus.

2.3 Verteilungswirkungen der internationalen Wirtschafts- und Entwicklungspolitik

Sowohl das Weltsozialprodukt als auch das Sozialprodukt eines Staates sind hochaggregierte Konstrukte. Tatsächlich ist das Einkommen „eines Landes" die Summe der individuellen Einkommen der Bevölkerung des jeweiligen Landes. Und dieses Einkommen ist sowohl in den IL als auch in den EL ungleich verteilt. Wählt man als Bezugsrahmen nicht die Aggregate „Nationen", sondern die individuellen „Personen", stellt sich die Frage, wer bei einer internationalen Einkommensumverteilung die Kosten trägt und wer den Nutzen erhält (*Bourguignon u. a.* 1984).

Welche Umverteilung bewirkte z. B. die Erdölpreissteigerung der 70er Jahre? Sind tatsächlich die Reichen in den reichen IL zur Kasse gebeten worden und ist der Erdölbonus tatsächlich den ärmsten Bevölkerungsgruppen in den OPEC-Staaten primär zugeflossen, so daß man global gesehen von einer Einkommensumverteilung von reich auf arm sprechen kann? Vielmehr dürften die mittleren bzw. unteren Einkommensbezieher der IL die Hauptbelastung getragen haben, während die sehr kleine, aber extrem reiche Elite einiger (arabischer) OPEC-Staaten den Erdölbonus nahezu exklusiv zur eigenen Reichtumsmehrung verwendet haben dürfte (vgl. *Nissen* 1983a, 1989).

Welche internen Verteilungswirkungen ergeben sich als Konsequenz der internationalen Handelsverflechtung und des Protektionismus der EL? Die Außenhandelstheorie betrachtet die Entwicklung der Exportfähigkeit eines Landes als *engine of growth*, woraus sich die Strategie einer weltwirtschaftlichen Integration der EL gemäß ihrer komparativen Kostenvorteile ableiten läßt. Die internen Vorteilswirkungen verstärkter Exportorientierung sind jedoch bei Rohstoffexporten und landwirtschaftlichen Produkten i.d.R. negativ, vor allem, wenn die entsprechenden Eigentumsrechte an der Ressource Grund und Boden ungleich verteilt sind. Aber auch die von den EL eingesetzte Handelsprotektion wirkt sich für die untersten 40–60% der Bevölkerung einkommensmindernd aus (vgl. *Bourguignon u. a.* 1990: 1125 ff.).

Welche Verteilungswirkungen hat die Entwicklungshilfe? Während die steuerliche Belastung in den IL zu 2/3 von der Mittelschicht getragen wird, sind ihre Hauptnutznießer nicht durchgängig die Ärmsten in den EL. Insoweit diese Übertragungen aber den höheren Einkommensbeziehern zufließen, deren Einkommen dasjenige der Steuerzahler in den IL deutlich übersteigt, entsteht im internationalen Kontext ein *trickle-up*-Effekt, wenn man als Bezugsebene wiederum Personen statt Nationen wählt. Zur Vermeidung dieses Effektes muß die Entwicklungshilfe strikt auf Armutsbekämpfung konzentriert werden.

Welche Verteilungswirkungen gehen von der internationalen Verschuldung der EL aus? Haben die aufgenommenen Auslandskredite tatsächlich inländische Projekte finanziert, die dann Einkommen und Beschäftigung auch für die unteren Bevölkerungsschichten nachhaltig gesteigert hätten? Tatsächlich hat die öffentliche Auslandsverschuldung in vielen Fällen nur die Devisen bereitgestellt, die der inländische, private Sektor eines EL zum eigenen Kapitalexport (zur Kapitalflucht) benutzte. So hat z. B. Venezuela bis 1982 eine Auslandsschuld in Höhe von 34 Mrd. US-$ aufgenommen und parallel dazu ein Auslandsvermögen von schätzungsweise 54 Mrd. US-$ akkumuliert. Die Auslandsschuld ist staatlich und damit ist auch der Schuldendienst sozialisiert (d. h. von der gesamten Bevölkerung zu leisten). Die ausländische Vermögensbildung ist hingegen in wenigen privaten Händen, denen auch die Erträge aus dem Vermögen zufließen: Eine politökonomisch gekonnte Strategie, das Einkommen von unten nach oben umzuverteilen und wesentliche Einkommensströme vollständig am Staat vorbeizulenken.

Wie sind die Einkommensverteilungswirkungen makroökonomischer Strukturanpassungspolitiken, die den EL in den 80er Jahren häufig von IMF aufgezwungen worden waren? Diese Fragestellung wird sowohl vom IMF als auch von der OECD untersucht, wobei der IMF stärker auf funktionale Beziehungen makroökonomischer Politiken abstellt (Zahlungsbilanz, Staatsbudget, Zinssatz, Wechselkurs, Güterpreise, Lohnsätze, Geldmenge), und die OECD auf politökonomische Interessengruppen, ihre Einflußnahme auf die Politik, ihre Verteilungskampfstrategien (vgl. *Helleiner* 1987; IMF 1988, 1988a; *Lecaillon/Lafay* 1991).

Einkommens- und Vermögensverteilung einer Gesellschaft sind zentrale Indikatoren ihrer politischen, ökonomischen und soziologischen Strukturen: Die Konzentration politischer Macht, die Verteilung ökonomischer Eigentumsrechte und die soziale Schichtung einer Gesellschaft spiegeln sich in der Verteilungssituation wider. Einkommensverteilungs- (Umverteilungs-)politiken sind daher hoch politisch, denn sie greifen in herrschende Gesellschaftsstrukturen ein und stoßen demzufolge auf manifeste ökonomische und politische Interessen (vgl. *Nelson* 1989).

An dieser letzten Frage zeigt sich bereits sehr deutlich, daß die genannten internationalen Organisationen – bei Wahrung der IL-Interessen und zur

Abwehr weiterer Transferforderungen – ein stärkeres Gewicht auf die Verbesserung der internen Einkommensverteilung legen, während im Gegensatz dazu die EL stärker die Notwendigkeit einer internationalen Umverteilung betonen. Beiden Perspektiven gemeinsam ist die zentrale Forderung nach ökonomischem Wachstum: An einer wachsenden Weltwirtschaft sollen die EL mit wachsenden Handelsbeiträgen partizipieren (auch wenn ihre relativen Anteile möglicherweise schrumpfen). An einer wachsenden Binnenwirtschaft sollen auch die ärmeren Bevölkerungsgruppen mindestens gemäß ihren Einkommensanteilen partizipieren. Eine interne Umverteilungspolitik erscheint leichter durchführbar, wenn Zuwächse neu verteilt werden und die Vermögenssubstanz der Elite unangetastet bleiben kann, wobei diese Zuwächse ihren Ursprung in internem Wachstum oder externem Mittelzuwachs haben können.

3. Die nationale Dimension

3.1 Wachstum und Einkommensverteilung

Bei aller Kritik am Entwicklungsindikator „Einkommen pro Kopf der Bevölkerung" kommt dem PKE im Verlauf des Entwicklungsprozesses nach wie vor eine überragende Bedeutung zu. Zweifellos ist Entwicklung nicht allein am PKE ablesbar, doch bedeutet Entwicklung auch stets Entwicklung des Einkommens.

Schaubild 2: Kuznets „umgekehrte U-Kurve"

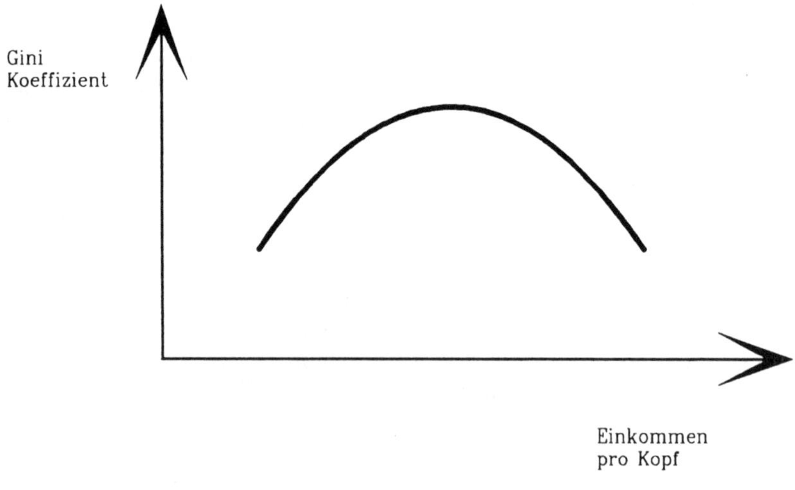

Die Einkommensverteilung innerhalb der Länder wird seit *Kuznets* klassischem Aufsatz aus dem Jahre 1955 in erster Linie mit dem Entwicklungsniveau in Zusammenhang gebracht, wobei der Entwicklungsstand wiederum durch das PKE eines Landes gemessen wird (vgl. Schaubild 2). Auf der x-Achse ist das PKE abgetragen, das im Zeitablauf wächst, und auf der y-Achse steht ein Ungleichheitsmaß, hier der *Gini-Koeffizient.* Dieses Maß hat eine Variationsbreite von 0 (vollkommene Gleichverteilung) bis 1 (extreme Ungleichheit). Die berühmte *inverse „U-Hypothese“* besagt, daß sich die Einkommensverteilung im Zuge der Entwicklung zunächst verschlechtert und danach wiederum verbessert. Dies ergibt den Verlauf eines umgekehrten U. Die wesentlichen Gründe für diesen Verlauf sind folgende:

Bevölkerungswachstum in Verbindung mit dem technischen Fortschritt führt in seiner frühen Phase zu einer wachsenden Unterbeschäftigung und damit zu einer ungleicheren Einkommensverteilung. Im Verlaufe des weiteren Entwicklungsprozesses sinkt der Anteil der traditionellen Landwirtschaft an dem gesamtwirtschaftlichen Produkt. Im landwirtschaftlichen Sektor ist die Einkommensverteilung bei *Kuznets* sehr gleichmäßig, während sie im dynamischen Industriesektor verhältnismäßig ungleichmäßig ist. Sinkt der Anteil der Landwirtschaft am Gesamtprodukt zugunsten des modernen Industriesektors, so nimmt die gesamtgesellschaftliche Einkommensungleichheit zu (*Inter-sectoral-shift-theory*=ISST). Erst in einem hohen Entwicklungsstadium, wenn das ökonomische Wachstum die Arbeitskräfte wieder voll absorbiert, sorgt die Vollbeschäftigung im Zusammenhang mit dann auftretenden wohlfahrtspolitischen Maßnahmen des Staates für eine nivelliertere Einkommensverteilung.

Eine Beziehung zwischen Marktwirtschaft und Einkommensverteilung gelingt nun dadurch, daß durch marktwirtschaftliche Mechanismen Industrialisierung und Wachstum erzeugt werden, wodurch sich (dem theoretischen Verlauf entsprechend) die Einkommensverteilung zunächst verschlechtern wird, bevor sie sich verbessert. Sollte darüber hinaus die Beziehung stimmen „mehr Markt – mehr Wachstum“ (die zentrale Hypothese, die z. B. allen Politikempfehlungen des IMF zugrundeliegt), wäre der Wendepunkt im „umgekehrten Kuznets-U“ schneller überschritten.

Die *Kuznets-Hypothese* ist zahlreichen empirischen Tests (vgl. u. a. *Paukert* 1973) unterworfen worden, die die These stets verifizierten, jedoch sind folgende Einschränkungen hinsichtlich der Aussagefähigkeit zu machen (vgl. *Anand/Kambur* 1983):

- Die empirischen Daten, auf die diese These in bezug auf die EL gestützt wird, sind *cross national data* und keine historischen Zeitreihen, die allein eindeutige Aussagen zuließen;
- die empirische Evidenz ist im statistischen Sinne valide, jedoch erklärt „das Entwicklungsstand-Paradigma“ bestenfalls 25 % der gesamten Einkommensungleichheit;
- der „entwicklungspolitisch relevante turning point“ verschiebt sich je nach Berechnungsmethode und ist damit nur sehr vage innerhalb einer großen Bandbreite zu bestimmen;

- der für die untersten 40 % der Bevölkerung allein interessante Wiederanstieg ihrer Einkommensanteile nach Überschreiten des *turning point* (die absteigende Seite des *umgekehrten Kuznets-U*) variiert ebenfalls (bei identischem empirischem Datenmaterial) in Abhängigkeit von der gewählten mathematischen Berechnungsmethode und kann sehr steil abfallen oder auch nahezu horizontal verlaufen.

Es läßt sich mithin nicht eindeutig sagen, ob und wann ein bestimmtes Entwicklungsland den Einkommensverteilungswendepunkt erreichen wird. Auch ist ungewiß, ob die untersten 40 % der Bevölkerung mit einem schnellen Wiederanstieg ihres Einkommensanteils rechnen können oder noch lange auf dem niedrigen Einkommensanteil verharren müssen. Schließlich können verschiedene länderspezifische Einflußfaktoren den 25 %igen Erklärungsanteil der *Inversen U-Hypothese* überspielen bzw. konterkarieren.

Für die unterhalb der Armutslinie lebende Bevölkerungsmasse kann das Warten auf den *Kuznets-Effekt* zu lange dauern, denn für sie gilt die *Keynes*'sche Analogie: „in the long Kuznets-run, the poor will be all dead". Die marktwirtschaftlichen Erfahrungen der IL lassen sich nicht ohne weiteres auf die EL übertragen: Das Konsumniveau der ökonomischen Elite eines EL ist über spezifische internationale Demonstrationseffekte eng an das Niveau der ökonomischen Elite der IL gebunden.

Die in der Wachstumsstrategie implizierte Annahme risikofreudiger und investitionslustiger Unternehmer, die darüber hinaus im Geiste calvinistischer Ethik von selbstgenügsamer Sparsamkeit geprägt sind und ihre gesamten Gewinne investieren, ist auf die Situation der EL nicht übertragbar. Nur allzu häufig läßt sich die Unternehmerschaft der EL durch Luxuskonsum und im Ausland getätigte, politisch risikolose Kapitalanlagen charakterisieren, d. h. die einzige gesamtgesellschaftliche Berechtigung hoch konzentrierter Einkommen – nämlich daß solche Einkommen eine hohe Ersparnis ermöglichen, die in produktive Investitionen überführt werden, die dann ihrerseits die Beschäftigung und damit auch das Einkommen der Bevölkerung erhöhen – ist unter den herrschenden sozioökonomischen Interdependenzen nicht immer gegeben.

Selbst im Extremfall vollkommen gleichmäßiger Verteilung der Produktionsfaktoren ergibt sich im Zeitablauf erneut eine ungleiche Einkommensverteilung: Wird aus dem Einkommensstrom unterschiedlich Kapital akkumuliert, was bei individuell abweichenden marginalen Sparraten der Fall ist, führt dieses Verhalten zukünftig zu unterschiedlich hohen Faktorbeständen bei den Wirtschaftssubjekten. Das daraus fließende Einkommen muß ceteris paribus ungleich verteilt werden.

In der Realität der EL sind allerdings nur sehr selten relativ gleiche Verteilungen am Besitz der Produktionsfaktoren zu beobachten. Vielmehr gehen Konzentrationen politischer Macht mit ähnlichen Konzentrationen des Eigentums an wirtschaftlichen Ressourcen Hand in Hand. Die enge Verzahnung und hohe Konzentration politischer und ökonomischer Macht macht es nahezu unmöglich, in den EL Wirtschafts-(Ordnungs-)politiken durchzusetzen, wenn dadurch die Interessen der politökonomischen Elite tangiert werden. Die Elite identifiziert sich nach wie vor mit den reinen wachstumsorientierten Wirtschaftsstrategien – denn sie partizipiert nahezu exklusiv an den Zuwächsen des Einkommens: Halten die obersten 40% der Bevölkerung, wie im Fall Brasilien, über 80% des Einkommens, dann fließt ihnen schon bei Gleichverteilung der Zuwächse auch 80% des zusätzlichen Einkommens zu (vgl. Tab. 3). Sollten hingegen die Zuwächse darüber hinaus ungleich verteilt werden, so ist die Wahrscheinlichkeit sehr hoch, daß das Wachstum nahezu ausschließlich zu Gunsten der obersten Bevölkerungsschichten stattfindet.

Interne Verteilungskämpfe lassen sich durch eine Strategie des *redistribution with growth* abfedern (vgl. *Chenery u. a.* 1974). Die sich selbst überlassenen Marktkräfte jedoch sorgen eher für eine Verschärfung denn für eine Milderung der Einkommensverteilung. Wird das interne Wachstum noch durch eine internationale Umverteilung des Weltsozialproduktes erhöht, so wächst zwar der verteilungspolitische Spielraum und die Möglichkeit, die nationale Einkommensverteilung zu verbessern, ohne die Eliten schlechter stellen zu müssen. Die Umsetzung dieser Möglichkeit ist jedoch nicht garantiert, sondern kann durch die politökonomische Elite verhindert werden, indem sie sich auch noch die externen Zuwächse aneignet. Insofern wären dann auch eine Neue Weltwirtschaftsordnung, das OPEC-Kartell, Rohstoffonds, Entwicklungshilfe als internationale *engines of redistribution* keine Garantie für die Lösung des internen Armutsproblems.

3.2 **Eigentumsrechte und Einkommensverteilung**

In welcher Weise beeinflussen die Eigentumsrechte an Produktionsfaktoren die Einkommensverteilung in den EL? Das Geldeinkommen ist im einfachsten Fall das Produkt aus dem Preis pro Einheit irgendeiner Ressource, die ein Wirtschaftssubjekt besitzt und auf dem Markt anbietet, und der Menge der Einheiten, über die es verfügt. Die Höhe des Marktpreises bestimmt sich nach der relativen Knappheit der Faktoren. Die verfügbare Menge an Ressourcen ist entsprechend den privaten Eigentumsrechten verteilt. Um an der Spitze der Einkommenspyramide zu stehen, muß man über eine möglichst große Menge möglichst knapper Ressourcen verfügen. Kapital, Land und gelernte Arbeit (Humankapital) sind in den EL die knappsten Faktoren in Relation zu ungelernter Arbeit. Die relative Knappheit dieser Faktoren unterliegt Veränderungen im Entwicklungsprozeß. Sie wird durch die volkswirtschaftliche Produktionsfunktion bestimmt, die einen technischen Zusammenhang zwischen Input-Faktoren und Sozialprodukt herstellt.

Zentrale Ursachen für die Verarmung der Masse der Bevölkerung können also in einer ungleichen Verteilung des Industriekapitals, des Landbesitzes, des Zugangs zu adäquater Bildung und im Fehlen genügender Beschäftigungsmöglichkeiten sowie in unzureichender Arbeitsproduktivität gesehen werden. Für die ruralen Armutsgruppen ist die Verfügbarkeit über Land gravierender als das Ausbildungsniveau, während bei den urbanen Armutsgruppen neben dem Mangel an Beschäftigungsmöglichkeiten insbesondere die niedrigen beruflichen Qualifikationen ins Gewicht fallen.

Südkorea wird immer wieder als marktwirtschaftliche *success story* genannt: Lang anhaltende hohe Wachstumsraten korrespondieren mit einer außerordentlich egalitären Einkommensverteilung bei einer strikt marktwirtschaftlichen Orientierung. Südkoreas unbestrittener Erfolg konnte sich nur unter nahezu idealtypischen Rahmenbedingungen einstellen: Nach der Befreiung von der japanischen Kolonialherrschaft konnten in einer Situation des polit-ökonomischen Machtvakuums von dem US-Militärregime radikale Landreformen durchgeführt werden (vgl. *Nissen* 1983a: 283 ff.). Das Produktivkapital, das zu 90 % von den Japanern gehalten wurde, fiel der koreanischen Regierung zu, ein Vorgang, der keine Enteignungskonflikte mit nationalen Eliten mit sich brachte. Während des Koreakrieges wurde die Kapitalkonzentration (durch Zerstörung) noch weiter reduziert. Südkorea startete mit einer Wachstumsstrategie arbeitsintensiver Exportproduktion, ohne daß die Wirtschaft vom Ausland oder von inländischen Gruppen in nennenswerter Weise dominiert war.

Der *Gini-Koeffizient* wurde 1969 mit nur 0,298 gemessen und erreichte 1980 mit 0,389 seinen höchsten Wert. Im Vergleich dazu hatte beispielsweise der Gini-Koeffizient Brasiliens 1970 den Wert von 0,647. Ein weiterer Faktor, der die Einkommensverteilung in dieser nivellierten Bandbreite hielt und gleichzeitig für hohes ökonomisches Wachstum sorgte, ist die schnelle Expansion des Bildungssektors (vgl. *Weltentwicklungsbericht* 1990).

4. Einkommensverteilungspolitik

Die meisten internen Verteilungen weisen Anteile am Sozialprodukt für die obersten 40 % der Bevölkerung aus, die noch weit über die von der Weltbank anvisierte 60 %-Zielmarke hinausgehen: Brasilien 80 %, Venezuela und die Philippinen 70 %; lediglich Indien kommt mit 63 % der Vorgabe schon sehr nahe (vgl. Tab. 3).

Tabelle 3: Einkommensverteilung in ausgewählten Ländern

Quintile Länder	unterste 20 %	zweite 20 %	dritte 20 %	vierte 20 %	oberste 20 %
Brasilien (1983)	2,4	5,7	10,7	18,6	62,6
Venezuela (1987)	4,7	9,2	14,0	21,6	50,6
Philippinen (1985)	5,5	9,7	14,8	22,0	48,0
Indien (1983)	8,1	12,3	16,3	22,0	41,4
USA (1985)	4,7	11,0	17,4	25,0	41,9
BRD (1984)	6,8	12,7	17,8	24,2	38,7

Quelle: Weltentwicklungsbericht 1991.

Die armen Bevölkerungsgruppen umfassen in einzelnen EL bis zu 40 % der Gesamtbevölkerung. Diese Gruppen bestehen aus landlosen Arbeitern, Landpächtern, submarginalen Kleinbauern, Arbeitslosen, Arbeitsunfähigen, Selbständigen im informellen Sektor, Unterbeschäftigten.

Eine Einkommensverteilungspolitik hat sich auf die Verbesserung ihrer Lebenssituation zu konzentrieren. Wirtschaftspolitische Optionen, die dieser Zielsetzung dienen, können zum einen in der *Regulierung von Märkten* und zum anderen in der *Umverteilung von Marktergebnissen* bestehen. Ökonomisch wichtig ist dabei die Frage, ob und in welchem Umfang mit *trade offs* zwischen mehr Effizienz (z. B. Wachstum des pro Kopf-Konsums) und mehr Gleichheit (im Sinne von Armutsverringerung) zu rechnen ist.

Bereits die klassischen Ökonomen haben entdeckt, wie die Marktpreise die Eigeninteressen der individuellen Wirtschaftssubjekte so steuern, daß im Ergebnis die Wohlfahrt der Gesamtgesellschaft wie von einer unsichtbaren Hand gefördert werden soll. Das Preissystem spielt im System liberaler Märkte drei Rollen (vgl. z. B. *Sundrum* 1990: Kap. 3):

- Es lenkt die Ressourcen in die (gewinn-)optimale Verwendung (Allokation);
- es sorgt für eine effiziente Akkumulation der Ressourcen (durch kompetitive Selektion der Unternehmungen) und damit für Wachstum;
- es verteilt die Einkommen.

Selbst wenn das Marktsystem effizient hinsichtlich seiner Allokations- und Wachstumsfunktion wirkt, kann das Marktergebnis in bezug auf seine Verteilungsfunktion sozial unerwünschte Ergebnisse hervorbringen. Daher stellt sich für EL die Frage, wieweit sie ihre Wirtschaft dem Marktmechanismus überlassen wollen und inwieweit sie staatliche Regulierungen einsetzen.

4.1 **Marktregulierungen**

Insoweit schnelles Wachstum des Volkseinkommens in EL notwendige Voraussetzung für die Erhöhung des Lebensstandards ist (insbesondere für die unteren Einkommensbezieher, können Märkte eine sinnvolle Rolle spielen. Auf Märkten steuert die effektive Nachfrage das Angebot und damit die Allokation der Ressourcen. Die effektive Nachfrage spiegelt jedoch die herrschenden Einkommens- und Vermögensverteilungen wider, d. h. die jeweilige Allokation ist nur vor dem Hintergrund der gegebenen Verteilungssituation optimal. Wenn diese Verteilung sehr schief ist, werden funktionierende Märkte lediglich dafür sorgen, daß die herrschende Ungleichheit perpetuiert wird. Von einem sozialen Standpunkt aus kann daraus die Forderung nach Marktregulierungen abgeleitet werden.

Der Idealtypus einer Marktwirtschaft unter vollständiger Konkurrenz ist in EL noch seltener anzutreffen als in IL. Insbesondere die Faktormärkte unterliegen allen möglichen monopolistischen Einschränkungen (die Faktormobilität ist gering, Marktzugangsbeschränkungen sind hoch usw.). In einer solchen Ausgangslage vermag eine den Wettbewerb intensivierende (Ordnungs-)Politik Effizienz und Wachstum zu steigern, aber nicht notwendigerweise die Verteilung. Doch wenn auch die unteren Einkommensbezieher ein wachsendes Einkommen erzielen, verringert sich ihre Armutsposition.

Die üblichen Eingriffsmöglichkeiten bestehen in Preis- und/oder Mengenregulierungen: Für wichtige Güter (*essentials*) werden *Maximalpreise* festgelegt, zu denen sie verkauft werden müssen. Sind diese Preise niedriger als die zuvor herrschenden, geht es den Armen besser, wenn sie wenigstens die gleiche Menge zu dem dann niedrigeren Preis kaufen können. Ein unter Wettbewerb stehender Markt wird bei niedrigeren Preisen mit einem Rückgang der angebotenen Menge reagieren: Z. B. lassen niedrige Nahrungsmittelpreise die Produktion landwirtschaftlicher Güter schrumpfen. Niedrige Renten für Häuser senken das Angebot an Wohnraum in Qualität und Quantität. Aus diesem Grunde muß die Politik der Preiskontrolle mit Maßnahmen kombiniert werden, die auf der Angebotsseite wirken. Ist der Markt monopolistisch verzerrt, müssen staatliche Preisregulierungen nicht mit Mengenreduktion einhergehen. Vielmehr muß in diesem Fall der Staat die Monopolprofite in Konsumentenrenten transferieren, ohne das Wachstum zu beeinträchtigen.

Die Einführung von *Mindestlöhnen* stellt eine andere weitverbreitete Preisregulierung dar. Höhere Mindestlöhne als die gleichgewichtigen Löhne des Arbeitsmarktes sichern den tatsächlich Beschäftigten höhere Lohneinkommen, doch wird in der Regel die Nachfrage nach Arbeitskräften zurückgehen, mit dem Ergebnis wachsender Arbeitslosigkeit. Für diejenigen, die ihren Arbeitsplatz verlieren, verschlechtert sich die Einkommenssituation dramatisch. Aus diesem Grund kann auch die Politik der Mindestlöhne nicht isoliert eingesetzt werden. Vielmehr muß sie durch (öffentliche) Beschäftigungsprogramme oder Förderung arbeitsintensiver Produktionsprozesse usw. flankiert werden (vgl. *Sundrum* 1990).

Das führt zu einer Regulierung (Veränderung) der Produktionsstruktur insgesamt: Bei extrem ungleicher Verteilung in der Ausgangslage wird auch die Produktionsstruktur verstärkt nur Luxusgüter produzieren (importieren), die von den (kaufkraftstarken) Reichen nachgefragt werden, und weniger Güter, die die Grundbedürfnisse der Armen befriedigen. Da der größte Teil der Armen auf dem Lande lebt und der größte Teil der *basic needs*-Güter Nahrungsmittel sind, steht die Förderung des Landwirtschaftssektors im Zentrum dieser Politik: Landreformen, Subventionierung landwirtschaftlicher Inputs (Saat, Dünger, Geräte), Preissubventionierung der Produkte, Erweiterung der Kreditfazilitäten, Verbesserung der Vermarktung. Aber auch mit diesen Maßnahmen kann die Gefahr eines *trickle up*-Effektes nicht ausgeschlossen werden, wenn die reichen Farmer den größten Vorteil aus dieser Politik ziehen.

Ein zentraler Preis, der in fast allen EL Regulierungen unterworfen wird, ist der Preis für Devisen, der Wechselkurs. Überbewertete Währungen und multiple Wechselkurse sind die Regel. Mit dieser Politik können z. B. Importe von Luxusgütern, kapitalintensiven Technologien besteuert und Importe von *essentials* und arbeitsintensiven Technologien subventioniert werden und damit Verteilungen zugunsten der Armen gelenkt werden. Allerdings können falsche Wechselkurse auch die Kapitalflucht fördern und damit der heimischen Wirtschaft die Finanzierungsmittel für Investitionen entziehen und die zukünftigen Wachstumsmöglichkeiten reduzieren.

4.2 **Umverteilungspolitiken**

Wirtschaftspolitiken, die bei einer Korrektur der Marktergebnisse ansetzen, sind folgende:
1. Umverteilung der entstandenen Einkommen;
2. Umverteilung des Besitzes an einkommenschaffenden Faktoren.
Eine *Redistribution der laufenden Einkommen* hat zwei Aspekte: Den Reichen wird über (progressive) Steuern Einkommen entzogen und den Armen werden zusätzliche Einkommen via Transfers oder über (öffentliche) Güter und Dienstleistungen zur Verfügung gestellt. Mit der (kostenlosen) Zurverfügungstellung öffentlicher Güter wie sozialer Wohnungsbau, medizinische Versorgung, Bildungsinstitutionen und Sozialhilfeleistungen im weitesten Sinne läßt sich die Befriedigung der Grundbedürfnisse in Angriff nehmen.

Das Finanzvolumen, das für derartige Zwecke abgeschöpft werden kann, dürfte jedoch, gemessen an den Bedürfnissen, unzureichend sein. Auch fragt es sich, ob eine progressive Einkommensbesteuerung tatsächlich die obersten Bevölkerungsschichten trifft, die häufig genug über soziopolitisches „know how" verfügen, um diese Belastungen zu vermeiden. Auch die Verwendung dieser öffentlichen Güter muß nicht notwendigerweise den untersten 40% der Bevölkerung primär zugute kommen. Beispielsweise begünstigt ein kostenloses Schul- und Universitätssystem möglicherweise weitaus stärker die reichen Familien, die ihre Kinder zu dieser Ausbildung veranlassen, während arme Familien auf die Mitarbeit der Kinder angewiesen sind. Medizinische Dienste in Form von Kliniken in den Großstädten können für die Landbevölkerung weitgehend nutzlos sein.

Es bleibt also festzuhalten, daß diese Politik einen *trade off* bewirken kann: Ein Teil der Steuern, die diese Transfers finanzieren, wird von den Nicht-Reichen aufgebracht. Auf dem Wege zu den Armutsgruppen geht ein Teil der Transfers an Nicht-Arme verloren. Ein zweiter *trade off* ist intertemporal: Werden die Reichen tatsächlich zusätzlich besteuert und sinkt dadurch ihre Ersparnis, können Investitionen und Wachstumschancen abnehmen und Kapitalexporte zunehmen.

Eine der wichtigsten Ursachen für die ungleiche Einkommensverteilung liegt in der ungleichen *Verteilung des Produktivvermögens* an Land und Kapital, das im Vergleich zu ungelernter Arbeit knapp ist. Zum Zwecke einer Einkommensumverteilung könnte beispielsweise eine Landreform Großgrundbesitz in kleine Produktionseinheiten zerteilen, die (in Kooperativen organisiert) eine höhere wirtschaftliche Effizienz und Produktivität erreichen.

Dieses wäre der Fall, wenn Latifundien die überwiegend aus sozialen Prestigegründen gehalten werden, wie es in Lateinamerika häufig der Fall ist, nach einer Umverteilung arbeitsintensiv bebaut werden. Eine Landreform wird jedoch nur dann nachhaltige Wirkungen zeitigen, wenn sie durch flankierende Maßnahmen begleitet wird: Dazu gehören Erleichterungen des Zugangs zu Beschaffungs- sowie Absatzmärkten, zu Finanzierungsmöglichkeiten und landwirtschaftlichen Beratungsdiensten.

Lateinamerika ist ein Kontinent, der durch relativ reichliche Ausstattung mit dem Produktionsfaktor Land gekennzeichnet ist, doch ist der Landbesitz hochkonzentriert. Große Latifundien werden von Landarbeitern bei niedrigster Entlohnung kultiviert. In Afrika ist die Landkonzentration geringer, aber die landwirtschaftliche Produktionstechnik hat ein so niedriges Niveau, daß selbst Großgrundbesitz nur geringe Einkommen abwirft. Viele afrikanische Länder verfügen über reiche Bodenschätze, deren Eigentumsrechte allerdings hochkonzentriert sind.

In Asien sind die Besitzverhältnisse gleichmäßiger, doch ist der Bevölkerungsdruck auf die Ressource Land unterschiedlich stark: In Thailand und Malaysia ist er beispielsweise gering; in Korea und Taiwan hat das schnelle Industriewachstum den Arbeitskräfteüberschuß des landwirtschaftlichen Sektors absorbieren können; in Indien ist bei vergleichsweise moderater Landverteilung der Bevölkerungsdruck extrem hoch. Wegen des reichlichen Angebots ungelernter Landarbeit sind die Löhne extrem niedrig, so daß 3/4 der Armutsgruppen auf dem Lande leben.

Eine Umverteilung von Industriekapital (z. B. auf die Arbeiter der Fabriken) schafft in der Regel nur „Minikapitalisten". Häufig gehören die Arbeiter in der Einkommensskala zu den oberen 40 %, so daß eine Umverteilung von den obersten 10 % auf die oberen 40 % erfolgt, die wirklich Armen aber nicht erreicht. Das Industriekapital kann vollständig verstaatlicht werden, um diesen Effekt zu vermeiden. Hierbei stellt sich allerdings wiederum die Frage nach *trade offs*. Verlieren Unternehmen bei der Verstaatlichung an Effizienz? Die Erfahrungen einiger sozialistischer Länder sprechen für sich. Aber auch in gemischten Wirtschaftssystemen dienen Staatsbetriebe häufig als Verschiebebahnhöfe hochdotierter Posten für auszurangierende Politiker – was nicht gerade ein wirtschaftliches Effizienzkriterium ist.

Resumée

Einkommensverteilungen können nur durch den massiven Einsatz umfangreicher *policy packages* erreicht werden, nicht durch einzelne Maßnahmen. Die Implementierung dieser Politiken ist weniger ein funktionales Problem als vielmehr ein eminent politisches: Die herrschende Ungleichheit der Einkommen reflektiert ungleiche sozio-ökonomische Gesellschaftsstrukturen und die korrespondierenden Interessengruppen. Mit der Wachstumsstrategie kann sich die herrschende Elite identifizieren, Verteilungsstrategien können ihren Widerstand hervorrufen. Nehmen die internen Konflikte zu, wird die Elite zunächst nach externen Ventilen suchen: der internationalen Umverteilung. Das optimale *policy mix* darf einer besseren Verteilung nicht das Wachstum opfern und Wachstum nicht mit einer Verschlechterung der Verteilung erkaufen. Die entgegengesetzten Interessen dürften in demokratischen Systemen am ehesten zu einem Ausgleich finden.

Literatur

Adelman, I./Morris, C. 1973: Economic Growth and Social Equity in Developing Countries, Stanford.

Adelman, I./Robinson, S. 1978: Income Distribution Policy in Developing Countries, Oxford.

Anand, S./Kambur, S. 1983: Inequality and Development: A Critique in: Nissen 1983, S. 131–170.

Bornschier, V. 1983: World Economy, Level of Development and Income Distribution – Integration of Different Approaches to the Explanation of Income Inequality in: Nissen 1984, S. 99–130.

Bourguignon, F./Morrisson, C. 1990: Income Distribution, Development and Foreign Trade, in: European Economic Review, Bd. 34, S. 1113–1132.

Bourguignon, F. 1989: Optimal Poverty Reduction, Adjustment and Growth (DELTA, Working Paper 89–22), Paris.

Bourguignon, F./Berry, A./Morrisson, C. 1984: The World Distribution of Income between 1950 and 1977, in: Nissen 1984, S. 59–98.

Chenery, H./Ahluwalia, S./Bell, C. l. G./Duloy, H./Jolly, R. 1974: Redistribution with Growth, New York.

Fields, G. 1980: Poverty, Inequality and Development, Cambridge.

Helleiner, G. K. 1987: Stabilization, Adjustment, and the Poor, in: World Development, Bd. 15, No. 12, S. 1499–1513.

Heller, P./Bovenberg, A. L./Catsambas, T./Chu, K.-Y./Shome, P. 1988: The Implications of Fund-Supported Programs for Poverty (IMF), Washington, D. C.

IMF 1988: The Impact of Macroeconomic Policies on Income Distribution: An Empirical Study (Working Paper 88/57), Washington, D. C.

IMF 1988 a: The Implications of Fund-Supported Adjustment Programs for Poverty (Occasional Paper No. 58), Washington, D. C.

Kuznets, S. 1955: Economic Growth and Income Inequality, in: American Economic Review, Bd. 45, S. 1–28.

Lecaillon, J./Lafay, J.-D. 1991: Analyse politicoéconomique des programmes d'ajustement et de leur faisabilité politique (OECD, Arbeitspapier), Paris.

Nelson, J. (Hrsg.) 1989: Fragile Coalitions: The Policies of Economic Adjustment, New Brunswick.

Nissen, H.-P. (Hrsg.) 1983: From Income Distribution Research to Income Distribution Policy in LDC's, Tilburg.

– 1983 a: Auswirkungen marktwirtschaftlicher Politik auf die Einkommensverteilung in Entwicklungsländern, in: U. E. Simonis (Hrsg.), Ordnungspolitische Fragen zum Nord-Süd-Konflikt, Berlin, S. 275–291.

– 1983 b: La Distribución del Ingreso en Venezuela, Caracas.

– (Hrsg.) 1984: Towards Income Distribution Policies, (EADI, Bookseries No. 3), Tilburg.
– 1989: Adios a la Bonanza, Caracas.
Paukert, F. 1973: Income Distribution at Different Levels of Development. A Survey of Evidence, in: International Labour Review, Bd. 108, S. 97–125.
Sundrum, R. M. 1990: Income Distribution in Less Developed Countries, London/New York.
Ward, M. D. 1978: The Political Economy of Distribution. Equality Versus Inequality, New York/Oxford.
Weltbank 1990: Weltentwicklungsbericht: Armut, Washington, D. C.
– 1991: Weltentwicklungsbericht: The Challenge of Development, Washington, D.C.

Sustainable Development – Dauerhafte Entwicklung

Hans-Jürgen Harborth

1. Vorbemerkung

Der strategische Begriff der „dauerhaften Entwicklung" ist, insbesondere nach dem Erscheinen des *Brundtland-Berichts* (1987), zu einem vielzitierten Schlagwort geworden. Die Attraktivität des Begriffs – für die Reichen und die Armen der Welt gleichermaßen – leitet sich aus der doppelten Verheißung ab, Entwicklung ad infinitum und Umwelt- bzw. Ressourcenschutz seien miteinander vereinbar.

In seiner einfachsten Interpretation bedeutet *sustainability* (meist mit Dauerhaftigkeit oder Nachhaltigkeit übersetzt), daß etwas überdauert: „eine Wirtschaft, eine Kultur, eine Volksgruppe, ein Wirtschaftszweig, ein Ökosystem oder ein Netz von Ökosystemen" (*Pearce* 1988:298), bzw. daß es – im Falle seiner wirtschaftlichen Nutzung – auch immer verfügbar und nutzbar ist. Ein bekanntes Beispiel für dieses Nutzungskriterium ist das seit dem Mittelalter in Europa geltende, mit strengen Sanktionen durchgesetzte Verbot, mehr Holz zu schlagen als nachwächst. Dieselbe Grundidee liegt internationalen Abkommen zugrunde, etwa solchen über die gemeinsame Nutzung von Meeresfischbeständen. Auf die Weltgesellschaft und alle ihr heute und in Zukunft zur Verfügung stehenden Ressourcen übertragen würde dauerhafte Entwicklung, in den Worten von *Volker Hauff*, dem deutschen Mitglied der *Weltkommission für Umwelt und Entwicklung*, die den *Brundtland-Bericht* verfaßte, bedeuten:

> „Unter dauerhafter Entwicklung verstehen wir eine Entwicklung, die den Bedürfnissen der heutigen Generation entspricht, ohne die Möglichkeiten künftiger Generationen zu gefährden, ihre eigenen Bedürfnisse zu befriedigen und ihren Lebensstil zu wählen. Die Forderung, diese Entwicklung ‚dauerhaft' zu gestalten, gilt für alle Länder und Menschen. Die Möglichkeit kommender Generationen, ihre eigenen Bedürfnisse zu befriedigen, ist durch Umweltzerstörung ebenso gefährdet wie durch Umweltvernichtung durch Unterentwicklung in der Dritten Welt" (*Brundtland-Bericht* 1987:XV).

Bereits die Definition, die sich in der modernen Diskussion in vielen Abwandlungen wiederfindet, bringt zum Ausdruck, daß „dauerhafte Entwicklung" keineswegs ein ausschließlich technischer Begriff ist, sondern daß er ein

Bündel von gesellschaftlichen Werturteilen beinhaltet. Besonders deutlich wird dies in dem folgenden Zitat aus dem *Brundtland-Bericht*: (1987:9):

> „Mögen die Bilanzen unserer Generation auch noch Gewinne aufweisen – unseren Kindern werden wir die Verluste hinterlassen. Ohne Absicht und Aussicht auf Rückzahlung borgen wir heute von zukünftigen Generationen unser ‚Umweltkapital'. Unsere Nachfahren mögen uns ob unseres verschwenderischen Vorgehens verfluchen – unsere Schulden werden sie nicht mehr eintreiben können. Unser Verhalten ist bestimmt von dem Bewußtsein, daß uns keiner zur Rechenschaft ziehen kann. Künftige Generationen haben heute kein Wahlrecht, sie verfügen über keinerlei politische oder finanzielle Macht und sind uns daher ohnmächtig ausgeliefert."

Beide Zitate belegen: Eine Strategie der dauerhaften Entwicklung bekennt sich zur Solidarität mit allen gegenwärtig und in Zukunft lebenden Menschen. *Ignacy Sachs* (1984:218), einer der Wegbereiter der Theorie und Praxis des Konzepts, spricht hier von „synchronischer" und von „diachronischer" Solidarität. Bis hin zu diesem Statement ist ein allgemeiner Konsens leicht zu erzielen. Aber der Begriff der dauerhaften Entwicklung läßt – auf den ersten Blick – verschiedene Interpretationen zu, so daß die Übereinstimmung leicht verlorengehen kann, vor allem, sobald es um konkrete Handlungskonzepte geht.

Bei genauerer Betrachtung impliziert der Begriff der dauerhaften Entwicklung (wenn er nicht sinnlos sein soll) erstens die These, daß es auch solche Entwicklungsziele und -wege gibt, die eben nicht auf Dauer bestehen können, weil sie über kurz oder lang das ökologische Gleichgewicht von Teilregionen und schließlich auch der ganzen Erde zu zerstören drohen. Natürlich sind mit diesen, auf Dauer nicht durchhaltbaren genau die Entwicklungsstrategien gemeint, die in den letzten 40 Jahren tatsächlich verfolgt worden sind. Zweitens wird das Ziel Entwicklung durchaus nicht aufgegeben. Dies wiederum impliziert, daß eine andere als die bisher verfolgte, nämlich eine ökologisch und sozial dauerhafte Entwicklung, denkbar und realisierbar sei. Eine solche Entwicklung muß nicht Wachstum sein, ja: sie darf – von einem gewissen Punkt an – vielleicht nicht einmal Wachstum sein.

Beide Implikationen bedeuten de facto eine Kampfansage an das seit über 40 Jahren dominierende entwicklungspolitische Paradigma der „aufholenden Entwicklung", demzufolge die Nachzügler der Dritten Welt durch beschleunigtes Wirtschaftswachstum und durch Modernisierung zu den IL aufschließen und diese letztendlich einholen sollten. Obwohl bereits seit Jahren offensichtlich ist, daß dieses Konzept gescheitert ist, halten die meisten derjenigen, die schon immer auf Wirtschaftswachstum gesetzt haben, an diesem Konzept fest: Unternehmerverbände, fast alle Parteien, die meisten Gewerkschaften, Zentralbanken, Regierungen, die Weltbank und – nicht zuletzt – die Fachökonomen, für die Wirtschaftswachstum *ad infinitum* ein unverzichtbarer Bestandteil einer auf Dauer funktionierenden Marktwirtschaft ist (*Harborth* 1986:132 ff.).

So sind es denn auch vor allem Vertreter *dieser* Gruppen, die die wirtschafts- und gesellschaftspolitische Brisanz, die hinter dem Begriff der dauerhaften Entwicklung steckt, klar erkannt haben: Da hier Entwicklung offensichtlich nicht mehr ohne weiteres mit Wirtschaftswachstum gleichgesetzt wird, besteht ihre – zunächst nur argumentative – Gegenstrategie darin, den Begriff der „dauerhaften Entwicklung" wie selbstverständlich umzumünzen in dauerhaftes Wachstum. Man kann dies auffassen als den Versuch der Entschärfung eines – als Kampfansage verstandenen – Begriffs durch Begriffsverwirrung.

Dazu zwei Beispiele: Die Weltbank überschrieb 1989 einen großen Report über Afrika mit „Sustainable Growth with Equity", und Manager bedeutender deutscher Unternehmen gründeten im Frühjahr 1991 eine Vereinigung, die sich um die Förderung des „dauerhaften Wachstums" kümmern soll. Diese Verwirrung durch synonyme Verwendung zweier grundsätzlich unterschiedlicher Begriffe ist, wohl eher aus Ratlosigkeit als aus Berechnung, auch der *Brundtland-Kommission* unterlaufen, indem auch sie an verschiedenen Stellen ihres Berichtes „dauerhaftes Wachstum" forderte, und zwar sowohl für die EL als auch für die IL, die nicht zu Unrecht oft als „überentwickelt" gelten. Es ist vorherzusehen, daß die Kontroverse um die Frage, ob dauerhafte Entwicklung mit dauerhaftem Wachstum vereinbar ist (bzw. ob Entwicklung sogar überhaupt nur mit Wachstum zu bewerkstelligen ist), während der 1992 in Brasilien stattfindenden *UN-Konferenz über Umwelt und Entwicklung* (UNCED) eine große Rolle spielen wird.

Es dürfte also klar sein, daß das Konzept einer „dauerhaften Entwicklung" bei näherer Betrachtung als Antithese zu dem Leitbild der „aufholenden Entwicklung" zu verstehen ist. Um dieses nach wie vor von vielen favorisierte Leitbild der aufholenden oder nachholenden Entwicklung geht es zunächst.

2. Das optimistische Weltentwicklungsmodell: Aufholende Entwicklung

Es handelt sich um ein Modell, das Ziel und Weg von Entwicklung gleichermaßen kennzeichnet: Die nicht industrialisierten Länder, später auch Dritte Welt genannt, sollten in möglichst kurzer Zeit *die* Strukturveränderungen nachvollziehen, die die IL bereits vorexerziert hatten: nämlich „Modernisierung" von Wirtschaft und Gesellschaft. Diese Modellvorstellung war im Grunde eine Extrapolation dessen, was sich in der jüngeren Wirtschaftsgeschichte tatsächlich abgespielt hat. Das historisch erste Weltwirtschaftszentrum England war in einer – allerdings jahrzehntelangen – Aufholjagd von Kontinentaleuropa eingeholt worden; dieses wiederum von den USA; weitere erfolgreiche „Aufholer" waren die Sowjetunion und Japan. Und nun, dies war die plausible Idee, waren mit zeitlicher Verzögerung die EL an der Reihe. Das Strukturziel für alle EL, nämlich die Angleichung an das Vorbild der in jeder

Hinsicht hochentwickelten IL, hat *Wassilij Leontief* (1963:159) auf die bündige Formel gebracht:

> „Der Entwicklungsprozeß besteht im wesentlichen in der Installierung und dem Aufbau eines Systems, das dem in den Volkswirtschaften der USA, Westeuropas und, in jüngerer Zeit, dem der Sowjetunion möglichst ähnlich ist."

Eine wichtige Implikation dieses Weltentwicklungsmodells war und ist, daß während des Aufholprozesses nicht nur die Wirtschaften der Nachzügler wachsen sollten, sondern nach wie vor auch die Wirtschaften der IL. Diese sollten nämlich die Rolle der Wachstumslokomotive für die *late-comer* spielen: zunächst als Nachfrager für die (klassischen) Rohstoffexporte der EL und später auch für deren neuentwickelte Industrieprodukte, z. B. Textilien. Die mit solchen Exporten verdienten Devisen sollten und konnten die EL dann dazu verwenden, frühere für Maschinenimporte aufgenommene Auslandskredite zurückzuzahlen oder/und neue Maschinerie und Know-How einzukaufen, um ihre Modernisierung weiter voranzutreiben. Diese Vorstellung des Wachstums ohne Ende für alle Beteiligten harmonierte sehr gut mit dem Postulat der modernen Wachstumstheorie, derzufolge nur ein immerwährendes exponentielles Wachstum imstande ist, schwere Wirtschaftskrisen zu verhindern.

Ökologische Bedenken im Hinblick auf dieses Zukunftsmodell einer vollindustrialisierten und unaufhörlich wachsenden Weltwirtschaft wurden bis zu Beginn der 70er Jahre kaum artikuliert. Bedenken solcher Art galten als nicht schwerwiegend oder sogar als bereits definitiv ausgeräumt. Dies mag aus heutiger Sicht erstaunlich erscheinen, doch schien es für diese Bedenkenlosigkeit gegenüber dem global-ökologischen Problemkomplex Ressourcenerschöpfung, Umweltzerstörung und Bevölkerungswachstum immerhin eine Reihe von plausiblen Gründen zu geben. In groben Strichen nachgezeichnet, herrschte (und herrscht bei vielen heute noch) etwa die folgende Einschätzung vor:

1. Ein Mangel an Ressourcen spiele bei diesem globalen Industrialisierungsprozeß keine hemmende Rolle, weil erstens regionalen Mangelsituationen andernorts Überschußsituationen entsprächen, die durch Handel ausgeglichen werden können; weil zweitens noch praktisch unbegrenzte (wenn auch auf lange Sicht nicht mehr ganz so ergiebige) Rohstoffreserven zur Verfügung stünden; und weil drittens der technische Fortschritt genügende und rechtzeitige Rohstoffeinsparungen pro Produkteinheit, Wiederverwendungsmöglichkeiten (Recycling) und Ersatzstoffe hervorbringen werde.

2. Gewisse Umweltbeeinträchtigungen seien, zusammen mit den sozialen Folgekosten des Industrialisierungsprozesses, im Vergleich zu dem sehr hohen sozialen Nutzen dieses Prozesses hinnehmbar, und vor allem bringe die Industrialisierung selbst auch in mehr als ausreichendem Maße die Mittel auf, um etwaige nicht tolerable Folgekosten kompensatorisch zu neutralisieren. Diese Entschädigungsphilosophie dominiert bis heute. Sie unterstellt,

daß prinzipiell jeder Schaden durch eine entsprechend hohe Geldsumme ausreichend kompensiert werden könne.

3. Das Bevölkerungswachstum stehe einem erfolgreichen Weltindustrialisierungsprozeß nicht im Wege. Denn im Zuge dieses Entwicklungsprozesses – und das heißt u. a. bei steigenden Einkommen – sinke nach aller Erfahrung die Geburtenrate, so daß sich dieses Problem sozusagen von selbst lösen werde – ein fataler Kurzschluß, der erfolgreiche Entwicklung bereits als problemlos machbar voraussetzte.

Insgesamt sah man jedenfalls keine Veranlassung, an der Wünschbarkeit und der ökologischen Machbarkeit des Weltmodells der nachholenden Entwicklung zu zweifeln. Damit soll keineswegs gesagt werden, daß der so skizzierte Entwicklungsprozeß als problemlos hingestellt worden sei. Die inzwischen an die Hunderttausende von Bänden zählende Literatur über „Probleme der EL", von A wie Armut bis Z wie Zahlungsbilanz, sprechen für sich. Aber, darauf kommt es hier allein an: Die ökologische Problematik dieses Weltentwicklungsmodells ist erst sehr spät wahrgenommen worden, und sie wird bis heute, auch und gerade von vielen Vertretern der etablierten Fachökonomie, unterschätzt, wenn nicht hartnäckig ignoriert.

3. Ökologische Kritik am Paradigma der aufholenden Entwicklung

Zweifel an der ökologischen Machbarkeit – und zunehmend auch an der Wünschbarkeit – des expansionsorientierten Weltentwicklungsmodells wurden vereinzelt bereits in den 60er Jahren artikuliert. Wie mit einem Paukenschlag ins Bewußtsein der Weltöffentlichkeit gehoben wurde sie jedoch erst 1972, als der erste Bericht an den *Club of Rome* über die „Grenzen des Wachstums" erschien (*Meadows u. a.* 1972). In diesem Buch wird für die Erde für den Zeitraum zwischen 2020 und 2050 eine Katastrophe vorausgesagt, die sich aus dem Zusammenwirken der Faktoren Bevölkerungswachstum, Umweltzerstörung, Nahrungsmittelknappheit und Erschöpfung der Rohstoff- und Energiequellen ergeben würde – *wenn* die gegenwärtigen Wachstumstrends nicht geändert würden.

Dieser Bericht wirkte als Startzeichen für eine bis heute andauernde, teilweise erbittert geführte Kontroverse zwischen Wachstumsbefürwortern und -gegnern (*Harborth* 1986). Bis heute gibt es hier völlig konträre Sichtweisen. Auf der einen Seite stehen – in der Terminologie von *R. Kerry Turner* (1988) – die *Conservationists*. Sie sind der Ansicht, daß eine so oder so geartete Umweltkatastrophe auf die Erde zukomme, wenn nicht unverzüglich und kräftig gegengesteuert werde. Zu dieser Gruppe gehören neben vielen anderen beispielsweise: *Thomas Robert Malthus* (der bereits 1798 seinen berühmten Essay über das „Bevölkerungsgesetz" veröffentlichte), *Dennis Meadows u. a.* (1972), *Hans Christoph Binswanger* und Mitautoren (1978), die Autoren von

Global 2000 (1980) und des *Brundtland-Berichts* (1987). Auf der anderen Seite stehen diejenigen, die sich einem *cornucopian technocentrism* verschrieben haben, also einem Technozentrismus, der einen immerwährenden Überfluß garantiert. Als ihr Hauptvertreter galt in den 70er Jahren der Futurologe *Herman Kahn* vom industrienahen *Hudson-Institut* in New York. Diese Denk- und Überzeugungsrichtung vertraut auf sog. „Durchbrecherstrategien" (*Binswanger/Geissberger/Ginsburg* 1978:46 ff.), die alle – auch alle ökologischen – Probleme meistern werde.

Diejenigen, die eine Strategie der dauerhaften Entwicklung für notwendig halten, gehören eindeutig zur ersten Gruppe. Die Notwendigkeit zum Handeln ergibt sich für sie aus dem folgenden entwicklungspolitischen und gleichzeitig ökologischen Dilemma:

1. Der von den IL eingeschlagene Weg einer „harten" Industrialisierung kann schon aus ökologischen Gründen nicht endlos weitergegangen werden, sondern droht via Umweltzerstörung und Ressourcenerschöpfung die Biosphäre aller Menschen zu zerstören.
2. Wenn es der großen Mehrheit der in den EL lebenden Menschen (z. Zt. 75–80 % der Weltbevölkerung) gelingen sollte, von heute auf morgen das Beispiel der IL nachzuahmen, so wäre dies der sofortige und sichere ökologische Untergang der Menschheit. Genau diesen Weg aber wollen offenbar fast alle EL gehen.
3. Drei Problemverstärker verschärfen das ohnehin schon konfliktträchtige Dilemma: a) eine armutsbedingte Umweltzerstörung; b) analog dazu ein armutsbedingtes Bevölkerungsverhalten (das die Geburtenrate hochhält) und c) eine – durch eine entsprechende Theorie abgestützte – Wachstumsideologie, die immerwährendes Wachstum für notwendig und machbar hält: sowohl für die El als auch – und gerade – für die IL, die als Wachstumsmotoren für die EL fungieren sollen.

Auf die drei Aspekte dieses Konfliktszenarios ist im folgenden etwas näher einzugehen.

4. Der Weg der Industrieländer – ein ökologisches Katastrophenmodell

Der von den IL eingeschlagene Weg einer „harten" Industrialisierung kann schon aus ökologischen Gründen nicht endlos weitergegangen werden. Drohende Ressourcenerschöpfungen und bereits massiv eingetretene Umweltzerstörungen lassen an dieser Feststellung keinen Zweifel.

In letzter Zeit ist immer wieder zu hören und zu lesen, das Ressourcenproblem werde stark übertrieben, oder es habe sich sogar erledigt. Dies ist offenbar eine Sinnestäuschung, hervorgerufen durch zwischenzeitlich wieder niedrige Preisniveaus vieler Rohstoffe und durch einen extrem kurzen Betrachtungshorizont. Aber, um ein aktuelles Beispiel zu nehmen: Die heute bekannten Welt-Erdölreserven reichen, einen konstanten Verbrauch vorausgesetzt, gerade noch 40 Jahre. Es sind im übrigen ganz überwiegend die IL gewesen, die sich bisher aus dem in Jahrmillionen entstandenen, einmaligen Vorrat in den vergangenen hundert Jahren bedient haben. Dies gilt auch für viele andere Rohstoffe. Von irgendeiner Vorhalte-Politik für die Nachzügler von heute und morgen kann keine Rede sein.

Die IL sind es auch, die mit fast drei Vierteln an den weltweit durch Verbrennung fossiler Energiequellen verursachten Kohlendioxid-Emissionen beteiligt sind, und fast die gesamte Produktion (nicht der Verbrauch) von FCKW stammt aus diesen Ländern (*Simonis/v. Weizsäcker* 1989:18). Eine Minderheit von kaum einem Fünftel der Weltbevölkerung ist damit in der Lage und im Begriff, die befürchtete globale Klimakatastrophe bzw. die Zerstörung des stratosphärischen Ozonschildes maßgeblich zu verursachen und auszulösen.

Dies sind im übrigen nicht die einzigen Hinweise für die Umweltunverträglichkeit des „harten" Industrialisierungsmodells. Systematische Untersuchungen und die beinahe täglichen Berichte der Medien über Umweltverschmutzungen (wie es früher noch zaghaft-optimistisch hieß) bzw. über teilweise irreversible Umweltzerstörungen, sind in der jüngsten Vergangenheit so zahlreich und detailliert erschienen, daß hier Stichworte genügen können: Verschlechterungen – bis hin zu Vergiftungen und dem Verlust – von Böden und Wäldern, von Binnengewässern und Meeren; Luftbelastungen; die Anhäufung bzw. das ratlose oder vorsätzliche Herumschieben von gefährlichen, biologisch nicht – oder nur in unvorstellbar langen Zeiträumen – abbaubaren Stoffen (*persistent stock pollutants*); Industrie- und Tankerunfälle, die nach Zahl, Art und zeiträumlicher Reichweite bisher unbekannte Dimensionen erreicht haben. Hinzu kommt, daß auch viele der in den EL massiv auftretenden ökologischen Probleme mit ihrer von den IL forcierten Weltmarktintegration direkt zu tun haben. Dazu gehören z. B. die energie- und chemie-intensiven, weltmarktorientierten landwirtschaftlichen Monokulturen, der ökologisch und sozial oft verheerende Ferntourismus, die Auslagerung gefährlicher Produktionen und Deponien in die EL.

Die Einflüsse der industrialisierten Zentren auf die ökologischen Probleme der Peripherien reichen umso weiter, je genauer man die jeweiligen Ursachenketten zurückverfolgen kann und will. So wird die Verantwortung für das Verschwinden der tropischen Wälder häufig vor allem den einheimischen landlosen Siedlern zugeschoben, und die Rolle der IL scheint sich auf den ersten Blick auf das zu beschränken, was sie für ihren Möbelholz- und Papierbedarf schlagen lassen – und was gleichzeitig Platz für ihre Viehfarmen schafft. Aber es sind doch die Motorsägen und Bulldozer, die in vielen Fällen erst die Schneisen schlagen, auf denen dann die einheimischen „Landlosen" nachrücken und mit Brandrodung das Zerstörungswerk weiter vorantreiben.

Neben solchen dramatischen stehen weniger spektakuläre, aber nicht weniger folgenschwere Entwicklungen. Dazu gehört die Vernichtung biologischer Ressourcen. Hunderttausende von teilweise nicht einmal erforschten

Pflanzen- und Tierarten sind allein in den letzten Jahrzehnten einer forcierten Abholzung bzw. der Brandrodung der tropischen Regenwälder zum Opfer gefallen – auf immer. Anführen könnte man hier auch das Schicksal eines der größten Binnenseen der Erde, des Aral-Sees. Er ist heute, nachdem seine beiden Hauptzuflüsse für die Bewässerung von riesigen Baumwollkulturen abgezweigt worden waren, größtenteils zu einer Salzwüste ausgetrocknet. Die meisten der hier skizzierten Umweltprobleme sind industrialisierungsbedingt, selbst wenn sie sich, wie etwa die Abholzung tropischer Edelhölzer für den Export, in den EL auswirken.

Das Profil der „neuen Dimensionen" der Umweltproblematik manifestiert sich in den folgenden, häufig sich kumulierenden oder gegenseitig sich verstärkenden Faktoren:

- zunehmendes Gewicht, oft exponentiell wachsende Häufigkeit grundsätzlich bekannter Problemfaktoren (z. B. Abbau von Naturkapital; Bevölkerungswachstum);
- gänzlich neue Umweltprobleme (z. B. durch bestimmte Industrieunfälle oder durch Produktion und Einsatz neuer chemischer Substanzen), mit entsprechender Unsicherheit über die Auswirkungen;
- größere Risiken (Risiko = maximales Schadensausmaß mal Eintrittswahrscheinlichkeit, z. B. Tschernobyl; Tankerunfälle);
- zusätzliche weitreichende Problemverschiebungen (oder „Externalisierungen"): Von lokalen zu globalen, von kurz- zu sehr langfristigen Auswirkungen sowie damit zusammenhängend:
- zunehmendes Gewicht von Umweltproblemen, deren Auswirkungen nicht umkehrbar sind (z. B. Wüstenbildungen, Absenkung des Grundwasserspiegels, Erwärmung der Erdatmosphäre).

Trotz zeitweiliger Versuche, die hier skizzierten ökologischen Probleme als mehr oder weniger einmalige Betriebsunfälle hinzustellen, setzt sich doch immer mehr die Erkenntnis durch, daß sie nichts weniger als zufällig sind, sondern als Preis für die von den IL favorisierten Produktions- und Konsumstandards angesehen werden müssen.

5. Aufholende „harte" Industrialisierung – eine ökologische Utopie

Für das Weltentwicklungsmodell der aufholenden Entwicklung hat diese Erkenntnis entscheidende Konsequenzen: Das Modell ist nicht nur für die IL selbstzerstörerisch, es bedroht gleichzeitig das ökologische Gleichgewicht und damit die Bewohnbarkeit des gesamten Erdballs. Damit aber ist der Vorbildcharakter der „first-comer" grundsätzlich in Frage gestellt. Mehr noch: es wird immer deutlicher, daß die in den IL üblichen Pro-Kopf-Standards an Produktion, Konsumtion und Umweltbelastung aus global-ökologischen Gründen weder heute noch morgen verallgemeinert werden können. Mithin beanspruchen die IL und die ihnen nacheifernden Statuseliten der EL einen oligarchischen Lebensstandard (zur Interpretation und Illustration vgl. *Harborth* 1989, 1991), der nur deshalb und nur solange aufrechterhalten werden kann, wie die große Mehrheit der Weltbevölkerung ihn *nicht* hat.

Dazu einige Beispiele: Der Versuch, etwa die in den IL üblichen Pro-Kopf-Bestände an privaten Autos, an Militärfahrzeugen und -gerät aller Art, die Verbrauchsstandards bei kommerzieller Energie, Papier, tropischen Edelhölzern, Fleisch und Seefisch, an Touristen-Fernflügen, ferner Emissionsstandards von Kohlenstoff und FCKW auf die gesamte Weltbevölkerung von heute oder morgen zu übertragen, würde die ökologische Tragfähigkeit des Gesamtsystems um ein Vielfaches übersteigen. Die Reihe dieser Beispiele ließe sich fortsetzen und wahrscheinlich auch systematisieren – eine Arbeit, die noch getan werden muß.

Die Existenz und Duldung oligarchischer Verbrauchs- und Belastungsstrukturen widerspricht aber nicht nur dem Postulat der Gerechtigkeit, sie verzögert und verhindert auch das notwendige Gegensteuern: Solange eine solche Situation andauert, wird die doppelte Illusion begünstigt, die industrialisierten *first-comer* könnten weitermachen wie bisher, und die EL seien lediglich *late-comer* und könnten und sollten weiterhin alle Anstrengungen unternehmen, so schnell wie möglich die Standards der IL zu erreichen – die in Wirklichkeit nicht für alle erreichbar, d. h. nicht demokratisierbar sind. Es hat in der Tat den Anschein, als ob diese illusionäre Einschätzung in der Welt von heute immer noch eine breite Mehrheit hat, zumal wenn sie sich gepanzert hat mit einem nahezu unbegrenzten Vertrauen in technologische Problemlösungsstrategien (*cornucopian technocentrism* nach *Turner* 1988:5).

Daß aufholende Entwicklung ein schwieriger Prozeß, wahrscheinlich auch ein „unfairer Wettlauf" (*Wolfgang Sachs*) ist, hat man in den vergangenen 40 Jahren zur Genüge erfahren. Heute setzt sich immer mehr die Erkenntnis durch, daß dieses Weltentwicklungsmodell mit seiner wahrhaft monströsen Zielvorstellung eines immerwährenden Wachstums für Arme und Reiche schon aus ökologischen Gründen eine Utopie ist.

6. **Drei Problemverstärker**

Etwa seit der ersten großen Umweltkonferenz von Stockholm im Jahr 1972 hat sich zur Gewißheit verdichtet, daß es so etwas wie armutsbedingte Umweltzerstörungen gibt. Bereits in der *Erklärung von Cocoyoc* (1974), in der die Ergebnisse eines UNEP/UNCTAD-Symposiums über Rohstoffnutzung, Umweltschutz und Entwicklung festgehalten wurden, heißt es, „daß die andauernde Armut in vielen EL die Leute oft gezwungen (hat), auch das letzte Stückchen Land auf die Gefahr großer Bodenerosionen hin anzubauen oder in die heruntergekommenen und übervölkerten Städte zu wandern" (*Cocoyoc* 1974/1975:2). Den Zustrom verarmter Landbewohner – die teilweise selbst schon „Umweltflüchtlinge" sind – in die schnell wachsenden Metropolen der

Dritten Welt nennt *Eckholm* „runaway-urbanization". Dort aber erwarten die Zuwanderer neue – auch ökologische, insbesondere hygienische – Probleme, zu deren Verstärkung sie dann unfreiwillig noch beitragen.

Weitere Beispiele sind die Überweidung, die Ausdehnung des Ackerbaus auf dazu nicht geeignete (erosionsgefährdete) Abhänge und halbtrockene Buschsteppen und sonstige Überbeanspruchungen von zu eng gewordenen Lebensräumen, das Schlagen lebender Bäume zu Heizzwecken und die massenhafte Brandrodung – die allerdings nicht nur von landlosen Menschen, sondern oft maßgeblich von staatlichen Stellen, von Straßen- und Staudammbauern, Viehzüchtern, Goldsuchern, sonstigen Spekulanten oder allen zusammen zu verantworten sind. Zur Zeit werden durch Brandrodung jährlich 5 Mrd. Tonnen Kohlendioxid freigesetzt, die sich zu den 20 Mrd. Tonnen addieren, die zum Zweck der Energiegewinnung jährlich ausgestoßen werden. Es wird geschätzt, daß von den 780 Mio. der Ärmsten in den EL bereits mehr als die Hälfte (56 %) in ökologisch geschädigten oder extrem gefährdeten Arealen lebt, in denen sie ihre Umwelt und die anderer Menschen weiter schädigen müssen (*Leonard u. a.* 1989).

Der zweite Problemverstärker ist das, was man heute ein armutsbedingtes Bevölkerungsverhalten nennt. Noch 1798 hatte *Thomas Robert Malthus* äußerste Armut als den Punkt genannt, an dem sie sich nicht mehr vermehren würde. Aber man weiß heute: Die Ärmsten der Armen, selbst wenn sie am absoluten Existenzminimum dahinvegetieren, bekommen meist nicht weniger Kinder, sondern eher mehr. Man glaubt auch zu wissen, welche Gründe in erster Linie hierfür maßgebend sind: Kinder als mithelfende Arbeitskräfte und als Alterssicherung; ferner eine geplant hohe Geburtenrate, um angesichts hoher Säuglings- und Kindersterblichkeit sicherzugehen, daß genügend Kinder tatsächlich überleben, wobei in vielen Kulturen unbedingt ein Sohn erwünscht ist, dem allein die Rolle der Alterssicherung obliegt. So muß – im statistischen Durchschnitt – in Indien „ein Ehepaar mindestens fünf bis sechs Kinder haben, damit wenigstens ein Sohn das Erwachsenenalter erreicht" (*Radtke* 1985:65).

Solche auf die materielle Existenzsicherung zielenden Motive werden vor allem in der ökonomischen Literatur herausgestellt, und sie erlauben in der Tat eine wichtige Schlußfolgerung: Eine notwendige, wenn auch keineswegs bereits hinreichende Bedingung für eine freiwillige Begrenzung der Geburtenhäufigkeit ist eine Absicherung der Existenz, z. B. durch ein regelmäßiges Arbeits-Einkommen, durch eine gute Gesundheitsversorgung – die insbesondere die Säuglings- und Kindersterblichkeit wirksam bekämpft – sowie durch eine zuverlässige Alterssicherung. Es gibt weitere Gründe, auf die hier nicht eingegangen werden kann, die die Geburtenhäufigkeit, auch bei sehr armen Bevölkerungsschichten, positiv beeinflussen (vgl. *Radtke* 1985).

Ist das Bevölkerungswachstum in den EL *ursächlich* für die Armut oder nur *ihr Symptom*? Das ist eine relativ fruchtlose Diskussion, die leicht von dem einfachen Tatbestand ablenkt, daß die Weltbevölkerung weiter zunehmen wird, solange die bitterste Armut nicht ausgerottet ist, und daß jede weitere Zunahme der Weltbevölkerung die ökologischen Probleme der Umweltzerstörung bzw. der Ressourcenerschöpfung erheblich verschärfen wird.

Armutsbedingte Umweltzerstörung und armutsbedingtes Bevölkerungsverhalten: Die ökologischen Auswirkungen beider Verhaltensweisen, selbst wenn sie nur das Faß der Umweltbelastungen zum Überlaufen bringen, das die IL bereits zu 80 oder 90% gefüllt haben mögen, beschränken sich keineswegs auf die Armen selbst. Die Auswirkungen können – Beispiel Brandrodung/Treibhauseffekt – auch die Reichen, wo auch immer auf der Welt, nachhaltig treffen. Es sei denn, diese besännen sich doch noch – nunmehr erzwungenermaßen – auf ihre Solidarität und setzten alles daran, die Armut in der Welt, insbesondere die Massenarmut in den EL, ein für allemal zu beseitigen.

Der dritte Problemverstärker ist das Axiom der modernen postkeynesianischen Wachstumstheorie und deren Hauptaussage: Immerwährendes exponentielles Wachstum (des Sozialprodukts pro Kopf) sei notwendig und – stillschweigend unterstellt – auch machbar. Die Begründung für dieses Postulat kann man in jedem Lehrbuch zur Wachstumstheorie nachlesen. Von besonderer Bedeutung im vorliegenden Zusammenhang ist die Forderung, daß auch und gerade die IL kräftig weiterwachsen müßten, unter anderem, weil sie als „Wachstumsmotor" für die EL fungieren müßten. Diese These wird auch im *Brundtland-Bericht* (1987:53 ff.) diskutiert.

Eine Auseinandersetzung mit dem Wachstumsimperativ ist hier weder möglich noch beabsichtigt. Es kommt allein auf die Feststellung an, daß exponentielles Wachstum ad infinitum, sowohl für die EL wie eben auch für die IL, so etwas wie die weltweit „herrschende Lehre" ist, die von der Mehrheit der mit diesem Thema befaßten Theoretiker, Politiker und Praktiker vertreten wird – und die inzwischen wohl auch Common-Sense-Charakter angenommen hat. Dieser von weit rechts bis ziemlich weit links und von oben nach unten reichende mächtige Konsens hat durchaus ökologische Relevanz: Er legitimiert im Zweifel zunächst einmal alles, was Wirtschaftswachstum verspricht, und er erschwert bereits im Vorfeld jede ernsthafte Diskussion über – ökologisch begründete – Wachstumsbegrenzungen, über qualitatives oder gar Nullwachstum bzw. über den möglicherweise anstehenden Abbau von Über- oder Fehlentwicklungen, insbesondere in den IL.

7. Ansätze zu einer Strategie der dauerhaften Entwicklung

Wo ist die Diskussion um dauerhafte Entwicklung einzuordnen? Wer für eine Strategie der dauerhaften Entwicklung wissenschaftlich gearbeitet hat und/oder politisch dafür eintritt, teilt im allgemeinen die im ersten Teil geschilderte Einschätzung des gegenwärtigen Trends: So wie bisher kann und darf es nicht weitergehen! Und implizit: Es ist nicht mehr viel Zeit, aber es ist noch Zeit zur Kurskorrektur. Auch über das oberste Ziel herrscht weitgehend

Einigkeit. Die Grundbedürfnisse – einschließlich der Erhaltung befriedigender Umweltbedingungen – für alle gegenwärtigen und zukünftigen Menschen müssen gesichert werden. Dabei wird Entwicklung, die nicht immer mit Wachstum gleichgesetzt werden muß, als durchaus wünschbar und als (immer noch) machbar unterstellt. Diese Grundposition findet sich in allen anfangs erwähnten Welt-Szenarios, angefangen von der *Meadows-Studie* bis hin zum *Brundtland-Bericht*.

Konsens über diese Grundposition vorausgesetzt, ist auch über die folgenden vier Schlußfolgerungen weitgehend Einigkeit zu erzielen:

Erstens: Für die arme Mehrheit der Weltbevölkerung ist materielles – und in diesem Sinne durchaus „aufholendes" – Wachstum unumgänglich. Aber dies muß auf eine umweltverträgliche Art und Weise geschehen, wie dies im sogenannten *Ecodevelopment*-Ansatz thematisiert wird (*Sachs* 1974/76, 1984). Angestrebt wird mindestens die Erreichung eines für alle geltenden materiellen Mindestniveaus *(floor)* (*Dag Hammarskjöld-Bericht* 1975/76; *Galtung* 1976:84).

Zweitens: Die Höhe des für alle Menschen maximalen Wohlstands wird begrenzt („ceiling"), nicht nur durch die Art und den Umfang des Kapitalstocks und des technischen Wissens, sondern eben auch durch ökologisch relevante Determinanten wie:
- die Bestände und Bestandsveränderungen nicht erneuerbarer Ressourcen;
- die Bestände und Bestandsveränderungen erneuerbarer Ressourcen;
- die Umweltbelastungen und
- die Zahl und die Zunahme der Bevölkerung.

Bei gegebenem Kapitalstock und gegebener Technik ist durch diese Faktoren auch ein maximales „demokratisches" Wohlstandsniveau (*ceiling*) für alle Menschen determiniert (*Harborth* 1989:82–85). Die Grenze ist auch von den IL einzuhalten – die sie vielleicht längst überschritten haben. Diesen beharrlich verdrängten bzw. vehement bestrittenen Zusammenhang bringt *Galtung* (1976:84) so auf den Punkt:

> „But there is also the corresponding problem of the industrialized countries: to define and live according to the idea of a social maximum, a ‚ceiling', beyond which we should not go. And that leads us straight into the ‚negative' reason for arguing in favour of new and lower consumption life styles."

Drittens: Wegen des grundsätzlich unbegrenzten Zeithorizonts („alle in Zukunft lebenden Menschen") ist der Verbrauch nicht erneuerbarer Ressourcen zu beenden. Er ist allenfalls als Übergangslösung bis zum Umstieg auf andere Verbrauchs- und Produktionsstrukturen bzw. auf Substitute zu rechtfertigen. Einen „quasi-sustainable use of nonrenewables" schlägt *Salah El Sarafy* (1989) vor. In den Worten von *Herman E. Daly* (1990:4) erfordert dieses Verbrauchskriterium „that any investment in the exploitation of a nonrenewable resource must be paired with a compensating investment in a renewable substitute (e. g. oil extraction paired with tree planting for wood alcohol)". Hinzuzufügen wäre: soweit es Substitute gibt. Analog zu dieser Schlußfolgerung ist die weitere Belastung des absolut knappen Stauraums des Raumschiffs Erde mit nicht abbaubaren Schadstoffen (*persistent stock pollutants* nach *Pearce* 1976) zu stoppen. Für die übergangsweise noch zulässigen Abbauraten (bei nicht substituierbaren Nonrenewables) bzw. Umwelt-Belastungsquoten und deren Ver- bzw. Zuteilung sind Kriterien zu entwickeln. Wie die verschiedenen internationalen Konferenzen über globale Klimaprobleme zeigen, bleibt hier wohl kein anderes Kriterium als der Zwang zur Einigung auf dem Verhandlungsweg.

Viertens: Die prinzipiell erneuerbaren Ressourcen der Erde – landwirtschaftliche Nutzflächen, Seen, Flüsse, Meere, Wälder und die darin existierenden Arten, schließlich die erdnahen und -fernen lebenswichtigen Gasschichten – dürfen weder überbelastet noch gar zerstört werden. Die *maximum sustainable yields* bzw. *safe minimum standards* (die zur Erhaltung einer Population erforderlich sind) müssen ermittelt werden und sind einzuhalten. Analoges muß für Schadstoffe und Abfälle gelten, auch wenn sie über kurz oder lang abbaubar sind (*flow pollutants* nach *Pearce* 1976; *Turner* 1988:18). Von einem bestimmten Belastungsniveau an dürfen die Zuflüsse die Abflüsse nicht mehr übersteigen.

8. **Ausblick**

Je weiter man in der Ziel-Mittel-Hierarchie hinabsteigt zu den konkreten Maßnahmen, die von Individuen oder Gesellschaften (vom Dorf bis zur Weltgemeinschaft) im Interesse einer dauerhaften Entwicklung zu ergreifen wären, desto brüchiger wird der Konsens über das, was und von wem, wo und wann zu tun oder zu unterlassen ist. Bis heute gibt es noch kein ausformuliertes – und international sanktioniertes – Konzept der dauerhaften Entwicklung. Auch der *Brundtland-Bericht*, der für die Propagierung der Idee viel getan hat, wird diesem Anspruch nicht gerecht. So zutreffend und mutig seine Problem- und Ursachenanalyse ist, so redundant und doch gleichzeitig defizitär und widersprüchlich sind seine Strategieempfehlungen (*Harborth* 1989:47–60). So fordert er etwa „dauerhaftes Wachstum" und zwar „schnelleres wirtschaftliches Wachstum sowohl in den Industrie- wie in den Entwicklungsländern ..." (*Brundtland-Bericht* 1987:92): eine willkommene Gelegenheit für die Befürworter ewigen Wachstums, sich bei ihrer Argumentation auf dieses vielbeachtete Dokument zu beziehen.

Welche Herausforderungen kommen angesichts der ökologischen Krise auf die Erste Welt zu? Die Antworten auf diese Frage sind kontrovers und hängen davon ab, als wie bedrohlich die ökologische Herausforderung eingeschätzt wird. Es hat allerdings den Anschein, als ob die Verdränger und Verharmloser der ersten Stunde auf dem Rückzug seien.

In der gegenwärtigen Ökologiediskussion gibt es zwei Strategieansätze, die eine wegweisende Rolle spielen könnten: Ökologische Modernisierung auf der einen und ökologischer Strukturwandel auf der anderen Seite. Beide verstehen sich, im Gegensatz zu Nachsorge- und Reparaturstrategien, als präventive Ansätze, und beide können, im Sinne eines Kontinuums, ineinander übergehen und aufeinander aufbauen (*Jänicke* 1988:16).

Zur Zeit beherrschen die Vertreter einer „ökologischen Modernisierung" das Feld. Die anstehenden Probleme werden als existent und bedrohlich, aber als letztlich doch beherrschbar angesehen. Der strategische Schwerpunkt liegt auf innovativen technischen Lösungen, die auf Ressourceneinsparung, die Entwicklung von Ersatzstoffen, Recycling und andere präventive Umweltschutzmaßnahmen hinauslaufen. Es ist nicht zu leugnen, daß es hier, etwa im Bereich der spezifischen Ressourceneinsparung (pro Produkteinheit) bereits erhebliche Fortschritte gegeben hat und daß weitere Fortschritte möglich erscheinen, zumal wenn diese Prozesse durch eine vorsorgende Umweltpolitik bzw. eine ökologische Wirtschaftspolitik flankiert und gestützt werden (*Simonis* 1990:3–19).

Große Hoffnungen werden auf die Entkoppelung von Wirtschaftswachstum und Ressourcenverbrauch bzw. Umweltbelastung gesetzt (*Simonis* 1990). Aber solche Entkoppelungen, die sich in einer Reihe von Fällen in der Tat nachweisen lassen, könnten sich trotzdem als letzten Endes nicht ausreichend erweisen: wenn man nämlich nicht nur die Produktions- und Verbrauchszuwächse, sondern vor allem auch die bereits erreichten (vielleicht schon längst oligarchischen) Produktions- und Verbrauchs*niveaus* in Betracht zieht. Es ist daher von vornherein die Möglichkeit in Betracht zu ziehen, daß selbst eine breit angelegte Politik der ökologischen Modernisierung, wenn sie denn überhaupt ernsthaft in Angriff genommen wird, zur dauerhaften Stabilisierung des globalen Ökosystems nicht ausreichen wird.

Es darf im übrigen nicht übersehen werden, daß die Variante der ökologischen Modernisierung auch eine defensive Funktion hat. In dieser Perspektive lautet die Frage *nicht*: Wie hoch kann unser aller Lebensstandard sein, damit die „äußeren Grenzen" nicht überschritten werden? Die Frage lautet vielmehr: Was muß und kann technisch und politisch geschehen, damit wir unseren gewohnten Lebensstandard aufrechterhalten und steigern können? Natürlich ist eine solche Fragestellung legitim, aber ihr defensiver Charakter mag auch hin und wieder zum Wunschdenken, auch zum Glauben an irgendwelche Wunderwaffen verführen – und damit ein weiteres Hinausschieben dringend notwendiger und auch machbarer Veränderungen begünstigen.

Zur mittel- und langfristigen Perspektive einer Strategie der dauerhaften Entwicklung gehören daher auch Überlegungen, ob grundsätzliche Veränderungen der Strukturen selbst, genauer: von Wirtschafts- und Gesellschaftsstrukturen sowie damit korrespondierender Verhaltensstrukturen notwendig sein könnten. Hier haben Analysen und Strategievorschläge der *Self-Reliance-* und *Ecodevelopment*-Diskussion der 70er Jahre wichtige Denkanstöße gegeben (vgl. *Harborth* 1989:20–32), zumal sie sowohl die Problematik der Unter- wie auch der Überentwicklung gleichzeitig zu berücksichtigen versuchten.

Aus der Fülle der Hypothesen und Anregungen, wie sie etwa der bekannteste Vertreter der *Ecodevelopment*-Schule, *Ignacy Sachs* (1984), in einem programmatischen Aufsatz gegeben hat, seien hier zwei Elemente genannt, die im Rahmen einer ökologisch orientierten Strategie der dauerhaften Entwicklung eine wichtige Rolle spielen könnten – und die Veränderungen von Wirtschafts- und Verhaltensstrukturen voraussetzen würden:

– die Idee der Dezentralisierung von Produktions-, Konsum- und Machtstrukturen und
– die Idee alternativer Lebensstile in den IL.

Zum ersten Aspekt: Zu den zentralen Aussagen des *Dag-Hammarskjöld-Berichts* (1975/76) gehört die These, menschengemachte Umweltzerstörungen in einer Region seien in der Regel entweder in kolonialistischer Manier von außen hineingetragen worden, oder sie resultierten aus sozialen Ungleichheiten im Inneren. Solche fremdbestimmten bzw. aufgezwungenen Eingriffe in lokale Ökosysteme seien nur dann zu vermeiden oder zu bekämpfen, wenn es eine genügend starke Gegenmacht *vor Ort* gebe, d. h. wenn eine Demokratisierung und Dezentralisierung der Macht gegeben und geschaffen worden sei.

Der zweite Aspekt hängt mit dem ersten eng zusammen. Er besagt: Das Pendant zur Unterentwicklung der Dritten Welt sei die Überentwicklung der Ersten Welt (*Galtung:* „underdevelopment and its partner, overdevelopment"). Wenn also die Erste Welt tatsächlich „oligarchische", das heißt hier: überhöhte Konsumstandards beansprucht, und wenn alle Möglichkeiten ausgeschöpft wären, diese Standards durch ökologische Modernisierungen sozusagen nachträglich zu demokratisieren, dann müßte dieser „Überkonsum" abgebaut werden. Wie dies ohne politische Eruptionen in den IL vonstatten gehen könnte, dies war unter anderem der Gegenstand einer ebenfalls in den 70er Jahren, insbesondere im Umfeld der schwedischen *Dag-Hammarskjöld-Foundation*, geführten Diskussion (vgl. *Harborth* 1989).

Ein wichtiges Argument im Zusammenhang mit dieser Diskussion hat vor allem *Johan Galtung* (1976, 1979) beigetragen. Seine These ist, daß „alternative", das heißt im wesentlichen bescheidenere Lebensstile für die Menschen in den IL nicht nur zumutbar, sondern sogar attraktiv seien. Eine solche alternative Gesellschaft „may be built on the twin pillars of reduced material consumption, through patterns of self-reliance and togetherness, love and creativity, and faith" (*Galtung* 1979:52). Der Vorwurf der Utopie ist hier schnell bei der Hand, aber *Galtung* verweist darauf, daß eine bereits beachtliche Zahl von Menschen in den IL ernsthaft und dauerhaft versuche, nach solchen Vorstellungen zu leben, und er glaubt auch Hinweise dafür zu haben, daß es noch sehr viele gebe, die einem solchen Lebensstil positiv gegenüberständen. Die Frage „Wieviel ist genug?" ist insbesondere in den 70er Jahren im Umfeld der *Dag-Hammarskjöld Foundation* und der UNEP gestellt und diskutiert worden; und sie wird heute wieder diskutiert (*Durning* 1991). Ganz ähnliche Vorstellungen finden sich in *Ernst Ulrich von Weizsäckers* „Erdpolitik" (1989:264 ff.).

Eine Revision der oligarchischen Produktions-, Konsumtions- und damit auch der ökologisch relevanten Belastungsstandards der Ersten Welt und gleichzeitig eine – nunmehr effektive – Abschaffung der Armut zu fordern, ist nicht nur eine Sache der Gerechtigkeit. Beides liegt auch im langfristigen Eigeninteresse der Bessergestellten. Denn bei weiter bestehender Armut werden weder das Bevölkerungswachstum noch die armutsbedingte Umweltzerstörung zu stoppen sein. Und die Folgen können, wie das Beispiel der Brandrodung (Beitrag zum CO_2-Problem) zeigt, die gesamte Weltbevölkerung treffen. Hinzu kommt: Solange die IL nicht mit Selbstkritik und gutem Beispiel, das heißt mit deutlichen und nachvollziehbaren Korrekturen der eigenen Fehlentwicklung vorangehen, werden die EL jeden Appell zur Selbstbeschränkung als heuchlerisch und zynisch zurückweisen. Vier (und in 35 Jahren: acht) Mrd. *late comer* werden dann den harten Industrialisierungsweg umso entschlossener weitergehen und so, zusammen mit ihren Lehrmeistern, dem ökologischen Ruin des Planeten entgegensteuern.

Die Schlüsselrolle für die Konzeption und Durchsetzung einer Strategie der dauerhaften Entwicklung kommt daher den IL zu, einerlei, ob sie diese Rolle aus Gründen der Solidarität übernehmen oder (nur) aus der Einsicht in die Überlebensbedingungen der Menschheit.

Literatur

(Hinweis: Einige Literaturangaben enthalten eine mehrfache Jahreszahl, z. B. Cocoyoc 1974/75. Dabei bezeichnet die erste das Jahr der Erstveröffentlichung, die zweite das Erscheinungsjahr der Literaturstelle, auf die hier Bezug genommen wird.)

Ahmad, Y. J./El Sarafy, S./Lutz, E. (Hrsg.) 1989: Environmental Accounting for Sustainable Development (World Bank), Washington, D. C.

Binswanger, H. C./Geissberger, W./Ginsburg, Th. 1978: Der NAWU-Report: Wege aus der Wohlstandsfalle. Strategien gegen Arbeitslosigkeit und Umweltkrise, Frankfurt/M.

Brundtland-Bericht 1987: Weltkommission für Umwelt und Entwicklung: Unsere gemeinsame Zukunft, hg von V. Hauff, Greven.

Cocoyoc 1974/1975: Erklärungen von Cocoyoc, in: BMZ (Hrsg.), Entwicklungspolitik, Materialien Nr. 49, Bonn.

Dag-Hammarskjöld-Bericht 1975/1976: Was tun? Teil 1: Plädoyer für eine andersartige Entwicklung, in: Friedensanalysen 3, Frankfurt/M, S. 17–44.

Daly, H. E. 1990: Toward some Operational Principles of Sustainable Development, in: Ecological Economics, Bd. 2, S. 1–6.

El Sarafy, S. 1989: The Proper Calculation of Income from Depletable Natural Resources, in: Ahmad/El Sarafy/Lutz 1989, S. 10–18.

Galtung, J. 1976: Alternative Life Styles in Rich Countries, in: Development Dialogue, Bd.1, S. 83–96.

– 1979: Soft Alternatives, in: Mazingira, Nr. 10, S. 50–54.

Global 2000 (1980): Der Bericht an den Präsidenten, Frankfurt/M.

Harborth, H.-J. 1986: Ökologiedebatte und Entwicklungstheorie, in: Simonis, U. E. (Hrsg.), Entwicklungstheorie und Entwicklungspraxis (Schriften des Vereins für Socialpolitik, NF 154), Berlin, S. 103–150.

– 1989: Dauerhafte Entwicklung (Sustainable Development). Zur Entstehung eines neuen ökologischen Konzepts, Wissenschaftszentrum Berlin.
– 1991: Die Diskussion um dauerhafte Entwicklung (Sustainable Development): Basis für eine umweltorientierte Weltentwicklungspolitik? in: Hein 1991, S. 37–62.
Hein, W. 1990: Umwelt und Entwicklungstheorie – Ökologische Grenzen der Entwicklung in der Dritten Welt? in: Nord-Süd aktuell (Hamburg), Jg. IV, Nr. 1, S. 37–52.
– (Hrsg.) 1991: Umweltorientierte Entwicklungspolitik, Hamburg.
Jänicke, M. 1988: Ökologische Modernisierung. Optionen und Restriktionen präventiver Umweltpolitik, in: Simonis 1988, S. 13–26.
Leonard, H. J. u. a. 1989: Environment and the Poor. Development Strategies for a Common Agenda, New Brunswick, N. J.
Leontief, W. 1963: The Structure of Development, in: Scientific American, Sept. 1963, S. 148–166.
Matthews, W. (Hrsg.) 1976: Outer Limits and Human Needs. Resources and Environmental Issues on Development Strategies (Dag Hammarskjöld Foundation), Uppsala.
Meadows, D. u. a. 1972: Die Grenzen des Wachstums. Bericht des Club of Rome zur Lage der Menschheit, Stuttgart.
Pearce, D. W. 1976: The Limits of Cost Benefit Analysis as a Guide to Environmental Policy, in: Kyklos, Bd. 29, Fasc. 1.
– 1988: Economics, Equity, and Sustainable Development, in: Futures, Bd. 20, Nr. 6, S. 598–605.
Radtke, A. 1985: Bevölkerungspolitik und Familienplanung in der 2. Hälfte des 20. Jahrhunderts, in: Misereor (Hrsg.), Bevölkerungswachstum. Entwicklungsarbeit und Familienplanung. Kirchliche Erfahrungen in der Dritten Welt (= Misereor Dialog 2), Aachen, S. 57–92.
Sachs, I. 1974/1976: Environment and Styles of Development, in: Matthews 1976, S. 41–65.
– 1984: Developing in Harmony with Nature: Consumption Patterns, Time and Space Uses, Resource Profiles, and Technological Choices, in: Glaeser, B. (Hrsg.), Ecodevelopment: Concepts, Projects, Strategies, Oxford, S. 209–227.
Simonis, U. E. (Hrsg.) 1988: Präventive Umweltpolitik, Berlin.
– 1990: Bedingungen zukunftsfähiger Entwicklung, WZB Berlin.
– /v. Weizsäcker, E. U. 1989: Globale Umweltprobleme, in: Globale Umweltprobleme. Globale Umweltpolitik (= Nr. 3 der Materialien der Stiftung Entwicklung und Frieden), Bonn, S. 12–35.
Turner, R. K. (Hrsg.) 1988: Sustainable Environmental Management. Principles and Practice, Boulder/Col.
– 1988: Sustainable Resource Conservation and Pollution Control: An Overview, in: Turner 1988, S. 1–25.
v. Weizsäcker, E. U. 1989: Erdpolitik. Ökologische Realpolitik an der Schwelle zum Jahrhundert der Umwelt, Darmstadt.

IV. Bedingungen und Akteure von Entwicklung

Kultur und Entwicklung

Gerald Braun und Jakob Rösel

Was unter Kultur exakt zu verstehen ist, ist umstritten. So haben *Kroeber/Kluckhohn* (1952) nicht weniger als 160 verschiedene Kulturbegriffe aufgelistet, die sie den Kategorien deskriptiv/normativ/historisch/psychologisch/strukturell/genetisch zuordnen.

In einer ersten Annäherung kann unter Kultur der kollektive Wissensvorrat einer Gruppe oder einer Gesellschaft verstanden werden. Diese ideelle Kultur umfaßt den Komplex historisch erworbener bzw. erlernter Werte, Normen und Einstellungen einer Gruppe. Die materielle Kultur (oder Zivilisation) ist demgegenüber das technisch-materielle Produkt organisierter menschlicher Aktivitäten. Je nach erkenntnistheoretischer Position wird die materielle Kultur als „geronnene" ideelle Kultur betrachtet (ist in diesem Sinne abhängige Variable) oder sie konditioniert bzw. determiniert als unabhängige Variable den „Überbau" der ideellen Kultur.

Eine weitgefaßte Definition begreift Kultur als Gesamtheit ideeller und materieller Lebensäußerungen (im Gegensatz zur Natur). So wird Kultur definiert als historisch abgeleitetes System von Lebensmustern (*designs of living*), das von den Mitgliedern einer ethnischen, religiösen oder gesellschaftlichen Gruppe geteilt wird.

Dieser umfassende Kulturbegriff birgt die Gefahr eines Verlustes an analytischer Trennschärfe zwischen verschiedenen gesellschaftlichen Phänomenen, eröffnet jedoch die Chance, die Komplexität des Kulturwandels (auch) in EL zu erfassen – und ist als deskriptiver Begriff wertfrei. Er anerkennt die (Ko-)Existenz unterschiedlicher Kulturen, weist aber ihre ethnozentrische Klassifikation in „höhere" oder „niedrigere" zurück.

1. Kultur und Entwicklung

Wenn die Zusammenhänge von Kultur und Entwicklung in Dritte Welt- Gesellschaften thematisiert werden, wiederholen sich die angesprochenen definitorischen wie theoretischen Schwierigkeiten. Die Kultur der Dritten Welt, einer Summe von mehr als hundert Ländern, ist eine Abstraktion. Selbst die Bestimmung der kulturellen Lebensmuster nur eines spezifischen Landes setzt eine umfassende Beschreibung voraus, deren Grenzen und Akzente nach

Disziplinen und erkenntnisleitenden Interessen ihrer Vertreter nahezu beliebig variieren. Auch die Entwicklung der Dritten Welt bleibt ein unterschiedlich bestimmbares Desiderat – und durchgängig normativ. Folglich liegen über den Entwicklungsgrad und das Entwicklungspotential eines Landes oft höchst widersprüchliche Einschätzungen vor (wie etwa die Beispiele Brasilien, China, Indien und Südafrika zeigen).

Je nach Definition und subjektiver Akzentuierung wird Kultur wahlweise als bedeutende oder unbedeutende, als entwicklungshemmende oder entwicklungsfördernde Kategorie eingeführt. Daß die Kultur die Entwicklung einer Gesellschaft präge, läßt sich deshalb leichter als unverbindliche Plausibilität postulieren als überzeugend nachweisen.

Wenn trotz dieser logischen wie empirischen Beliebigkeit an der Bedeutung der Kultur für den Entwicklungsprozeß festgehalten wird, so scheint dies u. a. begründet

1. in der Grenzenlosigkeit eines zeitgenössischen Kulturbegriffs;
2. in dem Wunsch nach einer einfachen und anschaulichen Erklärung von Unterentwicklung;
3. in der Bedeutung der kulturtheoretischen Interpretationen zur europäischen Entwicklung, deren Beginn und Höhepunkt zugleich *Karl Marx* und *Max Weber* markieren.

1. Im Zuge der soziologischen und ethnologischen Diskussion ist ein breitgefaßter und weit ausufernder Begriff der Kultur entstanden. Die Bedeutung, die kulturellen Lebensmustern dabei eingeräumt wurde, scheint oft in einem direkten Zusammenhang mit der Unbestimmbarkeit, fast Grenzenlosigkeit des jeweils verwendeten Kulturbegriffs zu liegen. Werden ihm etwa auch vorgeblich kulturell geprägte gesellschaftliche Hierarchien und Institutionen, am Ende Produktionsweisen und Arbeitstechniken einer Gesellschaft zugeschlagen, so müssen Kultur und Gesellschaft nahezu deckungsgleich werden. Die „Unterentwicklung" einer traditionalen Gesellschaft dient dann als Nachweis der überwältigenden Macht und Bedeutung ihrer traditionalen Kultur. Die Ausweitung des Kulturbegriffs auf die gesamte Gesellschaft räumt der Kultur nicht nur eine neue Schlüsselstellung ein, sie unterstützt auch die Illusion von der einfachen und einheitlichen Erfaßbarkeit der betreffenden Gesellschaft.

2. Wenn die Kultur einer Gesellschaft allgegenwärtig ist, dann ist sie zugleich der Beobachtung und Beurteilung leicht zugänglich. Der Reisende, der Diplomat, der Missionar und der Entwicklungshelfer können ihre begrenzten und oft dem Alltag entnommenen Erfahrungen auf die Ebene des Kulturellen heben – und sie unbekümmert verallgemeinern. Ein allmächtiger und allgegenwärtiger Kulturbegriff erlaubt es, vom Detail mühelos auf „die" Kultur zu schließen, etwa auf die Werte, Tugenden, Mentalitäten und Strukturen einer Gesellschaft.

Die unbefragte Annahme von der Allgegenwart der Kultur führt zu intellektuellen Rationalisierungen. Sie nährt den (Irr-)Glauben, gesellschaftliche Komplexität könne nahezu beliebig reduziert werden: Eine traditionale Gesellschaft sei einfach auf einen Begriff zu bringen, denjenigen ihrer Kultur.

3. Auch die Theorieentwürfe von *Marx* und *Weber*, in denen weder die Kultur noch die Frage der künftigen Entwicklung der außereuropäischen Welt im Mittelpunkt des Erkenntnisinteresses standen, haben unfreiwillig zur Allmacht und Allgegenwart des Kulturbegriffs beigetragen, ebenso wie zu einer Sichtweise, die zum einen in einer kolonialen, zum anderen in einer traditonalen Kultur ein wesentliches Hemmnis nachholender Entwicklung sieht. *Marx* leistete einer Sichtweise Vorschub, die den Inhalt der Kultur als Ensemble von Produktionstechniken begriff und die die Funktion der Kultur als diejenige einer Rechtfertigung oder Verschleierung von Herrschaftsverhältnissen bestimmt. Kultur wird zur materiellen Kultur und sie wird, soweit sie der Stabilisierung von überlieferten Herrschaftsverhältnissen dient, zu einem Bollwerk des Traditionalismus (vgl. *Marx/Engels*, Bd. 1, 1971: 339 ff.).

Weber dagegen leistete einer Sichtweise Vorschub, die Kultur auf einen religiösen Kern, also auf Werthaltungen und davon abgeleitete Verhaltensmodelle begrenzen sollte, die allerdings diesen Werthaltungen und Verhaltensmodellen bei der Frage der Entwicklung Europas, bei einem „okzidentalen Rationalisierungsprozeß" einen entscheidenden Stellenwert zuwies (vgl. *Weber*, Bd. 1, 1947:17 ff.).

Für beide Theoretiker erschien es aber erwiesen, daß die außereuropäischen Kulturen einem sich ausbreitenden Kapitalismus und der Übernahme eines europäischen Entwicklungsmodells keinen oder lediglich einen begrenzten Widerstand entgegenstellen würden (vgl. *Böckler/Weiß* 1987). Weder bei *Marx* noch bei *Weber* lassen sich also Gründe für die Annahme finden, die traditionale Kultur der Gesellschaften der Dritten Welt stelle ein entscheidendes Hindernis für eine nachholende Entwicklung dar. Erst die unvorhergesehenen Schwierigkeiten und das Ausbleiben einer solchen Entwicklung haben in den letzten Jahrzehnten nach der Entwicklung zahlreicher anderer, aber nicht zureichender Erklärungsansätze, auch zu der Frage geführt, ob es die Kultur sei, die einen raschen nachholenden Prozeß der Entwicklung hindere.

Die Wortführer dieses so suggestiven und vordergründig einfachen Erklärungsansatzes stehen dabei in ihrer jeweiligen Einschätzung von Kultur und Religion immer in der Tradition von *Marx* oder *Weber*. Den Optimismus der beiden Theoretiker, ein Kapitalismus- oder ein Rationalisierungsprozeß werde sich einfach und gleichsam naturwüchsig weltweit durchsetzen, haben sie allerdings fallengelassen.

Die Wirkung eines jeweils unterschiedlichen Kulturbegriffs zeigt sich bei den in der Tradition von *Marx* und *Lenin* stehenden Theoretikern eines Kulturimperialismus, ebenso wie bei den in der Tradition von *Weber* stehenden Theoretikern einer Modernisierung. Nach Ansicht der ersten Theoretiker haben Kolonialismus und Imperialismus die jeweils vorgefundene traditionale Kultur weitgehend geschwächt und zerstört. Sie haben sie aber durch keine moderne ersetzt. Die fortdauernde wirtschaftliche und politische Abhängigkeit der Dritten Welt wird stattdessen ergänzt durch eine kulturelle Abhängigkeit, einen „Kulturimperialismus" (vgl. *Banerjee* 1985). Im Rahmen dieses

Kulturimperialismus finden sich die Gesellschaften, insbesondere die Eliten in einen neuen globalen Kommunikationszusammenhang eingefügt, der sie ihrer fragmentierten und geschwächten eigenen Kultur entfremdet und der ihre Abhängigkeit verschleiert oder erträglich macht.

Nach Ansicht der Modernisierungstheoretiker hat der Kolonialismus eine jeweils vorgefundene traditionale Kultur kaum schwächen können. Aus der Fortdauer dieser traditionalen Kultur – der kulturell geprägten Arbeitsformen und Techniken, vor allem aber der Werte und Verhaltensweisen – wächst der entscheidende Widerstand gegenüber einer nachholenden ökonomischen Entwicklung (vgl. *Behrendt* 1965: 75ff.). Die jeweils unterschiedlichen Bilder und Einschätzungen erst einer traditionalen Kultur bei den Modernisierungstheoretikern, dann einer kolonialen und neokolonialen Kultur bei den Theoretikern eines Kulturimperialismus sollen im Folgenden kurz dargestellt werden.

2. Traditionale Kultur und wirtschaftliche Entwicklung

Die Schaffung und Durchsetzung neuen Wissens (=Innovationen) gilt als notwendige, möglicherweise sogar hinreichende Bedingung von Entwicklung (wie immer man diese im einzelnen auch definieren mag). Damit wird die Innovationstätigkeit in unterschiedlichen Kulturen zum zentralen Problem.

Bei der innovationsanalytischen Interpretation sozio-kultureller Lebensmuster sind äußerst widersprechende Vermutungen im Umlauf. Die häufig zu beobachtende Ablehnung neuer Ideen und Verfahren wird modernisierungstheoretisch als Ergebnis traditionaler Einstellungen und modernitätsfeindlicher Werthaltungen gedeutet. Andererseits war (und ist) die Entwicklungspraxis von einem erstaunlichen Optimismus im Hinblick auf rasche Steigerungen des Innovationsniveaus geprägt. Beide Ansätze haben erheblich an Erklärungskraft eingebüßt.

Theoretische wie empirische Argumente sprechen für folgende Vermutungen (vgl. *Röpke* 1982: 30f.):

1. Ökonomische und ökologische Rationalität scheinen in EL allgemein verbreitet zu sein. Der *economic man* nutzt bei gegebenem Wissen und den verfügbaren Produktionsmitteln die ihm offenstehenden Möglichkeiten effizient (*homo oeconomicus*-These). Arme Gesellschaften mit geringem Grad der Umweltbeherrschung erlauben lediglich ökonomische Tätigkeiten von bescheidener Produktivität bei hoher Ertragsunsicherheit. Um zu überleben, muß man versuchen:

- den bescheidenen Ertrag möglichst zu stabilisieren, d. h. sein Eintreten sicher zu machen (*safety first*);
- Neuerungen, welche die Ertragsungewißheit erhöhen, nicht zu akzeptieren, selbst wenn deren Rendite erheblich über der traditionalen liegen sollte (Innovationsresistenz);

– statt Einkommen zu maximieren, Lebensrisiken zu minimieren (Risikominimierung).

Die Einführung gesellschaftlicher Neuerungen (auch durch Entwicklungshilfe) scheitert nicht am „traditionalen" Verhalten, sondern gerade, weil neue Handlungsalternativen, Produkte und Verfahren rational bewertet – und abgelehnt werden.

2. Die Kultursysteme armer Gesellschaften garantieren bestenfalls Überleben – aber keine wirtschaftliche Entwicklung („effiziente Armut"). Diese Systeme stehen einem Neuerungsprozeß nicht im Wege, sondern scheinen ihn positiv zu lenken. Kulturelle Normen erschweren nur dann die Einführung von Neuerungen, wenn sie die tradierten, überlebenssichernden Interaktionsmuster (z. B. soziale Reziprozität) zu zerstören drohen. Dieser Neuerungsskeptizismus hat gute Gründe. Innovationsrisiken sind schwierig zu absorbieren. Fehlschläge bedrohen den Fortbestand der Gruppe. Innovationserfolge hingegen gefährden die Solidarität der sozialen Notgemeinschaft. Kurz: Das kulturelle Normensystem hebt die Kosten normabweichender Neuerungen nicht selten in Bereiche, die individuell untragbar sind.

3. Kulturelle Wertsysteme regeln nicht nur die sozialen Interaktionen, sondern auch die Beziehungen zur ökologischen Umwelt. Sie ist nur in engen Grenzen kontrollierbar. Folglich ist der Bereich äußerst beschränkt, in dem ökologisch tolerierbare Innovationen durchgesetzt werden können. Ein Überschreiten dieser ökologischen Grenzen durch von außen aufgezwungene Neuerungen hatte in vielen Fällen verheerende Folgen (z. B. Brunnenbau im Sahel). Andererseits werden Neuerungen, wenn sie innerhalb dieser ökologischen Grenzen bleiben und die Überlebensstandards der Gruppe nicht verletzen, durchaus akzeptiert (z. B. die Ausbreitung der Kokospalme in Südostasien, Ochsenanspannung im südlichen Afrika).

4. Vor allem in ethnisch heterogenen Gesellschaften verfügen einzelne Gruppen über eine (gruppen-)spezifisch interpretierte Kultur. Die sozio-kulturell bestimmte Annahmebereitschaft von Neuerungen kann nach Volksgruppe, Clan oder Familienverband beträchtliche Unterschiede aufweisen (dynamische Minderheiten).

5. Folglich sind „traditionale" kulturelle Wert- und Normensysteme nicht generell als Innovationsbremse zu betrachten. Vielmehr scheinen die quasifeudalistischen Agrarverfassungen und politischen Strukturen des postkolonialen Staates (autoritäre Bereicherungsdiktaturen, Fehlen einer *civic society*) weitaus wirksamere Hemmnisse für die Entfaltung des innovativen Potentials zu sein. Fatalismus, defensive Kommunikation und Passivität (auch gegenüber Entwicklungsprojekten) können so Teil einer sinnvollen Defensivstrategie entrechteter Bevölkerungsmassen scin: Sie versuchen, sich staatlichem Zugriff zu entziehen. Zu Recht ist daher von einem „Mythos des Traditionalismus" gesprochen worden (vgl. *Elwert* 1982).

Mit dem „passing of traditional society" werde sich – so die Vermutung marxistischer wie bürgerlicher Kulturtheoretiker – auch eine umfassende Säkularisierung durchsetzen. Religiöse Sinngebungssysteme seien im Zuge gesellschaftlicher „Modernisierung" zum Untergang verdammt. Tatsächlich wurde Säkularisierung für viele postkoloniale Eliten zum politischen Programm – von *Nehru* über *Nasser* und dem *Schah* von Persien bis zur *Baath*-Partei. Hartnäckige Widerstände der Bevölkerung gegen eine gesellschaftliche Transformation nach europäischem Muster interpretierte man als „Entwicklungshindernisse". Derartige Friktionen wurden entweder souverän mißachtet oder man versuchte, ihnen mit sozialtechnologischem Kulturmanagement beizukommen: Kultur wird zum funktionalen Re-Arrangement bzw. zum Reparaturbetrieb von oben durchgesetzter Entwicklungsprogramme, die nachträglich die Zustimmung der be-planten Bevölkerung einholen wollen (vgl. *Lachenmann* 1988).

Die jüngste Geschichte dokumentiert breitgefächerte Bewegungen gegen eine forcierte Säkularisierung bzw. Hyper-Modernisierung:

1. Ausgerechnet die Religion motiviert heute mehr Menschen zu gesellschaftlichem Engagement als irgendeine Ideologie. Dieses Phänomen ist weder auf eine bestimmte Religion noch auf eine Region der Dritten Welt beschränkt. Politischer Mobilisation dienen Islam wie Christentum, Buddhismus wie Formen des Animismus – und auch neue Religionen. *Max Webers* „Entzauberung der Welt" hat nicht stattgefunden.

2. Die neuen religiösen Bewegungen wollen Modernität aus eigener Kraft, nicht etwa Maschinenstürmerei. Religion gilt ihnen als Zentrum kulturell-politischer Eigenständigkeit gegenüber dem säkularisierten Norden: „Man will Modernisierung ohne Säkularisierung" (*Hanf* 1986 b).

Die Folgerungen liegen auf der Hand: „Traditionale" und auch Übergangsgesellschaften werden vermutlich weit länger bestehen, als angenommen wurde. Ob in der Dritten Welt der Übergang zu säkularisierten Industriegesellschaften europäischen Typs jemals stattfinden wird, muß gegenwärtig offenbleiben.

3. Koloniale Kultur und Abhängigkeit

Interkulturelle Kontakte zwischen Nord und Süd werden modernisierungstheoretisch als – freilich zu geringe – „Übertragung dynamischer Kulturelemente" (*R. F. Behrendt*) interpretiert; dependenztheoretisch hingegen als kultureller Imperialismus, der die „abgepackten Lösungen" (*I. Illich*) der technisch-industriellen Zivilisation gewaltsam in die Dritte Welt exportiert und eine nachhaltige „Kolonisierung der Gehirne" (*F. Fanon*) bewirkt.

Historisch gesehen verliefen die ersten Kulturkontakte zwischen der Ersten und der Dritten Welt nur selten freiwillig. Sie waren das Resultat des physischen Gewaltmonopols imperialer Mächte, dessen Einsatz auch die kulturelle „Aufschließung" der sogenannten rückständigen Gebiete erzwang. Demgegenüber wirken die IL im nachkolonialen Zeitalter eher mit dem Export von Konsumstandards (Coca-Cola-Kultur), technischen Produktionsverfahren und Lebensmustern als kulturelle Systemveränderer in den EL. Von wachsender transkultureller Bedeutung ist dabei die Steuerung des internationalen Kommunikations- und Mediensystems durch wenige Nachrichtenagenturen.

Diese permanente „Kulturrevolution“ ist das eher zwangsläufige Ergebnis eines gleichsam verdinglichten Wertetransfers. So impliziert etwa der Import industrieller Produktionsverfahren eine Übertragung technisch-ökonomischer Werte und Verhaltensweisen. Sollen derartige Verfahren „funktionieren“, erfordern sie vom Bedienungspersonal die Sekundärtugenden industrieller Leistungsgesellschaften: Planungs- und Organisationvermögen, Arbeitsdisziplin, Leistungsbereitschaft und individuelle Aufstiegsorientierung (kulturelle Reflex-Modernisierung). Die Kultursysteme der Dritten Welt und die psycho-soziale Identität der Bevölkerung werden durch die aggressiv-dominanten Lebensmuster der industriellen Zivilisation überlagert.

Das politische Programm gegen einen so interpretierten Kulturimperialismus lautet: Abkoppelung, Anti-Moderne und Rekonstruktion einer vorgeblich autochthonen kulturellen Identität der eigenen Gesellschaft, sei es in Form des Afrikanischen Sozialismus, der Négritude oder eines revitalisierten Islamismus. Freilich hat die erkennbare Neigung der Staatseliten, die eigene Geschichte selektiv zu interpretieren und eine kulturelle Identität im Interesse illegitimer Herrschaftssicherung zu konstruieren, Bürgerrechtsbewegungen auf den Plan gerufen, welche die Einhaltung universeller Menschenrechte einfordern. Die vermeintlich oder tatsächlich kulturimperialistische westliche Zivilisation mit ihrem aufklärerischen Menschenrechtsanspruch liefert so den Entrechteten die politische Legitimation für ihr Vorgehen.

Im übrigen sind entgegen naiven kulturimperialistischen Begründungen vier Muster von Akkulturationsverläufen in der Dritten Welt vorfindbar (vgl. *Behrendt* 1965: 250 ff.):

1. *Akzeptanz:* In diesem Falle werden die Werte, Ideologien und Lebensmuster der technisch-industriellen Zivilisation von „unterentwickelten“ Gesellschaften übernommen und internalisiert. Als Träger eines dynamischen Kulturwandels gelten die Eliten der EL (z. B. Studenten, Militärs). Langfristig, so die Überzeugung, werde sich eine Art kultureller Durchsicker-Effekt einstellen, der die Dritte Welt auch kulturell zum Abbild Europas und Amerikas machen werde.

2. *Adaption:* Eine adaptive Akkulturation besteht bei bewußt diskriminierender Auswahl industriell-technischer Werte und ihrer Kombination mit autochthonen Lebensmustern, so daß daraus ein „angepaßtes“ und eigenständiges Entwicklungsmodell resultiert (Fall Japan, China).

3. *Apathie:* Bei der apathischen oder passiv-imitativen Akkulturation paßt sich eine Gesellschaft vorbehaltlos an die als überlegen empfundene Kultur an (Indios in Lateinamerika). Es werden Schablonenleitbilder passiv übernommen, die auf die konkrete soziale Situation nicht konstruktiv an-

wendbar sind. Die exogenen Kulturelemente werden nicht nur ihrer – ursprünglich sinnstiftenden – gesellschaftlichen Funktionen entleert, sondern häufig sogar in ihr Gegenteil verkehrt (De-Kulturierung).

4. *Ablehnung:* Ein kontraproduktiver Akkulturationsprozeß liegt vor, wenn Gesellschaften geschlossen Kulturkontakte ablehnen oder ihnen feindselig gegenüberstehen. Paradoxerweise resultiert die Ablehnung von Akkulturation häufig aus einer Überanpassung dominierender Teile der eigenen Gesellschaften an die Konsumstandards und Lebensmuster industrieller Gesellschaften (Re-Islamisierung im Iran).

Tatsächlich scheinen in vielen Entwicklungsgesellschaften alle oder doch mehrere der idealtypisch skizzierten Akkulturationsprozesse gleichzeitig stattzufinden. Die Koexistenz dieser Prozesse kann auf individueller Ebene zu nachhaltigen Identitäts- und Entfremdungskonflikten führen („Kolonisierung der Gehirne"); auf gesellschaftlicher Ebene scheint sie kulturelle Desintegrationsprozesse auszulösen, die mit dem Begriff der kulturellen Heterogenität bzw. des heterogenen kulturellen Milieus umschrieben werden können. Weder die bürgerliche Traditionalismusthese noch die marxistische These vom Kulturimperialismus scheinen in ihrer Schlichtheit geeignet, die komplexen Beziehungen von Kultur und Entwicklung angemessen interpretieren zu können.

Tatsächlich wird man den skizzierten Theorie-Ansätzen folgende Kritik nicht ersparen können (vgl. *Nuscheler* 1985: 15):

1. Eine eurozentrische Geschichtsmetaphysik, die die *late-modernizers* alternativlos auf die Imitation des europäischen Wegs von Modernität verweist.
2. Eine pragmatische Reduzierung des Kulturbegriffs auf technisch-ökonomische Entwicklungsrelevanz (paradoxerweise entgegen den Erfahrungen der europäischen Entwicklungsgeschichte).
3. Eine idealtypische Dichotomie von traditionellen und modernen Gesellschaften, die Tradition zur abschätzigen Residualkategorie abwertet.

4. Traditionale Kultur: ein Entwicklungshemmnis?

Die vorausgehenden Ausführungen haben gezeigt, daß einerseits traditionale Gesellschaften über eigene Innovationsmöglichkeiten verfügen, daß andererseits wirtschaftliche Abhängigkeit und der *octroi* einer kolonialen Kultur diese Gesellschaften nicht an einem differenzierten Umgang mit der westlichen Kultur, an einem selektiven Erwerb westlicher Techniken und einer bewußten Adaption an westliche Werte und Stile hindert. Die Beobachtung, daß die Träger oder Opfer einer gleichen „traditionalen" oder „kolonialen" Kultur auf die Herausforderung der Moderne in höchst verschiedener Weise reagieren können, trägt nun allerdings zur Skepsis bei, inwiefern von einer vorfindlichen Kultur überhaupt entscheidende Hemmnisse für einen Prozeß wirtschaftlicher Entwicklung ausgehen können.

Diese Skepsis weist zugleich auf eine Grundposition *Max Webers* zurück: Mit seiner Studie zur Wirtschaftsethik der Weltreligionen hatte *Weber* nachzuweisen versucht, weshalb die von diesen Religionen und ihrer Ethik geprägten Gesellschaften keine der okzidentalen Rationalisierung vergleichbaren Entwicklungswege beschreiten konnten und wollten, weshalb sie also eine jeweils andere Entwicklung durchlaufen haben. Es stand aber für *Weber* außer Frage, daß der siegreiche okzidentale Rationalisierungsprozeß als „Artefakt" und als Bündel von technischen, kulturellen, politischen und wissenschaftlichen Innovationen sich auf Dauer universal ausbreiten würde. Sofern sich bei diesem Prozeß der Ausbreitung deutliche Entwicklungsunterschiede zwischen verschiedenen Gesellschaften zeigten, müßten die Ursachen dieser Unterschiede nicht in erster Linie in der Beschaffenheit einer jeweiligen Religion, Ethik und Kultur, sondern in einem sehr viel breiteren historischen und institutionellen Rahmen gesucht werden. Eine jeweilige Kultur würde den Prozeß nachholender Entwicklung zwar stets prägen, aber nicht verhindern (vgl. *Weber* 1947).

Eine Betrachtung derjenigen Länder, denen viele Beobachter eine anlaufende politische und ökonomische Entwicklung zuschreiben, scheint dieser Einschätzung *Webers* recht zu geben. Südkorea, Taiwan, Thailand und Indien – um im asiatischen Raum zu bleiben – sind von jenen Religionen und Kulturen, also dem Konfuzianismus und Taoismus, Buddhismus und Hinduismus, zutiefst geprägt worden, an deren Beispiel *Weber* aufgezeigt hat, daß sie die Entfaltung eines eigenständigen Prozesses innerweltlicher Rationalisierung ausschließen.

Die vielfältigen Reaktionsweisen einer jeden traditionalen Kultur auf die Herausforderung der Moderne und der Entwicklungserfolg höchst unterschiedlicher Gesellschaften scheinen deshalb die Annahme zu widerlegen, von einer traditionalen Kultur gingen eindeutig bestimmbare, also einheitliche und hemmende Wirkungen gegenüber einem wirtschaftlichen Entwicklungsprozeß aus. Die kulturellen Lebensmuster haben diese Gesellschaften zwar an einem eigenständigen innerweltlichen Rationalisierungsprozeß gehindert, keineswegs aber an dessen Übernahme als Artefakt.

Dieter Senghaas (1984: 418f.), der die nachholende Entwicklung Japans, Chinas, Koreas und Taiwans zum Ausgangspunkt einer Betrachtung über „Kultur und Entwicklung" genommen hat, schreibt:

> „Man kann das Blatt drehen und wenden wie man will, der entscheidende Sachverhalt in der Entwicklung Ostasiens seit dem Zweiten Weltkrieg ist nicht ein kultureller, sondern ein sozio-kultureller ... Sollte die traditionale Kultur jemals ihr innewohnende entwicklungshemmende Merkmale enthalten haben, so zeigt sich nunmehr, daß sie offensichtlich nicht von ausschlaggebender Bedeutung waren. (Nur) so wird vorstellbar, daß wenige Jahrzehnte nach diesen Umbrüchen eine ehedem für entwicklungshemmend gehaltene Kultur, nunmehr alle früheren Argumentationen verleugnend, zum Nährboden einer besonders expansiven

Entwicklungsdynamik erklärt wird. In Wirklichkeit verweisen die zitierten Beispiele, wie mir scheint, auf die relative Elastizität herkömmlicher Kultur gegenüber politischen, gesellschaftlichen und ökonomischen Kräften, die gezielt auf Entwicklung setzen."

Die entscheidenden Ursachen für Erfolg oder Scheitern eines selbsttragenden Entwicklungsprozesses sind also offenbar in anderen Bereichen zu suchen, beispielsweise in der Beschaffenheit der politischen und sozialen Institutionen des Landes, in der Struktur seiner Eliten, im Ablauf seiner kolonialen und postkolonialen Geschichte, und nicht zuletzt in seiner Stellung im internationalen Wirtschafts- und Machtsystem. Dabei sollte allerdings vermieden werden, diese Rahmenbedingungen mit Hilfe eines ausufernden Kulturbegriffes als letztlich wiederum kulturell determiniert auszugeben.

Die traditionale Kultur kann also – nach dem Versagen gängiger oder dem Verschweigen ideologisch ungelegener Erklärungsweisen – nicht als ultima ratio die Entwicklungschancen einer Gesellschaft bestimmen. Es ist auch nicht richtig, in Fällen eines Entwicklungsmißerfolgs die Ursachen bei einer jeweiligen Kultur zu suchen, in Fällen eines Entwicklungserfolgs, sie stattdessen in den Hintergrund zu relegieren. Noch fragwürdiger sind schließlich jene Fälle, in denen der unerwartete Entwicklungserfolg eines Landes post festum – und im Widerspruch zu den ursprünglichen Einschätzungen – nun plötzlich auf seine traditionale Kultur zurückgeführt wird. So wird – neuerdings – das „Wirtschaftswunder" in asiatischen Schwellenländern primär auf kulturelle Faktoren, vor allem auf „den" Konfuzianismus, reduziert.

Nun scheint die Tatsache, daß die Erfolgsfälle ausnahmslos unter konfuzianischen bzw. post- oder metakonfuzianischen Gesellschaften zu finden sind, nicht mit bloßer Zufälligkeit erklärbar. (Zum folgenden in enger Anlehnung an *Machetzki* 1991: 12f.) Allerdings zwingt eine eingehendere Betrachtung zu einer deutlichen Relativierung des konfuzianischen Erklärungsmusters. Zunächst läßt sich einwenden, daß die Konfuzianismusthese erst ex post ihre Konjunktur erlebte.

Noch in den 50er Jahren galten konfuzianische Lebensmuster als Entwicklungsbarrieren. Ein weiterer Einwand bezieht sich auf die wenig befriedigende Entwicklung der VR China. Der chinesische Subkontinent, immerhin das größte postkonfuzianische Gemeinwesen der Welt, kann selbst bei wohlwollender Betrachtung kaum als Paradefall erfolgreicher Modernisierung gelten.

Bezeichnend für die Beliebigkeit der „Kulturdebatte" erscheint, daß Japanologen und Sinologen noch in den 60er Jahren „in souveräner gegenseitiger Nichtzurkenntnisnahme" (*Machetzki* 1991: 13) mit entgegengesetzten Hypothesen aufwarteten. Während die Japanologen das konfuzianische Werte- und Normensystem (hohe Lerndisziplin, Arbeits- und Akkumulationsethik, Gruppenkonformismus, Hierarchisierung aller Lebensbereiche, Konkurrenzauswahl der Eliten) zur Erklärungsgrundlage des „japanischen Wunders" emporstilisierten, verurteilten viele Sinologen das gleiche Wertesystem (Lernformalismus, Hortungsmentalität, Kleingruppennepotismus, bürokratische Hierarchien, mangelnde individuelle Leistungsbereitschaft und verbreitete Verantwortungsscheu der Eliten) als modernisierungsfeindliche Entwicklungsblockade.

Obwohl also empirische und theoretische Einsichten dagegen sprechen, einer jeweiligen traditionalen Kultur eine Schlüsselrolle beim Ausbleiben oder beim Einsetzen wirtschaftlicher Entwicklung zuzusprechen, sind diese Einsichten weitgehend wirkungslos geblieben. Die fragwürdige Annahme hat stattdessen dazu geführt, daß insbesondere die Eliten der postkolonialen Staaten ihrer jeweiligen überkommenen Kultur einen zentralen Stellenwert bei der künftigen Entwicklung des Landes, der Nation, der Gesellschaft und der Wirtschaft einräumen konnten.

Wenn die traditionale Kultur die Entwicklungschancen eines Lebens vermeintlich prägt, wenn in ihr der Schlüssel zum Erfolg oder Mißerfolg von Entwicklung liegt, dann ist einsichtig, daß diese Kultur unter politische Aufsicht gestellt werden muß. Als „nationale Kultur" muß sie nun so gefördert, umgestaltet, kontrolliert und instrumentalisiert werden, daß ihre vermeintlich entwicklungshemmenden Bestandteile – Werte, Praktiken, Institutionen – zurückgedrängt und ihre entwicklungsfördernden angemessen genutzt werden können. Dabei neigen die Eliten der EL allerdings stärker der Einschätzung der Theoretiker eines Kulturimperialismus als der Einschätzung der Modernisierungstheoretiker zu. In ihren Augen liegt das eigentliche Hemmnis einer raschen nachholenden Entwicklung in der wirtschaftlichen Abhängigkeit und in der fortdauernden Wirkung einer kolonialen Kultur. Die traditionale Kultur, ihre Werte, Weisheit und Technik sollen sich stattdessen als die eigentliche Triebfeder rascher nationaler Entwicklung erweisen. Deshalb muß diese Kultur vor den Zerstörungen einer kolonialen Kultur gerettet, rekonstruiert und politisch aufgewertet werden.

Von dieser Aufwertung der traditionalen Kultur zur nationalen und von diesem politisch kalkulierten Einsatz nationaler Kultur gehen nun allerdings tiefgreifende Wirkungen aus. Sie beziehen sich in erster Linie auf die neuen Ideologien, die Herrschaftsformen und die Entwicklungsprogramme eines jeweiligen Landes. Eine politisch instrumentalisierte Kultur prägt aber letztlich mit den politischen Rahmenbedingungen auch die wirtschaftlichen Entwicklungschancen eines Landes.

5. Nationale Kultur und Politik

Bereits während der späten Kolonialzeit und mit dem Beginn der Unabhängigkeitsbestrebungen einheimischer Eliten wird der Umgang mit einer jeweils vorgegebenen, bislang praktizierten, aber wenig reflektierten Kultur problematisch. Die Elite hat die Macht der Kolonialherren auch als Macht einer überlegenen Kultur, Religion und Technik erfahren und gedeutet. Zu

Anfang versuchen vereinzelte Intellektuelle und Reformer, später die Führer der Befreiungsbewegungen, der Kultur der Kolonialherren die eigene „traditionale“ entgegenzustellen und sie zugleich neu zu deuten, zu arrangieren oder zu reformieren. Diese konstruierte Kultur soll derjenigen der Kolonialherren als gleichwertig erscheinen und die Einheimischen von den Kolonialherren abgrenzen (vgl. *Finkielkraut* 1989: 72 ff.).

Die Identifizierung mit dieser neu interpretierten, erstmals zu einer begrifflichen Einheit zusammengefaßten „traditionalen Kultur“ stützt das verletzte Selbstwertgefühl der einheimischen Eliten und dient als revolutionäre Mythologie. Mit Hilfe des Verweises auf eine einheitliche, weit zurückgreifende und vor allem autochthone Kultur suchen die Führer der Unabhängigkeitsbewegungen eine Gefolgschaft zu mobilisieren. Sie kontrastieren die großartige Vergangenheit mit der verächtlichen Gegenwart ihres Volkes und sie versprechen ihm eine glänzende Zukunft.

Nach der Unabhängigkeit soll sich die Nation auf der Grundlage einer Rückbesinnung auf ihre Kultur, Religion und Geschichte erneuern und vollenden. Die Kultur soll die künftige Entwicklung inspirieren und sie gibt dieser Entwicklung zugleich das Ziel vor, zumeist das verklärte Bild eines wiedererneuerten goldenen Zeitalters und das Ideal der nationalen Selbstverwirklichung. Dieses neue Bild der traditionalen Kultur muß einheitlich und deshalb künstlich sein. Zwar kann eine authentische traditionale Kultur nur als eine Vielzahl sozial, regional und epochal differenzierter Kulturformen vorliegen, ein geschlossenes Bild läßt sich daraus nur durch Interpretation, Synthese und Auslassung gewinnen. Ein einheitliches Bild traditionaler Kultur ist aber notwendig: Mit Hilfe dieses neuen Bildes einer einheitlichen Tradition sollen die sozialen, ethnischen oder regionalen Unterschiede zwischen den Einheimischen eingeebnet werden, ein homogener Einheitsstaatsbürger kreiert werden.

Im Moment der Unabhängigkeit erhält das neue Bild der traditionalen Kultur eine weitreichende praktische und politische Bedeutung. So muß die Frage beantwortet werden, welche einheimische Sprache – oder Sprachen – künftig an die Stelle der kolonialen Herrschaftssprache treten wird. Die neue Verfassung muß darüber entscheiden, ob dem Glaubenssystem der Mehrheit eine Vorrangstellung eingeräumt wird und ob bestimmten Glaubensgemeinschaften Sonderrechte zugebilligt werden. Die Festlegung auf die neuen Nationalsymbole – Staatsflagge, -hymne, -wappen und -feiertage – wirft die Frage auf, welches Bild nationaler Kultur, welche Mehrheits- oder Minderheitstraditionen nun offizielle Darstellung und Anerkennung erfahren.

Der Aufbau eines neuen Schul- und Universitätssystems zwingt zur Entscheidung, welche Kultur, Religion und Geschichte künftig in besonderer Weise gelehrt und erforscht wird. In den mehrheitlich multi-ethnischen Staaten führt dieser Entwurf einer einheitlichen Kultur rasch zu einer Ausgrenzung oder Abwertung der Kultur und Religion, der Sprache und Geschichte der Minderheiten. In jedem Fall kann diese Frage bei oftmals bereits organisierten sozialen, religiösen oder ethnischen Gruppen Protest und Konflikte auslösen (vgl. *Hanf* 1986 a: 78 ff.).

Die neue Regierung verfügt nun aber auch über die Handlungsmacht, diesem Bild „ihrer" Kultur eine nachträgliche Bestätigung, eine neue Ausschließlichkeit und weitreichende politische Wirkung zu verschaffen. Der unabhängige Staat sieht sich nicht nur unter die Imperative einer wirtschaftlichen Entwicklung, sondern auch unter die Forderung nach einer politischen Entwicklung, unter die Forderung des *nationbuilding* gerückt. Da der nationalen Kultur bei beidem eine Schlüsselrolle zugebilligt wird, sieht sich der Staat zu einer entwicklungsorientierten Kulturpolitik legitimiert. Kultur gilt nun als eine Angelegenheit, die nicht mehr länger dem einzelnen, dem ungebildeten und rückständigen Dorfkünstler oder dem widerspenstigen, unberechenbaren und westernisierten Intellektuellen allein überlassen werden kann. Die Kultur muß nun unter bürokratische Kontrolle gestellt werden. Sie soll(te) den gesellschaftlichen, ökonomischen und politischen Entwicklungsprozeß in die gewünschte Richtung vorantreiben.

Je stärker die staatliche Kulturpolitik die authentischen, aber vielfältigen und zerstreuten kulturellen Traditionen mit Hinweis auf die konstruierte kulturelle Identität unter ihre Kontrolle bringt, desto mehr muß sie diese Traditionen einander angleichen und modifizieren. Je stärker sich die Geschichtsforschung, Ethnologie und Sprachwissenschaft an den Vorgaben des neuen nationalen Kulturbegriffs orientieren, desto leichter fällt der mit archäologischen oder sozialwissenschaftlichen Mitteln erbrachte empirische Nachweis, daß diese nationale Kultur seit jeher, also bereits in vorkolonialer Zeit bestanden hat.

6. **Nationale Kultur: eine Entwicklungsbedingung?**

Hat sich das neue Bild von der nationalen Kultur weitgehend durchgesetzt und dient diese Kultur insbesondere der politischen Elite zur Rechtfertigung ihrer Macht- und Wirtschaftsinteressen, dann verwandelt sich diese Kultur allerdings oft in ein Hindernis politischer, ökonomischer und wissenschaftlich-technischer Entwicklung. Wie sich in vielen EL zeigt, können mit dem Hinweis auf eine nationale Kultur, Religion und Geschichte demokratische Herrschaftsformen und Menschenrechte suspendiert, soziale und ethnische Minderheiten aus dem Entwicklungsprozeß ausgegrenzt und überlieferte Glaubenssysteme zur Staatsreligion aufgewertet, radikalisiert und zur Abwehr der Moderne eingesetzt werden.

Unter dem Schlagwort der Verteidigung und Erneuerung der nationalen Kultur können: erstens die Herrschaft einer Diktaktur, einer sozialen, ethnischen oder religiösen Gruppe gerechtfertigt werden; zweitens Entwicklungsressourcen für bestimmte Gruppen oder Regionen monopolisiert und drittens kann der freie Austausch von Innovationen, Ideen, Gütern, Personen und Techniken beschränkt werden. Diese drei Wirkungen einer nationalen Kultur behindern nicht unmittelbar einen ökonomischen und technischen Entwicklungsprozeß, aber sie zerstören oder belasten seine politischen, sozialen oder kulturellen Rahmenbedingungen. Sie sollen im folgenden genauer betrachtet werden.

1. Die Befreiungsbewegungen forderten von der Kolonialmacht nationale Selbstbestimmung und Demokratie. Nach der Unabhängigkeit aber, während die Konkurrenz rivalisierender Parteien die Erwartungen auf eine beschleunigte Entwicklung steigert, die Entwicklungsleistungen aber hinter diesen wachsenden Erwartungen zurückbleiben müssen, verliert die Forderung nach Demokratie rasch an Bedeutung. Unabhängigkeitsbewegungen, Einparteienregime, populäre Volksführer oder Putschisten neigen dazu, den offenen politischen Dissens, den „Parteienstreit" und die „Fraktionsbildung", die „Korruption" von Parteipolitikern und die „Demagogie" der Presse als unvereinbar mit einer nationalen Kultur anzusehen, einer nationalen Kultur, die seit jeher auf Konsens, solidarischen Ausgleich, Einordnung und Harmonie ausgerichtet gewesen sei. Kurz: Die Abschaffung der Demokratie gilt als notwendiger Schritt zur Festigung der nationalen Einheit, zur Erneuerung der Nation und zum wirtschaftlichen Fortschritt. Die Entwicklungsdiktatur läßt sich durch den Rückgriff auf eine nationale Kultur und Geschichte rechtfertigen.

2. Nach der Unabhängigkeit, in einer Situation, in der steigende Entwicklungserwartungen begrenzten Entwicklungsressourcen gegenüberstehen, wird auch die Frage unausweichlich, welchen Regionen oder Sektoren, Schichten oder Volksgruppen die knappen Ressourcen in erster Linie zufließen sollen. Damit brechen sich Forderungen Bahn, die darauf abzielen, diese Ressourcen für die Mehrheit der Armen – die man stets bei der eigenen Volksgruppe vermutet – zu reservieren. Forderungen werden angemeldet, daß die Ressourcen in erster Linie der Stammbevölkerung, den „Söhnen der Erde" (*sons of the soil*) und nicht fremden, zugewanderten Gruppen zugute kommen sollen. Diejenigen Volksgruppen, Schichten und Regionen, die sich besondere Opfer und Leistungen des Unabhängigkeitskampfes zuschreiben, verlangen besondere Berücksichtigung.

Ein sozialer, regionaler und ethnischer Verteilungskampf um knappe Ressourcen und ein Streit um nationale Entwicklungsalternativen bricht sich Bahn. In diesen Verteilungskampf und Meinungsstreit fließen von Anfang an die Bilder einer nationalen Kultur, nationalistische und interessengeleitete Entwürfe der Besiedlungs-, Kolonial- und Befreiungsgeschichte des Landes ein. Dominanten Volksgruppen, Glaubensgemeinschaften, Klassen oder Regionen dient schließlich dieser Kultur- und Geschichtsentwurf bei der Durchsetzung von Entwicklungsplänen, die ihren Interessen entgegenkommen und ihre traditionelle Vorrangstellung nicht gefährden.

3. An einer europäischen Wertschätzung der „Volkskultur" orientiert, mit Hilfe wissenschaftlicher Methoden und neuer kultureller Techniken und unter Zuhilfenahme westlicher Formen und Muster haben die nationalistischen Reformer und Künstler eine neue nationale Kultur geschaffen. Die nationalistischen Politiker erliegen leicht der Versuchung, diese mit

den Mitteln der Moderne erstellte Kultur zur Abwehr der Moderne, zur Abwehr kolonialer, westlicher und europäischer Einflüsse einzusetzen. In einer Vielzahl der Fälle wird die eigene Kultur in einen unüberbrückbaren, also moralischen Gegensatz zu der Kultur des Westens und der Moderne gestellt. Die eigene, die ursprüngliche, ganzheitliche, solidarische und spirituelle Kultur gilt nun der fremden, der dekadenten, antagonistischen, individualistischen und materialistischen des Westens als überlegen.

Eine besondere Zuspitzung erfährt die Ablehnung einer modernen Kultur, wenn ein überliefertes Glaubenssystem zur nationalen Religion kulturell umgewandelt und zur Staatsreligion politisch aufgewertet wird. Können die nationalistischen Reformer und Führer anstelle einer Vielfalt traditioneller Kulturformen auf ein relativ einheitliches, institutionell und rituell gefestigtes Glaubenssystem zurückgreifen, so müssen sie die Einheit und moralische Überlegenheit einer nationalen Kultur nicht erst mühselig konstruieren und proklamieren. In dem jeweiligen Glaubenssystem, das nun zum Mittelpunkt und zum Träger der nationalen Kultur erklärt wird, finden sich stattdessen bereits eine vordergründige Einheit und der Anspruch auf primordiale Gültigkeit und moralische Überlegenheit.

Mit der kulturellen und politischen Aufwertung eines Glaubenssystems zur National- und Staatsreligion werden der Religion zugleich die angesprochenen modernen Propagandatechniken und Präsentationsformen zugänglich. Als National- und Staatsreligion kann dieses überlieferte Glaubenssystem nun eine Brücke zwischen Vergangenheit und Gegenwart schlagen. Seine Wortführer können seitens der Gläubigen und Untertanen religiösen und politischen Respekt einfordern und die Abwehr „moderner" Kultureinflüsse kann nun – auf eine nicht nur nationalistische, sondern zugleich religiöse Grundlage gestellt – gesteigert werden.

Das Bild, das sich eine politische Elite – oder Mehrheit – von ihrer nationalen Kultur und Geschichte macht, läßt sich damit in drei Richtungen ideologisch instrumentalisieren. Es kann bei der Abschaffung demokratischer Herrschaftsformen, bei der Ausgrenzung von Regionen, Schichten und ethnischen Gruppen und bei der Abwehr eines freien Austausches von Personen und Gütern, Meinungen und Informationen als Rechtfertigung eingesetzt werden. Damit trägt dieser Einsatz einer nationalen Kultur zur Verhinderung einer politischen Entwicklung, zur sozialen Ausgrenzung breiter Bevölkerungsschichten und zur Verarmung und Isolierung des geistigen Austausches bei.

Neben diese Erschwerung, Ausgrenzung und Verarmung aber tritt die Gefahr unkontrollierbarer politischer, sozialer, ethnischer und schließlich religiöser Konflikte. Das Regime sieht sich eventuell mit politischen Revolten konfrontiert. Die von einer vorgeblichen nationalen Wirtschaftsentwicklung ausgegrenzten Klassen, Regionen und Volksgruppen können sich in Protestbewegungen, Aufständen oder ethnischen Irredenten zusammenschließen. Schließlich droht die Kultivierung eines gegen den Westen gerichteten kulturellen oder religiösen Nationalismus der Kontrolle zu entgleiten und sich in einen fremdenfeindlichen Chauvinismus und religiösen Fundamentalismus zu verwandeln.

Die nationale Kultur, diese vorgeblich entscheidende Triebfeder selbstbestimmter und rascher Entwicklung, erweist sich unter solchen Umständen als deren schwerste Belastung. Nicht die traditionale Kultur erschwert damit wirtschaftliche Entwicklung, sondern der Glaube, sie sei zu vereinheitlichen, ideologisch aufzuwerten und politisch zu verwenden.

7. Kultur und Entwicklungspolitik

Unsere Ausführungen haben auf höchst unterschiedliche Definitionen, Varianten und unterstellte Wirkungen von „Kultur" verwiesen. Während bei *Karl Marx* Kultur maßgeblich als materielle Kultur, also als ein Ensemble von Techniken und als durch gesellschaftliche Arbeit erworbenes Wissen beschrieben wird, hat *Max Weber* Kultur im wesentlichen auf einen religiösen Kern, auf Glaubensvorstellungen, auf Werthaltungen und davon abgeleitete Verhaltensmodelle eingegrenzt.

In der Nachfolge beider Theoretiker und im Schatten der Ethnologie und Soziologie hat sich dagegen ein fast schrankenloser Kulturbegriff durchgesetzt, der dazu geführt hat, daß Kultur und Gesellschaft als weitgehend dekkungsgleich erscheinen. Je nach theoretischer Orientierung wird dabei in den EL zwischen einer unveränderten traditionalen Kultur oder einer kolonial vermittelten und geprägten Kultur unterschieden. Wir haben diese beiden Varianten durch eine dritte, durch das Konstrukt der nationalen Kultur erweitert. Allen drei Varianten ist gemeinsam, daß ihnen ein ausufernder Kulturbegriff zugrunde liegt. Der Kultur wird jeweils Allgegenwart und Allmacht zugesprochen.

Die drei Varianten des Kulturbegriffs sind direkt oder indirekt einem Begriff der Volkskultur verpflichtet. Kultur erscheint nicht mehr als (auch) individuelle Leistung. Sie ist kein auf die Zukunft gerichtetes, prinzipiell zu steigerndes Projekt, das auf die geistige Verbesserung einer im Grenzfalle kosmopolitischen Allgemeinheit und Öffentlichkeit abzielt. Ob es sich um die traditionale, koloniale oder nationale Kultur handelt, in jedem Fall wird diese Kultur nicht vom einzelnen selbstbestimmt und reflektiert erworben, sondern dem einzelnen von einem Kollektiv, von einem undurchschaubaren Abhängigkeitssystem oder einer nationalen Führung zugeschrieben.

Vor dem Hintergrund der drei Kulturvarianten und der ihnen gemeinsamen Vernachlässigung oder Abwertung einer freien und umfassenden Kommunikation zwischen fremden Kulturen muß nun aber auch die der entwicklungspolitischen Praxis immer zugrundeliegende Begegnung oder Konfrontation fremder Kulturen gesehen werden. Tatsächlich zeichnet sich seit dem Zusammenbruch des westlichen Modernisierungsmodells im Iran eine Renaissance des „sozio-kulturellen Faktors" auch in der internationalen Entwicklungspolitik ab (vgl. *Wiss. Beirat* 1982). Die Regierungen der EL forderten unter Rückgriff auf bekannte *Third World Consciousness* – Ideen wie Négritude, afrikanischen Sozialismus, kulturelle Self-reliance etc. –

> „die Achtung der kulturellen Identität, die Anerkennung der Würde und des Wertes aller Kulturen, der nationalen Unabhängigkeit und Souveränität und der Nichteinmischung. Demzufolge sollte bei jeder Zusammenarbeit zwischen den Nationen jeder Form der Unterordnung oder der Ersetzung einer Kultur durch eine andere entgegengewirkt werden ... Eine ausgewogene Entwicklung kann nur sichergestellt werden, wenn kulturelle Faktoren zu einem integralen Bestandteil der Entwicklungsstrategien gemacht werden. In diesem Sinne sollten diese Entwicklungspläne und -strategien unter Berücksichtigung der historischen, sozialen und kulturellen Gegebenheiten jeder Gesellschaft entwickelt werden" (UNESCO 1982).

Erst dadurch wurde auch in den Entwicklungshilfekonzepten der westlichen Organisationen die Respektierung kultureller Identität der Dritten Welt zum schlagwortartigen Postulat. Diese Wende war – zumindest auf konzeptioneller Ebene – mit einer neuen und positiven Bewertung der „Kulturtraditionen und des kulturellen Reichtums der Dritten Welt" verbunden (vgl. *Oberndörfer* 1982: 271 ff.).

Parallel dazu zeigte sich in der praktischen Entwicklungspolitik, daß zeitlich wie räumlich weitergehende Entwicklungsanstöße durch Entwicklungsprojekte relativ selten zu verzeichnen waren; ein Sachverhalt, der unter den Überschriften „mangelnde Nachhaltigkeit" und „fehlende Breitenwirkung" diskutiert wird (vgl. *Braun/Fremerey* 1991).

Diese Erkenntnisse legten den Schluß nahe, daß nicht-qualifizierbare gesellschaftliche Bedingungen in der Entwicklungspraxis nicht oder nicht hinreichend berücksichtigt werden. In der Folgezeit wurden diese Bedingungen als „kulturelle" bzw. „sozio-kulturelle" Faktoren definiert und in die Entwicklungszusammenarbeit eingebracht. So wurden in einem Rahmenkonzept des BMZ drei dominante kulturelle Schlüsselfaktoren festgelegt: Legitimität, gesellschaftlicher Entwicklungsstand und sozio-kulturelle Heterogenität (vgl. *Simson* 1986). Ihre planerische Berücksichtigung soll die Integration von Entwicklungsprojekten in ein fremdes gesellschaftliches Milieu erleichtern – und so die Nachhaltigkeit von Projekten (nach Abzug von Experten und Fremdmitteln) sichern.

Der Versuch, die „kulturellen Lebensmuster" auf wenige Variablen zu reduzieren, um Kultur im Rahmen von Entwicklungszusammenarbeit administrativ „handhabbar" zu machen, ist nicht ohne Kritik geblieben (obwohl repräsentative empirische Überprüfungen derartiger Konzepte bislang ausstehen).

Tatsächlich war die (Wieder-)Entdeckung der Kultur von Anfang an ambivalent. Zum einen besteht die Gefahr, daß hartnäckige Widerstände der betroffenen Bevölkerung gegen eine gesellschaftliche Transformation als Friktionen oder Entwicklungshindernisse interpretiert werden, denen man mit einem sozialtechnologischen Kultur-Management beizukommen sucht: Kultur wird dann zum funktionalen Re-Arrangement bzw. zum Reparaturbetrieb von oben geplanter und durchgesetzter Entwicklungsprojekte, die nachträglich die Akzeptanz der „geplanten Zielgruppen" herbeiführen soll. Zum anderen können sich die Eliten der EL unter Berufung auf die angeblich „wahre" kulturelle Identität ihrer Völker eine ideologische Legitimation für die Verletzung universeller Menschenrechte verschaffen, indem sie die eigene Geschichte historisch und selektiv im Interesse illegitimer Herrschaftssicherung interpretieren bzw. konstruieren.

Die kulturspezifische Definition vom menschlichen Leben, der Geschichte und der Welt darf nicht die Verbindlichkeit transkultureller Werte – etwa der Menschenrechte – ausschließen. Im Grunde genommen geht es um die Suche nach einer neuen Identität, die weder in einer kritiklosen Renaissance der traditionalen Kultur noch in einer totalen Verwestlichung bestehen kann. So gesehen liegt die kulturelle Identität der Dritten Welt nicht in ihrer Vergangenheit, sondern in ihrer Zukunft.

Für die praktische Entwicklungspolitik bedeutet dieser einfache Sachverhalt: Der Entwicklungspolitiker, -experte oder -helfer kann die ihn mit unterschiedlicher Stärke umschließende fremde Kultur nicht ignorieren. Er sollte sie weder auf ihre Techniken und Arbeitstraditionen verfahrenstechnisch reduzieren noch sie zu Glaubensvorstellungen, Werten und vermeintlichen Tugenden sublimieren, sie also im gleichen Atemzug ungreibar und interpretativ allgegenwärtig machen.

Noch gefährlicher wäre es, würde diese Kultur in die Formel der traditionalen, kolonialen oder nationalen Kultur gegossen und scheinbar begrifflich für den Alltagsgebrauch handhabbar gemacht. Es gibt nur eine Möglichkeit, diese Vereinfachungen und die ihnen eingeschriebenen Fehleinschätzungen – bezüglich der Gestalt und der vorgeblichen Wirkungen – der betreffenden Kultur zu überwinden. Diese besteht in der Bereitschaft zu einem gleichberechtigten Austausch des Wissens und der Neugierde, der Meinungen und der Beurteilungsmaßstäbe.

Diese offene Gesprächssituation wird in den meisten Fällen das umfassende Bild der Kultur und der ihr nachgesagten Wirkungen weitgehend differenzieren. An die Stelle der Kultur eines Kollektivs tritt die Kultur der Individuen. Neben die Annahme der vollständigen Andersartigkeit der Kultur tritt die Einsicht in die Vielzahl der Einflüsse, aus denen sie sich speist. An die Stelle der Ursprünglichkeit und Unwandelbarkeit tritt die Beobachtung des konstanten Wandels in dieser Kultur.

Literatur

Banerjee, D. (Hrsg.) 1985: Marxian Theory and the Third World, Beverly Hills/London/New Delhi.

Behrendt, R. F. 1965: Soziale Strategie für Entwicklungsländer, Frankfurt/M.

Berger, P. 1986: The Capitalist Revolution, New York.

Böckler, S./Weiß, J. (Hrsg.) 1987: Marx oder Weber? Zur Aktualisierung einer Kontroverse, Opladen.

Braun, G./Fremerey, M. 1991: Soziokulturelle Faktoren in der Entwicklungspraxis, Freiburg/Witzenhausen.

Elwert, G. 1982: Der entwicklungssoziologische Mythos vom Traditionalismus, Bielefeld.

Finkielkraut, A. 1989: Die Niederlage des Denkens, Reinbek.

Goetze, D. 1983: Entwicklungspolitik 1. Soziokulturelle Grundfragen, Paderborn.

Hanf, Th. 1986a: Kulturelle Vielfalt als politische Herausforderung, in: Oberndörfer, D./Hanf, Th. (Hrsg.), Entwicklungspolitik, Stuttgart/Berlin/Köln/Mainz, S. 78–91.

– 1986b: Modernisierung ohne Säkularisierung? Versuch über religiös-politische Ideologien in der Dritten Welt, in: Matz, U. (Hrsg.), Die Bedeutung der Ideologien in der heutigen Welt, Köln (Sonderheft der Zeitschrift für Politik), S. 129–152.

Kroeber, A./Kluckhohn, C. 1952: Culture – A Critical Review of Concepts and Definitions, New York.

Lachenmann, G. 1988: Sozio-kulturelle Bedingungen und Wirkungen in der Entwicklungszusammenarbeit, Berlin.

Machetzki, R. 1991: Grundthesen zur Entwicklung in Ost- und Südostasien, in: Draguhn, W. (Hrsg.), Asiens Schwellenländer: Dritte Weltwirtschaftsregion? Hamburg, S. 9–13.

Mansilla, H. C. F. 1986: Die Trugbilder der Entwicklung in der Dritten Welt. Elemente einer kritischen Theorie der Modernisierung, Paderborn.

Marx, K./Engels, F. 1970: Ausgewählte Schriften in 2 Bänden, Berlin.

Nuscheler, F. 1985: Einleitung: Entwicklungslinien der politikwissenschaftlichen Dritte-Welt-Forschung, in: Nuscheler, F. (Hrsg.), Dritte-Welt-Forschung (PVS-Sonderheft 16), S. 7–25.

Oberndörfer, D. 1982: Menschenrechte, Grundbedürfnisse und kulturelle Identität, in: Wiss. Beirat 1982, S. 271–279.

Ohe, v. d. W./Hilmer, R./Nett-Keyboldt, S. u. a. 1982: Die Bedeutung sozio-kultureller Faktoren in der Entwicklungstheorie und -praxis, München/Köln/London.

Ribeiro, D. 1979: Unterentwicklung, Kultur und Zivilisation, Frankfurt/M.

Senghaas, D. 1982: Imperialismus und strukturelle Gewalt, Frankfurt/M.

– 1982: Von Europa lernen. Entwicklungsgeschichtliche Betrachtungen, Frankfurt/M.

– 1984: Kultur und Entwicklung, in: Zeitschrift für Kulturaustausch 1984/4, S. 417–424.

Simson, U. 1986: Kultur und Entwicklung. Die kulturellen Bedingungen wirtschaftlich-gesellschaftlichen Handelns in der Dritten Welt, in: Aus Politik und Zeitgeschichte, B 16/86, S. 3–11.

UNESCO 1982: Erklärung von Mexiko-City über Kulturpolitik, abgedruckt in: UNESCO-Dienst, Sonderausgabe, Bonn, September 1982, S. 1–6.

Weber, M. 1947: Gesammelte Aufsätze zur Religionssoziologie, Band I und II, 4. Aufl., Tübingen.

– 1976: Wirtschaft und Gesellschaft, 5. Aufl., 1. + 2. Halbband, Tübingen.

Wiss. Beirat beim Bundesminister für wirtschaftliche Zusammenarbeit (Hrsg.) 1982: Herausforderungen für die Entwicklungspolitik in den achtziger Jahren, München/Köln/London.

Menschenrechte und Entwicklung – Recht auf Entwicklung

Franz Nuscheler

Die vom New Yorker *Freedom House* jährlich gezeichnete *Map of Freedom* wies in den Jahren 1990/91 mehr weiße und graue Flächen, die „freie" und „teilweise freie" Staaten symbolisieren, als schwarze Flecken von „unfreien Staaten" auf. Nach seinen an der Verwirklichung politischer Rechte und bürgerlicher Freiheiten orientierten Bewertungskriterien verbesserten im Jahr 1990 insgesamt 36 Staaten ihren Menschenrechtsstandard gegenüber dem Vorjahr, so daß 65 „freie" Staaten 50 „unfreien" Staaten und weiteren 50 „teilweise freien" Staaten gegenüberstanden.

1. „Wiedergeburt der Demokratie"?

Die westlichen Führungsmächte („G 7") feierten auf dem Weltwirtschaftsgipfel von Houston (1990) eine fast weltweite „Wiedergeburt der Demokratie", weil neben den revolutionären Umbrüchen in Mittel- und Osteuropa die Redemokratisierung Lateinamerikas voranschritt und sich in einer wachsenden Zahl von afrikanischen Staaten ein Übergang vom Einpartei- zum Mehrparteiensystem abzeichnete. Hier bewogen der wirtschaftliche und politische Zerfallsprozeß, die Demonstrationswirkung der revolutionären Veränderungen in Osteuropa, die der Demokratie- und Menschenrechtsbewegung zusätzliche Schubkraft gaben, und die nach der Aufhebung des Ost-West-Konflikts vom Westen angedrohte „politische Konditionalität" von Entwicklungshilfe auch altgediente Diktatoren zu eiligen Reformversprechen und beschleunigten die teilweise hastige Abkehr vom Einpartei-Regelsystem.

Gleichzeitig dokumentierte der Bericht der mit Führungspersönlichkeiten aus der ganzen Dritten Welt besetzten *Süd-Kommission* (1990) einen grundsätzlichen Einstellungswandel gegenüber den Menschenrechten. Er versteckte nicht mehr – wie bespielsweise die *Afrikanische Charta der Rechte der Menschen und Völker* von 1986 – schwere Menschenrechtsverletzungen hinter der Betonung von kollektiven „Rechten der Völker", sondern formulierte ein eindeutiges Bekenntnis zur „Freiheit für den einzelnen und für Nationen". Angesichts der allgegenwärtigen Bedrohung durch Militärdiktaturen und der schwindenden Attraktivität des „kubanischen Modells" hatte auch im vielstimmigen links-intellektuellen Spektrum Lateinamerikas die „Revolution" ihre Faszinationskraft verloren und der „bürgerliche" Konstitutionalismus an Boden gewonnen (vgl. *Nohlen* 1988).

1.1 Trügerische Erfolgsmeldungen

Die vom Regimewechsel in Osteuropa und Lateinamerika sowie von der Krise des afrikanischen Einparteisystems beflügelte Hoffnung auf eine Universalisierung der Menschenrechte, nicht nur auf dem Papier von internationalen Konventionen und nationalen Verfassungen, sondern auch in der politischen Realität, ist jedoch noch voreilig, weil

- erstens noch immer die Mehrheit der afrikanischen Staaten von repressiven Einpartei- oder Militärregimen beherrscht wird und es nach Berichten von *Amnesty International* auch 1990/91 mehr politische Morde, Folterungen und Inhaftierungen von Regimekritikern als in den Jahren zuvor gab (wobei sich alte „Freunde des Westens" – wie u. a. Kenya, Malawi oder Zaire – als besonders repressiv erwiesen);
- zweitens die demokratische Entwicklung in der arabisch-islamischen Welt, in der repressive Regime Menschenrechtsverletzungen auch hinter dem angeblichen Widerspruch zwischen dem Koran und den „westlichen" Menschenrechtsnormen zu verbergen versuchen, nur geringe Fortschritte machte, obwohl einige von ihnen enge Verbündete des „freien Westens" sind und der Golf-Krieg auch im Namen des Völkerrechts und der Menschenrechte geführt wurde;
- drittens in Asien, auch in der „größten Demokratie der Welt" (Indien), mehr Rückschritte als Fortschritte in der demokratischen Entwicklung, die eine Achtung der Menschenrechte voraussetzt, zu beobachten sind.

Auch in einigen Staaten, die das *Freedom House* zu den „teilweise freien" Staaten oder gar „freien" Staaten zählt (wie z. B. Guatemala, Südkorea, Philippinen, Indonesien, Indien oder die Türkei), gehören die Inhaftierung von Regimekritikern, Willkürakte der Sicherheitskräfte, auch Folter und politische Morde, besonders von parastaatlichen Todesschwadronen, die Aussetzung der Rechtsstaatlichkeit in Konfliktzonen und die Einschränkung von Gewerkschaftsrechten weiterhin zu den alltäglichen Methoden der Herrschaftssicherung, besonders dann, wenn diese Herrschaft gefährdet ist. Überall dort, wo die Grundlagen legitimer Herrschaft schwach entwickelt sind, sind politische Menschenrechte bedroht.

Die politische Unterdrückung richtet sich dabei nicht nur gegen Einzelpersonen, sondern häufig gegen ethnische und/oder religiöse Minderheiten. Weltweit stellen Minderheitenrechte eine besondere Herausforderung für die Menschenrechte dar, weil sie Zentralregierungen, besonders in künstlich geschaffenen Staatengebilden ohne die Innenarchitektur von Nationalstaaten, als eine Bedrohung für den Staatsbestand erscheinen. Das fantasielose Kolonialkonstrukt von zentralistischen Einheitsstaaten verbaute den Weg, durch Dezentralisierung und kulturelle Autonomie für Minderheiten die Sprengkraft der Ethnizität zu entschärfen. Von Verfolgung bedroht sind vor allem Minderheiten mit separatistischen Neigungen.

1.2 Erosion der sozialen Menschenrechte

Auch in Staaten – wie besonders in Lateinamerika –, wo sich die Lage der politischen Menschenrechte deutlich verbesserte, führte die im Gefolge der Verschuldungskrise verschärfte Massenverelendung zu einer Erosion der sozialen Menschenrechte. Nach Schätzungen der Weltbank wuchs die Zahl der Armen in den 80er Jahren um rund 300 Mio. auf über 1,1 Mrd. Menschen. Besonders die Lebenslage der auf 630 Mio. geschätzten „extrem Armen" höhlt den Kerngehalt aller Menschenrechte aus. „Absolute Armut" negiert die Menschenwürde, die das Fundament aller Menschenrechte ist. Der frühere Weltbank-Präsident *Robert McNamara* hatte in seiner „Nairobi-Rede" von 1973 „absolute Armut" auf den menschenrechtlichen Punkt gebracht:

> „Absolute Armut ... ist durch einen Zustand entwürdigender Lebensbedingungen, wie Krankheit, Analphabetentum, Unterernährung und Verwahrlosung (dadurch) charakterisiert, daß die Opfer dieser Armut nicht einmal die grundlegendsten menschlichen Existenzbedürfnisse befriedigen können ... Die absolute Armut ist durch derart katastrophale Lebensumstände gekennzeichnet, daß die Entfaltung der Gene, mit denen die Menschen bei der Geburt ausgestattet sind, unmöglich gemacht und die menschliche Würde beleidigt wird. Und doch sind diese Bedingungen so weit verbreitet, daß sie das Los von etwa 40% der Menschen in den EL bestimmen."

Weder die „politischen Noten", die das *Freedom House* für den Grad der Verwirklichung politischer Rechte und bürgerlicher Freiheiten vergibt (vgl. die Erläuterungen zum „Freiheitsindex") noch die Berichte von *Amnesty International* lassen diesen von *McNamara* beschriebenen Überlebenskampf erkennen, in dem die Befriedigung existentieller Grundbedürfnisse Vorrang erhält. Sie fallen damit hinter die Fortentwicklung der Menschenrechte in der völkerrechtlichen Diskussion und Rechtsetzung zurück.

Einen Anhaltspunkt für die Verwirklichung der sozialen Menschenrechte lieferte der vom *Human Development Report 1990* des UNDP (*UN Development Programme*) entwickelte *Human Development Index* (HDI), der aus drei „wesentlichen Bereichen des Lebens" (Lebenserwartung bei Geburt, Alphabetisierungsrate, reale Kaufkraft pro Kopf) zusammengesetzt ist. Ein Vergleich dieses Sozialindex, der erst in der Fortentwicklung durch den *Human Development Report 1991* auch politische Menschenrechte berücksichtigte, mit dem „Freiheitsindex" des *Freedom House* zeigt widersprüchliche Korrelationen und widerspricht der Annahme von UNDP, daß eine hohe Korrelation zwischen dem HDI und HFI, dem von *Charles Humana* entwickelten *Human Freedom Index* bestehe.

Zwar haben viele Diktaturen, vor allem in Afrika, niedrige HDI-Werte und einige mehr oder weniger entwickelte Demokratien relativ hohe HDI-Werte; auch schneiden einige reiche Ölländer im HDI-Leistungsvergleich schlecht ab; es ist aber offensichtlich, daß der Grad der „menschlichen Entwicklung“ bzw. der Verwirklichung sozialer Menschenrechte mehr von der wirtschaftlichen Leistungskraft und von der Einkommenverteilung denn vom politischen Regimetyp abhängt. Deshalb weisen sozialistische EL in der Regel bessere HDI-Werte auf als andere Länder mit einem vergleichbaren PKE. Der Vergleich des HDI für Indien und die VR China stellt der „größten Demokratie der Welt“ kein gutes Zeugnis aus. In Lateinamerika erhielt allerdings Chile (unter General *Pinochet*) noch höhere HDI-Werte als Costa Rica, Uruguay, Argentinien und Kuba.

Alle Quantifizierungsversuche von qualitativen Menschenrechtsstandards haben methodische Kinderkrankheiten (vgl. *Goldstein* 1986; *Inkeles* 1991). Wie die folgenden Synopsen zeigen, sind ihre Ergebnisse teilweise geradezu grotesk: Eine solche Sorte von Statistik ist nicht erkenntnisfördernd, sondern eher kontraproduktiv.

Der Freiheitsindex des Freedom House, der Sozialindex von UNDP und Bewertungen durch Amnesty International (AI)

Der *Human Development Index* (HDI) von UNDP wird durch Aggregierungsverfahren aus den drei Indikatoren Lebenserwartung bei Geburt, Alphabetisierung unter Erwachsenen und realer Kaufkraft gebildet. *Rangordnung:* 0.116 bis 0.489 = niedrige menschliche Entwicklung 0.501 bis 0.790 = mittlere menschliche Entwicklung 0.800 bis 0.996 = hohe menschliche Entwicklung
„Freiheitsindex“ des Freedom House PR = Political Rights CL = Civil Liberties (BF = bürgerliche Freiheiten) *Rangordnung (aus Mittelwerten von PR und CL):* 1,0–2,5 = frei 3,0–5,5 = teilweise frei 5,5–7,0 = unfrei (5,5 in zwei Gruppen unterteilt)
Auswertungen der Jahresberichte von Amnesty International Stufe 1 = gesicherte Rechtsstaatlichkeit Stufe 5 = Schreckensherrschaft

Nahost und Nordafrika

Länder	PR	BF	HDI	AI	Länder	PR	BF	HDI	AI
Ägypten	5	4	0.501	3	Marokko	4	4	0.489	3
Algerien	4	4	0.609	..	Oman	6	6	0.535	..
Bahrain	6	5	..	3	Saudi-Arabien	7	6	0.702	3
Irak	7	7	0.759	5	Syrien	7	7	0.691	4
Iran	6	5	0.660	5	Tunesien	5	4	0.657	2
Jordanien	5	5	0.752	3	Türkei	2	4	0.751	4
Katar	7	5	..	..	VAE	6	5	0.782	..
Kuwait	7	7	0.839	..	Yemen[a]	6	5	0.328	3
Libyen	7	7	0.719	3					

[a] Wert für den früheren Nord-Yemen.

Süd- und Ostasien

Länder	PR	BF	HDI	AI	Länder	PR	BF	HDI	AI
Afghanistan	7	7	0.212	4	Mongolei	4	4	0.737	..
Bangladesh	5	5	0.318	3	Myanmar	7	7	0.561	5
Bhutan	6	5	0.236	..	Nepal	4	4	0.273	..
Brunei	6	5	..	..	Pakistan	4	4	0.423	3
China (VR)	7	7	0.716	3	Papua NG	2	3	0.471	..
Indien	2	3	0.439	4	Philippinen	3	3	0.714	3
Indonesien	6	5	0.591	3	Singapur	4	4	0.899	2
Kambodscha	7	7	0.471	3	Salomonen	1	1	..	..
Korea-Süd	2	3	0.903	3	Sri Lanka	4	5	0.789	..
Korea-Nord	7	7	0.789	..	Taiwan	3	3	..	..
Laos	6	7	0.506	3	Thailand	2	3	0.783	2
Malaysia	5	4	0.800	2	Tonga	3	3	..	..
Malediven	6	5	..	..	Vietnam	7	7	0.608	3

Lateinamerika/Karibik

Länder	PR	BF	HDI	AI	Länder	PR	BF	HDI	AI
Argentinien	1	3	0.910	2	Jamaika	2	2	0.824	3
Barbados	1	1	..	..	Kolumbien	3	4	0.801	5
Belize	1	2	..	..	Kuba	7	7	0.877	3
Bolivien	2	3	0.548	3	Mexiko	4	4	0.876	3
Brasilien	2	3	0.784	3	Nicaragua[a]	3	3	0.743	4
Chile	2	2	0.931	3	Panama[b]	4	2	0.883	3
Costa Rica	1	1	0.916	..	Paraguay	4	3	0.748	3
Dom. Rep.	2	3	0.699	3	Peru	3	4	0.753	5
Ekuador	2	2	0.758	3	Surinam	4	3	..	2
El Salvador	3	4	0.651	5	Trinidad/				
Guatemala	3	4	0.592	4	Tobago	1	1	0.885	..
Haiti	4	4	0.356	4	Uruguay	1	2	0.916	..
Honduras	2	3	0.563	4	Venezuela	1	3	0.861	3

a vor der Abwahl der Sandinisten;
b vor dem Sturz General Noriegas.

Länder	PR	BF	HDI	AI	Länder	PR	BF	HDI	AI
Äqu. Guinea	7	7	..	..	Mauretanien	7	6	0.208	..
Äthiopien	7	7	0.282	5	Mauritius	2	2	0.731	..
Angola	7	7	0.304	4	Moçambique	6	6	0.239	3
Benin	6	4	0.224	..	Namibia	2	3	0.404	4
Botswana	1	2	0.646	..	Niger	6	5	0.116	2
Burk. Faso	6	5	0.150	..	Nigeria	5	5	0.322	2
Burundi	7	6	0.235	4	Ruanda	6	6	0.304	..
C. d'Ivoire	6	4	0.393	..	Sao Tomé/P.	5	5	..	..
Dschibuti	6	5	..	..	Senegal	4	3	0.274	2
Gabun	4	4	0.525	..	Seychellen	6	6	..	..
Ghana	6	5	0.360	2	S. Leone	6	5	0.150	2
Guinea	6	5	0.162	3	Somalia	7	7	0.200	5
G.-Bissau	6	5	..	..	Südafrika	5	4	0.731	4
Kamerun	6	6	0.474	..	Sudan	7	7	0.255	5
Kapverden	5	5	..	..	Swaziland	6	5	..	..
Kenia	6	6	0.481	3	Tanzania	6	5	0.413	2
Komoren	5	5	..	..	Togo	6	6	0.337	..
Kongo, VR	6	6	0.395	..	Tschad	7	6	0.157	3
Lesotho	6	5	0.580	3	Uganda	6	5	0.354	4
Liberia	7	7	0.333	3	Zaire	6	6	0.294	3
Madagaskar	4	4	0.440	..	Zambia	6	5	0.481	2
Malawi	7	6	0.250	..	ZAR	6	5	0.258	..
Mali	6	5	0.143	2	Zimbabwe	6	4	0.576	2

2. Von der „ersten Generation" zur „dritten Generation" der Menschenrechte

Die Staatengemeinschaft hat im UN-Rahmen den kodifizierten Schutz der Menschenrechte zunehmend erweitert und von der innerstaatlichen auf die völkerrechtliche Schutzebene verlagert. Es ist inzwischen üblich geworden, in der Entwicklungsgeschichte der Menschenrechte zwischen drei Generationen zu unterscheiden:

- der „ersten Generation" der „klassischen" politischen und staatsbürgerlichen Freiheitsrechte und liberalen Abwehrrechte des Individuums gegenüber dem Staat;
- der „zweiten Generation" von sozialen, wirtschaftlichen und kulturellen Rechten, die Ansprüche an den Staat begründen;
- der „dritten Generation" von kollektiven „Menschen- und Volksrechten" auf Entwicklung, Frieden, eine gesunde Umwelt, Selbstbestimmung u. a. m.

2.1 Die „erste Generation" der politischen Menschenrechte

Die „erste Generation" bildet den harten Kern der Menschenrechte. Sie hat ihre Wurzeln in der Geistes- und Sozialgeschichte Europas, in der Staatszwecklehre der Aufklärung und in den „bürgerlichen Revolutionen" des 18.

und 19. Jahrhunderts. Die *Allgemeine Erklärung der Menschenrechte* vom 10. Dezember 1948 baute weitgehend auf den in den Verfassungen der westlichen Staaten verankerten Grundrechtskatalogen auf. Sie verlieh, obgleich sie nur die Rechtsqualität einer Empfehlung hatte, den „klassischen“ Freiheitsrechten einen universellen Geltungsanspruch, allerdings noch keine universelle Geltung.

Völkerrechtliche Verbindlichkeit erhielten sie durch den am 16. Dezember 1966 von der UN-Vollversammlung verabschiedeten *Internationalen Pakt über bürgerliche und politische Rechte* („Zivilpakt“), der jedoch erst nach 10 Jahren in Kraft trat, nachdem er von der vorgeschriebenen Mindestzahl von 35 Staaten ratifiziert worden war. Er wurde bis 1990 von 89 Staaten (darunter einigen notorischen Folterregimen) ratifiziert, von 75 noch nicht unterzeichnet und von fünf (u. a. den USA) zwar unterzeichnet, aber nicht ratifiziert.

Durch Zustimmung von Staaten aus verschiedenen Kultur- und Rechtskreisen mit je besonderen Traditionen und Kulturanthropologien, mit verschiedenen Auffassungen über Staatszwecke, Autorität und Legitimität sowie über das Verhältnis zwischen Individuum und Gemeinschaft wurden die im Westen geborenen Menschenrechtsnormen samt ihrer Begründung als vorstaatliche, unveräußerliche, allen Menschen kraft ihres Menschseins angeborene Rechte universalisiert (vgl. v. a. *Kühnhardt* 1987). Der kulturelle Relativismus wurde gewissermaßen im Konsensverfahren aufgehoben. Auch Staaten, denen der westliche Bias oder die individualistische Grundlage der Menschenrechte als kulturfremd erscheinen mußte, übernahmen die „übersetzten“ Menschenrechtskataloge größtenteils auch in die nationalen Verfassungen.

Zur Weiterentwicklung des Völkerrechts und internationalen Gewohnheitsrechts von einem Staatenrecht, das ausschließlich die Beziehungen zwischen den Staaten regelt, zu einem Menschenrecht, das Menschen von mediatisierten Objekten der Staatenwelt, in der nur Staaten Rechtssubjekte sind, zu Rechtssubjekten mit Rechtsansprüchen gegenüber ihren eigenen Staaten und der Staatengemeinschaft erhebt, haben auch einige weitere internationale Vertragswerke und regionale Menschenrechtskonventionen beigetragen:

- Das *Internationale Übereinkommen zur Beseitigung jeder Form von Rassendiskriminierung* vom 21. 12. 1965;
- das *Übereinkommen zur Beseitigung jeder Form von Diskriminierung der Frau* vom 18. 12. 1979;
- das *Übereinkommen gegen Folter und andere grausame, unmenschliche oder erniedrigende Behandlung oder Strafe* vom 10. 12. 1984 (das bis 1990 von 99 Staaten nicht unterzeichnet wurde);
- die *Europäische Menschenrechtskonvention* von 1950, die *Amerikanische Menschenrechtskonvention* von 1969 und die *Afrikanische Charta der Rechte der Menschen und Völker*, die sog *Banjul-Charta* von 1986.

2.2 Die „zweite Generation" der sozialen Menschenrechte

Bereits im Gefolge der Pauperisierungseffekte der Industrialisierung in Europa hatten Sozialreformer soziale Schutzrechte (Fabrikgesetze, Verbot der Kinderarbeit, Koalitionsfreiheit für Gewerkschaften) gefordert. Aber erst mit der Internationalisierung der Menschenrechte nach dem Zweiten Weltkrieg wuchs die Einsicht, daß „hinter den Staaten der Mensch steht, und daß das Völkerrecht den Menschen, nicht den Staat als Fundament seiner Geltung einsetzte" (*Riedel* 1989: 56).

Die UN-Vollversammlung verabschiedete am 16. Dezember 1966 zusammen mit dem „Zivilpakt" den *Internationalen Pakt über wirtschaftliche, soziale und kulturelle Rechte* („Sozialpakt"), der bis 1990 von 92 Staaten ratifiziert wurde. Er anerkennt in den Art. 3 bis 14 u. a. die folgenden Rechte: auf Arbeit, gerechten Lohn und menschenwürdige Arbeitsbedingungen, soziale Sicherheit und einen „angemessenen" Lebensstandard, körperliche und geistige Gesundheit, Bildung, Gleichberechtigung von Mann und Frau, Koalitionsfreiheit und Streikaktionen der Gewerkschaften.

Es gibt in der rechtswissenschaftlichen Literatur Kontroversen über den Stellenwert von sozialen Menschenrechten im Verhältnis zu den Freiheitsrechten. Sie wurden durch den ideologischen Schlagabtausch zwischen Osten und Westen, der unterschiedliche Menschenrechtsauffassungen als politische Waffe und Propaganda einsetzte, verschärft. Vielfach wird den Sozial- und Solidarrechten nur die Bedeutung von politischen Absichtserklärungen mit geringer rechtlicher Verpflichtungskraft eingeräumt oder gar die kontraproduktive Funktion eines Wunschzettels unterstellt, der dazu angetan sei, den harten Kern der Freiheitsrechte zu verwässern. *Kühnhardt* (1987: 258) beispielsweise konnte in Solidarrechten nur die „Einbruchstelle einer Ideologisierung der Menschenrechte" erkennen, die für ihn ausschließlich individualrechtlich begründet werden können:

> „Wo immer individuelle Menschenrechte in kollektiven Zielen aufgehen sollen, wird das Menschenrechtskonzept verzerrt und in Frage gestellt."

Diese Begründung der Menschenrechte muß unter den Bedingungen wachsender „absoluter Armut" und angesichts der wachsenden Ungleichheit der Lebens- und Überlebenschancen, die *Johan Galtung* (1972) auf den Begriff der „strukturellen Gewalt" und *Gernot Kohler* (1978) auf den der „globalen Apartheid" brachte, grundsätzlich in Frage gestellt werden. Es kann kaum einen naturrechtlich begründeten Zweifel daran geben, daß sich unter menschenunwürdigen Lebensbedingungen der Rang sozialer Rechte erhöht und der Sicherung eines Existenzminimums ein nicht minderer Rang als den allgemein anerkannten Freiheitsrechten zukommt: Verhungern in Freiheit ist eine menschenrechtliche *contradictio in adjecto.* Wenn beispielsweise nach UN-Schätzungen von den 7 Mio. Bolivianern 4,6 Mio. unter der „kritischen Armutsgrenze" dahinsiechen, dann wird die vom *Freedom House* gut benotete „Demokratie" zu einem solchen Widerspruch in sich.

2.3 Soziale Menschenrechte und Demokratie

Das Plädoyer für die exklusive Anerkennungswürdigkeit politischer Freiheitsrechte stellt auch einen demokratietheoretischen Rückschritt dar. Zum normativen Kernbestand von Demokratie gehören nicht nur einige Organisationsprinzipien (freie Wahlen und Parteienwettbewerb, Rechtsstaatlichkeit, Unabhängigkeit der Justiz u. a. m.), sondern auch die Verbindung von Freiheit und Gleichheit, also von politischen und sozialen Menschenrechten. Sie verliert ihre Rechtfertigungsgrundlage, wenn sie der Mehrheit der Bevölkerung kein menschenwürdiges Leben ermöglicht, vor allem dann, wenn nicht der Mangel, sondern die ungleiche Verteilung von Gütern und Dienstleistungen Armut schafft. Soziale Ungleichheit ist in den meisten EL noch stärker ausgeprägt als in den IL (vgl. den Beitrag von *Nissen* in diesem Band). Sie setzt sich fort in der Ungleichheit zwischen Regionen, Stadt und Land, Generationen und Geschlechtern. Auch die Diskriminierung der Frauen verletzt Menschenrechte (vgl. den Beitrag von *Klemp* in diesem Band).

Der auf vielen EL lastende wirtschaftliche und soziale Problemdruck, der durch die Folgen der Verschuldungskrise noch verstärkt wurde, überlastet besonders die afrikanischen Länder, in denen es nicht mehr um Entwicklung, sondern nur noch um das notdürftige Überleben geht. Der Tatbestand, daß solche Länder nur geringe Chancen für die gleichzeitige Verwirklichung der politischen und sozialen Menschenrechte haben, wirft nicht nur die Frage auf, ob arme Gesellschaften überhaupt in der Lage sind, die hohen Ansprüche an eine „soziale Demokratie" zu erfüllen, sondern auch die Frage, wie weit die internationale Entwicklungspolitik das begrenzte Leistungsvermögen von armen EL auszugleichen versucht. Menschenrechtliche Postulate sind also nicht nur an die Herrschaftseliten der EL, sondern auch an die Entwicklungspolitik der IL zu richten.

Die in Houston versammelten Staats- und Regierungschefs der „G 7", die durch Kapitalanteile und Stimmrechte auch das Sagen in den internationalen Finanzorganisationen haben, erklärten:

> „Wir sind entschlossen, anderen Völkern rund um den Erdball dabei zu helfen, wirtschaflichen Wohlstand und politische Freiheit zu erreichen und aufrechtzuerhalten."

Die Auflagenpolitik der internationalen Kreditgeber gefährdet jedoch den Demokratisierungsprozeß und damit die Verbesserung des Menschenrechtsstandards mehr als die Interventionslust von Militärführungen (vgl. *Hoffmann* 1991). Der Westen hatte vier Jahrzehnte lang unter den Bedingungen des Ost-West-Konflikts bereitwillig Diktaturen unterstützt, wenn sie ihm geostrategischen oder wirtschaftlichen Nutzen versprachen. Nun erreicht sein Schuldenmanagement das Gegenteil von Wohlstand und Freiheit: Es verschärft die Massenverelendung und gefährdet die Ansätze zu Demokratisierungsprozessen.

Die Forderungen nach einer neuen internationalen Wirtschafts- und Sozialordnung können also mit menschenrechtlichen Normen begründet werden: Sie höhlen den Kerngehalt der kodifizierten politischen Menschenrechte nicht aus, sondern schaffen Voraussetzungen zu ihrer Verwirklichung, weil Massenelend „die Entwicklung jener Fähigkeiten und Fertigkeiten behindert, die als intellektuelle Voraussetzungen für die Wahrnehmung gerade der klassischen Freiheits- und Teilhaberechte betrachtet werden müssen" (*Brock* 1985: 5).

Der frühere Weltbank-Präsident *Barber B. Conable* leitete in einem Vortrag in Bonn (am 26.5.1988) aus menschenrechtlichen Postulaten das Gebot einer armutsorientierten Entwicklungspolitik ab, das auch seine „Bank der Armen" nicht befolgte:

> „Die Werte, auf denen unsere Gesellschaft basiert, verlangen, daß wir überall auf der Welt gegen Hunger und Mangelernährung, Analphabetentum und Krankheit kämpfen, die das Leben der Armen über unsere Vorstellungskraft hinaus jämmerlich machen. Wir müssen das universal gültige Konzept der menschlichen Würde verteidigen . . ."

3. **Das „Recht auf Entwicklung"**

Mit dem Zivil- und Sozialpakt hatte die internationale Menschenrechtsdiskussion die Grenzen der „klassischen" Freiheits- und Bürgerrechte weit überschritten (vgl. *Simma/Fastenrath* 1979). *Kühnhardt* (1987) fällt hinter diesen Diskussionsstand zurück. Im Kontext des Ringens um eine Neue Weltwirtschaftsordnung versuchten die EL in den 70er Jahren mittels ihrer Stimmenmehrheit in den Vereinten Nationen eine „dritte Generation" von Menschenrechten durchzusetzen, in deren Mittelpunkt die Forderung nach einem „Recht auf Entwicklung" stand. Sie speiste sich aus allgemeinen Gerechtigkeits- und Billigkeitsvorstellungen, die sich in päpstlichen Enzykliken, Erklärungen des Weltkirchenrats und Forderungskatalogen der „Gruppe der 77" fanden (vgl. *Bennigsen* 1989: 141 ff.).

Ein Definitionsversuch einer Unterkommission der *UN-Menschenrechtskommission* zeigt, daß das „Recht auf Entwicklung" erstens mit dem Recht auf Befriedigung der Grundbedürfnisse umschrieben werden könnte, das bereits der „Sozialpakt" kodifiziert hat:

> „Der Kern eines Rechts auf Entwicklung setzt sich aus folgenden Rechten zusammen: das Recht auf Leben, das Recht auf ein angemessenes Minimum an Nahrung, Kleidung, Wohnraum und medizinischer Versorgung, das Recht auf ein Minimum an garantierter Sicherheit und Unverletzlichkeit der Person, das Recht auf Gedanken-, Gewissens- und Religionsfreiheit und das Recht auf Teilhabe (Partizipation), das zur Ausübung der anderen genannten Rechte unerläßlich ist. Wir stimmen

> mit denen überein, die das Recht auf Entwicklung als Kombination von bereits früher definierten Menschenrechten, verbunden mit dem Gedanken des Fortschritts und der Entwicklung der Gesellschaften und ihrer individuellen Mitglieder ansehen" (zit. nach *Riedel* 1989: 60).

Das „Recht auf Entwicklung" dient hier als „Konglomerat positivierter Menschenrechte", als ein „kategoriales Dach auf höherer Abstraktionsstufe, das die bestehenden Menschenrechtsnormierungen krönend abschließt" (*Riedel* 1989: 64).

Die EL konnten sich zweitens auf Art. 28 der *Allgemeinen Erklärung der Menschenrechte* von 1948 berufen, der forderte:

> „Jedermann hat Anspruch auf eine soziale und internationale Ordnung, in welcher die in der vorliegenden Erklärung aufgeführten Rechte und Freiheiten voll verwirklicht werden können."

Sie setzten 1977 in der UN-Vollversammlung eine Resolution (UN Res. 32/130) durch, die feststellte, daß das „Weiterbestehen einer ungerechten internationalen Wirtschaftsordnung ... ein großes Hindernis für die Verwirklichung der wirtschaftlichen, sozialen und kulturellen Rechte" in den EL sei und umgekehrt „die Verwirklichung der Neuen Internationalen Wirtschaftsordnung ... ein wesentliches Element für die wirksame Förderung der Menschenrechte und Grundfreiheiten" darstelle. Ihre Forderung nach einer neuen internationalen Wirtschafts- und Sozialordnung zielte also auf die Herstellung von Rahmenbedingungen ab, die für die Durchsetzung und Sicherung von individuellen Menschenrechten und kollektiven „Volksrechten" wichtig sind (vgl. *Brock* 1985: 11).

Das „Recht auf Entwicklung" sollte eine Brücke zwischen den Forderungen nach einer Neuen Weltwirtschaftsordnung und dem internationalen Menschenrechtsschutz schlagen. Auch deshalb verstanden es die westlichen IL als Kurzformel für alle Forderungen, welche die EL in den Nord-Süd-Dialog einbrachten, oder als trojanisches Pferd, mit dem diese das Bollwerk der Menschenrechte mit entwicklungspolitischen Forderungen zu durchdringen versuchten (vgl. *Bennigsen* 1989: 148). Besonders bei *Philip Alston* (u. a. 1982) klangen solche Verdachtsmomente an. Das „Recht auf Entwicklung" geriet durch die Verknüpfung mit diesen Forderungen zwischen die Frontlinien des Nord-Süd-Konflikts.

Als 1986 in der UN-Vollversammlung 133 Staaten für die mühsam ausgehandelte „Erklärung zum Recht auf Entwicklung" stimmten, votierten 11 westliche Staaten (unter ihnen die USA und BRD) dagegen und enthielten sich 12 weitere, weil sie einen Rechtsanspruch auf handelspolitische Konzessionen oder mehr Entwicklungshilfe ablehnten. Das „Recht auf Entwicklung" wurde zwar im Entwicklungsvölkerrecht durch die Verankerung in der *Afrikanischen Charta der Rechte der Menschen und Völker* aufgewertet, aber es gewann damit nicht mehr Rechtsverbindlichkeit. Wenn und solange sich die IL nicht rechtlich binden und politisch verpflichten lassen, bewegt das „Recht auf Entwicklung“ in der Nord-Süd-Politik wenig.

Die juristischen Kontroversen setzen den Meinungsstreit über den „Sozialpakt“ fort (vgl. *Barthel* 1986; *Bennigsen* 1989). Während Juristen aus dem Osten und Süden Argumente für die Anerkennung eines „Rechts auf Entwicklung“ zu sammeln versuchten, ließ es die Mehrheit der westlichen Autoren nur als ethisches Postulat von deklaratorischem Wert, als unverbindliches „soft law“ gegenüber dem „hard law“ der politischen Freiheitsrechte oder allenfalls als *threshold right*, d. h. als „Schwellenrecht“ zwischen einem unverbindlichen moralischen Anspruch und einem bindenden Rechtsprinzip, gelten.

4. Menschenrechte und wirtschaftliche Entwicklung

Die Krise von Diktaturen in der Zweiten und Dritten Welt förderte die Annahme, daß „Freiheit und wirtschaftlicher Wohlstand eng miteinander verbunden sind und sich gegenseitig verstärken“ (so die „G 7“ in ihrer „Wirtschaftserklärung“ von Houston). Die Korrelation zwischen politischer Demokratie und wirtschaftlichem Fortschritt, die *Seymour M. Lipset* (1959) in einer berühmten Studie hergestellt hatte, wurde durch die Geschichtsforschung widerlegt (vgl. *Oberndörfer* 1971). Nichtsdestoweniger wird sie nun wieder durch einen voreiligen Umkehrschluß aus der Krise des „real existierenden Sozialismus“ gefolgert (wobei häufig Freiheit und Marktwirtschaft synonym gebraucht werden). Das Bekenntnis zu Demokratie, Parlamentarismus, Pluralismus und Menschenrechten beantwortet jedoch noch nicht die alten Streitfragen, ob

- erstens die sehr unterschiedlichen Gesellschaften der Dritten Welt über die sozio-politische Infrastruktur und über den sozio-kulturellen Mutterboden verfügen, auf denen Demokratien westlichen Musters gedeihen können;
- ob zweitens arme Gesellschaften den hohen normativen Ansprüchen und Erwartungen politischer und sozialer Demokratie überhaupt gerecht werden können.

Dem universellen Geltungsanspruch von Freiheits- und Sozialrechten, die sich an westlichen Standards orientieren, stehen einige grundsätzliche Einwände entgegen, wenn sie auch einen Universalisierungsanspruch des „westlichen Vorbilds“ begründen sollen. Die Kritik an den Modernisierungstheorien, die in den 80er Jahren wieder eine Renaissance erlebten, war wesentlich auch eine Kritik an diesem Vorbild- und Überlegenheitsanspruch, deren Quintessenz lautete:

Die pluralistisch-parlamentarische Demokratie ist ein spezifisches Endprodukt der okzidentalen Sozial- und Geistesgeschichte, der Aufklärung und der Entwicklung der bürgerlichen Gesellschaft und kapitalistischen Marktwirtschaft. Dieses Produkt kann nicht anderen Gesellschaften übergestülpt werden, denen dieser gesellschaftliche und kulturelle Mutterboden fehlt. Ebensowenig wie ein politisches Wettbewerbssystem mit seinen konsensstiftenden Normen und Regeln kann eine Marktwirtschaft in Gesellschaften verpflanzt werden, denen neben sozio-ökonomischen Voraussetzungen auch der „Geist des Kapitalismus“ (nach *Max Weber*) fehlt.

Die Erfolgsgeschichte der ostasiatischen „kleinen Tiger“, die nun ziemlich unbedacht als nachahmenswerte Entwicklungsmodelle vorgeführt werden, widerspricht der Annahme, daß sich Freiheit und Entwicklung wechselseitig bedingen. Sie belegt eher die von *Richard Löwenthal* (1963/1986) vor fast drei Jahrzehnten behauptete graduelle Antinomie:

> „Jeder Grad an Freiheit wird mit etwas Verlangsamung der Entwicklung, jeder Grad an Beschleunigung mit etwas Verlust an Freiheit bezahlt.“

Taiwan und Südkorea hatten über Jahrzehnte hinweg unter der Protektion der USA die repressivsten Regime in der nicht-kommunistischen Staatenwelt, die ihre Konfrontation mit kommunistischen Teilstaaten zur Militarisierung der Gesellschaften, Unterdrückung jedweder politischer Opposition und gewerkschaftlicher Organisation mißbrauchten. Aber sie hatten eben nicht nur Repressionsapparate, sondern auch „Entwicklungsdiktaturen“ mit handlungs- und steuerungsfähigen Bürokratien. In diesem entscheidenden Punkt unterscheiden sie sich von der Regel der „Diktaturen ohne Entwicklung“ (vgl. *Rüland/Werz* 1985). Während sich Taiwan mit wachsendem Wohlstand demokratisierte, fand in den prosperierenden Ländern Singapur und Malaysia eine Demontage des *Westminster-Modells* statt.

Die vergleichende Regimeforschung zeigt, daß Demokratien im entwicklungspolitischen Leistungsvergleich nicht schlechter abschneiden als Diktaturen (vgl. *Berg-Schlosser* 1985). Dieses Ergebnis kann für die gesamte Dritte Welt verallgemeinert werden, auch für den Vergleich zwischen Militär- und Zivilregimen. Daraus kann die Lehre gezogen werden, daß erstens jede Verallgemeinerung über den Zusammenhang zwischen wirtschaftlicher und politischer Entwicklung unzulässig ist (vgl. den Forschungsbericht von *Sirowy/Inkeles* 1991), zweitens die Rechtfertigung von Menschenrechtsverletzungen mittels einer angeblichen Antinomie zwischen wirtschaftlicher und demokratischer Entwicklung leicht als Vorwand für politische Unterdrückung mißbraucht werden kann. Demokratie und Menschenrechte sind Werte an sich, nicht Bedingungen oder abhängige Variablen von Wirtschaftswachstum.

Wie *Braun/Rösel* in diesem Band zeigen, ist auch die plausible Forderung nach kultureller Identität, die der „Sozialpakt“ als Menschenrecht anerkannte, nicht dagegen gefeit, als Rechtfertigung für die Verletzung von Menschenrechten mißbraucht zu werden, indem kulturelle Identität gegen den universellen Geltungsanspruch der Menschenrechte ins Feld geführt wird. Schließlich läßt auch, wie bereits erwähnt, der vom *Human Development Report* angestellte HDI-Leistungsvergleich keinen verallgemeinerungsfähigen Zusammenhang zwischen dem politischen Regimetyp und dem Grad der

„menschlichen Entwicklung" als Gradmesser für die Verwirklichung der sozialen Menschenrechte erkennen. Nur wenige sozialistische EL (wie China, Nordkorea und Kuba) könnten ihren schlechten politischen Menschenrechtsstandard mit einem überdurchschnittlichen Grad der „menschlichen Entwicklung" rechtfertigen. Ihre Unterschrift unter den „Zivilpakt" verbietet jedoch eine solche Aufrechnung.

5. „Politische Konditionalität": Entwicklungshilfe für Menschenrechte?

Es gab immer einzelne Politiker und Autoren, die forderten, die Vergabe von EH von der Einhaltung der Menschenrechte und Bereitschaft zu demokratischen Reformen in den Empfängerländern abhängig zu machen. Seit 1989/90 wurde eine solche „politische Konditionalität" zu einem entwicklungspolitischen Programm (vgl. *Waller* 1991). Ins Fadenkreuz gerieten vor allem die afrikanischen Staaten, die sich – anders als China, Indien, Indonesien oder die größeren arabischen Staaten – nur schwer gegen politische Auflagen wehren können, weil sie auf Überlebenshilfe angewiesen sind.

Die „politische Konditionalität" wirft Fragen nach der Legitimität von externen Einflußnahmen mittels Macht und Geld auf interne Angelegenheiten auf, obwohl der internationale Menschenrechtsschutz prinzipiell vom Interventionsverbot ausgenommen wurde. Die Antworten bewegen sich im Spannungsverhältnis zwischen universell anerkannten Normen, denen sich auch die meisten EL durch ihre Unterschriften unter die internationalen Menschenrechtspakte unterworfen haben, und ihrem Souveränitätsanspruch, der auch „Zwergen der Weltpolitik" zusteht.

Bei schweren Menschenrechtsverletzungen (GVHR = *Gross Violation of Human Rights*) kehrt sich nach Auffassung von vielen Völkerrechtlern und Menschenrechtsorganisationen (u. a. von *Amnesty International*) das Interventionsverbot in ein Gebot zur Einmischung um. Die Intervention von westlichen Streitkräften im Nordirak zum Schutz der kurdischen Flüchtlinge beruhte auf diesem Grundsatz. Es ist demnach auch legitim, die Despoten jeder ideologischen Couleur – in großen oder kleinen, reichen oder armen Ländern – ohne diplomatische Rücksichtnahme unter den Druck einer „politischen Konditionalität" zu setzen. Aber es widerspricht dem Recht auf eine eigenständige Entwicklung, jenseits eines unverzichtbaren menschenrechtlichen Mindeststandards mittels der Androhung des Subsidienentzuges die Einführung bestimmter politischer Organisationsprinzipien erzwingen zu wollen. Die Universalität der Menschenrechte verlangt nicht die Universalisierung des westlichen Demokratiemodells.

Demokratie muß sich als Herrschafts- und Lebensform entwickeln; sie kann weder durch völkerrechtliche Konventionen noch durch politische Auflagen, Subsidien oder Sanktionen hergestellt werden. Sie ist keine Retortengeburt und kein kopierfähiges Abziehbild, sondern das Resultat eines umfassenden sozio-ökonomischen und sozio-kulturellen Transformationsprozesses – wie im Okzident.

Rolf Hofmeier (1990: 173f.) warnt zwar, bezogen auf Afrika, vor einer „allzu apodiktischen Verengung auf die Frage eines Mehrparteiensystems", stellt dann aber selbst sehr weitgehende Forderungen, die nicht nur die afrikanischen Staaten mit ihrem strukturellen Prätorianismus oder Mangel an *„civil order"* – nach der politischen Ordnungslehre von *Samuel Huntington* (1968) – überfordern, sondern sich an einem Idealbild orientieren, dem selbst die westlichen Demokratien kaum gerecht werden:

> „Im Kern geht es um die Absicherung und systematische Stärkung aller Arten von relevanten Gegenkräften gegen die derzeitigen autoritären Regime und um die Unterstützung eines Prozesses zur allmählichen Herausbildung einer pluralistischen zivilen (bürgerlichen) Gesellschaft („civil society") ... Dazu sind Rechtsstaatlichkeit, eine Pflicht zur Rechenschaftslegung staatlicher Organe, die Unterbindung einer unkontrollierten Pfründenwirtschaft, die Zulassung eines echten Ideenpluralismus, die ungehinderte Existenz verschiedener Verbände, Interessengruppen und einer freien Presse sowie generell eine weitgehende Trennung von Partei(en) und Staat und auch von Politik und Wirtschaft erforderlich."

Ein hohes Maß an Rechtssicherheit, die eine unabhängige Justiz voraussetzt, kann unter den gegebenen sozio-ökonomischen und politischen Bedingungen vieler EL als ein höheres Gut gelten als die bloße Veranstaltung von häufig manipulierten Wahlen. Viele von ihnen befinden sich in einem Notstand, den auch entwickelte Demokratien nicht ohne Notstandsmaßnahmen überstehen könnten. Allerdings verbietet Art. 4 des „Zivilpaktes" auch im Falle eines Notstandes die Aufhebung oder Einschränkung der zentralen Habeas Corpus-Garantien.

Die IL könnten die Voraussetzungen für eine demokratische Entwicklung verbessern, wenn sie erstens durch eine gezielte Unterstützung von Reformregimen und zweitens – im Sinne des „Rechts auf Entwicklung" – durch einen besseren Interessenausgleich zwischen Norden und Süden die Chancen für die Verwirklichung der sozialen Menschenrechte vergrößerten. Sie haben bisher beides unterlassen. Wenn sich Wohlstand und Freiheit wechselseitig bedingen, wie die Teilnehmer des Weltwirtschaftsgipfels von Houston erklärten, dann tun sie wenig zur Herstellung der Voraussetzungen von Freiheit.

Die westlichen IL erwiesen sich nicht als glaubwürdige Verteidiger der Menschenrechte. Sie haben vier Jahrzehnte lang einen von außenpolitischen und wirtschaftlichen Interessen korrumpierten „doppelten Standard" praktiziert. Korrupte Diktaturen wie der *Duvaliers* auf Haiti, von *Mobutu* in Zaire, *Siyad Barre* in Somalia oder *Ferdinand Marcos* auf den Philippinen hätten ohne diesen menschenrechtlichen Doppelstandard nicht so lange überleben können. Dies gilt natürlich entsprechend für die „sozialistischen Bruderländer". Zur Sicherung seiner Ölinteressen schickte der Westen eine multinationale Streitmacht in die Golfregion und verteidigte dort auch morsche dynastische Regime, die auf der *Map of Freedom* schwarze Flecken bilden.

Die multinationalen Unternehmen machen ohne moralische Skrupel und mit politischem Flankenschutz durch die Staaten, in denen ihre Hauptverwaltungen liegen, Geschäfte mit Diktaturen (vgl. *Kasch u. a.* 1985). Ost und West haben durch Rüstungsexporte Repressionsapparate ausgerüstet (vgl. *Heinz* 1986a). Die menschenrechtlichen Belehrungen, die mit der „politischen Konditionalität" transportiert werden, lassen die Mitverantwortung für Menschenrechtsverletzungen in der Dritten Welt vermissen. Die „politische Konditionalität" ist nur dann legitim, wenn sie konsequent angewandt wird und nicht allein Macht und Geld, sondern die Instrumente des international vereinbarten Menschenrechtsschutzes nutzt.

6. Fazit: „Recht auf Entwicklung" als Grundlage eines völkerrechtlichen Sozialstaatsprinzips

Entwicklung könnte auch als Verwirklichung der als universell anerkannten politischen und sozialen Menschenrechte definiert werden. Deshalb muß Entwicklungspolitik eine aktive und glaubwürdige Menschenrechtspolitik einschließen. Die „dritte Generation" der Menschenrechte sollte zu Leitzielen der Staatengemeinschaft aufgewertet werden, die auch im wohlverstandenen Eigeninteresse der IL liegen, wie der *Brandt-Bericht* verdeutlichte.

Das „Recht auf Entwicklung" könnte zur Grundlage eines völkerrechtlichen Sozialstaatsprinzips und damit zum Rechtsrahmen für eine Weltinnenpolitik werden. Es ersetzt nicht den Kernbestand der kodifizierten politischen und sozialen Menschenrechte, sondern ergänzt und bündelt sie als „Dachrecht" oder Syntheserecht. Es könnte als Menschenrechts- und Völkerrechtsstandard gewertet werden, der noch nicht rechtsverbindliche, dennoch handlungsorientierende Maßstäbe setzt (vgl. *Riedel* 1986). Es ist als Kontrastprogramm zur „globalen Apartheid" für die Fortentwicklung des Entwicklungsvölkerrechts und der praktischen Entwicklungspolitik zukunftsweisend.

Das neue Völkerrecht verdrängte den Staat aus der Rolle des einzigen Rechtssubjekts und opferte staatliche Souveränitätsansprüche zugunsten der Menschenrechte. Diese Weiterentwicklung des Völkerrechts vom Staatenrecht zum Menschenrecht bringt die „Weltkultur der Nationalstaaten" in Legitimationsnöte und liefert Perspektiven für eine Weltinnenpolitik. Die Drittgenerationsrechte sind Wegweiser auf diesem noch von nationalstaatlichen Interessen und Machtansprüchen blockierten Weg. *Eibe Riedel* (1989: 67 f.) erinnert daran, daß auch die politischen Menschenrechte zunächst nur als ethische Forderungen politische Fanale setzten. Die Rechte der „dritten Generation" seien zwar ungeeignet, eine neue solidarische Weltwirtschaftsordnung herzustellen, aber:

„Wie alle Menschenrechtsforderungen sind sie ein kleines Rad am großen Wagen der internationalen Beziehungen, bereit, sich zu drehen und damit ihre Schutzwirkung zu entfalten; doch um den Wagen zu bewegen, müssen die Staaten dies wirklich wollen. Dann, und nur dann, können auch Drittgenerationsrechte eine neue Ära des Respekts vor den Rechten nicht nur von Individuen, Gruppen und Völkerschaften, sondern von Staaten einläuten."

Es geht in den Nord-Süd-Beziehungen um die Entblockung des Rechts auf eine neue „soziale und internationale Ordnung", das schon die *Allgemeine Erklärung der Menschenrechte* mit Zustimmung der Staaten, die seine Verwirklichung blockieren, gefordert hatte. Welche rechtsdogmatischen Pferdefüße Juristen auch immer entdecken mögen: Das „Recht auf Entwicklung" liefert den Orientierungsrahmen für die Vision der *Einen Welt* und für die Überwindung der „globalen Apartheid". Die Drittgenerationsrechte enthalten die normative Substanz einer Globalehtik.

Literatur

(Mit Ausnahme der folgenden Titel wird die zitierte oder erwähnte Literatur im zusammenfassenden Literaturverzeichnis auf den S. 492ff. aufgeführt.)

Alston, Ph. 1982: A Third Generation of Solidarity Rights, in: Netherlands International Law Review, Bd. 29, S. 307–336.

Barthel, A. 1986: Entwicklung und Menschenrechte. Das Recht auf Entwicklung als Menschenrecht, Aachen.

Bennigsen, S. 1989: Das „Recht auf Entwicklung" in der internationalen Diskussion, Frankfurt/M. etc.

Brock, L. 1985: Menschenrechte und Entwicklung, in: APuZ, B 27/85, S. 3–16.

Cassan, H./Feuer, G. 1985: Droit international du développement, Paris.

Donnelly, J./Howard, R. (Hrsg.) 1987: International Handbook of Human Rights, Westport.

Esquivel, A. P. (Hrsg.) 1989: Das Recht auf Entwicklung als Menschenrecht, München/Zürich.

Forsythe, D. P. (Hrsg.) 1989: Human Rights and Development, Houndmills/London.

Goldstein, R. J. 1986: The Limitations of Using Quantitative Data in Studying Human Rights Abuses, in: Human Rights Quarterly, Bd. 8, S. 607–627.

Heinz, W. S. 1986: Menschenrechte in der Dritten Welt, München.

– 1986a: Ursachen und Folgen von Menschenrechtsverletzungen in der Dritten Welt, Saarbrücken/Fort Lauderdale.

Hoffmann, K.-D. 1991: Inflation und/oder Repression: Ökonomische Determinanten staatlichen Gewalthandelns, in: Tobler, H. W./Waldmann, P. (Hrsg.), Staatliche und parastaatliche Gewalt in Lateinamerika, Frankfurt/M., S. 193–216.

Hofmeier, R. 1990: Politische Konditionierung von Entwicklungshilfe in Afrika, in: Africa Spectrum, Nr. 2, S. 167–177.

Humana, Ch.: World Human Rights Guide, London (versch. Jge.).

Inkeles, A. (Hrsg.) 1991: On Measuring Democracy, New Brunswick.

Kasch, V./Leffler, U./Schmitz, P./Tetzlaff, R. 1985: Multis und Menschenrechte in der Dritten Welt, Bornheim-Merten.

Kohler, G. 1978: Global Apartheid, in: Alternatives, Bd. 4, S. 263–275.

Kühnhardt, L. 1987: Die Universalität der Menschenrechte, München.

Lipset, S. M. 1959: Some Social Requisites of Democracy: Economic Development and Political Legitimacy, in: The American Political Science Review, Bd. 53, S. 69–105.

Mbaya, E.-R. 1984: Human Rights in North-South Relations, in: Law and State, Bd. 30, S. 7–35.

M'Baye, K. 1972: Le droit du développement comme droit de l'homme, in: Revue des Droits de l'Homme, Bd. 1, S. 503–534.

Nohlen, D. 1988: Mehr Demokratie in der Dritten Welt? in: APuZ, B 25–26/88, S. 3–18.

Nowak, M./Swinehart, Th. 1989ff.: Human Rights in Developing Countries (Yearbook), Kehl/Strasbourg/Arlington.

Nuscheler, F. 1988: Menschenrechte und Massenelend, in: Dokkyo Law Review (Japan), Bd. 27, S. 121–154.

Oberndörfer, D. 1971: Wirtschaftliches Wachstum und Demokratisierung in Entwicklungsländern, in: Probleme der Demokratie heute, Opladen, S. 420–464.

Partsch, K.-J. 1986: Menschenrechte und Rechte der Völker, in: Vereinte Nationen, Jg. 5, S. 153–160.

Riedel, E. 1986: Theorie des Menschenrechtsstandards, Berlin.

– 1989: Die Menschenrechte der dritten Generation als Strategie zur Verwirklichung der politischen und sozialen Menschenrechte, in: Esquivel 1989, S. 49–70.

Simma, B./Fastenrath, U. (Hrsg.) 1979: Menschenrechte. Ihr internationaler Schutz, München.

Sirowy, L./Inkeles, A. 1991: The Effects of Democracy on Economic Growth and Inequality: A Review, in: Inkeles 1991, S. 125–156.

Tomuschat, Ch. 1982: Das Recht auf Entwicklung, in: German Yearbook of International Law, Bd. 25, S. 85–112.

Welch, C. E./Meltzer, R. (Hrsg.) 1984: Human Rights and Development in Africa, Albany.

Wulff, O. 1985: Völkerrechtliche Aspekte der Nord-Süd-Beziehungen, in: APuZ, B. 43, S. 27–38.

Frauen im Entwicklungs- und Verelendungsprozeß

Ludgera Klemp

Mit der Weltfrauenkonferenz der Vereinten Nationen im Jahre 1975 und der daran anschließenden Frauendekade ist erstmals die Situation von Frauen in der Dritten Welt ins Blickfeld der entwicklungspolitischen Weltöffentlichkeit gerückt. Der wichtige Beitrag, den Frauen im Entwicklungsprozeß und zur Überlebenssicherung leisten, ist nicht nur von Entwicklungstheoretikern und -planern oft unterschätzt worden.

Als man Mitte der 70er Jahre das Scheitern wachstumsorientierter Modernisierungsstrategien erkannte, wurden Frauen als Entwicklungsträgerinnen wahrgenommen; mit der programmatischen Hinwendung zur Grundbedürfnisstrategie erfolgte die „Entdeckung" von Frauen. Bei der konzeptionellen Ausgestaltung armutsorientierter Strategien begegneten Entwicklungsfachleute hauptsächlich Frauen, die unter äußerst schwierigen wirtschaftlichen und sozialen Bedingungen als Kleinbäuerinnen, Landarbeiterinnen, Handwerkerinnen und im informellen Sektor der Städte für den Lebensunterhalt ihrer Familien sorgten.

Für die Hinwendung der Entwicklungskonzeptionen zu den Frauen steht das von der Weltbank geprägte Konzept der „invisible women" (vgl. *Lachenmann* 1989: II). Im Rahmen der Strategien zur direkten Armutsbekämpfung wurden Frauen die Hauptzielgruppe, weil ihnen bei der Befriedigung von Grundbedürfnissen eine Schlüsselrolle zukommt.

1. Bemühungen um die rechtliche Gleichstellung von Mann und Frau

Seit ihrer Gründung verfolgen die Vereinten Nationen die rechtliche Gleichstellung von Mann und Frau. Angesichts der anhaltenden weltweiten Benachteiligung und Diskriminierung von Frauen erklärten sie das Jahr 1975 zum *Internationalen Jahr der Frau*. Noch im gleichen Jahr rief die UN-Vollversammlung die *Weltfrauendekade* von 1976 bis 1985 mit dem Ziel aus, weltweit die gesellschaftliche Stellung von Frauen zu verbessern. Trotz unterschiedlicher kultureller Traditionen verpflichteten sich alle beteiligten Staaten auf zahlreichen nationalen und internationalen Frauenkonferenzen, Maßnahmen zur Besserstellung von Frauen durchzuführen. Auf der Halbzeitkonferenz in Kopenhagen wurde das „Übereinkommen zur Beseitigung jeder Form von Diskriminierung der Frau" von 87 Staaten unterzeichnet. Bemerkenswert ist, daß bis zum gegenwärtigen Zeitpunkt der Antidiskriminierungskonvention mit bisher 96 Ratifizierungen mehr Staaten beigetreten sind als dem Zivil- und Sozialpakt.

Internationale Rahmenbedingungen von Frauenförderung

1975	Internationales Jahr der Frau Erste Frauenkonferenz der Vereinten Nationen in Mexiko – Verabschiedung des Weltaktionsplans zur Lage der Frauen in der Dritten Welt
1976–1985	Weltfrauendekade unter dem Motto „Gleichheit, Entwicklung und Frieden"
1979	Verabschiedung der Antidiskriminierungskonvention: „Übereinkommen zur Beseitigung jeder Form von Diskriminierung der Frau" (18.12.1979)
1980	Zweite Weltfrauenkonferenz in Kopenhagen unter dem Motto „Beschäftigung, Gesundheit und Bildung".
1985	Abschlußkonferenz der Weltfrauendekade in Nairobi – Abschlußbericht: „Maßnahmen und Strategien der Frauenpolitik bis zum Jahre 2000" (Integration von Frauen in die Entwicklung)
1995	Vierte Weltfrauenkonferenz der Vereinten Nationen in Berlin

Die völkerrechtliche Verabschiedung dieser Konvention wäre ohne den weltweiten Protest der Frauen gegen ihren Ausschluß von den Menschenrechten nicht möglich gewesen. Umfang und Inhalt dieses völkerrechtlich verbindlichen Vertragswerkes deuten auf den internationalen Regelungsbedarf hinsichtlich der rechtlichen und gesellschaftlichen Gleichstellung von Frauen hin. Die Antidiskriminierungskonvention beschreibt umfassend den Tatbestand der Diskriminierung und verpflichtet alle Vertragsstaaten zur Durchführung von umfangreichen gesetzgeberischen und anderen Maßnahmen, um die rechtliche Gleichstellung von Mann und Frau herbeizuführen.

Die Formulierungen im Konventionstext zeigen, daß Frauenrechte nicht nur oberflächlich durchgesetzt werden sollen. Die Konvention fordert u. a. Sanktionen gegen die Diskriminierung von Frauen (Art. 2), temporäre Sondermaßnahmen zur beschleunigten Herbeiführung der De-facto-Gleichberechtigung (Art. 4), Maßnahmen, die auf den Wandel kultureller Verhaltensmuster gerichtet sind und stereotype Rollenverteilung und Vorurteile beseitigen (Art. 5). Darüber hinaus skizziert sie ein konkretes Aktionsprogramm und zeigt Schritte zur Durchsetzung der formulierten Frauenrechte auf.

Alle internationalen und regionalen Menschenrechtskonventionen gehen von der Gleichstellung von Mann und Frau aus. Die *Afrikanische Menschenrechtscharta* enthält zudem den Appell an den Staat sicherzustellen, „daß jede Diskriminierung der Frau beseitigt wird und die in internationalen Erklärungen und Übereinkommen festgelegten Rechte der Frau und des Kindes geschützt werden" (Art. 18). Auch der Entwurf der islamischen Menschenrechtscharta enthält das Gleichstellungsprinzip, jedoch mit dem Hinweis auf die geschlechtsspezifische Arbeitsteilung, die den Mann als Haupternährer der Familie vorsieht (vgl. *Donner-Reichle/Klemp* 1990).

Im Kontext der Frauendekade wurde in zahlreichen Ländern die rechtliche Stellung von Frauen verbessert (z. B. Ehe-, Erb- und Arbeitsrecht) und die Vertretung von Fraueninteressen durch die Einrichtung von Ministerien und Frauenbüros institutionalisiert. Weltweit wurden geschlechtsspezifische Entwicklungsanalysen durchgeführt und die Diskussion über die Rolle von Frauen im Entwicklungsprozeß stimuliert. Die zahlreichen Studien trugen entscheidend dazu bei, daß Lebens- und Arbeitszusammenhängen von Frauen in Afrika, Asien und Lateinamerika mehr Aufmerksamkeit geschenkt wurde.

Die 1980 auf der Zwischenkonferenz in Kopenhagen vorgelegten und inzwischen vielzitierten Daten dokumentieren, was bislang nur unzureichend zur Kenntnis genommen wird, nämlich die volkswirtschaftliche Bedeutung weiblicher Arbeitsleistung und die ungleichen Bedingungen von Mann und Frau in bezug auf Geldeinkommen und Besitzrechte: Zwei Drittel aller Arbeitsstunden auf der Welt werden von Frauen geleistet. Dafür erhalten sie 10 % des Welteinkommens und zugleich verfügen sie über weniger als 1 % des Weltbesitzes. Einseitige Wahrnehmungsmuster hatten den Blick für diese Tatsachen verstellt und zudem übersehen, daß sich „Entwicklung" und „Modernisierung" oft negativ auf Frauen ausgewirkt hatten (vgl. v. *Braunmühl* 1991).

2. Geschlechtsspezifische Arbeitsleistung und Benachteiligung

Obwohl erhebliche länderspezifische Unterschiede und in einzelnen Gesellschaften große Statusunterschiede unter Frauen existieren, sind vergleichbare Entwicklungen feststellbar. Überall unterscheidet sich die Situation von Frauen strukturell von der der Männer. Weltweit sind Frauen für Kinder, Ernährung, Wasser, Energie, Gesundheit und ältere und kranke Familienmitglieder zuständig.

Bei der Bewertung weiblicher Arbeitsleistung ist zu berücksichtigen, daß Hausarbeit zahlreiche arbeitsintensive und zeitaufwendige Tätigkeiten umfaßt, etwa die Beschaffung von Wasser und Brennholz, die Weiterverarbeitung von Grundnahrungsmitteln (Mahlen von Getreide, Schälen von Reis, Raspeln von Wurzeln, Herstellung von Speiseöl), Konservierung von Nahrungsmitteln, Zubereitung von Speisen, Waschen, Putzen, etc. Meistens werden bis zu fünf Stunden täglich zum Kochen benötigt. Je nach Entfernung und Zustand des Waldbestandes sammeln Frauen bis zu fünf Stunden täglich Brennmaterial (vgl. *Davidson/Dankelman* 1990). In Regionen des Himalayagebirges sind Frauen und Mädchen infolge der Abholzung bereits mehr als zehn Stunden für das Sammeln von Brennholz unterwegs (GTZ 1989: 41).

Tagesablaufstudien dokumentieren, daß sich die Aufgaben der Frau zu einem 16-stündigen Arbeitstag summieren. Im Agrarsektor Afrikas sind Frauen zu 80 % für die Vorräte, zu 90 % für die Mahlzeiten, zu 60 % für den Handel und zu 50 % für das Vieh zuständig (ILO/INSTRAW 1985). Selbst in islamischen Gesellschaften mit strengen Absonderungsvorschriften für Frauen ist „unsichtbar" nicht mit „in der Landwirtschaft nicht beteiligt" gleichzusetzen.

In allen Ländern haben Frauen einen dem Mann untergeordneten Status. Die Benachteiligung von Frauen äußert sich in ihrer politischen Machtlosigkeit, ihrer Unterrepräsentanz in qualifizierten Berufspositionen, der männerorientierten Ehe- und Familiengesetzgebung, der verbreiteten Lohndiskriminierung und in der Gewalt gegen Frauen. Darüber hinaus erschweren die meisten Gesellschaften Frauen den gleichberechtigten Zugang zu Wirtschaftsressourcen wie Landbesitz, Krediten, Technologien und Ausbildung.

Der von UNDP vorgelegte *Human Development Report 1990* dokumentiert die Ungleichheit zwischen den Geschlechtern anhand der Sozialindikatoren Alphabetisierungsrate, Grundschul- und Sekundarschulbesuch und Beschäftigungsrate im formellen Wirtschaftssektor. Im Bereich der schulischen und beruflichen Bildung sind Mädchen gegenüber Jungen stark benachteiligt, und in der Regel ist die weibliche Analphabetenrate höher als die von Männern. Vor allem zeigt der Bericht, daß die politische Partizipation von Frauen unabhängig von Entwicklungsfortschritten sehr niedrig bleibt. Auch können Frauen trotz besserer Ausbildung ihre erhöhten Berufschancen kaum realisieren.

Trotz dieser eindeutigen Ergebnisse konnten sich die Verantwortlichen bei UNDP nicht dazu entschließen, die Kategorie „female-male-gap" in die Berechnung des Index der menschlichen Entwicklung miteinzubeziehen. Als Schlüsselindikatoren zur Bestimmung der „menschlichen Entwicklung" verwendet der Bericht die Indikatoren Lebenserwartung, Alphabetisierung und Kaufkraft pro Kopf. Vor dem Hintergrund der zahlreichen internationalen Resolutionen und Entwicklungsprogramme, die im Rahmen der Weltfrauendekade der Vereinten Nationen formuliert wurden, und besonders nach Verabschiedung der Antidiskriminierungskonvention, ist es mehr als eine Paradoxie, daß Japan den höchsten Index der menschlichen Entwicklung erhält, obwohl es sich durch die weltweit höchste Lohndiskriminierung von Frauen auszeichnet und nach dem Iran und vor der Türkei über die niedrigste Zahl von weiblichen Abgeordneten verfügt (vgl. Index der menschlichen Entwicklung). Selbst nach den großen Anstrengungen im Rahmen des Frauenjahrzehnts ist offensichtlich nicht beabsichtigt, gesellschaftlichen Fortschritt an die normative Kategorie der rechtlichen Gleichstellung und menschlichen Gleichwertigkeit der Geschlechter zu binden.

Tabelle 1: Index der menschlichen Entwicklung Benachteiligung der Frauen

	Mali	Indien	Philippinen	Peru	Argentinien	BRD
Lebenserwartung 1988	107.5	100.3	106.0	106.4	110.0	109.0
Alphabetisierungsrate 1970	36	43	96	74	98	100
1985	48	51	99	86	99	100
Grundschulbesuch 1960	43	50	95	75	101	101
1986-88	59	72	102	96	100	100
Sekundarschulbesuch 1986-88	44	54	100	90	113	96
Erwerbsrate 1988	20	34	46	32	39	60
Grad der "menschlichen Entwicklung"[a]	1	1	2	2	3	3

[a] 1 niedrig, 2 mittel, 3 hoch

Alle Angaben beziehen sich auf den Durchschnittswert bei Männern, der mit 100 indexiert ist. Je niedriger der Wert, desto größer ist der Unterschied zwischen Mann und Frau.

Quelle: Human Development Report 1990.

Patriarchale Werte, Einstellungen und Verhaltensweisen artikulieren sich weiterhin in der Herabwürdigung des weiblichen Geschlechts und daraus resultierend in der Benachteiligung von weiblichen Säuglingen, Mädchen und Frauen bei der Ernährung, Gesundheitsversorgung und Ausbildung, in der rituellen Verstümmelung von Geschlechtsorganen mit gesundheitlichen Langzeitfolgen und der strengen räumlichen Absonderung von Frauen. Nach traditionell-islamischem Recht, das in den meisten Ländern Nordafrikas und des Nahen Ostens gilt, erben Töchter nur halb soviel wie Söhne und sind Frauen durchweg vom Landbesitz ausgeschlossen.

Bei der Interpretation von kulturellen Gegebenheiten ist zu berücksichtigen, daß Kulturfragen eng mit Machtfragen und wirtschaftlichen Entwicklungen verbunden sind. Islamische Verhaltensvorschriften erweisen sich z. B. als durchaus interpretierbar, wenn es um außerhäusliche Erwerbsarbeit von Frauen geht. Wie andere gesellschaftliche Strukturen erweisen sie sich als dynamisch und unterliegen der Veränderung.

3. Auswirkungen der Kolonialisierung und Modernisierung auf die Situation von Frauen

Mit der Kolonialisierung wurde das europäische Familienmodell übertragen, wonach der Ehemann als Familienoberhaupt und alleiniger Ernährer der Familie betrachtet wird und die Ehefrau untergeordnete und komplementäre Funktionen übernimmt. Männer werden als Haushaltsvorstände angesehen, Frauen hingegen als mithelfende und wirtschaftlich abhängige Familienangehörige. Für das Resultat dieses historischen Prozesses ist von feministischen Entwicklungstheoretikerinnen der Begriff „Hausfrauisierung" geprägt worden (vgl. *v. Werlhof u. a.* 1983). Dieser Begriff nimmt Bezug auf die Beschränkung der Frauenarbeit auf das Haus wie auf die Form der Verlagerung von Erwerbsarbeit in den Haushalt. Das Modell der abhängigen Haus- und Ehefrau wurde zum Modell geschlechtlicher Arbeitsteilung schlechthin, obwohl traditionelle Gesellschaften oft auf mutterrechtlichen Vorstellungen basierten oder zumindest ein Gleichgewicht zwischen männlicher und weiblicher Arbeitsleistung bestand. Darüber hinaus verfügten Frauen über eine Vielzahl von sozialen, religiösen und politischen Privilegien, die mit der Kolonialisierung zunehmend verschwanden. Der Fortschritt, den die Kolonialmächte zu bringen beanspruchten, bedeutete für sie vielfach Rückschritt.

Ohne Rücksicht auf bestehende gemeinschaftliche oder weibliche Landnutzungssysteme zu nehmen, führten die westlichen Kolonialmächte zur Absicherung ihrer Expansionsbestrebungen individuelle Eigentumsverhältnisse ein. Gleichzeitig privilegierte die koloniale Geschlechterideologie eindeutig den Mann hinsichtlich des Landerwerbes. Frauen, die bis dahin durch ihre Nutzungsrechte ein gewisses Maß an Selbständigkeit hatten, verloren nicht nur ihre wirtschaftliche Unabhängigkeit, sondern allmählich auch die Kontrolle über den Boden als Produktionsmittel.

Das Vordringen und die Verallgemeinerung der Geldwirtschaft veränderte nachhaltig die geschlechtliche Arbeitsteilung und die soziale Stellung der Frau. Mit dem Übergang von bäuerlicher Subsistenzlandwirtschaft zu marktwirtschaftlicher Produktion und der einhergehenden geschlechtsspezifischen Trennung von Produktionsbereichen und Zuständigkeiten waren für die Mehrheit der Frauen erhebliche Benachteiligungen verbunden. Männliche Marktproduktion wurde gesellschaftlich höher bewertet und bezahlt als weibliche Subsistenzlandwirtschaft und Hausarbeit. Bis heute bleiben dies unbezahlte und niedrig bewertete Tätigkeiten.

Innerhalb des kolonialen Wertessystems galt Männerarbeit als „modern" und Frauenarbeit als „rückständig". Männliche Arbeitskräfte wurden zur exportorientierten cash-crop-Produktion (Baumwolle, Erdnüsse, Kaffee, Tabak, Reis) herangezogen. Durch die Einführung von Steuerabgaben waren Männer ohnehin gezwungen, auf Farmen, Plantagen und in Minen der Weißen zu arbeiten. Die unfreiwillige Arbeitsmigration der Männer hatte zur Folge, daß immer mehr Frauen einen Teil der traditionellen Männerarbeit übernahmen und für die Versorgung der Familien zuständig waren. Trotz der gestiegenen Verantwortung der Frauen für die Überlebenssicherung wurden sie systematisch von Landbesitz und modernen Anbaumethoden ausgeschlossen. Insgesamt erhöhte sich mit dem Anbau landwirtschaftlicher Exportprodukte die Arbeitsbelastung von Frauen und verminderte sich die Anerkennung ihrer Arbeit.

Das Vordringen moderner Technologien und Produktionsmethoden hat die bestehende Ungleichheit zwischen Mann und Frau weiter vertieft. In dem Maße, in dem formale gegenüber nicht-formaler Bildung, Marktproduktion gegenüber Subsistenzproduktion, Geldeinkommen gegenüber Naturaleinkommen, industrielle Massenproduktion gegenüber handwerklicher Produktion an wirtschaftlicher Bedeutung gewonnen hatten, gerieten die arbeitsintensiven, unbezahlten, unqualifizierten Arbeitsleistungen von Frauen ins Abseits und unterlagen der sozialen und ökonomischen Entwertung. Die bisherigen Grundlagen ihrer Produktionstätigkeit und sozialen Sicherung wurden durch die Form der Integration des Mannes in marktwirtschaftliche Produktionsverhältnisse zerstört. Die Formel „Frauen tragen die Last der Unterentwicklung" faßt die verschiedenen Dimensionen dieser Entwicklungen zusammen (*Donner-Reichle* 1977).

Auf der Grundlage verschiedener Einzelstudien zeigte *Ester Boserup* in ihrer klassischen Studie „Women's role in economic development" (1970) erstmals auf, daß wirtschaftliche Modernisierungsprozesse die Arbeitsleistung von Frauen ignorieren und sie aus traditionellen Arbeitsbereichen verdrängen. Sobald technische Neuerungen in traditionell weiblichen Arbeitsbereichen eingeführt werden, führt dies oft zur Verdrängung von Frauen und häufig zu weiblicher Erwerbslosigkeit. In Bangladesh bedeutet die Einführung von Reismühlen für Frauen den Verlust ihrer bislang wichtigsten Erwerbsquelle, nämlich der manuellen Verarbeitung von Reis. Die wenigen Arbeitsplätze in den Reismühlen bleiben männlichen Arbeitskräften vorbehalten (GTZ 1989: 34). In Indien wurden Frauen im Rahmen der „grünen" Revolution durch Mäh-, Dresch- und Schälmaschinen auf den Feldern ersetzt und an das untere Ende der Beschäftigungs-, Qualifikations- und Einkommenshierarchie verwiesen (*Wichterich* 1985: 49).
Ähnliche Entwicklungen sind in afrikanischen Ländern zu beobachten. Bei-

spielsweise wird die manuelle Schibutterherstellung in Westafrika, eine wichtige Einkommensquelle für Bäuerinnen, zunehmend durch industrielle Erzeugung verdrängt. In vielen afrikanischen Ländern zählt Bierbrauen zu einer wichtigen Einkommensquelle von Frauen. Mit der Errichtung moderner Brauereien wird diese Einkommensquelle gefährdet, weil in den Städten selbst Männer mit geringem Geldeinkommen dem Flaschenbier vor dem billigeren Bier aus lokalen Getreidearten den Vorzug geben (*Bruchhaus* 1978: 7). In den meisten Regionen Indiens ist der Handel mit kleinen Mengen Fisch eine weibliche Domäne, hingegen haben Frauen bis heute kaum Zugang zum Großhandel. In Westafrika nimmt die Schicht der großen Händlerinnen in dem Moment ab, in dem formale Strukturen, z. B. Vermarktungsbehörden oder Kooperativen, eingeführt werden (vgl. *Lachenmann* 1989). Die Marginalisierung von Frauen im Entwicklungsprozeß sowie die Tatsache, daß ihnen zusätzliche Lasten aufgebürdet werden, ist in zahlreichen internationalen Entwicklungsanalysen dokumentiert (vgl. Abb. Strukturelle Rahmenbedingungen von Frauenarbeit).

3.1 **Die gesellschaftliche Bedeutung weiblicher Subsistenzarbeit**

Die Aufspaltung landwirtschaftlicher Produktion in Subsistenz- und Marktproduktion geht einher mit der Integration von Männern in den Markt und dem Verbleib von Frauen in der Subsistenzlandwirtschaft. Die Bedeutung der unsichtbaren Arbeitsleistung der Subsistenzwirtschaft als „Säule der Akkumulation“, d. h. als Akkumulationsquelle kapitalistischer Warenproduktion wurde von *Claude Meillassoux* (1976) hervorgehoben.

Die patriarchatskritische Entwicklungstheorie hat diesen Ansatz weitergeführt und verdeutlicht, daß es vor allem Frauen sind, die mit ihrer Subsistenzarbeit den modernen Sektor subventionieren. Innerhalb der Subsistenzwirtschaft werden fortwährend Dienstleistungen und Güter für das Überleben der Familien erbracht. Durch diese kostenlose Bereitstellung von Arbeitskraft trägt daher der Subsistenzsektor als verborgene Basis der Lohnarbeit zur Wertschöpfung im formellen Wirtschaftssektor bei, so daß Markt- und Subsistenzproduktion funktional aufeinander bezogen sind. (*Mies* 1980; v. *Werlhof/Mies/Bennholdt-Thomsen* 1983).

Im Rahmen einer umfassenden Patriarchatskritik zeigen Entwicklungstheoretikerinnen auf, wie in herkömmlichen Gesellschaftstheorien der Begriff Natur herangezogen wird, um die soziale Ungleichheit zwischen den Geschlechtern als naturgegeben darzustellen. Die geschlechtliche Arbeitsteilung wird einfach als „natürlich“ und die soziale Aufgabenverteilung zwischen Mann und Frau als komplementär und als natürliche Bestimmung der Frau definiert. Gleichsam einer natürlichen Ressource wie Wasser, Luft und Erde eignet sich die Gesellschaft das weibliche Arbeitsvermögen ohne Entlohnung an. Hierbei wird die strukturelle Ähnlichkeit von Hausarbeit, Subsitenzproduktion und Tätigkeiten im informellen Sektor zugrunde gelegt,

Strukturelle Rahmenbedingung von Frauenarbeit

ARBEITSBELASTUNG

*Verbindung von Haus- und Erwerbsarbeit
*Doppelbelastung (16-Stunden-Tag)
*Mangel an technischen Hilfsmitteln

GESCHLECHTERBEZIEHUNGEN:

*Mann als „Alleinernährer“ der Familie
*Frau als abhängig „mithelfende Familienangehörige“
*Ungleichheit zwischen Mann und Frau

ALLEINSTEHENDE HAUSHALTSVORSTÄNDE:

*Frauen tragen Verantwortung für die Kinder
*weibliche Armut
*Autoritätsverlust des Mannes

BENACHTEILIGUNG:

*Ausbildung
*Gesundheitsversorgung
*Kreditzugang
*Zugang zu Produktionsmitteln
*Niedriglöhne

GESCHLECHTSROLLE:

*Hausfrauisierung (invisible women in development)
*Statusverlust der Frau
*Verlust weiblicher Unabhängigkeit

ARBEITSTEILUNG:

*Hausarbeit
*Weiterverarbeitung von Grundnahrungsmitteln
*Beschaffung von Brennholz und Wasser
*Versorgung von Kindern und anderen Familienmitgliedern
*Subsistenz-, Erwerbsarbeit
*ländlicher Transport

WELTMARKTINTEGRATION:

*Neue Form der geschlechtlichen Arbeitsteilung: weibliche Subsistenzarbeit (food-crops), männliche Marktproduktion (cash-crops für Export)
*Arbeitsmigration der Männer (Plantagen etc.)
*Ausfall der männlichen Arbeitskraft

MODERNISIERUNG:

*Übernahme weibl. Arbeitsbereiche durch Männer nach Einführung moderner Technologien
*höher bewertete, bezahlte Marktproduktion; niedrig bewertete, unbezahlte Subsistenzproduktion;
*Zerstörung des Gleichgewichtes zwischen weiblicher und männlicher Arbeitsleistung
*gesellschaftliche Marginalisierung von Frauen

KULTURELLE FAKTOREN:

*patriarchale Werte und Verhaltensweisen
*patriarchale Ehe- und Familiengesetzgebung
*Einführung des individuellen (männlichen) Landbesitzes

weil alle diese Tätigkeiten darauf gerichtet sind, Leben und Überleben von Familien zu sichern.

3.2 **Entwicklung der Frauenerwerbsarbeit**

Der Entwicklungsprozeß hat in den vergangenen Jahrzehnten für Frauen in unterschiedlichem Ausmaß Erwerbschancen im Agrar- und Industriesektor und in den expandierenden modernen Dienstleistungsbereichen geboten. Während in islamisch beeinflußten Gesellschaften der außerhäuslichen Erwerbsarbeit von Frauen nur eine untergeordnete Rolle zukommt, ist Frauenerwerbsarbeit in den anderen Regionen stark verbreitet. Dort tragen Frauen erheblich zum monetären Familieneinkommen bei. Weltweit weisen die Grundmuster weiblicher Erwerbstätigkeit vergleichbare Strukturen auf: Frauen erhalten für die gleiche Arbeit oft nur die Hälfte der Männerlöhne und werden systematisch in Bereichen beschäftigt, die nur ein geringes Qualifikationsniveau erfordern. Die Erwerbstätigkeit von Frauen der ärmeren Bevölkerungsschichten konzentriert sich auf Bereiche, die geringere Löhne und eine äußerst geringe Arbeitsplatzsicherheit bieten (*New Internationalist* 1986: 43).

Am niedrigsten ist die Erwerbsrate im Mittleren Osten und Nordafrika, wo kulturelle Faktoren die außerhäusliche Arbeit von Frauen beschränken. In Lateinamerika lag die weibliche Erwerbsrate 1985 bei 25 %, in afrikanischen und asiatischen Ländern erheblich höher, z. B. in Südasien bei 36 % und in Ostasien (ohne Japan) bei 52 %. Insgesamt nahm zwischen 1950 und 1985 die offiziell erfaßte Frauenerwerbstätigkeit weltweit zu. 1950 waren in den IL 49 % der Frauen erwerbstätig (38 % aller Erwerbstätigen), in den EL waren es nur 37 % der Frauen (28 % aller Erwerbstätigen). 1985 erhöhte sich dieser Anteil in den IL auf 57 % (41 % aller Beschäftigten) und in den EL auf 42 % (32 % aller Beschäftigten; vgl. INSTRAW 1987: 17 ff.).

3.3 **Frauenarbeit in der Landwirtschaft**

Nach offiziellen Angaben waren 1980 in Afrika über 80 % der weiblichen Arbeitskräfte im Agrarsektor tätig, in Indien ca. 70 %, in China und anderen asiatischen Ländern über 60 %. In Lateinamerika ist der Anteil mit 14 % vergleichsweise niedrig (INSTRAW 1987: 64). Bei diesen wie auch anderen statistischen Angaben zum Agrarsektor ist zu berücksichtigen, daß landwirtschaftliche Arbeit sehr eng definiert ist und zahlreiche Tätigkeiten wie Kleintierhaltung, Vorratshaltung, Konservierung und die Verarbeitung landwirtschaftlicher Rohstoffe nicht berücksichtigt werden.

In allen Regionen sind Frauen auf vielfältige Weise in die landwirtschaftliche Arbeit einbezogen, selbst dann, wenn sie – wie in islamischen Gesellschaften – nicht auf den Feldern mitarbeiten. Weltweit tragen Frauen wesentlich dazu bei, die Ernte lager-, verkaufs- und verzehrbereit zu machen. Schätzungen gehen davon aus, daß in Afrika bis zu 80 % der Nahrungsmittel von Frauen erzeugt werden; in Asien ca. 60 % und in Lateinamerika 40 %. Selbst im Nahen Osten haben Untersuchungen ergeben, daß Frauen einen wesentlichen Anteil der landwirtschaftlichen Arbeit übernehmen.

Während für Lateinamerika und Asien die geschlechtliche Arbeitsteilung innerhalb des gesamten landwirtschaftlichen Arbeitszyklus typisch ist, d. h. Männer und Frauen bestimmte Arbeiten innerhalb einer Kultivierungsperiode übernehmen, sind für Afrika getrennte Wirtschaftssphären typisch. Männer bereiten den Boden vor (Rodung, Schlagen der Bäume) und übernehmen damit Tätigkeiten, die auf eine kurze Zeit begrenzt sind. In asiatischen Ländern wird ein Großteil der Marktfrüchte auf Plantagen erzeugt, auf denen meistens Frauen und Kinder zusammen mit den Männern arbeiten (*Boserup* 1970). Fast die Hälfte aller indischen Landarbeiter waren 1981 Frauen. Erwerbsmöglichkeiten bieten der Naßreisanbau (Pflanzen der Setzlinge, Ernte), der Regenfeldbau von traditionellen Getreidesorten sowie die Produktion von Tee, Kaffee und Baumwolle auf Plantagen (GTZ 1989: 34). Zum Beispiel werden auf den Philippinen in der Plantagenwirtschaft von Ananas und Bananen vornehmlich Frauen eingesetzt, weil ihre Arbeitskraft billiger ist als die der Männer.

3.4 **Frauenerwerbsarbeit im modernen Industrie- und Dienstleistungssektor**

Mit der wachsenden Bedeutung des Staates in der Dritten Welt, der als Entwicklungsstaat zentrale Aufgaben in den Bereichen Gesundheit, Erziehung und Wohlfahrt übernehmen sollte, entstanden Erwerbsmöglichkeiten in klassischen Frauenberufen, die an die traditionelle Rolle von Frauen anknüpfen. Mit Ausnahme der afrikanischen Länder ist daher die weltweite Präsenz von Frauen in bestimmten Berufsgruppen auffallend. In Afrika existieren die typischen Frauenarbeitsplätze noch kaum, und besonders im Dienstleistungssektor dominieren die Männer in den in anderen Ländern typischen Frauenberufen wie Lehrerin, Krankenschwester etc. (*Lachenmann* 1989).

Allgemein trifft zu, daß Frauen diese Berufe überwiegend in untergeordneten Positionen ausüben. Zum Beispiel arbeitet die Hälfte der Frauen, die im Dienstleistungsbereich tätig sind, als Hausangestellte in unterbezahlten und sozial ungeschützten Arbeitsverhältnissen (*United Nations* 1989: 12). In Lateinamerika ist der Dienstleistungssektor im Hinblick auf weibliche Erwerbsarbeit besonders wichtig, da sich im Industrie- und Agrarsektor kapitalintensive Strukturen durchgesetzt haben, die den Einsatz von Arbeitskräften insgesamt begrenzen (INSTRAW 1987: 25).

Im Rahmen der „neuen internationalen Arbeitsteilung" haben sich die IL auf kapitalintensive und die EL auf arbeitsintensive und exportorientierte Teilfertigung von industriellen Erzeugnissen konzentriert. In den für ausländische Investoren eingerichteten Freihandelszonen in Ländern Asiens und Lateinamerikas werden überwiegend junge, „unverbrauchte“ Frauen im Alter von 14 bis 22 Jahren beschäftigt, weil weibliche Arbeitskraft billiger als männliche ist. In der Regel erhalten Frauen die Hälfte der Männerlöhne.

Mehr als 80% der in Weltmarktfabriken beschäftigten Arbeitskräfte sind Frauen. Besonders in den ostasiatischen Schwellenländern hat sich eine weltmarktabhängige Industrialisierung auf der Basis exportorientierter Fertigung vollzogen. Viele Frauen arbeiten in der Textilbranche oder in den Niederlassungen großer internationaler Elektro- und Feinmechanikkonzerne. Mit der steigenden Arbeitslosigkeit der Männer sind die Familienhaushalte immer abhängiger vom Einkommen der Frauen geworden. Die Ausbreitung der Prostitution unter Frauen und Kindern ist Folge der wirtschaftlichen Not von immer mehr Familien. Fabrikarbeiterinnen übernehmen die Versorgung ihrer Familien in den Dörfern. Mütter und ältere Frauen werden in den informellen Sektor abgedrängt.

3.5 **Überlebensarbeit von Frauen im informellen Wirtschaftssektor**

Da in den modernen Sektoren der Volkswirtschaften nur eine begrenzte Anzahl von Arbeitsplätzen zur Verfügung steht, gewinnt der informelle Sektor in den meisten Ländern an Bedeutung. Der informelle Sektor ist der eigentlich expandierende Wirtschaftssektor. Unter Einsatz von wenig Kapital und einfacher Technik sind Frauen im Kleinhandel und Kleingewerbe tätig oder bieten einfache Dienstleistungen an. Diese ökonomischen Aktivitäten sind im wesentlichen auf Subsistenzerhaltung ausgerichtet und werden selbständig und auf eigenes Risiko ausgeübt.

Typisch für diesen Sektor ist, daß keine vertraglichen Regelungen zur Festlegung der Lohnhöhe oder der Arbeitsbedingungen existieren. Frauen bietet dieser Wirtschaftssektor zwei wichtige Vorteile: ihre Beteiligung ist dort in gleichberechtigter Form möglich und die Ausübung informeller Tätigkeiten ist mit Kinderbetreuung vereinbar. Auch bilden sich in der Regel vielfältige Kombinationen von bezahlten Arbeitsverhältnissen heraus. Oft sind Frauen gleichzeitig Kleinbäuerinnen, Saisonarbeiterinnen, Kleinhändlerinnen und Kleingewerbetreibende.

Schätzungen gehen davon aus, daß ein Drittel der ländlichen und städtischen Frauen in informellen Arbeitsverhältnissen beschäftigt sind oder auf eigene Rechnung wirtschaften. In Afrika südlich der Sahara, Lateinamerika sowie den meisten Ländern Südostasiens beherrschen Frauen einen großen Teil des Markthandels. Während der informelle Sektor in Lateinamerika häufig unmittelbar dem formellen Sektor zugeordnet ist (Verkauf von Medikamenten, Haushaltswaren etc.) besteht in Afrika eine stärkere Verbindung zur Landwirtschaft (vgl. *Braig/Zdunnek* 1988; *Lachenmann* 1989). In Asien reichen die informellen Frauenarbeitsplätze von abhängiger Heimarbeit (Spitzenmacherinnen, Zigarettendreherinnen) über Arbeiten im Straßen- und Häuserbau und als Trägerinnen bis hin zu Arbeiten in Privathaushalten.

3.6 Selbsthilfeorganisationen von Frauen

In den meisten Ländern zählt das Anwachsen der Selbsthilfeorganisationen von Frauen zu den positiven Entwicklungen des vergangenen Jahrzehntes. Auf sich verschlechternde Verhältnisse haben Frauen mit ihrem Zusammenschluß in Gruppen und Organisationen reagiert, die der gegenseitigen Hilfe sowie der Überlebens- und Interessensicherung dienen. Sie knüpfen an bewährte Formen der Zusammenarbeit an und entfalten sich hauptsächlich im informellen Sektor. Wenn Frauen stärker zum Aufbau von Selbsthilfestrukturen beitragen, dann liegt eine wesentliche Ursache hierfür in der spezifischen Diskriminierung und Benachteiligung von Frauen.

Diese Zusammenschlüsse stellen sich als Gegenentwurf zur herrschenden Gesellschaft dar, weil sie nach demokratischen Prinzipien organisiert sind (gewählte Vertreterinnen, Konsensprinzip, freiwillige Mitgliedschaft, Unabhängigkeit) und gegen die Ursachen von Verarmung und Benachteiligung von Frauen kämpfen. Die Volksküchen und gemeinsamen Mittagstische in den Armenvierteln der lateinamerikanischen Städte sind Beispiele für diese Strategien der gegenseitigen Hilfe. Überall entstehen Einkaufsgenossenschaften, Gemeinschaftswerkstätten, Sparringe, gemeinsame Aktivitäten in den Bereichen Gemüseanbau, Boden- und Gewässerschutz, Aufforstung, Brunnenbau, Getreidemühlen, Vermarktung und Ausbildung.

Das Selbsthilfepotential von Frauen äußert sich in der Fähigkeit, selbstverwaltete Projekte zu planen und durchzuführen sowie zu sparen, Zinsen zu zahlen und Schulden zu tilgen. Diesen Selbsthilfeorganisationen kommt bei der Verbesserung des Versorgungsniveaus zentrale Bedeutung zu. Selbst unter schwierigen wirtschaftlichen und politischen Bedingungen gelingt es diesen Frauen, das Einkommens- und Konsumniveau ihrer Familien zu stabilisieren.

4. Frauenförderung in der Entwicklungszusammenarbeit

In der Vergangenheit wurden Entwicklungsprojekte oft in völliger Unkenntnis und Mißachtung der traditionellen Frauenrolle und geschlechtsspezifischen Arbeitsteilung durchgeführt. Selbst Programme, in denen Frauen als Zielgruppe nicht vorkommen, können negative Folgen für sie haben. Immer wieder stellten Entwicklungsexpertinnen fest, daß Entwicklungsprojekte an Frauen vorbei gehen und das Stereotyp der Hausfrau verstärken. Selten sind Frauen als landwirtschaftliche Produzentinnen und Entwicklungsträgerinnen berücksichtigt und gefördert worden. Immer noch gilt der erwerbstätige Familienvater als Ernährer der Familie, und sei sein Einkommen noch so gering.

Vernachlässigt wird weiterhin die Frau als Haupt- und Alleinernährerin der Familie. Demzufolge werden männliche Haushaltsvorstände gefördert, doch bleibt der angenommene Sickereffekt zugunsten der Familie aus, weil das Modell der ehelichen Zugewinngemeinschaft kaum verbreitet ist. Die Verbesserung des Einkommens männlicher Haushaltsvorstände führt eben nicht notwendigerweise zur Verbesserung der Lebenssituation der Gesamtfamilie.

Wo neue Techniken eingeführt werden, sind Frauen oft von ihrer Handhabung und Kontrolle ausgeschlossen (vgl. *Schürings u. a.* 1988: 86). Insbesondere bei Landwirtschaftsprojekten stellte sich kein Erfolg ein, weil Männer in neuen Anbaumethoden beraten und an landwirtschaftlichem Gerät ausgebildet wurden, obwohl Frauen hierfür zuständig sind. Die Intensivierung landwirtschaftlicher Arbeit (z. B. durch Traktoreneinsatz) und Flächenausdehnung in der Landwirtschaft erhöhten die Arbeitsbelastung von Frauen, da sie für die arbeitsintensiven und nichttechnisierten Bereiche zuständig blieben. So führte in Sierra Leone der Einsatz von Traktoren und modernen Pflügen zu einer Verkürzung des Arbeitstages der Männer, gleichzeitig jedoch zu einer Verdoppelung der Arbeitslast für Frauen, die nun größere Felder zu bearbeiten hatten (*Davidson/Dankelman* 1990:29).

Die Erkenntnis, daß Frauen eine Schlüsselrolle bei der Ernährungssicherung, Gesundheitsversorgung, Wasser- und Brennholzbeschaffung zukommt, wurde in ein weites Spektrum von Projektaktivitäten umgesetzt (vgl. *Obermaier* 1986). Im Rahmen der bilateralen Entwicklungszusammenarbeit wird die Einführung der Frauenförderung als Querschnittsaufgabe angestrebt, wobei bislang zwischen entwicklungspolitischer Zielvorstellung und tatsächlicher Durchführung eine deutliche Diskrepanz herrscht. Die Zielsetzungen von einschlägigen Frauenprojekten konzentrieren sich auf die Förderung von Frauen im Rahmen von integrierter ländlicher Entwicklung, die Reduzierung ihrer Arbeitsbelastung, Einkommenssteigerung, Bildung und Ausbildung von Frauen sowie Stärkung ihrer Organisationsfähigkeit. Frauenförderung umfaßt alle Maßnahmen zur Verbesserung von Lebens- und Arbeitsbedingungen von Frauen.

Seit der Weltfrauendekade ist die Formel „Integration der Frauen in die Entwicklung" zum Leitmotiv internationaler Frauenförderung geworden. Konzeptionell wurde dieses Jahrzehnt begleitet von der rechtlichen Kodifizierung von Frauenforderungen als Menschenrechte und der Frage nach einem wirksamen Menschenrechtsschutz für Frauen. Neben der Antidiskriminierungskonvention und verschiedenen sektoralen Entwicklungsplänen skizzieren die Zukunftsstrategien von Nairobi ein Aktionsprogramm und konkrete Maßnahmen, die bis zum Jahr 2000 von den jeweiligen Regierungen verwirklicht werden sollten. Hiermit leitete die Weltorganisation eine Reorientierung der Frauenpolitik ein, denn diese hatte bislang hauptsächlich eine Frauenrechtspolitik verfolgt. Als Haupterfolg der Weltfrauendekade gilt allgemein, auf die weltweite Benachteiligung und Diskriminierung von Frauen aufmerksam gemacht zu haben.

Inzwischen wird breite Kritik an dem vorherrschenden Konzept der „Integration der Frauen in die Entwicklung" formuliert. Kritisiert wird u. a. die Anpassung der Frauen an patriarchale Verhältnisse und die Einbeziehung des bislang nur „unzureichend genutzten“ weiblichen Entwicklungspotentials in das Stabilitätskalkül der Entwicklungsstrategen von Weltbank und anderen Geberorganisationen. Die Integration von Frauen in ungerechte Strukturen kann keine nachhaltige Besserstellung der Frauen bewirken; somit wird die Frauenfrage in der Entwicklungspolitik als Frage nach der Funktionalität der Frauen für die Entwicklung entlarvt (*Wichterich* 1987: 125). Dem Integrationsansatz werden alternative Entwicklungsvorstellungen entgegengesetzt, die von einer selbstbestimmten Entwicklung von Frauen ausgehen und die Überwindung der geschlechtsspezifischen Unterordnung und Unterdrückung auf allen gesellschaftlichen Ebenen anstreben (vgl. DAWN 1985).

5. **Feminisierung der Armut**

Die Bilanz nach Ende der Weltfrauendekade ist enttäuschend, weil sich die Lage von Frauen in vielen Bereichen verschlechtert hat. In steigendem Maß setzt sich weltweit die arme Bevölkerung aus Frauen und Kindern zusammen. Frauen zählen zu den Ärmsten unter den Armen, so daß von einer „Feminisierung“ der Armut gesprochen wird. Zugleich nimmt der Anteil der von Frauen geführten Haushalte in allen Regionen zu. Zwischen 1960 und 1970 hat sich die Zahl der weiblichen Haushaltsvorstände verdoppelt. In Afrika südlich der Sahara liegt er bereits bei 22%, in der Karibik bei 20%, in Indien bei 19% und in Lateinamerika bei 15% (*Davidson/Dankelman* 1990: 19). Diese Haushalte verfügen in der Regel über weniger Einkommen als andere (*Garcia-Chafardet* 1981: 125). Auch innerhalb der Weltflüchtlingsproblematik stehen Frauen im Mittelpunkt: über 80% der Menschen, die vor politischer Verfolgung, Gewalt, Umweltzerstörung und Verelendung flüchten, sind Frauen und Kinder.

Seit Ausbruch der Schuldenkrise hat das internationale Schuldenmanagement Frauen der armen Bevölkerungsschichten die Anpassungslasten aufgebürdet. Die Diskussion über die sozialen und wirtschaftlichen Folgen von Strukturanpassungsstrategien wurde von UNICEF mit der Studie „Anpassung mit menschlichem Gesicht“ eingeleitet (*Cornia u. a.* 1989). Insbesondere durch die vorgesehenen Kürzungen bzw. Umschichtungen der öffentlichen Ausgaben haben sich Armut und Unterernährung zusätzlich verschärft, denn diese Anpassungsmaßnahmen gehen fast ausschließlich zu Lasten der Sozialausgaben. In vielen Schuldnerländern hat sich die Arbeitslast von Frauen erhöht, ihr relativer Zugang zu Wirtschaftsressourcen abgenommen und ihr Gesundheitszustand sowie ihre Ernährungs- und Bildungssituation sich relativ, wenn nicht sogar absolut verschlechtert.

Der Zusammenschluß der europäischen NRO hat die Entwicklungen des vergangenen Jahrzehntes zusammengefaßt: „Was heute stattfindet, ist ein Prozeß der „Feminisierung“ der Armut, wobei die Hauptlast der Weltwirtschaftskrise auf die wirtschaftlich Schwachen der Dritten Welt abgewälzt wird, und es sind die Frauen, die sich am Ende der Kette wiederfinden" (NRO-KEG 1991: 12). Entwicklungsprojekte können in dieser Situation nur marginalen Nutzen haben. Entscheidend sind vielmehr die Verbesserung der internationalen Rahmenbedingungen von Entwicklung sowie die Überwindung patriarchaler Benachteiligungs- und Ausbeutungsformen.

Literatur

Afshar, H. (Hsrg.) 1991: Women, Development and Survival in the Third World, London.

Boserup, E. 1982: Die ökonomische Rolle der Frau in Afrika, Asien, Lateinamerika, Stuttgart.

Braig, M./Zdunnek, G. 1988: Städtische Erwerbsarbeit und Erwerbsperspektiven von Frauen in Ländern der Dritten Welt. Forschungsbericht. Lateinamerika-Institut der Freien Universität Berlin.

v. Braunmühl, C. (Hrsg.) 1991: Women in Development Process. International Conference. German Foundation for International Development. 8.–16. Juli 1989 in Berlin (West), Berlin.

Bruchhaus, E. M. 1978: Frauen als Opfer wohlgemeinter Entwicklungshilfe, in: Entwicklung und Zusammenarbeit, Nr. 5.

Bundesministerium für Jugend, Familie, Frauen und Gesundheit (Hrsg.) 1986: Abschlußdokument der Weltfrauenkonferenz in Nairobi vom 15. Juli bis zum 27. Juli 1985, Bonn.

– 1989: 10 Jahre Übereinkommen der Vereinten Nationen zur Beseitigung jeder Form von Diskriminierung der Frau, Bonn.

Cornia, G. A./Jolly, R./Stewart, F. 1989: Anpassung mit menschlichem Gesicht, Bielefeld.

Davidson, J./Dankelman, I. 1990: Frauen und Umwelt in den südlichen Kontinenten, Wuppertal.

DAWN (Development Alternatives with Women for a New Era) 1985: Development, Crisis, and Alternative Visions: Third World Women's Perspectives, Olden.

Donner-Reichle, C. 1977: Die Last der Unterentwicklung. Frauen in Kenia, Berlin.

Donner-Reichle, C./Klemp, L. (Hrsg.) 1990: Frauenwort für Menschenrechte, Saarbrücken.

Garcia-Chafardet, I. 1981: Sexism as an Obstacle to Development, in: Lozoya, J./Birgin, H. (Hrsg.): Social and Cultural Issues of the New International Economic Order, New York, S. 115–146.

GTZ (Deutsche Gesellschaft für Technische Zusammenarbeit) 1989: Frauenförderung in der ländlichen Entwicklung, Eschborn.

ILO/INSTRAW (International Research and Training Institute for the Advancement of Women) 1985: Women in Economic Activity: a Global Statistical Survey (1950–2000). Statistical Publication No. 10.

Lachenmann, G. 1989: Frauenpolitik in der Entwicklungspolitik. Verbesserung der Rahmenbedingungen für Frauenförderung in Afrika durch Entwicklungszusammenarbeit (Deutsches Institut für Entwicklungspolitik), Berlin.

Lenz, I./Rott, R. 1985: Frauenarbeit im Entwicklungsprozeß, Saarbrücken.

Meillassoux, C. 1976: Die wilden Früchte der Frau – über häusliche Produktion und kapitalistische Wirtschaft, Frankfurt/M.

Mies, M. 1980: Gesellschaftliche Ursprünge der geschlechtlichen Arbeitsteilung, in: Beiträge zur feministischen Theorie und Praxis, Heft 3, S. 61–78.

New Internationalist (Hrsg.) 1986: Frauen – ein Weltbericht, Berlin.

NRO-KEG 1991: Frauen und Entwicklung. Die Bedeutung geschlechtsspezifischer Entwicklungsansätze, Bonn.
Obermaier, D. 1986: Die Situation von Frauen in Entwicklungsländern, in: Entwicklung und ländlicher Raum, Heft 6, Frankfurt/M. S. 3–6.
Sabbagh, A. 1986: Frauen im Islam. Zum Problem sozialer Modernisierung am Beispiel Ägyptens, Würzburg.
Schürings, H./Schimpf-Herken, I./Görtz, A.-F. 1988: Frauenförderung und Frauenforderungen. DED-Dokumentation, Berlin.
United Nations/Department of International Economic and Social Affairs: 1989 – Report on the World Social Situation, New York.
v. Werlhof, C./Mies, M./Bennholdt-Thomsen, V. 1983: Frauen, die letzte Kolonie, Reinbek.
Vickers, J. 1991: Women and the World Economic Crisis, London.
Wichtering, Ch. 1984: Frauen in der Dritten Welt. Zum Stand der Diskussion um die „Integration von Frauen in die Entwicklung". Analyse und Dokumentation (Deutsche Stiftung für internationale Entwicklung), Bonn.
– 1985: Der Fortschritt drängt Frauen ins Abseits, in: Entwicklung und Zusammenarbeit, Nr. 1.
– 1987: Paradigmenwechsel: Von der „Integration in die Entwicklung" zur „Feminisierung der Entwicklung", in: Peripherie, Heft 25/26, S. 122–142.
– 1988: Überlebenspragmatikerinnen – ein Bein in der Subsistenz-, das andere in der Warenproduktion, in: Beiträge zur feministischen Theorie und Praxis, Heft 23, S. 9–20.

Die Nicht-Regierungsorganisationen in der internationalen Entwicklungszusammenarbeit

Manfred Glagow

1. Einführung: Die NRO als neue Hoffnungsträger?

Die sog. Nicht-Regierungsorganisationen (NRO) sind aus der internationalen Entwicklungszusammenarbeit nicht wegzudenken. Einige Tausend Organisationen – so lauten die notwendig groben Einschätzungen – agieren weltweit sowohl in den EL selbst als auch in den entwicklungshilfeleistenden IL. Je nach Abgrenzungsgenauigkeit variieren die Zahlen erheblich. Sie werden entschieden größer, wenn man Selbsthilfeaktivitäten von Gruppen und Vereinen in dieses Spektrum einbezieht.

In der Öffentlichkeit sind die entwicklungshilfeleistenden NRO, besonders die kirchlichen Hilfswerke, weitgehend bekannt. Auch die sozialen Dienste (Caritas, Diakonie, Rotes Kreuz, Arbeiterwohlfahrt u. a.) engagieren sich in der entwicklungspolitischen Zusammenarbeit. Die vier größeren Parteien (CDU, CSU, SPD, FDP) verfügen über politische Stiftungen, die entwicklungspolitisch aktiv sind. Einige NRO stehen den Gewerkschaften und anderen Interessengruppen nahe. Parteiübergreifende und nicht amtskirchlich gebundene christliche Hilfsorganisationen und Initiativen einzelner oder mehrerer Honoratioren (wie *Andheri-Hilfe*, *Menschen für Menschen*, *Hermann Gmeiner-Fonds* u. a.) runden das Bild ab.

Manchmal ist eine berufliche und fachliche Spezialisierung Ausgangspunkt für das Tätigwerden von NRO, z. B. im Bereich der Medizin; manchmal ist es die Befassung mit bestimmten Regionen, so etwa bei binationalen oder kontinental gebundenen Freundschafts- und Kulturinitiativen. Viele NRO engagieren sich für spezielle Zielgruppen, wie die Kinderhilfswerke oder Flüchtlingsinitiativen.

NRO können national organisiert sein, aber auch internationalen Zuschnitt haben. Viele verfügen über relativ große Apparate, die den Vergleich mit Ministerien oder mittleren industriellen Betrieben nicht scheuen müssen. In der Regel jedoch handelt es sich um kleinere Organisationen mit einer begrenzten Anzahl hauptamtlich Tätiger.

Das Tätigkeitsspektrum umfaßt so gut wie alle denkbaren Lebenslagen: Gesundheit, Bildung und Erziehung, Familienplanung, Kinderprotektion, Kultur, Sport, natürliche Umwelt usw. Im Trend kann man allenfalls festhalten, daß die NRO nicht primär auf den Feldern der flächendeckenden Versorgung mit materieller Infrastruktur und der Vermittlung marktgängiger Produkte tätig sind. Kleinräumigkeit, soziale Überschaubarkeit, lebensweltnahe Problemlagen sind ihre programmatischen Fixpunkte.

Bei allen Differenzen in Größe sowie fachlicher, sozialer und regionaler Spezialisierung haben die NRO einen gemeinsamen Nenner: Sie bearbeiten gesellschaftliche Problemlagen in den EL mit Ressourcen und Instrumenten, die weder vom Markt noch vom Staat angeboten und nachgefragt werden können. Sie sind ein Teil des sog. *Dritten Sektors*, wie die großen Wohlfahrtsverbände im Sozial- und Gesundheitswesen und die Institutionen zur Förderung der Kultur und Wissenschaft, der Bildung und Erziehung. Als ein dritter Faktor zwischen oder neben Staat und Markt leistet dieser Sektor, zu dem die NRO in der Entwicklungszusammenarbeit gehören, gesellschaftliche Integration; er produziert allein oder im Zusammenspiel mit Staat oder Markt gesellschaftlich notwendige Kollektivgüter, die in ihrer Wichtigkeit und ihrem Umfang kaum überschätzt werden können.

Das macht den gesellschaftlichen Stellenwert des Dritten Sektors und der NRO aus, weckt aber auch gleichzeitig Interessen und Funktionsgelüste anderer Produzenten gesellschaftlicher Integration, wie Staat und Markt, die sich nur allzu gern die ungeheure Produktivität gesellschaftlicher Selbststeuerung, die im Dritten Sektor angelegt ist, zunutze machen wollen. Wie in der Sozialpolitik, wo immer dann, wenn Markt und Staat an die Grenzen ihrer Leistungsfähigkeit gekommen sind, die gesellschaftliche Selbsthilfe ins Blickfeld des Interesses rückt und von der Politik z. B. als „neue Subsidiarität" gefeiert wird, so haben auch das offensichtliche Versagen staatlicher EH und die zum Teil katastrophalen Folgen ungezügelter Marktaktivitäten für die EL bei der Suche nach Auswegen die gesellschaftlichen Selbststeuerungspotentiale von NRO in die Diskussion gebracht.

Die NRO sind – z. T. gegen ihren Willen, wenn auch nicht interesselos – zu neuen Hoffnungsträgern in der Entwicklungszusammenarbeit geworden. Nicht daß sie erst jetzt die Arena der internationalen Entwicklungszusammenarbeit betreten hätten. Viele NRO blicken auf eine weit längere Organisationsgeschichte zurück als die staatlichen und internationalen Organisationen im Feld. Ihre zunächst nur definierte Unbelastetheit nach mehr als 30 Jahren offizieller Entwicklungspolitik und die Hoffnungen, daß nun die NRO retten könnten, was Staat und Markt in dieser Zeit nicht zu tun vermochten oder was sie möglicherweise hervorgerufen haben, verleihen diesen Organisationen einen ungeheuren Zuspruch, den sie lernen müssen zu verarbeiten:

> „There is a widespread belief that non-governmental organizations (NGO) have comparative advantages over governments as agents of development for the poor in the Third World. NGO argue that they possess features which better enable them to act as catalysists of community-based and people-centred development. This view appears to be shared by multi- and bilateral governmental aid agencies with the result that, since the beginning of this decade, NGO have been given an increasingly important role to play in official efforts to promote socio-economic development" (*Fowler* 1990: 11).

Die NRO sehen sich einem unheilvollen Wettbewerb um ihre verstärkte Einbeziehung in die internationale Entwicklungszusammenarbeit ausgesetzt. Jeder nationale und internationale Träger von EH sucht sich den passenden Partner. Die Profis in Sachen Entwicklungspolitik schwärmen aus, um sich den Zugriff auf eine oder mehrere NRO zu sichern. Die NRO-Szene wird vom Norden aus „geordnet“ und – wo nicht oder nur in Rudimenten vorhanden – aufgebaut. *Institution-building* ist das Zauberwort, das nun auch auf die NRO Anwendung findet. Bezeichnend ist die Problembeschreibung eines amerikanischen Handelsreisenden in Sachen afrikanischer NRO: „there are too many donors and not enough NGO“.

Der überhastete und gegenüber den Süd-NRO teilweise rücksichtslose Zugriff gewinnt zunehmend an Eigendynamik. Dabei drohen die zentralen Fragen nach den Möglichkeiten und Grenzen der Leistungsfähigkeit von NRO völlig aus dem Blickfeld zu geraten. Es ist das vorhandene Potential einer gesellschaftlichen Selbststeuerung, das diese NRO verkörpern. Es ist die Art und Weise ihrer gesellschaftlichen Verankerung und Einbindung, die sie auszeichnen und von staatlichen und marktorientierten Agenturen fundamental unterscheiden. Wird das Vorhandensein dieser Voraussetzungen von NRO im jeweiligen Einzelfall vor einer eventuellen Entwicklungszusammenarbeit nicht kritisch überprüft, sondern schlicht vorausgesetzt oder gar durch finanzielle und personelle Interventionen zerstört, geht der neue Hoffnungsträger NRO bereits in seinen Ansätzen verloren. Die Gefahr ist jedenfalls nicht auszuschließen, daß sich die internationale Entwicklungszusammenarbeit mit Hilfe von NRO nicht auf neue Wege begibt, sondern daß die NRO in die bereits ausgetrampelten Sackgassen bisheriger EH gedrängt werden.

2. **Zum Begriff NRO**

Für die autonomen gesellschaftlich angebundenen Träger von EH, die also weder in der Staatssphäre noch im Marktgeschehen tätig sind, hat sich der Begriff Nicht-Regierungsorganisation, international in seiner englischen Originalfassung als *Non-Governmental Organization* (NGO), eingebürgert. Der Begriff geht auf eine schlichte Übersetzung aus dem anglo-amerikanischen Sprach- und Theorieraum zurück, in welchem unter *non-governmental organizations* zunächst internationale Organisationen im Umfeld der Vereinten Nationen (VN), „die fast wie juristische Personen handeln und als solche von den VN gewertet werden“, gefaßt sind (*Weiss* 1980: 387).

Diese Organisationen verdanken ihre Entstehung nicht der Initiative von Regierungen, sondern von Gruppierungen, Vereinen bzw. Personen, die international bzw. supranational tätig sind, obwohl – so könnte man den Gedanken verlängern – diese nicht über regierungsamtliche Ressourcen und Sanktionsfähigkeiten verfügen. In der Folge verlor dann der Begriff seinen eindeutigen Bezug auf international bzw. supranational eingebettete Organisationen und fand auch Anwendung für Organisationen, die ausschließlich in nationalen Kontexten zunächst in EL und dann auch in Geberländern von EH tätig sind, allerdings weiterhin unter der Bedingung, daß es sich nicht um Organisationen der Regierung handelte.

Der im deutschen Sprachgebrauch gängige Begriff NRO ist aber keineswegs der einzige, der für die beschriebenen Organisationen in Literatur und Praxis verwendet wird. Auch ist er nicht unbedingt der instruktivste, wenn man aus ihm im raschen Zugriff das Charakteristische jener autonomen gesellschaftlichen Entwicklungsorganisationen entschlüsseln will. In knapper Auswahl finden sich parallel zum Begriff NRO Bezeichnungen wie *Non-Profit Organization*, *Private Organization/Sektor*, *Voluntary Organization/Sektor*, *Private Voluntary Organization*, *Private Foreign Aid*, *Altruistic Organization* und viele andere mehr.

Alle Begriffe, den der NRO eingeschlossen, haben die Schwäche, daß sie nur über eine, bestenfalls zwei Eigenschaften der damit beschriebenen Organisationen Auskunft geben. Manchmal, wie bei den Begriffen NRO und *Non-Profit Organization*, erfolgt die Organisationsbeschreibung sogar nur negativ in der Festlegung, was diese Organisation auf jeden Fall nicht ist, ohne daß sich daraus ein Identitätshinweis ergibt. Und so läßt sich beim Überblick über die verschiedenen Begriffe ein Kaleidoskop verschiedener Eigenschaften destillieren, die alle eine gewisse Relevanz und Berechtigung zur Organisationsbeschreibung aufweisen, jeweils für sich genommen jedoch nicht Ausschließlichkeitscharakter nachweisen können.

Diese Entwicklungshilfeorganisationen sind nicht Teil des Regierungsapparates und auch nicht regierungsabhängig; sie sind nicht profitorientiert am Markt tätig und insofern privat, als sie nicht zur Staatssphäre gehören. Aber auch Marktorganisationen sind in diesem Sinne privat. Freiwilligkeit ist sicherlich ein konstitutives Element für diese Organisationen, allerdings nicht in hinreichender Weise, wenn man darunter nur die Mitgliedschaft in den NRO versteht. Auch die Mitgliedschaft in einer staatlichen Organisation oder in einem marktorientierten Betrieb beruht auf einem formal freiwilligen Arbeitskontrakt.

Im Fall der NRO bezieht sich die Freiwilligkeit jedoch auf die umfassende Übertragung von Ressourcen an die Organisation und den zugrundeliegenden Übertragungsmechanismus. Anstelle von Tausch wie im Marktgeschehen, anstelle von Hierarchie wie in formalisierten Organisationen, anstelle von Zwang wie in totalitären Organisationen und anstelle von Regreßandrohungen wie bei Arbeitskontrakten beruht hier die Zuwendung von Spenden, unbezahlter oder unterbezahlter Mitarbeit und sozialer und politischer Legitimation auf dem Prinzip der Freiwilligkeit. Das kann man auch als ein altruistisches Verhalten definieren, wenn man damit nicht zugleich die Selbstlosigkeit der vorhandenen Motive unterstellt.

Um eine private Hilfe im Ausland handelt es sich sicherlich bei der Tätigkeit von NRO, die in den Geberländern von EH angesiedelt sind. Die Süd-NRO lassen sich dagegen mit diesem Terminus nicht charakterisieren. Er weist jedoch auf die „Drittwirkung" der NRO-Aktivitäten hin, weil es sich bei

NRO in der Regel um Organisationen handelt, die nicht ausschließlich und primär für ihre Mitglieder tätig werden, sondern dritten Nichtbeteiligten, die aber betroffen sind, Hilfestellung leisten wollen. Der in der aktuellen Entwicklungsdiskussion populäre Begriff der „Selbsthilfe" ist deshalb keineswegs mit der institutionalisierten Form von NRO deckungsgleich, wenngleich es eine Reihe von Überschneidungspunkten gibt. Das gilt nicht nur in der Differenz von Innen- und Außenwirkung, sondern auch im Hinblick auf den formalisierten Charakter von NRO. Selbsthilfegruppen sind nun einmal in terminologischer Hinsicht nicht gleichzusetzen mit Organisationen, die einen anderen Verbindlichkeitsgrad ihrer Existenz und Zielsetzung aufweisen.

Bei der folgenden Diskussion der Struktur und Funktion von NRO werden die hier noch recht begriffsexegetischen Hinweise auf die Identität von NRO und die daraus abzuleitende Leistungsfähigkeit näher bestimmt werden.

3. Zur Struktur der NRO

Die strukturelle Besonderheit der NRO weist zwei unterschiedliche Dimensionierungen auf: die interne Organisationsstruktur und das spezifische Organisation-Umwelt-Verhältnis. NRO sind Organisationen, d. h. sie sind intern durch formale Regelwerke, Zwecksetzungen, Kompetenzzuweisungen und Hierarchiestränge strukturiert. Die aufklärende Relevanz der formulierten Tautologie besteht darin, daß es den NRO und den theoretischen Apologeten dieser Organisationen immer wieder gelingt, mit den Begriffen Freiwilligkeit, Privatheit und Altruismus den Eindruck zu suggerieren, die NRO seien Gebilde vor-, nach- oder überorganisatorischer Art, auf jeden Fall nicht mit den konstitutiven Merkmalen von Organisationen behaftet. Im Zweifel seien sie nicht nur anders, sondern sogar besser, besonders dann, wenn sich das Ganze mit Zuschreibungen aus anderen logischen Zusammenhängen wie Flexibilität, hohe Motivation und wenig Bürokratie heillos vermischt.

Wenn man die letztgenannten Zuschreibungen skeptisch einer empirischen Einzelfalluntersuchung überläßt, kann man Altruismus als internes Strukturmerkmal von NRO getrost den Organisationsmythologien zuweisen, was nicht ausschließt, daß einzelne Motivlagen ihrer Mitglieder sehr wohl altruistisch ausgerichtet sind und im organisationskulturellen Bereich Elemente solcher Merkmale aufzufinden sind. Unabhängig von den eher habituellen und organisationskulturellen Dimensionen haben NRO ihre Probleme wie andere Organisationen auch:

- „lack of accountability", „fragmented organization", „increase in bureaucracy";
- „recruitment, training und career development";
- Probleme bei der Aufrechterhaltung von Motivation und Leistungsstandards (nach *Billis* 1989: 5).

Aus dem Gesagten ist nicht zu schließen, daß NRO nicht auch bestimmte Gemeinsamkeiten in organisatorischer Hinsicht aufweisen, die sie insgesamt von anderen Organisationen – wie z. B. staatlichen und marktorientierten Betrieben – unterscheiden, wobei die hier notwendige Generalisierung der Argumente mit einer gewissen Vorsicht und mit Hinweis auf von Fall zu Fall zu beachtende Differenzierungen aufgenommen werden sollte.

In programmatischer Hinsicht, also die Organisationsziele betreffend, ist die Tatsache signifikant, daß die NRO weder hoheitliche Aufgaben zu erledigen haben noch profitorientierte Verkäufe tätigen. Nimmt man hinzu, daß sie kaum auf der Ebene von Großtechnologien und flächendeckender materieller Infrastruktur tätig sind, wird der programmatische Schwerpunkt auf soziale Vermittlung und eine lebensweltnahe Handlungsorientierung, verknüpft mit pädagogischen Elementen und einem im Anspruch „ganzheitlichen" Ansatz, deutlich.

In personeller Hinsicht ist die quantitative Ausstattung von NRO ein permanentes Problem. Zwar wird es wohl kaum eine staatliche oder marktorientierte Organisation geben, die nicht gleiches von sich auch behauptet, aber es ist plausibel, daß die spezifische Legitimitätsnotwendigkeit der NRO gegenüber der Gesellschaft – in Gestalt von Spendern, Sympathisanten, Freiwilligen und aktiven Klienten – die NRO zum äußerst sparsamen Gebrauch von hauptamtlich angestelltem Personal führt. Aus den gleichen Gründen finden sich häufig relative Unterbezahlung und moralisch fundierte und durchgesetzte Mehrarbeitsanforderungen an das Personal.

Es läßt sich sicherlich eine Fülle von Einwänden gegenüber einer solchen Stilisierung der NRO formulieren. Viele NRO stehen gar nicht mehr in einem so engen Verhältnis zu einer gesellschaftlichen Umwelt, der sie sich gegenüber legitimieren müßten. Das wird insbesondere dann deutlich, wenn Zuschüsse von staatlichen und internationalen Gebern die eigentliche Finanzierungsbasis einer NRO darstellen. Es sind ja auch Fälle nicht selten, in denen eine 100%ige Fremdfinanzierung den Status einer NRO in die Richtung einer *Quasi-Nongovernmental Organization* rückt. Hier verschiebt sich die Legitimationsnotwendigkeit der NRO vom Spender und Sympathisanten hin zum staatlichen Finanzier. Diese Probleme treten sowohl in den Geberländern von EH auf, wo der Staat in enger Kooperation mit NRO agiert, als auch und verstärkt in den EL, wo es fast keine NRO gibt, die sich in finanzieller Hinsicht völlig oder überwiegend autonom reproduzieren können.

In qualitativer Hinsicht unterscheidet sich in der Tendenz das Personal von NRO gegenüber anderen Organisationen dahingehend, daß die z. B. in Marktorganisationen geltenden Professionalitätsstandards hier nicht unbedingt gültig sind. Die stark sozial geprägte Vermittlerposition und der eher holistische, auf die Lebenswelt konzentrierte Anspruch der NRO, fördert die Herausbildung von Generalisten, was regionale und soziokulturelle Spezialkenntnisse keineswegs ausschließt. Es fehlen jedoch die technisch-naturwissenschaftlichen Spezialisierungen, die häufig Grundsteine für ein hohes Professionalitätsniveau bilden. Wo NRO bereits große oder größere Apparate ausgebildet haben, gelten diese Feststellungen allerdings nur noch bedingt. Als Faustregel gilt: Je größer der Apparat, desto stärker kommen die Momente der Arbeitsteilung und Spezialisierung zum Tragen.

Die materielle Ausstattung von NRO folgt den gleichen Grundmustern. Wo ein Marktprodukt in möglichst aufwendiger Präsentation und in wohlgestalteten Räumen angeboten wird, pflegt die NRO, nicht nur aus Not geboren, ein ihrer Tätigkeit angepaßtes Image. Bescheidenheit ist angesagt. Die Vollglanzbroschüre bereitet bereits Kopfschmerzen. Der Caritas steht Kargheit besser.

Häufig wird den NRO zugeschrieben, daß sie über einen geringen Formalisierungsgrad und damit über eine geringe Bürokratisierung ihrer internen Arbeitsabläufe verfügen. Einsichtig ist diese Zuschreibung zunächst nur für die Vielzahl der sehr kleinen NRO, die aufgrund ihrer engen personellen Ausstattung einen geringeren Koordinations- und Formalisierungsbedarf aufweisen. Abgesehen davon, daß sich das Fehlen eines solchen Bedarfs keineswegs nur als Vorteil erweisen muß, können sich die größeren und großen NRO in dieser Weise kaum noch darstellen. Im übrigen ist festzustellen, daß natürlich auch NRO, in den jeweiligen nationalen gesetzlichen Bestimmungen unterschiedlich, Kontrollen ihres Finanzgebarens unterliegen, besonders dann, wenn Steuergelder in die Finanzausstattung miteinfließen. Damit entsteht aber automatisch ein gewisser Bürokratisierungsaufwand.

Es ist vielleicht schon deutlich geworden, daß sich die Identität von NRO in Abgrenzung zu anderen Organisationen am deutlichsten und am auffälligsten im Habitus der Mitglieder und in der organisationskulturellen Dimension ausprägt. Bestimmte Umgangsformen und Atmosphären sind den NRO eigen, die sich nochmals danach differenzieren, ob sie einen christlichen Hintergrund haben, den neuen sozialen Bewegungen entstammen oder ihr Dasein einem oder mehreren Honoratioren verdanken. Das Vorhandensein organisationskulturell definierter Eigenheiten ist nicht das Privileg von NRO. Alle Organisationen weisen solche Prägungen auf. Hier geht es nur um die Art der Prägung.

NRO sind in besonderer Weise in ihre gesellschaftliche Umwelt integriert. Als Teil des Dritten Sektors finden sie ihren Standpunkt je nach Sichtweise zwischen, neben und außerhalb von Staat und Markt. Während sich der Staat über den Steuerungsmodus Hierarchie in die Gesellschaft vermittelt und für den Markt der Tausch konstitutiv ist, verbinden sich die NRO mit der Gesellschaft über den Steuerungsmodus Solidarität. Aus der Gesellschaft erhalten sie finanzielle, personelle und legitimatorische Zuwendungen, ohne daß sie im Gegenzug wertmäßige Äquivalente wie beim Markt in Aussicht stellen und ohne daß sie wie der Staat legitimierten Zwang einsetzen können. Freiwillige Solidarbeiträge bilden die Basis für die Existenz und Arbeitsfähigkeit von NRO, wobei es zweitrangig ist, ob sich diese aufgrund von altruistischen Motiven ergeben. Solidarität ist das Verbindungsglied zwischen NRO und Gesellschaft, bezeichnet die spezifische Art und Weise der gesellschaftlichen Verankerung.

Versuchen wir auf der Grundlage des bisher Gesagten eine Definition von NRO, könnte sie lauten: NRO sind formalisierte Gebilde außerhalb von Markt und Staat, die ihre Ressourcen aus Solidaritätsbeiträgen der Gesellschaft auf der Basis von Freiwilligkeit erhalten und sie zur Bearbeitung von gesellschaftlichen Problemlagen in Kollektivgüter umformen. Soweit das NRO des Nordens tun, handelt es sich bei dem Transfer um einen länderübergreifenden und transkulturellen Vorgang.

4. Typen von NRO

Die entwicklungspolitischen NRO verfügen über angebbare Gemeinsamkeiten in Distanz zu anderen Organisationen und sind gleichzeitig untereinander zu differenzieren. Die unterschiedlichen Institutionalisierungen des ge-

Schaubild 1: Strukturelle Verortung der NRO in Staat und Gesellschaft

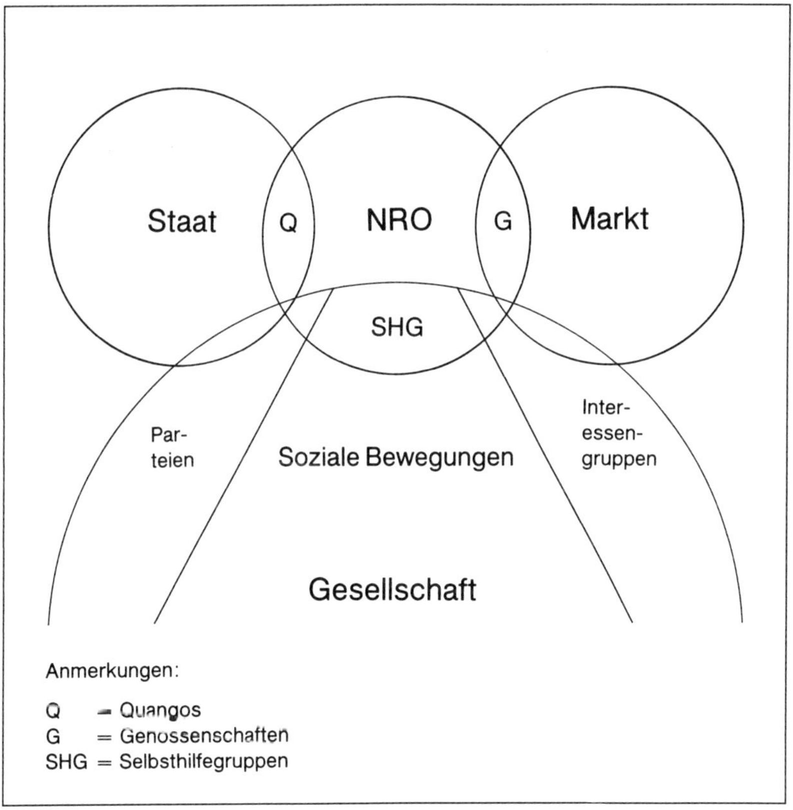

sellschaftlichen Anschlußmusters sind dabei ein mögliches Kriterium für eine Typologie, die gleichzeitig auch die unterschiedlichen Handlungsbedingungen und -spielräume der jeweiligen NRO bezeichnen.
Eine große Gruppe von NRO entstammt etablierten Großorganisationen, die bereits in anderen Feldern tätig sind. Denken wir an die kirchlichen Hilfswerke, an die den Sozialverbänden nahestehenden oder an die aus Parteien und Interessengruppen hervorgegangenen NRO. Manchmal wurden hierfür eigene Organisationsformen geschaffen, manchmal handelt es sich nur um abgegrenzte Teilapparate. Mutterorganisation und Ableger können in einem nationalen Kontext konstituiert sein, es kann sich allerdings auch um Ableger in anderen Nationalstaaten, z. B. in EL handeln. Für internationale Mutterorganisationen gilt das allemal.

Dieser Typus von NRO ist über seine Mutterorganisation mit der Gesellschaft verknüpft, was nicht ausschließt, daß sich die NRO auch um eigene unmittelbare Anbindungen bemüht. Eine solche Konstruktion birgt Möglichkeiten und Risiken zugleich. Da es sich bei den Mutterorganisationen in der Regel um etablierte gesellschaftliche Großorganisationen handelt, können ihre Ableger von diesem Status profitieren. Sie können auf Unterstützung hoffen und das der Mutterorganisation zustehende Prestige auf sich ziehen. Aber der so gewonnene Status ist immer ein geborgter. Die Mutterorganisation kann sich auch verweigern. Sie verfügt damit über Sanktionsmöglichkeiten, die die Ablegerorganisation empfindlich treffen würden. Wenn nicht von vornherein Übereinstimmung besteht, müssen also Kompromisse eingegangen werden, die den Handlungsspielraum der NRO begrenzen.

Während die Ableger-NRO in der Regel fest in der pluralistisch verfaßten politischen und sozialen Arena verankert sind, sind die NRO, die den neuen sozialen Bewegungen entstammen, vergleichsweise „randständig" angesiedelt. Es handelt sich hierbei um einen Typ, der eher in den Geberländern von EH zu finden ist als in den autoritären bis repressiven Regimes der EL. Diese NRO verknüpfen sich also über soziale Bewegungen mit der Gesellschaft. Sie können diese für sich mobilisieren, ebenso wie es die Ableger-NRO mit ihren etablierten Großverbänden tun. Da diese Bewegungen jedoch nicht im Zentrum der politischen Entscheidungsstruktur stehen, bleibt das Unterstützungspotential prinzipiell begrenzt. Andererseits vermögen soziale Bewegungen durch Intensität ihre Etablierungsschwäche auszugleichen. Das gelingt ihnen u. a. auch deshalb, weil sie über eine vergleichbar höhere Homogenität ihrer Mitgliedschaft und Interessenlagen verfügen als die pluralistischen Großverbände. Ihre Konfliktfähigkeit ist also einerseits begrenzt und andererseits unter bestimmten Bedingungen recht eindrucksvoll.

Honoratioren-NRO sind in ihrer Existenz vom Status und Wirken einzelner oder mehrerer Honoratioren abhängig. Das gesellschaftliche Ansehen der Honoratioren mag sich dabei für die NRO auszahlen, bedingt jedoch eine hohe Folgebereitschaft der NRO gegenüber ihren Leitbildern. Wie bei den sozialen Bewegungs-NRO, handelt es sich hier oft um recht kleine Organisationen. In diesem Fall ist eine gewisse Instabilität vorprogrammiert, weil sich die Organisation an eine oder wenige Personen bindet. In Ausnahmefällen kann es sich hierbei auch um größere Organisationen handeln, wenn es nämlich gelingt, auf einem höheren Aggregationsgrad Funktionseliten (d. h. Repräsentanten von Parteien, Kirchen und Kultur) zusammenzubringen und diesen Zusammenschluß einer entwicklungspolitischen NRO zugute kommen zu lassen. Dann jedoch ist wiederum die pluralistische Breite des Unterstützungskreises ein inhaltliches Problem für die Handlungsfähigkeit der abhängigen NRO.

Berufsspezifische Zusammenschlüsse zu NRO sind ein weiterer Fall, der den Vorteil eröffnet, daß das Organisationsziel und die fachliche Qualität des Tätigwerdens von vornherein geklärt sind. Deutlich ist allerdings auch, daß diese NRO nur solche Fälle zu verarbeiten vermag, die diese Kriterien erfüllen. Wenn sich die sozialen Bewegungs-NRO durch eine notwendige Politisierung ihrer Arbeit auszeichnen, sind die berufsspezifischen NRO nicht nur aufgrund eines ausgeglichenen pluralistischen Kräfteparallelogramms der unterschiedlichen politischen Meinungen hierzu nicht in der Lage, sondern weil ihr Integrationsmechanismus sich disziplinär konstituiert und damit eng begrenzt bleibt, es sei denn es kommen zusätzliche ideologische Bindemittel hinzu.

Ein weiterer Typ von NRO, bereits in der Graugrenze zu Markt und Staat angesiedelt, sind *Dienstleistungs-NRO*. Wir kennen NRO, die sich, auf engen fachlichen Spezialisierungen basierend, an der Entwicklungszusammenarbeit beteiligen. Sie tun das meist im Auftrag von staatlichen Instanzen oder als Quasi-Consultings auf gemeinnütziger Basis. Ihre gesellschaftliche Anbindung ist häufig recht undeutlich. Sie existieren nicht durch Spenden und freiwillige Beiträge aus der Gesellschaft, sondern aus Erstattungen ihrer Ausgaben, für die sie keine eigenen Mittel einsetzen, sondern die sie von Auftraggebern für in der Regel fachlich eng begrenzte und quasi-monopolisierte Bereiche erhalten. Manchmal finanzieren sich diese NRO auch aus sich wiederholenden Zuschüssen staatlicher Auftraggeber, so daß also nicht nur ein Überschneidungsbereich zum Markt entsteht, sondern auch hin zum Staat als QUANGO (*Quasi-Non-Governmental Organizations*).

Diese horizontal konstruierte Typologie von NRO entlang dem Kriterium der institutionalisierten gesellschaftlichen Anbindung und den sich daraus ergebenden jeweils spezifischen Chancen und Handlungsrisiken kann natürlich ergänzt werden durch andere Typologien, so z. B. entlang einer sektoralen Spezialisierung von NRO. Aber eine Auflistung von NRO nach ihrer Tätigkeit im Agrarsektor, auf dem Gebiet der Gesundheit, der Wasserversorgung oder des Fischereiwesens erschöpft sich sehr rasch in ihrem Erklärungswert, wenngleich sie sicherlich unter dem Gesichtspunkt speziell auftretender fachlicher Probleme einen gewissen Sinn macht. Ebenso erschöpfen sich Typologien entlang der Kriterien von Organisationsgröße, regionaler Präsenz oder ideologisch-politischer Ausrichtung sehr rasch, auch wenn man aus der Sicht eines konkreten Entwicklungsprojektes durchaus nach solchen Eigenschaften von NRO fragen sollte.

4.1 Vertikale Organisationsschwächen

Wichtiger erscheint es, diese horizontale Perspektive mit einer vertikalen zu verbinden. Vielfach gibt es in den Geberländern und EL dachverbandsähnliche Zusammenschlüsse von NRO oder Bemühungen, *Umbrella Organizations* oder *Liaison Committees* zu gründen. Sie fungieren als Lobby-Institutionen gegenüber dem politischen System und der Öffentlichkeit und treten als Ansprechpartner derselben auf. Bezeichnend ist, daß dieser Typ von NRO regelmäßig von äußerst fragiler Konstitution ist. In der Bundesrepublik Deutschland ist es trotz mehrfacher und intensiver Bemühungen noch nicht einmal gelungen, einen solchen wie auch immer formalisierten Zusammenschluß als Netzwerk, Lobby-Institution oder Dachverband zu konstituieren. Zu groß sind die organisatorischen, programmatischen und ideologischen Differenzen, zu stark die Konkurrenz der Organisationen untereinander, als daß sie einen die Differenz überwölbenden Vorteil aus einem Zusammenschluß ersehen könnten.

Dieses Ergebnis einer schwachen oder gar nicht vorhandenen organisatorischen Vereinheitlichung ist an sich nicht verwunderlich. Der Issue „Entwicklung" ist eher universell, interessenmäßig extrem heterogen, disziplinär kaum eingrenzbar, so daß alle Voraussetzungen für eine dachverbandsähnliche Zusammenführung mit materiellem und nicht nur formalem Eigengewicht entfallen. Die Arbeitgeber haben ihre Gemeinsamkeiten, die Arbeitnehmer spezifisch andere, Berufsverbände ordnen die Welt in ihrer disziplinären Sicht und nach ihren gemeinsamen Statusinteressen. Alle versprechen sich aus einem jeweiligen Zusammenschluß die Stärkung ihrer Interessenposition. Der Gegenstand „Entwicklung" jedoch ist die Welt selbst, dem nun keineswegs ein vereinheitlichtes und vereinheitlichbares Interesse gegenübersteht. Hier kollidieren die Interessen und Konkurrenzen: eine denkbar schlechte Voraussetzung für die gemeinsame Vertretung einer allenfalls nur negativ zu begründenden Abgrenzung von EH gegenüber anderen politischen Interessen.

4.2 Zugriff auf die Süd-NRO

Die vertikale Perspektive bei der Betrachtung von NRO gewinnt jedoch noch eine größere Bedeutung, wenn man nicht nur die vergeblichen Bemühungen um dachverbandsähnliche Lösungen, sondern das Verhältnis von Nord-NRO, also die NRO der Geberländer, und Süd-NRO, also NRO in den EL, beobachtet. Hier ist eine quasi-hierarchische Zuordnung bezeichnend. Durchgängig sind Süd-NRO von externen Finanzierungen abhängig. Nur wenige Süd-NRO verfügen über zumindest bescheidene eigene Finanzressourcen. Ihre Manövriermasse erhalten sie jedoch in jedem Fall aus staatlichen Entwicklungsgeldern der Geberländer, von internationalen Organisationen und nicht zuletzt von Nord-NRO. Hier stehen sie also in eindeutiger

Abhängigkeit. Wenn sich diese nicht in einer ebenso eindeutigen Hierarchie von Nord nach Süd ausdrückt, dann nur, weil die Süd-NRO noch über andere eigene Ressourcen verfügen, die sie einem solchen Hierarchisierungsgefälle gegenüberstellen können. Das sind zum einen die organisatorische und personelle Verankerung im Land, zum anderen der Zugang zu und die Akzeptanz von Zielgruppen, die damit verbundene soziale Legitimation und nicht zuletzt die vorhandene Manpower in qualitativer Hinsicht, verbunden mit bestimmten sozio-kulturellen Skills. Aufgrund dieser Ressourcen können sie zumindest eine relative Autonomie reklamieren, und vielen gelingt es auch, sie auf diesem Wege zu bewahren.

Schaubild 2: Die Verflechtung von Nord-NRO und Süd-NRO

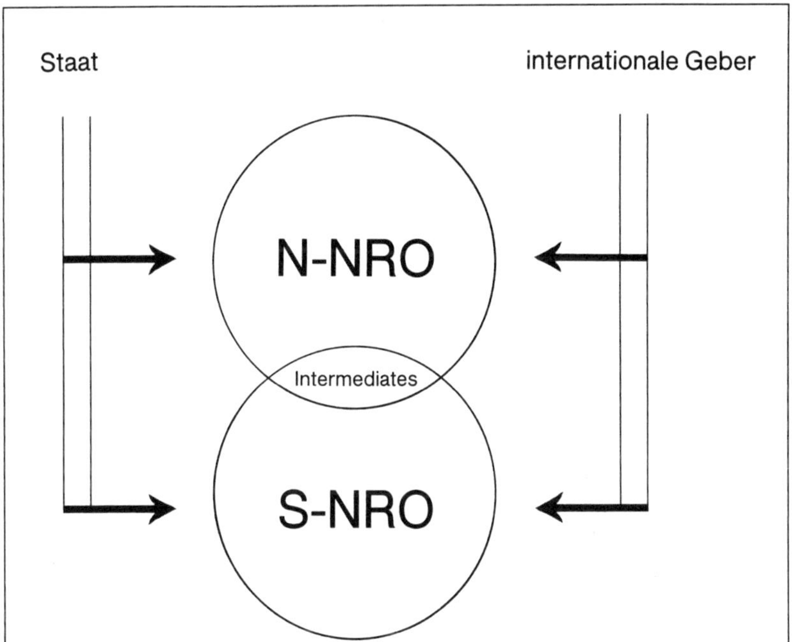

Ob das auch zukünftig so sein wird, bleibt abzuwarten. Zur Zeit jedenfalls sind die Süd-NRO geradezu Gegenstand einer weltweit organisierten Zugriffsjagd. Alle internationalen und nationalen Geberorganisationen haben seit neuestem die „partnerschaftliche Zusammenarbeit" mit Süd-NRO auf ihre Fahnen geschrieben. Wenn auch die Nord-NRO schon lange und naheliegend dieses Programm verfolgen und auf ihre „alten Rechte" verweisen können, sind sie hier nun in einer Phalanx mit den internationalen und nationalstaatlichen Entwicklungsorganisationen beim Zugriff auf die Süd-NRO. Und so überschlagen sich geradezu die Aktivitäten von Weltbank, UNDP, US-AID und anderen Trägern, die Nord-NRO eingeschlossen, die NRO-Szene in den EL neu zu ordnen, zu sortieren und zu aktivieren.

Millionenprogramme werden aufgelegt, um die Süd-NRO leistungsfähig zu machen und sie zu befähigen, vorhandene Mittel rasch zu absorbieren. Managementschulung wird angeboten, organisatorische Hilfestellungen und die Gewährleistung von Ausstattungen werden mit der Bereitstellung erstaunlich hoher Mittelzusagen garantiert. Kaum ein Gedanke wird daran verschwendet, ob Managementschulung und materielle Organisationsausstattung genau das sind, was die Süd-NRO benötigen. Was gut ist für die Weltbank, ist offensichtlich auch gut für die „rural sisters" in den Philippinen oder für ein Flüchtlingskomitee in Malawi bei der Unterstützung von geflohenen Mozambiquern. Es zeichnet sich das absurde Bild ab, daß die Süd-NRO aufgrund ihrer eigenen Identität für prädestiniert gehalten werden, Entwicklungsbemühungen voranzutreiben, und man alle Anstrengungen, deren Entwicklungsexperten der Geberländer fähig sind, dafür einsetzt, daß die Süd-NRO nun genau diese Eigenheiten durch umfassende „Strukturhilfe" verlieren. Man kann nur hoffen, daß solche Bemühungen der Geberländer scheitern. Sicher kann man dabei allerdings nicht sein.

5. Zur Funktion und Leistungsfähigkeit von NRO

Die Funktion von NRO besteht in der Mobilisierung von gesellschaftlichen Solidarbeiträgen und deren Kanalisierung und Umformung in Kollektivgüter, die zur Bearbeitung gesellschaftlicher Problemlagen notwendig sind. Dabei handelt es sich aus der Sicht der Nord-NRO um einen transnationalen und interkulturellen Vorgang. Gesellschaftsmitglieder übertragen finanzielle, personelle und legitimatorische Beiträge in dem Vertrauen darauf, daß diese Ressourcen dem Solidarzweck entsprechend für die Verarbeitung vorhandener sozialer Probleme verwendet werden. Ein recht voraussetzungsreicher Vorgang, der an mehreren Punkten zu Problemen, wenn nicht gar Fehlentwicklungen führen kann.

5.1 Mobilisierung von Spenden

Nach dem Ergebnis repräsentativer Umfragen spenden mehr als 70 % der Bevölkerung in der Bundesrepublik Deutschland regelmäßig oder gelegentlich für die Linderung fremder Not. Das ergibt ein jährliches Spendenaufkommen von schätzungsweise 2–3 Mrd. DM (*Roll* 1982: 47). Rund 50 % dieser Spenden kommen der EH einschließlich ihrer Randbereiche zugute. Die so zur Verfügung gestellte Geldsumme hält im Verhältnis zum Volkseinkommen insgesamt oder zu den zwangsmäßig erhobenen Steuerbeiträgen oder auch zu

Ausgaben für Tabak oder Alkohol keinen Vergleich aus, aber man sollte in Rechnung stellen, daß es sich hier nicht um abgepreßte Beiträge und auch nicht um solche handelt, die sich im erhofften raschen Genuß oder Rausch auszahlen.

Ob man diese Spenden nun als säkularisierten Ablaß einstuft oder die Motive der Geber als altruistisch bezeichnet, erstaunlich bleibt der Umfang – umso mehr, als er kaum von vorhandenen ökonomischen Schwierigkeiten in den Geberländern irritiert wird. Vergleicht man nun die zur Verfügung gestellten 1–1,5 Mrd. DM Spenden in der Bundesrepublik Deutschland mit den knapp 8 Mrd. DM, die aus Steuermitteln dem für Entwicklungspolitik zuständigen *Bundesministerium für wirtschaftliche Zusammenarbeit* zur Verfügung stehen, dann wird die relative Potenz der Ressourcenausstattung der NRO im Kontext der Entwicklungszusammenarbeit deutlich.

Die Spendenhöhe schafft naturgemäß Begehrlichkeit. Zum einen stehen die NRO untereinander in Konkurrenz um ihre jeweiligen Anteile an diesem Aufkommen, zum anderen drängen dubiose Profiteure in diesen „Markt der offenen Herzen" (*Müller-Werthmann* 1985), in der Hoffnung auf einen raschen und risikolosen Gewinn, der den eigentlichen Zweck der Zuwendungen, nämlich eine sinnvolle EH, überhaupt nicht mehr zum Motiv hat, geschweige denn praktisch werden läßt.

Die Konkurrenz um Spendenanteile begründet ein latentes Spannungsverhältnis zwischen den NRO, soweit sie auf gleiche Spendergruppen abzielen. In dem Versuch, mindestens den Status quo an Zuwendungen zu erhalten oder gar Steigerungsraten erzielen zu können, setzen die NRO mittlerweile hochgradig professionelle Techniken und Mittel der Kommunikation, Information und Werbung ein. Hierbei kommt es spätestens dann zu Konflikten zwischen NRO, wenn einzelne NRO sich einen scheinbaren oder tatsächlichen Vorsprung im Kampf um die Spendenanteile verschaffen, indem sie die durchschnittlichen materiellen, argumentativen und propagandistischen Einsätze einseitig erhöhen.

In Deutschland sind die harten medien-professionellen Vorgehensweisen amerikanischer oder aus den USA stammender NRO höchst umstritten. Insbesondere im Bereich der Hilfe für Kinder in der Dritten Welt wird von einigen NRO mit hochgradig emotionalisierten Anzeigen, die z. T. sogar von falschen Angaben und Voraussetzungen leben, um Spenden gekämpft. Damit wird aber das zumindest in der Bundesrepublik Deutschland noch vorhandene gemeinsame Ethos der NRO als nicht quasi-marktorientierte Händler in Sachen Caritas verletzt. Auch wenn eine solche Position durchaus Züge einer moralisierenden Rechtfertigungsideologie von NRO in sich trägt, bezeichnet sie dennoch das Selbstverständnis der deutschen NRO, das z. B. für die amerikanischen NRO keineswegs im vergleichbaren Maß Geltung hat.

Neben dubiosen Praktiken der Spendenwerbung gibt es jedoch auch unbestritten kriminelle Aktivitäten auf dem Feld der Spendenakquisition. Es gibt Schein-NRO, die ungeniert die Spendenbereitschaft der Bevölkerung für ihre Zwecke nutzen. Die Hürden für die Erlangung eines Organisationsstatus der Gemeinnützigkeit sind relativ niedrig. Das Vereinsrecht bietet kaum Hinderungsgründe, und die Kontrollmöglichkeiten des Finanzgebarens solcher Organisationen sind gering. So ist auch der Bereich der EH zu einem Tummelplatz von krimineller Energie geworden. Schätzungen in der Bundesrepublik Deutschland der so umgeleiteten und privatisierten Spenden sind mit über 100 Mio. DM pro Jahr sicherlich noch zu niedrig angesetzt. Ein hochgradig auf Vertrauen angelegter Verbindungsmechanismus zwischen Spender, NRO und EL kann leicht ausgenutzt werden. So fischen im Spendenteich nicht nur die Gerechten, sondern auch die Ungerechten.

Für die NRO ist nicht nur die Spendenhöhe von Bedeutung, sondern auch deren langfristige Kalkulierbarkeit und Verbindlichkeit. Organisationen, auch NRO, können nicht ad hoc-Aktivitäten entfalten und wieder zurücknehmen. Sie müssen längerfristig kalkulieren beim Einsatz von Personal und Materialien und bedürfen deshalb eines kontinuierlichen Ressourcenzustroms. In der Regel verfügen die NRO über einen festen Stamm von Spendern, den sie entweder über Tradition oder über scheinbare oder tatsächliche ideologische Übereinstimmung binden oder der ihnen aufgrund des allzu menschlichen Mechanismus, einmal getroffene Spendenentscheidungen nicht mehr rückgängig zu machen, erhalten bleibt. Jedoch ist weder dieser Stamm selbst unantastbar, noch können sie sich der eher wechselnden Spender sicher sein.

So ist der Spender aus der Sicht der NRO eine eher erratische Person, die gebraucht wird, die es zu binden und berechenbar zu machen gilt. Folgerichtig werden Instrumente und Methoden entwickelt, um den Spender zu fixieren und festzuhalten. Auf wissenschaftlicher Basis erhobene Spenderprofile gehören dazu, bei denen die wichtigsten biographischen und berufsstrukturellen Daten auf Spendenhäufigkeit und -stetigkeit korreliert werden. Jede NRO, die es sich finanziell leisten kann, führt mehr oder weniger regelmäßig Spendenanalysen durch, die dann prompt als Verschlußsache behandelt werden. Und so wie in der Industrie Technikstand, Patente und eingesetzte Produktionsmittel höchst geheimnisvoll zum Schutze vor Einblicken der Konkurrenten versteckt werden, ist der Spender bei den NRO Gegenstand höchster Geheimhaltung.

Die Einbindung der Spenders durch Informationen, die auch an die Grenzen von Propaganda gehen können, ist ein organisatorisches Muß für jede NRO. Recht umfangreiche Ressourcen werden mit dieser Tätigkeit der NRO gebunden. Erfolgreiche Spendenwerbung und Spenderanbindung sind jedoch für die NRO eine recht schwierige Gratwanderung. Zum einen sind NRO zum äußerst sparsamen Umgang mit Spendenmitteln im Bereich des „Eigenverbands" genötigt. Der Spender will nicht die NRO blühen, sondern Ergebnisse im Entwicklungsland sehen. Damit sind aber auch Umfang und Aufwand von Informationen und Aufklärungen gegenüber dem Spender prinzipiell begrenzt, z. T. mit durchaus dysfunktionalen Folgen, was die realistische Einschätzung von Schwierigkeiten und Problemen der EH betrifft.

Des weiteren sind die Spendererwartungen recht unterschiedlich. Während die einen ausführliche Darstellungen und Informationen für notwendig erachten, halten andere das für Geldverschwendung oder fühlen sich von den Informationen überfordert. Im übrigen ist der permanente Hinweis auf Probleme ganz sicherlich nicht förderlich für die Spendenbereitschaft der Mehrzahl der Bürger. Entwicklungserfolge bieten hier nach außen bessere Argumentationshilfen. Das alles führt zu dem Ergebnis, daß die Öffentlichkeits- und Informationsarbeit der NRO ein gegenüber den tatsächlichen Entwicklungsprojekten in den EL recht verselbständigtes Eigenleben führt, auch dort, wo sich NRO nicht auf bloße Propaganda bei der Darstellung ihrer Arbeit zurückziehen. Für NRO mit ideologisch gefestigter und weitgehend homogener Gefolgschaft ist dieses Problem sicherlich geringer als für NRO mit einer pluralistisch-diffusen und heterogenen gesellschaftlichen Unterstützung.

5.2 **Die Ressource Motivation**

Die nichtbezahlte und ehrenamtliche Mitwirkung von Mitarbeitern und Sympathisanten an der Arbeit von NRO ist von nicht zu unterschätzender Bedeutung und ist gleichzeitig ein Verbindungsglied, das die NRO mit der Gesellschaft verbindet. Das gilt für die Nord-NRO ebenso wie für die Süd-NRO. Dabei geht es noch nicht einmal primär um die ökonomisch relevanten Größenverhältnisse dieser nicht- oder unterbezahlten Arbeit, sondern mehr noch um ihre qualitative Seite. In diesem Stück gelebter Solidarität stecken in Geld nicht auszudrückende Motivation, soziales Engagement und der Wille, etwas zu tun. Das birgt Gefahren emotionalisierter Fehlleistungen in sich, aber auch die Chance der Mobilisierung sozialer Kompetenzen, die durch Kauf und Zwang nicht abzurufen sind.

Die hohe Motivation und Identifikation der Mitglieder und Sympathisanten zugunsten der NRO wird zur eigenständigen und gewichtigen Ressource politischer und sozialer Legitimation, wenn es gelingt, diese Energien
- auf die Sicherung der politischen Umfeldbedingungen für eine erfolgreiche Arbeit von NRO zu lenken;
- zur organisatorischen Bestandssicherung der NRO zu verstetigen;
- auf der Projektebene zielgruppennahe umzusetzen, um nicht nur Akzeptanzschwellen abzusenken, sondern auch eigendynamische Prozesse zur langfristigen Selbststeuerung in Gang zu setzen.

Es gibt keine Gewähr, daß diese Ziele erreicht werden können, aber durchaus ermutigende Beispiele. Immerhin zeigt sich schon heute, daß die NRO in der Gesellschaft über ein höheres Prestige verfügen als die staatlichen Organisationen. Der Dritte Sektor hat sich in den entwickelten Ländern Europas und Nordamerikas schon längst als eine eigenständige Integrationskraft erwiesen, der im übrigen, genetisch betrachtet, seine Stärke nicht der großzügigen Gewährung des Staates verdankt, sondern sich im Widerstand zu ihm entwickelt hat. Denken wir an die großen Organisationen, die die Arbeiterbewegung hervorgebracht hat oder die im Kontext der großen Religionsgemeinschaften entstanden sind. Stabile NRO mit einem festen Klientenstamm haben sich herausgebildet, und viele von ihnen verfügen trotz erheblicher Bürokratisierungstendenzen über die notwendige gesellschaftliche Nähe, um die Wünsche und Bedürfnisse ihrer Zielgruppen erkennen zu können.

5.3 **Probleme der Süd-NRO**

In den EL zeichnet sich dagegen ein äußerst differenziertes, auch widersprüchliches Bild ab. So wie es hier häufig politische Durchdringungen des Marktes gibt und Staatsgebilde, die sich weitgehend autonom aus eigener ökonomischer Tätigkeit und nicht zuletzt aus Entwicklungsgeldern reproduzieren und damit von ihrer gesellschaftlichen Basis unabhängig sind, hat sich vielfach ein unabhängiger eigenständiger Dritter Sektor nicht entwickeln können. Anders als in den IL, wo sich auf Grundlage ausgeglichener Stärkeverhältnisse zwischen staatlichem Apparat und Organisationen des Dritten Sektors fast korporatistische Strukturen entwickelt haben, sieht der Staat in vielen EL den Dritten Sektor noch immer als einen politischen Konkurrenten beim Zugriff auf die Gesellschaft an, den es zu kontrollieren gilt. Wo es dennoch eine eigenständige gesellschaftliche Verankerung von Organisationen außerhalb von Markt und Staat gibt, wie in Lateinamerika oder in Asien, sind diese analog der europäischen Entwicklung im Widerstand zur staatlichen Herrschaft entstanden.

Dieses Problem drückt sich in der „Irrelevanzfalle" (*Glagow/Evers* 1986) aus. NRO können danach in EL nur solange tätig sein, wie sie nicht die gesellschaftlichen Verhältnisse selbst tangieren. Wo sie sich anschicken, diese zu verändern, stoßen sie auf den entschiedenen Widerspruch der Herrschaftseliten. Unter diesen Bedingungen ist es nicht leicht, in den EL stabile und gesellschaftlich festverankerte NRO zu konstituieren. Auch sind die ökonomischen Verhältnisse in den EL in der Regel nicht so gestaltet, daß sie eine verläßliche und kontinuierliche finanzielle Ausstattung von NRO erlauben. So stehen häufig Süd-NRO in der finanziellen Abhängigkeit vom Norden. Ob sie unter diesen Existenzbedingungen ihre eigene gesellschaftliche Basis, die ja gleichzeitig Zielgruppe für Entwicklungsbemühungen darstellt, aus den Augen verlieren, bleibt eine gewichtige Frage, die von Fall zu Fall zu beantworten ist.

5.4 **Risiken staatlicher Zuschüsse für die Autonomie der NRO**

Die gesicherte und kontinuierliche Ausstattung mit finanziellen, personellen und legitimatorischen Ressourcen ist konstitutiv für die Handlungsfähigkeit von NRO und gibt einen ersten Hinweis auf deren Leistungsfähigkeit. Wie aber steht nun die Fremdalimentierung von NRO durch staatliche Mittel zur Frage der Leistungsfähigkeit von NRO? Stellen staatliche Mittel eine Bedrohung der Autonomie von NRO dar und damit auch eine Minderung ihrer genuinen Leistungsfähigkeit, wie oft vermutet wird? Oder sind sie eine Erweiterung des Finanzrahmens und bedeuten so die Eröffnung zusätzlicher Handlungschancen?

Im wesentlichen finden sich in den Geberländern drei Modelle, die die finanzielle Unterstützung oder gar Ausstattung von NRO durch den Staat betreffen:

- die umfassende Übertragung aller staatlichen Entwicklungshilfebeiträge an NRO als Durchführungsorganisationen;
- die Parallelität von staatlichen Entwicklungshilfemaßnahmen und NRO-Maßnahmen bei teilweiser Finanzierung der NRO-Tätigkeit durch staatliche Zuschüsse;
- die mehr oder weniger strikte Trennung staatlicher EH und Hilfe durch NRO.

Aus den unterschiedlichen Modellen lassen sich keine klaren Grenzen der Autonomie und Leistungsfähigkeit von NRO ableiten. In den Niederlanden hat die Übertragung der staatlichen Entwicklungsbeiträge zur Durchführung von Projekten durch die NRO keineswegs zu einer umfassenden Funktionalisierung derselben und einem entsprechenden Autonomieverlust geführt. Die Art und Weise der Finanzierung ist nicht die einzige Variable von Bedeutung für die Statusdefinition einer NRO. Eine andere Variable von zentraler Bedeutung ist der Grad der Verankerung in der Gesellschaft bzw. die Verknüpfung von NRO mit starken und konfliktfähigen gesellschaftlichen Interessen. Das ist im holländischen Beispiel der Fall, wo die vier größten NRO in enger Symbiose mit den vier Säulen der holländischen Gesellschaft, der Arbeiterbewegung, den beiden Kirchen und den Arbeitgebern stehen.

Ähnliches gilt für einen Teil der deutschen NRO, in erster Linie für die kirchlichen Hilfswerke, die trotz einer Teilfinanzierung ihrer Entwicklungshilfemaßnahmen durch staatliche Mittel kaum eine Funktionalisierung und Abhängigkeit vom Staat befürchten müssen. Für NRO ohne einen solchen gesellschaftlichen Rückhalt stellt sich das Problem sicherlich anders.

Deshalb haben sich auch einige deutsche NRO eine Selbstbeschränkung bei der Abfrage staatlicher Zuschüsse auferlegt. So wie staatliche Finanzierung oder Teilfinanzierung nicht automatisch den Autonomieverlust von NRO impliziert, so ist der Verzicht auf staatliche Fremdfinanzierung sicherlich der „reinste Weg“ zur Vermeidung von Komplikationen, bedeutet jedoch keineswegs die Garantie für Autonomie, sondern zunächst nur die Bescheidung in die eigene Begrenztheit.

5.5 **Grenzen der Leistungsfähigkeit**

Die Leistungsfähigkeit von NRO im Hinblick auf die Bewältigung von Entwicklungsproblemen wird häufig ausschließlich oder primär unter dem Gesichtspunkt von Defiziten in der Organisationsausstattung und Personalkapazität diskutiert. Das aber ist eine äußerst verkürzte Perspektive, die solche Defizite aus der verursachenden Konstitutionslogik von NRO herausreißt und nicht erkennen läßt, warum Defizite nicht allein durch Reformen der Organisations- und Personalstruktur zu beheben sind. Stattdessen ist es angebracht, die Frage nach der Leistungsfähigkeit von NRO auf einer Ebene zu diskutieren, wie *Salamon* es tut, wenn er vier zentrale Gefahren der Funktionsfähigkeit von NRO skizziert:

> „First, philanthropic insufficiency; second, philanthropic particularism, third, philanthropic paternalism; and fourth, philanthropic amateurism" (*Salamon* 1987: 39).

Mit der Feststellung einer „philanthropic insufficiency" werden Zweifel daran angemeldet, ob die Mechanismen Solidarität und Freiwilligkeit hinreichend und allein in der Lage sind, vorhandene gesellschaftliche Problemlagen zu bearbeiten. Das Fehlen eines Eigeninteresses mag zwar die Motive der Beteiligten als wertvoll erscheinen lassen, kann sich jedoch im Hinblick auf Verstetigung und Verdichtung als unzureichend erweisen. *Salamon* (1987: 39) spricht von der Möglichkeit einer „freerider"-Position von Gesellschaftsmitgliedern, wenn sich die Rückwirkungen ihres Tuns nicht zurechnen lassen und sich jeder auf die Hilfstätigkeit des anderen verlassen kann. Zudem ist die Spenden- und Mitwirkungsbereitschaft von Individuen sicherlich nicht von der Bedarfslage des gesellschaftlichen Problems abhängig, sondern von der sozialen und ökonomischen Lage des Gebenden. Ob diese zweifellos vorhandene Bereitschaft nun das Niveau des zu bewältigenden Problems erreicht, ist jedoch mehr als fraglich:

> „The voluntary system, despite its advantages in terms of reducing transaction costs and creating a meaningful sense of social obligation and legitimacy, nevertheless has serious drawbacks as a generator of a reliable stream of ressources to respond adequately to community need" (*Salamon* 1987: 40).

„Philantropic particularism" bezeichnet die Interessengebundenheit und die partikulare Klientenorientierung von NRO. Ihre Tätigkeit bezieht sich auf bestimmte Zielgruppen, die sie vor dem Hintergrund ihres Organisationszweckes auswählt. Dabei mögen ideologische, religiöse, berufsspezifische oder biographische Kriterien den Ausschlag geben; auf jeden Fall gibt es keine Gewähr dafür, daß der Grad der Bedürftigkeit für Hilfsmaßnahmen den eindeutigen Vorrang hat (*Salamon* 1987: 41). So ergibt sich die Situation, daß bestimmte Zielgruppen oder bestimmte Regionen bzw. Länder mit Hilfsangeboten von NRO geradezu überrannt werden, während andere nicht eine vergleichbare Beachtung finden.

Auch die NRO können sich nicht grundsätzlich der Gefahr eines patriarchalischen Gefälles, eines „philanthropic paternalism", erwehren. Es bleibt die prinzipielle, wenn auch wohlmeinende Ungleichheit zwischen der gebenden und nehmenden NRO. Als letzte Gefahr ist die des Dilettantismus im Zeichen des reinen Gemüts, des „philanthropic amateurism", zu nennen. Immer wieder muß kritisch hinterfragt werden, ob das Know-how der NRO ausreicht, um die komplizierten gesellschaftlichen Problemlagen, die es zu bewältigen gilt, adäquat aufarbeiten zu können. Die Existenzlogik der NRO ist zunächst auf den Willen zu helfen ausgerichtet. Was das im einzelnen und im Konkreten heißt, läßt sich aus dem Motiv Solidarität nicht ableiten.

6. Die NRO-Arena

NRO haben zweifellos „komparative Vorteile" (*Fowler* 1990), weisen jedoch gleichzeitig „failures" (*Salamon* 1987) auf. Allein diese Tatsachen bedingen, daß auf der Makroebene der Steuerungsmodus Solidarität nicht als der allein adäquate für die Lösung von Gesellschaftsproblemen angesehen werden darf. Er ist ein Mechanismus neben anderen, mit spezifischen Vor- und Nachteilen.

Auf der Mesoebene der Organisation bedeutet das, daß NRO nur ergänzend und korrigierend neben staatlichen und marktförmigen Organisationen tätig sein können. NRO sind für die Bewältigung bestimmter Problemlagen befähigt, die im Erkenntnis- und Verarbeitungsbereich der NRO liegen. Und diese Befähigung kann sie nur entfalten, wenn die entsprechende Umwelt die Identität von NRO akzeptiert und respektiert. Das schließt auf der Habenseite die nicht zu unterschätzende Produktivität von gesellschaftlicher Selbststeuerung und Solidarität ein und umgekehrt auch die vorhandenen Defizite, die ja nicht aus Unzulänglichkeiten den NRO anhaften, sondern die sich aus der gleichen Bestandslogik ergeben.

Auf der Mikroebene des Projektes folgt aus dem Gesagten, daß die herausragenden Fähigkeiten von NRO in ihren Potentialen zur sozialen Vermittlung liegen. Durch ihre Nähe zu gesellschaftlich Betroffenen – eine Voraussetzung, die erfüllt sein muß, die aber nicht ohne weiteres bei allen Organisationen, die sich NRO nennen, vorhanden ist – werden überhaupt erst Selbststeuerungskräfte, die sich auch mit dem Schlagwort „Hilfe zur Selbsthilfe" verbinden lassen, mobilisiert. Solche Fähigkeiten zu entfalten, sollte zwar allen Entwicklungsprojekten inhärent sein, gleichzeitig jedoch erschöpft sich die Projektwirklichkeit insgesamt nicht nur in Vermittlung, sondern hat auch „harte" Knowhow-Standards zu beachten. Das gilt noch stärker für Projekte, die im technisch-naturwissenschaftlichen Bereich angesiedelt sind.

NRO sind anders, aber keineswegs besser! Das sollte man bei der Frage nach den Potentialen von NRO als Alternative zu den staatlichen und marktorientierten Akteuren berücksichtigen. Darüber hinaus gilt es, realistisch die vielfältigen und keineswegs im Selbstlauf sich erfüllenden Voraussetzungen für das Wirksamwerden von NRO bei der Bewältigung gesellschaftlicher Problemlagen im Auge zu behalten. Der vielfach in der Publizistik und Politik formulierte Gleichklang von NRO-Potentialen und deren problemloser Umsetzung ist nicht nur nicht gegeben, sondern darüber hinaus fatal für die NRO, weil damit ein erhöhter Erwartungsdruck auf ihnen lastet.

Nur unter bestimmten gesellschaftlichen, organisatorischen und projektbezogenen Voraussetzungen können NRO tätig werden und ihre Potentiale entfalten. Diese Voraussetzungen müssen bei der Konkretisierung von Entwicklungszusammenarbeit vorab geprüft werden. Die NRO agieren nicht im luftleeren Raum, sondern stehen in einer politisch, sozial und ökonomisch geformten Arena, deren Einzelmomente die Möglichkeiten und Grenzen ihrer Handlungsfähigkeit bestimmen. Aus der Analyse dieser Gegebenheiten ergeben sich dann auch die Kriterien dafür, ob NRO in der Entwicklungszusammenarbeit tätig werden sollten oder nicht.

Auf der Makroebene der Gesellschaft, in der NRO agieren, ergibt sich der Handlungsspielraum vor dem Hintergrund der ökonomischen, politischen und sozialen Situation des jeweiligen Landes zum einen aus dem Grad der gesellschaftlichen Differenzierung und zum anderen aus dem Niveau der politischen Repression. Ist in den westlichen IL das gesellschaftliche Steuerungspotential des Dritten Sektors neben Markt und Staat mehr oder weniger problemlos anerkannt, nicht zuletzt aufgrund vorangegangener Auseinandersetzungen, sind solche Voraussetzungen in den EL nicht gleichermaßen gegeben. Hier konnten sich auf der Makroebene ergänzende oder korrigierende Steuerungspotentiale durch Markt oder Solidarität nicht entfalten. Allerdings gibt es in den einzelnen EL erhebliche Unterschiede.

Im engen Zusammenhang mit der mangelnden Ausdifferenzierung gesellschaftlicher Sphären stehen Ausmaß und Grad politischer Repression. In gewisser Weise bedingen sich Repressionsniveau und geringe gesellschaftliche Ausdifferenzierung. Politische Repression ist in dieser Perspektive geradezu das Surrogat für nicht vorhandene Steuerungsleistungen des Marktes und des Dritten Sektors, gleichsam die Spiegelung eines gesellschaftlichen Defizits. Ein hohes Repressionsniveau erschwert NRO-Aktivitäten, wenn es sie nicht geradezu verhindert.

Wie Ausdifferenzierungs- und Repressionsniveau Rahmenbedingungen für die Handlungsfähigkeit von NRO setzen, so ist ihre Verarbeitungskapazität einerseits durch ihre Ressourcenausstattung, andererseits durch ihre organisatorischen und personellen Kapazitäten bestimmt. Bei der Frage nach der Ausstattung mit Ressourcen ist nicht primär auf die quantitative Seite zu achten, sondern auf die qualitative. Verfügt die NRO tatsächlich über einen gefestigten gesellschaftlichen Anschluß, der ihr Handlungsfähigkeit und Legitimation verleiht? Sind Strukturen vorhanden, die z. B. eine NRO im Entwicklungsland weiterhin an die Gesellschaft bindet und sie nicht in ihrer Referenz auf Finanzgeber des Nordens hin orientiert? Das ist ja keine Frage von Motiven und Gutwilligkeit, sondern eine, die sich aus der Standfestigkeit der gesellschaftlichen Anbindung ergibt.

Wichtig sind schließlich nicht so sehr die organisatorischen und personellen Kapazitäten der NRO, sondern ihr spezifisches Know-how über die anvisierte Zielgruppe, wobei die Erwartung besteht, daß sie tendenziell den Objektcharakter der Zielgruppe aufzuheben in der Lage sind. Auf der Mikroebene des Projektes ist zu prüfen, ob sie fähig sind, die Betroffenen zu

Beteiligten werden zu lassen – nicht nur mit pädagogischen Manipulationen, sondern durch Zielgruppennähe, aus der sich erst die Chancen für eine partizipative Mitwirkung der Betroffenen ergeben.

Es sollte deutlich werden, daß NRO ein höchst voraussetzungsvolles gesellschaftliches Experiment sind. Sie bewußt in die Bewältigung gesellschaftlicher Probleme einzubeziehen, ist das Ergebnis der aktuellen Diskussion über NRO in der Entwicklungszusammenarbeit. Aber gerade wenn man ihre zweifellos vorhandenen Integrationsfähigkeiten betont und nutzen will, muß man sich ein realistisches Bild von ihrer Identität machen und diese nicht durch überspannte und fehlgerichtete Anforderungen gefährden oder gar zerstören.

Literatur

Anheier, H. K./Seibel, W. 1990: The Third Sector: Comparative Studies of Non-Profit-Organizations, Berlin/New York.

Arickal, G. 1976: Die „Non-Governmental Organizations“ (NGO) als Partner des Staates im Rahmen einer geplanten sozialökonomischen Entwicklung, dargestellt anhand ausgewählter Beispiele in Bihar, Indien, Berlin.

Billis, D. 1989: A Theory of the Voluntary Sector: Implications for Policy and Practice (Working Paper 5, The Centre for Voluntary Organization, LSE), London.

Bornhorst, B. 1989: Möglichkeiten und Grenzen nichtstaatlicher-kirchlicher Zusammenarbeit. Dargestellt am Beispiel der Zusammenarbeit zwischen Misereor und Incupo innerhalb eines multisektoralen Entwicklungsprogramms in Nordargentinien (Studien zur Politikwissenschaft, Bd. 46), Münster.

Bratton, M. 1990: Non-Governmental Organizations in Africa: Can They Influence Public Policy, in: Development and Change, Bd. 21, S. 87–117.

Cernea, M. M. 1988: Non-Governmental Organizations and Local Development (World Bank Discussion Paper 40), Washington, D. C.

Drabek, A. G. (Hrsg.) 1987: Development Alternatives: The Challenge for NGO, in: World Development, Bd. 15, Supplement, Oxford.

Fowler, A. 1988: Non-Governmental Organizations in Africa: Achieving Comparative Advantage in Relief and Micro-Development (IDS Discussion Paper 249), Brighton.

– 1990: Doing It Better? Where and How NGO Have a „Comparative Advantage“ in Facilitating Development, in: Bulletin 28, University of Reading, Agriculture Extension and Rural Development Department, February 1990, S. 11–20.

Glagow, M. 1985: Staat und Nicht-Regierungs-Organisationen (NRO). Die entwicklungspolitische Zusammenarbeit staatlicher und privater Träger in der Bundesrepublik Deutschland, in: Vierteljahresberichte, Nr. 102, S. 397–407.

– 1989: The Role of Non-Governmental Organizations in European Development Aid (EUI Working Paper No. 89/410, European University Institute), Florenz.

– 1990: Zwischen Markt und Staat: Die Nicht-Regierungs-Organisationen in der deutschen Entwicklungspolitik, in: Glagow, M. (Hrsg.), Deutsche und internationale Entwicklungspolitik. Zur Rolle staatlicher, supranationaler und nichtregierungsabhängiger Organisationen im Entwicklungsprozeß der Dritten Welt, Opladen, S. 159–179.

– /Evers, H.-D. (Hrsg.) 1986: Unbürokratische Entwicklungshilfe? Zur Leistungsfähigkeit von Nicht-Regierungs-Organisationen in der deutschen Entwicklungshilfe. Tagungsbericht, in: Materialien des Forschungsprogrammes Entwicklungspolitik – Handlungsbedingungen und Handlungsspielräume für Entwicklungspolitik, Nr. 20, Bielefeld.

Hansmann, H. B. 1980: The Role of Non-Profit Enterprise, in: The Yale Law Journal, Vol. 89, No. 5, S. 835–901.

James, E. (Hrsg.) 1989: The Nonprofit Sector in International Perspective. Studies in Comparative Culture and Policy, New York/Oxford.

Müller-Werthmann, G. 1985: Markt der offenen Herzen. Spenden – ein kritischer Ratgeber, Hamburg.

OECD 1988: Voluntary Aid for Development. The Role of Non-Governmental Organizations, Paris.

Poulton, R./Harris, M. (Hrsg.) 1988: Putting People First: Voluntary Organizations in Third World Organizations, London.

Roll, W. 1982: Unredliche Spendensammler und scheinsoziale Organisationen, in: Borgmann-Quade, R. (Hrsg.), Stichwort Spendenwesen. Ein Handbuch für Spender, Organisationen, Behörden und Medien . . ., Berlin.

Salamon, L. M. 1987: Of Market Failure, Voluntary Failure, and Third-Party Government: Toward a Theory of Governmental-Nonprofit Relations in the Modern Welfare State, in: Journal of Voluntary Action Research, Vol. 16, Nr. 1/2, S. 835–901.

Schuppert, G. F. 1990: Inside The Third Sector, in: Towards the Twentyfirst Century. Challenges for the Voluntary Sector. Proceedings of the 1990 Conference of the Association of Voluntary Action Scholars, 16.–18. July 1990, London.

Smith, B. H. 1990: More Than Altruism. The Politics of Private Foreign Aid, Princeton.

Weiss, A. V. 1980: Die Non-Governmental Organizations und die Vereinten Nationen, in: Zeitschrift für Politik, Jg. 27, S. 387–406.

V. Internationale Ordnungsprobleme

Das Verschuldungsproblem

Hartmut Sangmeister

1. Entwicklung und Ausmaß des Verschuldungsproblems

1.1 Der Weg in die Verschuldungskrise

Die 80er Jahre des 20. Jahrhunderts werden in die Wirtschaftsgeschichte der Entwicklungsländer (EL) als Dekade der Verschuldungskrise eingehen. Spätestens seit 1982 steht die Auslandsverschuldung der EL als ungelöstes Problem auf der Agenda der internationalen Wirtschafts- und Finanzpolitik. Selbst wenn in absehbarer Zeit eine tragfähige Lösung gefunden werden kann, ist es unvermeidlich, daß die negativen wirtschaftlichen und sozialen Konsequenzen der Verschuldungskrise in vielen Staaten Afrikas, Asiens und Lateinamerikas noch weit in die Zukunft hinein fortwirken.

Die Ursprünge der Verschuldungskrise reichen in die 60er und 70er Jahre zurück. Sie hängen zusammen mit der Funktionsweise des internationalen Finanzsystems, mit der internationalen Arbeitsteilung sowie mit den Entwicklungsstilen, die in den Ländern der Dritten Welt praktiziert wurden.

Besonders in den 70er Jahren war es zu einem starken Preisanstieg wichtiger Ausfuhrgüter der EL gekommen, begleitet von einer anhaltenden Zunahme der mengenmäßigen Importnachfrage der Industrieländer (IL). Gleichzeitig standen nach dem ersten Erdölpreisschock riesige Petrodollar-Überschüsse aus erdölexportierenden Staaten zur Verfügung, für die nach Anlagemöglichkeiten gesucht wurde. Unter diesen Umständen konnten viele EL ihre Kreditaufnahme im Ausland relativ problemlos ausweiten und auf diese Weise eine vorrangig auf wirtschaftliches Wachstum ausgerichtete Politik von der Kapitalseite her unterstützen.

Die Leichtigkeit, mit der im Zuge des *Recycling* der Petrodollars Auslandskredite zu erhalten waren (zeitweise zu negativen Realzinsen), hatte freilich auch ihre Schattenseiten: Der reichliche Kapitalzufluß vom Ausland konnte zu einer laxen Fiskalpolitik verführen, zur Gewährung fragwürdiger Subventionen, zu Finanzierungen kostspieliger Prestigeobjekte, zur Überbewertung des Wechselkurses der nationalen Währung, d. h. also zu wirtschafts- und finanzpolitischen Fehlsteuerungen, deren volkswirtschaftliche Kosten allerdings erst bei einem Versiegen des Nettokapitalimports deutlich spürbar werden sollten.

Zu Beginn der 80er Jahre änderten sich die wirtschaftlichen Rahmenbedingungen für die meisten EL dramatisch: die IL gerieten zwischen 1980 und 1983 in die schwerste Rezession nach dem Zweiten Weltkrieg, mit der Folge eines Nachfragerückgangs nach Ausfuhrgütern der EL. Die Weltmarktpreise wichtiger Rohstoffe verfielen, und die *Terms of Trade* der EL verschlechterten sich drastisch. Die Zinsen auf den internationalen Finanzmärkten stiegen steil an (auf dem führenden US-Markt um das Dreifache), und damit erhöhten sich auch die Zahlungsverpflichtungen aus den in ausländischen Währungen zu variablen Zinsen kontraktierten Krediten. Unter diesen veränderten Bedingungen war es nur noch eine Frage der Zeit, wann einzelne oder mehrere EL bei steigenden Zahlungsverpflichtungen gegenüber ihren ausländischen Gläubigern und gleichzeitig sinkenden Devisenerlösen zahlungsunfähig werden mußten, wann also die latente Verschuldungskrise akut werden würde.

Einer breiteren Öffentlichkeit ist das Verschuldungsproblem der EL erstmals im August 1982 bewußt geworden, als Mexiko seine Zahlungsverpflichtungen gegenüber den ausländischen Kreditgebern nicht mehr erfüllen konnte, weil sich das bis dahin praktizierte Schuldenmanagement nicht länger fortsetzen ließ: die Finanzierung des fälligen Schuldendienstes durch ständige Neukreditaufnahme. Der Zahlungsverzug des Großschuldners Mexiko trug dazu bei, daß die Gläubigerbanken in ihrer Kreditvergabe an EL größere Vorsicht walten ließen und bei der Bonitätsprüfung ihrer Vertragspartner strengere Maßstäbe anlegten.

Das gleichgerichtete Verhalten der Banken als Reaktion auf die Zahlungskrise eines Schuldnerlandes hatte zur Folge, daß weitere Schuldnerländer in Zahlungsverzug gerieten, da *fresh money* für die bislang gängige Praxis der revolvierenden Kreditfinanzierung des Schuldendienstes nicht mehr in hinreichendem Ausmaße zur Verfügung stand. Die in Gang gesetzte Reaktionskette Zahlungsverzug – Krediteinschränkung – weiterer Zahlungsverzug drohte zu einem Kollaps des internationalen Finanzsystems zu führen. Zwar ist der in den ersten Jahren der Verschuldungskrise befürchtete *big bang* ausgeblieben, aber für zahlreiche EL haben sich schwerwiegende binnen- und außenwirtschaftliche Konsequenzen aus der unbezahlbar gewordenen Auslandsverschuldung ergeben.

Gemessen an der wirtschaftspolitischen Einschätzung der Verschuldungskrise und an den Versuchen zu ihrer Bewältigung lassen sich im bisherigen Verlauf drei Phasen unterscheiden (*Hopkins* 1990: 2):

- In der ersten Phase (August 1982 bis Oktober 1985) wurden die Dimensionen und Konsequenzen des Verschuldungsproblems sowohl auf der Gläubiger- als auch auf der Schuldnerseite nicht hinreichend deutlich erkannt. Es überwog die Auffassung, daß es sich um eine temporäre Liquiditätskrise handele, die von allein überwunden werden würde, sobald es wieder zu einem Anstieg der Rohstoffpreise käme, da mit steigenden Exporterlösen der EL deren internationale Zahlungsfähigkeit wiederhergestellt werde. IWF und US-Zentralbank konzentrierten ihre Bemühungen auf die Stabilisierung der Gläubiger, um das internationale Finanzsystem vor dem Zusammenbruch zu bewahren. Die Regierungen der sieben führenden IL

(„G7") einigten sich (im Juni 1984) auf eine Strategie des fallweisen Vorgehens gegenüber den Schuldnerländern, um durch das Prinzip getrennter Verhandlungen der möglichen Bildung eines Schuldnerkartells zu begegnen.

- In der zweiten Phase (Oktober 1985 bis März 1989) übernahmen internationale Finanzinstitutionen (vor allem IWF, Weltbank sowie regionale Entwicklungsbanken) eine zunehmend aktivere Rolle im Krisenmanagement. Der nach dem US-Finanzminister *Baker* benannte Plan hob die Verbindung von wirtschaftlichem Wachstum und struktureller Anpassung in den Schuldnerländern hervor und regte die Vergabe neuer Kredite durch kommerzielle Banken und öffentliche Institutionen an. Im Rahmen dieses *Baker-Plans* wurden 15 Hauptschuldnerländern Neukredite zur partiellen Finanzierung ihrer bestehenden Zinsverpflichtungen angeboten, sofern sie in strukturelle Anpassungsprogramme für ihre Volkswirtschaften einwilligen. Obwohl zahlreiche Schuldnerländer solchen Anpassungsprogrammen unter der Aufsicht von IWF und Weltbank zustimmten, kam es zu keiner nachhaltigen Verbesserung der Verschuldungssituation. Es entstand ein Sekundärmarkt für dubiose Bankenforderungen an EL, der neue Umschuldungspraktiken zwischen kommerziellen Gläubigern und öffentlichen Schuldnern ermöglichte. Gegenüber den ärmsten EL, vor allem in Afrika, einigte sich die G7 auf dem Gipfeltreffen in Toronto (Juni 1988) auf den sogenannten „Menü-Ansatz", d. h. auf die Möglichkeit eines teilweisen Schuldenerlasses oder von Zinssenkungen bei der Umschuldung bilateraler öffentlicher Kredite.
- In der dritten Phase (seit März 1989) setzte sich bei den Gläubigern die Einsicht durch, daß es sich bei der Verschuldungskrise um ein *Insolvenzproblem* und nicht lediglich um einen vorübergehenden Liquiditätsengpaß handelte. Der *Brady-Plan* griff diese Einsicht auf und forderte von den Gläubigern einen stärkeren Beitrag zur Problemlösung, indem er einen substantiellen Abbau der Schulden bzw. des Schuldendienstes vorschlug, der von IWF und Weltbank mit Neukrediten unterstützt werden sollte. Im Juli 1989 konnte Mexiko als erstes Schuldnerland mit seinen Gläubigerbanken einen *Brady-deal* abschließen, der die Verringerung von Schulden und Schuldendienst umfaßte. Zu Beginn der 90er Jahre wurde auch auf der Gläubigerseite die lange Zeit vertretene Annahme, daß die EL ihre gesamte Schuld vollständig zurückzahlen könnten oder sollten, erheblich modifiziert.

1.2 Umfang und Struktur der Auslandsverschuldung

Statistische Informationen über Umfang und Struktur der Auslandsverschuldung der EL liefern hauptsächlich zwei Quellen: das *Debtor Reporting System* (DRS) der Weltbank sowie das *Creditor Reporting System* (CRS) der OECD. Zwischen beiden Systemen bestehen jedoch Unterschiede in den Begriffsdefi-

nitionen, der Reichweite und Tiefengliederung sowie in den Aggregationsmethoden, so daß die statistischen Ausweise nicht vollständig vergleichbar sind (WORLD BANK et al. 1988). Probleme bei der statistischen Messung der Auslandsschulden ergeben sich aus Diskrepanzen zwischen Gläubiger- und Schuldnerangaben und den damit zusammenhängenden Bewertungsfragen (z. B. Bewertung von Schuldtiteln zum Nennwert oder zum Marktwert). Schuldnerländer besitzen im allgemeinen relativ genaue Daten über ihre langfristigen öffentlichen und öffentlich garantierten Schulden, während zuverlässige Informationen über kurzfristige Schulden und die des privaten Sektors (z. B. Export- und Bankkredite) häufig fehlen; ebenso werden Daten über Kredite für militärische Zwecke von den Schuldnerländern in der Regel nicht mitgeteilt (vgl. *Ellyne/Flinch* 1990).
In das DRS der Weltbank gehen detaillierte Angaben über Verschuldungsarten, -umfang und -struktur sowie über den Schuldendienst von (im Jahre 1990) 107 EL ein; für weitere 45 EL, die dem DRS nicht angeschlossen sind, werden verschuldungsrelevante Daten geschätzt. Seit 1977 veröffentlicht die Weltbank jährlich die *World Debt Tables*, die als zuverlässigste Verschuldungsstatistik der EL für internationale, interregionale und intertemporale Vergleiche gelten. Die in den *World Debt Tables* ausgewiesenen Daten unterliegen laufenden Revisionen, die zum Teil zeitlich weit zurückgehen und erhebliche Größenordnungen erreichen können. Außerdem stimmen die ausgewiesenen Länderwerte für die verschiedenen Verschuldungsaggregate wegen der verwendeten Harmonisierungsprozeduren häufig nicht mit den entsprechenden Angaben in den nationalen Verschuldungsstatistiken überein. Seit dem Beginn der Verschuldungskrise ist das DRS ständig methodisch verfeinert und inhaltlich verbessert worden, um dem zunehmend differenzierten Informationsbedarf Rechnung zu tragen. Inzwischen vermitteln die *World Debt Tables* eine umfassende quantitative Beschreibung von Stand, Zusammensetzung und Veränderung der EL-Schulden.

Mit 1,3 Billionen US-$ erreichte die Auslandsverschuldung der EL im Jahre 1990 ihren vorläufigen Höhepunkt (vgl. Abb. 1); zwischen 1980 und 1990 hat sich die externe Gesamtverschuldung der Dritten Welt mehr als verdoppelt. Dabei ist der Anteil der langfristigen Kreditverpflichtungen (d. h. mit einer Laufzeit von über einem Jahr) ständig gewachsen, von 75 % (1980) auf 83 % im Jahre 1990. Gleichzeitig haben sich die Gläubiger- und Schuldnerstrukturen deutlich verändert. Stammten 1980 noch 62 % der langfristigen Kredite von privaten (kommerziellen) Gebern, so lag deren Anteil 1990 nur noch bei 49 %, während das Engagement öffentlicher Kreditgeber von 38 % auf 51 % der langfristigen Forderungen gegenüber EL angestiegen war (vgl. Tab. 1).

Auf der Schuldnerseite nahm das Gewicht der öffentlichen Kreditnehmer zwischen 1980 und 1990 weiter zu: schon 1980 waren bereits 83 % der langfristigen Auslandsverpflichtungen öffentliche (oder öffentlich garantierte) Verpflichtungen; 1990 lag dieser Anteil sogar bei 94 %. Im Verlaufe der 80er Jahre ist es also zu einer zunehmenden „Offizialisierung" des Verschuldungs-

Tabelle 1: Auslandsverschuldung der Entwicklungsländer 1980 bis 1990 (in Mrd. US-$)

	1980	1981	1982	1983	1984	1985	1986	1987	1988	1989	1990[c]
Gesamtverschuldung	639	739	829	893	924	1026	1127	1268	1265	1261	1341
Gesamtverschuldung der DRS-Länder[a]	562	656	743	807	843	937	1028	1152	1137	1147	1221
davon: langfristige Verschuldung	421	487	552	633	675	768	867	980	960	959	1015
- bei öffentlichen Kreditgebern	157	177	197	219	233	294	357	433	437	454	521
- bei privaten Kreditgebern	261	310	354	414	442	473	511	547	523	505	494
- von öffentlichen Kreditnehmern[b]	351	402	455	529	574	675	783	903	896	902	958
- von privaten Kreditnehmern	70	85	97	104	101	93	84	77	64	57	57
kurzfristige Verschuldung	129	151	167	140	133	129	118	128	142	156	169
IWF-Kredite	12	18	24	34	36	40	43	43	35	32	36

[a] Langfristige Auslandsverschuldung der 107 Entwicklungsländer des Debtor Reporting System.
[b] inkl. öffentlich garantierte Kredite; [c] Weltbank-Projektion.
Quelle: World Bank, World Debt Tables 1990-91, Vol. 1, Washington, D.C. 1990.

Tabelle 2: Regionale Verteilung der langfristigen Auslandsverschuldung[a] 1970–1990

Ländergruppe	1970 Mrd. US-$	1970 %	1980 Mrd. US-$	1980 %	1985 Mrd. US-$	1985 %	1990[p] Mrd. US-$	1990[p] %
Nordafrika/Mittlerer Osten[b]	4,4	7,1	50,6	12,0	81,0	10,5	116,0	11,4
Afrika südlich der Sahara[c]	5,7	9,2	43,5	10,3	76,1	9,9	139,1	13,7
Südasien[d]	11,5	18,6	33,4	8,0	55,9	7,3	103,9	10,2
Ostasien[e]	7,9	12,8	61,8	14,7	125,7	16,4	183,5	18,1
Lateinamerika/Karibik[f]	27,7	44,7	172,8	41,1	331,0	43,1	339,0	33,4
Europa und Mittelmeerraum[g]	4,7	7,6	58,6	13,9	98,1	12,8	133,6	13,2
Entwicklungsländer insgesamt[h]	61,9	100,0	420,7	100,0	767,8	100,0	1015,1	100,0

[a] Öffentliche und private langfristige Auslandsverschuldung.
[b] 10 Länder; [c] 44 Länder; [d] 8 Länder; [e] 13 Länder; [f] 25 Länder; [g] 7 Länder.
[h] 107 Entwicklungsländer des Debtor Reporting System.
[p] Weltbank-Projektion.

Abbildung 1: Auslandsverschuldung der DRS-Entwicklungsländer 1980–90

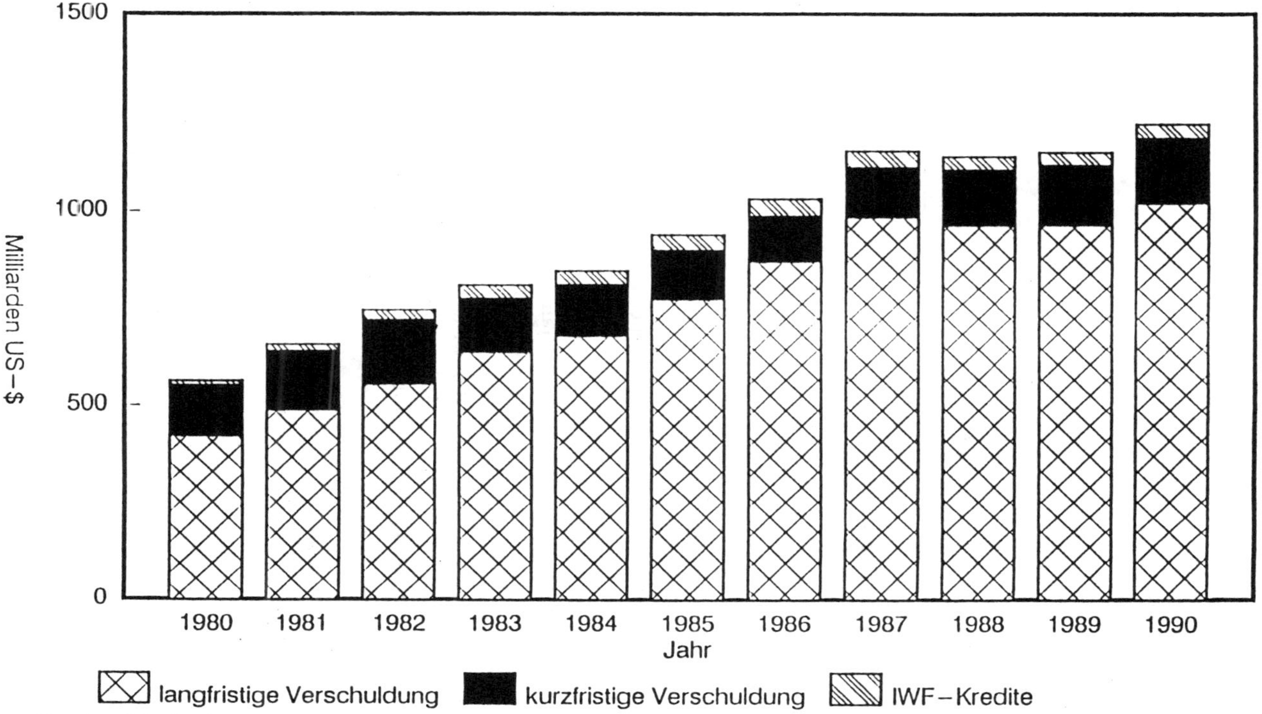

Quelle: Tabelle 1.

Tabelle 3: Wirtschaftswachstum und Verschuldungsdynamik der Entwicklungsländer[a] 1980 bis 1990

Jahr	Veränderung der Gesamtverschuldung gegenüber dem Vorjahr in %	Veränderung des BSP gegenüber dem Vorjahr in %
1980	23,0	12,9
1981	19,9	8,6
1982	11,8	- 4,2
1983	7,1	- 5,2
1984	4,5	1,4
1985	11,1	1,5
1986	9,7	2,8
1987	12,1	6,2
1988	-1,3	11,4
1989	0,9	9,9
1990b	6,5	1,5

[a] 107 Entwicklungsländer deys Debtor Reporting System.
[b] Weltbank-Projektion.
Quelle: World Bank, World Debt Tables 1990-91, Washington, D.C. 1990.

problems gekommen: Auf der Seite der Kreditnehmer sind inzwischen überwiegend öffentliche Haushalte in den EL betroffen, auf der Seite der Kreditgeber nahezu hälftig staatliche Institutionen sowie öffentliche und kommerzielle Banken. Die privaten Kreditgeber haben ihr EL- Engagement seit 1980 zumindest relativ vermindert, die privaten Kreditnehmer in den EL haben ihre Verpflichtungen auch absolut deutlich abgebaut.
Wie Abb. 2 zeigt, lagen die Zuwachsraten der Gesamtverschuldung in den 80er Jahren fast durchgängig über den gesamtwirtschaftlichen Wachstumsraten der EL. Während sich für die 70er Jahre ein ausgeprägter (positiver) Zusammenhang zwischen Wirtschaftswachstum und Auslandsverschuldung nachweisen läßt, entwickelte sich die Verschuldung in den 80er Jahren gemäß einer Eigendynamik, die durch den wirtschaftlichen Wachstumszyklus eher gegenläufig beeinflußt wurde. Die Verschuldungsquote der EL (definiert als Gesamtverschuldung in % des BSP) stieg von ca. 28 % (1980) auf den bisherigen Höchstwert von 51 % (1987) an, um danach vorübergehend leicht abzusinken. Die kurzfristige Verbesserung dieses Verschuldungsindikators ist auf die zeitweilige Stagnation der Gesamtverschuldung in den Jahren 1988/89 bei gleichzeitiger Erhöhung des Wirtschaftswachstums in den EL zurückzuführen (vgl. Tab. 3).
Bei einer regionalen Disaggregation der globalen Verschuldungsziffern und -indikatoren werden ausgeprägte Unterschiede in Entwicklung, Umfang, Struktur und Intensität des Verschuldungsproblems erkennbar (vgl. Tab. 2). Die mit Abstand exponierteste Position als internationale Schuldner hatten in den 70er und 80er Jahren die Staaten Lateinamerikas und der Karibik inne. 1990 (1980) entfiel auf diese Region etwa ein Drittel (41 %) der langfristigen Auslandsverschuldung aller EL – bei einem Anteil von nur 10 % an der Gesamtbevölkerung der Dritten Welt. Mit einer gewissen Berechtigung läßt

Abbildung 2: Wirtschaftswachstum und Verschuldungsdynamik der Entwicklungsländer 1980–90

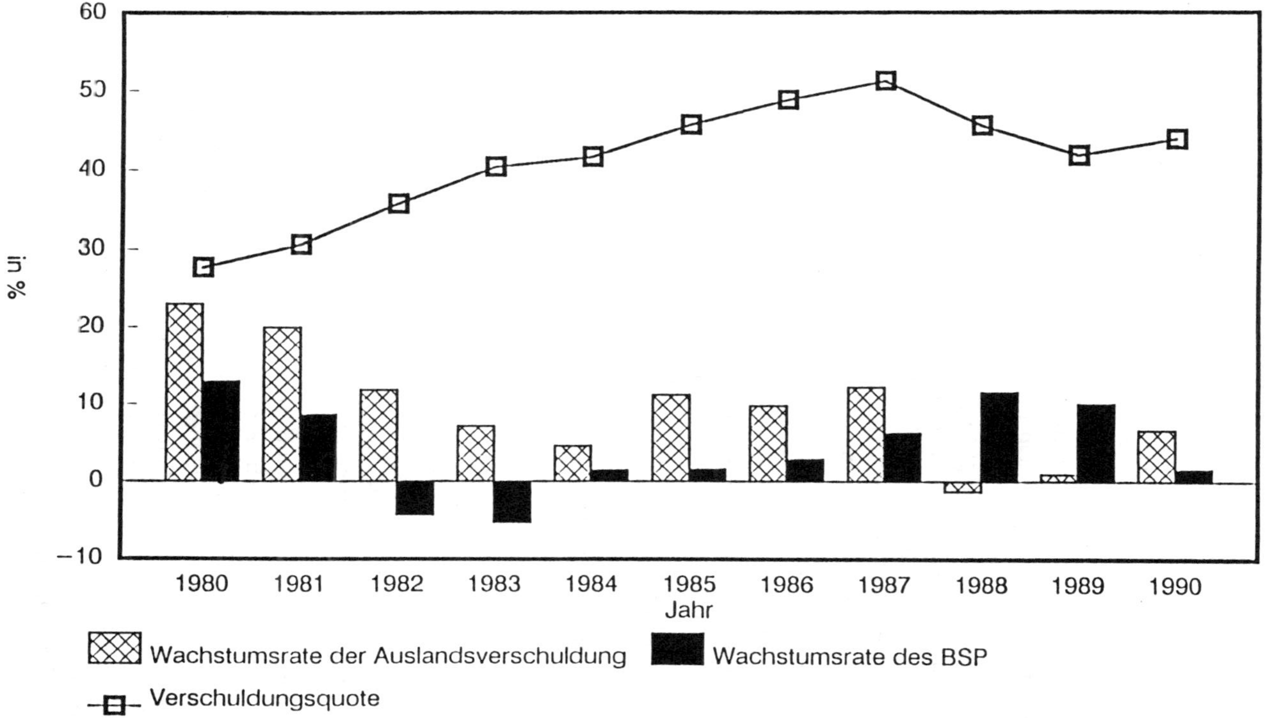

Quelle: Tabelle 2.

sich pointiert formulieren, daß die Verschuldungskrise der EL im wesentlichen eine Krise Lateinamerikas ist, da der Gruppe der „Problemschuldner" mehrheitlich Staaten des iberoamerikanischen Raums angehören. Die Struktur des lateinamerikanischen Verschuldungsproblems ist durch die herausragende Bedeutung der öffentlichen Hand als Schuldner gegenüber kommerziellen Gläubigern charakterisiert. 1990 waren 94% der langfristigen Auslandsschulden Lateinamerikas öffentliche Verpflichtungen (1980: 75%), die zu 68% (1980: 76%) gegenüber privaten Kreditgebern bestanden.

Im Unterschied zu der Situation in Lateinamerika besteht das Verschuldungsproblem in der zweiten wichtigen „Krisenregion", Afrika südlich der Sahara, im wesentlichen zwischen staatlichen Gläubigern und staatlichen Schuldnern; 95% der langfristigen Auslandsschulden dieser Region waren 1990 von der öffentlichen Hand kontraktiert oder garantiert (1980: 93%), wobei diese Kredite zu 76% (1980: 59%) von offiziellen Gebern gewährt worden waren. Der Anteil der Staaten in Afrika südlich der Sahara an der Gesamtverschuldung der EL ist von knapp 9% (1970) auf knapp 14% (1990) gestiegen. In diesem Zeitraum hat sich die prozentuale Beteiligung Lateinamerikas an der EL-Verschuldung um 11% vermindert (vgl. Abb. 3).

Zur Identifikation von Ländern oder Regionen, für welche die ausländischen Kreditverpflichtungen zu einem gravierenden ökonomischen Problem geworden sind, lassen sich verschiedene *Schuldenlastindikatoren* verwenden, die unterschiedliche binnen- und außenwirtschaftliche Aspekte der externen Kreditaufnahme quantifizieren (zu den analytischen Vor- und Nachteilen dieser Schuldenlastindikatoren vgl. WORLD BANK 1989: 50f.).

IWF und Weltbank klassifizieren ein EL mit mittlerem bzw. mit niedrigem Einkommen als „ernstlich verschuldet" (*severely indebted middle-income country* = SIMIC bzw. *severely indebted low-income country* = SILIC), wenn mindestens drei der vier folgenden Schuldenlastquoten über den angegebenen Schwellenwerten liegen:

- Gesamtverschuldung in % des BSP > 50 %;
- Gesamtverschuldung in % der Exporterlöse > 275 %;
- Schuldendienst in % der Exporterlöse > 30%:
- Zinsen in % der Exporterlöse > 20%.

Zu den 1990 als SIMICs klassifizierten EL gehörten 12 lateinamerikanische Länder, drei afrikanische südlich der Sahara, je zwei nordafrikanische und europäische Staaten sowie ein ostasiatisches Land. Als SILICs waren im selben Jahr 24 afrikanische Staaten südlich der Sahara eingestuft, ein lateinamerikanisches sowie ein südasiatisches Land. Wie Tab. 4 zeigt, waren 1990 für die Gruppe der SILICs bei allen vier relevanten Schuldenlastindikatoren deutlich ungünstigere Werte zu verzeichnen als 1980, während sich für die SIMICs zumindest bei den schuldendienstbezogenen Quoten Verbesserungen ergaben.

Die Schuldenlastindikatoren sind vor allem für eine statisch-komparative Beschreibung der Verschuldungssituation eines Landes geeignet, bei der primär

Abbildung 3: Regionale Verteilung der langfristigen Auslandsverschuldung

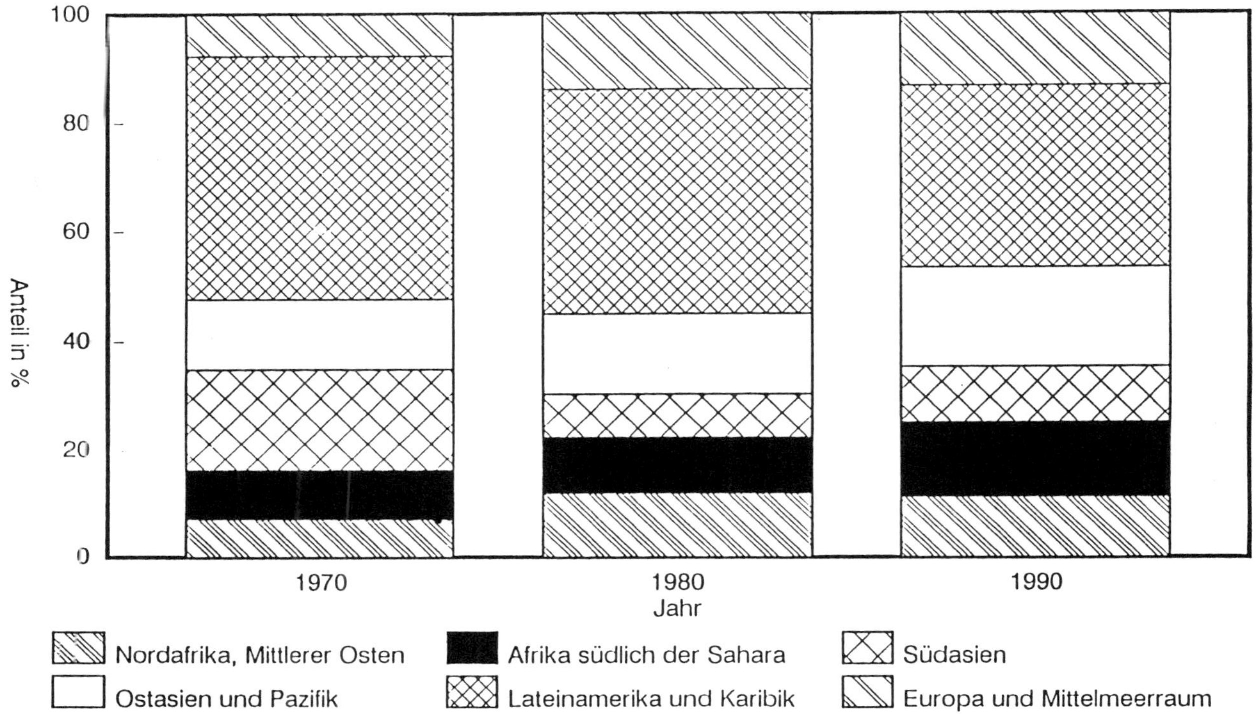

Quelle: Tabelle 3.

Tabelle 4: Schuldenlastquoten

Ländergruppe	1980	1983	1985	1986	1987	1988	1989	1990[p]
SIMICs[a]								
Gesamtverschuldung in % des BSP	37,7	62,0	67,0	68,2	72,3	61,4	54,9	58,9
Gesamtverschuldung in % der Exporterlöse[b]	195,8	318,3	317,5	374,8	374,9	319,7	294,3	283,0
Schuldendienst in % der Exporterlöse[b]	36,0	42,4	36,8	41,5	35,7	36,2	28,6	26,1
Zinsen in % der Exporterlöse[b]	18,6	28,4	25,4	24,6	20,9	21,6	16,4	13,9
SILICs[c]								
Gesamtverschuldung in % des BSP	24,7	40,7	50,3	77,0	119,5	110,4	99,5	120,9
Gesamtverschuldung in % der Exporterlöse[b]	95,6	279,2	295,8	464,7	513,2	523,6	492,7	446,4
Schuldendienst in % der Exporterlöse[b]	9,5	23,4	30,3	31,0	21,6	26,9	22,8	28,4
Zinsen in % der Exporterlöse[b]	5,3	12,2	12,7	12,3	9,7	14,1	11,4	14,8
Entwicklungsländer insgesamt[d]								
Gesamtverschuldung in % des BSP	27,7	40,4	45,6	48,6	51,3	45,5	41,7	43,8
Gesamtverschuldung in % der Exporterlöse[b]	133,5	201,4	213,7	241,3	231,7	200,8	186,6	183,1
Schuldendienst in % der Exporterlöse[b]	21,6	27,2	28,4	30,4	28,2	26,8	22,1	21,1
Zinsen in % der Exporterlöse[b]	10,9	15,9	15,6	14,9	12,6	12,6	10,5	9,8

[a] 20 Entwicklungsländer mit einem BSP pro Kopf zwischen 580 und 6000 US-$.
[b] Exporterlöse für Waren und Dienstleistungen.
[c] 26 Entwicklungsländer mit einem BSP pro Kopf bis zu 580 US-$.
[d] 107 Länder des Debtor Reporting System.
[p] Weltbank-Projektion.
Quelle: World Bank, World Debt Tables 1990-91, Washington, D.C. 1990.

zahlungstechnische Aspekte der externen Kreditaufnahme im Vordergrund des Interesses stehen. Die durch die Verschuldung induzierten Nettoveränderungen der Kapitalströme zwischen In- und Ausland lassen sich jedoch an Hand dieser Indikatoren nicht ohne weiteres erkennen. Für eine umfassende Beurteilung der gesamtwirtschaftlichen und sozialen Konsequenzen der Auslandsverschuldung ist das Ausmaß des *Nettoressourcentransfers* (NRT) von zentraler Bedeutung, dessen wachstums- und entwicklungspolitische Implikationen von erheblicher Brisanz sein können (vgl. Abschnitt 2).

Abbildung 4: Externe Finanzierungsströme und Ressourcentransfer

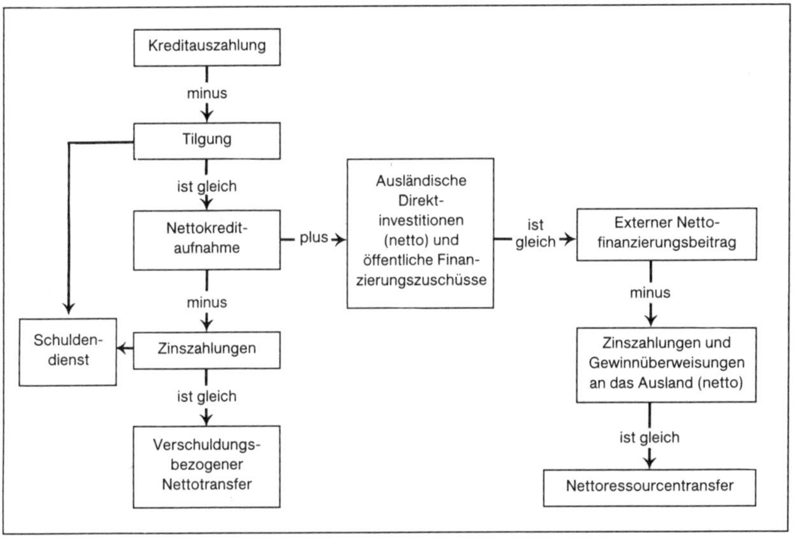

In Abb. 4 sind die durch die externe Kreditaufnahme ausgelösten Finanzierungsströme und deren Einfluß auf den NRT schematisch dargestellt. Positiver NRT bedeutet, daß das Land per Saldo langfristiges Kapital importiert, mithin also die inländische Güterverfügbarkeit *ceteris paribus* steigen kann; negativer NRT bedeutet dementsprechend, daß per Saldo knappe Ressourcen an die ausländischen Forderungsinhaber transferiert werden und diese Ressourcen folglich der inländischen Verfügbarkeit entzogen sind.
Tab. 5 zeigt, daß seit dem offenen Ausbruch der Verschuldungskrise, 1982, die Nettokreditaufnahme der EL drastisch reduziert wurde und die ihnen zufließenden externen Nettofinanzierungsbeiträge zeitweilig nur noch gut die Hälfte des Volumens von 1980 betrugen. Seit 1984 leisteten die EL insgesamt einen negativen NRT, der seinen vorläufigen jährlichen Höchstwert 1987 mit 16,7 Mrd. US-$ erreichte. Bei dieser Berechnung ist das beachtliche Fluchtkapital aus den EL nicht berücksichtigt, das sich zahlungsbilanzmäßig in der Bilanz der ungeklärten Posten und statistischen Fehler niederschlägt. Im Zuge der Verschuldungskrise sind die EL zwangsläufig zu Finanziers der

Tabelle 5: Nettokreditaufnahme, externe Finanzierungsbeiträge und Nettoressourcentransfer der Entwicklungsländer[a] *(in Mrd. US-$)*

	1980	1983	1984	1985	1986	1987	1988	1989	1990[p]
(1) Langfristige Kreditaufnahme im Ausland	104,0	92,9	88,9	84,7	86,6	85,3	93,7	85,6	97,1
(2) - Tilgungen	42,9	43,1	46,7	51,8	58,8	67,3	70,9	63,4	67,3
(3) = **Nettokreditaufnahme**	**61,1**	**49,7**	**42,2**	**32,8**	**27,7**	**18,0**	**23,7**	**22,7**	**29,7**
(4) + ausländische Direktinvestitionen (netto)	9,1	8,5	8,2	10,5	9,5	13,2	19,0	22,3	..
(5) + ausländische Finanzierungszuschüsse[b]	12,4	9,8	11,3	13,1	13,9	14,8	17,9	18,6	..
(6) = **externer Nettofinanzierungsbeitrag**	**82,7**	**68,2**	**61,9**	**56,5**	**51,2**	**46,1**	**60,8**	**63,2**	**..**
(7) - Zinszahlungen auf langfristige Kredite	31,6	46,1	52,4	53,3	51,3	52,0	58,9	51,8	52,2
(8) - Gewinnüberweisungen an das Ausland[c]	13,9	11,5	10,4	10,6	9,8	10,8	11,3	12,4	..
(9) = **Nettoressourcentransfer**	**37,1**	**10,4**	**-0,9**	**-7,4**	**-9,9**	**-16,7**	**-9,4**	**-1,0**	**..**
Nachrichtlich:									
Nettoressourcentransfer in % des BSP	1,8	0,5	-0,1	-0,4	-0,5	-0,7	-0,4	-0,1	..
Verschuldungsbezogener Nettotransfer (= (3) - (7))	29,4	3,6	-10,1	-20,4	-23,6	-33,9	-35,2	-29,5	-22,4

[a] 107 Länder des Debtor Reporting System.
[b] Ohne Mittel der Technischen Zusammenarbeit.
[c] Gewinne aus Direktinvestitionen.
p Weltbank-Projektion.
..
Differenzen in den Summen durch Runden.
Quelle: World Bank, World Debt Tables 1988-89, 1989-90, 1990-91, Washington, D.C. 1988, 1989, 1990.

übrigen Welt geworden. Insgesamt erbrachten die Schuldnerländer der Dritten Welt in den Jahren 1980–90 Amortisations- und Zinszahlungen für ihre langfristigen Auslandskredite in Höhe von 1,14 Billionen US-$ (davon 539 Mrd. US-$ Zinsen) – und gleichzeitig stieg ihre langfristige Verschuldung um fast das Zweieinhalbfache an, von 421 Mrd. US-$ (1980) auf 1,01 Billionen US-$ (1990).

Tabelle 6: Regionale Verteilung der Nettokreditaufnahme und des Nettoressourcentransfers (in Mrd. US-$)

Ländergruppe	1980	1984	1986	1988	1989
Nordafrika und Mittlerer Osten					
Nettokreditaufnahme	5,7	5,4	6,0	5,0	3,4
Nettoressourcentransfer	6,7	4,3	3,1	1,8	-0,02
Afrika südlich der Sahara					
Nettokreditaufnahme	8,7	5,3	6,4	6,4	5,4
Nettoressourcentransfer	5,8	4,5	6,2	8,0	9,4
Südasien					
Nettokreditaufnahme	4,5	4,3	4,5	5,8	6,9
Nettoressourcentransfer	4,9	4,6	4,7	5,7	5,4
Ostasien und Pazifik					
Nettokreditaufnahme	11,3	12,3	4,2	6,7	7,0
Nettoressourcentransfer	2,8	3,3	-1,1	-1,6	1,5
Lateinamerika und Karibik					
Nettokreditaufnahme	22,8	16,2	1,5	8,3	2,9
Nettoressourcentransfer	7,1	-15,6	-20,5	-21,2	-17,9
Europa und Mittelmeerraum					
Nettokreditaufnahme	12,1	3,1	2,4	-3,1	-1,2
Nettoressourcentransfer	8,0	-4,0	-4,4	-6,7	-4,7

Quelle: World Debt Tables 1990-91.

Die mit der Verschuldungskrise einhergehende Veränderung der internationalen Kapitalströme wirkte sich regional sehr unterschiedlich aus (vgl. Tab. 6). Am stärksten betroffen wurde Lateinamerika, das von Neukrediten zeitweilig weitgehend abgeschnitten war. Der NRT aus Lateinamerika an die übrige Welt wird für die Periode 1983–89 auf 121,8 Mrd. US-$ oder 2,7 % des lateinamerikanischen BSP geschätzt. Auch die EL in Europa und dem Mittelmeerraum leisteten in den Jahren 1983–89 einen NRT an das Ausland, der durchschnittlich 4,7 Mrd. US-$ p.a. erreichte. Für die übrigen EL-Regionen ergab sich 1983–89 ein positiver NRT aus der übrigen Welt, der mit einem jährlichen Beitrag von durchschnittlich 6,5 Mrd. US-$ in Afrika südlich der Sahara den höchsten absoluten Wert erreichte.

2. Problemanalyse der Verschuldungskrise

2.1 Makroökonomik externer Verschuldungsprozesse

Daß ein Land ausländische Kredite und andere Finanzierungshilfen in Anspruch nimmt, ist gängige Praxis, solange es geregelte außenwirtschaftliche Beziehungen zwischen den Nationen gibt. Zu einem Problem wird die Inanspruchnahme *externer* Finanzierungsmittel für *interne* Verwendungszwecke nur dann, wenn ein Schuldnerland nicht mehr in der Lage ist, die fälligen Zinsen und Tilgungen an den vereinbarten Terminen zu leisten. Der Extremfall der absoluten Zahlungsunfähigkeit gegenüber den ausländischen Gläubigern tritt ein, wenn die zentralen Währungsreserven aufgezehrt sind und das Land keinerlei Kapitalimporte mehr erhält.

Zahlungsbilanztechnisch gesehen ermöglicht (Netto-)Kreditaufnahme im Ausland, d. h. (Netto-)Kapitalimport, die Ausweitung eines gegebenen Importüberschusses bei Waren und Dienstleistungen bzw. die Ausweitung eines Leistungsbilanzdefizites. Durch Auslandskredite zur Finanzierung von Importen wird es möglich, in der Gegenwart über mehr Güter für Konsum und/oder Investitionen zu verfügen, als dies bei der gegebenen inländischen Produktion realisierbar wäre. Allerdings müssen die aufgenommenen Kredite verzinst werden, und das heißt, über den rein zahlungstechnischen Vorgang hinaus: Das Schuldnerland räumt den ausländischen Gläubigern in Höhe der vereinbarten Zinsen Ansprüche auf die bei der inländischen Produktion zukünftiger Perioden entstehenden (Real-)Einkommen ein. Denn die Zinsen müssen in Devisen transferiert werden, die aus der Verwertung der inländischen Produktion zu erwirtschaften sind.

Die Befriedigung der ausländischen Forderungsansprüche aus der Kreditaufnahme ist ohne Einschränkung der inländischen Güterverfügbarkeit, und damit des materiellen Lebensstandards, nur möglich, wenn reale Einkommenszuwächse erzielt werden, die mindestens den fälligen Zinszahlungen an das Ausland entsprechen. Hinreichendes wirtschaftliches Wachstum ist somit für sich außenfinanzierende Volkswirtschaften eine *conditio sine qua non*, um die Bedienung der Auslandsschulden ohne interne materielle Wohlstandseinbußen bewältigen zu können.

Formal lassen sich die „Erfolgsbedingungen" externer Verschuldungsprozesse (in vereinfachter Darstellungsweise) aus den folgenden fünf Gleichungen der Volkswirtschaftlichen Gesamtrechnung ableiten (vgl. *Holthus* 1987: 22):

(1) $BIP_m = Y = C_{pr} + C_{St} + I_{pr} + I_{St} + (X - M)$, mit $(X - M) < 0$;

(2) $BSP_m = Y' = Y - iED = C_{pr} + S + T$.

Gleichung (1) ist die Verwendungsgleichung des Bruttoinlandsprodukts zu Marktpreisen (BIP_m bzw. Y); sie besagt, daß das BIP_m identisch ist mit der Ausgabensumme aus privatem und staatlichem Konsum (C_{pr}, C_{St}), privaten und staatlichen Investitionen (I_{pr}, I_{St}) sowie dem Saldo aus Exporten (X) und Importen (M). Es wird ein Importüberschuß angenommen, also ein negativer Außenbeitrag (X − M). Gleichung (2) zeigt, daß bei einem durch Auslandskredite (ED) finanzierten Importüberschuß die bei der Produktion im *Inland* entstehenden Einkommen (Y) nicht vollständig an die *Inländer* verteilt werden können, da vorab der zum Zinssatz i auf die Auslandsschuld zu zahlende Betrag iED abzuführen ist. Das Inländereinkommen (Y'), das für privaten Konsum, Ersparnis (S) und Steuerzahlungen (T) verwendet werden kann, entspricht also in diesem Falle dem um die Kosten der Auslandsverschuldung (iED) verminderten Inlandseinkommen.

Setzt man die rechte Seite von (1) anstelle von Y auf der linken Seite von (2) ein, erhält man

(3) $C_{pr} + C_{St} + I_{pr} + I_{St} + (X - M) - iED = C_{pr} + S + T$

und durch Umstellung

(4) $(X - M) - iED = (S - I_{pr}) + (T - C_{St} - I_{St})$

sowie

(5) $I_{pr} + I_{St} = S + (T - C_{St}) + (M + iED - X)$.

Da der Außenbeitrag annahmegemäß negativ ist, gilt das Gleichheitszeichen in (4) z. B. unter der Bedingung $S < I_{pr}$ („Sparlücke") und $T < (C_{St} + I_{St})$ („Budgetlücke"). Gleichung (4) besagt in diesem Falle, daß das Leistungsbilanzdefizit (das sich aus dem Importüberschuß und den Zinszahlungen an das Ausland ergibt) gleich der inländischen „Sparlücke„ und dem Haushaltsdefizit der Regierung ist. Gleichung (5) zeigt, daß die Gesamtinvestition durch die private und staatliche Ersparnis sowie das Leistungsbilanzdefizit bestimmt sind.

Unter den getroffenen Annahmen wird das Leistungsbilanzdefizit umso größer, je höher die privaten Investitionen, je geringer die Ersparnisbildung und je größer das Defizit des öffentlichen Haushalts ist. Ein Anstieg (Rückgang) der privaten und/oder staatlichen Konsumquote (Sparquote), d. h. des prozentualen Verhältnisses von Konsum (Ersparnis) zum Einkommen, ist *ceteris paribus* möglich, wenn der Importüberschuß ausgeweitet wird. Dies setzt allerdings zusätzlichen Kapitalimport voraus, z. B. in Form weiterer Auslandskredite. Der hieraus resultierende zukünftige zusätzliche Schuldendienst erfordert jedoch – da $Y' = Y - iED$ –, daß die Konsumquote bei unverändertem inländischen Produktionsniveau wieder sinkt. Ist dies nicht der Fall, dann müssen die zusätzlichen Zinstransfers an das Ausland zu Lasten der Steuereinnahmen des Staates oder zu Lasten der Ersparnis gehen. Dies bedeutet, daß sich unter sonst gleichen Bedingungen die „Budgetlücke" oder die „Sparlücke" vergrößert. Wird dadurch wegen einer sinkenden Investitionsquote das wirtschaftliche Wachstum beeinträchtigt, dann ist eine Verschuldungskrise vorprogrammiert, die sich zu einer Entwicklungskrise ausweiten kann.

Werden die zusätzlichen Auslandskredite hingegen dazu verwendet, die inländischen Investitionen auszuweiten, deren Erträge zumindest dazu ausreichen, den zusätzlichen externen Zinszahlungsverpflichtungen in Devisen nachzukommen, sei es direkt durch steigende Exporterlöse aus den Investitionen oder sei es indirekt durch Importsubstitution, dann führt auch ein längeranhaltender Verschuldungsprozeß zu keiner Beeinträchtigung des materiellen Lebensstandards der Inländer. Denn wenn mit der Ausweitung der Auslandskredite über die Steigerung der Investitionen ein Zuwachs des BIP einhergeht, der dem Zuwachs der Zinszahlungen entspricht oder diesen übersteigt, dann ergibt sich (gemäß Gleichung (2)) auch nach Zahlung der Zinsen ein gleichbleibendes oder sogar steigendes BSP, das konstanten oder zunehmenden Konsum ermöglicht.

Damit ein längeranhaltender Prozeß externer Verschuldung nicht in eine Krise führt, die materielle Wohlstandseinbußen im Schuldnerland erzwingt und das Wachstumspotential der Volkswirtschaft beeinträchtigt, müssen mindestens drei Kriterien beachtet werden (*Holthus* 1987: 23):

1. Das *Transformationskriterium:* Auslandskredite dürfen nicht zur Ausweitung des inländischen Konsums dienen, sondern müssen in ertragbringende Inlandsinvestitionen umgewandelt werden.
2. Das *Effizienzkriterium:* Außenfinanzierte Investitionen müssen eine Kapitalrentabilität aufweisen, die größer oder zumindest gleich dem internationalen Realzins ist, damit der Schuldendienst sich selbst finanziert.
3. Das *Transferkriterium:* Damit die Mittel für die Zinszahlungen an die ausländischen Gläubiger in Form von Devisen transferiert werden können, ist das importierte Kapital so zu investieren, daß damit auf dem Weltmarkt konkurrenzfähige Produkte erzeugt werden, die zu einer Ausweitung der Exporte oder zu einer Substitution von Importen führen.

2.2 **Das Verschuldungsproblem als Entwicklungsproblem**

In Abb. 5 ist schematisch dargestellt, wie bei Nichterfüllung der „Erfolgskriterien" aus einem Prozeß anhaltender Auslandsverschuldung eine Problemkonstellation entstehen kann, die in eine schwerwiegende Wachstums- und Entwicklungskrise des Schuldnerlandes führt. In diesem Schema sind Rükkoppelungs- und Verstärkungseffekte zwischen den verschiedenen Problembereichen nicht berücksichtigt. Die hier für analytische Zwecke getrennt dargestellten gesamtwirtschaftlichen Hauptaspekte des Verschuldungsproblems der EL müssen hinsichtlich ihrer tatsächlichen Auswirkungen als Teile eines dynamischen Systems erfaßt werden. Bei der theoretischen Modellierung des „Verschuldungssyndroms" der EL sind in den letzten Jahren deutliche Fortschritte erzielt worden, die zu einem besseren Verständnis von Genese und Persistenz der Verschuldungskrise beigetragen haben (z. B. *Cline* 1983; *Reisen/van Trotsenburg* 1988; *Taylor* 1990).

Entscheidend dafür, ob die Auslandsverschuldung zu einem Problem wird, ist zunächst die Frage, inwieweit die Umwandlung der externen Kredite in rentable Inlandsinvestitionen gelingt, ob also das *Transformationsproblem* erfolgreich gelöst wird. Allerdings läßt sich bei der Kreditfinanzierung von Investitionsprojekten *a priori* nicht mit Sicherheit feststellen, ob das *Effizienzkriterium* erfüllt ist. Werden die Kredite z. B. zu variablen Zinssätzen kontraktiert

Abbildung 5: Analytische Grundstruktur des Verschuldungsproblems

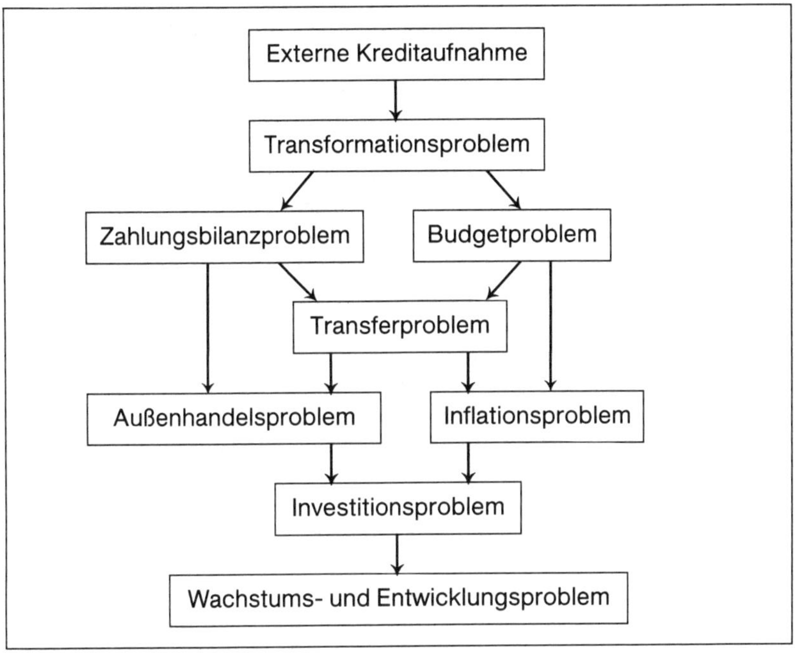

(was im längerfristigen Auslandskreditgeschäft durchaus üblich ist), dann können die Zinsen möglicherweise soweit ansteigen, daß sie über der kalkulierten Kapitalrentabilität des Investitionsprojektes liegen. Ein weiterer Risikofaktor ergibt sich bei exportorientierten Investitionsprojekten (insbesondere der Rohstoffgewinnung und -verarbeitung) aus der Möglichkeit des Preisverfalls am Weltmarkt durch steigende Angebotsmengen, so daß die tatsächlichen Erlöse des Projektes unter den kalkulierten liegen und zur Deckung der Kapitalkosten nicht ausreichen. Bei dem häufig sehr langen Implementierungszeitraum großer Investitionsprojekte in EL ist die Rentabilitätskalkulation, die dem Finanzierungsplan zugrunde gelegt wird, mit erheblichen Unsicherheitsfaktoren behaftet.

Werden die Auslandskredite in unrentable Investitionen gelenkt, oder dienen sie lediglich dazu, Einfuhren für zusätzlichen (privaten und/oder öffentlichen) Inlandskonsum zu finanzieren, dann ist die „Selbstfinanzierung" des Schuldendienstes a priori unmöglich.

Zins- und Tilgungszahlungen an die ausländischen Gläubiger bedeuten Kapitalexport aus dem Schuldnerland. Bei anhaltendem verschuldungsbedingten Nettokapitalexport, der nicht durch einen Leistungsbilanzüberschuß ausgeglichen wird, entsteht ein *Zahlungsbilanzproblem*. Bei fortwährender Verminderung der zentralen Währungsreserven tritt schließlich die internationale Zahlungsunfähigkeit des Schuldnerlandes ein.

Eine häufig praktizierte Reaktion auf das verschuldungsbedingte Zahlungsbilanzproblem ist die Anpassung der Außenhandelsbeziehungen an die veränderte Situation, um durch Exportförderung und Importdrosselung einen Aktivsaldo in der Handelsbilanz zu erzielen. Zwar steigt durch einen solchen Handelsbilanzüberschuß *ceteris paribus* die Devisenverfügbarkeit, aber die mittel- bis längerfristige Schuldendienst*fähigkeit* wird möglicherweise durch die binnenwirtschaftlichen Konsequenzen des *Außenhandelsproblems* nachteilig beeinflußt. Wird die Steigerung der Ausfuhrerlöse durch offene oder verdeckte Subventionen für die Exporteure herbeigeführt, hat dies in der Regel ein wachsendes Budgetdefizit oder eine Einschränkung der staatlichen Investitionen zur Folge. Praktizieren zudem mehrere Schuldnerländer gleichzeitig eine gleichgerichtete Außenhandelsstrategie zur Lösung ihrer verschuldungsinduzierten Zahlungsbilanzprobleme, dann neutralisieren sie sich möglicherweise gegenseitig.

Es ist beispielsweise nicht auszuschließen, daß die negative Entwicklung der lateinamerikanischen *Terms of Trade* während der 80er Jahre mit dem gleichgerichteten außenwirtschaftlichen Anpassungsverhalten der Region an die Verschuldungskrise zusammenhängt, d. h. mit den Abwertungen der nationalen Währungen zwecks Exportförderung sowie mit der mengenmäßigen Steigerung von Agrar- und Rohstoffausfuhren bei stark rückläufigen Weltmarktpreisen.

Besonders problematisch für die längerfristigen wirtschaftlichen Entwicklungsperspektiven wirkt sich eine Handelsbilanzanpassung an den verschuldungsbedingten Devisenbedarf aus, die hauptsächlich durch Importrestriktionen erfolgt. Zumindest im Kapitalgüterbereich können in fast allen EL rigorose Einfuhrbeschränkungen über einen längeren Zeitraum hinweg nicht aufrechterhalten werden, ohne dadurch eine nachhaltige Qualitätsverschlechterung des volkswirtschaftlichen Produktionsapparates zu verursachen, bis hin zu einem erzwungenen Kapazitätsabbau in den betroffenen Wirtschaftszweigen mangels Ersatzinvestitionen. Darüber hinaus trägt der wegen Importrestriktionen unterbliebene Technologietransfer dazu bei, die zukünftige internationale Wettbewerbsposition zu schwächen, mit der Folge sinkender Exportfähigkeit und steigender Importabhängigkeit. Eine dirigistische Anpassung des Außenhandels an die verschuldungsbedingten Zahlungsbilanzzwänge kann also allenfalls kurzfristig sinnvoll sein. Mittelfristig wirken sich Wechselkursmanipulationen, Ausfuhrsubventionen und Einfuhrbeschränkungen eher negativ auf die Schuldendienstfähigkeit aus.

Für das mittelfristige Wachstums- und Entwicklungspotential einer außenverschuldeten Volkswirtschaft – und damit auch für deren Schuldendienstfähigkeit – ist die Lösung des *Transferproblems* von zentraler Bedeutung. Kommt es über Jahre hinweg zu einem NRT in das Ausland, wie dies bei den SIMICs in den 80er Jahren der Fall war, dann bedeutet dies, daß die Verwendungsansprüche an das BIP zu Lasten der Investitionen und/oder des Konsums reduziert werden müssen.

Negative Auswirkungen eines langanhaltenden externen Verschuldungsprozesses auf die inländische Investitionstätigkeit und -fähigkeit können dadurch entstehen, daß die mit dem NRT an das Ausland einhergehende Übertragung von Ansprüchen an das gesamtwirtschaftliche Produktionsergebnis als implizite Besteuerung zukünftiger Investitionserträge wirkt. Investitionen werden dadurch im Vergleich zu konsumtiven Verwendungszwecken weniger attraktiv. Zudem sinkt bei rückläufigen externen Nettofinanzierungsbeiträgen die interne Liquidität im Schuldnerland, so daß die Opportunitätskosten von Investitionen (im Sinne entgangenen Konsums) steigen (*Borensztein* 1989).

Das *Investitionsproblem* in Form eines akzentuierten Rückgangs der inländischen Investitionsquote beeinträchtigt nicht nur das zukünftige Wachstumspotential, sondern hat auch zur Folge, daß sich mit wachsendem technologischen Rückstand der Produktionsanlagen gegenüber dem Weltmarktstandard die internationale Wettbewerbsfähigkeit verschlechtert. Damit gehen dann nachteilige Rückwirkungen auf die Handelsbilanz und folglich auch auf die zahlungsbilanztechnische Schuldendienstfähigkeit einher. Beeinträchtigt der negative NRT mit seinen investiven Konsequenzen das zukünftige gesamtwirtschaftliche Wachstum, dann werden die Schwierigkeiten mit der Bedienung der Auslandsschulden perpetuiert.Bei längeranhaltendem negativen NRT signifikanter Größenordnung besteht somit die Gefahr, daß die ursprüngliche Liquiditätskrise – via Transfer- und Investitionsmechanismus – zu einer Insolvenzkrise wird, und sich das Verschuldungsproblem zu einem *Wachstums- und Entwicklungsproblem* ausweitet. Dies bedeutet dann für die Bevölkerungsmehrheit, daß kaum Chancen für eine Verbesserung ihres materiellen Lebensstandards bestehen oder sogar zunehmende Verarmung eintritt.

Ein spezifisches *Budgetproblem* kann sich aus der Auslandsverschuldung ergeben, wenn auf die öffentlichen Haushalte ein maßgeblicher Anteil der externen Kreditaufnahme entfällt und dieser Anteil beständig größer wird. Dies war während der 80er Jahre vor allem in Lateinamerika sowie in Afrika südlich der Sahara der Fall (vgl. Tab. 2). Zur Bedienung seiner (steigenden) Zins- und Tilgungsverpflichtungen gegenüber den ausländischen Gläubigern muß der Staat über Devisen verfügen. Diese kann er von den Exporteuren erwerben, indem er dem inländischen privaten Sektor eine entsprechende (reale) Steuerlast auferlegt und damit die private Güterverfügbarkeit reduziert. Die Alternative – die vor allem in den lateinamerikanischen Schuldnerländern lange Zeit bevorzugt wurde – besteht darin, den Schuldendienst durch ein (zusätzliches) Haushaltsdefizit abzudecken und dieses durch Geldschöpfung zu finanzieren. Dadurch wird jedoch das *Inflationsproblem* geschaffen oder verschärft, das zu einer ineffizienten Allokation der Produktionsfaktoren beiträgt und die Kapitalflucht fördert (vgl. hierzu *Erbe* 1985).

Durch inflationäre Geld- und Finanzpolitik wird die Schuldendienstfähigkeit der Volkswirtschaft mittelfristig beeinträchtigt, da bei hohen Inflationsraten die inländische Ersparnis tendenziell zurückgeht und die private Investitionstätigkeit nachläßt. Bei gegebenem Haushaltsvolumen besteht zudem die Gefahr, daß steigende Schuldendienstverpflichtungen des Staates zu Lasten der öffentlichen Infrastrukturinvestitionen gehen. Darüber hinaus mindert eine Inflationspolitik die internationale Kreditwürdigkeit des Schuldnerlandes, mit entsprechenden negativen Auswirkungen auf den Zufluß ausländischen Kapitals, sei es in Form von Direkt- und Portfolioinvestitionen, sei es in Form von Krediten. Sinken die Nettofinanzierungsbeiträge des Auslands, dann nimmt bei gleichbleibenden oder steigenden Zinszahlungen der negative NRT zu. Mithin wird also durch den Versuch, die Auswirkungen der öffentlichen Auslandsverschuldung auf das Staatsbudget durch inflationsfördernde geld- und finanzpolitische Maßnahmen meistern zu wollen, das Transferproblem verschärft.

3. Krisenmanagement und Lösungsversuche

Sobald das Verschuldungsproblem Dimensionen erreicht, die über das zahlungsbilanztechnische Problem einer temporären Illiquidität hinausgehen, sind längerfristige Problemlösungsstrategien erforderlich. Ursachenorientierte Strategien zielen auf die *strukturelle Anpassung* der Volkswirtschaft des Schuldnerlandes an die veränderten weltwirtschaftlichen Rahmenbedingungen, um die Schuldendienstfähigkeit zu steigern. Makroökonomische *Strukturanpassungsprogramme*, die gleichzeitig zu höherer Produktivität und höherem Wirtschaftswachstum, zu Ausfuhrsteigerungen und Verbesserungen der Zahlungsbilanz führen sollen, setzen allerdings wirtschaftspolitische Gestaltungsfähigkeit und Durchführungskompetenz voraus, die in den betroffenen EL nicht immer in hinreichendem Maße vorhanden sind. Zudem können solche Strukturanpassungsprogramme mit sozialen Härten verbunden sein, so daß sie auf innenpolitischen Widerstand stoßen. Es kann auch erhebliche Zeit verstreichen, bis umfassende Strukturanpassungsprogramme Erfolge zeigen, und während dessen ist möglicherweise sogar eine Ausweitung der externen Verschuldung erforderlich, um die Anpassungsstrategie (zwischen-)finanzieren zu können.

Symptomorientierte Strategien versuchen, das Verschuldungsproblem durch Reduzierung des Schuldenbestands und/oder durch Verminderung der Schuldendienstlast zu lösen. Eine Verringerung des Schuldendienstes läßt sich durch Umschuldungen oder Umfinanzierungen erreichen. Durch Ausweitung der tilgungsfreien Periode und der Laufzeiten erhält der Schuldner die Möglichkeit, wirtschaftspolitische Korrekturen durchzuführen, die seine zukünftige Schuldendienstfähigkeit erhöhen. Eine Verringerung des Zinssatzes für umgeschuldete Beträge senkt direkt die Zahlungsverpflichtungen des Kreditnehmers. Bei einer Schuldenreduktion wird der Bestand an Kreditforderungen zu marktgerechten oder konzessionären Bedingungen abgebaut, so daß sich die Tilgungs- und/oder Zinszahlungen entsprechend vermindern. Technisch kann der Schuldenabbau durch verschiedene Instrumente erfolgen: durch Umwandlung von Krediten in Beteiligungen (*debt-equity-swaps*), durch Austausch von Forderungen mit Abschlägen gegen andere Schuldeninstrumente wie z. B. Schuldverschreibungen oder Exit-bonds (*debt-for-bond-swaps*), oder indem ein Land seine Schuldtitel mit einem Abschlag gegen Kasse zurückkauft (*debt-buy-back*).

Eine wesentliche Voraussetzung für die Entwicklung dieser innovativen Techniken des Schuldenabbaus und die Umstrukturierung von Schulden bei Geschäftsbanken war die Herausbildung eines Sekundärmarktes für EL-Kredite. Auf diesem Markt werden die Kreditforderungen zwischen den ursprünglichen Kreditgebern und anderen institutionellen Anlegern mit einem Abschlag auf den ursprünglichen Nominalwert gehandelt. Es erfolgt also eine marktmäßige Bewertung des Kreditrisikos und damit u. a. eine Einschätzung der Schuldner bezüglich Schuldenmanagement und wirtschaftspolitischer Anpassungsfähigkeit (vgl. *Gajdeczka/Stone* 1990). Das Gesamtvolumen der auf dem Sekundärmarkt gehandelten EL-Kredite ist von rund 6 Mrd. US-$ (1985) auf über 60 Mrd. US-$ (1989) gestiegen.

3.1 **Erfahrungen mit Strukturanpassungsprogrammen**

Strukturelle Anpassungsprogramme der Schuldnerländer wurden in der Regel gemeinsam mit dem IWF und der Weltbank konzipiert und durch Kredite dieser Institutionen gefördert (*Structural Adjustment Lending*). Die Schlüsselbegriffe in diesen Programmen lauten Stabilitätspolitik, Wachstumspolitik, Rückzug des Staates aus der Wirtschaft. Die Stabilisierungskomponente, die mittels einer nachfrageorientierten Kontraktionsstrategie auf die Verminderung des Leistungsbilanzdefizits, des Haushaltsdefizits und der Inflationsrate abzielt, steht mit ihren rezessiven Effekten allerdings in einem partiellen Konflikt mit der eigentlichen Strukturanpassungskomponente: Durch wirtschaftspolitische und institutionelle Reformen sollen Produktivität und Wachstumspotential der Volkswirtschaft gesteigert werden, damit das Schuldnerland aus der Schuldenkrise „herauswächst".

Die Durchführung komplexer Strukturanpassungsprogramme in den verschuldeten EL hat sich in der Praxis der 80er Jahre als recht schwierig erwiesen, und die erreichten Ergebnisse blieben von den Zielvorgaben teilweise weit entfernt (vgl. WORLD BANK 1988). Entscheidende Mißerfolgsfaktoren von Strukturanpassungsprogrammen à la IWF und Weltbank waren unzureichende Berücksichtigung der länderspezifischen Besonderheiten, unrealistische Zielvorgaben sowie mangelnde innenpolitische Akzeptanz.

Der instrumentelle Grundgedanke von Strukturanpassungsprogrammen ist die stärkere Marktorientierung gesamtwirtschaftlicher Schlüsselgrößen wie Zinsen, Wechselkurse, Tarife öffentlicher Versorgungsunternehmen etc. Operational bedeutet dies Liberalisierung des Außenhandels, Deregulierung der Wirtschaft, Konsolidierung des Staatshaushalts durch Steuerreform, Subventionsabbau und Privatisierung öffentlicher Unternehmen. Dies alles erfordert Zeit – und stößt teilweise auf den Widerstand vielfältiger Interessengruppen, für die staatliche Regulierungen, Kontrollen und Subventionen zusätzliche Einkommensquellen darstellen. Zudem beinhalten die Anpassungsprogramme keine Erfolgsgarantie sui generis. Da sie vor allem auf die Wirkungen des Marktmechanismus und eines liberalen Außenwirtschaftsregimes bauen, sind sie mit erheblichen Risiken behaftet, die sich aus Unvollkommenheiten der Märkte ergeben können.

In zahlreichen Schuldnerländern waren strukturelle Anpassungsprogramme, und insbesondere deren Stabilisierungskomponente, mit hohen sozialen Kosten verbunden, die gerade die ärmsten Bevölkerungsgruppen schwer getroffen haben (für Lateinamerika vgl. *Schneider* 1989). Als besonders gefährdet gelten die städtischen Armen sowie die arme Bevölkerung in ländlichen Gebieten, die wegen mangelnder Möglichkeiten eigener Subsistenzproduktion Nahrungsmittel kaufen muß (WORLD BANK 1988: 30).

Erst mit erheblicher Verzögerung ist den sozialen Kosten verschuldungsbedingter struktureller Anpassungsprozesse von den internationalen Finanzierungs- und Entwicklungsagenturen die notwendige Aufmerksamkeit gewidmet worden. Als Beispiele für ein allmähliches Umdenken lassen sich der UNICEF-Vorschlag für eine „Anpassung mit menschlichem Gesicht" (*Cornia/Jolly/Steward* 1987, 1988) und die *Social Dimension of Adjustment*-Initiative für Afrika der Weltbank nennen (WORLD BANK 1990c).

Aus der Sicht der Gläubiger wird häufig Chile als ein Musterbeispiel dafür genannt, wie die Verschuldungskrise durch einen gelungenen makroökonomischen Anpassungsprozeß bewältigt werden konnte (z. B. *Husain* 1989: 4) und gleichzeitig die Armen vor den negativen sozialen Konsequenzen der erforderlichen staatlichen Haushaltskonsolidierung vergleichsweise gut geschützt blieben (WORLD BANK 1990b: 117).

In diesem Zusammenhang stellt sich die Frage nach der politischen Ökonomie eines radikalen wirtschaftspolitischen Strategiewechsels, d. h. also die Frage, ob für die „orthodoxe" Anpassung eines Landes an die tatsächlichen oder vermeintlichen ökonomischen Erfordernisse der Schuldenkrise ein autoritäres Regime besonders geeignet sei. Die Beispiele Chile und Ghana in den 80er Jahren könnten als positive Antwort dienen – aber als Gegenbeispiel ließe sich Brasilien nennen, wo u. a. die Unfähigkeit eines Militärregimes, auf die Konsequenzen der Verschuldungskrise wirtschaftspolitisch angemessen zu reagieren, dem Redemokratisierungsprozeß vermutlich Auftrieb verliehen hat.

3.2 **Baker-Plan und Brady-Initiative**

Angesichts ausgeprägter Wirkungsverzögerungen, die bei strukturellen Anpassungsprogrammen in EL zu beobachten waren, stellte sich geradezu zwangsläufig die Frage nach der Notwendigkeit ergänzender Maßnahmen oder radikaler Alternativstrategien zur Lösung des Verschuldungsproblems. Die international sehr intensiv und auch kontrovers geführte Diskussion dieser Frage hat sich nicht nur in einer Flut einschlägiger Veröffentlichungen niedergeschlagen, sondern hat auch „ein Pandämonium der Lösungsansätze" (*Nowzad* 1990: 9) hervorgebracht. Politische – und damit praktische – Relevanz hatten Lösungsvorschläge freilich nur dann, wenn sie die Befürwortung durch die maßgeblichen IL, und folglich die Unterstützung von IWF und Weltbank, finden konnten. So ist es kein Zufall, daß vor allem zwei von der US-Regierung lancierte Vorschläge zur Ergänzung des Konzeptes struktureller Anpassungsprogramme die größte Bedeutung innerhalb des bisherigen Schuldenmanagements erlangt haben: der *Baker-Plan* (1985) und die *Brady-Initiative* (1989).

Der Plan des US-Finanzministers *James Baker*, auf der Jahrestagung von IWF und Weltbank im Herbst 1985 der Öffentlichkeit vorgetragen, sah ein konzertiertes Vorgehen von Geschäftsbanken, regionalen Entwicklungsbanken sowie von IWF und Weltbank vor, um 15 (später 17) EL mit Schuldendienstschwierigkeiten durch zusätzliche Kredite aus der Krise zu helfen, sofern diese Länder bereit waren, strukturelle Anpassungsprogramme durchzuführen. Von den kommerziellen Banken forderte der *Baker-Plan* eine Nettokreditvergabe in Höhe von 20 Mrd. US-$ während der Dreijahresperiode 1986–88, bei gleichzeitiger Ausweitung der Nettofinanzierungsbeiträge multilateraler regionaler Entwicklungsbanken um 9 Mrd. US-$.

Gegenüber der zuvor eingenommenen Haltung der offiziellen Gläubiger beinhaltete der *Baker-Plan* einige wichtige Veränderungen: Er ging davon aus, daß das Schuldenproblem nur längerfristig zu lösen sei, und er machte deutlich, daß es auch als Entwicklungsproblem verstanden werden müsse. Konsequenterweise wurde der Weltbank als multilateraler Entwicklungsagentur die führende Rolle im Schuldenkrisenmanagement zugewiesen, ohne allerdings zu präzisieren, welche Funktion der IWF dabei zu übernehmen habe. Außerdem bestätigte der *Baker-Plan* die Mitverantwortung der IL für die Lösung des Verschuldungsproblems, wobei sich diese Mitverantwortung insbesondere in der erhöhten Kreditvergabe der regionalen Entwicklungsbanken an die Hauptschuldnerländer konkretisieren sollte.

Eine wesentliche Schwäche des *Baker-Plans* lag darin, daß er für die Geschäftsbanken eine „konzertierte" Kreditvergabe im Rahmen von Finanzierungspaketen vorsah, an denen sich alle Banken mit zusätzlichen Ausleihungen proportional zu ihrem bisherigen Kreditengagement in dem jeweiligen Schuldnerland beteiligen sollten. Diese schematische Vorgehensweise entsprach aber nicht den unterschiedlichen Interessen der Gläubigerbanken und mußte daher auf Widerspruch stoßen. Von den längerfristigen Entwicklungszielen des *Baker-Plans* her gesehen hätte er einen integrierten Ansatz für die Beteiligung auch der öffentlichen Gläubiger im Rahmen der neuen Lösungsstrategie enthalten müssen. Die vorgeschlagene Kreditausweitung durch die regionalen Entwicklungsbanken war für die fehlende Integration der bilateralen öffentlichen Kreditgeber kein hinreichender Ersatz.

Als genereller Lösungsvorschlag für das Verschuldungsproblem der EL konnte der *Baker-Plan* ohnehin nicht gelten, da er sich von vornherein auf eine begrenzte Anzahl von Ländern mit Schuldendienstschwierigkeiten beschränkte. Daß 12 der 17 Länder, die unter den *Baker-Plan* fallen sollten, in Lateinamerika lagen, haben Kritiker als ein Indiz dafür gesehen, daß dieser Plan vor allem im Hinblick auf geostrategische Interessen der USA konzipiert worden war.

Die Ergebnisse des *Baker-Plans* blieben insgesamt weit hinter den ursprünglichen Intentionen zurück. Insbesondere die vorgesehenen Finanzierungsziele wurden nicht erreicht; die Geschäftsbanken stellten 1986–88 nur etwa zwei Drittel der anvisierten 20 Mrd. US-$ an Neukrediten zur Verfügung, die multilateralen regionalen Entwicklungsbanken sogar nur ein Zehntel der Zielvorgabe (*Cline* 1989: 180). Auch die Beschleunigung des Wirtschaftswachstums in den Hauptschuldnerländern blieb aus. Immerhin war aber der Anstieg der Gesamtverschuldung in den 17 *Baker-Plan*-Ländern deutlich geringer als in den übrigen EL.

Im März 1989 kündigte US-Finanzminister *Nicholas Brady* eine neue Schuldenstrategie an, die schwerpunktmäßig auf Schuldenreduzierung durch freiwillige Vereinbarungen zwischen Kreditgebern und -nehmern abzielte. Von den Schuldnerländern verlangte die *Brady-Initiative*, daß sie wachstumsorientierte Anpassungsprogramme durchführen und Maßnahmen zur Repatriierung von Fluchtkapital ergreifen. Um das Problem des negativen NRT aus den Schuldnerländern zu entschärfen, war ein dreifacher Ansatz vorgesehen: Abbau der Altschulden, Schuldendiensterleichterungen sowie Neukreditvergabe.

Die Geschäftsbanken sollten aus diesem *menu approach* auswählen können, ob sie neue Geldmittel zur Verfügung stellen, ob sie für Schuldenreduzierung optieren oder ob sie zeitweilig und bedingt günstigere Konditionen für die bestehenden Schulden einräumen wollen. Von den Regierungen der Gläubigerländer wurde verlangt, steuer- und bilanzrechtliche Hemmnisse bei der Schuldenreduzierung durch kommerzielle Banken zu beseitigen. Als Beitrag von IWF und Weltbank sah die *Brady-Initiative* die Bereitstellung neuer Kreditmittel an die Hauptschuldnerländer vor, die für Schuldenrückkauf, für den Austausch alter Schuldentitel mit einem Abschlag gegen neue, mit Sicherheiten ausgestattete Wertpapiere oder für den Austausch von Altschulden gegen neue Wertpapiere zum Nennwert, aber mit reduzierten Zinssätzen eingesetzt werden können. Darüber hinaus wurde vorgeschlagen, die Zinsforderungen der Gläubiger aus jenen diskontierten oder zinsreduzierten Wertpapieren zu garantieren, die gegen Altschulden bei den Geschäftsbanken getauscht wurden. Für diese Entlastungs- und Sicherungsmaßnahmen sollten die internationalen Finanzierungsinstitutionen innerhalb von drei Jahren 20 bis 25 Mrd. US-$ zur Verfügung stellen. IWF und Weltbank haben sich den ihnen zugedachten Part der *Brady-Initiative* im wesentlichen zu eigen gemacht. Japan hat dafür weitere 10 Mrd. US-$ in Aussicht gestellt.

Auch wenn 30 oder 35 Mrd. US-$ zur Lösung eines 1,3-Billionen-Dollar-Problems gewiß nicht ausreichend sind, so kann die *Brady-Initiative* dennoch als Weichenstellung in die richtige Richtung bezeichnet werden, da sie das zentrale Problem des *debt overhang,* der Altschuldenlast, direkt angeht. Eine umfassende und dauerhafte Lösung des Verschuldungsproblems der EL wurde mit der *Brady-Initiative* aber wohl noch nicht eingeleitet, zumal die konkreten Ergebnisse in erheblichem Maße davon abhängen, für welche „Menü-Optionen" sich die Geschäftsbanken vorrangig entscheiden (vgl. *Lamdany/Underwood* 1989; *Dolley et al.* 1990). Seitens der kommerziellen Banken sind erhebliche Vorbehalte gegen die *Brady-Initiative* (wie auch gegen den *Baker-Plan*) artikuliert worden: Mit den vorgeschlagenen Regelungen werde den Banken die finanzielle Hauptlast eines Schuldenabbaus aufgebürdet, was letztendlich zu einer Einschränkung der freiwilligen Kreditgewährung an die Schuldnerländer führen müsse (*Schmidt* 1990).

Als ermutigendes Beispiel für den Erfolg der *Brady-Initiative* wurde das Abkommen verstanden, auf das sich Mexiko bereits im Juli 1989 mit seinen kommerziellen Gläubigern einigen konnte. Im Rahmen dieses Abkommens, das durch IWF- und Weltbank-Finanzierungen in Höhe von 5,7 Mrd. US-$ unterstützt wird, konnte Mexiko einen substantiellen Abbau der öffentlichen Schulden gegenüber den Geschäftsbanken in Höhe eines Gegenwartswertes von (1990) etwa 36 Mrd. US-$ erreichen. Allein in den Jahren 1990-94 reduziert sich dadurch der jährliche Schuldendienst Mexikos um 1,8 Mrd. US-$ (WORLD BANK 1990a: 33f.). Bis Ende 1990 hatten drei weitere Staaten (Costa Rica, Venezuela und die Philippinen) Schulden- und Schuldendienstreduzierungen entsprechend der *Brady-Initiative* mit ihren kommerziellen Gläubigern vereinbart.

Zu dem Abkommen mit Mexiko hatten sich die beteiligten Banken erst nach „aktivem Einsatz" der US-Regierung entschließen können, was darauf hindeutet, daß das in der *Brady-Initiative* betonte Prinzip der Freiwilligkeit von Verhandlungslösungen bei weit auseinanderklaffenden Interessen zu relativieren ist. Und schließlich gilt auch: Schuldenreduktion ist *per se* noch keine Lösung, denn wird ein zu geringer Schuldenabbau erreicht, dann kann sich die Situation für das Schuldnerland gegenüber dem *Status quo ante* sogar verschlechtern, sofern die neu vereinbarte Schuldendienststruktur bezüglich Zahlungsterminen und Zinsen rigider ist als die bisherige (*Hopkins* 1990: 46).

Bei begrenzten Mitteln der internationalen Finanzierungsinstitutionen für die offizielle Unterstützung von Abkommen zur Reduzierung der Schulden und des Schuldendienstes können sich ohnehin nicht alle verschuldeten EL für die *Brady-Initiative* qualifizieren. Nicht darin einbezogen sind diejenigen hochverschuldeten Staaten mit mittlerem Einkommen, deren Kreditverbindlichkeiten hauptsächlich gegenüber öffentlichen Gläubigern bestehen (wie z. B. Kamerun, die Dominikanische Republik, Ägypten, Syrien, Honduras, Jamaika), so daß sie kaum Nutzen aus den Finanzierungsprogrammen von IWF und Weltbank zur Reduzierung der kommerziellen Schulden ziehen können. Diese Länder fallen aber auch weder unter die *Toronto-Terms* noch unter das Spezialprogramm der Weltbank für die Unterstützung Afrikas (*Fischer/Husain* 1990: 27). Grundsätzlich ausgeschlossen von allen bislang vorgeschlagenen ergänzenden Maßnahmen im Rahmen des internationalen Schuldenkrisenmanagements sind diejenigen Länder, die hohe Zahlungsrückstände gegenüber multilateralen Kreditgebern aufweisen (wie etwa Guyana, Sudan, Zambia).

Jede neue Schuldenmanagementstrategie kann zumindest solange als erfolgreich gelten, wie sie den Schuldenberg nicht wieder signifikant ansteigen läßt und der Schuldendienst die kritischen Schwellenwerte nicht übersteigt. Die bisherigen Lösungsversuche einer „geordneten" Nichterfüllung bzw. eines koordinierten Abbaus von Zahlungsverpflichtungen haben zwar zeitweilig den Anstieg der Gesamtverschuldung in den beteiligten Ländern gebremst, aber sie haben das Verschuldungsproblem nicht grundsätzlich beseitigt. Sofern die *Brady-Initiative* nicht auf eine breitere Basis gestellt wird, ist vorhersehbar, daß neue Strategien des Schuldenmanagements für neue Phasen der Verschuldungskrise erforderlich sein werden.

4. Perspektiven

Ob die wirtschafts- und entwicklungspolitischen Lektionen des „Schuldenjahrzehnts" (*Nowzad* 1990) von Gläubigern und Schuldnern gelernt wurden, ob es zu einer Lösung der Verschuldungskrise oder wenigstens zu einem besseren Schuldenkrisenmanagement in den neunziger Jahren kommen wird, ist keineswegs gesichert. Mit ziemlicher Wahrscheinlichkeit ist jedoch vorhersehbar, daß die Notwendigkeit bestehen bleibt, die Folgen der Verschuldungskrise der 80er Jahre durch gemeinsame Anstrengungen zu bewältigen.

Bei vertragsgemäßer Abwicklung der ausländischen Kreditforderungen, wie sie Ende 1989 bestanden hatten, müßten die EL Modellrechnungen der Weltbank zufolge während der 90er Jahre Zins- und Tilgungszahlungen von durchschnittlich 118 Mrd. US-$ p.a. erbringen, bis 1999 insgesamt 1,18 Billionen US-$ (WORLD BANK 1990a: 129). Trotz dieser Zahlungen würde der Schuldenberg der EL zu Beginn des nächsten Jahrtausends immer noch 280 Mrd. US-$ betragen, was ungefähr dem nominalen Schuldenstand von 1978 entspräche, also dem Stand vor Ausbruch der Krise.

Bei dieser Modellrechnung ist allerdings u. a. unterstellt, daß die EL während der 90er Jahre keine neuen Kredite aufnehmen, und daß es zu keinem Zahlungsverzug bei den bestehenden Schuldendienstverpflichtungen kommt, der wegen der Kapitalisierung der rückständigen Zahlungen zu einer Erhöhung des Schuldenstandes führen würde (was in der Wirkung einer unfreiwilligen Neukreditgewährung der Gläubiger gleichkäme). Handelsbilanzüberschüsse in Größenordnungen, wie sie dem Devisenbedarf bei vertragsgemäßer Abwicklung des Schuldendienstes entsprächen, werden die EL bei der gegebenen Ausgangslage aller Voraussicht nach nicht erzielen können. Kämen die erforderlichen Handelsbilanzüberschüsse gar durch Beibehaltung oder Ausweitung der Importrestriktionen zustande, dann wären sie wirtschafts- und entwicklungspolitisch ohnehin nicht vertretbar.

Die Bewältigung des Schuldendienstes wird also auch in Zukunft nicht allein durch eine Anpassung des Außenhandels an die verschuldungsbedingten Devisenerfordernisse zu leisten sein. Die Bewältigung der längerfristig nachwirkenden Folgen der Verschuldungskrise der achtziger Jahre setzt den Zufluß von *fresh money* voraus oder mit anderen Worten: Den EL müssen entsprechende Nettofinanzierungsbeiträge aus den IL zufließen, entweder durch Direkt- und Portfolioinvestitionen oder durch Neukreditgewährung.

Eine (partielle) Kreditfinanzierung des Schuldendienstes würde allerdings nur eine (partielle) zahlungstechnische Lösung darstellen, da sie das Problem der Altschuldenlast ad infinitum fortbestehen ließe. Eine mit wirtschaftspolitischen Auflagen verbundene Wiederaufnahme der Außenfinanzierung, insbesondere öffentlicher Schuldner, kann zwar eine wichtige Hilfestellung bei der Durchführung von Strukturanpassungsprogrammen sein, wenn dadurch die inflationsfördernden Finanzierungspraktiken des Staatshaushalts zur Bewältigung des Schuldendienstes abgebaut und/oder soziale Härten eines Austerity-Budgets gemildert werden; aber ohne Umschuldungsvereinbarungen, die auf eine substantielle Reduzierung der Schulden bzw. des Schuldendienstes hinauslaufen, ist zumindest für die SIMICs und SILICs kein Ausweg aus der Verschuldungskrise erkennbar.

Für EL in der „Schuldenfalle“ ist eine *politische Verhandlungslösung* unumgänglich, die dem Gedanken des Schuldnerschutzes Rechnung trägt, indem sie den zu erbringenden Schuldendienst an die wirtschaftliche Leistungsfähigkeit des Schuldners – und damit auch an dessen Zahlungsfähigkeit – anpaßt (*Kampffmeyer* 1987). Eine solche Verhandlungslösung, die das Einverständnis von Gläubigern und Schuldnern voraussetzt, mag einfacher zu erreichen sein, wenn es sich bei Kreditgebern und -nehmern um öffentliche Institutionen handelt, da bei diesen politische Opportunität ein wichtiges Entscheidungskriterium ist und die Kosten der Verhandlungslösung dem Steuerzahler auferlegt werden. So sind z. B. nach der Toronto-Vereinbarung von 1988 die IL grundsätzlich bereit, den ärmsten Ländern in Afrika die Rückzahlung der von öffentlichen Institutionen bilateral gewährten Kredite teilweise zu erlassen, sie sind aber vorerst nicht geneigt, die *Toronto-Terms* auch auf die EL mit mittlerem Einkommen anzuwenden.

Weitaus schwieriger gestaltet sich das Erreichen einer Verhandlungslösung, die dem Schuldnerschutz Rechnung tragen soll, wenn auf der Gläubigerseite eine Vielzahl kommerzieller Banken agiert. Da es das Geschäft von Banken ist, Gewinne zu machen, tendieren sie dazu, weitergehende Verantwortlichkeiten abzulehnen. Je mehr Rückstellungen für Verluste aus dem Kreditgeschäft die Banken bilden konnten und je mehr steuerliche Anreize dafür vorhanden sind, umso härter kann ihre Verhandlungsposition gegenüber dem säumigen Schuldnerland sein, und desto geringer wird die Neigung zu „freiwilligen“ Konzessionen in Umschuldungsverhandlungen, so daß Überredung und Druck seitens ihrer Regierungen nachhelfen müssen.

Die Institutionalisierung eines geordneten internationalen Insolvenzverfahrens für souveräne Schuldner, ein „Konkursrecht" für Staaten, wäre ökonomisch und politisch zwar sinnvoll, ist aber von einer völkerrechtlich verbindlichen Regelung noch weit entfernt (*Malagardis* 1990). Bis auf weiteres sind also pragmatische Lösungen erforderlich, die ein Mindestmaß an konzertierten Umschuldungen gewährleisten und die Kosten von Verhandlungslösungen zwischen Gläubigern und Schuldnern teilen. Um auszuschließen, daß auf der Gläubigerseite Geschäftsbanken und staatliche Kreditgeber wechselseitig versuchen, sich die Hauptlast von Verhandlungslösungen zuzuschieben, könnten sich beispielsweise die Regierungen der Geberländer dazu verpflichten, einem Schuldnerland die Rückzahlung bilateral gewährter Kredite in derselben Höhe zu erlassen, in der kommerzielle Banken einer Schuldenreduktion zustimmen (vgl. hierzu *Williamson* 1990). Für eine konzertierte Strategie zur Bewältigung des Verschuldungsproblems der EL müßten vor allem die Zusammenhänge zwischen Umschuldung, wirtschaftspolitischen Auflagen und Konzessionen der Gläubiger transparenter werden (*Bohnet* 1990).

Weniger dringlich sind Konzessionen der Gläubiger gegenüber den außenverschuldeten EL mit vorübergehenden Liquiditätsproblemen. Längerfristige Umschuldungsvereinbarungen mit erheblichen konzessionären Elementen sind aber für die eigentlichen „Problemländer" unabdingbar, die in eine strukturelle Solvenzkrise geraten sind. Dabei müßte jedoch die wirtschaftspolitische Konditionalität, die den Schuldnerländern als Gegenleistung für Konzessionen abverlangt wird (und auf die die Gläubiger sinnvollerweise nicht verzichten können), der innenpolitischen Akzeptanz von Strukturanpassungsprogrammen und Umschuldungsvereinbarungen verstärkt Rechnung tragen.

Daß politische Verhandlungslösungen für das Verschuldungsproblem gefunden werden müssen, ergibt sich zwingend aus dem wirtschaftlichen und sozialen Problemdruck, der sich in zahlreichen EL angestaut hat. Die Zahl der absolut Armen in der Dritten Welt ist während der 80er Jahre auf über 1 Mrd. im Jahre 1985 gestiegen (davon 64 % in Asien, 24 % in Afrika und 12 % in Lateinamerika – vgl. UNDP 1990: 22). Millionen armer Menschen in den Schuldnerländern Afrikas, Asiens und Lateinamerikas wurde ein beachtlicher Teil der realen Kosten der Verschuldungskrise aufgebürdet. Denn von den Ausgabenkürzungen der öffentlichen Haushalte, die im Zuge der Anpassungsprogramme erforderlich waren, sind diejenigen Mittel im allgemeinen nicht ausgespart geblieben, die vorrangig der armen Bevölkerung zugute kommen (sollen). Zudem haben sich durch die verschuldungsbedingten Wachstumseinbußen die Beschäftigungschancen gerade der ärmsten Bevölkerungsgruppen verschlechtert.

Wie die Erfahrung mit der Bewältigung historischer Schuldenkrisen zeigt, sind dauerhaft tragfähige Lösungen (wie z. B. das *Londoner Schuldenabkommen* von 1953 mit der Bundesrepublik Deutschland) nur durch kooperative Übereinkünfte zwischen Schuldnern und Gläubigern zu erreichen. Von einer Lösung des Verschuldungsproblems der EL kann letztendlich nur dann gesprochen werden, wenn durch sie das wirtschaftliche und soziale Wohlergehen der

Bevölkerungsmehrheit eines Schuldnerlandes nicht weiter beeinträchtigt wird. Welche Lösungsstrategien dem Verschuldungsproblem als Entwicklungsproblem angemessen sind, muß international weiter diskutiert werden. Diese Debatte darf allerdings nicht vergessen lassen, daß es auch zahlreiche Schuldnerländer gibt, für die der Rückgriff auf Auslandskredite nicht in eine Krise geführt hat, denen der Zugang zu den internationalen Kapitalmärkten weiterhin offen steht, und bei deren wirtschaftlichem Entwicklungsprozeß ausländisches Kapital eine bedeutende Rolle spielt.

Literatur

Bohnet, M. 1990: Umschuldungen öffentlicher und privater Forderungen an Entwicklungsländer (= Duisburger Volkswirtschaftliche Schriften, 7), Hamburg.

Borensztein, E. 1989: Die Auswirkungen von Auslandsschulden auf Investitionen, in: Finanzierung & Entwicklung 26, Nr. 3, S. 17–19.

Cline, W. R. 1983: International Debt and the Stability of the World Economy. Institute for International Economics, Washington, D. C..

– 1989: The Baker Plan and Brady Reformulation: an Evaluation, in: Husain/Diwan 1989, S. 176–192.

Cornia, G. A./R. Jolly/F. Steward 1987: Adjustment with a Human Face. Vol. 1: Protecting the Vulnerable and Promoting Growth (UNICEF), Oxford.

Cornia, G. A./R. Jolly/F. Steward (1988): Adjustment with a Human Face. Vol. 2: Ten Country Studies (UNICEF), Oxford.

Dooley, M. P. et al. 1990: Debt Reduction and Economic Activity (= Occasional Paper, 68), International Monetary Fund, Washington, D. C..

Ellyne, M./H. Flinch 1990: Probleme bei der Messung der Auslandsschulden, in: Finanzierung & Entwicklung 27, Nr. 1, S. 14–16.

Erbe, S. 1985: The Flight of Capital from Developing Countries, in: Intereconomics, 20, Nr. 6, S. 268–275.

Fischer, S./I. Husain 1990: Schuldenkrisenmanagement in den 90er Jahren, in: Finanzierung & Entwicklung 27, Nr. 2, S. 24–27.

Gajdezka, P./M. Stone 1990: Der Sekundärmarkt für Entwicklungsländerschulden, in: Finanzierung & Entwicklung 27, Nr. 4, S. 22–26.

Holthus, M. 1987: Die Auslandsverschuldung der Entwicklungsländer: Fakten, Probleme, Lösungen (BMZ: Entwicklungspolitik, Materialien 76), Bonn.

Hopkins, N. 1990: Life After Debt: Structural Adjustment in Latin America (= Wilton Park Papers, 27), London.

Husain, S. S. 1989: Wiederbelebung des Wachstums in Lateinamerika, in: Finanzierung & Entwicklung 26, Nr. 2, S. 2–5.

Husain, I./I. Diwan (Hrsg.) 1989: Dealing with the Debt Crisis. The World Bank, Washington, D. C..

Lamdany, R./J. Underwood 1989: Illustrative Effects of Voluntary Debt and Debt Service Reduction Operations (= World Bank Discussion Papers, 66), Washington, D. C..

Kampffmeyer, T. 1987: Die Verschuldungskrise der Entwicklungsländer: Probleme und Ansatzpunkte für eine Lösung auf dem Vergleichswege (= Schriften des Deutschen Instituts für Entwicklungspolitik, 89), Berlin.

Malagardis, A. N. 1990: Ein ‚Konkursrecht' für Staaten?: Zur Regelung von Insolvenzen souveräner Schuldner in Vergangenheit und Gegenwart, Baden-Baden.

McCarthy, F. D. 1990: Problems of Developing Countries in the 1990s. Vol. I: General Topics (= World Bank Discussion Papers, 97), Washington D. C.

Nowzad, B. 1990: Lehren des Schuldenjahrzehnts, in: Finanzierung & Entwicklung 27, Nr. 1, S. 9–13.

Reisen, H./A. van Trotsenburg 1988: Developing Country Debt: the Budgetary and Transfer Problem, (OECD), Paris.

Sangmeister, H. 1990: Die Verschuldungssituation vier südamerikanischer Länder: Argentinien, Brasilien, Chile und Uruguay im Vergleich (= Diskussionsschriften, 35). Institut für international vergleichende Wirtschafts- und Sozialstatistik der Universität Heidelberg, Heidelberg.

Schmidt, P.-G. 1990: Baker, Brady and the Banks: Questionable Recipes to Ease the Debt Burden, in: Development and Cooperation, No. 6, S. 12–15.

Schneider, I. 1989: Soziale Auswirkungen von Wirtschaftskrise und Strukturanpassung in Lateinamerika (= Lateinamerika. Analysen-Daten-Dokumentation, Beiheft 7), Hamburg.

Taylor, L. 1990: Foreign Resource Flows and Developing Country Growth: a Three-gap Analysis, in: McCarthy 1990, S. 47–90.

UNDP (United Nations Development Programme) 1990: Human Development Report 1990, New York/Oxford.

Williamson, J. 1990: The Progress of Policy Reform in Latin America (Institute for International Economics), Washington, D. C..

World Bank 1988: Adjustment Lending: an Evaluation of Ten Years of Experience (= Policy and Research Series, 1), Washington, D. C..

– 1989: World Debt Tables 1989–90, Vol. I: Analysis and Summary Tables, Washington, D.C.

– 1990a: World Debt Tables 1990–91, Vol. I: Analysis and Summary Tables, Washington, D. C..

– 1990b: Weltentwicklungsbericht 1990, New York.

– 1990c: Social Dimensions of Adjustment in Africa: a Policy Agenda, Washington, D. C..

– u. a. 1988: External Debt: Definition, Statistical Coverage and Methodology. A Report by an International Working Group on External Debt Statistics of: The World Bank, International Monetary Fund, Bank for International Settlements, Organisation for Economic Co-operation and Development (OECD), Paris.

Kriege in der Dritten Welt

Volker Matthies

1. Kriege in der Dritten Welt als Gegenstand der Forschung

1.1 Erkenntnisinteressen und Schwerpunkte der Forschung

Eine systematische, vergleichende Forschung über Kriege in der Dritten Welt gibt es erst seit etwa einer Dekade. Dies ist angesichts der Häufigkeit dieser Kriege, ihrer enormen Bedeutung für die betroffenen Gesellschaften und ihrer zum Teil immensen Bedrohlichkeit für die internationale Sicherheit eigentlich erstaunlich. Weder betrieb die Entwicklungs(länder)forschung (seit den 60er Jahren) noch die Friedens- und Konfliktforschung (seit den 70er Jahren) auf umfassende Weise das Studium der Kriege in der Dritten Welt. So blieben sowohl der Zusammenhang von Unterentwicklung/Entwicklung und Krieg als auch die Ursachen und die Dynamik kriegerischer Konflikte in der Dritten Welt weithin unterbelichtet. Wohl gab es Regionalspezialisten, die sich mit einzelnen Kriegen befaßten. Auch beschäftigten sich Vertreter der Disziplin Internationale Beziehungen mit einzelnen, aktuellen „Krisenherden der Weltpolitik". Doch nur wenige Forscher widmeten sich, wie der Ungar *Istvan Kende,* kontinuierlich und systematisch der Untersuchung lokaler Kriege (*Kende* 1972, 1982).

Erst gegen Ende der 70er/Anfang der 80er Jahre wandten sich mehr Forscher diesem vernachlässigten Gegenstand zu. Hierzu trugen zum einen die Verschärfung des Ost-West-Konflikts („Neuer Kalter Krieg") und die mit diesem verbundenen „Stellvertreterkriege" in der Dritten Welt bei. Zum anderen erhöhte auch die aufkommende Friedensbewegung die Sensibilität der Forschung für Probleme kriegerischen Konfliktaustrags. Es kam die Befürchtung auf, ein großer, atomarer Weltkrieg könne aus kleinen Kriegen in der Dritten Welt entstehen (sog. „Sarajewo-Effekt"). Nachdem sich die Friedens- und Konfliktforschung vornehmlich den globalen Konfliktformationen Ost/West und Nord/Süd gewidmet hatte, entdeckte sie nunmehr die Kriege in der Dritten Welt als neuen Gegenstand der Forschung (*Gantzel* 1988; *Matthies* 1988). Seit Mitte der 80er Jahre förderte auch die *Deutsche Forschungsgemeinschaft* eine interdisziplinäre und komparative Erforschung „militanter Konflikte" in der Dritten Welt.

Im Mittelpunkt des Forschungsinteresses stand zunächst das Problem der Ursachen der Kriege in der Dritten Welt. Aus theoretischer Sicht stellte sich die Frage, ob es denn eigentümliche, spezifische Ursachen dieser Kriege gebe und daher „Krieg in der Dritten Welt" überhaupt als eigenständiger Forschungsgegenstand zu etablieren sei (*Gantzel* 1988: 74f). Oder hatte man es mit prinzipiell gleichen Kriegsursachen wie in der abendländischen Staatenwelt zu tun und daher nur mit einem Teilbereich der allgemeinen, vergleichenden Kriegsursachenforschung?

In methodischer Hinsicht wurde für eine heuristisch fruchtbare Verbindung von quantifizierend-vergleichender Forschung mit historisch-empirischen Fallstudien plädiert (*Gantzel* 1988: 72ff). Andere Forscher wollten sich angesichts der Komplexität und heterogenen Struktur des Gebildes „Dritte Welt" den dortigen Kriegen vor allem auf der Ebene „regionaler Subsysteme" nähern (*Tibi* 1989: 10ff) oder sprachen sich für eine vergleichende Erforschung der Rolle von „Regionalkonflikten" in der internationalen Politik aus (*Senghaas* 1988: 158).

Stark vernachlässigt gegenüber der Kriegsursachenforschung blieb bis vor kurzem die „Friedensursachenforschung". Doch mit dem Ende des Ost-West-Konflikts wuchs auch das Interesse der Forschung an den Ansätzen und Perspektiven einer friedlichen Transformation der Konflikte in der Dritten Welt. Fragen nach der Beendigung und Regelung von kriegerischen Konflikten, ihrer Eindämmung, Verhütung und langfristigen Überwindung wurden aufgeworfen. Vernachlässigt blieben auch die Bestimmungsfaktoren der Dynamik des kriegerischen Konfliktgeschehens in der Dritten Welt, namentlich der auffälligen Dauerhaftigkeit und Verselbständigungstendenz zahlreicher dortiger Kriege. Nicht zuletzt blieben bislang auch die gesamtgesellschaftlichen Kosten und Folgen der Kriege in der Dritten Welt stark unberbelichtet.

Hier läge eine wichtige Aufgabe für die Entwicklungsforschung, die verheerenden Destruktionswirkungen von Krieg auf den Humanbereich, die Ökonomie und Ökologie, die politischen Systeme und Kulturen sowie auf die Infrastrukturen der betroffenen Gesellschaften und Regionen in ihrer kurz- und langfristigen Bedeutung abzuschätzen. Entwicklungsprozesse und -chancen werden auch durch kriegerischen Konfliktaustrag maßgeblich beeinflußt. Zu fordern wäre eine vergleichende „Sozialgeschichte des Krieges", die sich mit „Kriegszeiten" und „Nachkriegszeiten" beschäftigt, mit der gesamtgesellschaftlichen Verarbeitung von Kriegserfahrungen, mit der Rekonstruktion von Gesellschaften und mit der Rehabilitation von Kriegsschäden.

1.2 **Empirischer Befund: Umfang und Art des Kriegsvorkommens**

Wie bei jeder empirischen Erhebung hängt auch bei der Kriegsstatistik die Aussage- und Geltungskraft der Ergebnisse von der Quantität und Qualität der Daten einerseits und der Klarheit der Begriffs- und Typenbildung andererseits ab. Je nachdem wie „Krieg" definiert und typologisch differenziert wird und welche Daten für welche Zeiträume herangezogen und zugeordnet werden, kann es sehr unterschiedliche „Kriegslisten" mit abweichenden Aussagen über Zahl, Art und sonstige Merkmale von Kriegen geben.

In Anlehnung an *Istvan Kende* und die Hamburger „Arbeitsgemeinschaft Kriegsursachenforschung" (AKUF) soll hier „Krieg" definiert werden als gewaltsamer Massenkonflikt, der alle folgenden Merkmale aufweist:

(a) An den Kämpfen sind zwei oder mehr bewaffnete Streitkräfte beteiligt, bei denen es sich mindestens auf einer Seite um reguläre Streitkräfte handelt.

(b) Auf beiden Seiten muß ein Mindestmaß an zentralgelenkter Organisation der Kriegführenden und des Kampfes gegeben sein.

(c) Die bewaffneten Operationen ereignen sich mit einer gewissen Kontinuierlichkeit und nicht nur als gelegentliche, spontane Zusammenstöße (*Gantzel/Meyer-Stamer* 1986: 8; *Gantzel/Siegelberg* 1990: 8).

Auf der Grundlage dieser Begriffsbestimmung wird die Zahl der Kriege auf der Welt im Zeitraum von 1945 bis 1990 mit ca. 170 angegeben (*Gantzel/Meyer-Stamer* 1986; *Gantzel/Siegelberg* 1990; *Gantzel* 1991). Der überwältigende Anteil dieser Kriege wurde in den Regionen der Dritten Welt ausgetragen, so daß diese zum „Hauptkriegsschauplatz" unserer Zeit geworden ist. Zugleich hat seit 1945 eine gravierende typologische Veränderung von Krieg stattgefunden; der Haupttyp der Kriege unserer Zeit ist nicht mehr der „klassische" (europäische) Krieg zwischen Staaten, sondern der innerstaatliche Krieg oder Bürgerkrieg, dessen häufiges Vorkommen „allein schon auf den engen Zusammenhang zwischen dem Einsatz militärischer Gewalt und den aus den Entwicklungsprozessen sich ergebenden politischen, sozio-ökonomischen und sozio-kulturellen Instabilitäten" in der Dritten Welt verweist (*Senghaas* 1984: 273).

Die Bürgerkriege untergliedern sich wieder in „Anti-Regime-Kriege", in denen auf den Sturz einer Regierung bzw. die Veränderung eines Gesellschaftssystems abgezielt wird (z. B. der Bürgerkrieg in El Salvador), und in sonstige innerstaatliche Kriege, meistens Separations- oder Sezessionskriege, in denen auf die Verfolgung partikularer Interessen, auf Autonomiegewinnung oder politisch-territoriale Absonderung abgezielt wird (z. B. der Sezessionskrieg Ostpakistans, des heutigen Bangladesh, gegen Westpakistan). In erheblich geringerer Zahl kam es in der Dritten Welt aber auch zu zwischenstaatlichen Kriegen (z. B. Golfkrieg zwischen Irak und Iran), und – als historischer Sonderfall – zu Dekolonisationskriegen, in denen um die Befreiung von Kolonialherrschaft gekämpft wurde (z. B. Algerienkrieg).

Etwa drei Viertel aller Kriege können als reine „Dritte-Welt-Kriege" gelten, die entweder ohne direkte Kampfbeteiligung von IL oder mit Beteiligung von EL geführt wurden. Dies könnte womöglich ein Indiz für eine Art von kriegerischem „Emanzipationsprozeß" von EL sein, die zunehmend den Willen und die Fähigkeit haben, ihre Kriege in eigener Regie zu führen.

2. Ursachen der Kriege in der Dritten Welt

2.1 Allgemeine oder besondere Ursachen?

Die bisherige Erkenntnis über die Ursachen von Kriegen im allgemeinen und von Kriegen in der Dritten Welt im besonderen ist weder groß noch gesichert. Die Komplexität der Kriegsursachen erschwert eine theoretische Durchdringung des Problems; die Vielfalt möglicher Ursachenfaktoren sowie die Vernetzung unterschiedlicher Analyse-Ebenen machen eine einheitliche Deutung äußerst schwierig (*Siegelberg* 1990: 3; *Krell* 1990: 242). Der Forschungsstand ist atomistisch, nicht kumulativ (*Gantzel* 1988: 54); der Komplexität des Kriegsursachenproblems ist die Forschung bislang noch kaum gerecht geworden (*Matthies* 1988: 53 ff). Dennoch bleibt es ihr Ziel, eine erfahrungswissenschaftlich fundierte, einheitliche Kriegsursachentheorie zu formulieren, also auch zu den Ursachen der Kriege in der Dritten Welt. Während einige Forscher ein solches Vorhaben eher skeptisch einschätzen (*Braun* 1986: 58; *Ferdowsi* 1987: 31; *Matthies* 1988: 53 ff; *Krell* 1990: 242), betrachten es andere mit verhaltenem Optimismus (*Gantzel* 1988: 155; *Siegelberg* 1990: 4 ff).

Weitgehend negativ beantwortet ist die Frage, ob es in der Dritten Welt eigentümliche Ursachen von Krieg gibt. Mittlerweile stimmen viele Forscher mit *Dieter Senghaas* darin überein, daß sich in der Dritten Welt prinzipiell keine anderen und neuen Konfliktursachen finden als die aus der europäischen Entwicklungsgeschichte bekannten (*Senghaas* 1984: 277). Allerdings ist im Hinblick auf die Dritte Welt zu beachten, daß viele Ansätze, Konzepte und Begriffe der Kriegsursachenforschung speziell zur Klärung von Problemen der abendländischen (industrialisierten) Staatenwelt entwickelt wurden und demgemäß einen auf diesen Teilbereich internationaler Beziehungen und Gesellschaft abgestimmten historischen Erfahrungshorizont widerspiegeln.

Deshalb ist vor einer unkritischen Übertragung dieser Forschung auf die Dritte Welt zu warnen und für eine verstärkte Expertise von Kolonialhistorikern, Ethnologen, Entwicklungssoziologen und Kulturwissenschaftlern zu plädieren, die in der Lage sind, das vorkoloniale und koloniale Erbe mit in die Analyse außereuropäischer Kriege einzubeziehen (*Wirz* 1982; *Geiss* 1990; *Matthies* 1988: 31 ff.; *Krell* 1990: 246 f.). In historischer Perspektive gilt es, die Kriege in der Dritten Welt im Kontext des Nachholprozesses nationalstaatlicher Konsolidierung zu analysieren, also die schwierige „Verdauung" der Übertragung des europäischen Staatsgedankens auf die Dritte Welt in Gestalt des Prinzips der Nationalstaatlichkeit zu thematisieren (*Ferdowsi* 1987: 36; *Ferdowsi* 1991).

Relativ breiter Konsens besteht in der Forschung darüber, daß das Kriegsgeschehen in der Dritten Welt weit mehr mit internationaler Politik vermittelt war und ist als dies in den vergangenen Jahrhunderten in Europa der Fall war (*Senghaas* 1984: 277). Dennoch scheiden einfache Globalerklärungen der

Kriege in der Dritten Welt aus. Dies gilt für den „linken Globalismus", der alles auf die Nord-Süd-Konfliktformation, auf Abhängigkeit und Ausbeutung zurückführt, ebenso wie für den „konservativen Globalismus", der allein auf die Ost-West-Konfliktformation abhob (*Tibi* 1989: 7).

Globale Erklärungsfaktoren wie der „Nord-Süd-Konflikt", die „Weltwirtschaft", der „Ost-West-Konflikt" oder die „Weltmilitärordnung" haben zwar eine gewisse analytische Kraft und Plausibilität, doch bleiben sie meist zu pauschal und zu wenig konkret in ihren Wirkungszusammenhängen. Weder konnten und können die Kriege in Asien, Afrika und Lateinamerika als unmittelbare Folgen allgemeiner Abhängigkeits- und Ausbeutungsstrukturen noch als reine „Stellvertreterkriege" im Interesse der IL aus Ost und West oder einfach als Ausfluß außenbestimmter Militarisierungsprozesse (miß-)verstanden werden. Diese Kritik gilt auch für den vielfach behaupteten kausalen Zusammenhang von Rüstung und Krieg. Nach neueren Erkenntnissen ist Rüstung zwar eine notwendige, aber keineswegs hinreichende Bedingung für kriegerischen Konfliktaustrag (*Braun* 1986: 60; *Matthies* 1988; *Ferdowsi* 1990: 92 f.).

Ein neuer und umfassender Ansatz zu einer Erklärung der Kriege in der Dritten Welt sieht im globalen Prozeß kapitalistischer Vergesellschaftung die zentrale strukturelle Konfliktlinie des Kriegsgeschehens in der Dritten Welt. In diesem Analyse-Kontext wird versucht, unter Verwendung der Kategorien Widerspruch, Krise, Konflikt und Krieg eine „Grammatik des Krieges" zu erarbeiten, also ein allgemeines Entwicklungsschema der Kriege in der Dritten Welt, das alle potentiellen Kriegsursachen einbezieht (*Siegelberg* 1990: 31 ff.). Die heuristische Fruchtbarkeit dieses hochgradig abstrakten Erklärungsansatzes muß allerdings durch die empirisch-komparative Forschung erst noch erwiesen werden.

2.2 **Ursachen inner- und zwischenstaatlicher Kriege**

Die auffällige Häufung von Bürgerkriegen in der Dritten Welt läßt vermuten, „daß die gewaltsamen Konflikte in den Strukturdefekten der Entwicklungsgesellschaften begründet sind" (*Braun* 1986: 60). Wesentlicher Ausgangspunkt der Ursachen-Analyse von Antiregime-Kriegen (etwa in Mittelamerika) ist die extrem ungleiche Verteilung von Einkommen, Vermögen und Lebenschancen in einer Gesellschaft, die in deren politisch-sozialen Strukturen begründet ist und damit strukturelle Ungleichheit darstellt. Erhalten bei wachsenden Einkommenserwartungen, Status- und Emanzipationsansprüchen die benachteiligten Bevölkerungssegmente in einem repressiven Herrschaftssystem keine politischen Partizipationschancen, liegt deren Griff zur Gewalt nahe. Theoretisch wurde und wird zur Erklärung solcher Kriege auf Frustrations-Aggressions-Hypothesen sowie auf die Konzepte der „relativen Deprivation", der „strukturellen Gewalt" und der „Revolution" zurückgegriffen (*Khan/Matthies* 1981: 40 ff.; *Braun* 1986:– 60 ff.).

Die Analyse der Ursachen von Separations- und Sezessionskriegen bzw.

von „ethnischen Konflikten“ verweist vor allem auf die besondere Struktur von Vielvölkerstaaten in der Dritten Welt. Namentlich in Asien und Afrika ist der vorherrschende Staatstyp eine künstliche, vom Kolonialismus produzierte „Staatsnation“, jedoch kein, wie meistens in Europa, historisch gewachsener „Nationalstaat“. In solchen Staaten stellt „kulturelle Vielfalt“, also die Existenz einer ethnisch-kulturell extrem heterogenen Bevölkerung, eine enorm konfliktträchtige politische Herausforderung dar (*Hanf* 1986).

Bei dem nachkolonialen Konkurrenzkampf um die Okkupation des Staatsapparats, die Gewinnung von Einfluß- und Statuspositionen sowie um die Verteilung von knappen Ressourcen brachen im Zuge von beschleunigten Modernisierungsprozessen vielfältige ethnisch, religiös und kulturell geprägte Konflikte auf. Politiken der Nationenbildung scheiterten, primordiale Identifikations- und Loyalitätsmuster gewannen an sozialer und politischer Relevanz. Staat und Nation wuchsen nicht zu einer neuen Integrationsebene zusammen; eine nachholende nationalstaatliche Homogenisierung und Konsolidierung blieb aus (*Ferdowsi* 1987, 1991; *Siegelberg* 1990: 89).

Dieser fundamentale Widerspruch zwischen Staat und Nation hat im Verein mit sozio-ökonomischen Konfliktlagen zu einigen der hartnäckigsten und gewaltintensivsten Bürgerkriege der letzten Jahrzehnte geführt (u. a. im Libanon, im Sudan, auf Sri Lanka, in Äthiopien/Eritrea). Theoretisch wurde und wird zur Erklärung von Separations- und Sezessionskriegen auf die Konzepte des „kulturellen Pluralismus“, des „internen Kolonialismus“ und die Kategorie des „ethnischen Konflikts“ zurückgegriffen (*Khan/Matthies* 1981: 45 ff.; *Braun/Rösel* 1988: 2 ff.).

Zwischenstaatlichen Kriegen in der Dritten Welt liegt meist ein Zusammenwirken von innergesellschaftlichen und regionalpolitischen Bedingungen zugrunde. Hier sind vor allem das Machterhaltungs- und Machtausbau-Interesse von Herrschaftsgruppen gegenüber auswärtigen Herausforderungen zu nennen (wie z. B. das des irakischen Regimes gegenüber Iran und Kuwait), ferner die Ableitung innerer Spannungen gegen einen Außenfeind, um internen Problemdruck zu verringern (z. B. im Falkland-Malwinen-Krieg). Darüber hinaus müssen aber auch kulturell-psychologische Faktoren wie überkommene Feindbilder und militante Nationalismen angeführt werden sowie schließlich Persönlichkeitsfaktoren im Verein mit politischen Krisenentscheidungsprozessen, die oftmals mit kriegsauslösenden Fehlwahrnehmungen und Fehleinschätzungen der potentiellen Gegner und der regionalen wie globalen Umwelt verbunden sind (*Khan/Matthies* 1981: 37 ff.).

Des weiteren muß auf die im Vergleich zu Europa noch mangelnde territoriale Konsolidierung und machtpolitische Ausdifferenzierung des peripheren Staatensystems verwiesen werden. Unklare koloniale Grenzziehungen, grenzüberlappende Minderheitenprobleme sowie vorkolonial begründete, wieder aufbrechende Gebietsansprüche führten dort bereits zu etlichen zwischenstaatlichen Auseinandersetzungen (z. B. zwischen Indien/Pakistan, Israel/Arabischen Staaten, Somalia/Äthiopien). Neben solche traditionellen Grenz- und Territorialkonflikte treten vermehrt neuartige Konflikte um knappe Ressourcen wie wertvolle Bodenschätze (z. B. Erdöl, Uran, Phosphate), fruchtbares Ackerland, kostbares Süßwasser oder reiche Fischereivorkommen (*Krell* 1990: 237 f.). Für die Zukunft wird die wachsende Umweltzerstörung aller Wahrscheinlichkeit nach eine wichtige Quelle von Kriegen sein (*Bastian* 1990).

Einen wesentlichen Beitrag zur zwischenstaatlichen Kriegsträchtigkeit in der Dritten Welt leistet schließlich die anhaltende ökonomische und machtpolitische Differenzierung und Hierarchisierung des dortigen Staatensystems. Die zunehmende Herausbildung von konfligierenden „Nationalinteressen" sowie die verstärkte Formierung von konkurrierenden regionalen Mittel- oder Vormächten, die aufgrund ihrer demographischen, ökonomischen und militärischen Potentiale innerhalb der Dritten Welt eine Sonder- und Vorrangstellung beanspruchen und einnehmen werden, machen im Zuge einer verschärften regionalen „Geopolitik" vermehrte Hegemonie- und andere Konflikte wahrscheinlich (*Matthies* 1988: 70 ff.; *Krell* 1990: 238).

3. Internationale Dimensionen der Kriege in der Dritten Welt

Jeder lokale und regionale Krieg in der Dritten Welt trägt im Kontext von Weltwirtschaft und Weltpolitik in unterschiedlichem Maße eine internationale Dimension in sich. Bei einer horizontalen und vertikalen Eskalation sowie wachsender Beteiligung externer Interventionsmächte können sich solche Kriege auch „internationalisieren" (*Tibi* 1989: 13 ff. und 21 ff.). Die Untersuchung der internationalen Dimensionen lokaler und regionaler Kriege richtet sich schwerpunktmäßig auf zwei miteinander verknüpfte Aspekte: zum einen auf den Zusammenhang der „kleinen" Kriege an der Peripherie des internationalen Systems mit dem „großen" atomaren Weltkrieg, also auf die sicherheits- und friedenspolitisch relevanten Risiken einer Eskalation und die Chancen einer „Einhegung" der Kriege in der Dritten Welt; zum anderen auf die unterschiedlichen Grade von Fremdbestimmung und Autonomie der Kriege in Asien, Afrika und Lateinamerika in Relation zu den Interessen und interventionistischen Einwirkungen der IL.

3.1 „Süddimension" des Ost-West-Konflikts oder „Norddimension" der Süd-Konflikte?

Kriege in der Dritten Welt wurden in der Vergangenheit oftmals mit dem Ost-West-Konflikt in Verbindung gebracht. Sie galten als „Ersatz- oder Ventilkriege" bzw. „Stellvertreterkriege" für den infolge der Atomwaffen nicht mehr unmittelbar ausfechtbaren Konflikt zwischen den verfeindeten Machtblöcken oder zumindest als durch diesen globalen Konflikt beeinflußt, verschärft, verlängert und instrumentalisiert. Auf eine Kurzformel gebracht, stellen solche Kriege gleichsam die „Süddimension" des Ost-West-Konflikts dar (*Hamann* 1986). Verbunden mit dieser Einschätzung war die Befürchtung, daß aus der Verstrickung der Supermächte in lokale Kriege über einen „Sarajevo-Effekt" ein Dritter Weltkrieg resultieren könnte.

Diese weit verbreitete Sicht der Dinge war jedoch fragwürdig. Empirische Untersuchungen zeigten, daß der Ost-West-Gegensatz im Kriegsgeschehen der Dritten Welt kein vorrangiger Faktor gewesen ist (*Gantzel/Meyer-Stamer* 1986: 97). Auch im Interventionsverhalten hat es eine „relative Eigenständigkeit der Südpolitik der IL gegenüber dem Ost-West-Konflikt gegeben" (*Brock* 1990: 445). Das populäre Bild der „Stellvertreterkriege" entsprach nicht der Realität der meisten Kriege in der Dritten Welt (*Matthies* 1988: 82). Ein seit den 60er Jahren zunehmend verfeinertes „Krisenmanagement" und die Einhaltung gewisser elementarer geopolitischer „Spielregeln" beugte dem „Sarajewo-Effekt" vor, wenngleich die Kubakrise von 1962 und der nahöstliche Oktoberkrieg von 1973 diesem Szenario bedenklich nahekamen (*Matthies* 1990).

Neuere Studien betonen demgegenüber die wachsende Autonomie und relative Eigendynamik des Kriegsgeschehens in der Dritten Welt, aus deren Sicht und Interessenlage sich die Einmischungs- und Interventionspolitik der IL eher wie eine Art von „Norddimension" ihrer eigenständigen Süd-Konflikte ausnimmt (*Senghaas* 1988: 157 ff.; *Senghaas* 1989a; *Krell* 1990: 241; *Siegelberg* 1991).

3.2 **Nord-Süd-Kriege: eher Ausnahme- als Regelfälle**

Mit der Auflösung des Ost-West-Konflikts treten nunmehr die Elemente der Autonomie und der Eigendynamik der Kriege in der Dritten Welt stärker ins Blickfeld. Etliche Staaten erwerben dort im Zuge von militärischen und machtpolitischen Emanzipationsprozessen die Fähigkeit, im „wohlverstandenen nationalen Interesse" für unerläßlich gehaltene militärische Konflikte mit eigenen Mitteln durchzufechten (*Senghaas* 1988: 169). Zugleich bildet sich in Teilen des Südens im Gefolge von sozialen Wandlungsprozessen und der Mobilisierung von Nationalismen eine Art von „Chaos-Macht" heraus, die als „Verhinderungsmacht" gezielten Einmischungen von seiten der IL entgegenwirkt (*Senghaas* 1988: 170 f.). Einige EL wuchsen zu regionalen Vor- oder Mittelmächten heran und forderten gar die Mächte des Nordens heraus (wie Irak in der Golfkrise). Unverkennbar macht diese neue Ländergruppe im Süden, auf dem Hintergrund der Weiterverbreitung von ABC-Waffen und Raketentechnologie, einen verstärkten Anspruch auf höhere Rangstellung und größere Machtentfaltung im internationalen System geltend.

Die Staatenwelt des Nordens hingegen nimmt die militärische und machtpolitische Emanzipation dieser „Emporkömmlinge" in zunehmendem Maße als neuartige Bedrohung und „Kriegsgefahr aus dem Süden" wahr, der man mit Präventivmaßnahmen und einer Verfeinerung des Interventionsinstrumentariums begegnen müsse (*Lock/Nikutta* 1988; *Brzoska* 1990). Bei gleichzeitig abnehmender Fähigkeit zur Kontrolle und Steuerung des Konfliktgeschehens in der Dritten Welt wächst offenbar die Bereitschaft in Teilen des Nordens, zur Sicherung realer oder vermeintlicher Interessen im Süden militärisch einzugreifen. Damit erhöht sich das Risiko direkter Nord-Süd-Kriege. Es ist nur zu minimieren, wenn eine konsequente Demilitarisierung der Nord-Süd-Beziehungen betrieben, eine weithin akzeptierte und einigermaßen funktionsfähige Struktur „gemeinsamer Sicherheit" zwischen Süd und Nord geschaffen und die UNO zu einem effektiven, globalen System kollektiver Sicherheit ausgebaut wird. Ob der Golfkrieg eher Abschreckungs- als Nachahmungseffekte haben wird, bleibt abzuwarten.

4. Kosten und Folgen der Kriege in der Dritten Welt

Krieg in der Dritten Welt ist für die betroffenen Gesellschaften in der Regel eine Sozialkatastrophe und ein traumatisches Erlebnis mit verheerenden kurz- und langfristigen Folgewirkungen. Kriegerischer Konfliktaustrag tötet und verletzt Menschen, entwurzelt Bevölkerungsgruppen und treibt sie zur Flucht, verschwendet knappe Ressourcen, zerstört volkswirtschaftliche Sachwerte, zerrüttet Infrastrukturen, führt zu vielfachem Tod durch Hunger und Krankheit, zersetzt Sozialstrukturen, beeinträchtigt ökologische Zusammenhänge und hat kollektive und individuelle psychische Deformationen zur Folge.

Nach dem Ende eines Krieges müssen all diese materiellen und immateriellen Auswirkungen der Kampfhandlungen bewältigt werden.Doch bislang gibt es in der Entwicklungs- und Friedensforschung kaum systematische und vergleichende Untersuchungen über „Kriegszeiten" und „Nachkriegszeiten" in der Dritten Welt, keine „Political and Human Economy of War" (*Green* 1987). Allenfalls für einzelne Kriege und Gesellschaften (z. B. Afghanistan, Mosambik, Eritrea, Vietnam), einzelne Großregionen, wie z. B. Afrika südlich der Sahara (*Green* 1987; *Hofmeier/Matthies* 1992), und einzelne Kostenfaktoren von Krieg (z. B. kriegsbedingte Fluchtbewegungen, Kriegstote, Kinder als Opfer von Krieg) liegen in ersten Ansätzen einige wenige Untersuchungen dieser Art vor. Die schwierige Daten- und Quellenlage trägt sicherlich zu dem Forschungsdefizit bei. Zu den Kosten und Folgen der Kriege in der Dritten Welt gibt es kaum umfassende und verläßliche Informationen, eher bruchstückhafte Angaben mit dem Charakter von groben Schätzungen, die zudem noch der Manipulierung von Kriegsparteien unterliegen können (*Matthies* 1988: 125 ff.; *Ahlström/Nordquist* 1991).

Die Gesamtzahl der Toten in den lokalen Auseinandersetzungen seit dem Ende des II. Weltkrieges beläuft sich auf eine Ziffer zwischen 15 und 35 Millionen, je nach Art der statistischen Erhebung und Schätzung. Einzelne Kriege kosteten Millionen, Hunderttausende oder Zehntausende von Menschen das Leben. Abermals Millionen von Menschen überlebten den Krieg als Krüppel. Millionen von Kindern in Asien, Afrika und Lateinamerika wurden auf vielfältige Weise zu bevorzugten Opfern der dortigen Kriege (vor allem als Kriegswaisen, als Kriegsflüchtlinge, als kriegsbedingte Hungertote und als Kindersoldaten). Kriege in der Dritten Welt haben auch zu Massenfluchtbewegungen über staatliche Grenzen hinweg und zu massenhafter Entwurzelung von Menschen innerhalb von Staaten geführt. Die Zahl der kriegsbedingten Flüchtlinge geht in die Millionen, namentlich in Nah- und Mittelost, in Südostasien, im südlichen Afrika, am Horn von Afrika und in Mittelamerika.

Krieg in der Dritten Welt hat auch mit dem dortigen Hunger zu tun. Wo Krieg geführt wird, werden der Produktion und dem Import von Nahrungsmitteln finanzielle Ressourcen entzogen. Landwirtschaftliche Produktionsanlagen und Nahrungsmittel werden vernichtet. Wo Soldaten rekrutiert werden, fehlen schwer ersetzbare landwirtschaftliche Arbeitskräfte. Und wo die ländliche Bevölkerung massenhaft entwurzelt, vertrieben, umgesiedelt wird oder flieht, wird sie von ihrer Reproduktionsbasis getrennt, und das Land bleibt unbearbeitet.

Schließlich kann der Hunger auch gezielt als Kampfmittel eingesetzt werden, sei es in Form von Hungerblockaden oder indem der Transport und die Verteilung von Nahrungsmitteln behindert werden. Gerade in Afrika, wo in etlichen Ländern, namentlich im südlichen Afrika (Angola und Mosambik) und am Horn von Afrika (Äthopien und Sudan), langjährige Bürgerkriege geführt, die ländliche Infrastruktur weitflächig zerstört und große Teile der ländlichen Bevölkerung in die Kampfhandlungen einbezogen wurden, manifestierte sich in den 80er Jahren der Zusammenhang von Krieg und Hunger auf eindringliche Weise.

5. Eindämmung, Verhütung und Überwindung der Kriege in der Dritten Welt

In jüngster Zeit, unter dem Eindruck der Beendigung des Ost-West-Konflikts, wandte sich die Forschung auch den Ansätzen und Perspektiven einer friedlichen Transformation von Konflikten in der Dritten Welt zu. Dies könnte der Beginn einer systematischen „Friedensursachenforschung“ sein. Denn der „Nicht-Krieg“ war bislang kein besonders interessantes Ereignis für die Kriegsursachenforschung (*Krell* 1990: 249), obwohl in der Dritten Welt keineswegs immer und überall, flächendeckend und gleichzeitig Krieg herrschte. Der Blick auf Ausnahmen (Nicht-Krieg, Friede) von der Regel (Krieg) könnte das Erkennen von spezifischen Rahmenbedingungen und Möglichkeiten von gewaltfreien oder gewaltarmen Konfliktregelungen erleichtern. Systematisch untersucht werden müßten ferner Strategien und Verfahren der kurz- und langfristigen Kriegsverhütung sowie diejenigen Entwicklungsprozesse, die zur Überwindung des Krieges überhaupt beitragen könnten. Schließlich sollten auch historisch-komparative und gegenwartsbezogene Forschungen über die Beendigung von Kriegen und damit verbundene friedliche Regelungsprozesse angestellt werden.

5.1 Kriegsbeendigung und friedliche Konfliktregelung

Ist ein Krieg erst einmal ausgebrochen, ist die Frage nach der „Regelungsreife" eines Konflikts von zentralem Interesse. Wann und warum, unter Wirkung welcher Einflußfaktoren ergibt sich in der Verlaufsgeschichte eines kriegerischen Konflikts der Moment oder der Eintritt in ein Stadium, in dem er gleichsam „reif" wird für seine Beendigung, Regelung und darüber hinausreichende dauerhafte Friedensinitiativen (*Azar/Burton* 1986)? Vermutlich sind hierfür von Bedeutung: der Zeit- und Verschleißfaktor (materielle Erschöpfung, Kriegsmüdigkeit), die Einschätzung der militärischen Lage (Gewinnchancen, Patt-Situationen), veränderte Kosten/Nutzen- und Interessenkalküle sowie das Einwirken Dritter auf die Kriegsparteien und das Kriegsgeschehen (internationale Isolierung, Druckausübung, Vermittlungsaktionen, Interventionen).

Als ein wichtiges Institut der Kriegsbeendigung und Konfliktregelung gilt die Vermittlung durch dritte Parteien. Vermittlung ist eine Art der Einmischung in einen Konflikt, die von den Kontrahenten erwünscht ist. Der Vermittler – ein Staat, eine staatliche oder nichtstaatliche internationale Organisation (z. B. die UNO, die OAU) oder ein Staatsmann – ist bemüht, die Kommunikation zwischen den Streitparteien zu fördern, Kompromisse zu unterbreiten und vor allem eine formelle Übereinkunft zur Beendigung und Regelung des Konflikts herbeizuführen (z. B. für den Bürgerkrieg im Sudan: *Assefa* 1986).

Nach der Grundentscheidung über die Beendigung eines Krieges geht es sodann um die Klärung akuter militärischer Probleme (Waffenstillstände, Entmilitarisierungsansätze, Überwachungs- und Kontrollmaßnahmen) und nachfolgend um die Regelung politischer Streitfragen (u. a. territoriale Fragen, Grenzziehungen, Austausch von Kriegsgefangenen, Rückführung von Flüchtlingen, Machtbeteiligung einer aufständischen Partei, Durchführung von politischen, sozialen und wirtschaftlichen Reformen, z. B. einer Landreform). Derartige Prozesse und Elemente einer Beendigung und Regelung von kriegerischen Konflikten ließen sich seit Ende der 80er Jahre beispielsweise in Kambodscha, in Afghanistan, in Namibia, in Angola, in Mosambik sowie in Nicaragua beobachten (*Senghaas et al.* 1989 b).

5.2 Ansätze und Elemente von Kriegsverhütung

Will man den Ausbruch von Kriegen verhindern, muß die Verfügung über militärische Gewaltmittel eingeschränkt und minimiert werden, muß Vertrauensbildung zwischen möglichen Kontrahenten betrieben und muß die diplomatisch-politische und völkerrechtliche Bearbeitung und Regelung von Streitfragen gestärkt werden. Hierzu gibt es klassische Ansätze und Elemente der Kriegsverhütung, die womöglich auch unter den Bedingungen der Dritten Welt greifen könnten. Im Bereich der Rüstung und Rüstungstransfers müssen unilaterale und multilaterale Export- und Importbeschränkungen angestrebt, die Nachfrage nach Waffen gedämpft, die Aufrüstungsdynamik abgeschwächt und einvernehmliche Abrüstungsschritte vereinbart werden (*Ohlson* 1988).

Diese Maßnahmen haben aber nur dann eine realistische Chance, wenn die legitimen Sicherheitsbedürfnisse der beteiligten Akteure und möglichen Kontrahenten angemessen berücksichtigt und potentielle Kriegsursachen präventiv ausgeschaltet werden. Hierzu bedarf es auch der Vertrauensbildung, der Stärkung gleichlaufender Interessen und der Einübung von regionalen Organisationen sowie Sicherheitsgemeinschaften (z. B. OAU, ECOWAS, ASEAN, SAARC), die nach dem KSZE-Modell bzw. in Gestalt von funktionalen Äquivalenten für dieses Modell Konferenzen über Sicherheit und Zusammenarbeit in den Regionen der Dritten Welt abhalten könnten.

Innerhalb der EL müßten präventive Reformmaßnahmen ergriffen werden, um möglichen Kriegsursachen ihre konfliktverschärfende Brisanz zu nehmen. Hierzu gehörten im politischen Bereich vor allem Strategien und Elemente der Dezentralisierung, Autonomisierung, Föderalisierung, Demokratisierung und Partizipationserweiterung, der Machtbeteiligung und Koalitionsbildung (*Hanf* 1986, *Krell* 1990: 249 ff.; *Geiss* 1990: 147 f.), im ökonomischen Bereich Bemühungen um eine gerechtere Land- und Einkommensverteilung, um eine effektive Bekämpfung von Massenarmut und um eine Entwicklungspolitik im vorrangigen Interesse der ländlichen Bevölkerungsmehrheiten. Selbst wenn die genannten Ansätze der Kriegsverhütung in der Dritten Welt noch „bescheiden und nicht ohne Brüche“ sind (*Krell* 1990: 250), sollten sie dennoch durch diplomatisch-politische und wirtschaftlich-entwicklungspolitische Maßnahmen der IL gefördert werden.

Kriegsverhütende Bedeutung könnten auch einige fundamentale Tatbestände gewinnen, sofern sie sich über Lernprozesse in veränderten Verhaltensweisen von möglichen Kriegsparteien manifestieren würden. Dies ist vor allem der empirische Befund eines abnehmenden Nutzens von Krieg. Krieg scheint sich nicht mehr zu „lohnen“, weil die Gewinnchancen für dessen Initiatoren immer geringer werden (*Gantzel/Meyer-Stamer* 1986: 134 ff.). Soziale Befreiungskämpfe und Guerillakriege lassen sich immer weniger erfolgreich mit den „Waffen der Herrschaft“, also mit militärischem Instrumentarium, führen, da die Bevölkerung, das eigentliche Subjekt der Befreiung, zum vorrangigen Opfer des Krieges wird (*Lock* 1988). Etliche Kriege laufen sich in langwierigen, unentschiedenen Patt-Situationen fest und auf „politisch und militärisch gespaltene Machtverhältnisse" (*Waldmann* 1988: 319) sowie auf „militärische Selbstblockaden" der Kriegsparteien (*Brock* 1990: 450) hinaus. Schließlich wäre auf die bereits erwähnten verheerenden gesamtgesellschaftlichen Kosten von Krieg zu verweisen.

Angesichts dieser Tatbestände hat man zu Recht die Frage aufgeworfen, „ob Krieg wirklich noch eine rationale Fortsetzung der Politik mit anderen Mitteln ... sein kann, selbst unterhalb der Schwelle zum atomaren Krieg, und ob gewaltlose Verteidigungs-, Widerstands-, Aufstands- und Befreiungsstrategien nicht nur menschlicher sind, sondern auch effizienter wären" (*Gantzel/Meyer-Stamer* 1986: 140).

5.3 **Die Dritte Welt im „Prozeß der Zivilisation"?**

Die Diskussion über längerfristige Perspektiven einer Überwindung des Krieges in der Dritten Welt orientiert sich, in Anlehnung an *Norbert Elias*, an der Denkfigur des „Prozesses der Zivilisation". Über diesen Prozeß fand in der Geschichte Europas – vermittels eines sozialen Konkurrenz- und Monopolmechanismus – allmählich eine Monopolisierung von Gewalt und höhergradige Verflechtung von Gesellschaft statt. Nach vielen blutigen Ausscheidungs- und Hegemoniekämpfen auf verschiedenen sozialen Ebenen und im Gefolge von langfristigen politischen, sozio-ökonomischen und kulturellen Wandlungsprozessen bildeten sich intern konsolidierte Nationalstaaten mit als legitim angesehenen politischen und sozialen Ordnungen sowie mit nichtgewaltförmigen, friedlich geregelten und verrechtlichten Formen des Konfliktaustrags heraus. Im Verkehr zwischen diesen Staaten bedurfte es allerdings noch der Erfahrung zweier blutiger Weltkriege, um auf dem Wege zu einem zivilisierten Umgang miteinander gewisse Fortschritte zu erzielen.

Betrachtet man nun die gegenwärtige Problematik von Krieg und Frieden in der Dritten Welt, so scheinen die Analogien zu Europa unverkennbar zu sein. Wenn es schon keine prinzipiell andersartigen Kriegsursachen in der Dritten Welt als in Europa gibt, so werden sich aller Wahrscheinlichkeit nach auch die Grundprobleme der modernen europäischen Staaten- und Nationenbildung in den meisten Gesellschaften außerhalb der entwickelten Welt wiederholen (*Senghaas* 1988: 26).

Bei aller augenscheinlicher Analogie zu Europa dürfen jedoch die qualitativen Unterschiede der Entwicklung in der Dritten Welt nicht übersehen werden (*Krell* 1990: 248 f., *Senghaas* 1988: 26 f.). Von zentraler Bedeutung ist, daß die Rahmenbedingungen der Entwicklungsprozesse in Asien, Afrika und Lateinamerika ja schon durch die vorangehende Entwicklung Europas und dessen Ausgreifen nach Übersee sozio-ökonomisch, politisch und kulturell seit Jahrhunderten deformiert und fremdbestimmt sind. Koloniale und imperialistische Druchdringung verhinderten eine eigenständige, organische Entwicklung und führten zur Herausbildung strukturell heterogener Ökonomien und

Gesellschaften. Während beispielsweise der europäische Nationalstaat gleichsam das „naturwüchsige" Resultat eines gewaltsam verlaufenden, langfristigen Konsolidierungsprozesses war, bildet die „nachholende Konsolidierung vorausgesetzter Staatlichkeit" eine dem Kriegsgeschehen in der Dritten Welt strukturell unterliegende Konfliktdimension (*Siegelberg* 1990: 98).

Befindet sich die Dritte Welt also wirklich im Zivilisationsprozeß? Durchläuft sie, gleichsam im Zeitraffer, unter schmerzlichen historischen „Lernkosten" eine „nachholende Entwicklung" im Bereich von Krieg und Frieden? Werden sich aber schließlich doch pazifizierende, zivilisatorische Effekte einstellen? Den von Europa ausgelösten säkularen sozio-ökonomischen, politischen und kulturellen Transformationsprozeß in seiner naturwüchsigen Gewaltträchtigkeit nicht noch zu verschärfen, sondern ihn kriegsverhütend und friedensfördernd zu beeinflussen und zu zähmen, wäre die vorrangige Aufgabe und Verpflichtung derjenigen gesellschaftlichen Kräfte und Staaten, auf deren Wirken in der Vergangenheit die Entstehung der Dritten Welt überhaupt erst zurückgeht.

Literatur

Ahlström, C./Nordquist, K.-A. 1991: Konfliktopfer. Bericht zur Weltkampagne des Roten Kreuzes zum Schutz der Konfliktopfer, Uppsala-Bonn.

Assefa, H. 1986: Mediation of Civil Wars. Conflict Resolution in the Sudan, Boulder/Col.

Azar, E./Burton, J. (Hrsg.) 1986: International Conflict Resolution. Theory and Practice, Brighton.

Bastian, T. 1990: Naturzerstörung: Die Quelle der künftigen Kriege (IPPNW), Heidesheim.

Braun, G. 1986: Kriege und Konflikte in der Dritten Welt, in: Oberndörfer/Hanf (Hrsg.), Entwicklungspolitik, Stuttgart usw.

Braun, G./Rösel, J. 1988: Ethnische Konflikte im internationalen System, (Arnold Bergstraesser-Institut, Aktuelle Informations-Papiere zu Entwicklung und Politik, Nr. 13), Freiburg

Brock, L. 1990: Regionaler Wandel und Weltfriedensordnung, in: Robbe, M./Senghaas, D. (Hrsg.), Die Welt nach dem Ost-West-Konflikt, Berlin.

Brzoska, M. 1990: Die Dritte Welt: Hausgemachte Bedrohung für die Industriestaaten, in: Jahrbuch Frieden 1991, München.

Ferdowsi, M. A. 1987: Militante Konflikte in der Dritten Welt. Dimensionen-Ursachen-Perspektiven, in: Aus Politik und Zeitgeschichte.

– 1990: Zum Zusammenhang zwischen Aufrüstung und Krieg in der Dritten Welt-Versuch der Zerstörung einer Legende, in: Österreichische Zeitschrift für Politikwissenschaft, H. 1.

– (Hrsg.) 1991: Wurzeln der Kriege in der Dritten Welt. Fallstudien zu den Konflikten in Angola, Eritrea, Sri Lanka und zwischen Syrien und Irak, Frankfurt/M.

Gantzel, K. J./Meyer-Stamer (Hrsg.) 1986: Die Kriege nach dem Zweiten Weltkrieg bis 1984. Daten und erste Analysen, München usw.

Gantzel, K. J. 1988: Krieg in der Dritten Welt als Forschungsgegenstand. Eine Einführung zum Thema, in: Gantzel, K. J. (Hrsg.), Krieg in der Dritten Welt. Theoretische und methodische Probleme der Kriegsursachenforschung-Fallstudien, Baden-Baden.

– /Siegelberg, J. 1980: Kriege der Welt. Ein systematisches Register der kriegerischen Konflikte 1985 bis 1990 (Materialien der Stiftung Entwicklung und Frieden, Nr. 1), Bonn.

Gantzel, K. J. (Hrsg.) 1991: Die Kriege nach dem zweiten Weltkrieg bis 1990. Daten und Tendenzen, Münster-Hamburg.
Geiss, I. 1990: Langfristige historische Voraussetzungen zeitgenössischer Konflikte in postkolonialen Nachfolgestaaten nach 1945, besonders in Schwarzafrika, in: Robbe, M./Senghaas, D. (Hrsg.), Die Welt nach dem Ost-West-Konflikt, Berlin.
Green, R. H. 1987: Killing the Dream: the Political and Human Economy of War in Subsaharan Africa, Sussex.
Hamann, R. (Hrsg.) 1986: Die „Süddimenison" des Ost-West-Konflikts. Das Engagement der Supermächte in Krisen und Kriegen der Dritten Welt, Baden-Baden.
Hanf, T. 1986: Kulturelle Vielfalt als politische Herausforderung, in: Oberndörfer, D./Hanf, T. (Hrsg.), Entwicklungspolitik, Stuttgart usw.
Hofmeier, R./Matthies, V. (Hrsg.) 1992: Vergessene Kriege und ihre Opfer. Das Beispiel Afrika, Göttingen.
Kende, I. 1972: Local Wars in Asia, Africa and Latin America, 1945–1969, Budapest.
– 1982: Kriege nach 1945. Eine empirische Untersuchung. Militärpolitik Dokumentation, H. 27, Frankfurt/M.
Khan, K. M./Matthies, V. (Hrsg.) 1981: Regionalkonflikte in der Dritten Welt. Ursachen, Verlauf, Internationalisierung, Lösungsansätze, München usw.
Krell, G. 1990: Staaten- und Bürgerkriege in der Dritten Welt; in: Knapp, M./Krell, G. (Hrsg.), Einführung in die internationale Politik, München-Wien.
Lock, P. 1988: Befreiung mit den Waffen der Herrschaft, in: Der Überblick, H. 1/88.
– /Nikutta, R. (Hrsg.) 1988: Kontrollierte Intervention. Destabilisierung, unerklärte Kriege und Militäraktionen gegen die Dritte Welt, in: Militärpolitik Dokumentation, H. 63/64.
Matthies, V. 1988: Kriegsschauplatz Dritte Welt, München.
– 1990: Nie wieder Sarajewo! Erkenntnisse zur Einhegung regionaler Konfliktherde, in: Vogt, W. R. (Hrsg.). Mut zum Frieden, Darmstadt.
Ohlson, T. (Hrsg.) 1988: Arms Transfer Limitations and Third World Security (SIPRI), Oxford.
Senghaas, D. 1984: Militärische Konflikte in der Dritten Welt, in: Leviathan, Jg. 12, Nr. 2, S. 271–280.
– 1988: Konfliktformationen im internationalen System, Frankfurt/M.
– (Hrsg.) 1989a: Regionalkonflikte in der Dritten Welt. Autonomie und Fremdbestimmung, Baden-Baden.
– et al. 1989b: Regionalkonflikte in der Dritten Welt: Prozesse der Konfliktregelung (Stiftung Wissenschaft und Politik, SWP-IP 2623), Ebenhausen.
Siegelberg, J. 1980: Schritte zu einer Theorie des Krieges. Ein gesellschaftstheoretischer Entwurf für die vergleichende Kriegsursachenforschung (Institut für Politische Wissenschaft, Forschungsstelle Kriege, Rüstung und Entwicklung) Hamburg.
– (Red.) 1991: Die Kriege 1985 bis 1990. Analysen ihrer Ursache, Münster-Hamburg.
Tibi, B. 1989: Konfliktregion Naher Osten. Regionale Eigendynamik und Großmachtinteressen, München.
Waldmann, P. 1988: Politik und Gewalt in Lateinamerika, in: Gegenwartskunde, Jg. 37, H. 3, S. 309–320.
Wirz, A. 1982: Krieg in Afrika. Die nachkolonialen Konflikte in Nigeria, Sudan, Tschad und Kongo, Wiesbaden.

Migrations- und Flüchtlingsbewegungen

Peter J. Opitz

Rangierten sie in den 60er und 70er Jahren noch im hinteren Feld der internationalen Krisenphänomene unserer Zeit, so haben sich die Flüchtlings- und Migrationsbewegungen seit Beginn der 80er Jahre ebenso unaufhörlich wie unübersehbar auf die vorderen Plätze vorgeschoben. Dabei machen Horrorzahlen die Runde. So beziffern Experten des *Internationalen Roten Kreuzes* und des *UN-Umweltprogramms* (UNEP) die Gesamtzahl der Flüchtlinge in der Welt auf ca. 500 Millionen. Auf ca. 100 Millionen Arbeitsmigranten belaufen sich die Schätzungen der *International Labour Organisation* (ILO), während die Statistiken des *Flüchtlingskommissariats der Vereinten Nationen* (UNHCR) und die des *U.S. Committee for Refugees* 1991 ca. 15 Millionen politische Flüchtlinge führten. Nicht eingeschlossen waren dabei die seit 1950 von dem Hilfswerk der UN für Palästinenserflüchtlinge (UNWRA) betreuten Flüchtlinge (derzeit rund 2,2 Millionen).

Während die hier aufgeführten Zahlen und die ihnen zugrundeliegenden Flüchtlingsbegriffe deutliche Unterschiede und Unschärfen aufweisen, besteht über zwei Trends allgemeiner Konsens:

1. daß die Zahl von Migranten und Flüchtlingen weiter im Ansteigen begriffen ist;

2. daß die weitaus meisten Flüchtlinge aus den EL kommen und dort bleiben, wo sie die Entwicklungsprobleme weiter verschärfen.

Der folgende Beitrag versucht die größeren historischen Zusammenhänge, in denen die einzelnen Bewegungen stehen, zu skizzieren und die ihnen zugrundeliegenden Ursachen zu erhellen. Den Abschluß bilden Überlegungen über die Maßnahmen und Strategien zur Lösung oder zumindest Milderung der Problematik.

1. Historische und internationale Zusammenhänge

Wer sich mit den Ursachen der Flüchtlingsbewegungen unserer Zeit befaßt, wird schnell entdecken, daß zwar einige von ihnen weithin sichtbar an der Oberfläche liegen, daß die meisten jedoch – gleich einem schwer entwirrbaren Wurzelgeflecht – bis tief in die frühen Jahrzehnte des 20. Jahrhunderts und zum Teil noch weit tiefer in die Vergangenheit hinabreichen. Wer also mehr als nur oberflächliche Einsichten gewinnen will, kommt um eine Rekonstruktion der größeren historischen Zusammenhänge nicht umhin.

Eine solche Rekonstruktion hat aber nicht nur den Vorzug, den eigentlichen Ursachen näher zu kommen als es bloße Oberflächen-Analysen vermögen. Sie zeigt vor allem, daß das Flüchtlingsproblem in seinen Brenn- und Schwerpunkten in der „Dritten Welt" keineswegs allein den dortigen Völkern und Regierungen angelastet werden kann. Vielmehr wird sichtbar, daß die Verantwortung für viele der Ursachen, durch die Konflikte und Flüchtlingsbewegungen ausgelöst werden, auch in anderen Teilen der Welt – einschließlich der westlichen Welt – liegt, wenngleich die Mitschuld nicht immer unmittelbar einsichtig und nachweisbar ist, weil die Ketten der Verursachung lang sind und kompliziert verlaufen.

1.1 Der Zerfall der multi-nationalen Reiche

Man stößt auf eine der Grundströmungen unseres Jahrhunderts, die zugleich auch eine der wichtigsten Ursachen der Flüchtlingsbewegungen darstellt, wenn man die Weltkarte des Jahres 1900 mit einer Karte aus den 80er Jahren dieses Jahrhunderts vergleicht. Der Unterschied ist unübersehbar: Breiten sich auf der ersten noch einige riesige Reiche aus, so sucht man ein knappes Jahrhundert später vergebens nach ihnen:

- Verschwunden ist das Osmanische Reich, das noch zu Beginn des Jahrhunderts tief nach Südosteuropa hineinragte und nach Süden hin den größten Teil der arabischen Halbinsel umfaßte.
- Zerfallen ist das Österreich-Ungarn der Habsburger, das über viele Jahrhunderte eine Ausdehnung des Osmanischen Reiches nach Mitteleuropa hin versperrt hatte.
- Nicht mehr vorhanden aber sind vor allem die riesigen europäischen Kolonialreiche in Übersee – in Afrika, Asien und dem Nahen Osten –, die 1914 noch die Hälfte der Erdoberfläche bedeckt hatten und in denen ca. 560 Millionen Menschen lebten.

Das Ergebnis dieser Zerfallsprozesse ist eine erhebliche Zunahme der unabhängigen Staaten in der Welt. Belief sich deren Zahl zu Beginn des Jahrhunderts noch auf ca. 40, so hat sie sich bis heute mehr als vervierfacht – auf 174 bis zum September 1990. Daraus folgt, daß der Verlauf des 20. Jahrhunderts sehr wesentlich von zwei Prozessen bestimmt war, die eng miteinander verflochten sind, ohne jedoch ineinander aufzugehen: vom Zerfall der großen multinationalen bzw. multi-zivilisatorischen Reiche und von der damit in Verbindung stehenden Bildung neuer Nationalstaaten.

Die Entwicklungen, die zum Zerfall bzw. zur Zerstörung dieser Reiche führten, sind überaus vielschichtig. Unter ihnen sind zwei Typen von Konflikten, die selbst wiederum in einem engen Zusammenhang miteinander stehen, von herausragender Bedeutung. Dabei handelt es sich zum einen um Kriege und Konflikte zwischen den verschiedenen miteinander rivalisierenden Reichen; zum anderen um Auseinandersetzungen innerhalb dieser Reiche, und zwar zwischen den Herrschenden – sei dies nun eine Partei oder ethnische Gruppe – und den nach Autonomie oder Unabhängigkeit strebenden Völkern und Nationalitäten, die den Reichen in früherer Zeit einverleibt worden waren.

1.2 Inter-imperiale Konflikte

Konflikte des ersten Typs durchziehen das gesamte 20. Jahrhundert und prägen entscheidend seine Physiognomie. Den ersten großen inter-imperialen Konflikt, der die Landkarten Europas und des Nahen Ostens wesentlich veränderte, bildete der I. Weltkrieg. Zu seinen Ergebnissen zählte die Auflösung des Osmanischen Reiches und der Habsburger Donaumonarchie. Als Folge der Pariser Friedensverträge entstanden auf dem Territorium beider Reiche nun eine Vielzahl neuer Staaten. So fielen im *Friedensvertrag von Sèvres* (10. August 1920) große Teile des Osmanischen Reiches entweder an andere Staaten, insbesondere an Griechenland, oder sie wurden zu Völkerbundsmandaten erklärt, die zunächst von Frankreich und Großbritannien verwaltet und später in die Unabhängigkeit entlassen wurden. Zudem wurde die Errichtung eines armenischen und kurdischen Staates beschlossen.

Nicht minder radikal waren die territorialen Veränderungen in Hinblick auf die Donaumonarchie. Während Österreich im *Friedensvertrag von Saint-Germain* (10. September 1919) die Tschechoslowakei, Polen, Ungarn und Jugoslawien als selbständige Staaten anerkennen und sich zur Abtretung größerer Territorien an sie verpflichten mußte, wurde Ungarn im *Frieden von Trianon* (4. Juni 1920) die Abtretung von Gebieten an die Tschechoslowakei, Österreich, Jugoslawien und Rumänien auferlegt. Gebietsverluste mußte im *Friedensvertrag von Neuilly* (27. November 1919) auch Bulgarien hinnehmen – an Jugoslawien, Rumänien und Griechenland. In der Folge dieser territorialen Neuordnung kam es zur Vertreibung und gewaltsamer Umsiedlung von Millionen Menschen.

Zwei andere Reiche – das russische und das deutsche – überstanden den Weltkrieg zwar ohne größere territoriale Einbußen. Doch waren die wirtschaftlichen und sozialen Erschütterungen des Krieges so tiefgreifend, daß die traditionellen politischen Strukturen beider Reiche zerbrachen und neue Kräfte an die Macht drängten, die die in Versailles geschaffene Friedensordnung nicht zu akzeptieren bereit waren, sondern eine grundlegende Veränderung des Status quo und eine Erneuerung ihrer imperialen Macht anstrebten. Unterstützt wurden sie in Asien durch die Bemühungen Japans um eine territoriale Neuordnung der Region, die vor allem zu Lasten der westlichen Kolonialmächte Großbritannien, Frankreich und Holland, aber auch des chinesischen Reiches gingen. Betroffen waren zudem die Interessen der USA. Eine erneute gewalttätige Auseinandersetzung war unvermeidlich, und während sich der I. Weltkrieg noch weitgehend auf Europa beschränkt hatte, erfaßte der II. Weltkrieg nun auch den asiatisch-pazifischen Raum.

Schon vor Ausbruch des Krieges war es in Europa zu gewaltigen Flüchtlingsströmen gekommen, zunächst als Folge der von den totalitären nationalsozialistischen, faschistischen und kommunistischen Bewegungen eingeleiteten Aktionen gegen ethnische, religiöse und wirtschaftliche Gruppen, die sich nur durch Flucht vor der physischen Vernichtung retten konnten; sodann im Rahmen territorialer Neugliederung und der gegenseitigen Abgrenzung der Interessengebiete und Einflußsphären. Von den dabei erfolgten Zwangsumsiedlungen und Vertreibungen waren über 30 Millionen Menschen betroffen. Weitere Flüchtlingsströme riesigen Ausmaßes löste schließlich die Niederlage Deutschlands und Japans aus.

Der dritte große inter-imperiale Konflikt unseres Jahrhunderts, der Ost-West-Konflikt, setzte wenig später ein. Relevant für die Flüchtlingsproblematik wurde er in mehrfacher Hinsicht: *Zum einen* infolge der gewaltsamen Eingliederung Mittel- und Osteuropas in den sowjetischen Herrschaftsbereich und die Absicherung dieses „Ost-Blocks" durch starke, in den betreffenden Staaten stationierte sowjetische Truppenverbände sowie durch die Einsetzung pro-sowjetischer Regierungen. Die auf diese Weise verursachten Ressentiments großer Teile der Bevölkerungen dieser Länder wurden vertieft durch die Einführung totalitärer Herrschaftssysteme sowjetischen Vorbilds, die die Spielräume individueller Freiheit weitgehend einschränkten und mittels ineffektiver Planwirtschaften zu einer dauerhaften Absenkung des Lebensstandards führten. Die Folge war eine Reihe von Aufständen, deren blutige Niederschlagung die Antagonismen weiter verschärfte und Fluchtbewegungen größeren Ausmaßes auslöste.

Gewicht für die Flüchtlingsproblematik gewann der Ost-West-Konflikt auch durch die Ausweitung dieser Rivalität auf andere Teile der Welt: Zuerst in den asiatisch-pazifischen Raum – nach China, Korea und Indochina –, wo von Moskau unterstützte kommunistische Bewegungen sich durchsetzten; später, nach dem Scheitern der amerikanischen Eindämmungs-Politik und dem Aufstieg der UdSSR zur militärisch gleichrangigen Weltmacht, auch nach Südasien, Afrika, auf den südamerikanischen Kontinent und im karibischen Raum. Obwohl der Stellenwert des Ost-West-Konflikts als Faktor in den Konflikten der Dritten Welt schwer zu bestimmen ist, ist seine Bedeutung bei einer Reihe von Konflikten, die von besonders großen Flüchtlingsbewegungen begleitet waren, unübersehbar.

- Auf der koreanischen Halbinsel führte das Kriegsgeschehen zu Beginn der 50er Jahre zur Flucht von ca. 5 Millionen Menschen aus dem Norden;
- in Indochina löste der Sieg der kommunistischen Bewegung in Vietnam, Kambodscha und Laos die Flucht von mehreren Millionen Menschen aus;
- in Afghanistan verließen nach dem Ausbruch des Bürgerkrieges und der Intervention sowjetischer Truppen 1979 ca. 5 Millionen Menschen das Land;

- in einigen Ländern Afrikas – Äthiopien, Moçambique, Angola – führte die mit sowjetischer und kubanischer Hilfe erfolgte Etablierung sozialistischer Regime ebenfalls zu großen Fluchtbewegungen;
- in Lateinamerika gab es zwei dem Ost-West-Konflikt deutlich zuordnungsbare Fluchtbewegungen: zuerst 1961, als Kuba unter sozialistische Herrschaft fiel und von 800000 Menschen verlassen wurde, denen 1980/81 weitere 125000 Menschen folgten; dann zu Beginn der 80er Jahre, als Zentralamerika nach dem Fall des *Somoza-Regimes* in Nicaragua in die Spannungsfelder des Ost-West-Konflikts geriet und mehrere hunderttausend Menschen in den nun eskalierenden Bürgerkriegen ihre Heimat verließen.

Eine weitere Folge der amerikanisch-sowjetischen Rivalität war die Stabilisierung einer Vielzahl autoritäter Regime in westlich orientierten Teilen der Welt, die unter dem Banner des Antikommunismus gewaltsam gegen liberale und linke Bewegungen vorgingen, Bestrebungen zur Beseitigung ihres politischen Machtmonopols und einer gerechteren Verteilung der wirtschaftlichen Ressourcen ihrer Länder aber erbittert bekämpften. Als Beispiele lassen sich eine Vielzahl zentral- und südamerikanischer Länder anführen – Guatemala, El Salvador, Argentinien, Chile u. a. – aus denen zeitweise Hunderttausende von Menschen flohen.

1.3 **Inner-imperiale Konflikte**

Anders als die beiden Weltkriege endete der dritte imperiale Konflikt des 20. Jahrhunderts, der Ost-West-Konflikt, nicht mit der Zerstörung eines der beiden Antagonisten. Neben der Einsicht in die katastrophalen Auswirkungen, die eine Fortsetzung des Ost-West-Konfliktes für die gesamte Menschheit haben würde, war das Einlenken *Gorbatschows* von der Einsicht in den desolaten Zustand der sowjetischen Wirtschaft bestimmt, die nicht nur dramatisch sinkende Wachstumsraten aufwies, sondern vor allem den Anschluß an die sogenannte „dritte industrielle Revolution“ zu verpassen drohte. Ohne einen radikalen „Umbau“ von Wirtschaft und Gesellschaft war nicht nur der Verlust der militärischen Parität mit dem Westen absehbar, sondern auch der Verfall des Großmachtstatus der Sowjetunion. Ein solcher „Umbau“ erforderte jedoch ein friedliches internationales Umfeld, also die Beendigung des Ost-West-Konflikts.

Die von *Gorbatschow* eingeleitete Liberalisierungspolitik ließ die nationale Frage wieder aufbrechen und führte schnell zu einer Verschärfung. Zunächst an den Rändern im Nordosten und Südosten, bald aber auch in der Ukraine und den zentralasiatischen Republiken, verzeichneten nationale Autonomie- und Unabhängigkeitsbewegungen steigenden Zulauf. Damit ist die Sowjetunion zu einem spektakulären Beispiel für jenen Typus imperialen Zerfalls geworden, bei dem die inneren Konflikte zwischen Zentrum und Peripherie die dominierende Rolle spielen.

Parallel zu den Bestrebungen nach politischer Souveränität und nationaler Eigenständigkeit brachen zwischen den Angehörigen der verschiedenen Volksgruppen Konflikte aus, die durch einen sich derzeit weiter erhitzenden Nationalismus verschärft wurden. Schon Mitte 1991 gab es offiziellen Meldungen zufolge 1,5 Mio. Flüchtlinge, von denen die meisten aus Armenien, Aserbaidschan und Usbekistan stammten. Ihre Zahl könnte sich bei fortschreitender Desintegration schnell weiter erhöhen. Potentielle Opfer des neu entflammenden Nationalismus sind die zahlreichen kleineren Nationalitäten und Volksgruppen, die von *Stalin* umgesiedelt worden waren.

Von den Auflösungstendenzen war jedoch nicht nur die Sowjetunion betroffen. Schon zuvor hatten solche Tendenzen auch das von *Stalin* und seinen Nachfolgern in Ost- und Südosteuropa der sowjetischen Kontrolle unterstellte strategische Vorfeld erfaßt. Nach Fortfall der Interventionsgarantie der Roten Armee waren die meisten der von Moskau gestützten altkommunistischen Regime unter dem Druck der Reformkräfte oder dem Ansturm der Demokratiebewegung zusammengebrochen und entweder durch reformkommunistische oder demokratische Führungen ersetzt worden. Statt des von *Gorbatschow* erhofften Systemwandels erfolgte ein Systemwechsel, der in der Folge auch zur Auflösung des *Warschauer Pakts* und des *Comecon* führte.

So erfreulich die Emanzipation der Staaten Osteuropas aus der sowjetischen Kontrolle auch ist, sie hatte auch weniger positive Auswirkungen. Zu diesen gehörten territoriale Interessen- und Minderheitenkonflikte zwischen und innerhalb der osteuropäischen Staaten, die, mehrere Jahrzehnte unterdrückt, nun wieder aufbrachen und nicht nur den inneren Frieden belasten, sondern auch die territoriale Einheit einiger dieser Länder bedrohen. Das gilt insbesondere für Jugoslawien. Nachdem der großserbische Nationalismus zunächst in der Unterdrückung der albanischen Minderheit im Kosovo zum Ausdruck gekommen war, geriet er Anfang der 90er Jahre in Konflikt mit den nach Selbständigkeit strebenden Kroaten und Slowenen. Weder die EG noch die Vereinten Nationen konnten den Ausbruch des Bürgerkriegs verhindern, der Hunderttausende zu Flüchtlingen machte.

Starke nationalistische Tendenzen bedrohen den Frieden auch in anderen Staaten Südosteuropas und zeigen, daß auch dort die territorialen Veränderungen, zu denen die Friedensverträge von Trianon und St. Germain geführt hatten, bis heute nicht akzeptiert sind. Nationalitätenkonflikte entzündeten sich zwischen Ungarn und Rumänien sowie zwischen der Türkei und Bulgarien, von wo in Folge einer repressiven Bulgarisierungspolitik ca. 330 000 Türken fluchtartig abwanderten. Der Verelendungsprozeß in Albanien löste 1991 zweimal panikartige Fluchtwellen nach Italien aus.

Insgesamt stieg die Zahl der Menschen, die aus der Sowjetunion und Osteuropa in den Westen abwanderten, von 100 000 im Jahre 1984 auf 1,2 Millionen im Jahre 1989.

Auch im zweiten großen Kontinentalreich – in der VR China – wurden in den vergangenen Jahren die Forderungen nationaler Minoritäten nach Autonomie und Unabhängigkeit wieder lauter. Das gilt insbesondere für die Tibeter, die sich bis heute nicht mit der gewaltsamen Wiedereinverleibung ihres Landes in den chinesischen Staatsverband 1950/51 abgefunden haben. Nachdem bereits 1959 schwere Unruhen ausgebrochen waren, deren gewaltsame Niederschlagung zur Flucht von ca. 100 000 Menschen – einschließlich des *Dalai Lama* – geführt hatte, kam es 1988, im Vorfeld des 30. Jahrestages des Aufstands, erneut zu heftigen anti-chinesischen Demonstrationen, auf die Peking mit der Verhängung des Kriegsrechts reagierte. Während einige tibetische Gruppen für die Unabhängigkeit von China eintreten, sprach sich der *Dalai Lama* für ein autonomes Tibet innerhalb von China aus, das er selbst – nach seiner Rückkehr nach Tibet (1991) – mit aufbauen helfen will.

Auftrieb gewannen Unabhängigkeitsbestrebungen in den letzten Jahren auch in zwei anderen von Minderheiten bewohnten Territorien Chinas: im autonomen Gebiet Xinjiang-Uigur und in der Inneren Mongolei. In Xinjiang kam es Anfang April 1990 zu anti-chinesischen Unruhen, die von Sicherheitskräften blutig niedergeschlagen wurden. Anzeichen sprechen dafür, daß sie Teil eines größeren antichinesischen Aufstands waren, der in letzter Minute verhindert werden konnte.

Obwohl die Chancen der in China lebenden Minoritäten auf Wiedergewinnung ihrer Unabhängigkeit erheblich geringer sind als in der ehemaligen Sowjetunion, und in China bestenfalls ein höheres Maß an Autonomie im Bereich des Möglichen liegt, könnte eine Verschärfung der Nationalitätenkonflikte das internationale Ansehen Chinas, insbesondere in der islamischen Welt, erheblich beeinträchtigen.

2. **Probleme der Nationen-Bildung**

Während der Ausgang der imperialen Zerfallsprozesse in der Sowjetunion und in China noch offen ist, ist er im Falle der riesigen Kolonialreiche der westeuropäischen Mächte – sieht man einmal von einigen marginalen Restebeständen ab – so gut wie abgeschlossen. Wichtigen Anteil daran hatten äußere Faktoren wie die Schwächung der Kolonialmächte durch zwei Weltkriege, die anti-kolonialistische Politik der Sowjetunion und der USA, der Ost-West-Konflikt, der Druck der EL in den Vereinten Nationen und über die Blockfreien-Bewegung. Aber auch nationale Befreiungsbewegungen trugen wesentlich zur Zerstörung der Kolonialreiche bei. Zumindest in einigen Regionen der Welt verlief der Entkolonisierungsprozeß blutig und führte zu Flucht und Vertreibung von Millionen von Menschen (*Kühnhardt* 1984; *Nuscheler* 1988).

Nicht minder blutig als die Kämpfe und Konflikte, die die Auflösung der Kolonialreiche begleiteten, verliefen die Nationen-Bildungsprozesse, die sich unmittelbar an den Entkolonisierungsprozeß anschlossen und bis heute noch nicht zu Ende gekommen sind. In ihrem Umkreis entzündeten sich die meisten Kriege und Bürgerkriege, die nach dem II. Weltkrieg ausbrachen, wobei die Zahl der internen Konflikte deutlich steigt.

Die Bildung neuer Nationalstaaten war von Anfang an durch zwei schwere Hypotheken der Vergangenheit belastet worden: Die erste Hypothek ergab sich aus dem Tatbestand, daß koloniale Grenzziehungen in der Regel ohne Rücksicht auf bestehende ethnische, kulturelle und religiöse Strukturen – gemäß dem Parallelogramm der Kräfte zwischen den Kolonialmächten – gezogen worden waren, ja daß vorkoloniale Rivalitäten und Animositäten zwischen den verschiedenen Gruppen der kolonialen Bevölkerung nach dem Prinzip „divide et impera" sogar noch bewußt geschürt worden waren, um den anti-kolonialen Widerstand zu zersplittern und damit zu schwächen.

Während die militärische Präsenz der Kolonialarmeen eine gewaltsame Austragung der schwelenden Konflikte verhindert hatte, änderte sich dies mit ihrem Abzug. Nun konnten latente Konflikte und Rivalitäten ungehindert zum Ausbruch kommen – eine Entwicklung, die durch den in den neuentstehenden Staaten einsetzenden Wettlauf um Macht und Privilegien noch verstärkt wurde. Eine endlose Kette von Stammesfehden, Bürgerkriegen, Militärrevolten, Sezessionsversuchen und Grenzauseinandersetzungen war die ebenso voraussehbare wie nicht zu verhindernde Folge.

Eine zweite Hypothek bildeten schwere strukturelle Verwerfungen und Verformungen, die die Wirtschaft vieler Kolonien durch die Anbindung an die Ökonomien der Mutterländer bzw. durch ihre Integration in die Weltwirtschaft erfahren hatte. An diesem Sachverhalt änderte auch die politische Unabhängigkeit wenig: Entweder wurden die Verformungen nicht als solche erkannt oder sie gereichten den neuen einheimischen Staats-Eliten zum Vorteil oder aber der für grundlegende Veränderungen zur Verfügung stehende politische und wirtschaftliche Spielraum war zu klein.

Hinzu kam, daß viele der neuen Eliten in keiner Weise auf die gewaltigen wirtschaftlichen, sozialen und politischen Probleme vorbereitet waren, mit denen sie sich nach der Erringung der Unabhängigkeit konfrontiert sahen, und daß viele der Entwicklungskonzepte, die Ost und West ihnen anboten bzw. aufdrängten, ungeeignet waren. Die Verformungen der Vergangenheit wurden deshalb häufig noch weiter vertieft und verfestigt. Viele der wirtschaftlichen Probleme, die die EL in die Strudel der Unterentwicklung rissen und zu sozialer Zerklüftung und Verteilungskämpfen führten, waren deshalb schon bei der Unabhängigkeit vorprogrammiert.

An oberster Stelle unter den Problemen, die die Bildung der Nationalstaaten auf den Territorien der ehemaligen Kolonialreiche belasten, steht die territoriale Abgrenzung der neuen Staatsgebiete. Dieses Problem, das sich als eine der wichtigsten Ursachen von Konflikten und Flüchtlingsbewegungen erwies, stellte und stellt sich in doppelter Hinsicht: als *Abgrenzung nach außen*, d. h. gegenüber anderen Dritte-Welt-Staaten, sowie als *Eingrenzung nach innen*, also gegenüber Bevölkerungsgruppen, die sich gegen eine Einbeziehung in das neue Staatsgebiet wehren.

2.1 **Territoriale Ausgrenzung nach außen**

Die empirischen Befunde zeigen, daß die *Abgrenzung nach außen* – wenn in Form von Grenzkonflikten ausgetragen – bislang nur selten größere Flüchtlingsbewegungen auslöste. Dies gilt für die indisch-chinesischen Auseinandersetzungen um umstrittene Himalaja-Gebiete; für den iranisch-irakischen Grenzkonflikt und wohl auch für den Streit zwischen dem Tschad und Libyen. Es galt auch lange für den seit 1947 andauernden indisch-pakistanischen Streit um Kaschmir. Seit der Wiederbelebung und Verschärfung dieses Konflikts zu Beginn der 90er Jahre beginnt sich inzwischen aber ein Wandel abzuzeichnen. Auf ca. 250 000 Menschen wird die Zahl der Hindus geschätzt, die inzwischen aus Angst vor dem Terror in die Region Dschammu oder nach Neu Delhi geflohen sind.

Doch es gibt auch Fälle territorialer Konflikte, die große Fluchtbewegungen auslösten. Zu ihnen gehört der Konflikt zwischen Vietnam und Kambodscha, der bald nach 1975 ausbrach und von kambodschanischer Seite auch in der Absicht provoziert worden war, an Vietnam verlorene Gebiete zurückzugewinnen und in Kambodscha lebende Vietnamesen zum Verlassen des Landes zu veranlassen. Zu ihnen zählt weiterhin der Konflikt zwischen Äthiopien und Somalia um den Ogaden in der zweiten Hälfte der 70er Jahre, der gewaltige Flüchtlingsbewegungen zur Folge hatte.

Zu ihnen gehört schließlich auch die Annexion Kuwaits durch den Irak, in deren Folge zunächst ca. 200 000 Kuwaitis und über 700 000 arabische und asiatische Gastarbeiter in Kuwait und im Irak und schließlich noch 1,5 Millionen irakischer Kurden und Schiiten zu Flüchtlingen wurden. Nach Kriegsende wurden Tausende von in Kuwait ansässigen Palästinensern wegen tatsächlicher oder angeblicher Kollaboration mit dem Irak ausgewiesen.

2.2 **Eingrenzung nach innen**

Auch bei der territorialen *Eingrenzung nach innen* stellte und stellt sich die Flüchtlingsproblematik in doppelter Hinsicht. So gibt es Bevölkerungsgruppen, die sich nicht in das betreffende Staatsgebiet integrieren lassen wollen, sondern entweder die Gründung eines eigenen Staates anstreben oder aber die Eingliederung in einen anderen Staat wünschen. Beispiele für den ersten Typus, der im allgemeinen unter der Kategorie „separatistische Bewegungen" geführt wird, sind in Südasien

- die Sikhs, die für ein unabhängiges „Khalistan" kämpfen;
- die Tamilen, die die Teilung Sri Lankas und die Gründung eines eigenen Staates *Tamil Eelam* anstreben;
- die schon oben angeführten Kaschmiris, die im indischen Teil ihres Landes im Frühjahr 1990 den Kampf für ein unabhängiges *Kaschmir* wiederaufgenommen haben, nachdem ein von der UNO beschlossenes Referendum über den Status des Landes bis heute nicht zustande kam;

– die *Vereinigte Befreiungsfront Assams*, die seit einigen Jahren für die Unabhängigkeit dieses nordöstlichen Unionsstaats Indiens kämpfte und dabei offenbar so viel Zulauf erhielt, daß die indische Regierung im November 1990 die Landesregierung entließ und Assam der direkten Kontrolle Neu Delhis unterstellte.

In Südostasien
– entstehen vor allem in Indonesien immer wieder separatistische Bewegungen. Neben der Unabhängigkeitsbewegung *Fretilin*, die sich seit 1975 auf Osttimor gegen die indonesische Herrschaft wehrt, kämpft im nördlichen Sumatra die *Aceh-Befreiungsfront* für die Unabhängigkeit der ca. 3,5 Millionen muslimischen Einwohner von Aceh, und in Papua-Neuguinea die Unabhängigkeitsbewegung Freies Papua für ein unabhängiges *Irian Jaya*.

In Zentralasien
– die Tibeter, von denen viele für die Unabhängigkeit von China eintreten;
– aber auch Teile der Bevölkerung von Xinjiang, die ähnlich wie die zentralasiatischen Bevölkerungen auf sowjetischer Seite die Hoffnung auf die Wiederherstellung eigener Staaten noch nicht aufgeben haben.

Im Mittleren Osten
– bilden die Kurden die zahlenmäßig größte Gruppe, die für einen eigenen Staat kämpft;
– zahlenmäßig kleiner, politisch jedoch erheblich brisanter sind die Palästinenser, die trotz der Ausrufung eines Staates Palästina am 15. November 1988 ihrem Ziel bislang kaum näher gekommen sind und nun ihre Hoffnungen auf die internationale Nahost-Friedenskonferenz setzen.

In *Afrika* war aufgrund verschiedener Besonderheiten – insbesondere des Fehlens nationalstaatlicher Traditionen, der Existenz zahlreicher Stämme und höchst problematischer kolonialer Grenzziehungen – die separatistische Gefahr von Anfang an so groß, daß die *Organisation Afrikanischer Einheit* (OAU) die Unverletzlichkeit der bestehenden Grenzen schon 1963 zum Prinzip erhob und bis heute erfolgreich verteidigte. Den ersten großen Konflikt löste 1960 der Versuch der reichen Kupferprovinz Katanga aus, den Entkolonisierungsprozeß zu nutzen und sich aus Belgisch-Kongo auszugrenzen. 1966/67 folgte der Versuch der Ibos, den Staat Biafra zu gründen. Derzeit steht in Afrika die Gründung eigener Staaten noch an vier Stellen auf der politischen Tagesordnung:
– Im Vielvölkerstaat Äthiopien, wo nach dem Fall des *Mengistu-Regimes* eine territoriale Neuordnung bevorsteht, sofern sich die Bevölkerung Eritreas für die Unabhängigkeit ausspricht und sich diesem Schritt auch andere nicht-amharische Völker anschließen.
– Im benachbarten Somalia, wo es nach dem Sturz des Regimes *Siad Barre* zur Teilung des Landes entlang der früheren Kolonialgrenzen kam.
– Im Sudan, wo sich christliche Stämme im Süden des Landes gegen die Dominanz des islamischen Nordens wehren.
– In der früheren Spanischen Sahara, deren Bewohner – nach längeren Kämpfen – gegen eine Eingliederung in Marokko in einer von den Verein-

ten Nationen überwachten Volksabstimmung über den zukünftigen Status ihres Gebietes befinden werden.

Tiefere Ursachen für die Entstehung separatistischer Bewegungen ist in der Regel die mangelnde Bereitschaft der jeweiligen herrschenden Eliten zur Schaffung pluralistischer Strukturen, die der heterogenen Zusammensetzung vieler der neuen Staaten Asiens, Afrikas und Lateinamerikas gerecht werden. Diese Haltung kommt auf verschiedenste Weise zum Ausdruck – am meisten verbreitet sind zwei Typen:

1. Eine Politik zwangsweiser Homogenisierung der Staaten durch Verfolgung und Vertreibung von Gruppen, die die angebotene Homogenität stören. Dabei können die Krisenpunkte im *religiösen* Bereich liegen, wie etwa bei der Vertreibung der Hindus aus den von Sikhs dominierten Provinzen Indiens oder aber bei der Verfolgung der Bahai-Sekte im Iran. Sie können sich aber auch in der Verfolgung und Unterdrückung all derjenigen Menschen ausdrücken, die als Feinde der dominierenden Ideologie angesehen werden. Unter kommunistischen Vorzeichen geschah dies in Cuba, Vietnam und Kampuchea, unter umgekehrten – nämlich antikommunistischen – Vorzeichen in Chile und anderen lateinamerikanischen Staaten. Todesschwadronen und Killerkommandos gehören zu den Gütesiegeln jener Regime.

   Eine dritte Variante bildet schließlich die Verfolgung und Vertreibung *ethnischer* Minderheiten. Das Ziel kann dabei die Brechung ihres wirtschaftlichen oder politischen Einflusses sein, wie etwa in diversen südostasiatischen Staaten gegenüber den chinesischen Minderheiten oder wie in Madagaskar und Fidschi gegenüber den Indern, die die Wirtschaft der Inseln kontrollieren. Eine andere Ursache ist die Ausschaltung von Minderheiten, weil sie als potentielle Agenten anderer Staaten gelten. Das spektakulärste Beispiel dafür bildet die Vertreibung der Auslandschinesen Ende der 70er Jahre aus Vietnam sowie die fast gleichzeitig erfolgte Ausrottung der chinesischen und vietnamesischen Minderheiten in Kambodscha durch das *Pol-Pot-Regime*.
2. Eine Politik der Monopolisierung politischer und wirtschaftlicher Macht durch einzelne Gruppen sowie die Verweigerung partizipatorischer und pluralistischer Strukturen. Dies kann durch ethnische, soziale und religiöse Gruppen erfolgen, wobei es keine Rolle spielt, ob die Macht in den Händen ziviler Regierungen oder von Militärjuntas liegt. Letztere setzen sich zumeist erst in Situationen durch, in denen eine Kontrolle der unterdrückten und ausgebeuteten Bevölkerungsteile durch bloßen Polizeieinsatz nicht mehr möglich ist, sondern ihr Widerstand den Einsatz militärischer Kräfte erfordert. Beispiele dafür liefert eine Reihe von Staaten in Zentral- und Südamerika. In Afrika standen und stehen dafür Staaten wie Äthiopien, der Sudan, Burundi und Ruanda, wo im September 1990 die Kämpfe zwischen Hutu und Tutsi wieder aufflammten.

   Dieselbe Politik kann aber auch – wie auf Haiti, in Nicaragua und einer Reihe afrikanischer Staaten – durch Einzelpersonen und Familienclans praktiziert werden. Es ist zu hoffen, daß Regime dieser Art, die nicht selten aus sicherheitspolitischen, wirtschaftlichen und ideologischen Gründen von auswärtigen Mächten gestützt wurden, nach der Auflösung des Ost-West-Konflikts und dem Abbau des sowjetischen Engagements in Übersee in absehbarer Zeit verschwinden werden.

Der Widerstand und die an diesem sich entzündenden Bürgerkriege sind dann wiederum Auslöser großer Fluchtbewegungen. Zu den Beispielen aus jüngster Vergangenheit gehören Moçambique, aus dem mehr als eine Million Menschen nach Malawi, Swasiland, Simbabwe und Südafrika aus Angst vor dem Vorgehen der Rebellenorganisation *Renamo* gegen die Regierung und die Bevölkerung geflohen sind; der westafrikanische Staat Liberia, aus dem im Laufe der vergangenen Auseinandersetzungen bis Anfang Oktober 1990 über 516 000 Menschen in die Nachbarländer Elfenbeinküste, Guinea und Sierra Leone flüchteten; und Somalia, von wo sich vor dem eskalierenden Bürgerkrieg seit Dezember 1990 ca. 240 000 Menschen allein nach Äthiopien in Sicherheit brachten.

3. Ökologische Probleme

In den beiden vergangenen Jahrzehnten schob sich eine weitere Entwicklung weltweit in den Vordergrund: Umweltzerstörungen, die viele Menschen dazu zwingen, ihre traditionellen Wohnsitze zu verlassen. Als „Umweltflüchtlinge" definierte eine Studie des *Umweltprogramms der Vereinten Nationen* (UNEP) jene Menschen, „die gezwungen wurden, ihre traditionelle Umgebung vorübergehend oder dauerhaft zu verlassen, da Umweltschäden (natürliche und/oder durch Menschen verursachte) ihre Existenz in Gefahr brachten und/oder ihre Lebensqualität schwerwiegend beeinträchtigten".

Ihre Suche nach einer neuen Heimat führt sie zunächst in die Städte und anderen Regionen des eigenen Landes, später als Gast- und Wanderarbeiter in die Nachbarstaaten und in die Länder des „Nordens". Dabei werden sie Teil jenes großen Zuges von Menschen des „Südens", der auf der Suche nach Arbeit und einem Leben in Frieden die Grenzen ihrer Länder überschreitet. Die Angaben über die Zahl dieser Flüchtlinge schwanken zwischen 50 und 500 Millionen je nach den Kategorien, die den Zählungen zugrunde gelegt werden.

Zu einer Differenzierung und zugleich Konkretisierung dieses Sammelbegriffes „Umweltflüchtlinge" gelangt man, wenn man als Unterscheidungsmerkmal die wichtigsten Ursachentypen zugrundelegt. Dabei zeigen sich drei Typen von „Umweltflüchtlingen":

Einen ersten Typ bilden jene Menschen, die aufgrund natürlicher Ursachen – Naturkatastrophen wie Überschwemmungen, Vulkanausbrüche, Dürreperioden – ihre traditionellen Wohngebiete aufgegeben haben. Obwohl es sich dabei um gewaltige Flüchtlingsbewegungen handeln kann – wie etwa beim Erdbeben in der Armenischen Sowjetrepublik im Dezember 1988, als 500 000 Menschen obdachlos wurden –, können die Menschen nach dem Abklingen der Naturkatastrophen zumeist nach kurzer Zeit in ihre alten Wohngebiete zurückkehren.

Anders verhält sich dies bei jenen „Umweltflüchtlingen“, die aufgrund von menschlichen Eingriffen in die Natur ihre traditionellen Siedlungsgebiete verlassen müssen, etwa wegen der zahlreichen in den vergangenen Jahrzehnten in vielen Teilen der Welt errichteten Staudämme. Etwa 120 000 Ägypter und Sudanesen mußten ihre traditionellen Siedlungsgebiete infolge des Baus des Assuan-Staudammes räumen. 90 000 Pakistanis wurden aufgrund des Nanela-Dammes evakuiert, und 250 000 Menschen in Indien droht die Umsiedlung bei der Inbetriebnahme des Narwado-Staudammes. Wie viele Menschen bei der Errichtung eines ganzen Netzes von Staudämmen in Südanatolien – beim Stau des Euphrat und des Tigris – in Mitleidenschaft gezogen werden, läßt sich derzeit noch gar nicht absehen. Auch wird dieses Projekt, je nach konkreter Ausgestaltung, die Lebensbedingungen der Menschen in den Nachbarländern erheblich beeinträchtigen.

Von einem ökologischen Infarkt bedroht ist inzwischen die Region um den Aral-See, eines der größten Binnenmeere der Erde. Infolge einer jahrzehntelangen Ableitung riesiger Wassermengen aus seinen Zuflüssen ist es zu einer bedrohlichen Austrocknung und Versalzung des Sees gekommen. Berechnungen von Experten zufolge wird der Aral-See bis zum Jahre 2010 völlig ausgetrocknet sein und einer mehrere Millionen Hektar großen Sand- und Salzwüste Platz gemacht haben. Schon heute haben die Auswirkungen auf die Lebensbedingungen der dort lebenden Menschen katastrophale Ausmaße angenommen; Schätzungen zufolge werden sich mehrere Millionen Menschen auf die Suche nach neuen Siedlungsgebieten machen müssen.

Unter die Kategorie der „Umweltflüchtlinge“ fallen auch jene Menschen, die nach der Reaktorkatastrophe von Tschernobyl im April 1986 aus den nuklear verseuchten Regionen der Ukraine und Weißrußlands evakuiert werden mußten. Auch hier dürfte es sich um einige hunderttausend Menschen handeln. Angesichts des Baus weiterer Atomkraftwerke in vielen Teilen der Welt sind Unfälle mit katastrophalen Auswirkungen ähnlichen oder noch größeren Ausmaßes absehbar. Seveso und Bhopal sind andere Orte, die für Industrieunfälle mit katastrophalen Auswirkungen für die Menschen stehen.

Schließlich zählen auch jene Flüchtlinge zu dieser Kategorie, deren Lebensgrundlage infolge von Kriegen und Bürgerkriegen bewußt zerstört wurde. Zu nennen ist hier die bewußte Zerstörung von Ernten, Feldern und Wäldern im Rahmen der sogenannten „ökologischen Kriegsführung“; Beispiele von besonders abschreckender Wirkung waren der Einsatz chemischer Kampfmittel in Indochina durch die USA und die Einleitung von Rohöl in den Persischen Golf durch den Irak. Die Auswirkungen auf Umwelt und Menschen sind derzeit noch gar nicht absehbar. Das gilt auch für die Folgen, die sich aus der Entzündung der Ölfelder in Kuwait durch die abziehenden irakischen Truppen ergeben werden.

Gleitend vollzieht sich der Übergang von der zweiten zur dritten – von ihrem Umfang her mit Abstand größten – Kategorie vom „Umweltflüchtlingen". Gemeint sind jene Menschen, deren Lebensbedingungen sich aufgrund von anthropogen mitverursachten Naturkatastrophen-Prozessen tiefgreifend verschlechtert haben. Zu unterscheiden ist hierbei zwischen regionalen und globalen Phänomenen. Zur Gruppe der ersten gehören die Übernutzung von Agrarflächen (etwa durch Überweidung), die Überfischung der Meere oder die Abholzung größerer Waldgebiete (wie etwa die Hänge des Himalaya), die eine verstärkte Bodenerosion zur Folge haben.

Von überregionaler, ja globaler Bedeutung sind die großräumigen Klimaveränderungen, die in großen Trockenperioden ihren Ausdruck finden. So befanden sich allein 1985 in den Ländern der Sahel-Zone – Burkina Faso, Niger, Tschad – einige Millionen. Menschen auf der Flucht vor der Trockenheit und den vorrückenden Wüsten. Ein anderes Symptom der tiefgreifenden Klimaveränderungen waren extreme Niederschläge in verschiedenen Regionen der Welt, die zu schwersten Überschwemmungen führten.

Inwieweit es sich bei diesen Phänomenen um Symptome des sogenannten „Treibhaus-Effektes" handelt – eine Folge der Zersetzung der Ozonschicht und der Aufheizung des Erdklimas durch die Emission von Kohlendioxyd, Chlor-Fluorkohlenwasserstoffen, Methan und anderen Treibgasen – ist noch immer Gegenstand von Fachdiskussionen. Unstrittig ist hingegen, daß eine Erwärmung der Atmosphäre zu einer weiteren Ausdehnung der Trockenzonen sowie (infolge der Eisschmelze) zur Überflutung zahlreicher dichtbesiedelter Küstengebiete und Stromtäler führen wird. Migrationsbewegungen größten Ausmaßes wären dann ebenso die Folge wie schwerste soziale Konflikte um neue Lebensräume.

4. Perspektiven

Die Frage nach den Perspektiven lenkt den Blick wieder zurück auf die verschiedenen Konflikte und damit Flüchtlingsbewegungen auslösenden Ursachen und Prozesse. Dabei bietet sich folgendes Bild:

1. Entspannende Tendenz weist seit einigen Jahren jener Konflikttypus auf, der oben als „inter-imperial" bezeichnet wurde. Das gilt insbesondere für das Verhältnis zwischen den USA und der UdSSR. Seinen formellen Ausdruck fand der Entspannungsprozeß in dem von den Staaten der NATO und des Warschauer Pakts unterzeichneten Vertrag über konventionelle Abrüstung am 19. Nov. 1990 und der auf dem KSZE-Gipfel unterzeichneten „Pariser Charta für ein neues Europa". Die beiden Abkommen setzten nicht nur der Epoche des Kalten Krieges ein Ende, sondern symbolisieren gleichzeitig auch den neuen kooperativen Geist der Ost-West Beziehungen.

Die positiven Auswirkungen dieser Entspannung sind insbesondere bei den Regionalkonflikten in der Dritten Welt zu spüren: im Südlichen Afrika, in Afghanistan, in Kambodscha, aber auch in Zentralamerika. Es wird nun darauf ankommen, die Zusammenarbeit der beiden „Supermächte" so zu organisieren, daß auch die Vereinten Nationen wieder zu einem wirksamen Instrument kollektiver Friedenssicherung werden. Allerdings sollte bei allem Optimismus nicht übersehen werden, daß von den Entwicklungen in der ehemaligen Sowjetunion noch tiefgreifende Störungen der Ost-West-Beziehungen ausgehen können.

2. Eine gegenläufige Tendenz ist dagegen bei den innerimperialen Konflikten zu beobachten. Dies gilt insbesondere für das sowjetische Imperium. Alle Versuche von *Gorbatschow*, über einer „neuen Union" selbständiger Republiken einen zentralstaatlichen Restbestand mit einer gemeinsamen Armee und Währung zu erhalten, konnten den Zerfall nicht aufhalten. Die aus der Bankrottmasse der Sowjetunion hervorgegangene *Gemeinschaft unabhängiger Staaten* ist mit großen Problemen konfrontiert. Machtkämpfe, wie sie Ende 1991 in Georgien ausbrachen, und ethnische Konflikte innerhalb einiger der neuen Vielvölkerstaaten können zu einer Destabilisierung führen, die auch für den Westen mit erheblichen Risiken verbunden ist; sie kann außerdem Fluchtbewegungen innerhalb der neuen Staatengemeinschaft, aber auch über ihre Grenzen hinaus in Gang setzen. Auch wenn sich inner- und zwischenstaatliche militärische Konflikte vermeiden lassen sollten, drohen Migrationsbewegungen großen Ausmaßes. Schubkraft bildet vor allem die schwierige wirtschaftliche und soziale Lage, die zahlreiche Fachkräfte dazu bewegen wird, ihr Glück im Westen zu suchen. Die deutsch-stämmige Minderheit wird größtenteils nach Deutschland auswandern. Die durch die KSZE-Abkommen garantierte Freizügigkeit in Europa erleichtert diese Ost-West-Wanderung, gegen die nun die westlichen Nachbarstaaten Barrieren aufzubauen versuchen.

Erheblich stabiler ist die Statik Chinas, wo die desintegrativen Tendenzen nur für den Fall einer schweren Krise des kommunistischen Systems und eines ausbrechenden Bürgerkriegs gefährlich werden dürften. In einer solchen Situation könnte es allerdings nicht nur zur Loslösung einiger von Minderheiten bewohnter Gebiete kommen, sondern auch zu Flüchtlings- und Auswanderungsströmen riesigen Ausmaßes, die in den Nachbarländern Chinas zu einem Chaos führen könnten. Bei einer solchen Krise, so warnte *Deng Xiaoping*, würden ca. 10 Mio. Chinesen nach Thailand und 100 Mio. nach Indonesien flüchten. Auch wenn diese Zahlen erheblich übertrieben sein dürften, zeigen die Fluchtbewegungen der vergangenen Jahre aus den erheblich kleineren Staaten Indochinas, daß es sich bei einer vergleichbaren Situation in China um Dutzende von Mio. von Flüchtlingen handeln würde.

3. Überaus unübersichtlich und bedrohlich entwickelt sich derzeit die Situation in jener Region, die sich in einem breiten Krisenbogen von Südosteuropa über das Kaukasus-Gebiet bis in den Mittleren Osten zieht. Viele der neuen Staaten, die hier nach der Auflösung der Habsburger Donaumonarchie und des Osmanischen Reiches geschaffen wurden, haben sich bis heute noch nicht stabilisiert. Insbesondere in Südosteuropa brechen nach Fortfall der sowjetischen Kontrolle und verstärkt durch den wirtschaftlichen Bankrott der

sozialistischen Kommandowirtschaften Nationalitätenkonflikte neu auf und gefährden sowohl die territoriale Einheit wie auch den inneren Frieden. Ohne schnelle wirtschaftliche Sanierungsprogramme und die Schaffung neuer Sicherheitssysteme, die eine friedliche Austragung der schwelenden zwischen- und innerstaatlichen Konflikte ermöglichen, drohen Flüchtlings- und Migrationsbewegungen größten Ausmaßes.

4. Wenig hoffnungsvoll gestaltet sich auch die Situation in vielen Regionen der Dritten Welt. So ist noch nicht absehbar, ob das Ende des Kalten Krieges und die zunehmende Autonomie vieler EL deren Bereitschaft steigern wird, das vielfältige zwischen ihnen lagernde Konfliktpotential mit friedlichen Mitteln zu entsorgen, d. h. Konflikte im Geiste jener Solidarität auszutragen, die im Verlauf der anti-kolonialen Kämpfe so häufig beschworen worden war. Weiterhin steigende oder auf hohem Niveau stagnierende Rüstungsausgaben in einigen Regionen, das Drängen neuer Dritte Welt-Mächte auf die internationalen Waffenmärkte, vor allem aber das Streben nach regionaler Hegemonie, wie es sich im August 1990 am irakischen Überfall auf Kuwait zeigte, bieten bislang wenig Anlaß zu Optimismus.

Eine ähnlich düstere Perspektive ergibt sich hinsichtlich der innerstaatlichen Konflikte in vielen EL: Sri Lanka, Libanon, Sudan, Afghanistan, Birma und Kambodscha, um nur einige Beispiele zu nennen. Sie sind Indizien dafür, daß sich in vielen Teilen der Welt noch keineswegs stabile Staaten gebildet haben und die herrschenden Eliten die Bildung pluralistischer und partizipatorischer Strukturen auch weiterhin verweigern. Wenig Entlastungen gehen auch von den weltwirtschaftlichen Rahmenbedingungen aus. Wenn es auch einer Reihe von EL gelang, sich mit beachtlichen Entwicklungserfolgen nach vorne zu schieben, so sind andere – in Lateinamerika und im subsaharischen Afrika – weiter zurückgefallen.

Da sich für viele EL in absehbarer Zeit weder die internationalen wirtschaftlichen Rahmenbedingungen verbessern werden noch praktikable Modelle für eine schnelle Umgestaltung der internen Wirtschafts- und Gesellschaftsstrukturen in Sicht sind, ist ein Rückgang der gewaltigen Migrationsbewegungen ebenso wenig absehbar wie ein Ende der gewaltsamen Verteilungskämpfe und der durch sie ausgelösten Flüchtlingsbewegungen. Eine erhebliche Verschärfung werden diese Migrationen durch das anhaltende Bevölkerungswachstum erfahren.

5. Ähnlich deprimierend ist der Befund hinsichtlich der ökologischen Probleme. Auch hier sind keine Initiativen in Sicht, die eine nachhaltige Stabilisierung der Umwelt und damit einen Rückgang der „Umweltflüchtlinge" erwarten lassen.

5. Gegenstrategien

Aus einer etwas weiteren Perspektive betrachtet, erweisen sich Migration und Flucht als zwei Aspekte ein und desselben Phänomens: einer wachsenden *Unwirtlichkeit* vieler Teile der Welt, die damit ihre Bindekraft verlieren und einer *Entwurzelung* von Mio. von Menschen Vorschub leisten. Daraus folgt, daß auch Überlegungen über eine Beseitigung von Migration und Flucht an dieser Unwirtlichkeit ansetzen müssen. Da sich diese aber heute in dreifacher Hinsicht äußert – ökologisch, wirtschaftlich und politisch – müssen sich auch die Überlegungen auf die drei Ursachenkomplexe beziehen. Damit übergreifen sie erheblich den Rahmen, in dem Gegenstrategien zur Migrations- und Flüchtlingsproblematik zumeist formuliert werden.

Zudem wird deutlich, daß solche Gegenstrategien – sollen sie auch nur vom Ansatz her eine Chance auf Erfolg haben – international akzeptiert und koordiniert sein müssen; der Zeitpunkt für isolierte einzelstaatliche Maßnahmen ist schon lange vorbei. Das heißt nicht, daß Einzelstaaten nicht in die internationale Strategie integriert werden müssen – im Gegenteil, ihre Einbindung ist ebenso unverzichtbar wie es einzelstaatliche Initiativen sind. Doch solche Initiativen werden scheitern, wenn sie nicht rückgekoppelt und eingebunden sind in regionale und internationale Strategien.

Angesichts der Bedeutung internationaler Organisationen für die theoretische Formulierung und praktische Umsetzung solcher Strategien gehört eine Überprüfung, Umstrukturierung und Aufwertung des gesamten UN-Systems zu den zentralen Aufgaben des kommenden Jahrzehnts. Ohne sie würde das für die Bewältigung der anstehenden Herausforderungen geeignete Instrumentarium fehlen.

Insgesamt gesehen muß eine integrierte Strategie zur Beseitigung der globalen Migrations- und Flüchtlingsprobleme die folgenden vier Ebenen einbeziehen:

1. Sofern auch nur die mittleren Krisenszenarien zutreffen, die heute von ökologischen Experten, insbesondere Klimaforschern entworfen werden, dürfte eine sich verschlechternde Umwelt derjenige Faktor sein, der am nachhaltigsten die Unwirtlichkeit der Welt beeinflußt und daher schon mittelfristig die größten Migrations- und Fluchtbewegungen freisetzen wird. Es sei dahingestellt, ob die Sturmfluten in Bangladesch und die Überschwemmungen in China im Laufe des Jahres 1991 schon Vorboten einer sich rapide verschlechternden Umwelt sind – auch wenn sie es nicht wären, zeigen sie doch die Dimensionen der Fluchtbewegungen, mit denen im Ernstfall gerechnet werden muß. Das gleiche gilt für den Fall, daß die fortschreitende Verwüstung nicht gestoppt werden kann. Sie betrug nach Angaben von UNEP allein in den 80er Jahren 1,5 Mrd. Hektar Weide- und Ackerland und betrifft 600–700 Mio. Menschen.

Die Erhaltung der lebenswichtigen ökologischen Systeme erweist sich somit auch aus der Migrations- und Flüchtlingsperspektive als die zentrale Zukunftsaufgabe. Zu ihr gehört nicht nur die Reduzierung der Emission von

Treibgasen – so wichtig diese auch sein mag –, sondern auch und vor allem die Entwicklung einer Wachstumsstrategie, die im Sinne der *Brundtland-Kommission* in den EL und in den IL eine „dauerhafte Entwicklung" ansteuert. Zu den zentralen Komponenten einer solchen Strategie gehört der Abbau des wachsenden Bevölkerungsdrucks. Ob die für 1992 angesetzte *Konferenz der Vereinten Nationen über Umwelt und Entwicklung* (UNCED) in Rio de Janeiro die Kraft haben wird, die Weichen in die richtige Richtung zu stellen, wird sich zeigen; sie bietet jedenfalls eine einzigartige Chance dazu.

2. Während die Bedeutung des Umweltfaktors für das Problem internationaler Migrations- und Fluchtbewegungen in großen Teilen der Öffentlichkeit noch weit unterschätzt wird und „Umweltflüchtlinge" – von einzelnen Experten schon auf eine halbe Mrd. Menschen geschätzt – bei vielen noch als „weiße Elefanten" gelten, ist die Sensibilität bei den sog. Armuts- und Arbeitsflüchtlingen schon erheblich größer. Leider äußert sie sich bislang weitgehend in einer Abwehrhaltung. Dabei sind die Aufgaben, die sich bei der Beseitigung der Armut in der Welt stellen, nicht minder umfassend als diejenigen, die die nachhaltige Sanierung der Ökosysteme aufwirft. Allein die Zahl der von Armut betroffenen und damit von sozialer und territorialer Entwurzelung bedrohten Menschen – der *Weltentwicklungsbericht 1990* führt 1 115 Mio. Menschen auf – markiert das Potential derer, die ihr Heil oder wenigstens ihr Überleben in der Flucht suchen werden.

Wie im Fall der Umweltpolitik, so kann auch bei der Armuts- und Entwicklungspolitik hier nur auf die international diskutierten Strategien hingewiesen werden. Diese mögen sich in einzelnen Aspekten erheblich widersprechen – in zentralen Elementen weisen sie jedoch bemerkenswerte Übereinstimmungen auf: So wird durchgehend auf eine Verbesserung der internationalen Rahmenbedingungen hingewiesen: auf eine Entschärfung der Schuldenkrise, auf den Abbau des Protektionismus zur Steigerung der Exportraten der Dritten Welt, auf die Forderung eines von Marktkräften gelenkten Flusses von Investitionen und auf einen verstärkten Technologietransfer.

Als wichtigste interne Voraussetzungen gelten übereinstimmend eine Zurückdrängung des staatlichen Einflusses auf Wirtschaft und Gesellschaft, die Einführung gewaltenteilender und marktwirtschaftlicher Systeme, die Freisetzung der wirtschaftlichen Kreativität des einzelnen, die Entwicklung menschlicher Ressourcen, die Verringerung des Bevölkerungswachstums sowie eine nachhaltige Senkung der Rüstungsausgaben. Letzteres dürfte sich allerdings nur dann realisieren lassen, wenn von den IL nicht nur Druck ausgeübt wird, sondern zugleich durch international vereinbarte weltweite Abrüstungen ein Beispiel gegeben wird.

Eine nachhaltige Stärkung der Bindekraft – und damit eine neue Verwurzelung der Menschen in ihren angestammten Wohngebieten – kann nur durch eine wirtschaftliche Sanierung der Krisenregionen in Süd und Ost erfolgen. Ihr kommt daher in einer präventiven Migrations- und Flüchtlingsstrategie die zentrale Bedeutung zu, während eine liberale Einwanderungspolitik der IL lediglich eine ergänzende Wirkung haben kann. Denn abgesehen davon, daß der Entlastungseffekt für die Länder, aus denen Armuts- und Arbeitsmigranten kommen, gering ist, leistet eine liberale Einwanderungspolitik einer Abwanderung der aktiven und am besten qualifizierten Arbeitskräfte Vorschub und verschärft damit langfristig die wirtschaftlichen und sozialen Probleme in den Krisenregionen der Welt.

Zu den wichtigsten flankierenden Maßnahmen für eine Liberalisierung der Einwanderungspolitik in Westeuropa gehören Maßnahmen zum Abbau von Fremdenfeindlichkeit und Rassismus, die Berichten des *Europäischen Parlaments* zufolge in breiter Front auf dem Vormarsch sind. Denn ohne eine Bereitschaft großer Teile der westeuropäischen Bevölkerung zur Hinnahme einer allmählichen Umwandlung der bislang kulturell eher homogenen in multikulturelle Gesellschaften sind schwere gesellschaftliche Konflikte vorprogrammiert, die letztlich zu Lasten der Einwanderer gehen.

3. Neben ökologischen und wirtschaftlichen Problemen wird die zunehmende Unwirtlichkeit der Welt wesentlich durch zwischen- und innerstaatliche Konflikte verursacht, denen allerdings ebenfalls häufig ökologische und wirtschaftliche Faktoren zugrundeliegen. Diese Konflikte sind – wie der empirische Befund zeigt – Auslöser für die meisten Fluchtbewegungen im engeren Sinn. Die erforderlichen präventiven Maßnahmen sind hier zu unterscheiden nach innerstaatlichen und zwischenstaatlichen Konflikten.

Die größten Schwierigkeiten stellen sich bei der Beseitigung der *inner*staatlichen Konflikte, da das Prinzip der Nicht-Einmischung internationale Einflußnahmen erheblich erschwert. Gerade deshalb aber muß der Schaffung von Mechanismen zur Sicherung und Durchsetzung von Gruppen- und Menschenrechten verstärkt Aufmerksamkeit gewidmet werden. Auch auf diesem Gebiet müssen die Zuständigkeiten der VN-Organe ausgebaut werden. Als geeignete Maßnahmen erscheinen die Einsetzung eines *Hohen Kommissars für Menschenrechte* mit erweiterten Aufsichts- und Entscheidungsbefugnissen, der Ausbau von Wahlüberwachungssystemen, die sich in Namibia, Nicaragua und Haiti bewährt haben, sowie – für Fälle schwerer Menschenrechtsverletzungen – die Durchsetzung eines Rechts auf „humanitäre Intervention" – auf Beschluß des UN-Sicherheitsrats und anderer regionaler Gremien. Dabei müßte auch das Institut international überwachter Schutzzonen für die von Bürgerkriegen gefährdete Zivilbevölkerung völkerrechtlich stärker ausgebaut werden.

Zur Verhinderung *zwischen*staatlicher Konflikte wird es nötig sein, das System kollektiver Sicherheit, dessen Bedeutung nach der Auflösung des Ost-West-Konflikts wieder zugenommen hat, zu verbessern. Dabei wird es zum einen darauf ankommen, die Kompetenzen des Generalsekretärs – wie im Expertenbericht der Vereinten Nationen (UN-Doc A/41/324) vorgeschlagen – auszuweiten und diesem – durch den Ausbau von Systemen der Tatsachenermittlung – ein frühes diplomatisches Eingreifen zu ermöglichen. Zum anderen muß aber auch das in den Kapiteln V I und V II der UN-Charta vorgesehene Instrumentarium ausgebaut werden. Flüchtlingsrelevant sind hier vor allem geeignete wirtschaftliche Sanktionen gegen Regierungen, die Teile ihrer Bevölkerung verfolgen und zur Flucht zwingen.

4. Ein letzter großer Bereich von Maßnahmen betrifft schließlich die Schaffung geeigneter Systeme zum Schutz und zur Betreuung der derzeit 30 Mio. Menschen, deren Flucht und Vertreibung nicht verhindert werden konnte. Dabei besteht vor allem in drei großen Problemkomplexen verbesserter Regelungsbedarf.

Ein erster Bereich umfaßt die Situationen, die unmittelbar selbst mit der Flucht in Zusammenhang stehen. Hier geht es zunächst einmal um die Absicherung des *Rechts auf politisches Asyl* sowie des Rechts *im Asyl*. Während das Recht im Asyl durch die *Genfer Flüchtlingskonvention* und das sie ergänzende Protokoll in befriedigender Weise geregelt ist und es lediglich darum gehen kann, die Einhaltung und liberale Auslegung der betreffenden Rechtsvorschriften zu überwachen, wird die Gewährung *von Asyl* in einer wachsenden Zahl von Ländern – nicht nur in der westlichen Welt – zunehmend restriktiv gehandhabt.

Da es gerade die von politischer Verfolgung und Bürgerkriegen unmittelbar bedrohten Menschen sind, die besonderen Schutzes bedürfen, gehört eine offensive Verteidigung liberaler Asylgesetze zu den vordringlichsten Aufgaben. Zu einer solchen Verteidigung – insbesondere über die Mobilisierung breiter gesellschaftlicher Zustimmung – gehören allerdings auch Maßnahmen zur Verhinderung des Asylmißbrauchs. Denn dessen Duldung unterminiert letztendlich die Bereitschaft der Öffentlichkeit zur Gewährung von politischem Asyl und gefährdet damit bestehende liberale Regelungen.

Zur Verbesserung der Lebensbedingungen von Menschen im Asyl gehört ferner eine verbesserte finanzielle Ausstattung des UNHCR, dem die Betreuung der Menschen unmittelbar nach der Flucht obliegt, sowie eine stärkere Entlastung jener Erstaufnahmeländer in Ost und Süd, die aus eigener Kraft dazu nicht in der Lage sind.

Ein faires *burden sharing* kommt den Flüchtlingen in doppelter Weise zugute: Es stärkt die Aufnahmebereitschaft der Erstaufnahmeländer und verbessert zugleich die Lebensbedingungen der Flüchtlinge; daß es zudem auch die IL entlasten kann, indem es eine Regionalisierung der Flüchtlingsproblematik ermöglicht, ist eine weitere absehbare Folge. Zu solchen Maßnahmen gehören unter anderem eine stärkere Beteiligung an den laufenden Kosten für Flüchtlingslager und -siedlungen, die Durchführung notwendiger Infrastrukturmaßnahmen sowie die Förderung von Initiativen, um längerfristig in Lagern ausharrende Flüchtlingsgruppen zu Selbsthilfe und Selbstversorgung anzuleiten.

Ein zweiter Bereich von Maßnahmen betrifft die Repatriierung und Reintegration rückkehrwilliger Flüchtlinge in ihre Heimatländer. Die Bemühungen müssen sich hier auf die Schaffung geeigneter Rahmenbedingungen für eine freiwillige Rückkehr der Flüchtlinge und die Gewährung des „Rechts auf Rückkehr" konzentrieren, das in Art. 13 der *Allgemeinen Erklärung der Menschenrechte* (1948) und Art. 12 der *Konvention über bürgerliche und politische Rechte* (1966) garantiert ist. Flankierend dazu muß über flüchtlingsrelevante Entwicklungsprogramme die Reintegration der Heimkehrer erleichtert werden.

Einen dritten Bereich bilden schließlich Maßnahmen zur dauerhaften Ansiedlung nicht-rückkehrwilliger oder -fähiger Flüchtlinge in aufnahmebereiten Staaten. Auch hier dürfte die Forderung spezifischer Entwicklungsprojekte, von denen Flüchtlinge wie auch die einheimische Bev. gleichermaßen profitieren, für die Bereitschaft zur Ansiedlung von Flüchtlingspopulationen von erheblicher Bedeutung sein. In den Umkreis einer solchen flüchtlingsspezifischen Entwicklungspolitik gehören auch Programme, in denen über zeitlich begrenzte Aufenthalte in den IL Jugendliche in wichtigen Berufen ausgebildet werden. Insgesamt sollte jedoch der Rückführung der Flüchtlinge in ihre Heimatländer der Vorrang eingeräumt werden.

Daß es überaus schwierig sein wird, die hier nur flüchtig skizzierten vier Ebenen und die zahlreichen Einzelelemente in eine umfassende Strategie zu integrieren und diese zur Grundlage einer international akzeptierten und koordinierten Strategie zu machen, versteht sich von selbst. Gelingt dies jedoch nicht, so werden sich Migrations- und Fluchtbewegungen in gar nicht allzu ferner Zukunft zu einem Problem entwickeln, von dem eine tiefgreifende Destabilisierung des gesamten internationalen Systems ausgeht.

Literatur

Appleyard, R. (Hrsg.) 1989: The Impact of International Migration on Developing Countries, Paris.

Ashkenasi, A. (Hrsg.) 1988: Das weltweite Flüchtlingsproblem, Bremen.

Bade, K. J. 1990: Neue Heimat im Westen: Vertriebene, Flüchtlinge, Aussiedler, Münster.

Barwig, K./Lörcher, K./Schumacher, Ch. (Hrsg.) 1989: Asylrecht im Binnenmarkt, Baden-Baden.

BIVS (Berliner Institut für Vergleichende Sozialforschung) 1991: Weltflüchtlingsbericht. Ein Handbuch zu Fluchtursachen und Asyl, Bevölkerungsbewegungen und Entwicklungspolitik, Berlin.

Blaschke, J./Germershausen, A. (Hrsg.) 1991: Sozialwissenschaftliche Studien über das Weltflüchtlingsproblem, Berlin.

Clark. W. 1985: Das Mexiko-Syndrom. Der Nord-Süd-Konflikt 1987, München.

Cohen, R. 1988: The New Helots. Migrants and the International Division of Labour, Aldershot.

Drüke, L. 1990: Preventive Action for Refugee Producing Situations, Frankfurt/M.

Ferris, E. (Hrsg.) 1985: Refugees and World Politics, New York.

Harrell-Bond, B. E. 1986: Imposing Aid: Emergency Assistance to Refugees, Oxford.

Jacobson, J. L. 1988: Environmental Refugees: A Yardstick of Habitability, Washington, D. C.

Jaeger, G. 1980: Status and International Protection for Refugees, Genf.

Kälin, W./Moser, R. (Hrsg.) 1989: Migrationen aus der Dritten Welt. Publikationen der Akademischen Kommission der Universität Bern, Bern/Stuttgart.

Kimminich, O. 1962: Der internationale Rechtsstatus der Flüchtlinge, Köln.

Knabe, B. 1991: Flüchtlinge aus Osteuropa – eine neue Dimension des Problems?, in: Schweizer Institut für Auslandsforschung 1991, S. 9–24.

Kühnhardt, L. 1984: Die Flüchtlingsfrage als Weltordnungsproblem, Wien.

Link, G. (Hrsg.) 1990: Refugees and Development Cooperation, Berlin.
Loescher, G. D./Scanlan, J. A. 1983: The Global Refugee Problem: U.S. and World Response, Beverly Hills.
Loescher, G. (Hrsg.) 1987: Refugees: The International Regime, Oxford.
– (Hrsg.) 1988: The Question of Refugees in International Relations, Oxford.
Matthies, V. 1985: Die Dritte Welt als Flüchtlingslager, in: Jahrbuch Dritte Welt, Jg. 3, S. 58–70.
Müller, J. (Hrsg.) 1990: Flüchtlinge und Asyl, Frankfurt/M.
Nuscheler, F. 1988: Nirgendwo zu Hause. Menschen auf der Flucht, 2. Aufl., München.
Opitz, P. J. (Hrsg.) 1988: Das Weltflüchtlingsproblem. Ursachen und Folgen, München.
Schweizer Institut für Auslandsforschung (Hrsg.) 1991: Das Flüchtlingsproblem – Eine Zeitbombe?, Chur.
Serow, W. J. et al. (Hrsg.) 1990: Handbook on International Migration, New York/Westport/London.
Skeldon, R. 1990: Population Mobility in Developing Countries: A Reinterpretation, London/New York.
Treibel, A. 1990: Migration in modernen Gesellschaften. Soziale Folgen von Einwanderung und Gastarbeit, Weinheim.
UNHCR 1979: Collection of International Instruments Concerning Refugees, (HCR/IP/1/Eng), Genf.
Veiter, T. 1979: Entwurzelung und Integration. Rechtliche, soziale und politische Probleme von Flüchtlingen und Emigranten, Wien.
Werner, J. 1991: Die Invasion der Armen, Mainz.
Wittmann, H. 1975: Migrationstheorien, Saarbrücken.
Zolberg, A./Suhrke, A./Aguayo, S. 1989: Escape from Violence. Conflict and the Refugee Crisis in the Developing World, New York/Oxford.

VI. Nord-Süd-Beziehungen

Zur Ökonomie und Ökologie der Nord-Süd-Beziehungen

Elmar Altvater

Entwicklungstheorien fragen traditionell danach, wie Ordnung erzeugt werden kann, die sich *sozial* als Netz von Institutionen einer Zivilgesellschaft, *politisch* als Herausbildung einer legitimierten und effizienten (National)staatlichkeit und *ökonomisch* als Geflecht von marktförmigen und nicht-marktförmigen „linkages" (*Hirschman* 1981) für ein sich selbst tragendes Wachstum darstellt. Daß darin auch „gesellschaftliche Naturverhältnisse" (*Jahn* 1990) eingeschlossen sind, die den symbolischen Umgang mit der äußeren Natur ebenso umfassen wie die soziale Regulation der Energieflüsse, der Stoffversorgung und Abfallentsorgung, wird freilich in den meisten Theorieansätzen vernachlässigt. Erst seit den 70er Jahren gehört die Forderung nach schonendem Umgang mit der natürlichen Umwelt zum entwicklungspolitischen *common sense* (vgl. *Hein* 1990).

Modernisierung und Industrialisierung sind die strategischen Entwürfe der Entwicklungspolitik, ob sie als herstellbar im globalen Rahmen angesehen werden (Modernisierungstheorien) oder eher – angesichts der Markt- und Machtbeziehungen des kapitalistischen Weltsystems – als nicht zu verwirklichen gelten (Dependenztheorien). Immer ist die Referenz eine soziale Ordnung, deren Struktur und Dynamik in den entwickelten Gesellschaften Europas und Nordamerikas in den vergangenen Jahrhunderten heranwuchs: die moderne kapitalistische Weltgesellschaft, die in ihrer Entwicklung selbst wiederum eine Phasenfolge durchgemacht hat und am Ende des 20. Jh.s als „fordistische" (bzw. „post-fordistische") Phase das Bild liefert, aus dem die Standards von Entwicklung weltweit entnommen werden.

Freilich sind die Resultate der Entwicklungsanstrengungen der vergangenen Jahrzehnte mehr als frustrierend; gescheitert, auch wenn gern auf die Ausnahmen von der Regel, auf die ostasiatischen neu industrialisierten Inselstaaten verwiesen wird (auf die Stadtrepubliken Singapore und Hong Kong; die Insel Taiwan und die Halbinsel Südkorea, die politisch und ökonomisch isolierter gegenüber dem Festland ist als manche Insel im geographischen Sinne). In vielen Weltregionen hingegen hat eher eine unvollkommene, eine „desartikulierte" Modernisierung stattgefunden. Die Industrialisierungsversuche sind durch die Schuldenkrise zunichte gemacht worden. An die Stelle einer höheren sozialen Ordnung ist ein größeres Chaos getreten, am sichtbarsten in den Mega-Metropolen Afrikas, Lateinamerikas und Asiens und bei den intra- und transkontinentalen Migrationsbewegungen.

Daraus wird häufig die Schlußfolgerung gezogen, daß mit dem Scheitern der Entwicklungsprojekte auch die „großen" Theorien obsolet geworden seien (*Booth* 1988; *Menzel* 1991a) und daher kleine vergleichende Studien vorzuziehen seien. Hier jedoch möchte ich explizit eine gegen diese Auffassung gerichtete These vertreten: Es ist unbedingt notwendig, die Linie der „großen" Theorie zu verfolgen (so auch *Mouzelis* 1988), um überhaupt den weltgesellschaftlichen Rahmen erfassen zu können, innerhalb dessen sich gegen Ende des 20. Jh.s allenfalls Entwicklungsprojekte realisieren lassen. Sonst folgt der theoretischen Resignation der entwicklungspolitische Zynismus: Wenn es so, wie bislang angenommen, nicht geht, dann geht es eben überhaupt nicht – und das beste, was noch geschehen könnte, wäre, die Dritte Welt an den Tropf zu hängen und die „Treuhandschaft" über die armen Länder zu übernehmen (*Menzel* 1991b). Offen bleibt allerdings, auf welche Dauer und mit welcher Zielsetzung dies geschehen sollte, wenn Entwicklung und Wachstum denn heute zum Scheitern verurteilt sind, aber morgen doch wieder aufgenommen werden müssen ...

1. Die Ökonomie und Ökologie des globalen Fordismus

Die Herstellung von sozialer Ordnung läßt sich nicht messen, und so wird Entwicklung der Konvention entsprechend anhand monetärer Indikatoren dargestellt, unter denen das Pro-Kopf-Einkommen (PKE) im Vergleich zwischen Nationen besonders naheliegend ist. Dieser Indikator drückt ja nicht nur in Geldgrößen Wohlfahrts- und Versorgungsniveaus der Bevölkerung aus, er besagt auch etwas über den Grad der Integration der Gesellschaft in Geldverhältnisse und damit in den Weltmarkt. Das Pro-Kopf-Einkommen ist das allgemeinste Maß der durchschnittlichen Produktivität der Arbeit in einer nationalen Ökonomie, die so mit anderen nationalen Ökonomien verglichen werden kann – und nur im Vergleich erschließt sich der Zustand, der als Entwicklung oder Unterentwicklung identifiziert wird. Die komparative Steigerung der Produktivität und mit ihr des PKE ist daher ein entscheidendes operationales Ziel von Entwicklungspolitik seitens nationaler Staaten oder internationaler Institutionen und Organisationen.

Steigende Produktivität, höhere Effizienz und daher wachsenden „wealth of nations" gibt es dank der Vertiefung der Arbeitsteilung, technischer Innovationen und der Ausweitung von Märkten. Dies ist der Ausgangspunkt der Analyse der Arbeitsteilung seit *Adam Smith* (1776/1976)[1]. Es sei auch an die kursorischen Ausführungen bei *Friedrich List* (1838/1961) und *Alfred Marshall* (1890/1964) erinnert, die die Erzeugung „produktiver Kräfte" (*List*) oder von *external economies* (*Marshall*) als nicht-marktmäßige Bedingungen der Produktivitätssteigerung und der Verbesserung der Wettbewerbsposition auf Märkten fassen. In der Konkurrenz tendieren die Unternehmen dann dazu, die Kostenvorteile der Massenproduktion zu nutzen, die ihnen *economies of scale* und – zunächst – „increasing rates of return“ verschaffen, bevor sich die in der ökonomischen Theorie den Gleichgewichtsmodellen zugrundegelegten „diminishing rates of return“ Geltung verschaffen. Bei der Untersuchung der Produktivitätssteigerung der Arbeit, eine der großen historischen Leistungen der kapitalistischen Markt- und Geldwirtschaft, ist es jedoch unzureichend, wenn der Output (z. B. das Sozialprodukt pro Jahr) dem Arbeitsinput (z. B. Jahresarbeitszeit eines durchschnittlich Beschäftigten) gegenübergestellt wird. Dafür gibt es zwei Gründe. Erstens ist es seit *Keynes* (1936) geläufig, daß die Steigerung der Produktion (und Produktivität) nur dann ökonomisch Sinn macht (weil sie nur so rentabel ist), wenn auch die effektive Nachfrage zunimmt. Dieses Argument ist später in der Regulationstheorie ausgebaut worden, indem die sozialen Institutionen ins Blickfeld geholt wurden, die für die Gleichzeitigkeit und Gleichgerichtetheit des Produktivitätsanstiegs und der Nachfragesteigerung sorgen (*Aglietta* 1979; *Lipietz* 1987; *Boyer* 1986): die Systeme der industriellen Beziehungen (das Lohn- und Arbeitsverhältnis) und die politische Steuerung des Geldverhältnisses (im wesentlichen: Fiskal- und Geldpolitik). Nur wenn Massenproduktion und Massennachfrage – institutionell gesichert – im Gleichklang wachsen, ist eine Unterkonsumtions- oder Überproduktionskrise vermeidbar (*Hübner* 1989).

Die Rationalisierung des individuellen Arbeits- und Produktionsprozesses und die makroökonomische Lösung des Realisierungsproblems sind die Bedingungen dafür, daß auf der einen Seite Produktivitätssteigerung und daher der wachsende *wealth of nations* (in stofflicher Gebrauchswertform) und auf der anderen Seite die Nachfrage nach der Produktenmasse (in Form der Geldeinkommen) steigen können. Wenn man mit *Marx* und *Schumpeter* von den bloß quantitativen Wachstumsraten des Sozialprodukts absieht und Entwicklung als einen Prozeß der qualitativen Veränderung (der Technologien, der ökonomischen Proportionen, der Branchenstruktur, der sozialen und politischen Verhältnisse etc.), also der Erzeugung von sozialer Ordnung begreift, dann ist es offensichtlich, daß im Zusammenhang der Analyse von Entwicklungsprozessen von den institutionellen Bedingungen und Vorkehrungen sozialer Kohärenz und ökonomischer Kompatibilität und Komplementarität („Entsprechungsverhältnisse“ im Sinne der Regulationstheorie) nicht abgesehen werden kann.

Der andere Grund stellt einen Effekt der Rationalisierung der Arbeit, der Verbesserung der technischen Effizienz und der Produktionsausweitung in Rechnung, der jenseits des Horizonts der gewöhnlichen Entwicklungstheorien und der von ihnen angeleiteten Politiken liegt. Denn die Steigerung der Produktivität ist nur möglich, wenn zugleich die energetischen und stofflichen Ressourceninputs zunehmen und – so müssen wir hinzufügen – die Nebenprodukte der Stoff- und Energietransformation (Abfälle, Abgase, Abwässer) emittiert werden können. Dies ist die Voraussetzung dafür, wie *Marx* an vielen Passagen des „Kapital“ sehr klar betont hat[2], daß Arbeitszeit freigesetzt und die transformierte Produktenmasse erhöht werden kann. So können das Produktivitätsmaß (Sozialprodukt je Beschäftigten, Y/L) und damit auch das

PKE (Sozialprodukt je Einwohner, Y/E) steigen. In der Tendenz der technisch-organisatorischen Entwicklung tritt der Arbeiter mehr und mehr „neben" den Produktionsprozeß, indem er die Transformationen von Stoff und Energie immer weniger durch seine biologisch begrenzten und mehr und mehr durch von ihm unabhängige (vor allem fossile) Energiequellen und von ihm beherrschte und gesteuerte Energiewandler durchführen läßt. Der Aufstieg der US-amerikanischen Industrie zur Weltspitze am Ende des vorigen Jahrhunderts beruhte auf – wie *Chandler* (1984: 154) darlegt – „improved machinery, better design of factory work, and more intensive use of energy". Die technologischen Innovationen „required an immense amount of fuel" (*Chandler* 1977: 266) mit der Folge, daß

> „steam and later electrical power replaced the lifting and carrying action of human muscle, mills were modified to handle the steel quickly and with the minimum of strain to the machinery, and people disappeared from the mills ..." (*Temin* 1964: 164f).

Es reicht daher nicht mehr aus, die Faktoreinsätze (*inputs*) mit dem Produktausstoß (*output*) ins Verhältnis zu setzen, es muß auch der *throughput* berücksichtigt werden (vgl. *Daly* 1991: 195ff). Der Produktionsprozeß, und dies ist eine der zentralen Errungenschaften der industriellen Revolution, basiert in allererster Linie auf fossilen Energieträgern und auf der Ausbeutung von mineralischen Rohstoffen sowie der Industrialisierung der Landwirtschaft und immer weniger auf dem Einsatz von biologischen Energiequellen[3]. Dies setzt auf der einen Seite den kostengünstigen Zugang zu den (fossilen) Energiequellen und auf der anderen Seite Technosysteme und Management-Organisation voraus, die – vor allem fossile – Energiequellen für die kontrollierte Nutzanwendung in der Produktion effizient und kompetent zu wandeln vermögen (vgl. *Debeir u. a.* 1989). Es wäre somit möglicherweise treffender, die „fordistisch" genannte Produktionsweise als „Fossilismus" zu bezeichnen.

Die Effizienz ist energetisch bestimmt: Es muß mit einem bestimmten Energie- und Stoffeinsatz ein Vielfaches „geerntet" werden können. Wie *Georgescu-Roegen* an vielen Stellen (z. B. 1986: 15ff) betont hat, gibt es in der bisherigen Geschichte nur drei Organisationsweisen des Mensch-Natur-Verhältnisses, die dieser „Surplus-Bedingung" standhalten: die Landwirtschaft, wie sie im Verlauf der neolithischen Revolution entstand, die Beherrschung des Feuers und die Wandlung von thermischer Energie (Wärme) in Arbeit[4] durch die Wärme-Kraftmaschine (vor allem und zunächst durch die Dampfmaschine, die daher zu Recht zum Sinnbild der industriellen Revolution wird).

Über die Sinnhaftigkeit des Begriffs der prometheischen Innovationen ließe sich sicherlich streiten, nicht aber darüber, daß die fordistische Regulationsweise es geschafft hat, Produktivitätssteigerungen (und damit einhergehend Einkommenssteigerungen) von einem in der bisherigen Menschheitsgeschichte nicht gekannten Ausmaß zu erzeugen, und zwar durch eine außerordentlich extensive Nutzung von natürlichen Ressourcen, die im Verlauf der Erdgeschichte gebildet worden sind. Mit *Leff* (1986: 67f) wären daher zu unterscheiden: die erdgeschichtliche Bildung und geographische Verteilung der abiotischen Ressourcen auf dem Planeten, die Bildung der biosphärischen Biomasse und deren Umwandlung in mineralisierten Kohlenstoff (Öl, Gas, Kohle) und schließlich die kulturellen Bedingungen dafür, daß diese Ressourcen in je spezifischer Weise in Produkte umgewandelt und genutzt werden.

Schon aus dieser (raum-zeitlichen) Dreiteilung ergibt sich, daß Ressourcenreichtum für sich keine hinreichende Bedingung für Wachstum und Entwicklung ist; es müssen auch die kulturellen (und sozialen) Kompetenzen für deren Nutzung ausgebildet werden. Es kommt also auf die institutionelle Gestaltung des jeweils „gesellschaftlichen Naturverhältnisses" an. Jedoch gilt auch der umgekehrte Zusammenhang: Die spezifischen Nutzungsformen von Ressourcen wirken auf die sozialen und kulturellen Bedingungen zurück und mehr noch: Infolge der globalen ökonomischen und ökologischen Vernetzung haben die je spezifischen „gesellschaftlichen Naturverhältnisse" in den einzelnen Weltregionen Rückwirkungen auf andere. Darüber hinaus bedürfen bestimmte soziale und kulturelle Formen (Regulationsweisen; Akkumulationsregime) bestimmter Ressourcen, die sie sich verschaffen müssen – wenn nicht aus dem eigenen Territorium, dann woanders her. Entwicklung, auch wenn der Prozeß regional oder national begrenzt betrachtet wird, ist wegen der fossilen Basis des industriellen Reproduktionsprozesses immer Element globaler Zusammenhänge. Diese bilden ein räumliches und zeitliches Koordinatensystem, dessen Achsen von je nationalen Gesellschaften (und von Akteuren in ihnen) nicht (oder nur in den wenigen Fällen imperialistischer oder hegemonialer Machtausübung) zu bestimmen sind.

Dies läßt sich am Beispiel der Entstehung des Fordismus in den USA zeigen. Die „industrielle Revolution" beginnt in England, aber die fordistische Phase der kapitalistischen Entwicklung hat in den USA ihren Ursprung. Mit „Fordismus" ist eine spezifische historische Form der „reellen Subsumtion der Arbeit unter das Kapital" (*Marx*) gemeint[5], in der die Rationalisierung des Arbeitsprozesses und die Organisation des Produktionsprozesses insgesamt den Übergang zur Massenproduktion ermöglichen (vgl. *Chandler* 1977). Auf der Nachfrageseite müssen dann aber Bedingungen gewährleistet sein, die die Einkommen (vor allem die Löhne und Gehälter) in Massennachfrage transformieren: Nicht nur werden (a) soziale Formen der Gewährleistung von Einkommenssteigerungen historisch notwendig, sondern auch (b) Mechanismen der Überführung der Einkommen in konsumtive Nachfrage (z. B. mittels Werbung) und (c) die Verwandlung von bislang im Haushalt vollzogenen Diensten und kleinen (Subsistenz)produktionen in Warenform. Diese Tendenz der Kommodifizierung und die damit einhergehenden kulturellen Veränderungen in den Mensch-Natur- ebenso wie in den „zwischenmenschlichen" Beziehungen (vgl. bes. *Gramsci* 1967) sind als „Landnahme", als „Kolonisierung der Lebenswelt" (*Habermas*) bezeichnet worden (vgl. bes. *Hurtienne* 1986; *Lutz* 1984).

Der „Fordismus“ ist also eine technische und soziale Innovation, die freilich auch einen neuen Umgang mit der äußeren Natur einschließt: Diese wird im wesentlichen als Quelle von Ressourcen wahrgenommen und zwischen Menschen und Natur wird eine technologische „Leiter“ (*Marx*) errichtet; Natur wird mehr als jemals zuvor in der Gesellschaftsgeschichte her- und zugerichtet. Die überlegene Dynamik des technischen Fortschritts[6] (*Chandler* 1984) erklärt den industriellen Erfolg der US-Wirtschaft seit dem Ende des vergangenen Jahrhunderts weniger als die Verfügbarkeit von strategischen (vor allem fossilen) Ressourcen zu niedrigen Kosten, durch die die Dynamik des Akkumulationsmodells gestützt wurde, und die kulturell geprägte Umgangsweise mit der äußeren Natur.

> „Resource abundance was a background ingredient in many ... distinctively American industrial developments. Continuous-process, mass-production methods, closely associated with modern forms of corporate organization ... were characterized by ‚high throughput‘ of fuel and raw materials relative to labor and production ...“ (*Wright* 1990: 661).

Der Prozeß der Produktivitätssteigerung ist also zugleich ein kulturell vermittelter Prozeß der beschleunigten Ressourcennutzung. Die Expansion auf dem Kontinent in den Weiten zwischen zwei Ozeanen machte dies möglich. Seit dem zweiten Viertel des 19. Jh.s wird der Kontinent mit einem Eisenbahnnetz überzogen, das schon 1873 ausgedehnter als das europäische ist (*Maddison* 1989: 48). Dadurch wurden nicht nur die Zirkulationsbedingungen des Kapitals verbessert und durch Zusammenführung von Produktions- und Verbrauchsorten der innere Markt ausgedehnt, sondern auch riesige Landareale ebenso wie natürliche Ressourcen oberhalb und unterhalb des Erdbodens erschlossen. *Chandler* (1984: 153) nennt zwei Vorbedingungen für den Übergang zur modernen Massenproduktion in den USA:

> „First, the railroad and telegraphic network had to be built in order to permit large amounts of raw materials to move at a rapid but steady pace into the factories, and the finished goods to be shipped out as regularly and as speedily. Second, there had to be available large quantities of fossil fuel ... to provide the essential heat and power. The new production processes, therefore, had their beginnings in the 1850s as the railroad and telegraph networks expanded and as coal supplies became abundant.“

Die Steigerung der gesamten Faktorproduktivität (*Maddison* 1989: 22) – in der Phase 1913–1950 in den USA mit 1,57 % pro Jahr überdurchschnittlich hoch (zum Vergleich: Großbritannien 0,87 %; Deutschland: 0,74 %; Japan 0,92 %) – ist den technischen Innovationen in der Fabrik, der modernen Organisation des Managements von Betrieben und Unternehmen (*Chandler* 1977), den Qualifikationen der Arbeitskraft und der „wissenschaftlichen“ Arbeitsorganisation geschuldet. Doch in bedeutendem Maße ist sie der Erschließung von „Syntropieinseln", also von Lagerstätten konzentrierter Ressourcen, zuzuschreiben.

Syntropie ist ein Maß für hohe Ordnung, d. h. für eine geringe Vermischung von Stoffen oder für hohe Konzentration von Energie, die in physikalische Arbeit nutzbringend umgesetzt werden kann. Eine „Syntropieinsel" (*Dürr* 1990) ist ein System im Zustand hoher Ordnung, beispielsweise Parzellen der Erdkruste, in denen die diversen Stoffe, aus denen dieser Planet sich zusammensetzt, nicht „unordentlich" durchmischt, sondern „ordentlich" getrennt und daher dem menschlichen Zugriff leicht zugänglich lagern: Goldadern, Eisenminen, Bauxitlager, Kohlenflöze, Ölfelder, Erdgasblasen. Solche Inseln hoher Syntropie sind im Verlauf der Erdgeschichte gebildet worden, z. B. indem im Zeitraum von Jahrmillionen die Sonnenenergie durch die Photosynthese in Kohlenstoff und durch dessen Mineralisierung in die Lager von Kohle, Erdöl und Erdgas, also in die für das gegenwärtige Industriemodell entscheidenden fossilen Energiequellen umgesetzt wurde.

Der „Fordismus" konnte gerade in den USA entstehen und erblühen, weil in jenem Land mit „open frontiers" zwischen zwei Ozeanen mehr als in den traditionellen europäischen IL die Syntropieinseln reichhaltiger Ressourcenbestände zur Verfügung standen. Die reichlich vorhandene Kohle ist von größter Bedeutung als Quelle von Wärme- und Bewegungsenergie und später als Rohstoff zur Elektrizitätserzeugung, die wiederum die Bedingung des effizienten Funktionierens des Fließbandes, des Symbols fordistischer Massenproduktion, ist (*Wright* 1990: 661). Der billige Stahl ist wichtiger Input für eine ganze Reihe von Industriezweigen, die im fordistischen Modell zentral sind: Maschinenbau und Automobilindustrie. In den USA sind die Eisen- und Stahlinputs etwa 50 % billiger als in Großbritannien (*Forman-Peck* 1982, zit. nach *Wright* 1990: 662). Angesichts der reichhaltigen und billigen natürlichen Ressourcen werden „American producer and consumer goods often specifically designed for resource-abundant environment" (*Wright* 1990: 661); sie verbrauchen also nicht nur bei der Produktion, sondern auch im Prozeß der Konsumtion Ressourcen im Übermaß. In einer Analyse der Faktorbeiträge zum Sozialprodukt und speziell zu den US-Exporten resümiert *Gavin Wright* (1990: 658):

> „We still find not only that U.S. exports had far higher natural resource content than imports but that this trend was growing both absolutely and relatively over precisely the historical period when the country was moving into a position of world industrial preeminence ... The figures confirm a little-noticed analysis by Robert E. Lipsey (1963): ‚The composition of manufacturing exports has been changing ceaselessly since 1879 in a fairly consistent direction – away from products of animal or vegetable origin and toward those of mineral origin'."

Der Ressourcenreichtum also ermöglichte den Produktivitätsfortschritt energetisch und stofflich und öffnete gleichzeitig Räume für die Menschen, um ohne Rücksicht auf Restriktionen durch Naturschranken (und die Ureinwohner des Landes) die Logik des fordistischen Modells in eine Lebensweise umzusetzen, deren erlebte Attraktivität die weltweite Ausstrahlungskraft des *american way of life* begründet. Davon wiederum profitiert seit etwa den 20er Jahren die Filmindustrie, die zugleich technologische Innovation und ideologische Praxis des Fordismus ist, indem sie dessen Bild mit allen seinen Ingredienzien konstruiert, global propagiert und so dazu beiträgt, auch das Bild von Entwicklung, dem die EL entgegenstreben, zu definieren.

Die Erschöpflichkeit von Syntropieinseln jedoch zeigt sich in den USA nach wenigen Jahrzehnten der beschleunigten Industrialisierung auf der Basis von Massenproduktion und Massenverbrauch, und zwar aus zwei Gründen: Erstens ist der geographische Raum trotz seiner kontinentalen Ausdehnung ebenso begrenzt wie es die so reichen Ressourcenlager sind. Zweitens erfordert die Steigerung der Produktivität der Arbeit, also die Verfolgung der „fordistischen Botschaft", gerade exponentiellen Zugriff auf Ressourcen aus Syntropieinseln: die Plünderung tendiert also modellspezifisch zur Beschleunigung.

So kommt es, daß der Erfolg des fordistischen Modells dessen Ressourcengrundlagen unterminiert. 1913 beträgt der Anteil der US-Produktion an der Weltproduktion beim Erdgas 95 %, beim Erdöl 65 %, bei Kupfer 56 %, bei Phosphat 43 %, Kohle 39 %, Molybdän 38 %, Zink 37 %, Bauxit 37 %, Eisenerz 36 %, Gold 20 % (*Wright* 1990). Doch schon seit den 20er Jahren muß ein Mineral nach dem anderen zusätzlich zur heimischen Produktion importiert werden, um den steigenden Verbrauch zu decken, obwohl auch in den USA immer entfernter von den traditionellen Industriezentren gelegene Lager erschlossen werden und mit dem Fortschritt der Transportinfrastruktur und -technik auch erschlossen werden können. Seit den 40er Jahren dieses Jahrhunderts jedenfalls verwandeln sich die USA in einen Nettoimporteur von mineralischen Ressourcen und der importierte Anteil von mineralischen Ressourcen am Verbrauch steigt stetig an (vgl. *Stinnes* 1984). Also werden nun nicht mehr nur die nationalen Syntropieinseln ausgebeutet, sondern auch diejenigen anderer Kontinente. Es entsteht eine globalisierte Rohstoff- und Energiewirtschaft (*Clark* 1990): Die USA dehnen auf diese Weise das in Nordamerika so erfolgreich praktizierte Modell auf die gesamte Welt aus (*Wright* 1990: 665).

Die Globalisierung der Rohstoffwirtschaft ist gleichbedeutend mit der Ausdehnung des Produktions- und Konsumtionsmodells auf andere Kontinente, freilich in der gegensätzlichen Form von metropolitanem und peripherem Fordismus (vgl. *Lipietz* 1987). Daß die IL in hohem Maße von Importen der energetischen und materialen Ressourcen abhängig sind, daß also „Syntropiequellen" (in Rohstoffländern) und die Systeme der Stoff- und Energiewandlung (Verbraucherländer) räumlich entfernt sind, ist Anlaß für die Entwicklung von hochleistungsfähigen Transport- und Speichersystemen. Im Jahre 1988 müssen die USA 40,9 % des verbrauchten Rohöls importieren, Japan 99,7 %, die BRD 95,1 %, Frankreich 95,5 %. Nur Kanada und Großbritannien sind unter den großen IL Nettoexporteure von Öl (Daten nach OECD).

In dem Maße, wie EL versuchen, den fordistischen Typ der Industrialisierung zu imitieren, werden sie ebenfalls von den notwendigen Ressourceninputs abhängig. Sofern sie nicht selbst auf ihrem jeweiligen Territorium darüber verfügen, müssen sie diese importieren. Auch für sie erlangt so die Preisentwicklung der Ressourcen, insbesondere der energetischen Ressourcen, zentrale Bedeutung – wie es sich nach den Erdölpreisschocks von 1973 und 1979 und erneut im Zusammenhang mit dem Golfkrieg 1991 zeigt. Also kommt es nicht nur darauf an, Syntropieinseln überall auf dem Globus zu erschließen, sondern die daraus entnommenen Ressourcen auch zu akzeptablen Preisen beziehen zu können.

Der Verweis auf die Entstehung einer globalen Rohstoffwirtschaft freilich ist irreführend, wenn nicht die drei Elemente eines Energiesystems angemessen in Rechnung gestellt werden: (a) die „Syntropieinseln", also die Rohstofflager, die extrahiert werden; (b) die Energiewandlungssysteme (Technologie, Organisation, Management), mit denen aus den Rohstoffen nützliche Endverbrauchsgüter erzeugt werden und (c) die kulturellen und sozialen Normen und Institutionen, die den Umgang der Menschen mit der äußeren Natur kompetent regeln, also das „gesellschaftliche Naturverhältnis" bestimmen. In der derzeitigen „globalen Rohstoffwirtschaft" freilich sind die „Syntropieinseln" (a) und der Zugriff auf sie tatsächlich internationalisiert, nicht aber die (industriegesellschaftlichen) Energiewandlungssysteme (b), geschweige denn die kulturellen und sozialen Weisen ihrer Regulation (c).

Der Besitz von Rohstofflagern oder die Verfügung darüber (Syntropieinseln) ist keine Garantie für Entwicklung und Modernisierung, solange die Wandlungssysteme von Energie und Stoffen noch in den IL lokalisiert und monopolisiert bleiben – und daher die Fazilitäten der Verwandlung der mineralischen und energetischen Rohstoffe in Gebrauchswerte. Im Grunde haben sich die IL in grandiosem, d. h. globalem Umfang an den der Menschheit gemeinsam zur Verfügung stehenden *external economies* (im *Marshall'schen* Sinne), die von den Syntropieinseln ausgehen, bedient[7]. Bislang sind sie gut damit gefahren; ihr Wohlstand ist gestiegen, derjenige der Extraktionsökonomien freilich ist – zumindest im vergangenen Jahrzehnt – gesunken. Auf die Gründe muß nun eingegangen werden.

2. **Die soziale Regulation des globalen Energie- und Stoffflusses**

Mit der Produktivitätssteigerung, die als Relation von Stromgrößen (Sozialprodukt oder Wertschöpfung und Arbeitsinput in einem Zeitraum) gemessen wird, verändern sich die Bestandsgrößen: die Menge und Qualität der verfügbaren Ressourcen, der natürlichen Umwelt, der Qualität der Lage („site") und daher auch Ausmaß und Qualität von territorialen „site effects" (*Marshall* 1890). Der Prozeß der Produktivitätssteigerung muß daher in seiner Totalität, d. h. einschließlich der Gesamtheit der aus ihm als Resultat hervorgehenden dissipativen Strukturen[8] (dazu *Tjaden* 1990), als Prozeß der Veränderung der „Bestandsgrößen" und nicht nur der „Stromgrößen" (wie des Bruttosozialprodukts) betrachtet werden[9]. Die ökonomische Theorie (auch die Entwicklungstheorie) muß sich also der (positiven) Rückkopplungen des Produktions- und Konsumtionsprozesses versichern und nicht-lineare Zusammenhänge in Rechnung stellen, also Interferenzen zwischen verschiedenen Raum- und Zeitkoordinaten (jährliche Einkommensflüsse und erdgeschichtliche Jahrmillionen; Artikulation zwischen regionalen und globalen Tendenzen) berücksichtigen. Daher sollten die einfachen Gleichgewichts- und Entwicklungsmodelle aufgegeben und diese durch komplexere Annahmen ergänzt bzw. ersetzt werden. Ökonomische Prozesse sind Transformationen von Stoffen und Energien, die irreversibel sind und nicht – wie in der ökonomischen Theorie vorausgesetzt wird – in zirkulärer Form ablaufen (dazu ausführlicher: *Altvater* 1991: 91–96; 261-267). Die Ausgangs- und Rahmenbedingungen ökonomischer Prozesse werden also durch diese ständig verändert (dazu auch *Daly* 1991: 195–210).

Wegen der Irreversibilität der Prozesse der Ressourcennutzung ist zugleich die zeitliche Gerichtetheit aller Prozesse festgelegt: Aus Inputs können Outputs hergestellt werden, niemals aber aus den Outputs die Inputs (*Koopmans* 1951: 48–51)[10]. Dies hat entwicklungspolitisch natürlich zur Folge, daß die von einer Gesellschaft einmal vernutzten materialen und energetischen Ressourcen nicht zum zweiten Mal einer Entwicklungsstrategie, zu anderer Zeit an anderem Ort, zur Verfügung stehen. Die physische Schranke freilich ist weniger bedeutsam als die soziale. Denn die einmal gewonnenen „positionellen" Vorteile (vgl. *Hirsch* 1980; *Altvater* 1991) haben die Eigenschaft, in der Konkurrenz auf den Weltmärkten „increasing rates of return" zu begründen, also alle Strategien in Richtung eines Ausgleichs von Entwicklungsniveaus zunichte zu machen und zu blamieren. Bei Existenz positiver Rückkopplungen kann ein dynamisches Gleichgewicht nicht erreicht werden, da sich die verschiedenen Prozesse nicht aufeinander zu-, sondern voneinander fortbewegen: Einmal errungene Vorteile wachsen anstatt abgebaut zu werden und die einmal erfahrenen Nachteile werden größer anstatt im Entwicklungs- und Angleichungsprozeß nach und nach zu verschwinden. Es kommt kein Ausgleich zustande, es sei denn durch katastrophische Brüche.

Man muß bei der Analyse der Produktivität und der Prozesse ihrer Steigerung also unterscheiden: Einmal das übliche Maß, nämlich die in Geldgrößen gemessene Wertschöpfung pro Arbeiter (Y/L) bzw. das Nettosozialprodukt je Einwohner (Y/E), zum anderen dasjenige, das den stofflich-energetischen Output den Inputs gegenüberstellt (O/I). Den Gesetzen der Thermodynamik entsprechend ist letzteres Maß immer gleich 1. Wird aber der Output in einen für die Menschen nützlichen Teil (O_n) mit hoher Ordnung (Negentropie oder Syntropie), der in monetarisierter Form zum Y in der tradierten Produktivitätsrechnung wird[11], und einen nicht-nützlichen, evtl. sogar schädlichen Teil (O_s) mit hoher Unordnung (Entropie oder Negsyntropie) untergliedert, dann ist O_n immer und notwendig kleiner als 1.

Auch die Inputs können unterschieden werden: Es gibt die beabsichtigten

Inputs zur Produktion des nützlichen Outputs (I_a) und die unbeabsichtigten Inputs (I_u), z. B. die beschädigten Bäume bei selektivem Holzeinschlag. Produktion ist somit auf der Input- ebenso wie auf der Outputseite Kuppelproduktion; es werden notwendig „externe Effekte" erzeugt[12]. Wenn man die Energieeffizienz eines beliebigen Systems mißt, ist sie daher immer kleiner als 1, obwohl die ökonomische Produktivität (Y/L) immer positiv und, wenn der Arbeitsinput monetär bewertet wird (z. B. als variables Kapital oder als Lohnkosten), immer größer als 1 sein muß.

So betrachtet ist Produktivität von Arbeit ein höchst unzureichendes Maß für ökonomisch-ökologische Effizienz, da es systematisch einen Teil der Outputs unterschlägt und die Entropie steigende Wirkung der Entnahme von Inputs (Faktoreinsätze) aus dem System der natürlichen Ressourcen nicht in Rechnung stellen kann. Auf diesen Sachverhalt zielt die Verwendung des Hilfsbegriffs *Throughput*. Hohe Produktivitätszuwächse sind also, wie bereits am Beispiel des US-amerikanischen Fordismus diskutiert worden ist, bei niedriger energetischer Effizienz möglich; in bestimmten Situationen mag es sogar sein, daß die niedrige energetische Effizienz eine Bedingung hoher ökonomischer Produktivitätszuwächse ist. So ist die Erzeugung negativer externer Effekte, d. h. die Abwälzung privater Kosten auf die Gesellschaft (vgl. *Kapp* 1958), also die Inkaufnahme niedriger energetischer Effizienz zur Steigerung der ökonomischen Produktivität, als sinnvolles Element einer nationalen Entwicklungsstrategie interpretiert worden.

Albert O. Hirschman (1958) hat darauf hingewiesen, daß in Europa negative externe Effekte – Zerstörungen der Umwelt, Gesundheitsschäden, negative Agglomerationseffekte etc. – Begleiterscheinung der Industrialisierung waren. Er meinte, daß kein Entwicklungsprozeß ohne beträchtliche negative Effekte auf die Umwelt beschleunigt werden kann[13]. Die Paradoxie ist vor allem darin zu erblicken, daß die kapitalistische Produktionsweise einen radikalen Bruch in der bisherigen Menschheitsgeschichte darstellt; denn sie beruht im Unterschied zu den vorangegangenen Produktionsweisen nicht mehr im wesentlichen auf biologischen und daher erneuerbaren, sondern auf fossilen, erschöpflichen Energiequellen. Erst der Rekurs auf fossile Energieträger und die Erfindung der ihnen entsprechenden Wandlungssysteme gibt der Steigerung der Arbeitsproduktivität den notwendigen Impuls, um die hohen „fordistischen" Wachstumsraten von Produktion und Konsumtion erreichen zu können.

Da bei nicht-reproduzierbaren Ressourcen die in den Produktionsprozeß eingehenden (beabsichtigten und unbeabsichtigten) Inputs den Ressourcenbestand insgesamt mindern, da also die stofflichen und energetischen Prozesse irreversibel sind, kann das Maß der Produktivität nicht linear ausgedrückt werden; im Zeitverlauf verringert sich ja der Bestand, aus dem die Ressourceninputs stammen um *1-i*. Das gleiche gilt für die Outputseite: Die O_s, z. B. Emissionen in die Atmosphäre, verändern die Umwelt, indem sie ihr die Abluft, Abwasser, Abfälle hinzufügen *(1+ o)*[14]. Die Identitätsgleichung lautet also folgendermaßen:

$(o_n + o_s)\ (1 + o) = (i_a + i_u)\ (1\text{-}i).$

Umgeformt lautet die Gleichung:

$o_n = ia + iu\ (1\text{-}i)/(1 + o) - os;\ und{:}\ o_n \longrightarrow Y$

Der Wert 1 bezieht sich auf die Ressourcenbestände insgesamt, so daß *(1-i)* oder *(1+ o)* unterhalb der „Fühlbarkeitsgrenze“ – bei pragmatischem Herangehen – vernachlässigenswert klein sein können. Wenn gar die Multiplikatoren mit umgekehrtem Vorzeichen geschrieben werden könnten, nämlich *(1-o)* und *(1+ i)* lauteten, hätten wir es mit einem Schlaraffenland, mit einer Welt der Reversibilität, mit dem Perpetuum mobile zu tun, wo durch Stoff- und Energietransformation bei der Herstellung und beim Verbrauch von Gütern die Ressourcen wachsen und die Schadstoffe geringer werden; ein Menschheitstraum würde sich erfüllen. Nur wenn i und o gleich Null sind, kann mit dem Produktivitätsmaß ohne Berücksichtigung der stocks (also auch mit der neoklassischen „no surplus-Bedingung“) gearbeitet werden. Nur in diesem Fall kann aber von den Wirkungen des ökonomischen Prozesses auf die Bestände und von der Bedeutung der Bestände für die Transformation der Inputs in die Outputs abstrahiert werden. Je bedeutsamer die *i* in bezug auf die Ressourcenbestände eines Systems, desto geringer wird der Parameter *(1-i)*. Diese Entwicklung ist unvermeidlich im Falle von erschöpflichen Ressourcen, da ja der Bestand im Zeitverlauf abnimmt. Vergleichbares gilt für die Outputseite: Je mehr o_s bereits im historischen Verlauf erzeugt worden sind, desto mehr dürfte ein weiteres o_s auf die Bestände eines Systems wirken, zumal noch Synergieeffekte verschiedener Belastungskomponenten zu erwarten sind.

Die Industriegesellschaft, insbesondere aber das fordistische Modell mit seinen hohen Zuwachsraten der Arbeitsproduktivität, ist – so betrachtet – zugleich ein außerordentlich ressourcenintensives Modell: Es braucht viele Ressourcen als Inputs – es muß also auf die Syntropieinseln der Welt rekurrieren können – und es bringt nicht nur Güter (*goods*) für den Massenkonsum hervor, sondern emittiert auch viel Schadstoffe in die Umwelt, die die Massen natürlich auch konsumieren, freilich ohne mit dieser Konsumtion einen höheren Grad der Bedürfnisbefriedigung zu erreichen (*bads*). Es bedarf also der Gelegenheiten zur Entropieabfuhr. Die Kehrseite des Wohlstands der Nationen ist deren Mißstand.

Dies wird dann belangvoll, wenn einerseits die Verteilung der Ressourcen (Syntropieinseln) ungleichmäßig ist und andererseits die Beanspruchung der abiotischen und biotischen Sphären des Planeten Erde (die Entropieabfuhr) ungleichmäßig erfolgt. Tatsächlich konsumieren Nordamerika und Westeuropa mit einem Anteil von insgesamt 11,6 % der Weltbevölkerung 42,5 % der Energie und produzieren daher 43,4 % der CO_2-Emissionen (Daten nach OECD) – den für den Treibhauseffekt hauptverantwortlichen Schadstoff. Die von *Debeir u. a.* (1989: 244f.) gezogene Schlußfolgerung ist also nicht von der Hand zu weisen:

„... Während die Mobilisierung der fossilen Energieressourcen zugunsten einer Minderheit der Menschheit in noch nie dagewesenem Ausmaß zunimmt, leidet die Mehrheit trotz des gesteigerten und irreversiblen Abbaus der erneuerbaren Ressourcen unter Energiemangel... Jahrzehntelang wurde das amerikanische Produktions- und Konsumtionssystem, der *American way of life*, allen Gesellschaften der Welt als nachahmenswertes Vorbild angedient. Eine praktisch unbegrenzte Ausweitung des Konsums sollte Armut und Ungleichheit besiegen. Die gegenwärtige Krise entkräftet diesen Mythos, offenbart sie doch unmißverständlich, daß sich die Energiesysteme, die das amerikanische Wachstum getragen haben, nicht auf die ganze Welt ausdehnen lassen ...".

Die hohe Produktivität des Akkumulationsmodells von Massenproduktion und Massenkonsumtion hat also einen Preis: den hohen *Throughput*. Die Syntropieinseln (fossile Energielager) werden ausgebeutet und die energetisch vernutzten fossilen Stoffe werden in die Atmosphäre in Form von Abgasen, in die Lithosphäre in Form des Abfalls und in die Hydrosphäre in Form der Abwässer dissipiert. Der Anstieg der Entropie, d. h. die Reduzierung der verfügbaren Energie, ist also ebenso enorm wie der wegen seiner Wohlstandswirkung bewunderte Produktivitätsanstieg.

Die Konzentration der Syntropie in den IL und die Entropieabfuhr in andere Weltgegenden haben zur Folge, daß der – im thermodynamischen Sinne – höheren Ordnung von Material und Energie in den IL in anderen Weltgegenden ein dementsprechendes größeres Chaos herrscht. Anders ausgedrückt: Die IL können sich, die Regelmechanismen der globalen Rohstoffwirtschaft nutzend, aus den Syntropieinseln des Globus Energien und Stoffe zuführen und gleichzeitig einen Teil der bei der Wandlung von Stoffen und Energien erzeugten Entropie abführen, während die EL dazu nicht in der Lage sind[15]. Daß die Reduktion von Ordnung im thermodynamischen Sinne sozial disgregierende Wirkungen zeitigt, haben *Debeir u. a.* (1989) für das antike Rom und das alte China, *Bunker* (1985) und *Brüseke* (1991) am Beispiel der Rohstoffextraktion in Amazonien nachgewiesen. Auch *Galeano* (1971) zeigt (in anderem theoretischen Kontext), wie die Plünderung der Reichtümer Lateinamerikas soziale Desorganisation und ökonomische Zurückgebliebenheit erzeugt hat. Immer wenn die jeweils lokal oder regional vorherrschenden Energiesysteme (Energiequellen und Energiewandlung) aus dem Lot geraten, findet soziale Destabilisierung statt. Eine tradierte soziale Ordnung gerät in Unordnung. Entwicklung wird blockiert.

Die Schlußfolgerung: Wenn die Menschheit unter Nutzung eines Modells der Energiewandlung fossiler Energiequellen in erdgeschichtlich kurzen Zeiträumen die Syntropieinseln plündert, dann wird mit dem Entropieanstieg auch soziale, politische und ökonomische Unordnung produziert. Wenn aber Entwicklung als Herstellung sozialer Ordnung definiert werden muß, heißt dies nichts anderes, als daß bereits ökologisch bedingt Entwicklung blockiert wird. Denn die Rohstoffe werden aus den EL in die IL transloziert – und mit ihnen Elemente der „fordistischen" Ordnung, die für Entwicklung und Zivilität ausschlaggebend sind. Wie diese globale Entgegensetzung von Ordnung und Chaos entsteht, ist nun freilich nicht mehr mit ökologischen Argumenten hinreichend zu erklären, sondern nur unter Rekurs auf das globale gesellschaftliche Naturverhältnis, also auf die Regulationsform des „fossilistischen Fordismus". Dabei spielt die Art und Weise der Regulation der Preise, insbesondere des Verhältnisses von Rohstoff- und Industriegüterpreisen (der Terms of Trade) eine entscheidende Rolle.

3. Das fordistische Rohstoffpreisregime

Die realen Austauschverhältnisse zwischen Industriewaren und Rohstoffen, die Terms of Trade zwischen IL und EL, haben sich in der Tendenz eher zu Gunsten der IL verändert[16]. Die Rohstoffpreise bilden und bewegen sich wie die Preise anderer Waren auch gemäß Angebot und Nachfrage auf den Weltmärkten. Doch gibt es einige Besonderheiten, die die Mechanismen der Preisbildung gestalten. Von Regime der Preisbildung wird hier zur Bezeichnung der Gesamtheit von institutionellen Bindungen, Regeln und ökonomischen, sozialen und technisch bzw. natürlich bedingten Verhaltensweisen von Angebot und Nachfrage auf den entsprechenden Märkten gesprochen[17].

Es sind viele Faktoren, die zusammengenommen das Resultat der günstigen Entwicklung der Terms of Trade für die IL, d. h. der billigen Versorgung des fordistisch-fossilistischen Akkumulationsmodells mit Rohstoffen und Energie bewirken. Zu unterscheiden sind jedenfalls (a) strukturelle Bedingungen in den Exportländern von Ressourcen („Extraktionsökonomien"), (b) die Gestaltung des internationalen Handels zwischen IL und Rohstoffexporteuren, (c) technische Faktoren bei Erzeugung und Verbrauch der Rohstoffe und (d) die Auswirkungen der internationalen Finanzkrise. Nur auf das erste Faktorenbündel soll hier kursorisch eingegangen werden.

„Extraktionsökonomien" unterscheiden sich in vieler Hinsicht von „Produktionsökonomien". Darauf verweist beispielsweise *Stephen Bunker* (1985) in seiner Analyse der Unterentwicklung Amazoniens. Das ökonomische System Amazoniens wird als eine „Extraktionsweise" der Ausbeutung natürlicher Ressourcen zum Zwecke ihrer Vermarktung, d. h. ihrer Verwandlung in Geld auf dem Weltmarkt definiert: Syntropiequellen für die Energie- und Stoffwandlungssysteme der IL. Dieser Prozeß läßt sich als Mobilisierung von „values in nature" und als „flows between regions" beschreiben. Ressourcenextraktion ist auf jeden Fall in der Region mit einer *Reduzierung der Syntropie* (mit einer *Entropiesteigerung)*, also mit einer Einschränkung von Ordnung verbunden. Die Abnehmer der Ressourcen hingegen erhalten einen Gebrauchswert, der definitionsgemäß (*Georgescu-Roegen* 1971; *Altvater* 1991) niedrige Entropie aufweist. Anders als in der traditionellen Theorie des ungleichen Tausches wird kein Werttransfer oder der Austausch ungleicher Arbeitsquanten zu begründen versucht, sondern ein Entropieaustausch zwischen Peripherie und Zentrum zu Ungunsten der Entropiebilanz der Peripherie, in diesem Falle Amazoniens:

> „Energy flows ... constitute a world system of exchange". Extraktionsökonomien zeichnen sich dabei negativ aus durch „extreme energy losses ..., and of their consequent incapacity to store parts of their energy flow-through in complex and flexible social infrastructure and organization ... If energy and matter necessarily flow from extractive to productive economies, it follows that social and economic processes will be intensified and accelerated in the productive economy and will become more diffuse and eventually decelerate in the extractive economy" (*Bunker* 1985: 53, 47).

Vorausgesetzt ist bei diesem ungleichen Austausch von Entropie freilich eine Struktur des globalen ökonomischen Funktionsraums, die es verhindert, daß Extraktionsökonomien für die gelieferten Gebrauchswerte niedriger Entropie eine ausreichend große Geldsumme erhalten, um die Entropiesteigerung in der Region durch die Einfuhr von Produkten niedriger Entropie aus anderen Regionen kompensieren zu können. Da der Austausch von Entropie in der Form der Gebrauchswerte letztere unbedingt in Werte verwandelt, ist es zunächst unbestimmt, ob tatsächlich der negative Entropiefluß von den Extraktions- in die Produktionsökonomien verläuft (vgl. *Altvater* 1987). Dies ist nur dann so, wenn durch den Verfall der Preise der extrahierten Rohstoffe das monetäre Pendant zur Entropiesteigerung so weit zurückgeht, daß sie durch „Import von Syntropie" nicht mehr kompensiert werden kann. Also stellt sich hier erneut die Frage nach den Ursachen für die Verschlechterung der Terms of Trade.

Die Entropiesteigerung indiziert Gebrauchswertvernichtung und diese kann das Ausmaß der Zerstörung regionaler natürlicher Systeme annehmen. *Bunker* (1985: 22ff.) ist zuzustimmen, daß Extraktionsökonomien gerade zu dieser Degradation und sogar Destruktion von Ökosystemen neigen, da sie beispielsweise auf einen Preisverfall der Ressourcen mit einer Ausdehnung der extrahierten Ressourcenmenge reagieren, die wiederum neben den destruktiven ökologischen Konsequenzen desintegrierende soziale, ökonomische und politische Wirkungen zeitigt. So betrachtet wäre in den Mechanismus der fallenden Terms of Trade in Extraktionsökonomien ein sich selbst verstärkender Rückkopplungsmechanismus der sozialen und politischen Degradation eingebaut. Dieser gründet zum einen auf dem häufig monokulturellen Charakter von Extraktionsökonomien, der eine inverse Reaktionsweise des Angebots auf Preissenkungen bewirken kann, zumal wenn noch auf den gleichen Märkten verschiedene Produktionsweisen konkurrieren, z. B. Kleinbauern und kapitalistische Latifundien[18].

Hinzu kommt in vielen Fällen das sog. *dutch disease*, das eine Diversifizierung der Produktion in der Extraktionsökonomie – also die Ausbildung von „linkages" – verhindert. Denn die Exportnachfrage nach der exportierten Ressource hebt den Wechselkurs der Währung, und die Faktornachfrage des

Exportsektors (d. h. zur Produktion der exportierten Ressourcen) bestimmt die Faktorpreise auch anderer Wirtschaftszweige. Diese können dadurch in ihrer Entwicklung gehemmt werden: Die Höhe des Wechselkurses kann Importe gegenüber heimischer Produktion begünstigen und deren Wettbewerbsfähigkeit auf dem Weltmarkt mindern. Daher folgt die Entwicklung der terms of trade einer ambivalenten Dynamik, die *H. W. Singer* (1950: 481) folgendermaßen beschreibt:

> „It might be worth noting the curious ambivalence which price relations play for the underdeveloped countries. Good prices for their primary commodities, especially if coupled with rising quantities sold, as they are in a boom, give to the underdeveloped countries the necessary means for importing capital goods and financing their own industrial development; yet at the same time they take away the incentive to do so, and investment, both foreign and domestic, is directed into an expansion of primary commodity production ... Conversely, when the prices and sales of primary commodities fall off, the desire for industrialization ist suddenly sharpened. Yet at the same time, the means for carrying it out are sharply reduced."

Rohstoffreichtum ist daher nicht unbedingt eine Garantie für ökonomische Dynamik und die Herausbildung einer sie tragenden sozialen und ökonomischen Struktur. Wenn dann der Versuch unternommen wird, die Modernisierung und Industrialisierung der Ökonomie mit externen Krediten zu finanzieren, kann nicht nur die „verstümmelte Industrialisierung" die Folge sein, sondern obendrein der Druck auf die Rohstoffpreise erhöht werden. Denn zunächst müssen ja die externen Kredite mit den Exporteinnahmen aus landwirtschaftlichen und mineralischen Rohstoffen bedient werden, so daß die Angebotsmenge auf den Weltrohstoffmärkten für einen entsprechenden Druck auf die Preise sorgt. Damit wird aber die Imitation des rohstoffintensiven Industriemodells in den wenig industrialisierten Ländern schwierig und möglicherweise gar unmöglich, während die bereits industrialisierten Länder von den billigen Ressourcen aus den Syntropieinseln der Rohstoffländer profitieren können. Daß die internationalen Institutionen Weltbank und IWF mit ihrer Politik der Strukturanpassung und der darauf abzielenden Konditionalität zum Scheitern der Industrialisierung beitragen und die Erhaltung des Zustands der Extraktionsökonomie mit geringen Entwicklungsaussichten begünstigen, ist ein „Element der Hörigkeit" in einer hierarchisch strukturierten Weltwirtschaft. Offensichtlich ist (industrielle) Entwicklung für alle Kontinente und Länder nicht möglich.

Nicht nur die Preise für Industriewaren und Ressourcen sind für die Austauschbeziehungen zwischen Rohstoffexporteuren und Verbraucherländern von Bedeutung, sondern auch die intermonetären Preise (Wechselkurse) und intertemporalen Preise (Zinsen) des Geldes (*Altvater* 1991). Im System von Bretton Woods mit weitgehend fixierten Wechselkursen und dem Überwiegen politisch regulierter Finanzströme haben diese Preise keine herausragende Rolle für die Nord-Süd-Beziehungen gespielt. Anders wurde dies nach dem Scheitern des Bretton Woods-Systems, als die Regulation der Wechselkurse den jeweiligen Nationalstaaten überlassen wurde und zugleich potente internationale Geld- und Kreditmärkte entstanden. Diese Transformation des internationalen Währungs- und Kreditsystems hatte zur Folge, daß die Strategie der „nachholenden", verschuldeten Industrialisierung durch private Kreditgeber finanzierbar wurde. Die Verschuldung vieler EL hatte freilich aus Gründen, die hier nicht ausgebreitet werden können, keine zeitversetzte Entschuldung und die Verwandlung in „reife Gläubigerländer" zur Folge; der „Schuldenzyklus", mit dessen Geltung die Strategie der „verschuldeten Industrialisierung" begründet worden ist, funktionierte also nicht.

Der Nettotransfer monetärer Ressourcen ist mit dafür verantwortlich, daß der Syntropietransfer aus den Extraktionsökonomien in die Produktionsökonomien ohne zureichende Kompensation stattfinden kann und daher, wie *Bunker* (1985) dies konstatiert, tatsächlich die Entropie in den Extraktionsökonomien ansteigt mit den negativen sozialen und politischen Begleiterscheinungen der retardierten Herausbildung einer Zivilgesellschaft und mit den fatalen ökonomischen Konsequenzen der Entstehung einer Enklavenwirtschaft. So haben die Wirkungsmechanismen des Weltmarkts und die geschilderte Arbeitsteilung zwischen Syntropieinseln und Verbraucherländern der Ressourcen in den Extraktionsökonomien interne Konsequenzen, die die asymmetrische Interdependenz verstärken und Entwicklung blockieren. Es gibt also nicht nur ökonomische, sondern auch ökologische Gründe für das im vergangenen Jahrzehnt offenkundig gewordene Scheitern von Modernisierungs- und Industrialisierungsstrategien.

Anmerkungen

1 Der erste Satz der „Untersuchung über Natur und Wesen des Volkswohlstandes" lautet: „Die größte Vervollkommnung der Produktivkräfte der Arbeit und die vermehrte Geschicklichkeit, Fertigkeit und Einsicht, womit die Arbeit überall geleistet und verrichtet wird, scheint eine Wirkung der Arbeitsteilung gewesen zu sein ..." (*Smith* 1786/1923; Nachdruck 1973: 5)

2 Es ist eine der zentralen Thesen von *Marx*, daß Produktivitätssteigerung mit einem Anstieg der organischen Kapitalzusammensetzung einhergeht. Da die organische Kapitalzusammensetzung deren technische Seite reflektiert, ist es klar, daß steigende Produktivität mit steigendem Stoff- und Energieaufwand einhergehen muß.

3 Dort, wo diese dennoch genutzt werden, müssen sie mit fossil angetriebenen Energiesystemen konkurrieren. Dies führt zur Überausbeutung bis zur physischen Vernichtung, wie die mit der industriellen Organisation der Landwirtschaft konkurrierende Sklavenwirtschaft Nord- und Südamerikas im 19. Jh. deutlich gemacht hat. Der Zusammenhang von Produktivitätssteigerung und Ressourcenverbrauch läßt sich am Beispiel der Energiesysteme von EL ebenso zeigen wie an der „success story" des US-amerikanischen Fordismus illustrieren. *Debeir u. a.* verweisen auf die Vorrangstellung der biologischen Energiequellen in den Landgebieten der Dritten Welt, die nur äußerst zeitintensiv zu erschließen sind. Der Wasser- und Holztransport für den täglichen Bedarf beansprucht

in Kenia allein 3 – 6 Stunden (Arbeit der Frauen); in Chile werden für das Sammeln und den Transport von Brennholz jährlich zwischen 260 und 1330 Stunden (erwachsener Männer) aufgewendet (*Debeir u. a.* 1989: 236). Dieser enorme Zeitaufwand hat natürlich eine Minderung der Arbeitsproduktivität (Y/L) zur Folge, die durch noch so ausgefeilte Technologien (Energiewandler) nicht kompensiert werden kann.

4 Im Grunde sind die Entdeckung des Feuers und die Umwandlung von thermischer Energie in Arbeit eng verwandte Innovationen. Jedoch setzt letztere komplizierte Energiewandler voraus, die Wärmemaschine, die die Industriegesellschaft begründet. Die Möglichkeit der Energiewandlung induzierte ein neues Weltbild; denn Energie kann sich erhalten und dabei qualitativ wandeln. *Prigogine/Stenger* berichten, wie wenig selbstverständlich diese veränderte Nutzung der gleichen Energiequelle gewesen ist: „Es ist eine amüsante Tatsache, daß *Adam Smith* an seinem Reichtum der Nationen arbeitete und Daten über die Aussichten und Bestimmungsgründe des industriellen Wachstums zusammentrug, als James Watt an der gleichen Universität dabei war, letzte Hand an seine Dampfmaschine zu legen. Dennoch sieht *Adam Smith* in seinem Buch den einzigen Nutzen der Kohle darin, Heizwärme für die Arbeiter zu liefern. Wind, Wasser und Tiere sowie die einfachen Maschinen, die von ihnen angetrieben werden, waren im 18. Jh. noch immer die einzig denkbaren Kraftquellen."

5 *Marx* selbst unterschied die Manufaktur von der „großen Industrie". In ersterer basierte die Arbeitsteilung auf den subjektiven Qualifikationen der Arbeitskraft, in letzterer auf den objektiven Anforderungen, wie sie in den sachlichen Produktionsmitteln inkorporiert wurden. *Sohn-Rethel* interpretierte den Taylorismus/Fordismus als einen Versuch, die subjektiven und objektiven Bedingungen der Arbeit auf eine gemeinsame „Logik" der Arbeitsrationalisierung zu bringen. Für den „Fordismus" ist eine rigide Form der Vereinheitlichung charakteristisch, im „Post-Fordismus" hingegen ist die Gestaltung des Arbeitsverhältnisses durch Flexibilität gekennzeichnet.

6 Die USA überrundeten seit der zweiten Hälfte des 19. Jh.s Großbritannien in der Zahl von bedeutenden Erfindungen, Entdeckungen und Innovationen. Im Zeitraum 1851–1875 können 17,8 % der wichtigen Erfindungen Großbritannien, 20,9 % Frankreich, 23,9 % Deutschland und 25,2 % den USA zugerechnet werden. 1915–1939 waren es 13 % im Falle Großbritanniens, 4,1 % im Falle Frankreichs, 13,0 % in Deutschland, aber 58,6 % in den USA (*Dunning* 1983: 106; nach *Agnew* 1987: 70).

7 *Marshalls* (1964) Darstellung der positiven externen Effekte einzelwirtschaftlich hergestellter, aber dann von einem Wirtschaftszweig oder von regional vernetzten Unternehmen gemeinsam nutzbarer Fazilitäten (z. B. Qualifizierung der Arbeitskraft durch einen Betrieb; die qualifizierten Arbeiter aber stehen potentiell auch anderen Betrieben zur Verfügung) kann auch so interpretiert werden: Positive externe Effekte erzeugen Ordnungsstrukturen, also Syntropie, die allen Nutznießern verfügbar sind, wenn sie nicht durch das „exclusion principle" vor denjenigen verschlossen werden können, die für die Nutzung nicht oder nicht genügend zahlen wollen. Die Syntropieinseln der Erdkruste sind nicht von Menschen produziert worden, sondern im Verlauf der Erdgeschichte entstanden. Sofern sie nicht durch eigentumsrechtlichen Zugriff monopolisiert werden, so daß das „exclusion principle" durchgesetzt werden kann – eine Strategie, die die neoklassische Ressourcenökonomie favorisiert –, haben die Syntropieinseln eine Wirkung wie *Marshalls external economies:* Sie stützen Wachstum und Wohlstand, verbrauchen sich aber im Verlauf der Zeit.

8 Damit ist gemeint, daß im irreversiblen Prozeß der Stoff- und Energietransformation die Ordnungsstrukturen aufgelöst und „zerstreut" werden. *Prigogine/Stenger* (1986) deuten Dissipation nicht nur als Verlust von Ordnung, sondern auch als Erzeugung neuer Ordnung, also als evolutionären Prozeß. Die mit Dissipation gleichbedeutende Entropiesteigerung kann also eine „positive Macht" sein; dazu auch *Briggs/Peat* (1990: 221ff).

9 Bestands- und Stromgrößen unterscheiden sich durch die Definition der Zeitperiode, auf die beide bezogen werden. Die natürlichen Ressourcen sind bezogen auf das Jahr, in dem das Sozialprodukt „fließt“, eine Bestandsgröße; bezogen auf die erdgeschichtlichen Jahrmillionen ihrer Heranbildung sind sie eine Stromgröße genau wie die vielen sich summierenden Einkommen. Im heutigen Moment ist die Stromgröße Einkommen wiederum ein Bestand, in Form des Geldbetrags im Portemonnaie und auf dem Gehaltskonto. Die Unterscheidung verweist also darauf, daß wir in sozialwissenschaftlich-ökonomischer Analyse in ganz unterschiedlichen Raum- und Zeitmaßstäben denken müssen, und daß es eine – in manchem Kontext nicht zulässige – Vereinfachung ist, wenn wir die Unterschiedlichkeit der Zeitmaßstäbe dadurch eskamotieren, daß wir die Unterscheidung zwischen Bestand und Strom machen. Denn dabei wird der Zeitmaßstab der Stromgröße gesetzt und unterschlagen, daß auch der Bestand durch Erzeugung des Stroms „im Flusse“ ist.

10 Ein polnisches Sprichwort lautet: Man kann aus einem Aquarium Fischsuppe machen, niemals aber aus Fischsuppe ein Aquarium. Oder am Beispiel eines ins Wasser geworfenen Steins: „... Um die auslaufenden, sich kräuselnden Wellen zeitlich umzukehren, müßte man all die winzigen Störungen am Rande des Teiches räumlich und zeitlich exakt aufeinander abstimmen, so daß sie zur Mitte hin laufen würden, dabei ihre Amplitude vergrößerten und schließlich in einer einzigen Welle konvergierten. Erscheint uns die nichtlineare Koppelung der Kräfte, die zur Erzeugung einer Solitonenwelle führten, als phantastisch, so wäre die Koordination der Kräfte in diesem Falle unendlich phantastisch“ (*Briggs/Peat* 1990: 221).

11 Damit wird ausgedrückt, daß der Begriff der Ordnung nur Sinn macht, wenn deren Finalität definiert wird. Ordnung wird hier immer anthropozentrisch unterstellt: also beispielsweise die Anordnung von Stoffen in einer Weise, daß damit die Befriedigung menschlicher Bedürfnisse möglich ist. Nur in diesem Sinne weist die zitierte Fischsuppe einen höheren Grad von Ordnung auf als das Aquarium, aus dem sie durch Addition von Stoffen (Gewürzen) und Wärmeenergie gekocht worden ist. Vgl. auch das von *Dürr* (1990) zitierte Goethe-Gedicht „Wanderers Nachtlied“. Man könnte die darin verwandten Buchstaben oder Wörter in alphabetischer Reihenfolge anordnen. Dies wäre auf bestimmtem Niveau zu bestimmtem Zwecke hohe Ordnung und daher Syntropie, nicht aber auf dem Niveau, auf dem wir die Komposition der Worte als Gedicht wahrnehmen und genießen.

12 Diese sind unter Zugrundelegung thermodynamischer Betrachtung nicht internalisierbar, weder durch Vermeidung noch durch Fusion von Verursacher und Träger noch durch eine *Soase'sche* Verhandlungslösung.

13 *Uhlig* (1966: 7) beispielsweise widmet seine Untersuchung der „Social Costs in der Entwicklungspolitik“ der „Vielzahl von Gründen, die gegen eine Internalisierung“ von externen Effekten sprechen. Angesichts der bereits stattgefundenen Umweltzerstörung freilich ist heute der Umgang mit dem Problem der *Social Costs* weniger leger. Dies läßt sich an der Behandlung des Problems durch *K. William Kapp* zeigen. In seinem „klassischen“ Werk stellt er den Zusammenhang zwischen Entwicklung, Externalisierung von Sozialkosten und Demokratie her: „Eine schnelle wirtschaftliche Entwicklung, gleichviel ob sie in der kapitalistischen Wettbewerbsordnung oder in einer Planwirtschaft stattfindet, hängt vom Weiterbestehen undemokratischer Elemente im politischen Leben ab, die es bestimmten Gruppen ermöglicht, der großen Mehrheit der Bevölkerung die Last von Sozialkosten, Unstabilität und persönlicher Unsicherheit aufzuladen“ (*Kapp* 1958: 17). Später hat *Kapp* (1987: 169) freilich sehr deutlich darauf verwiesen, daß Sozialkosten in ihren kumulativen Auswirkungen „auf lange Sicht die Bedingungen sozio-ökonomischer Reproduktion gefährde(n)“ können. Am Beispiel der beiden Zitate des gleichen Autors wird der in der Zwischenzeit erfolgte entwicklungstheoretische Paradigmenwechsel deutlich.

14 Der Wert 1-i bzw. 1 + o ergibt sich aus: $I_b/I_b - I_e/I_b$, wobei I_b den Ressourcenbestand und I_e die Ressourcenentnahme indizieren, bzw. aus $O_b/O_b + _{Op}/O_b$, wobei O_b wieder die Gesamtheit der vom aktuell produzierten Output OP betroffenen biotischen und abiotischen Sphären bezeichnen. Die neoklassische Gleichgewichtstheorie macht die „No surplus-Bedingung". Sie besagt freilich, daß von der Nutzung der *flows* kein Einfluß auf die *stocks* ausgehen darf. Da diese Annahme aber den Gesetzen der Thermodynamik widerspricht, muß die neoklassische Theorie aus Gründen der Sicherung ihrer Konsistenz von den natürlichen Bedingungen der Produktion und Konsumtion abstrahieren bzw. diese unter Absehung ihrer Naturgesetzlichkeit ökonomisch modellieren. Es gibt natürlich Umweltwirkungen von Produktion und Konsumtion, die angesichts der Verarbeitungskapazität der natürlichen Systeme einen so geringen Beitrag (Eintrag) darstellen, daß sie pragmatisch getrost vernachlässigt werden können. Doch wegen synergetischer und Akkumulationseffekten kann eine solche Annahme, die heute noch mit guten Gründen gemacht wird, schon morgen ihre pragmatische Berechtigung verlieren.

15 Die thermodynamische Entropiegleichung eines Systems kann als Summe von Entropieproduktion bei der Stoff- und Energietransformation (S_p), Entropieabfuhr (S_a) in ein anderes System (die Umwelt) und Energiezufuhr (E) in einer bestimmten Zeitperiode definiert werden: $S = S_p - S_a + E$. Wenn wir nun auf dem „Einen Globus" die IL einerseits und die EL andererseits als jeweils für sich bilanzierende, aber miteinander korrespondierende Systeme begreifen, dann müßte die obige Gleichung für die „Dritte Welt" lauten: $S_{3w} = S_p + S_a - E$; und für die „Erste Welt": $S_{1w} = S_p - S_a + E$. Die beiden Gleichungen dienen lediglich heuristischen Zwecken, sie lassen sich auch nicht empirisch testen. Sie sollen verdeutlichen, daß auf dem Globus Entropieanstieg und Syntropieabnahme nicht gleich sondern ungleich verteilt sind, und daß diese Ungleichverteilung wegen der positiven Rückkopplungen die Tendenz hat, sich im Zeitverlauf zu vergrößern.

16 Die Daten über die terms of trade sind mit vielen Ungenauigkeiten behaftet. Jedoch indizieren sie eine Tendenz, die auch in den Daten der Weltbank über das Jahrzehnt der 80er Jahre zum Ausdruck kommt. Danach betragen die Terms of Trade (1980 = 100) im Jahre 1988 in den Ländern mit niedrigem Einkommen 93 (Medianwert), in den Ländern Afrikas südlich der Sahara 92, in Lateinamerika 86, in Ländern mit gravierenden Schuldenproblemen 92. Im Durchschnitt der OECD-Länder aber verbesserten sie sich im Verlauf der 80er Jahre auf 103 (Weltbank 1990: 236f).

17 „‚International regimes' contained rules, norms, principles, and decisionmaking procedures ..." (*Keohane* 1984: 8). Die Frage ist, ob Regimes durch Übereinkunft zwischen staatlichen und nicht-staatlichen Akteuren zustandekommen oder aufgrund von hegemonialer (d. h. konsensualer) Machtausübung seitens einer führenden Hegemonialmacht. Die Antwort ist relativ leicht zu finden: Solange ein Regime der Hegemonialmacht (möglicherweise zusammen mit dem „inner circle" der IL) nützlich ist, z. B. für reichhaltiges Ressourcenangebot zu günstigen Preisen sorgt, wird die Machtausübung eher hinter den Regeln des Regimes zurücktreten. Ist aber das positive Resultat der Wirkungsweise des Regimes gefährdet, spielt die korrigierende Macht, auch militärische Macht, eine wichtige Rolle.

18 Während Latifundien bei Preisverfall möglicherweise die Produktion einschränken, dehnen Kleinbauern sie in der Regel aus, um die preismäßig bedingten Einkommensverluste durch die Mengeneffekte zu kompensieren.

Literatur

Aglietta, M. 1979: A Theory of Capitalist Regulation. The US Experience, London.

Agnew, J. 1987: The United States in the World Economy. A Regional Geography, Cambridge etc.

Altvater, E. 1987: Sachzwang Weltmarkt. Verschuldungskrise, blockierte Industrialisierung, ökologische Gefährdung – der Fall Brasilien, Hamburg.

– 1991: Die Zukunft des Marktes. Ein Essay über die Regulation von Geld und Natur nach dem Scheitern des „real existierenden Sozialismus", Münster.

Booth, D. 1988: Marxismus und Entwicklungssoziologie: Der Weg in die Sackgasse, in: PROKLA, Heft 71, 18. Jg., S. 13–48.

Boyer, R. 1986: Capitalismes fin de siècle, Paris.

Briggs, J./Peat, D. 1990: Die Entdeckung des Chaos, Frankfurt/Wien.

Bunker, St. 1985: Underdeveloping the Amazon. Extraction, Unequal Exchange, and the Failure of the Modern State, Urbana/Chicago.

Chandler, A. D. Jr. 1977: The Visible Hand, Cambridge/Mass./London.

– 1984: The American System and Modern Management, in: Mayr, O./Post, R. C. (Hrsg): Yankee Enterprise, Washington, D.C., S. 153–170.

Clark, J. G. 1990: The Political Economy of World Energy, Chapel Hill/London.

Daly. H. E. 1991: Steady-State Economics, 2. Aufl., Washington, D.C..

Debeir, J.-C./Deléage, J.-P./Hémery, D. 1989: Prometheus auf der Titanic. Geschichte der Energiesysteme, Frankfurt/New York.

Dürr, H.-P. 1990: Die Ökonomie überlebensfähiger Ordnungen, in: Politische Ökologie, 8. Jg., Sonderheft 1, S. 10-14.

Elsenhans, H. 1984: Rohstoffe und die Auseinandersetzung um Rohstoffe als Element der wirtschaftlichen Entwicklung in historischer Perspektive, in: Müller, H./Puhl, D. (Hrsg), Ressourcenpolitik. Konfliktpotentiale und Kooperationschancen bei der westlichen Rohstoffsicherung, Frankfurt/Main, S. 3-39.

Galeano, E. 1973: Die offenen Adern Lateinamerikas. Die Geschichte eines Kontinents, Wuppertal.

Georgescu-Roegen, N. 1971: The Entropy Law and the Economic Process, Cambridge.

– 1986: The Entropy Law and the Economic Process in Retrospect, in: Eastern Economic Journal, Vol. XII, Nr. 1, S. 3-25.

Gramsci, A. 1967: Philosophie der Praxis, Frankfurt/Main.

Hein, W. 1990: Umwelt und Entwicklungstheorie – Ökologische Grenzen der Entwicklung in der Dritten Welt?, in: NORD-SÜD aktuell, 1. Quartal 1990, S. 37-52.

Hirsch, F. 1980: Die sozialen Grenzen des Wachstums, Reinbek.

Hirschman, A. 1958: The Strategy of Economic Development, New Haven.

– 1981: A Generalized Linkage Approach to Development, with Special Reference to Staples, in: Essays in Trespassing, Cambridge etc., S. 59-97.

Hübner, K. 1989: „Theorie der Regulation". Eine kritische Rekonstruktion eines neuen Ansatzes der Politischen Ökonomie, Berlin.

Hurtienne, T. 1986: Fordismus, Entwicklungstheorie und Dritte Welt, in: Peripherie, Nr. 22/23, S. 60-110.

Jahn, T. 1990: Das Problemverständnis sozial-ökologischer Forschung. Umrisse einer kritischen Theorie gesellschaftlicher Naturverhältnisse, in: Becker, E. (Hrsg.), Jahrbuch für sozial-ökologische Forschung 1990, Frankfurt/Main.

Kapp, K. W. 1958: Volkswirtschaftliche Kosten der Privatwirtschaft, Tübingen/Zürich.

– 1987: Für eine ökosoziale Ökonomie. Entwürfe und Ideen – Ausgewählte Aufsätze, Frankfurt/Main.

Keohane, R. O. 1984: After Hegemony. Cooperation and Discord in the World Political Economy, Princeton.

Keynes, J. M. 1936: The General Theory of Employment, Interest and Money (repr. 1964), London/Melbourne/Toronto.
Koopmans, T. C. 1951: Analysis of Production as an Efficient Combination of Activities, in: Ders. (Hrsg.), Activity Analysis of Production and Allocation, New York.
Leff, E. 1986: Ecologia y Capital. Hacia una perspectiva ambiental del desarrollo, Mexico.
Lipietz, A. 1987: Mirages and Miracles, London.
List, F. 1838, 1927: Das natürliche System der Politischen Ökonomie (repr. 1961), Berlin.
Lutz, B. 1984: Der kurze Traum immerwährender Prosperität, Frankfurt/New York.
Maddison, A. 1989: The World Economy in the 20th Century (OECD), Paris.
Marshall, A. 1890: Principles of Economics (repr. 1964), London.
Marx, K. 1867: Das Kapital, Band 1, in: Marx-Engels Werke (MEW, Bd. 23), Berlin.
Menzel, U. 1991a: Das Ende der „Dritten Welt" und das Scheitern der großen Theorie, in: Politische Vierteljahresschrift, Jg. 32, 3/91, S. 4-33.
- 1991b: Die Hilfe hilft nicht, Treuhandschaft wäre ein Weg, in: Frankfurter Rundschau, 3. Juni 1991.
Prigogine, I./Stenger, I. 1986: Dialog mit der Natur, München/Zürich.
Singer, H. W. 1950: U.S. Foreign Investment in Underdeveloped Areas. The Distribution of Gains between Investing and Borrowing Countries, in: American Economic Review, Mai 1950.
Smith, A. 1923: Eine Untersuchung über Natur und Wesen des Volkswohlstandes, Jena (Nachdr. 1973).
Stinnes, M. 1984: Amerikanische Ressourcensicherung – Zum Primat des Sicherheitsbegriffs, in: Müller, H./Puhl, D. (Hrsg.), Ressourcenpolitik. Konfliktpotentiale und Kooperationschancen bei der westlichen Rohstoffsicherung, Frankfurt/Main, S. 75-95.
Temin, P. 1964: Iron and Steel in the Nineteenth Century: An Economic Inquiry, Cambridge.
Tjaden, K. H. 1990: Mensch – Gesellschaftsformation – Biosphäre. Über die gesellschaftliche Dialektik des Verhältnisses von Mensch und Natur, Marburg.
Uhlig, C. 1966: Das Problem der Social Costs in der Entwicklungspolitik, Stuttgart.
Weltbank 1990: Weltentwicklungsbericht, Washington, D.C..
Wright, G. 1990: The Origins of American Industrial Success, 1879–1940, in: The American Economic Review, Vol. 80, Nr. 4, S. 651–668.

Strukturanpassung – das kontroverse entwicklungspolitische Paradigma in den Nord-Süd-Beziehungen

Rainer Tetzlaff

Gleichzeitig mit der Verschuldungskrise in zahlreichen Ländern der Dritten Welt – etwa seit dem Mexiko-Schock von 1982 – kam ein neues entwicklungspolitisches Programmwort in Mode: *Strukturanpassung – Strukturanpassungspolitik – Strukturanpassungsprogramme (SAP).* Damit ist – zunächst allgemein und abstrakt formuliert – die gewünschte Politik seitens eines Schuldnerstaates gemeint, seine volkswirtschaftlichen Ausgaben auf ein langfristig finanzierbares Niveau zur Vermeidung künftiger Haushaltsdefizite und Zahlungsbilanzkrisen abzusenken. Man könnte meinen, daß eine derartig begründete Sparpolitik dem gesunden Menschenverstand entspräche, demzufolge es nicht heilsam ist, „über seine Verhältnisse zu leben", sondern – im Gegenteil – demgemäß es nur vernünftig wäre, sich „nach der Decke zu strecken" und sich anzupassen an das, was „man" sich leisten kann.

Mit dieser plausiblen Alltagslogik ist jedoch das komplizierte, konfliktträchtige Verhältnis zwischen internationalen Gläubigern und Schuldnerstaaten der Dritten Welt nicht zu erfassen, stellen sich doch im Verlauf der 80er Jahre, dem „verlorenen Entwicklungsjahrzehnt", immer drängender drei Fragen, auf die es keine einfachen Antworten gibt: Anpassung der verschuldeten EL *woran* und zu welchen noch erträglichen Kosten? *Wer* muß sich anpassen und wer kann Anpassung verweigern? Welche Aussichten auf dauerhaften Entwicklungserfolg eröffnet Strukturanpassungspolitik?

1. Strukturanpassung – ein internationales Regime im Nord-Süd-Verhältnis zur Konfliktregulierung

Im folgenden soll versucht werden, nach einer einführenden Reflexion über den Anpassungsbegriff auf diese Fragen Antworten zu finden. Dabei sollen die drei einflußreichsten internationalen Akteure bzw. „Regime" in den Nord-Süd-Beziehungen – *Internationaler Währungsfonds* (IWF), *Weltbank* und *General Agreement on Tariffs and Trade* (GATT) – näher betrachtet werden; denn ihnen wurde von den Begründern des Bretton-Woods-Systems vor 50 Jahren die anspruchsvolle Aufgabe der wirtschaftlichen Integration und politischen Sozialisation der unabhängig werdenden Kolonien bzw. „Entwicklungsländer" (EL) in das marktwirtschaftliche System der internationalen Arbeitsteilung, das die Herrschaftsinteressen der westlichen IL unter Führung der US-amerikanischen Hegemonialmacht widerspiegelte, zugewiesen.

Seitdem befolgen die drei internationalen Steuerungs-Regime den imperialen Grundsatz, was sich nicht freiwillig unterordnen und integrieren will, muß „angepaßt“ werden, zumindest dann, wenn Ressourcen und Märkte des Zentrums auf dem Spiel stehen. Dabei bestimmt die Art der Anpassung – von roher Gewalt über die Mittel der Bestechung und sanften Überredung bis hin zur wirklichen Überzeugung – den jeweiligen Stil einer Zentrum-Peripherie-Beziehung, nicht deren Substanz. Diese ist bis zum Ende des Ost-West-Antagonismus in der 2. Hälfte der 80er Jahre im Kern unverändert geblieben: die Anpassung aller nicht-europäisch-nordamerikanischen Gesellschaftsformationen an das marktwirtschaftliche System des Westens oder – anders gesagt – an die von europäischen Normen geprägte Weltgesellschaft. In ihrer demokratisch-pluralistischen Erscheinungsform (nach 1945) hat sie sich bisher – und nach dem Zusammenbruch der „Zweiten Welt“ allen sichtbar – als das einzige Ordnungssystem mit universalisierbaren Normen – Rechtsbindung von Politik, freier Wettbewerb, liberale Demokratie, individuelle Menschenrechte – erwiesen, was dem systemischen Anpassungsdruck auf die seit 500 Jahren assoziierten Kolonien bzw. EL seine Unausweichlichkeit verleiht.

Strukturanpassung im Kontext der entwicklungspolitischen Nord-Süd-Beziehungen ist nur *ein* politisch gesteuerter Prozeß zwischen den ungleichen Mitgliedern der Weltgesellschaft, wenn auch ein für den Süden entscheidender: Er hat die Qualität und Bedeutung eines *internationalen Regimes*. Darunter versteht die Politikwissenschaft neuerdings eine prinzipien-, norm- und regelgeleitete Form der internationalen Kooperation zur politischen Bearbeitung von Konflikten über zentrale Gesellschaftsthemen. Der auf dem Wege von „Strukturanpassung“ zu regelnde Konflikt besteht in der Unfähigkeit eines Staates, früher aufgenommene Auslandskredite vereinbarungsgemäß zu bedienen bzw. die dazu erforderlichen internen Reformen zu implementieren. Das IWF- und Weltbank-konforme Therapieprinzip für diesen Konfliktfall lautet: „aus den Schulden herauswachsen“, woraus sich als Handlungsnorm für die Gläubiger die Verpflichtung ergibt, neue Finanzmittel bereitzustellen und den Schuldnerstaaten faire Handelschancen einzuräumen, während die Schuldner die Erwartung hegen dürfen, durch neue Kredite Altschulden bedienen und weitere Investitionen finanzieren zu können.

Dieses symmetrisch scheinende Tauschgeschäft ist mehr Theorie als Praxis, da niemand die IL zwingen kann, sich auch anzupassen, z. B. durch Abbau von Handelsüberschüssen oder durch Aufgabe protektionistischer Politiken. Wenn überhaupt, kommt das Tauschgeschäft nicht durch den freien Marktmechanismus zustande, sondern wird durch standardisierte Absprachen und Abkommen zwischen politischen Interessengruppen verregelt – durch „Bereitschaftskreditabkommen“ (IWF), durch „Strukturanpassungsprogramme“ (Weltbank) oder durch den Beitritt zu den GATT Normen der Meistbegünstigung und der Handelsliberalisierung.

Die Regelung des Verschuldungsproblems als dem politisch sensibelsten

Problem in den Nord-Süd-Beziehungen – impliziert es doch immer auch Macht- und Einkommensfragen der Eliten in den Schuldnerstaaten, die von der Auslandsverschuldung u. U. enorm profitieren – hat deshalb die Qualität eines relativ starren internationalen Regimes, weil es unabhängig von einzelnen politischen Regierungen funktioniert. Ob ein Demokrat oder ein Republikaner Präsident der USA ist, ob Labour oder Konservative die Regierung in London bilden, oder ob im Schuldnerland ein Demokrat wie der argentinische Ex-Präsident *Alfonsin* regiert oder ein raffgieriger Militärdiktator wie der zairische Präsident *Mobutu* – das Management der Bretton-Woods-Organisationen funktioniert relativ unabhängig von den politischen Konjunkturen in seinen Mitgliedsländern, auch von denen in seinen fünf einflußreichsten Mitgliedstaaten (USA, Japan, Deutschland, Großbritannien, Frankreich mit insgesamt 43 % aller Stimmen in Entscheidungsgremien der 22 Exekutivdirektoren, die 151 Länder vertreten).

Natürlich sind die beiden Institutionen, die die Entwicklungs- und Währungsinteressen fast aller Staaten (in den nächsten Jahren kommen wohl auch noch die letzten „sozialistischen" Staaten hinzu, womit dann universelle Mitgliedschaft erreicht sein wird) repräsentieren, auch Veränderungen unterworfen – wenn z. B. auf den alljährlichen Weltwirtschaftsgipfeln die Gruppe der sieben stärksten Wirtschaftsmächte neue Überlegungen zum Schuldenerlaß oder zur Einrichtung einer neuen Kreditfazilität anstellen, die dann von den Fachgremien der *Internationalen Finanzinstitutionen* (IFIs) in Regeln und Entscheidungsverfahren umgesetzt werden –, aber sie erfüllen doch seit Jahren drei zentrale Funktionen internationaler Regime:

1. Sie etablieren politische Spielregeln und beidseitige Verhaltenserwartungen durch die Einhaltung gemeinsam vereinbarter Regeln (den Leistungskriterien und verschiedenen Formen von „Konditionalität");

2. sie produzieren Informationen (z. B. über marktkonformes Wirtschaften), die wiederum zu einer Verstärkung der Verhaltenserwartungen bei alten und neuen Mitgliedern führen (neuerdings nach dem Muster: neue Kredite nur gegen das Versprechen demokratischer Reformen in Schuldnerstaaten);

3. sie reduzieren Transaktionskosten, weil die Kommunikation kanalisiert und standardisiert ist. Bei Verletzung der Spielregeln durch den Schuldner kommt es zum Abbruch der Kommunikation, was die Kosten der dann ungeregelten Anpassung in die Höhe treibt und abschreckend wirkt.

Insofern trägt das internationale Regime Strukturanpassung zur Stabilisierung und Berechenbarkeit der Beziehungen zwischen Zentren und Peripherien bei; es bringt in einen wichtigen Bereich einen Hauch von Ordnung in Anbetracht an sich „anarchischer" Beziehungen zwischen IL und EL, selbst wenn – gemessen am Kriterium der *funktionalen Effizienz* – die international lancierte Politik der Strukturanpassung bisher nicht sehr erfolgreich war und in den anpassungswilligen Staaten enorme Turbulenzen – u. a. die berüchtigten *IMF-riots* („Brotaufstände") – ausgelöst hat. Der tiefere Grund dafür ist die mangelnde Sozial- und Politikverträglichkeit der heute noch überwiegend praktizierten makro-ökonomisch (monetaristisch) akzentuierten Strukturanpassungsmaßnahmen: Dem dominanten Ziel der Maximierung von Exporteinnahmen werden soziale Errungenschaften, die meist öffentliche Mittel kosten, tendenziell geopfert. Entwickelt für IL mit öffentlichen Systemen der sozialen Daseinsfürsorge, müssen wirtschaftspolitische Roßkuren in Gesellschaften ganz anderen Typs – unvollkommene Marktsysteme bei defizitären Sicherungssystemen staatlicher wie privater Art – sozial verheerende Wirkungen zeigen. Die Entwicklung und Implementierung einer Politik der „Strukturanpassung mit menschlichem Gesicht" (wie seit 1987 von UNICEF gefordert) bleibt für die 90er Jahre eine wichtige Aufgabe: ökonomisch wirksam, sozial die ärmeren Schichten schonend und politisch demokratiekompatibel.

Trotzdem spricht die Politik der schrittweisen Annäherung der (neben Nordkorea und Kuba) letzten sozialistischen Volksrepublik an das GATT-Regime für die inhärente Anziehungskraft dieser den kapitalistischen Weltmarkt regulierenden Regime. Die Volksrepublik China, seit Anfang der 80er Jahre Mitglied von IWF und Weltbank und inzwischen der größte Empfänger von Weltbank-Krediten zu den begehrten IDA-Konditionen (zinsfrei und 50 Jahre Laufzeit), beantragte 1986 offiziell die Wiederaufnahme als GATT- Vertragspartei mit allen Rechten und Pflichten. Die Führungskader der KP Chinas wollten vor allem in den Genuß der Meistbegünstigung im Handel mit Mitgliedstaaten des GATT kommen, mit denen China damals schon 85 % seines Außenhandels abwickelte. Dabei mußte es über mehr als fünf Jahre strukturelle Anpassungsmaßnahmen umfassender Art vornehmen, vor allem Angleichung des Preissystems und der Unternehmensführung an im Westen übliche Marktregeln. Dem GATT liegt implizit die Annahme zugrunde, daß die Entscheidungen im Außenhandel von individuell verantwortlichen Unternehmen auf der Grundlage eines Vergleichs von in- und ausländischen Preisrelationen getroffen werden und Handelsschranken nur in Form von Zöllen existieren, die nach GATT-Philosophie und GATT-Praxis immer weiter in Verhandlungsrunden abgebaut werden sollen (vgl. *Schüller* 1991). Um seine Modernisierung zu erreichen, blieb der Regierung Chinas keine andere Option, als sich an die allmächtigen wirtschaftlichen Regime des Systems anzupassen.

Daß die Anpassung an die politische Norm der pluralistischen Demokratie in China (und anderswo) im ersten Anlauf mißlang, weist auf den in der Dritten Welt keineswegs seltenen Fall der politischen „Anpassungsdiktatur" als einer „geeigneten" situationslogischen Herrschaftsform hin, Strukturmaßnahmen im wirtschaftlichen und sozialen Bereich von oben – gegen interne Widerstände – durchzusetzen (*Tetzlaff* 1989). „Anpassungsdiktaturen" sind demokratisch nicht legitimierte Herrschaftsregime, die im Zielkonflikt zwischen sozio-ökonomischen Bedürfnissen der Mehrheit der eigenen Bevölkerung und den staatsetatwirksamen Forderungen des Auslands letzterem Priorität einräumen. Dabei werden den schwächsten und am wenigsten konfliktfähigen Gruppen kurzfristig die größten Anpassungslasten zugemutet – in der Erwartung auf langfristige Verbesserung der Akkumulations- und Wettbewerbsbedingungen.

2. Der „schwache Staat“ als Vollstrecker unpopulärer Strukturanpassungspolitik

Für hoch verschuldete Staaten bedeutet Strukturanpassung im Sinne der IFIs eine Änderung der Fiskal-, Wirtschafts- und Sozialpolitik auf hauptsächlich drei Ebenen:

- Einsparungen bei den öffentlichen Haushalten, vor allem im Personalbereich, im Sozialetat (Bildung und Gesundheit) und bei geplanten staatlichen Investitionen;
- Deregulierung der Wirtschaft im Sinne der Veräußerung staatlich geleiteter Betriebe an die Privatwirtschaft oder deren Schließung (häufig im Bereich der unwirtschaftlichen Import-Substitutions-Industrialisierung);
- Einführung realistischer Wechselkurse (meist drastische Abwertung der nationalen Währung) und lohnender Preise für einheimische Nahrungsmittel sowie die Liberalisierung des Außenhandels zwecks Wiederherstellung oder Optimierung der internationalen Wettbewerbsfähigkeit eines Staates.

Alle drei Maßnahmenbündel sind gesellschaftspolitisch nicht neutral, sondern berühren auf ungleiche Weise Einkommens- und Klasseninteressen: Während die Personaleinsparungen in den öffentlichen Haushalten vor allem die Angestellten und Arbeiter des öffentlichen formalen Sektors betreffen (man spricht von einer neuen städtischen Armut bei den von relativer Deprivation betroffenen urbanen Mittelschichten; ein Universitätsdozent in Nigeria z. B. erhielt 1991 ein Monatseinkommen von ca. 2000 Naira = 300 DM), leiden die urbanen Unterschichten vor allem unter der Verteuerung von bislang subventionierten Grundbedarfsartikeln wie Mehl, Brot, Zucker und Brennstoffen. Die Regierung ist gehalten, das Prinzip der Kostendeckung bei allen öffentlichen Einrichtungen zur Geltung zu bringen, womit das soziale Selbstverständnis manch paternalistischer Regime im Bildungs- und Wohlfahrtssystem, durch das sie sich von den kolonialen Vorgängern selbstbewußt abheben wollten, dahinschmilzt – eine schmerzliche Anpassung nach unten.

Bei den Staatsklassen sind SAPs ferner deshalb so unbeliebt, weil sie auf die Pfründen- und Privilegienwirtschaft zum Nutzen der Regimetreuen abzielen: Der Verlust des Monopols über bislang staatlich verteilte Importlizenzen, Bauaufträge, Betriebsgenehmigungen etc. beraubt sie ihrer Grundlage für Prestige, Klientelmacht und eigenes Ansehen in der Gesellschaft. Die politisierte Nomenklatur im bürokratischen Entwicklungsstaat – würde sie nach beruflicher Leistung und Fähigkeit bewertet – würde bald in ihrer ganzen entwicklungspolitischen Dürftigkeit dastehen. Sie bekämpft folglich ihre eigene Entmachtung. Nur die Aussicht, bei fortdauernder Unbeweglichkeit den Zugang zu externen Entwicklungshilfegeldern ganz oder teilweise zu verlieren, kann ihre Kompromißbereitschaft erhöhen.

Das entwicklungspolitische Dilemma entsteht dadurch, daß die an sich vernünftigen volkswirtschaftlichen Ziele (Ein- und Ausgaben in Deckung zu bringen und Auslandsschulden zu bedienen) mit den nicht weniger wünschenswerten Zielen der öffentlichen Entwicklungs- und Sozialpolitik (zukunftsweisende produktive Investitionen zu tätigen und soziale Lasten einigermaßen gerecht zu verteilen) kaum jemals auf friedlichem Wege in Einklang zu bringen sind, weil es keinen demokratisch zustandegekommenen Konsens über nationale Ziele gibt. Was als ein volkswirtschaftlicher Streit um Prinzipien und Prioritäten erscheinen mag, ist im Kontext von Dritte-Welt-Gesellschaften ein politischer Kampf um Klassen- und Überlebensinteressen unterschiedlicher Gruppen der Bevölkerung.

Sparpolitik mit drastischen Austeritätsmaßnahmen dürfte in allen Staaten der Welt eine unpopuläre Erscheinung sein, weil sie vorübergehend den Lebensstandard großer Segmente der Bevölkerung negativ tangiert; in EL stellt sich das Problem der Strukturanpassungspolitik jedoch in besonders zugespitzter Weise. Da der autoritäre, bürokratische Staat in aller Regel nicht einmal als einigermaßen glaubhafte Fiktion das nationale Gemeinwohl repräsentiert, kann er von seinen Bürgern auch kein Verständnis oder gar Einverständnis erwarten, wenn er diese um „nationale Opfer“ in Form von Einkommensverzichten ersucht. Die durchschnittlichen Bürger eines Entwicklungslandes werden nicht einsehen, warum sie härter arbeiten und gleichzeitig weniger verdienen sollen, wenn doch die Alltagserfahrung lehrt, daß sich die Leute an der Macht in schamloser Weise bereichern.

Es liegen heute genügend Hinweise und Beweise über korruptes Verhalten von Mitgliedern der Staatsklasse (hier als Pauschalbegriff für die einflußreichen, institutionell nicht kontrollierten Amtsträger in marktwirtschaftlich unterentwickelten Gesellschaften verwandt) vor, um die These vertreten zu können, daß – von Ausnahmen abgesehen – die Regierung eines hochverschuldeten Staates die staatlichen Revenuen primär für Rüstungsausgaben, elitäre Prestigezwecke und zur Selbstbereicherung verwendet. Sie verfügt daher im finanziellen Notstandsfall über wenig politische Glaubwürdigkeit, entwicklungspolitisch notwendige Entscheidungen zu fällen und durchzusetzen.

Dieser Sachverhalt kann sich dann als schadenspotenzierend erweisen, wenn an sich eine strukturelle Reform der Staatstätigkeit dringend geboten wäre, aber – wegen der fehlenden politischen Glaubwürdigkeit der Staatsklasse, die selbst um ihr Überleben fürchten muß – unterbleibt, wodurch sich die Strukturkrise des Staates mit Sicherheit noch verschärft. Ein Staat, der in zentralen Fragen der Nation einen nationalen Konsens nicht herzustellen vermag, ist auch als Interventionsstaat ein „schwacher Staat“ – ein *soft state* vis-a-vis einer starken Gesellschaft, die es auf vielfältige Weise versteht, sich den Anordnungen der Regierung zu entziehen, seien diese nun vernünftig oder nicht. Daraus allerdings den Schluß zu ziehen, daß stellvertretend für den schwachen Staat mit seiner korrupten Staatsklasse internationale Organisationen treuhänderisch die Politik solcher Staaten bestimmen sollten (so *Ulrich Menzel*), ist abwegig. Die Flucht vor internen Strukturreformen würde nicht weiterführen: An der schrittweisen Demokratisierung von Staat und Gesellschaft als primär endogen gesteuerter Reformprozeß führt kein Weg vorbei.

Aus diesem komplizierten Verhältnis zwischen Staat und Gesellschaft ergibt sich die paradoxe Situation, daß die Regierung eines verschuldeten Staates, die sich um demokratische Herrschaftslegitimation bemüht, gerade das kaum zu leisten vermag, was ihre ausländischen Gläubiger von ihr am dringlichsten erwarten: die aktive und konsequente Anpassung nationaler Strukturen und Verhaltensweisen an die ebenso „objektiven" wie erbarmungslosen Zwänge der internationalen Marktwirtschaft – „erbarmungslos" wenigstens für die Länder mit den geringsten Anpassungskapazitäten. Es sind dies die bisherigen Verlierer der Weltwirtschaft, die kaum je die Chance hatten, über weltmarktangepaßte Exportproduktion nationale Entwicklung dauerhaft finanzieren zu können.

3. „Anpassung" im Spannungsfeld zwischen Self-Reliance und Dependenz

Unter Berufung auf Einsichten der Evolutionisten des 19. Jh.s (*Charles Darwin, Herbert Spencer, Karl Marx* u. a.) läßt sich die These rechtfertigen, daß Leben und Entwicklung ohne aktive oder passive Anpassung an sich ändernde Umweltbedingungen nicht gut vorstellbar sei. Die (Sozial)Darwinisten verstanden und verstehen unter Anpassung eine intelligente Anstrengung eines Organismus, mit Herausforderungen seiner als nicht konstant gedachten Umwelt bestandssichernd fertigzuwerden. Durch kumulierte und reflektierte Lernerfahrungen konnte und soll ein weniger gefährdetes Reproduktionsniveau erreicht werden. Auf solchen biologisch geprägten Vorstellungen aufbauend, haben später *Max Weber* und vor allem sein Schüler *Talcott Parsons* und der Modernisierungstheoretiker *Gabriel Almond* die Ausbildung von Anpassungskapazitäten von sozialen Klassen untersucht, um die Frage nach den Entwicklungsperspektiven von außereuropäischen Gesellschaften beantworten zu können.

In seiner Lehre von den „evolutionären Universalien" hat *Parsons* diese Idee in ein logisch geschlossenes System gebracht: Mit zunehmender Komplexität der sozialen Beziehungen ergäben sich zwangsläufig Innovationen der funktionalen Arbeitsteilung und Systemsteuerung – z. B. die Rechtsbindung von Politik –, was in höhere Anpassungskapazitäten der Gesellschaft einmünden würde, ohne die soziale Systeme nicht lebens- und wettbewerbsfähig sein oder bleiben könnten. Im Unterschied zu *Darwins* Theorem der „natürlichen Auslese" betonte *Parsons* die Möglichkeit von Gesellschaften, nicht nur durch eigene originelle Innovationen auf ein höheres Anpassungsniveau zu gelangen, sondern auch über die Diffusion von Kulturmustern, die anderswo entstanden sind und die dann aktiv in den eigenen Bestand kollektiver Lernerfahrungen integriert werden können. Insofern läßt sich argumentieren, daß die transnationale Angleichung von politischen Ordnungsmustern ein ebenso alltäglicher Vorgang ist wie die transkulturelle Diffusion von

Ideen, Werten und Einstellungen (wie z. B. des demokratischen Pluralismus), mithin kein politisches Skandalon im Nord-Süd-Geschäft darstellen müßte.

Als Spezifikation dieses allgemeinen historischen Vorgangs kollektiven Lernens tritt die Diffusion kapitalistischer Handlungs- und Wertemuster durch die entwicklungspolitischen Exekutivorgane der Weltgesellschaft in Erscheinung: Weltbank und IWF, in schwächerem Maße auch das GATT, können als internationale Vermittlungsinstanzen begriffen werden, die den aus eigener Kraft offenbar nicht anpassungs- und entwicklungsfähigen elitengesteuerten Staaten der Dritten Welt behilflich sein sollen, gewissermaßen auf dem Wege der sekundären Aneignung per Kredit, Technologietransfer, Imitation, Werbung, Beratung etc. die notwendigen Anpassungskapazitäten zu erwerben, um in der Weltwirtschaft als Mitspieler überhaupt bestehen zu können. Wer sich den Spielregeln der Regime des kapitalistischen Weltsystems demonstrativ entzieht – wie China unter Führung von *Mao Zedong*, der Iran unter dem fundamentalistischen *Ayatollah Khomeini* oder Burkina Faso unter Leitung seines sozialutopischen Militärpräsidenten *Thomas Sankara* – kann zwar eine Zeitlang die Vision einer eigenen Systemalternative beschwören, erhöht jedoch für die Gesellschaft die Kosten der später dann doch notwendigen Anpassungsleistungen.

Tatsächlich läßt sich die postkoloniale Geschichte seit dem II. Weltkrieg so lesen, daß es auf Dauer keinem Staat gelungen ist, ohne freiwillige (z. B. Singapur, Taiwan, Süd-Korea) oder notgedrungene (Brasilien, Mexiko, Chile, Argentinien, Nigeria, Ägypten) Anpassung an die Strukturen und Spielregeln des modernen Weltsystems zu bestehen, geschweige denn sich allein aus eigener Kraft weiterzuentwicklen. Der „Sachzwang Weltmarkt" *(Elmar Altvater)* ist hier am Werke. Zu berücksichtigen ist aber der Umstand, daß im Unterschied zum politisch zu steuernden Strukturwandel, der sich allen modernen IL als permanente Aufgabe stellt, international orchestrierte Strukturanpassung als Pflicht für verschuldete EL Nötigungscharakter hat und bei den betroffenen Regierungen und Bevölkerungsgruppen in der Regel nicht auf Einsicht in die Notwendigkeit von Politikreformen beruht – was u. a. deren bislang geringe Erfolge erklären mag (vgl. *Wohlmuth* 1989; *Waller/Zehender* 1989). Dies gilt vor allem für Macht- und Wirtschaftseliten, die durch die Strukturkorrekturen à la IWF daran gehindert werden sollen (v. a. durch Entzug des Monopols der Zuteilung von Importlizenzen), ihre Politik der parasitären Selbstprivilegierung auf Kosten gesunder marktwirtschaftlicher Akkumulationsbedingungen fortzusetzen.

Self-Reliance – der logische Gegenbegriff zur Strukturanpassung und visionärer Hoffnungsträger der 70er Jahre – entpuppte sich als nicht realisierbare Utopie: Das „Sich-Verlassen-auf-die-eigenen-Kräfte" stellte den Anspruch auf nationale oder kollektive Selbstbestimmung auch im wirtschaftlichen und sozialen Bereich dar, losgelöst von der Infiltration und Penetration durch die ehemaligen Kolonialmächte. China, Vietnam, Peru, Ghana und Guinea, Ägypten, Chile, Nicaragua, Jugoslawien, Tanzania, Guinea-Bissau, Algerien, Zimbabwe, Äthiopien, Burkina Faso – all diese Staaten mit Erfahrungen eines eigenen („dritten“, „alternativen“, „nicht-kapitalistischen“ oder „sozialistischen“) Entwicklungsweges sind letztendlich zu Kostgängern oder Lehrlingen von IWF und Weltbank geworden und haben sich damit abfinden müssen, eigene Konzeptionen von Entwicklung an die Leistungskriterien der IFIs anzupassen. Je niedriger das PKE dieser Länder war, desto geringere Optionen blieben für die Realisierung sozialer Ziele offen. Auch Albanien wird dieser Anpassungsprozeß nicht erspart bleiben, und der starre Sonderweg Kubas unter dem prinzipienfesten Führer *Fidel Castro* bestätigt auf seine tragikomische Weise, daß offenbar außerhalb der kapitalistischen Weltgesellschaft zur Zeit kein hinreichend großer Spielraum für alternative Gesellschafts- und Wirtschaftsordnungen vorhanden ist (von ressourcenstarken Mini-Staaten wie Libyen abgesehen), so deprimierend auch die konkreten Resultate der Staaten sind, die sich auf den ungewissen Weg der weltsystemkonformen Strukturanpassung und Verhaltensangleichung gemacht haben (von einer Handvoll Ländern mit guten Anpassungskapazitäten abgesehen, s. u.).

Aus der Sicht der Dritten Welt bewegt sich die Dynamik der weltgesellschaftlichen Zentrum-Peripherie-Entwicklung in einem schwer durchschreitbaren Teufelskreis mit folgenden Stationen zunehmender Armut und nationaler Entsouveränisierung: Relative Ressourcen- und Expertenknappheit zu Beginn der nationalen Unabhängigkeit → ausländische Entwicklungshilfekredite zur Finanzierung der „Entwicklungslücken“ und von Prestige-Bedürfnissen → eigene kostspielige nationale Entwicklungsversuche auf Pump und ohne Dauererfolg → steigende Außenverschuldung bei sinkenden Exporteinnahmen und gleichbleibendem Konsum- und Importniveau → Haushaltsdefizite und Zahlungsbilanzkrise mit anschließendem internationalen Regime der aufgenötigten Strukturanpassungsprogramme bei schwindenden Aussichten der Überwindung von Armut.

Es stellt sich die Frage: Kommt es auf diese Weise – der indirekten Auswirkungen der Schuldknechtschaft großer Teile der Dritten Welt – zu einer monotonen, nivellierenden, wenn auch durch Demokratieideal und Menschenrechte hochkarätig scheinenden Weltmonokultur? Während Ziel und Richtung von Entwicklung im groben vorgegeben sind (Rechtsstaat und Demokratie, Markt und Menschenrechte), wird nationale Selbstbestimmung der Mitgliedstaaten reduziert auf lokal-kulturelle Varianten bei der Implementierung von Strukturzwängen.

Daher verwundert kaum der Eindruck, daß diese Grundbefindlichkeit der modernen Weltgesellschaft von einem großen Teil der Politiker und Intellektuellen der Dritten Welt nicht als Befreiung von illusionären Konzepten und auch kaum als Ausweg aus Irrgärten der Entwicklung begrüßt wird, sondern als neue, manche sagen neo-koloniale Dependenz von den industriellen Machtzentren des Westens bekämpft wird. Diese zunehmende Abhängigkeit als Kehrseite schwindender nationaler Autonomieräume liegt real zweifelsohne vor, aber sie ist auch zu einem großen Teil von den Staatsklassen selbstverschuldet: nationale Handlungsspielräume für mehr Entwicklung und

Emanzipation wurden von selbstsüchtigen Herrschaftseliten verspielt. In diesem Prozeß der nationalen Selbstausplünderung haben Militärdiktaturen eine dominante Rolle gespielt.

Obwohl es bei Sozialwissenschaftlern Mode geworden ist, das Scheitern der Dependenztheorien zu beschwören – ebenso wie es in den 60er und 70er Jahren bei linken Wunschdenkern Mode war, die Modernisierungstheorien zu verteufeln (auf die man heute häppchenweise zurückkommt) –, so lehrt doch das widersprüchliche Verhalten der Macht- und Bildungseliten in der Dritten Welt die Realität globaler Dependenzstrukturen, nicht zuletzt auch im kulturellen Bereich: Wie ist es anders zu erklären, daß diese politisch dominanten Gruppen das entwicklungspolitische Heil realiter von außen erwarten; daß sie sich selbst oft nicht zutrauen, aus eigener Kraft etwas Eigenes – von der westlichen Gigantomanie Abweichendes – auf die Beine zu stellen, trotz aller ritueller Beschwörung von nationaler Souveränität und kultureller Selbstbestimmung; daß sie kaum Selbstvertrauen in die Entwicklungsfähigkeit ihrer Volkswirtschaften haben und stattdessen Fluchtkapital im Umfang von mehreren hundert Mrd. Dollar jährlich ins westliche Ausland transferieren?

Unter der Prämisse, daß es sich ökonomisch tatsächlich nicht auszahlen würde oder es politisch zu unsicher wäre, im eigenen Land zu investieren, ist ein derartiger Eskapismus eine individuell rationale Verhaltensweise, wenn auch mit kollektiv ruinösen Folgen (da nicht alle Landsleute fliehen können). Es ist dies auch eine individuelle Form der rationalen Anpassung – freilich eine perverse Anpassung an eine ungesunde Situation von erlittener oder perzipierter Dependenz:

> „Zugang zum Staatsapparat, Besteuerung des außenwirtschaftlichen Sektors und Korruption sind immer noch der einfachste und sicherste Weg, um soziales Prestige zu gewinnen (bloß kein Schweiß und keine schmutzigen Hände), an Pfründe zu gelangen und Pfründe zu verteilen, um die eigene Machtbasis zu sichern" (*Evers/Schiel* 1988).

4. Die Ausnahme von der Regel: Auslandsverschuldung als Voraussetzung für gelungene Strukturanpassung bei starken Anpassungskapazitäten

Die verständliche, aber entwicklungspolitisch perspektivlose Einstellung der Machteliten ist keine Zwangsläufigkeit, gibt es doch Ausnahmen von dieser Mehrheitsregel: Vor allem die freiwilligen und erfolgreichen Anpassungsleistungen der asiatischen Schwellenländer Süd-Korea, Singapur, Taiwan und Hongkong und des afrikanischen Wirtschaftswunderlandes Mauritius. Süd-Korea hat als ressourcenarmes, durch den Krieg 1950–53 zunächst extrem geschwächtes Land eine außenorientierte Entwicklungs- und Industrialisierungsstrategie auf der Grundlage einer durchgreifenden Landreform (1945–49) gefahren, die durch „gutes Management der Makroökonomie" aus dem Rahmen fiel (*Piazolo* 1991:83). Das im Ausland aufgenommene Bankkapital zur Finanzierung der Lücke zwischen eigenen Ersparnissen und staatlicherseits für notwendig erachteten gezielten Investitionen in Infrastruktur, Research and Development, Humankapitalbildung, Schwerindustrie, später dann Maschinen- und Elektronikindustrien, wurde so eingesetzt, daß das Realkapital ein adäquates Einkommen erwirtschaftete, um den Zinsverpflichtungen nachkommen zu können. Für eine erfolgreiche Verschuldung – und Süd-Korea ist hierfür ein seltener, aber nachdenklich stimmender Fall – müssen mindestens zwei technische Kriterien erfüllt werden:

1. das *Effizienz-Kriterium*: Die marginale Produktivität der Verwendung des ausländischen Kapitals muß größer sein als die Realzinsen, welche für diese Kredite zu zahlen sind. Die Rendite der Investitionen muß also größer sein als deren Kapitalkosten;

2. das *Transfer-Kriterium*: Da die Auslandskredite in ausländischer Währung gezeichnet sind, muß langfristig die Produktion eines Landes in Richtung der Erwirtschaftung ausländischer Devisen gelenkt werden. Entweder sind die Exporte zu erhöhen oder die Importe müssen durch eigene Produktion ersetzt und so reduziert werden (vgl. *Körner u. a.* 1985).

Ist die Erfüllung des Effizienz-Kriteriums weitgehend eine Angelegenheit kluger nationaler Politikentscheidungen, so gleicht die erfolgreiche Einhaltung des Transfer-Kriteriums einem Glückspiel jenseits des eigenen Geschicks: Abhängig von der Konjunktur und der Nachfrage nach den jeweiligen Exportprodukten auf den Weltmärkten ist bei der Kreditaufnahme im Ausland letztlich nicht seriös kalkulierbar, ob in Zukunft die Wachstumsrate der Exporte den dann marktgängigen flexiblen Zinssatz für die Bedienung der Kredite (ca. 2/3 der Bankdarlehen wurden in den 80er Jahren zu flexiblen Zinssätzen gewährt, um das Risiko auf die Schuldner abzuwälzen) übersteigen wird.

Treten aber doch „externe Schocks" ein – woran es in den 80er Jahren nicht mangelte (vgl. *Altvater u. a.* 1987) –, bestimmen die wirtschaftlichen und politischen Anpassungskapazitäten eines Schuldnerstaates darüber, ob es zu einer erfolgreichen Strukturanpassung kommt oder zu einem Abrutschen in die berüchtigte Verschuldungsfalle, aus der bislang kaum ein Entwicklungsland wieder herausgekommen ist. Ökonomen wie *Charles P. Kindleberger, Gerald K. Helleiner* und *Stephan Peiffer* haben den Begriff *Anpassungskapazität* aufgegriffen und darauf hingewiesen, daß gerade afrikanische Volkswirtschaften eine sehr geringe Anpassungskapazität aufweisen. Sie verstehen darunter die Fähigkeit eines Staates, ein Zahlungsbilanzproblem zu erkennen und die notwendigen Konsequenzen mit hinreichenden Ressourcen zu ziehen. Sie bestimmt auch das Ausmaß und das Tempo, mit dem die beabsichtigten Wirkungen (die Strukturreformen) erzielt werden können. Es sind vier Merkmale, die die Anpassungskapazität gerade der *Least Developed Countries* (LLDC) prinzipiell gering erscheinen lassen:

1. geringe Flexibilität der Wirtschaft, auf Preisanreize zu reagieren; 2. geringe und seit kurzem auch noch sinkende PKE und Kaufkraftverfall (städtischer) Löhne; 3. begrenzte technische und administrative Kapazitäten innerhalb der Regierungsbehörden zur Lenkung der Wirtschaft; 4. die Schwäche der politischen Unterstützung für die gerade amtierende Regierung.

Wegen dieser mangelnden strukturell bedingten Anpassungskapazitäten sind die *structural adjustment*-Programme der beiden einflußstärksten internationalen Organisationen für Entwicklungskooperation bislang wenig erfolgreich gewesen. In diesem Fall bedarf es einer Anpassungsleistung derer, die dazu die Ressourcen und Möglichkeiten hätten: die reichen Überschußländer (Japan, Deutschland etc.) und Gläubigerstaaten des OECD-Clubs. Es ist ein makabres Kennzeichen des gegenwärtigen Weltsystems, daß Anpassung mit Vorliebe von den schwächsten Segmenten der Weltgesellschaft erwartet wird, die darunter am meisten leiden müssen, ohne dabei einigermaßen sichere Chancen auf Verbesserung ihrer Lage einzuhandeln. Diese inkonsistente, politisch so bequem scheinende Haltung hat die an sich vernünftige regulative Idee der nationalen Strukturanpassung an internationale Umweltbedingungen oder Systemveränderungen in Verruf gebracht. Fazit: Anpassung von Systemmitgliedern kann nur erwartet werden, wenn die Regisseure des Systems die strukturelle Anpassung aller zu vernünftigen Kosten zulassen.

5. Die Strukturanpassungsprogramme der IFIs: die SAF des IWF und die SAP der Weltbank

Bei den internationalen Experten von Weltbank und IWF, die keiner einzelnen Regierung Loyalität schulden, sondern dem „neutralen" Sachverstand der Bretton-Woods-Institutionen huldigen, ist eine rationale Grundeinstellung zu Fragen der Strukturanpassung besonderer Art anzutreffen. Hier galten bis vor kurzem voraussetzungslos technokratische Prinzipien, die entweder richtig oder falsch sein können und deshalb – im ersteren Falle – universelle Gültigkeit in Anspruch nehmen können. Ihre Programmatik der Strukturanpassung versteht sich als Reformpolitik zu Lasten der staatlichen Gestaltungskompetenz und zugunsten des privaten Wirtschaftssektors, ohne daß jedoch die sozialen und politischen Kosten dieser Operation hinreichend ins Kalkül gezogen würden. Dabei wird unterstellt, daß ohne derartige Anpassung wirtschaftliches Wachstum als Voraussetzung für gesamtgesellschaftliche Entwicklung nicht möglich wäre. Positiv zu bewerten ist die grundsätzliche Bereitschaft der Weltbank, anstelle der bislang ausschließlich geförderten einzelnen Entwicklungsprojekte nun in vergrößertem Umfang Kredite für sektorale Investitionsprogramme zur Verfügung zu stellen. Dadurch können dringende Importe (Ersatzteile für Maschinen und Betriebsmittel für Industrieanlagen) rascher und weniger umständlich (Wegfall der internationalen Ausschreibung von Projektaufträgen) getätigt werden.

Die Programmatik der nationalen Strukturanpassung dient ferner dem Zweck, einem überschuldeten Staat seine internationale Wettbewerbsfähigkeit und damit Kreditwürdigkeit zurückzugeben oder doch zu verbessern, was freilich nicht ganz selbstlos geschieht, da diese die Schuldendienstfähigkeit des betreffenden Landes wiederherstellt. Darin – als multinationaler Finanzpolizist mit Zuckerbrot und Peitsche im Interesse der westlichen IL aufzutreten – besteht eine zentrale politische Rechtfertigung für die Existenz des IWF (vgl. *Körner u. a.* 1985).

Von den Vätern der neuen Weltwirtschaftsordnung am Ende des II. Weltkriegs war der Weltbank die Funktion der Stimulierung langfristig produktiver Entwicklungsprojekte (Energiebereich, Verkehrswege) zugewiesen worden, während dem IWF die Aufgabe zukam, über die Stabilität der Währungen und der Wechselkurse zu wachen und die Stabilisierung kurzfristiger Zahlungsbilanzkrisen über konditionierte Kredite („Ziehungen") zu besorgen. Das GATT wurde 1947 mit dem Ziel abgeschlossen, Regeln für ein offenes und faires Welthandelssystem mittels Handelsliberalisierung, Zollabbau und Meistbegünstigung zu schaffen. Als sich jedoch nach dem Ausbruch der Schuldenkrise in der Dritten Welt diese anfänglich konzipierte Arbeitsteilung als kontraproduktiv herausstellte – die klassische Stabilisierungstherapie des IWF führte häufig zur wirtschaftlichen Rezession, die Entwicklungsinvestitionen behinderte –, wurde die Zusammenarbeit zwischen Weltbank und IWF intensiviert und besser koordiniert. Der seit 1972 bestehende *Gemeinsame Entwicklungsausschuß von Weltbank und IWF* wurde Mitte der 80er Jahre aktiviert und im Rahmen der verstärkten Schuldenstrategie zur Lösung der Anpassungsprobleme nach dem Motto „durch neue Kredite und Strukturreformen aus den Schulden herauswachsen" politisch aufgewertet.

Die koordinierte Strategie hat die Definitionsmacht der Bretton-Woods-Zwillinge zweifellos erhöht und das von ihnen geprägte internationale Finanzierungs- und Entschuldungsregime (einschließlich der permanent vorgenommenen Umschuldungen im Rahmen der *Pariser Club*-Runden, bei denen unter Zugrundelegung der Weltbank- und Fondsexpertisen und -prognosen konditionierte Kredite neu vergeben und alte gestundet werden) machtvoll zur Anwendung gebracht. Bei den überschuldeten EL ist vielfach der Alptraum einer „doppelten Konditionalität" entstanden: Demnach ist Kredithilfe von einer der beiden Institutionen nur dann zu erhalten, wenn die Anpassungsforderungen beider erfüllt wurden.

Daran scheiterte – um ein berühmtes Beispiel anzusprechen – im Jahr 1982 ein dringend benötigtes Strukturanpassungsdarlehen (SAD) der Weltbank an Tansania, als sich abzeichnete, daß die tansanische Regierung unter dem damaligen Präsidenten *Julius Nyerere* nicht bereit war, ein Bereitschaftskreditabkommen mit dem IWF zu harten Bedingungen (hohe Abwertung des tansanischen Schillings, Streichung von Subventionen für Grundnahrungsmittel und Sozialleistungen) zu akzeptieren (vgl. *Peiffer* 1990).

Erst mit der Einrichtung der *Strukturanpassungsfazilität* (SAF) im Jahre 1986 zog der IWF wichtige Lehren aus der Vergangenheit. Die SAF ist als

Versuch anzusehen, sich durch eine gemeinsame Anstrengung mit der Weltbank – die seit 1982 besondere Darlehen für Strukturanpassungsprogramme vergibt – der makro-ökonomischen und entwicklungspolitischen Misere der LLDC anzunehmen. Das Arbeitsfeld, das zwischen den Polen Stabilisierung und Entwicklung anzusiedeln ist, wird nun durch die SAF des IWF und die SAP der Weltbank gemeinsam beackert. Dabei steht „Stabilisierung“ für den Versuch, Angebot und Nachfrage in Einklang zu bringen, „Entwicklung“ für das Bestreben, Struktur und Wachstum des Angebots zu beeinflussen. Die SAF speziell dient der Stützung des Anpassungsprozesses in einkommensschwachen Mitgliedsländern mit hartnäckigen Zahlungsbilanzproblemen durch Finanzhilfen zu Vorzugsbedingungen. Den strukturellen Reformen des öffentlichen Sektors, der Liberalisierung des Binnen- und Außenhandels sowie den Veränderungen in der Agrar- und Preispolitik zugunsten der produktiven Schichten der Erwerbsbevölkerung wird erhöhtes Augenmerk geschenkt. Bei einer Laufzeit von drei Jahren und einer zusätzlichen Finanzierung bis zu 63,5% der Quote bestehen größere Aussichten – so hoffte der IWF –, daß politische und soziale Widerstände gegen fällige Reformen überwunden werden können.

Die bisherigen Ergebnisse haben allerdings den Eindruck entstehen lassen, daß das Kunststück „Strukturanpassung plus dauerhafte Entwicklung“ noch nicht gelungen ist: Überall dort, wo sich konfliktfähige Gruppen der Gesellschaft (Gewerkschaften, Interessenverbände der „professionals“, die Armeeführung, Studenten) gegen SAPs aktiv oder passiv auflehnten (Ägypten, Argentinien, Peru, Zambia und selbst Ghana unter Präsident *Rawlings*, der mit eiserner Faust Strukturanpassungsmaßnahmen durchsetzte, letztlich aber Unternehmer nicht zum Investieren und Produzieren zwingen konnte), fehlte es an der Einsicht und Bereitschaft einer mißtrauisch gewordenen Bevölkerung, durch noch mehr Opfer und Arbeitsleistungen – genannt „Strukturreformen“ – aus den Schulden heraus- und in eine bessere Zukunft hineinwachsen zu können. Wohl nur im Rahmen einer langfristig angelegten Strategie der Demokratisierung von Staat und Gesellschaft könnte hier eine Heilung einsetzen. Dieser Sachverhalt wirft auch ein Licht auf die neueste Variante im Nord-Süd-Dialog: die politische Konditionalität.

6. Die IFIs als Vorreiter für Strukturanpassungsprogramme auch der EG: politische Konditionalität weltweit

Welch grundsätzliche Bedeutung heute der Strukturanpassung als Zwang zu marktwirtschaftlich konformen Politikreformen zukommt, offenbarte sich Ende 1989, als das *4. Lomé-Abkommen* zwischen der EG und den AKP-Staaten unterzeichnet wurde. Nach langwierigen Auseinandersetzungen sowohl innerhalb der EG als auch mit den AKP-Staaten über Lomé IV ist die Strukturanpassung erstmals als Ziel der Entwicklungszusammenarbeit auch der

EG mit den EL proklamiert worden – in deutlicher Anlehnung an die Erfahrungen und Erkenntnisse bei IWF und Weltbank. Die Strukturanpassungspolitik der EG stellt insofern ein besonderes Novum dar, als

- die Zuteilung von Mitteln von der Durchführung von Reformprogrammen abhängig gemacht wird. Die damit eingeführte Konditionalität steht im Widerspruch zu den bisher gängigen Lomé-Prinzipien: Nichteinmischung, partnerschaftlicher Dialog, verbindliche Zusage von Mitteln;
- es sich bei den getroffenen Vereinbarungen um die erste gemeinsame Nord-Süd-Vereinbarung zur Strukturanpassung handelt (vgl. *Lingnau* 1991:III).

Strukturanpassung im Sinne der von Weltbank und IWF erwarteten Reformpolitik ist – wie oben gezeigt wurde – mehr als eine vom Kabinett zu beschließende Änderung der Einnahmen und Ausgaben des staatlichen Haushalts; sie bedeutet vielmehr die unpopuläre, riskante Ein- und Unterordnung der nationalen Entwicklungsplanung an die vermuteten Chancen eines Landes, mit seinen Exportprodukten im internationalen Konkurrenzkampf bestehen zu können. Es geht dabei um ordnungspolitische Interventionen, die der politischen Elite der EL eine Erosion nationaler Souveränitätsansprüche zumuten. IWF und Weltbank greifen in die Wirtschafts- und Gesellschaftspolitik der Schuldnerländer ein, wenn sie auf den Abbau von Staatstätigkeiten, auf die Reprivatisierung von Staatsunternehmen, auf die Aufhebung von Handels- und Kapitalverkehrskontrollen und auf die Herstellung von günstigen Verwertungsbedingungen für das in- und ausländische Privatkapital drängen. Diese Art der Anpassung verlangt also erhebliche Risiken, weil sich erstens erst in Zukunft herausstellen wird, ob die heute geleisteten Investitionen und Konsumopfer überhaupt Früchte bringen werden und weil zweitens unsicher ist, wem diese Anstrengungen später politisch nützen werden.

In zahlreichen EL ist deshalb die Strukturanpassung bei Regierung wie Bevölkerung höchst unpopulär, was aber nicht zu der Illusion verleiten sollte, daß auch ohne Strukturanpassung ein Ausweg aus der nationalen Misere gefunden werden könnte. Die Regierungen von Brasilien, Jamaika, Nigeria, Tansania, Zambia usw. hatten sich häufig über Jahre hinweg aus Angst vor drohendem Popularitätsverlust geweigert, die von außen verlangten Strukturanpassungsmaßnahmen anzuordnen. Die Bevölkerungen sind dabei meist nicht gut gefahren: Die versiegenden Auslandskredite und Importe aufgrund mangelnder internationaler Kreditwürdigkeit des Staates trafen meist die ärmeren Schichten auf dem Lande ebenso wie auch die besser gestellten mittleren Einkommensgruppen in den Städten.

Von seiten der Weltbank und des IWF wurden seit 1986 Berichte vorgelegt, in denen über Erfolg und Mißerfolg der SAP Rechenschaft abgelegt wurde. Dabei wurde der Eindruck vermittelt, daß Länder mit SAP insgesamt erfolgreicher abschnitten als Länder ohne derartige Programme, wobei Erfolg an Indikatoren wie gesamtwirtschaftliches Wachstum, Steigerung der Exporte, Ausgleich der Staatshaushalte und Steigerung der Produktion gemessen wurde. Gleichzeitig wurde konstatiert, daß sich die sozialen Indikatoren während der Anpassungsphase verschlechtert hätten und daß ca. drei Viertel aller Tranchenauszahlungen verschoben werden mußten, weil die Auflagen nicht eingehalten wurden. Eine Studie des *Deutschen Instituts für Entwicklungspolitik* kommt zu dem Schluß, daß der häufigste Grund für das Scheitern von SAPs war, daß die betroffenen Regierungen sich politisch nicht in der Lage sahen, die Maßnahmen umzusetzen, oder gestürzt wurden, weil sie sich anschickten, unpopuläre Maßnahmen durchzuführen. Daher wurden *commitment* und *capacity* einer Regierung als die wichtigsten politischen Voraussetzungen für erfolgreiche SAPs bezeichnet: 1. der politische Wille der Regierung, eine Strukturanpassung durchzuführen *(commitment)* und 2. die Fähigkeit, die Programme auch umzusetzen, was sowohl administratives Know-how wie politische Geschicklichkeit im Umgang mit wichtigen Interessengruppen bedeutet *(capacity)* (nach *Waller/Zehender* 1989:64).

Diese überragende Bedeutung der politischen Rahmenbedingungen für den Entwicklungsprozeß – von der politischen Linken ja seit langem gegen „neutral" sich gebende Entwicklungshilfe ins Feld geführt, aber erst durch die Übernahme dieser Erkenntnis durch den Afrika-Bericht der Weltbank (1989) weltweit als Realität akzeptiert – hat zu einer entwicklungspolitischen Neuerung geführt: der *politischen Konditionalität.* In den 80er Jahren war die Formulierung einer „ökonomischen Konditionalität" ein Schlüsselbegriff der Entwicklungspolitik. Insbesondere im Zusammenhang mit den makro- und sektorpolitisch orientierten Strukturanpassungsprogrammen von IWF und Weltbank wurden konkrete wirtschaftliche Auflagen zur Vorbedingung für die Gewährung von Krediten gemacht, während politische Aspekte (Menschenrechtsverletzungen, Vergeudung von Ressourcen durch Überrüstung, Prestigebauten, politische Korruption und Kapitalflucht) mehr oder weniger ganz ausgeklammert wurden. Nur allzu leicht wurde dabei übersehen, daß wirtschaftspolitische Veränderungen auch erhebliche Auswirkungen auf die politischen Machtstrukturen haben können.

Mit der völlig veränderten Situation nach dem Ende des Ost-West-Konflikts, der die Interessenlage gegenüber den EL entscheidend bestimmte, konnten politische Regime nach anderen Kriterien als dem ihrer Nützlichkeit für politische Einflußsphären der Großmächte bewertet werden, vor allem nach dem ihrer entwicklungspolitischen Leistungsbilanz. Nachdem die Weltbank im November 1989 in ihrer Langzeitperspektivstudie über Afrika entgegen allen bisherigen Usancen eine andere Form der politischen Herrschaft *(governance)* als eine zentrale Voraussetzung für eine positive Entwicklungsperspektive in Afrika herausgestellt hatte (*Tetzlaff* 1990), folgten auch die Regierungen in Westeuropa, Nordamerika und Japan, vor der Bewilligung von Krediten politische Reformzusagen seitens der Regierungen von EL zu verlangen. Dadurch ist ein schon gärender Prozeß der sozio-politischen Veränderung in zahlreichen EL von außen ermutigt und beschleunigt worden, mit kolossalen Wirkungen in Richtung auf Destabilisierung von bislang gehätschelten Diktaturen.

Die generelle Absicht ist klar: Durch die Verknüpfung mit der für die meisten Schuldnerländer Afrikas und Asiens unverzichtbaren Entwicklungshilfe „soll massiver Druck auf die Staatsführungen ausgeübt werden, mehr politischen Pluralismus und tatsächliche Demokratie zuzulassen. Weit weniger klar ist hingegen, wie weit bei den meist recht pauschalen Äußerungen von Politikern die spezifischen sozio-kulturellen Voraussetzungen für einen politischen Wandel ausreichend berücksichtigt werden; undifferenzierte Forderungen nach schneller Einführung von Mehrparteiensystemen westlichen Musters werden der Komplexität der Situationen sicherlich nicht überall gerecht". Vor dem Hintergrund der langjährigen Praxis erheblicher entwicklungspolitischer Unterstützung vieler autoritärer Regime – selbst der südafrikanische Apartheidstaat erhielt noch in den 80er Jahren IWF-Kredite – ist der Eindruck einer gewissen Doppelbödigkeit des Verhaltens der westlichen Regierungen entstanden, „wenn erst jetzt sattsam bekannte Verhältnisse angeprangert und einzelne Potentaten konservativen Zuschnitts faktisch noch immer mit Samthandschuhen angefaßt werden" (*Hofmeier* 1990:6).

Es versteht sich von selbst, daß die in den EL Herrschenden beinahe unisono das Konzept der „politischen Konditionalität" als imperialistischen Angriff auf die nationale Souveränität ablehnen. Das ist aufgrund ihrer bitteren Erfahrungen in der Vergangenheit mit den europäischen Zivilisations- und „Hilfe"-Missionen verständlich – hat sich doch die Idee der Hilfe „längst zu einem Instrument perfekter, d. h. eleganter Machtausübung gemausert ... Elegante Macht prügelt nicht, zwingt nicht, legt nicht in Ketten, sie hilft" (*Gronemeyer* 1991:38). Es gibt nur etwas noch Schlimmeres als „elegante Macht" – nämlich Machtlosigkeit, also den Zustand, den die demokratischen Oppositionskräfte in fast allen Entwicklungsdiktaturen erleiden mußten. Und diese Gruppen „anerkennen aus Einsicht in die praktischen Gegebenheiten", daß sie „keine Chance zur Durchsetzung alternativer Vorstellungen gegenüber der jeweiligen Regierung haben, ... den erheblichen Nutzen des durch die politische Konditionalität erzeugten äußeren Drucks, der für die Auseinandersetzungen mit den autoritären Regimen eine wichtige Unterstützung darstellt", umzusetzen. „Die überwiegende Mehrheit der nicht in die nationalen Machtstrukturen eingebundenen Kräfte ist daher uneingeschränkt für die politische Konditionierung der Entwicklungshilfe (*Hofmeier* 1990:8). Jegliche Form der Entwicklungshilfe als „Mythos" oder als „hoffnungslos rückständig, ... zu unpolitisch, geradezu vernunftwidrig, sträflich naiv" abzutun (so *Gronemeyer* 1991:64), – scheint doch zu voreilig geurteilt. Entwicklungspolitisches Nichtstun würde die Lebensverhältnisse in den EL kaum verbessern, sondern sie für die Massen in den meisten Fällen eher verschlimmern.

7. Der Schutz der Menschenrechte als Grenze von Strukturanpassung und als Orientierungspunkt für politische Konditionalität

Es ist ratsam, das heikle Thema der politischen Konditionierung von Entwicklungskrediten in den Kontext der internationalen Menschenrechtsdiskussion zu stellen, um ihm eine von allen Staaten anerkannte Grundlage für legitime Einmischung in angeblich rein „innere Angelegenheiten" zu geben (vgl. *Esquivel* 1989). Die schubweise Entwicklung der Menschenrechtsidee nach der Katastrophe des II. Weltkriegs als universell anerkannte regulative Idee für die Grundrechte des Menschen und der Völker ist eine der wenigen sichtbaren Spuren des Fortschritts der Menschheit in diesem Jahrhundert. Daher scheint es vernünftig und moralisch geboten, die konkreten Inhalte einer „politischen Konditionalität" an dem Schutz der Menschenrechte auszurichten und zu begrenzen. In den kommenden Nord-Süd-Dialogen sollten Repräsentanten verschiedener Kulturkreise bestrebt sein, sich auf eine Minimaldefinition von entwicklungspolitisch konformer Konditionalität zu einigen, die fünf Kriterien, einschließlich solcher für Gläubigerstaaten, enthalten müßte:

- Die Regierung des EL verpflichtet sich, die Menschenrechte (vor allem der ersten Generation wie Rede-, Presse- und Versammlungsfreiheit) zu achten und vor allem auch die demokratischen Rechte von Minderheiten auf abweichende Meinungen zu respektieren.
- Die Regierung legitimiert ihre Herrschaft durch die aktive Partizipation großer Teile der Bevölkerung von der kommunalen bis zur nationalen oder regionalen Ebene an politischen Entscheidungen, wobei Möglichkeiten des Machtwechsels verfassungsmäßig institutionalisiert werden.
- Regierung wie Opposition anerkennen die Rechtsbindung von Politik und die Unabhängigkeit der Gerichte.
- Die kreditgebende Institution verpflichtet sich, die Bedingungen der Rückzahlungsforderungen vertraglich so flexibel zu gestalten, daß angesichts von Naturkatastrophen und „externen Schocks" Fristen und Tilgungsbeträge an ein sozial verträgliches Belastungsniveau (z. B. 20 % oder 30 % der jährlichen Exporteinnahmen als Maximum des Schuldendienstes) neu angepaßt werden können.
- Ein genereller Konsens zwischen Geber- wie Empfängerstaaten sollte darüber ausgehandelt werden, daß in einem möglichen Zielkonflikt zwischen den akut zu erbringenden wirtschaftlich-finanziellen Anpassungsleistungen und dem langfristig notwendigen Erhalt von Umweltressourcen zum Überleben nachkommender Generationen (Wälder, Weiden, Trinkwasser, Atmosphäre) der ökologische Interessenpunkt Vorrang genießen sollte.

Gleichzeitig sollte bedacht werden, daß politische Konditionalität mit konkreten Forderungen nicht überlastet wird und so der Völkerverständigung entgegenwirken kann (z. B. durch unbedingte Einführung des Mehrparteiensystems, sexuelle Freizügigkeit nach westlicher Mode, Liberalisierung bei Publikationen aller Art etc.). Hingegen entspräche es der Idee der Menschenrechte der zweiten und dritten Generation (vgl. den Beitrag von *Nuscheler* über „Menschenrechte und Entwicklung"), wenn Gesellschaften durch positive Signale von außen ermutigt würden, sich zu einer Reduktion von Rüstungsausgaben und zu Abrüstungsschritten zu entschließen: z. B. durch Schuldenerlasse oder Sonderkredite/-fazilitäten zwecks Rüstungskonversion oder zur Stützung des „informellen Sektors", in dem mehr und mehr die in absoluter und relativer Armut lebenden Menschen arbeiten und überleben müssen. Es ist als ein positives Zeichen anzusehen, daß auch die Weltbank, gedrängt von NGO aus aller Welt, dazu übergegangen ist, produktive Handwerker und Gewerbetreibende des informellen Sektors zu unterstützen. Es sollte alles getan werden, um die Entstehung und Dauerhaftigkeit von „Anpassungsdiktaturen" nicht noch von außen zu fördern.

8. Strukturanpassung zu Beginn der 4. Entwicklungsdekade: die prinzipielle Bereitschaft der Regierungen der Entwicklungsländer zu „sozialverträglichen" Anpassungsleistungen

Die aktuelle Botschaft von der Strukturanpassung als Pflicht und Entwicklungsgebot fällt in eine Zeit, in der die Zweifel an der Machbarkeit von Entwicklung eher größer als geringer geworden sind. Warum die 80er Jahre für die Mehrzahl der Länder Afrikas und Lateinamerikas zur „verlorenen Entwicklungsdekade" erklärt werden mußten, beschäftigt noch immer die hilflos wirkenden Entwicklungshilfeexperten. Bei der Bestimmung der Ursachen der Entwicklungskrise lassen sich immer noch die beiden politischen Grundmeinungen erkennen: Während die offiziellen Vertreter der EL primär externe Verursachungsfaktoren erkennen – wie weiter unten an zwei Dokumenten aufgezeigt werden soll, dem Bericht der *Süd-Kommission* von 1990 und der Strategie für die *4. UN-Entwicklungsdekade* von 1991 –, haben die Repräsentanten von Weltbank und IWF als Sprachrohr westlicher Ordnungsinteressen das endogene Politikversagen in den EL als prima causa der Krise ausgemacht, in zunehmendem Maße sekundiert von den bislang unterdrückten oppositionellen Kräften der Schuldnerstaaten.

Nach Meinung der vom tanzanischen Expräsidenten *Julius Nyerere* präsidierten *Süd-Kommission* hatten die 70er Jahre ein gesundes Fundament für eine selbsttragende Entwicklung gelegt, die in den 80er Jahren mit Hilfe einiger Korrekturmaßnahmen hätte fortgeführt werden sollen: „Diese hätten institutionelle und strukturelle Reformen beinhalten sollen, um somit ein geeignetes Gleichgewicht zwischen Investitionen und Konsum, eine gleichmäßigere Verteilung der Wachstumsgewinne, mehr Dezentralisierung und eine aktivere Beteiligung der Menschen am Entwicklungsprozeß zu bewirken." Doch wegen der „plötzlichen und heftigen Verschlechterung der internationalen Umwelt für die Länder des Südens" – steigende Kreditzinsen bei sinkenden Rohstoffpreisen, abnehmenden Direktinvestitionen, stagnierender Entwicklungshilfe und insgesamt seit 1984 negativem Nettotransfer von Nord nach Süd – sei eine Entwicklungskrise ohne Beispiel entstanden: „Die Mängel früherer Entwicklungsmuster mögen eine zusätzliche Rolle gespielt haben, aber die dramatische Verschlechterung der internationalen ökonomischen Rahmenbedingungen haben eindeutig die größere Rolle gespielt" (S. 61).

Hingewiesen wird dabei u. a. auf die „perverse Rolle" der Weltbank und der regionalen Entwicklungsbanken, die an sich die Verantwortung für eine regelmäßige und gleichmäßige Verteilung der weltweiten Ersparnisse hätten, diese konstruktive Rolle aber „wegen ideologischer Vorurteile einiger entwickelter Staaten" nicht wahrnehmen könnten: Während die Weltbank zwischen 1983 und 1987 kaum noch einen positiven Netto-Transfer in die EL zustandegebracht habe, sei seit 1988 die absurde Situation entstanden, daß die Bank mehr an Eingängen aufgrund von Rückzahlungen und Zinszahlungen aus der Dritten Welt zu verbuchen als sie an Neukrediten zu vergeben hatte. Wie stark sich tatsächlich der globale Ressourcentransfer von Nord nach Süd verschlechtert hat, zeigt folgende Zahl: Während im Jahresdurchschnitt 1980–84 noch 32,7 Mrd. US-$ netto transferiert wurden, hatte sich im Zeitraum 1985–89 der entsprechende Betrag auf 9,7 Mrd. US-$ jährlich verschlechtert (nach *Simonis* 1991:82).

Es ist daher nur verständlich und berechtigt, daß die EL von einem strukturellen Versagen des internationalen Systems der Entwicklungsfinanzierung sprechen und ihre Forderung von Beginn der 70er Jahre nach einem automatischen oder halb-automatischen Ressourcentransfer in Nord-Süd-Richtung wiederholen: Benötigt werde „ein angemessenes Volumen von Auslandskapital an die EL zu Bedingungen, die nicht unhaltbare Schuldendienstzahlungen verursachen. Es müsse ein vernünftiges Maß an Gewißheit und Berechenbarkeit bezüglich des Ressourcenflusses geben, und die damit verbundene Konditionalität solle nicht ideologische Wertungen widerspiegeln" (Bericht der *Süd-Kommission*:230).

In ähnlicher Weise liest sich die Strategie für die *Vierte UN-Entwicklungsdekade*, die die UN-Generalversammlung am 21. Dezember 1990 verabschiedet hat (Res. 45/199). Als Hauptgrund für den Niedergang der Volkswirtschaften in der Dritten Welt wird die Verschlechterung des außenwirtschaftlichen Umfelds während der Dekade der 80er Jahre angesehen, „allgemein geprägt von rückläufigen Ressourcenströmen, sinkenden Rohstoffpreisen, steigenden Zinssätzen und immer höheren Schranken für den Marktzugang" (UN-Res. 45/199). Zurecht wurde dabei auf die anwachsende Zahl der „am wenigsten entwickelten Länder" (LLDC) hingewiesen: Statt sich aufgrund einer erfolgreich verlaufenden Entwicklung zu vermindern, hat sich deren Zahl von 24 im Jahr 1972 auf 41 im Jahr 1990 beinahe verdoppelt.

Noch deutlicher schlagen solche externen Faktoren bei der Ländergruppe der *Most Seriously Affected Countries* (MSAC) zu Buche – ölimportierende und stark außenhandelsabhängige Länder, die nach dem ersten Ölpreissprung von 1973 von der 6. UN-Sondervollversammlung als von Weltmarktpreisen besonders verwundbar eingestuft wurden. Zunächst aus 33 Ländern bestehend, hat sich die Gruppe inzwischen auf 45 Länder mit einer Gesamtbevölkerung von rund 1,5 Mrd. Menschen erhöht (nach *Nuscheler* 1991:52). Bei dieser Gruppe bestünde „die Gefahr, daß diese Länder mehr und mehr marginalisiert werden" (*4. UN-Entwicklungsdekade*:118).

Um diesen Prozeß aufzuhalten, empfiehlt der Report zur *4. UN-Entwicklungsdekade* vor allem zwei Mittel: zum einen die weitere Verbesserung des „günstigen Investitionsklimas" für transnationale Unternehmen, „die im allgemeinen keine Schulden erzeugen" und bereits „Träger des Technologietransfers, des Welthandels und der Vermarktung" geworden seien (§ 43); und zum anderen die ständige Aufstockung der Mittel der multilateralen Finanzinstitutionen, vor allem der Weltbank, damit sie „in die Lage versetzt werden, die ihnen zugedachte Rolle als Mittler zwischen den EL und dem internationalen Kapitalmarkt zu erfüllen." Hinzugefügt wird die sibyllinische Formulierung: „Die mit dem Einsatz der Mittel verbundenen Konditionen sollten realistisch sein und der Notwendigkeit entsprechen, eine wirksame Nutzung durch die Empfängerländer sicherzustellen" (§ 44). Damit wird die prinzipielle Berechtigung von politischen Auflagen im Rahmen von Strukturanpassungsmaßnahmen anerkannt.

Ebenso hat die *Economic Commission for Africa* (ECA) in ihrem viel beachteten Grundsatzdokument aus dem Jahr 1989 prinzipiell die Notwendigkeit von SAPs anerkannt, fordert aber von den IFIs zwei Korrekturen: Zum einen sollten die betroffenen Gesellschaften selbst mehr Einfluß nehmen können auf die ökonomisch notwendigen, gleichzeitig politisch und sozial verträglich zu gestaltenden Spar- und Reformprogramme. Zum anderen dürften die dabei unvermeidlichen Lasten nicht primär die verwundbarsten Gruppen der Gesellschaft treffen – Kinder, Frauen, Alte. In ihrem Alternativvorschlag – Strukturanpassung und Erholung plus Transformation – plädieren die afrikanischen Regierungen nun für eine ganze Palette von 29 konkreten Reformmaßnahmen, u. a. Diversifizierung der Produktion, Verbesserung der Einkommensniveaus und des Verteilungsmusters, Ausgabenumschichtungen zur Befriedigung von Grundbedürfnissen (*Tetzlaff* 1990:131 f.).

Der Tenor dieses ECA-Dokuments wie der der Resolution zur *4. UN-Entwicklungsdekade* ist ein bedingungsloses Plädoyer für intensive Kooperation zwischen Nord und Süd nach den Spielregeln des Marktes und der solidarischen Hilfe für die weniger begünstigten Staaten. Gleichzeitig werden die IL „zu rascher Strukturanpassung" aufgefordert, „verbunden mit einer Verlagerung der komparativen Vorteile", um so „den Marktzugang für die wachsende Exportkapazität der EL zu erleichtern" (§ 48). Zweifellos ist darin ein Hauptanliegen aller Dokumente der Dritten Welt über die Neu- und Umgestaltung der wirtschaftlichen Nord-Süd-Beziehungen zu sehen: die Maximierung ihrer Exporteinnahmen durch die „Reformierung" der internationalen Finanz- und Handelsregime zu ihren Gunsten.

9. Das GATT – eine Hilfe zur Strukturanpassung der Entwicklungsländer?

Die Frage nach dem Nutzen des GATT (dem bis 1991 107 Mitglieder beigetreten sind) für die EL läßt sich nicht leicht entscheiden: Einerseits haben EL große Erwartungen an ein reformiertes und erweitertes GATT-Regime, andererseits funktioniert das GATT bislang im Interesse der IL. In einem jüngst erschienenen Bericht zeichnet das UNCTAD-Sekretariat ein eindrucksvolles Bild neuer nichttarifärer Protektionsmaßnahmen der IL. UNCTAD schätzt den Außenhandelsverlust der EL infolge des Protektionismus der IL – bei Ausklammerung des Textilbereichs – auf weit über 5 Mrd. US-$ (nach *Engels* 1991:107).

Gerade auf den Sektoren, auf denen einige Gruppen von EL besondere absolute und relative Kostenvorteile oder Fortschritte bei der Industrialisierung aufzuweisen hatten – in der Landwirtschaft, bei Textilien und bei einigen Fertigwaren – bekamen sie den neuen Protektionismus der IL zu spüren. Ein Beispiel, wie es IL den EL erschweren, Strukturanpassungen, die ja Geld kosten, vorzunehmen, ist die Diskriminierung der Exporte von verarbeiteten Produkten in die EG: „Das Beispiel der Zollstaffelung bei Sojabohnen und -produkten zeigt, wie diese Variante des Protektionismus funktioniert: Unverarbeitete Sojabohnen belegt die EG mit einem Zollsatz von 0%, Sojamehl mit 7%, unverarbeitetes Sojaöl mit 10%, raffiniertes Sojaöl mit 15% und Margarine sogar mit 25% (nach *Globale Trends* 1991:124). Neben solchen Praktiken schützen sich die starken Wirtschaftsstaaten – die eigene Strukturanpassung verweigern – noch durch andere Praktiken vor unliebsamer Konkurrenz aus den Schuldnerstaaten. Am Ende der 80er Jahre existierten über 270 Exportselbstbeschränkungsabkommen, von denen die EG auf der Importseite 138 eingeführt hat. Davon richten sich 65 Abkommen gegen EL.

Während der 8. Verhandlungsrunde des GATT *(Uruguay-Runde)* kam es schließlich zum Eklat: Vor allem die Europäer waren nicht bereit, den Forderungen der Nordamerikaner und einiger EL (Brasilien, Malaysia) auf Liberalisierung des Agrarhandels entgegenzukommen. Die EG zeigte sich grundsätzlich nicht bereit, über die Streichung einzelner Subventionen zu verhandeln, um sich auch in Zukunft die Möglichkeit der Subventionierung von Agrarexporten zu erhalten (vgl. *Windfuhr* 1991). Trotz aller Lippenbekenntnisse zur Solidarität mit den EL betreiben die Europäer eine in Handelsfragen harte Interessenpolitik. Es hat sich offenbar die Einsicht noch nicht durchgesetzt, daß die vermeidbare Verschlechterung der Lebensverhältnisse in den EL über den Umweg der Armutsflüchtlinge, des Drogenanbaus und der armutsbedingten ökologischen Schäden an der Mutter Erde als Bumerang auf die reichen IL zurückschlägt.

Auf den Nord-Süd-Treffen im Rahmen der *Uruguay-Runde* wandten sich die GATT-Mitgliedstaaten auch neuen kontroversen Themen zu. Zum ersten Mal wurde über eine umfassende Liberalisierung des Agrarhandels diskutiert, der bisher eine Sonderstellung im GATT genoß. Die Aufnahme von Verhandlungen über handelsrelevante Aspekte von Investitionsmaßnahmen und des Schutzes geistigen Eigentums waren ebenso ein Novum wie die Etablierung einer Verhandlungsgruppe über Dienstleistungen. Eine Ausdehnung der Kompetenzen des GATT auf das Thema Dienstleistungen war besonders bei EL umstritten, die einen Verlust ihrer wirtschaftspolitischen Autonomie befürchteten, wenn Bereiche wie das Transportwesen, Tourismus, Telekommunikation, Versicherungen, Bank- und Ingenieurleistungen unter die Regeln des GATT fielen.

Auch viele NGO haben die Ausweitung des GATT auf neue Bereiche des Handels unter dem Motto „Liberalisierung, Freihandel, Deregulierung“ kritisiert. Sie fürchten, daß berechtigte Schutzinteressen der Umwelt, der Landbevölkerung und Landwirtschaft sowie der Verbraucher mißachtet und entscheidende Weichenstellungen für eine dringend erforderliche soziale und ökologische Neuausrichtung der Weltwirtschaft verpaßt würden. Sie wenden sich auch gegen die Einbeziehung zahlreicher bisher nationaler Politikbereiche in die Regelungen des GATT, da sie befürchten, daß durch die Liberalisierung und Deregulierung dieser Bereiche die Möglichkeiten einer politischen Steuerung der betroffenen Politikfelder geringer werden (vgl. *Windfuhr* 1991).

Aus dem bisherigem Verlauf der *Uruguay-Runde* ist zu schließen, daß auf die EL auch im Handels-, Investitions- und Dienstleistungsbereich ein wachsender Anpassungsdruck an die Normen und Regelsysteme der OECD-Welt zukommen wird. Daher ist der Forderung von *Karl-Heinz Domdey* (1991:71) prinzipiell zuzustimmen, daß auch das System der Meistbegünstigung, „will es allgemein und überall herrschen, einer internationalen Ordnung bedarf, die jedem marktorientierten Subjekt politisch geförderte, sozialstaatlich abgefederte *Neuanpassung* an die sich unaufhörlich wandelnde Wirtschaftswelt sichert“. Jedoch geht der Trend der wirtschaftlichen Nord-Süd-Beziehungen zur Zeit in die entgegengesetzte Richtung: Nicht Chancen zur Neuanpassung aller werden eingeräumt, sondern Anpassungsverweigerung auf seiten der stärkeren Handelsnationen läuft zeitlich parallel zur Nötigung zu Strukturanpassungen mit großen Risiken und fraglichem Ausgang auf seiten der schwächeren Handelsnationen.

Fazit

Als ein allgemeines Prinzip der heutigen Weltgesellschaft läßt sich festhalten, daß staatlich geförderte Strukturanpassungen einer Gesellschaft als Antwort auf neue Herausforderungen und Gefahren ihrer Umwelt notwendig sind und vorteilhaft sein können. Die meisten Staaten der Dritten Welt müssen sich aufgrund ihrer Verflechtung in die Weltwirtschaft und anderer grenzüberschreitender Prozesse weit stärker an globale Entwicklungen anpassen, als daß sie diese und die mit ihnen verknüpften innerstaatlichen Vorgänge aktiv beeinflussen könnten. Für sie ist die marktwirtschaftlich geprägte Weltgesellschaft, die einzelne Handelsnationen zu Anpassungsleistungen nötigt und dafür Einkommensmöglichkeiten in Aussicht stellt, Realität geworden. Die Zeit der eigenen Entwicklungswege – die meistens ins Desaster geführt haben – scheint abgelaufen. Internationale Regime als Konfliktregulatoren bei Um- und Entschuldungen, Entwicklungsfinanzierungen und Handelsförderung dominieren die Wirtschaftsbeziehungen im Nord-Süd-Verkehr mehr als zu allen Zeiten des Ost-West-Konflikts.

Die Aufgaben von Weltbank, Währungsfonds und GATT haben sich im Laufe von 45 Jahren Nachkriegszeit verändert, vor allem aber erweitert. Ihre Definitionsmacht und ihre Kompetenzbereiche sind angewachsen, ohne daß die EL mehr institutionalisierten Einfluß auf Entscheidungen gewinnen konnten. Gleichzeitig haben sich die Nord-Süd-Beziehungen einseitig politisiert: Mit dem Instrument der politischen Konditionalität als Vorbedingung für die Gewährung von Krediten durch die IFIs und die EG werden den Schuldnerstaaten einschneidende Reformen abverlangt. Deren entwicklungspolitische Auswirkungen können durchaus positiv sein, dann nämlich, wenn sich der damit gegebene Interventionismus in die inneren Angelegenheiten der Machteliten (Rüstungskäufe, Selbstbereicherung, Prestigebauten) zugunsten der Mehrheit der Erwerbsbevölkerung dirigieren läßt. Der Respekt vor den Menschenrechten sollte bei der Ausarbeitung von Strukturanpassungsmaßnahmen und von politischen Konditionalitäten Maßstab und Grenze sein: Staatlich verordnete Sparmaßnahmen, die das Recht auf Überleben von marginalisierten Bevölkerungsgruppen konkret gefährden, sollten international geächtet werden.

Weltbank und IWF haben seit ihrer Gründung quantitativ bescheidene Beträge und Instrumente zur „Entwicklung“ bereitgestellt. Als diese weitgehend versagt hatten – sichtbar geworden in der strukturellen Verschuldungskrise –, wurden sie zunehmend durch Instrumente der Strukturanpassung ergänzt, wenn nicht verdrängt. Insofern läßt sich von einem Paradigmenwechsel sprechen: Da Entwicklung im Sinne der 60er und 70er Jahre weder gewünscht noch finanzierbar ist, wird nun als Krisentherapie verstärkt Strukturanpassung progagiert – ein schillernder Begriff mit vielen Facetten. Im Kern geht es um politische Reformen in Richtung Marktwirtschaft: Einzelstaatliche politische „Fehlleistungen“ in EL, von „zu hohen“ Sozialausgaben für Gesundheit und Bildung bis hin zu überzogenen Sicherheitsbedürfnissen, sollen korrigiert, und das Gesamtsystem der internationalen Abhängigkeitsbeziehungen soll stabilisiert werden.

Kontraproduktiv wird Strukturanpassungspolitik dann, wenn erstens die dabei anfallenden Opfer und Kosten in keinem vertretbaren Verhältnis zu den realen Nutzeffekten stehen und zweitens das internationale System die Hürden für nationale Strukturanpassungen an weltwirtschaftliche Herausforderungen so hoch türmt, daß das gesellschaftliche Scheitern von Strukturanpassung zum Normalfall von Entwicklung zu werden droht. Die entwicklungspolitisch zentrale Frage ist demnach nicht, ob Strukturanpassung notwendig ist oder nicht, sondern ob sie mit Entwicklung – wie sie die Menschen in der Dritten Welt erhoffen – kompatibel gemacht werden kann.

Der Erfolg von Strukturanpassungspolitiken in Schuldnerstaaten wird wesentlich abhängen von zwei interdependenten Faktoren: zum einen vom Fortgang und der Konsolidierung demokratischer Basisreformen, zum anderen von dem Maße an Anpassungsleistungen seitens der OECD-Staaten an das Ideal einer gerechteren Welthandelsordnung: Solange die Hegemonial- und Großmächte des Systems selbst Strukturanpassung verweigern – v. a. durch Handelsprotektionismus und Ausbeutung über den perversen Netto-Ressourcentransfer von Süd nach Nord – ist die Aufforderung an die EL zur Strukturanpassung politisch unglaubwürdig und in ethischer Hinsicht zynisch.

Positiv zu bewerten ist der breiter werdende internationale Konsens über die Notwendigkeit von Strukturanpassungen in den Staaten, deren Eliten bisher über „ihre Verhältnisse" gelebt haben. Die Suche nach regionalspezifischen Lösungen für politisch und sozial verträgliche Anpassungspolitiken mit menschlichem Gesicht – eine Selbstverpflichtung der EL – wird nicht leicht sein; entscheidend ist, daß sie von demokratischen Bewegungen und Parteien ernsthaft in Angriff genommen wird.

Literatur

(Mit Ausnahme der folgenden Titel ist die zitierte oder erwähnte Literatur im zusammenfassenden Literaturverzeichnis auf den S. 492 ff. aufgeführt.)

Domdey, K. H. 1991: Vor einem sozial-ökologisch verträglicheren Welthandelssystem?, in: Nord-Süd-aktuell, Bd. 5, H. 1, S. 71–75.

ECA (Economic Commission for Africa) 1989: African Alternative Framework to Structural Adjustment Programmes for Socio-Economic Recovery and Transformation (UN-Dok. E/ECA/CM 15/6/Rev.3), Addis Ababa.

Efinger, M./Rittberger, V./Wolf, K. D./Zürn, M. 1990: Internationale Regime und internationale Politik, in: Rittberger, V. (Hrsg.), Theorien der Internationalen Beziehungen (PVS-Sonderheft 21), S. 263–285.

Engels, B. 1991: Der Beitrag des GATT zur Entwicklung der Nord-Süd-Beziehungen, in: Nord-Süd-aktuell, Bd. 5, H. 1, S. 103–111.

Esquivel, A. P. (Hrsg.) 1989: Das Recht auf Entwicklung als Menschenrecht (Kath.Akademie Freiburg i. Br.), München/Zürich.

Gronemeier, M. 1991: Hilfe. Wo geholfen wird, da fallen Späne, in: Dirmoser, D. u. a. (Hrsg.): Mythos Entwicklungshilfe, Gießen, S. 38–69.

Helleiner, G. K. 1986: The Question of Conditionality, in: Lancaster, C./Williamson, J. (Hrsg.), African Debt and Financing (Institute for International Economics, Special Reports, Nr. 5), Washington, D. C., S. 63–91.

Hofmeier, R. 1990: Politische Konditionalisierung in Afrika, in: Afrika Spektrum 90/2, S. 167–177.

Körner, P./Maaß, G./Siebold, Th./Tetzlaff, R. 1985: Im Teufelskreis der Verschuldung. Der internationale Währungsfonds und die Dritte Welt, 2. Aufl., Hamburg.

Lachenmann, G. 1990: Ökologische Krise und sozialer Wandel in afrikanischen Ländern, Saarbrücken/Fort Lauderdale.

Lingnau, H. 1991: Neue Elemente in der Entwicklungszusammenarbeit der Europäischen Gemeinschaft zu Beginn der 90er Jahre (Deutsches Institut für Entwicklungspolitik), Berlin.
Parsons, T. 1969: Evolutionäre Universalien der Gesellschaft, in: Zapf, W. (Hrsg.), Theorien des sozialen Wandels, Köln/Berlin, S. 55–73.
Peiffer, St. 1990: Der IWF und Tansania (Institut für Afrika-Kunde), Hamburg.
Piazolo, M. 1991: Koreas erfolgreiche Wirtschafts- und Verschuldungspolitik, in: Vierteljahresberichte, Nr. 123, S. 77–90.
Schüller, M. 1991: China auf dem Weg ins GATT, in: Nord-Süd-aktuell, Bd. 5, H. 1, S. 95–102.
Seitz, K./Windfuhr, M. 1989: Handbuch zu den Agrarverhandlungen der Uruguay-Runde im GATT (Dienste in Übersee, Texte 45), Hamburg.
Simonis, U. E. 1991: Vierte Entwicklungsdekade: ein neuer Anlauf zur Finanzierung der internationalen Zusammenarbeit, in: Vereinte Nationen, Jg. 39, H. 3, S. 81–83.
Suter, C. 1990: Schuldenzyklen in der Dritten Welt, Kreditaufnahme, Zahlungskrisen und Schuldenregelungen peripherer Länder im Weltsystem von 1820 bis 1986, Frankfurt/M.
Tetzlaff, R. 1989: Der „souveräne" Staat in Entwicklungsländern zwischen Willkürherrschaft und Anpassungszwängen: Lehren aus Afrika, in: Elsenhans, H. u. a. (Hrsg.), Frankreich-Europa-Weltpolitik. Festschrift für Gilbert Ziebura, Opladen, S. 469–483.
– 1900: Die „afrikanische Krise": Afrika zwischen erzwungener Strukturanpassung und beabsichtigter Transformation, in: Jahrbuch Dritte Welt 1990, S. 117–137
– 1991: Demokratisierung von Herrschaft und gesellschaftlicher Wandel in Afrika: Perspektiven der 90er Jahre (Friedrich Ebert Stiftung), Bonn.
Waller, P./Zehender, W. 1989: Erfolgsfaktoren für Strukturanpassung in westafrikanischen Ländern (Deutsches Institut für Entwicklungspolitik), Berlin.
Windfuhr, K. 1991: Ist das GATT zu reformieren?, in: Nord-Süd-aktuell, Bd. 5, H. 1, S. 76–81.
Wohlmuth, K. (Hrsg.) 1989: Structural Adjustment in the World Economy and East-West-South Economic Cooperation, Universität Bremen.

Die Dritte Welt im internationalen System Bedrohungsvorstellungen und Konfliktpotentiale im Nord-Süd-Verhältnis

Lothar Brock

In der entwicklungspolitischen Diskussion der 80er Jahre ist es zur Pflichtübung geworden, auf die zunehmenden ökonomischen Unterschiede zwischen den Ländern Asiens, Afrikas und Lateinamerikas zu verweisen, die in der Fachliteratur wie in der Umgangssprache freilich weiterhin als Entwicklungsländer (EL) oder Dritte Welt zusammengefaßt werden. Aus der angenommenen Differenzierung der Dritten Welt ließe sich der Schluß ziehen, daß es immer weniger Sinn macht, in verallgemeinernder Form von Nord-Süd-Beziehungen oder gar von einem Nord-Süd-Konflikt zu sprechen; denn, so wäre zu argumentieren, wenn die Heterogenität der Dritten Welt zunimmt, nimmt die Zahl und Bedeutung solcher gemeinsamer Probleme und Interessen der Länder des „Südens" gegenüber dem „Norden" ab, die es zulassen würden, von der Existenz einer Nord-Süd-Formation im internationalen System auszugehen (*Menzel* 1983, 1991; *Eikenberg* 1983; *Harris* 1986).

Ungeachtet der These von der zunehmenden Differenzierung der Dritten Welt ist aber in den 80er Jahren die Debatte über Gefahren, die dem Westen aus dem Süden drohen, ausgeweitet und nicht etwa zurückgefahren worden (*Brandt* 1980; *Deutsch* 1980; *Elsenhans* 1987; *Brundtland* 1987; *Tolba* 1989; *Head* 1989; *Krell* 1990; *Wöhlcke* 1991; *Matthies* 1991). Dies gilt auch für die Phase des Umbruchs der Ost-West-Beziehungen. Schien in den 70er Jahren die wirtschaftliche Sicherheit des Westens durch die Bemühungen der EL um die Bildung von Rohstoffkartellen herausgefordert, so kam im Laufe der 80er Jahre die Furcht vor globalen Umweltzerstörungen durch Raubbau an unersetzlichen natürlichen Ressourcen in der Dritten Welt (Regenwälder), die Furcht vor einer demographischen Marginalisierung der westlichen Gesellschaften durch die „Bevölkerungsbombe" des Südens und insbesondere vor einer Überfremdung der westlichen IL durch unkontrollierbare Migrationsströme aus dem Süden hinzu.

Im Golf-Krieg erfolgte dann eine dramatische Eskalation der Bedrohungsvorstellungen. Die bis dahin erörterten nicht-militärischen Gefährdungen der Sicherheit des Westens wurden jetzt von der Furcht vor einer direkten militärischen Bedrohung des Westens durch Massenvernichtungswaffen des Südens überlagert – einer Bedrohung, die risikoreicher, weil weniger kalkulierbar erschien als die früher bestehende Wechselwirkung zwischen dem Ost-West-Konflikt und Regionalkonflikten in der Dritten Welt.

Im folgenden wird die These vertreten, daß solche Bedrohungsvorstellungen Ausdruck von Spannungen und Konflikten im Nord-Süd-Verhältnis sind, die trotz Differenzierung der Dritten Welt weiterbestehen. Zugleich sind sie aber auch Ausdruck des subjektiven Bedürfnisses nach neuen gesellschaftlichen Orientierungs- und Abgrenzungsmöglichkeiten in einer Situation, in der sich der Nord-Süd-Konflikt (u. a. durch Migration) ansatzweise in den Norden hineinverlagert und sich gleichzeitig der bisher alle anderen Konflikte überlagernde Ost-West-Konflikt auflöst. Damit gehen zugleich alte Bezugspunkte der gesellschaftlichen Selbstverständigung und alte Ansatzpunkte für die Strukturierung von Politik (Legitimationsbeschaffung, politische Mobilisierung, innen- und außenpolitische Prioritätensetzungen) verloren.

Während die Annahme, die Dritte Welt gebe es gar nicht mehr, die nachholende Entwicklung in einigen fernöstlichen Schwellenländern in ihrer Bedeutung für die Dritte Welt insgesamt überbewertet, neigt die Diskussion über Gefährdungen des Westens durch den Süden zuweilen zu einem Alarmismus, der jener Sicherheitslobby in Politik, Wirtschaft und Wissenschaft gelegen kommt, die sich durch Abstriche bei den Militärausgaben stärker herausgefordert sieht als durch einen hoch gerüsteten Gegner.

1. Historischer Rückblick: Von der „Revolte gegen den Westen" zur Strukturanpassung

Zu den großen weltpolitischen Entwicklungslinien der zweiten Hälfte des 20. Jh.s gehört die Überwindung des Kolonialismus. Die Auflösung der Kolonialreiche vollzog sich nicht selbsttätig als „natürlicher" Zerfallprozeß, sondern war das Produkt kollektiver Emanzipationsbestrebungen, die – im französischen Kolonialreich mehr als im britischen – auch gewaltsam ausgetragen wurden. Die Durchsetzung der politischen Unabhängigkeit entsprach den vom Westen selbst vertretenen Wertvorstellungen und völkerrechtlichen Normen; sie stand in der Tradition der Aufklärung. Zugleich aber ging die „Revolte gegen den Westen" darüber hinaus: Sie galt nicht nur der Erlangung politischer Unabhängigkeit, sondern auch der Befreiung von der kulturellen Vorherrschaft des Westens, der Emanzipation von westlichen Denk- und Politiktraditionen (*Bull* 1984:223).

Die Hauptakteure in diesen Auseinandersetzungen waren zunächst die *Colombo-Staaten* (Ceylon, Indien, Pakistan und Indonesien). Sie weiteten ihre Bemühungen um Zusammenarbeit aber schon Mitte der 50er Jahre (Bandung-Konferenz 1955) zu einer afro-asiatischen Verständigung über Grundfragen und Grundsätze der internationalen Beziehungen aus (*Lyon* 1984; *Mortimer* 1984). Durch die Gründung der *Bewegung der Blockfreien* (Belgrad 1961) erhielt die Dritte Welt dann festere politische Konturen. In der Folgezeit wurde die Süd-Süd-Kooperation durch die Schaffung eines besonderen Gremiums für internationale Wirtschaftsfragen *(Gruppe der 77)* und die Einbeziehung lateinamerikanischer Staaten ergänzt, die sich bei der Gründung der Blockfreien-Bewegung noch abseits gehalten hatten.

Die nunmehr trikontinentale Drittweltkoalition stellte nach dem weitgehenden Abschluß der Dekolonisierung in der Generalversammlung der Vereinten Nationen die Mehrheit und vermochte in diesem Gremium eine Reihe von Entscheidungen durchzusetzen, die westlichen Vorstellungen zum Teil zuwiderliefen – so z. B. die Billigung von Gewaltanwendung in nationalen Befreiungskämpfen oder die Verpflichtung der Staatengemeinschaft auf den Schutz von Kollektivrechten, die weit über das traditionelle westliche Menschenrechtsverständnis hinausgingen (Recht auf Entwicklung). Ihren Höhepunkt fanden diese Aktivitäten in der Verabschiedung einer *Charta der wirtschaftlichen Rechte und Pflichten von Staaten* sowie einer *Erklärung* und eines *Aktionsprogramms zur Errichtung einer Neuen Weltwirtschaftsordnung* im Jahre 1974 (*Matthies* 1985; *Link/Tücks* 1985; *Brock* 1991).

Im Unterschied zu den westlichen IL zeigten die EL im Streit um die Neue Weltwirtschaftsordnung eine überraschende Geschlossenheit, die durch die Ölpreiskrise von 1973/74 weiter gestärkt wurde. Zwar litten die Öl importierenden EL unter der Ölpreiserhöhung letztlich mehr als die IL. Die Bildung eines Preiskartells durch die Mitglieder der OPEC weckte bei den EL aber die Erwartung, durch entsprechende Kooperation auch anderer Rohstoffexporteure die Verhandlungsmacht der Dritten Welt gegenüber den (westlichen) IL generell stärken zu können.

Zu dieser Zeit wurde in einem Teil der entwicklungstheoretischen und -politischen Literatur als Reaktion auf den Fehlschlag der bis dahin dominanten Modernisierungsvorstellungen und Wachstumsstrategien eine Abkoppelung der EL vom kapitalistischen Weltwirtschaftssystem meist in Verbindung mit der Übernahme sozialistischer Ordnungsvorstellungen oder der Verfolgung „dritter Wege" jenseits von Kapitalismus und Sozialismus gefordert (*Senghaas* 1972, 1977; *Amin* 1975, 1985; *Mansilla* 1974).

Die Debatte um eine Neuordnung der Weltwirtschaft wurde dabei vielfach als Scheingefecht abgetan. Die westlichen Ordnungspolitiker, allen voran die der USA und der Bundesrepublik Deutschland, interpretierten die Forderungen der EL als Infragestellung bewährter Grundsätze der Weltwirtschaft und als ernsthafte Gefährdung ihrer Funktionsfähigkeit. Sie leisteten den EL dementsprechend entschiedenen Widerstand, sahen sich aber nicht zuletzt unter dem Eindruck der OPEC-Politik genötigt, sich auf multilaterale Gespräche über weltwirtschaftliche Fragen und insbesondere über die Verbesserung der Position von Rohstoffanbietern einzulassen. So wurde in der zweiten Hälfte der 70er Jahre in Paris der sog. Nord-Süd-Dialog *(Konferenz für Internationale Wirtschaftliche Zusammenarbeit)* eingerichtet. Die EL hofften, die (westlichen) IL auf diesem Wege zu Verhandlungen über Weltwirtschaftsfragen bewegen zu können. Aber mit dem Nord-Süd-Gipfel von Cancun (Mexico 1981), der sich zu solchen Verhandlungen bekannte, wurde letztlich das ganze Konzept einer Neuordnung der Weltwirtschaft zu Grabe getragen.

Unter dem Druck der 1982 aufbrechenden Verschuldungskrise sahen sich die EL mehr und mehr zu einer rigiden Anpassung an die bestehenden weltwirtschaftlichen Strukturen gezwungen. Dieser Anpassungsprozeß wurde durch den Zusammenbruch sozialistischer oder sozialistisch orientierter Entwicklungswege in der zweiten Häfte der 80er Jahre ergänzt und forciert. Die Revolte gegen den Westen schien damit Ende der 80er Jahre beendet. So einfach liegen die Dinge jedoch nicht, wie z. B. der Bericht der *Süd-Kommission* (1990) und einige Reaktionen in der Dritten Welt auf den Golf-Krieg zeigen.

2. Neues „Südbewußtsein"?

Man könnte die Strukturanpassung und den Zusammenbruch alternativer Entwicklungsmodelle als ordnungspolitische Annäherung zwischen Nord und Süd interpretieren. So sind denn auch wesentliche Teile des *Süd-Berichts* im Einklang mit IWF- und Weltbank-Vorgaben der Forderung nach einem konsequenten Abbau *interner* Entwicklungshemmnisse in den EL gewidmet. Trotz bereits erfolgter Anstrengungen in dieser Richtung haben sich aber die Entwicklungsdisparitäten im Nord-Süd-Verhältnis im Laufe der 80er Jahre weiter verschärft (vgl. den Beitrag von *Nuscheler* in diesem Band über „Entwicklungspolitische Bilanz der 80er Jahre . . .") Der Bericht der *Süd-Kommission* hält denn auch an der Notwendigkeit fest, die Strukturanpassungsmaßnahmen der EL durch substantielle Zugeständnisse der IL auf außenwirtschaftlichem Gebiet zu ergänzen. Zur Erlangung dieser Konzessionen ist nach Ansicht der Autoren des *Süd-Berichtes* eine verstärkte Süd-Süd-Kooperation auf der Grundlage eines neuen „Südbewußtseins" unerläßlich.

Das Plädoyer für verstärkte Süd-Süd-Kooperation ist nicht besonders originell. Es schreibt in gewisser Weise das Konzept der *collective self-reliance* fort. Aber es ist doch „wichtig für die Entscheidungsträger in der Dritten Welt, weil (es) ihnen klarmacht, daß nicht Wehklagen und Betteln, sondern nur der Versuch, eine glaubwürdige Gegenmacht aufzubauen und mit einer „Südstimme" zu sprechen, Bewegung in die Nord-Süd-Beziehungen bringen kann" (*Nuscheler* 1990:13). Diese Südstimme könnte in dem Maße, in dem der wirtschaftliche Abstand zwischen dem Gros der EL und den westlichen IL trotz Strukturanpassung der EL weiter zunimmt, rasch wieder an Schärfe gewinnen; denn Verelendung erzeugt nicht nur Verzweiflung sondern auch Wut.

Im Golf-Krieg sind, wenn auch schemenhaft und nur für Augenblicke, Anzeichen tiefsitzender Spannungen im emotionalen Unterbau der Nord-Süd-Beziehungen aufgetaucht, die Triebkraft für die Herausbildung einer neuen Militanz im Nord-Süd-Verhältnis sein könnten. Zwar haben sich größere Solidaritätsbekundungen mit *Saddam Hussein* auf einzelne islamische Länder oder Länder mit großen islamischen Bevölkerungsteilen beschränkt, aber auch außerhalb der islamischen Welt wurde die Politik Iraks vielfach nicht nur als eklatanter Rechtsbruch, sondern zugleich als Widerstand gegen eine uneingeschränkte Dominanz des Westens erlebt (*Matthies* 1991; *Brock/Hessler* 1991).

Angesichts der Eindeutigkeit des irakischen Verstoßes gegen das Völkerrecht ist diese Ambivalenz gegenüber der Politik Iraks bemerkenswert. Sie reflektiert die in der Dritten Welt weit verbreitete Befürchtung, daß die Neuordnung des internationalen Systems nach dem Umbruch der Ost-West-Beziehungen die EL noch weiter an den Rand der Weltpolitik und der Weltwirtschaft drängen könnte als dies bisher schon der Fall ist.

Die ordnungspolitische Annäherung zwischen Nord und Süd darf nicht einfach als Ausdruck einer zunehmenden Wertschätzung westlicher Denktraditionen und Entwicklungsmodelle in der Dritten Welt betrachtet werden. Die Strukturanpassung erfolgte in aller Regel nicht freiwillig, sondern erst unter dem Druck der Auflagenpolitik von IWF und Weltbank. Die viel beachteten Ansätze zur Demokratisierung in Lateinamerika und Afrika stehen auf tönernen Füßen, solange sie keine ökonomische Zuversicht zu wecken vermögen. Und die Annäherung, die in einem umfassenderen Sinne durch die Vereinheitlichung von Konsumerwartungen, Kommunikationsformen und Wahrnehmungsmustern sowie durch die virtuelle und faktische Reduzierung von Entfernungen erfolgt, provoziert zugleich Abgrenzung, zuweilen in einer militant anti-westlichen Form, wie dies im islamischen Fundamentalismus der Fall ist.

Steht uns die anti-westliche Revolte erst noch bevor oder haben wir nur noch mit ein paar Rückzugsgefechten abgewirtschafteter Oligarchen zu rechnen, denen der Wind des Wandels kräftig ins Gesicht bläst? Gehört zu diesem Wandel die Auflösung der Dritten Welt und damit des Nord-Süd-Konflikts? Wenn nicht, wie ist die Entwicklung des Konfliktpotentials im Nord-Süd-Verhältnis einzuschätzen? Diese Fragen sollen im folgenden mit Blick auf die Bereiche Wirtschaft, Ökologie, Migration und Sicherheit behandelt werden.

3. Die ökonomische Differenzierung des Südens und die Verwundbarkeit des Westens

Seit dem Scheitern der Bemühungen von seiten der EL, die IL zu Globalverhandlungen über eine Neuordnung der Weltwirtschaft zu bewegen, ist auch in der die offizielle Entwicklungspolitik kritisch begleitenden Literatur die These weit verbreitet, daß die Dritte Welt aufgrund der rasch fortschreitenden inneren Differenzierung sich in einem Prozeß der Auflösung befinde (*Menzel* 1983, 1991). Grundsätzlich ist hiergegen einzuwenden, daß, wenn ein halbes Dutzend von 130 EL die Schwelle zum Industrieland erreicht, die Gesamtgruppe damit nicht notwendigerweise heterogener wird; möglicherweise ergibt sich das Gegenteil – nämlich dadurch, daß diese Länder, die sich weit von der überwiegenden Mehrheit der anderen entfernt haben, aus der Gesamtgruppe ausscheiden. Die Dritte Welt löst sich also nicht unbedingt durch Abbröckeln der Ränder auf, sie wird im günstigsten Fall einfach kleiner: Die Masse der EL fungiert weiterhin im Rahmen asymmetrischer Wirtschaftsbeziehungen als Peripherie des Weltwirtschaftssystems – sie bilden die strukturschwachen Regionen der Weltwirtschaft und sind eher Objekte als Subjekte der internationalen Wirtschaftspolitik (*Senghaas* 1988:145; *Holm* 1990).

Einiges spricht darüber hinaus dafür, daß sich die gemeinsamen Probleme des „harten Kerns" der Dritten Welt entgegen der Differenzierungsthese im Laufe der 80er Jahre eher vertieft als verflüchtigt haben. Dies betrifft die Fortsetzung und die Folgen der Verschuldung, die kontraproduktiven Effekte der Strukturanpassung, den Kapitalabfluß und den Mangel an neuen Krediten, die nicht nur der Umschuldung sondern der Bewältigung von Strukturproblemen dienen, die unzureichende Berücksichtigung von EL-Interessen in der *Uruguay-Runde* der GATT-Verhandlungen und schließlich auch die Steigerung des Wettbewerbsdrucks, dem die EL auf dem Weltmarkt durch die verschärfte Konkurrenz der IL untereinander und in diesem Zusammenhang auch durch die Einführung des EG-Binnenmarktes ausgesetzt sind. Die 80er Jahre gelten nicht ganz zu Unrecht als verlorenes Jahrzehnt für die Dritte Welt. Dabei ist die Schuldenkrise Ausdruck der Strukturprobleme der EL und hat diese zugleich verschärft.

In den 70er Jahren haben sich die EL ganz darauf konzentriert, über eine Neuordnung der Weltwirtschaft die zwischen Nord und Süd bestehenden Entwicklungsdisparitäten abzubauen. Seit Beginn der Schuldenkrise sind sie selbstkritischer geworden und schenken der Wechselwirkung zwischen internen und externen Entwicklungshemmnissen mehr Beachtung. Aber auch dieses gewandelte Problemverständnis hat die Konzessionsbereitschaft der IL nicht erhöht. Der Versuch, durch die Bildung eines Schuldnerkartells (der lateinamerikanischen Schuldnerländer) solche Konzessionen zu erzwingen, scheiterte in den 80er Jahren ebenso wie die Rohstoffkartellpolitik in den 70ern. Das lag jedoch nicht an der Differenzierung der Dritten Welt, sondern daran, daß einer gegen die Interessen der weltwirtschaftlichen Zentren gerichteten Süd-Süd-Kooperation enge Grenzen gesetzt sind. Der Grund hierfür liegt in der asymmetrischen Interdependenz auf wirtschaftlichem Gebiet zwischen Nord und Süd.

Zwar sind wohlmeinende Entwicklungspolitiker in den 70er und 80er Jahren nicht müde geworden, nach dem Motto: „Wir sitzen alle in einem Boot!" die gemeinsamen Interessen zwischen Nord und Süd herauszustreichen, von denen – analog zur Verhütung eines Nuklearkrieges – behauptet wurde, daß sie nur um den Preis der existentiellen Gefährdung beider Seiten vernachlässigt werden könnten (vgl. *Brandt-Bericht* 1980, 1983; *Brundtland-Bericht* 1987). Aber diese Argumente fanden in „normalen" Zeiten auf seiten der IL (außer in Sonntagsreden) keine Beachtung und wurden in Krisenzeiten letztlich gegen die EL ins Feld geführt.

So wurde in den 70er Jahren von seiten der IL gegen die Forderungen der EL eingewandt, daß deren Umsetzung die Funktionsfähigkeit der Weltwirtschaft gefährden und damit den EL selbst zum Schaden gereichen würden. In den 80er Jahren wurde mit dem Argument, daß aufgrund der Verschuldungskrise das Weltfinanzsystem zusammenbrechen könne, eine Schuldenpolitik durchgesetzt, die einseitig auf kurzfristige Stabilisierung ausgerichtet war und erforderliche Strukturanpassungen weitgehend den EL aufbürdete. Als im Rahmen des *Baker-Plans* von seiten des IWF und der Weltbank der Versuch unternommen wurde, für Strukturanpassungsleistungen der EL „fresh money" von den Banken einzuwerben, spielten diese nicht mit. Während die Banken abgesichert wurden, stieg die Gesamtverschuldung der EL im Verlaufe der 80er Jahre weiter an (vgl. den Beitrag von *Sangmeister*).

In der Ölpreiskrise der 70er und der Verschuldungskrise der 80er Jahre zeigte sich zwar, daß der Verweis auf die wirtschaftliche Interdependenz zwischen IL und EL kein leeres Gerede ist: Die IL sind gezwungen, auf Krisenerscheinungen in der Dritten Welt oder politische Eingriffe der EL in wirtschaftsstrategisch wichtige Bereiche der internationalen Arbeitsteilung (also insbesondere im Energiesektor) zu reagieren. Die IL sind aber bisher – im Sinne der interdependenztheoretischen Unterscheidung zwischen Sensitivität und Verwundbarkeit (*Keohane/Nye* 1977) – insofern wenig verwundbar, als sie immer noch über hinreichende Möglichkeiten verfügen, sich an veränderte Bedingungen (z. B. Rohstoffpreiserhöhungen) so anzupassen (durch Einsparungen, Substitution und Erhöhung der relativen Verfügbarkeit von Rohstoffen) oder in Krisenentwicklungen so einzugreifen (Umschuldungsverhandlungen), daß wirtschaftliche Einbrüche vermieden werden. Deshalb konnten IL bisher ihre dominante Position im Weltwirtschaftssystem ohne wesentliche Konzessionen an die EL beibehalten.

Dies wird auf absehbare Zeit so bleiben, es sei denn, daß die IL selbst in Wirtschaftskrisen geraten, die ihre Anpassungs- und Eingriffsmöglichkeiten verringern und damit auch diese Länder im Rahmen der Nord-Süd-Beziehungen verwundbar werden. Eine solche Entwicklung könnte auch dadurch eintreten, daß die wirtschaftliche Konkurrenz im Dreieck USA, Westeuropa, Japan sich bis zu einem Punkt verschärft, an dem die Wirtschaftsbeziehungen zur Dritten Welt (wieder) strategische Bedeutung für die IL erhalten und damit auch die Konfliktfähigkeit der EL gegenüber den IL wieder wächst.

Hier erhebt sich aber die Frage, ob eine fortgesetzte Fehlentwicklung in der Dritten Welt nicht heute schon die IL indirekt mit Folgen bedroht, die die bisher praktizierten Methoden der Krisenabwehr überfordern. Gemeint sind hier die globalen ökologischen Folgen der Fehlentwicklung und die durch Fehlentwicklungen ausgelösten Massenwanderungen.

4. Ökologische Weltprobleme als Nord-Süd-Konflikt

Ähnlich wie der *Brandt-Bericht* zu Beginn der 80er Jahre für den Bereich der Ökonomie, vertrat der *Brundtland-Bericht* (1987) für den Bereich der Ökologie die These, daß IL und EL nur gemeinsam überleben können. Wie im ökonomischen Bereich sind aber auch auf ökologischem Gebiet gravierende Interessendivergenzen zwischen Nord und Süd kaum zu übersehen.

Jede Form des Wirtschaftens ist mit der Belastung natürlicher Ressourcen verbunden. Diese Belastung kann im Verbrauch nicht-erneuerbarer Ressourcen (z. B. Rohstoffe) bestehen, aber auch in der Veränderung der Charakteristika grundsätzlich erneuerbarer Ressourcen (Treibhauseffekt) bis hin zur Aufhebung ihrer Fähigkeit zur Selbsterneuerung („Umkippen" von Gewässern, Zerstörung der Ozonschicht). In der ersten Phase der Diskussion über Ressourcenfragen und Umweltschutz im Anschluß an den ersten Bericht des *Club of Rome* (*Meadows* 1972) ging es vor allem um die Verknappung nichterneuerbarer Ressourcen.

Schon hier spielte das Nord-Süd-Verhältnis eine gewichtige Rolle; denn aus der Knappheit der Ressourcen wurde die Notwendigkeit einer globalen Wachstumsbegrenzung abgeleitet. Deren Durchsetzung hätte die EL härter getroffen als die IL, weil es im Ergebnis zu einer Festschreibung des bestehenden Wohlstandsgefälles gekommen wäre. Die EL sahen das Problem denn auch nicht in der Knappheit der Ressourcen, sondern in deren ungerechter Verteilung (*Herrera* 1977). Auf der ersten *Weltumweltkonferenz* (Stockholm 1972) vertraten sie den Standpunkt, daß Umweltzerstörung ein Anzeichen für Entwicklung sei und ein Verzicht auf Umweltbelastungen folglich gleichbedeutend mit einem Verzicht auf Entwicklung.

Inzwischen ist auch in der Dritten Welt eine rege Umweltdebatte in Gang gekommen. Auch für die EL ist Umweltschutz zu einem zentralen Politikfeld geworden. Aber der Streit zwischen IL und EL um Fragen des Umweltschutzes hat weiter zugenommen. Dabei geht es heute vor allem um die weltweite Belastung der grundsätzlich erneuerbaren Ressourcen – Wasser, Boden und Atmosphäre.

Von seiten der EL wird geltend gemacht, daß die IL mit einem Viertel der Weltbevölkerung für 75% des Weltenergieverbrauchs, 75% der Emission von Treibhausgasen sowie für 90% der FCKW-Emissionen verantwortlich seien. Der Verbrauch und die Zerstörung der natürlichen Ressourcen durch die IL sei dabei das Produkt einer Ökonomie des Reichtums; der größere Teil der Umweltzerstörung in der Dritten Welt sei demgegenüber armutsbedingt. So wie die Armen keine Alternative zur Zerstörung ihrer lokalen Umwelt hätten, so hätten die EL insgesamt aufgrund der bestehenden weltwirtschaftlichen Zwänge keine Alternative zum Raubbau an ihren exportfähigen Rohstoffen. Diese Zwangslage habe sich in der Verschuldungskrise weiter verschärft.

Aus all dem wird die Pflicht der IL abgeleitet, besondere Verantwortung für den Schutz der Umwelt einschließlich seiner Finanzierung zu übernehmen, bevor die EL mit der Forderung konfrontiert würden, auf bestimmte Produktionslinien (z. B. Massenproduktion von Kühlaggregaten, die FCKW absondern) oder die Ausbeutung bestimmter Ressourcen (vor allem der Regenwälder) zu verzichten. In diesem Zusammenhang wird die Umweltpolitik der IL gegenüber der Dritten Welt als Öko-Imperialismus oder ökologische Hegemonie gebrandmarkt (vgl. *Sachs* 1991).

Von seiten der IL wird hingegen argumentiert, daß Bemühungen um Umweltschutz von ihrer Seite wenig brächten, wenn diesen Bemühungen zunehmende Umweltbelastungen durch die bevölkerungsstarken Länder des Südens entgegenstünden. Die Politik von Ländern wie Indien und China, die ihre Beteiligung an internationalen Umweltschutzabkommen von Kompensationszahlungen der IL für Umweltschutzleistungen der EL abhängig machen, erscheint westlichen Beobachtern als Erpressungsversuch, bei dem (nach dem Öl) nunmehr die Umwelt als Waffe eingesetzt werde, um Interessen der EL gegenüber den IL durchzusetzen (*Adam* 1990).

Offensichtlich ist die internationale Umwelt-Diplomatie trotz der Anstrengungen der *Brundtland-Kommission* noch nicht weit über ein Interessengerangel hinausgelangt, bei dem es darum geht, wie Verantwortung abgeschoben und Umweltkosten externalisiert werden können (*Sachs* 1991:16). Diesem Streit liegt der Sachverhalt zugrunde, daß die IL aufgrund ihres historischen Vorsprungs bislang die grenzüberschreitenden ökologischen Folgen ihrer wirtschaftlichen Entwicklung auf die ganze Welt verteilen konnten. Wenn man von bestimmten Belastungsgrenzen ausgeht, wird der Spielraum für die Externalisierung von Umweltbelastungen durch die Industrialisierung der EL zunehmend eingeschränkt.

Die IL haben von daher das naheliegende Interesse, für die Industrialisierung der Dritten Welt, sofern sie mit grenzüberschreitenden Belastungen einhergeht, Umweltstandards durchzusetzen, die die Kosten für die eigene Anpassung an die globale Industrialisierung möglichst gering halten: Nach den immer noch vorherrschenden Perzeptionsmustern ist das ganze ein Nullsummenspiel, bei dem jede von den EL verbrauchte „Umwelteinheit" einen entsprechenden Minderverbrauch für die IL bedeutet und umgekehrt. Betrachtet man unter dieser Perspektive das Bevölkerungswachstum in der Dritten Welt und den damit notwendig einhergehenden Mehrverbrauch natürlicher Ressourcen, so liegt der Schluß nahe, daß bald die Luft zum Atmen knapp werden könnte.

Chaostheoretische Überlegungen sprechen gegen diese Art von Knappheitserwägungen. Sie weisen ökologische Zusammenhänge als grundsätzlich offen aus und erlauben eine dynamische Betrachtungsweise der Gesamtproblematik. Das bedeutet, daß umweltrelevantes Verhalten stets mit hohen Risiken verbunden ist, weil kleine Ursachen große Wirkungen haben können, woraus umgekehrt aber auch folgt, daß selbst kleine Beiträge zum Umweltschutz von großer Bedeutung für die Aufrechterhaltung der Überlebensbedingungen der Menschheit sein können. Unter chaostheoretischer Perspektive ist umweltrelevantes Handeln stets ein Handeln unter Risiko, wobei wir nur die Höhe des potentiellen, nicht aber des jeweils aktuellen Risikos kennen. Dieser Sachverhalt kann zu einem Orientierungsverlust der Umweltpolitik führen *(permissive ecology)*. Aus ihm läßt sich aber auch eine sehr einfache und klare Direktive ableiten: fortschreitende, auch einseitige, nach ihrer inhaltlichen und geographischen Reichweite „grenzenlose" Risiko-Minimierung statt Fixierung von imaginären Belastungsgrenzen als Grundlage für die Verteilung von Belastungsquoten. Gerade im Umweltbereich sind Bedrohungsvorstellungen verbreitet, die dazu beitragen, die öffentliche Aufmerksamkeit von den „hausinternen" Problemen und dem eigenen Verhalten auf das Verhalten der jeweils anderen zu lenken. Das Problem des mit dem Bevölkerungswachstum einhergehenden Ressourcenverbrauchs darf uns nicht in eine „Entweder wir oder sie"-Haltung treiben, die uns den Blick darauf verstellt, daß es nicht nur um die Umverteilung vorhandener Ressourcen bzw. der Rechte zur Ressourcenbelastung geht, sondern um die Erweiterung der Möglichkeiten menschlichen Lebens auf der Erde (*Shiva* 1989). So wird denn auch allenthalben ein Perspektivenwechsel in der globalen Umweltpolitik gefordert, zu dem sich auch die Politiker gern bekennen, der aber immer wieder im Kampf um die Durchsetzung partikularer Interessen verlorengeht.

Wenn in den IL über die ökologischen Gefahren geklagt wird, die aus den EL drohen, so sollte dabei nicht übersehen werden, daß die IL selbst auf vielfältige Art und Weise an der Umweltvernichtung in der Dritten Welt beteiligt sind:

- Sie liefern einen Großteil des Kapitals und der Technologie für die Ausbeutung der Naturressourcen in den EL;
- sie stellen immer noch den größeren Teil der Nachfrage für die durch Raubbau gewonnenen Produkte;
- sie exportieren Giftmüll in die EL, und einzelne Firmen nutzen im Wege der Produktionsverlagerung lasche Umweltstandards in der Dritten Welt aus;
- die IL bestimmen weitgehend die weltwirtschaftlichen Bedingungen, unter denen die EL produzieren und die ihnen oft keine Alternativen zum Raubbau bieten.

Bei der Frage der umweltverträglichen Ressourcennutzung in der Dritten Welt steht also stets auch die Rolle der IL als Wirtschaftspartner der EL zur Debatte. Dieser Sachverhalt erleichtert die Nord-Süd-Verständigung über Umweltfragen keinesfalls. Hinzu kommt, daß das Interesse an kooperativen Lösungen immer noch durch die Erwartung sehr unterschiedlicher Auswirkungen von Umweltveränderungen (wie z. B. dem Treibhauseffekt) eingeschränkt wird. Für westliche IL – so wird, wenn auch in kritischer Absicht, argumentiert – böte ein durch den Treibhauseffekt verursachter Anstieg des Meeresspiegels möglicherweise einen Wachstumsimpuls (Deichbau), Bangladesh brächte er den Untergang (*Meyer-Abich* 1990:66).

Dagegen ist einzuwenden, daß zwar auch im Umweltbereich eine deutliche Asymmetrie der Interdependenz besteht, dies aber nur hinsichtlich der *direkten* Folgen globaler Umweltprobleme; denn mit dem Deichbau im Norden und dem Untergang Bangladeshs, um bei den Beispielen zu bleiben, wäre das Problem für die IL keineswegs erledigt – es sei denn, sie würden die Deiche gleich als Schutzwälle gegen die Flut von Umweltflüchtlingen bauen, die ein Untergang Bangladeshs (und die gleichzeitige Verschlechterung der natürlichen Lebensbedingungen in anderen Ländern) hervorbringen würde.

Diese Dimension der Interdependenz ist unbedingt einzubeziehen, wenn es um die Auswirkungen global wirksamer Umweltzerstörungen geht. Sie zeigt die ganze Brüchigkeit von Spekulationen, die dahin gehen, daß einzelne Länder bei globalen Umweltkatastrophen ungeschoren davonkommen könnten. Je weniger sie direkt von solchen Katastrophen betroffen sind, desto mehr werden sie sich mit deren indirekten Folgen z. B. in Gestalt von Umweltflüchtlingen auseinandersetzen müssen.

5. **Herausforderungen durch Migration**

Neben der Umweltproblematik hat im Laufe der 80er Jahre das Problem der Zuwanderung aus den EL erhebliche öffentliche Aufmerksamkeit gefunden. Es gibt zur Zeit wohl kein anderes auf die Dritte Welt bezogenes Thema, das mehr Unbehagen weckt. Die Angst vor dem „Aufbruch der Massen nach Europa" (*Nicholson* 1990) ist weit verbreitet. Inwieweit ist sie begründet?

Es gibt heute rund 15–20 Mio. Menschen, die nach den strengen Kriterien des UNHCR als Flüchtlinge zu gelten haben. 1970 waren es 5 Mio., 1980 ungefähr 10 Mio. (*Arnold* 1991:275). Hierbei handelt es sich um Menschen, die unmittelbar Opfer von Krieg und Vertreibung sind. Nun kommen aber als neue Gruppe von Menschen, die einer ihr Leben und ihre Gesundheit unmittelbar bedrohenden Situation zu entkommen versuchen und in andere Gebiete ausweichen, die Umweltflüchtlinge hinzu. Deren Zahl ist schwer abzuschätzen, da die Unterscheidung zwischen Umweltflüchtlingen und Arbeitsmigranten nicht klar zu treffen ist. *Opitz* (1991:268) spricht von 50–500 Mio. Umweltflüchtlingen je nach Zählkriterium, das *Internationale Arbeitsamt* (ILO) von 100 Mio. Arbeitsmigranten (*Arnold* 1991:272), und nach Schätzungen des *Internationalen Komitees des Roten Kreuzes* (IKRK) und der *Umweltbehörde der Vereinten Nationen* (UNEP) gibt es 500 Mio. Migranten insgesamt, einschließlich der Umweltflüchtlinge und der „klassischen" Kriegsopfer (*Arnold* 1991:273). Die Gesamtzahl der Migranten wird nach diesen Schätzungen bis zum Jahr 2000 auf 1 Mrd., knapp ein Sechstel der dann zu erwartenden Weltbevölkerung von 6,2 Mrd. Menschen, anwachsen.

Bei der Migranten-Problematik handelt es sich bisher nur bedingt um ein Nord-Süd-Problem. Zwar entstammen zwei Drittel der Flüchtlinge im engeren Sinne und wahrscheinlich ein weit höherer Teil der Migranten insgesamt der Dritten Welt. Der weitaus größere Teil hiervon verbleibt jedoch auch in der Dritten Welt. Nur 5% der UNHCR-Flüchtlinge sind bis zum Ende der 80er Jahre nach Westeuropa gekommen. Die Zahl aller Ausländer insgesamt, die legal aus nicht-westlichen Ländern in das EG-Gebiet eingewandert sind, liegt heute bei rund 6 Mio. Menschen, also unter 2% der EG-Bevölkerung (*Arnold* 1991:275).

In der Bundesrepublik betrug der Anteil der sich legal im Lande befindlichen Ausländer an der Gesamtbevölkerung vor der Vereinigung 7,5%, nach der Vereinigung 6,5%, ein Viertel weniger als in Belgien oder Frankreich und weit weniger als die Hälfte des Ausländeranteils in der Schweiz. Von den Ausländern in der Bundesrepublik zählen rund Zweidrittel als Altzuwanderer, die schon mehr als 10 Jahre im Lande sind, und rund ein Drittel stammt aus dem heutigen EG-Raum. Insgesamt hat die offizielle Zuwanderung bisher den Rückgang der einheimischen Bevölkerung kompensiert, also zu keinem nennenswerten Anstieg der Gesamtbevölkerung geführt (*Arnold* 1991:278). Wie die Zahlen zeigen, kann bisher von einem Aufbruch der Massen aus der Dritten Welt nach Europa nicht die Rede sein. Dennoch löst die Frage der Zuwanderung weitreichende Befürchtungen aus. Die Gründe hierfür sind komplex.

Erstens hat, ungeachtet der verhältnismäßig niedrigen Ausgangswerte, die Zahl der Migranten auch aufgrund illegaler Zuwanderung so zugenommen, daß sie im täglichen Leben der Menschen – und zwar nicht nur in den Ballungsgebieten, sondern auch auf dem flachen Lande – sichtbar werden. Dabei handelt es sich – anders als bei den früheren Gastarbeitern – um Problemfälle, um „Treibgut der Weltpolitik" (*Matthies* 1985a:58). In diesem Sinne werden sie von der einheimischen Bevölkerung als Komplizierung der eigenen Probleme (Wohnung, Arbeitsplatz) gesehen. Mit den Migranten zieht das Fremde ein, das die Einheimischen dazu bringt, den Wandel der eigenen Gesellschaft als Fremdwerden in dieser Gesellschaft zu erleben und zu fürchten. Die Migranten wirken als ständiges Warnzeichen. Obwohl sie kommen, weil es Europa gut geht, tragen sie nicht zur Stärkung der Zuversicht und des Selbstbewußtseins der Einheimischen bei, sondern zu ihrer Verunsicherung über die eigene Zukunft angesichts einer sich verschlechternden Weltlage, von der die Zuwanderer künden.

Zweitens macht die besondere Militanz gegenüber Asylsuchenden in der ehemaligen DDR deutlich, wie weit das Verhalten gegenüber den Fremden durch die eigenen Probleme geprägt ist. Die Fremden werden in klassischer Weise zu Objekten der Konfliktprojektion, also zu Sündenböcken, und sind in dieser Rolle austauschbar.

Drittens stellen demgegenüber die gewalttätigen Auseinandersetzungen zwischen überwiegend jugendlichen Zuwanderern (meist der zweiten Generation) und der Polizei oder anderen jugendlichen Gruppen in Großbritannien, Belgien und Frankreich in gewissem Umfang eine Verlagerung des Nord-Süd-Konflikts in den Norden dar, weil sie Ausdruck der Herausbildung von Süd-Gettos im Norden sind und in die Selbstbehauptungsstrategien dieser Gettos auch die Aufarbeitung von Nord-Süd-Geschichte hineinspielt. Die Auflösung solcher Konflikte i. S. des Konzepts einer multikulturellen Gesellschaft ist bisher nirgendwo abzusehen.

Viertens erzeugt Migration ohne Integration insbesondere in der zweiten Generation, die zwischen zwei Kulturen aufwächst und zu keiner gehört, ein „Klima der Entwurzelung, der Wertekonfusion und der sozialen Regellosigkeit" (*Wöhlcke* 1991:255). Dies ist insbesondere in den Ballungsgebieten, in denen sich die Widersprüche und Wertekonfusionen der Gastgesellschaft selbst am deutlichsten zeigen, der Fall und prägt die Verhaltensweisen der betroffenen Jugendlichen. Hierbei handelt es sich um einen Widerschein dessen, was sich mit weit größeren sozialen Verheerungen in der Dritten Welt vollzieht. Dort sind alte Wertorientierungen, Autoritätsstrukturen und soziale Bindungen durch das allzu große Tempo des von außen über Kolonialismus und postkoloniale Modernisierung induzierten sozialen Wandels aufgebrochen worden, ohne durch tragfähige neue ersetzt worden zu sein. Die Befürchtung liegt nahe, daß die sich daraus ergebenden Probleme durch verstärkte Migration auf die IL übertragen werden würden. Außerdem erhöht die Internationalisierung der Kriminalität in Verbindung mit dem Drogenhandel das Mißtrauen gegenüber Migranten aus der Dritten Welt, da die Drogen in aller Regel von dort kommen.

Fünftens legen die Schätzung, daß sich die Zahl der Gesamtmigranten in den 90er Jahren von 500 Mio. auf 1 Mrd. verdoppeln wird, und die weitere relative Reduzierung der interkontinentalen Entfernungen durch den Flugverkehr den Schluß nahe, daß der Migrationsdruck auf Europa erheblich zunehmen wird, und zwar im Sinne einer Internationalisierung der Landflucht, also ihrer Ausweitung auf die nördlichen Metropolen. Unter rein ökonomischen Gesichtspunkten könnte Europa eine erhebliche Zuwanderung verkraften. Die Wirtschaft ist an einer gewissen Einwanderung interessiert. Dennoch könnte die Aufnahmefähigkeit der (west-) europäischen Gesellschaften in ökonomischer und mehr noch in sozio-kultureller oder sozialpsychologischer Hinsicht überfordert werden, da die Zuwanderung nicht gleichmäßig und bedarfsgerecht erfolgen, sondern sich an der Entwicklung der Situation in der Dritten Welt orientieren wird.

Als Fazit ließe sich formulieren, daß die Migrationsproblematik Bedrohungsvorstellungen auslöst, die zum Teil mehr durch die Probleme der eigenen westlichen Gesellschaften als durch die Größenordnung und Qualität der tatsächlichen oder erwartbaren Zuwanderung bestimmt sind. Andererseits besteht ein erhebliches Konfliktpotential, da eine spürbare Ausweitung des Migrationsdrucks auf Europa möglich ist und in diesem Falle mit Anforderungen zu rechnen wäre, die die Anpassungsfähigkeit der Gesellschaften überfordern könnten. Hier geht es u. a. um Fragen der kommunikativen Kompetenz und der Verhaltenssteuerung auf beiden Seiten – auf seiten der Aufnahmegesellschaften wie auf seiten der Zuwanderer.

Die nächstliegende Antwort auf einen zunehmenden Migrationsdruck ist eine Einschränkung der Zugangsmöglichkeiten und eine restriktivere Praxis der Aufenthaltsgewährung in den IL. Schritte in diese Richtung stellen das *Schengener* und das *Dubliner Abkommen* (beide von 1990) dar. Ein weiterer Schritt besteht in der verschärften Kontrolle von Zugangsgebieten. In den

Mittelmeeranrainer-Staaten werden solche Kontrollen bereits durchgeführt, während die USA in den vergangenen Jahren den Grenzzaun zu Mexiko erhöht sowie die Kontrollen an der Grenze erheblich verstärkt haben und auf die karibischen Küstengewässer auszudehnen begannen, um die Bootsflüchtlinge aus der Karibik abzufangen (vgl. *Sommer* 1991).

Wie die Erfahrungen an der amerikanisch-mexikanischen Grenze zeigen, ist zu erwarten, daß auf diese Art und Weise die Zuwanderung zwar erschwert aber nicht verhindert werden kann. Soweit den in Not geratenen Menschen ein Ausweg genommen wird, dürfte sich die Situation vor Ort noch verschlimmern, so daß sich der Migrationsdruck wie der Druck in einem Kessel, aus dem kein Dampf entweichen kann, noch weiter verschärfen würde.

Massenwanderungen gehören zur Geschichte der Zivilisation ebenso wie die Verpflichtung, Flüchtlingen Asyl zu gewähren. Das Bewußtsein für die historische Kontinuität von Massenwanderungen sollte uns helfen, einen kühlen Kopf zu bewahren, und die im Grundgesetz festgeschriebene Verpflichtung, Asyl zu gewähren, daran erinnern, daß es nicht darum geht, Gnade walten zu lassen, sondern darum, sich auch in schwierigen Zeiten an die Grundwerte der eigenen Zivilisation zu halten.

Zweifellos kann weder Europa allein noch der Westen insgesamt die Probleme der Dritten Welt lösen, indem die westlichen Länder die Menschen aufnehmen, die unter den gegebenen Umständen in ihren Heimatländern keinen Platz mehr finden. Sie können jedoch durch eine gemeinsame Quotenregelung für die Aufnahme von Opfern akuter Notsituationen nach US-amerikanischem oder kanadischem Vorbild verläßliche Katastrophenhilfe leisten; sie können die ökonomischen und sozialen Folgeprobleme der Migration durch materielle Übergangshilfen und eine Stärkung der kommunikativen Kompetenz auf beiden Seiten (bei den Zuwanderern und der Gastgesellschaft) abfedern.

Eine Lösung des Problems fordert aber natürlich mehr als das. Sie fordert eine Politik, die darauf gerichtet ist, die Ursachen der Migration in den Herkunftsländern abzubauen. Die Bundesregierung hat hierzu im Herbst 1990 eine „Flüchtlingskonzeption" vorgelegt. Eine den Problemen auch nur entfernt angemessene Umsetzung der Konzeption steht aber noch aus. Dies liegt möglicherweise daran, daß man vor der Größenordnung der Probleme kapituliert.

Zugangskontrollen und die Bekämpfung der Ursachen von Migration und Flucht stellen nicht notwendig eine Alternative dar. Die Frage ist, in welchem Verhältnis Zugangskontrollen und Bemühungen um eine Behebung der Migrationsursachen stehen. Überläßt man die Dinge ihrer eigenen Dynamik, so wird der Kontroll- bzw. der Abschottungsansatz ganz in den Vordergrund rücken; denn was die Politik durch die Errichtung von Mauern glaubt lösen zu können, wird sie nicht durch kompliziertere, mit viel Ungewißheit behaftete Alternativen lösen wollen. Es kommt nicht darauf an, einer bedingungslosen Öffnung der westlichen Gesellschaften für die Mühseligen und Beladenen der Welt das Wort zu reden, sondern darauf, der Verabsolutierung einer

Abschottungsstrategie entgegenzuwirken, die letztlich die Gesamtproblematik verschärft und uns von einer realistischen Auseinandersetzung mit den Problemen der Dritten Welt abhält.

6. **Militärische Bedrohung**

Die Versuchung, angesichts der Komplexität der Probleme im ökonomischen, ökologischen und sozio-kulturellen Bereich Abschottungsneigungen gegenüber der Dritten Welt nachzugeben, könnte auch durch sicherheitspolitische Erwägungen und neue Bedrohungsvorstellungen auf diesem Gebiet gefördert werden.

Der Umbruch der Ost-West-Beziehungen hat zu einer bemerkenswerten Debatte darüber geführt, wie sich die Zukunft der Nord-Süd-Beziehungen auf sicherheitspolitischem Gebiet gestalten werde. Zur Zeit des Kalten Krieges fanden Spannungen und Konflikte in der Dritten Welt vor allem unter dem Gesichtspunkt Beachtung, welche Bedeutung ihnen für das Weltkräfteverhältnis zwischen Ost und West beizumessen war. Sicherheitsprobleme im Nord-Süd-Verhältnis galten weitgehend als aus dem Ost-West-Konflikt abgeleitete Probleme. Folglich wäre zu erwarten gewesen, daß die Dritte Welt in dem Maße an Bedeutung als Gegenstand westlicher Sicherheitspolitik verlieren würde, in dem die Ost-West-Entspannung voranschritt. Das war aber nicht der Fall. Im Gegenteil: Die Abwertung des Ostens als Gegenstand westlicher Bedrohungsvorstellungen und militärstrategischer Planungen führte zu einer Aufwertung der Dritten Welt in der westlichen Sicherheitspolitik. In den Worten von NATO-Generalsekretär *Manfred Wörner* (1991:6):

> „Wenn wir von einer Verringerung der klassischen Bedrohung der Sicherheit des Bündnisses sprechen, dann dürfen wir nicht die wachsende Bedeutung der von außerhalb des Bündnisgebiets (aus der Dritten Welt, L. B.) auf uns zukommenden Herausforderungen übersehen. (...) Dies wird zweifellos eine Verfeinerung unserer gemeinsamen Krisenbewältigungsinstrumente erfordern."

Dementsprechend werden im Rahmen der NATO wie auch bei den nationalen Planungen Vorkehrungen für flexible Eingreifkapazitäten getroffen:

> „Unsere künftige Streitkräftestruktur wird sich auf kleinere, mobile und flexiblere aktive Verbände abstützen, die in der Lage sind, auf Angriffe, gleich aus welcher Richtung, zu reagieren" (*Verteidigungsplanungsausschuß/Nukleare Planungsgruppe* 1990:30).

Die Einrichtung dieser Verbände erfolgt zwar keineswegs nur mit Blick auf Konflikte in und mit der Dritten Welt. Die aus der Sicht der NATO außerhalb des Bündnisgebietes *(out of area)* auftauchenden Probleme werden jedoch mit denen innerhalb des klassischen Geltungsbereichs der Bündnisverpflichtungen gleichgestellt. Dieser Entwicklung entsprechen auf seiten der USA

- die Umorientierung der Einsatzplanung vom *Low Intensity Conflict* (Kampf gegen von außen unterstützte Guerilla-Verbände) hin zu „klassischen" militärischen Konfrontationen;
- die „Süddrehung" der Strategischen Verteidigungsinitiative" der USA, die in angepaßter Form nunmehr der Abwehr von Raketenangriffen auch aus dem Süden dienen soll;
- die Wiederaufnahme von Planungen für eine Erweiterung der Transportkapazitäten (Großtransport-Flugzeug C -17);
- Vorkehrungen für den Ausbau der weltraumgestützten Aufklärungs- und Kommunikationstechnik;
- die Forcierung der militärischen Forschung zur Entwicklung neuer, den veränderten politischen Rahmenbedingungen angepaßter Waffensysteme (intelligente Waffen);
- Vorkehrungen zur schnellen Aktivierung von Reserveverbänden (*Müller* 1992).

In der Bundesrepublik ist angesichts der neuen Lageeinschätzung und unter dem Eindruck des Golf-Krieges die Debatte über *Out of area*-Einsätze der Bundeswehr wieder heftig entbrannt, wobei es nicht nur um eine „klarstellende Grundgesetzänderung" zugunsten weltweiter Militäreinsätze im Rahmen kollektiver Friedenssicherung geht, sondern auch um den Versuch, das weltpolitische Selbstverständnis Deutschlands nach der Vereinigung zu bestimmen.

Begründet werden diese Aktivitäten und Neuorientierungen u. a. mit dem Argument, daß viele EL selbst zu Militärmächten werden, wobei „der Trend zur Abrüstung und zu schrumpfenden Verteidigungshaushalten in den Industrieländern (...) die Bedeutung der Waffenarsenale in vielen Ländern der Dritten Welt (...) umso gefährlicher erscheinen läßt" (*Wörner* 1991: 6). Ein zweites Argument besagt, daß die Auflösung des Ost-West-Konflikts zwar eine (interdependentere und weniger militarisierte Welt" möglich mache, diese Welt „aber auch brüchiger und mehr den Erpressungsversuchen ausgesetzt sein wird, die ein kleines, aber strategisch günstig gelegenes Land wie der Irak immer wieder unternehmen kann" (*Wörner* 1991: 10).

Was das erste Argument betrifft, so besteht heute in der Tat Anlaß zu der Frage, ob nicht eine ganze Reihe von EL im Gegensatz zum ursprünglichen Selbstverständnis der Blockfreien zu einem militärischen Machtfaktor in der Weltpolitik geworden sind (*Krell* 1990: 20). Von besonderer Bedeutung ist hierbei die Weiterverbreitung von Raketentechnologie und Massenvernichtungswaffen, deren Kombination große Zerstörungen über weite Entfernungen ermöglicht. Bereits jetzt verfügen zwanzig EL über ballistische Raketen und drei Länder (Indien, Israel und Irak) über Massenvernichtungswaffen. Ein gutes Dutzend weiterer Staaten ist wahrscheinlich dabei, sich Massenvernichtungskapazitäten zuzulegen oder wird dies in den kommenden Jahren tun; gleichzeitig verfügen sie über Raketen bzw. über die Raketentechnologie (vgl. *Fetter* 1991: 4).

Abgesehen von der Problematik der Aufrüstung als solcher gewinnt diese Entwicklung dadurch besondere Bedeutung, daß es sich zum größeren Teil um Staaten in spannungsreichen Zonen (Nahost, West- und Südasien, Südostasien) handelt. Die Gefahr, daß die vorhandenen oder neu entstehenden Militärkapazitäten eingesetzt werden und daraus bei wachsender Reichweite und Zerstörungskraft auch inter-regionale Konflikte entstehen, ist dementsprechend nicht zu unterschätzen. Außerdem besteht ein Trend zu überschüssiger Rüstung, da es den betroffenen EL nicht nur darum geht, sich für das Durchstehen von Regionalkonflikten zu rüsten, sondern auch darum, über die Rüstung gegenüber den IL bzw. weltweit eine Machtstellung zu erwerben, durch die sie ihre untergeordnete wirtschaftliche Stellung hoffen kompensieren zu können.

Andererseits steht ohne eine entsprechende wirtschaftliche Basis jeglicher Militärapparat auf schwachen Füßen. Die „neuen Waffenstaaten" sind also weit davon entfernt, „klassische" Militärmächte zu werden: „Da die Drittweltländer nur über geringe Industriekapazitäten verfügen, haben sie auch nur ein sehr geringes militärisches Potential und deswegen auch eine geringe strategische Bedeutung" (*Evera* 1991: 18). Die Golfstaaten bilden hier eine Ausnahme, nicht die Regel.

Was das zweite Argument (erhöhte Brüchigkeit der neuen internationalen Ordnung) betrifft, so läßt sich für den alten Geltungsbereich der westlichen Bündnispolitik feststellen, daß hier die Auflösung des Ost-West-Konflikts zu erheblichen Instabilitäten geführt hat und alte Konflikte neu aufbrechen (Jugoslawien, Sowjetunion). Bezogen auf die Dritte Welt sind die Folgewirkungen der Auflösung des Ost-West-Konflikts weniger klar. Es ließe sich argumentieren, daß der Golf-Krieg zu Zeiten des Kalten Krieges nicht zustandegekommen wäre, da er den Supermächten zu riskant gewesen wäre. Andererseits wurden aber die Parteien in Regionalkonflikten von außen (den Supermächten oder ihren Bündnispartnern) unterstützt mit dem Ergebnis, daß die militärische Gewaltanwendung intensiviert, zeitlich ausgedehnt oder überhaupt erst möglich gemacht wurde.

Offenbar hat die Bipolarität in der Dritten Welt ebenso stabilisierend wie destabilisierend gewirkt. Die Auflösung des Ost-West-Konflikts bedeutet also keineswegs automatisch, daß die Weltordnung brüchiger wird und die einzelnen Staaten mehr als bisher den Erpressungsversuchen anderer ausgesetzt sein werden. Die Ost-West-Konfrontation bot mehr Möglichkeiten der Erpressung als die neue multi- oder auch uni-polare Konstellation. Von daher stellt sich die Frage, ob die Promptheit, mit der sich der Westen den neuen Bedrohungen im Süden zugewandt hat, nicht auch durch andere Faktoren bestimmt ist als durch die militärische Aufrüstung von EL.

NATO-Generalsektretär *Wörner* legte in seinen bereits zitierten Ausführungen Wert auf die Feststellung, daß die NATO nicht auf der Suche nach neuen

Bedrohungsszenarien sei. Andererseits ist aber festzuhalten, daß die Aufrüstung der Dritten Welt, die jetzt als Bedrohung empfunden wird, im wesentlichen durch die IL selbst bewerkstelligt worden ist und diese Aufrüstung in der Hauptkonfliktregion der Dritten Welt (Naher Osten) in unverminderter, wenn nicht beschleunigter Form weitergeht. Insofern sind die militärischen Bedrohungen, denen der Westen sich im Süden gegenübersieht, „hausgemacht" (*Brzoska* 1990), und wenn sie eine Gefahr für den Westen darstellen, so heißt das, daß es sich um eine Selbstgefährdung handelt.

Gerade die Europa nächstgelegene Konfliktzone (Nordafrika, Naher Osten) bietet eine scharfe Herausforderung für das Selbstverständnis der westlichen Gesellschaften. Diese Herausforderung weckt Ängste, sie kann aber den westeuropäischen Gesellschaften auch helfen, die ideologischen Lücken zu füllen, die durch die Auflösung des sozialistischen Lagers entstanden sind.

Die westlichen Gesellschaften haben sich in den vergangenen vierzig bzw. siebzig Jahren als Antipode des Realsozialismus entwickelt. Der Wegfall dieser identitätsstiftenden Abgrenzungsmöglichkeit führt zur Suche nach Ersatz. Der Islam bietet sich hierfür an (*Mortimer* 1991). Aber nicht nur Identitätsbedürfnisse leisten solcher Suche nach neuen Abgrenzungsmöglichkeiten Vorschub, sondern auch handfeste Interessen – so das Interesse des Sicherheitsestablishments, seine gesellschaftliche Position zu sichern, und das Interesse der Rüstungsindustrie, trotz Festlegung der Politik auf das Einfahren einer „Friedensdividende" den eigenen Absatz möglichst nicht zu schmälern.

7. Zwischen Selbstgefälligkeit und Hysterie

Bei der Auseinandersetzung mit Bedrohungsvorstellungen und Konfliktpotentialen im Nord-Süd-Verhältnis sieht man sich einem doppelten Dilemma ausgesetzt: Das erste Dilemma besteht darin, daß der tatsächlichen Vielgestaltigkeit der Dritten Welt Rechnung getragen werden muß, dieser Differenzierungsprozeß aber auch zum Vorwand genommen werden kann, die Dritte Welt auseinanderzudividieren, d. h. die EL im Umgang mit den IL zu vereinzeln (strategische Differenzierung). So haben die IL gegen die Forderung der EL nach einer Neuordnung der Weltwirtschaft eingewandt, daß es keine Globallösungen für die Probleme der Dritten Welt geben könne. Die einzelnen Länder und Ländergruppen hätten je spezifische Probleme, die auch als solche zu behandeln seien. Das bedeutete in der Praxis, daß die IL auf Fall-zu-Fall-Verhandlungen bestanden. Das ihnen 1981 abgerungene Bekenntnis zu Globalverhandlungen blieb demgegenüber eine reine Papier-Konzession. Dementsprechend sind in der Verschuldungskrise die Modalitäten von Umschuldungen mit jedem Land einzeln bestimmt worden. Entgegen dem Fall-zu-Fall-Ansatz folgte dann aber die Festlegung der Konditionen für Umschuldungen einem für alle Länder geltenden Grundschema.

Im Gefolge der Ölpreiskrise bestanden die IL auf einer Abkoppelung der

Verhandlungen über Energiefragen von sonstigen Verhandlungen (z. B. über das Integrierte Rohstoffprogramm), während die EL gerade ein solches *Linkage* anstrebten, um die starke Stellung der Ölexporteure auszunutzen. Mit dieser Art von Verhandlungspolitik wurde von seiten der IL nicht nur der Vielgestaltigkeit der Dritten Welt und ihrer Probleme entsprochen, sondern auch die Verhandlungsposition der EL geschwächt und der Anreiz zu der allenthalben geforderten Süd-Süd-Kooperation verringert.

Ein zweites Dilemma besteht darin, daß es einerseits einer Aufwertung der Drittweltpolitik im Rahmen der Gesamtpolitik dienen kann, wenn man die Gefahren betont, die den IL aus fortgesetzter Fehlentwicklung in der Dritten Welt und einer zunehmenden Wohlstandskluft zwischen Nord und Süd drohen, andererseits aber dadurch auch überzogene Bedrohungsvorstellungen erzeugt werden können, die Abschottungsstrategien ökonomischer, administrativer und schließlich auch militärischer Art gegenüber der Dritten Welt Vorschub leisten und damit zu einer Vergrößerung des Gesamtkonfliktpotentials beitragen.

Gefordert ist also ein Realismus in der Auseinandersetzung mit der Dritten Welt, der den tatsächlichen Handlungsbedarf ihr gegenüber aufzuzeigen und Unterstützung zu mobilisieren vermag, ohne Selbstgefälligkeit zu verbreiten oder Hysterie zu schüren. Der Hang zur Selbstgefälligkeit ist angesichts des Zusammenbruchs alternativer Ordnungsmodelle in Osteuropa und der Dritten Welt besonders groß. Aber es besteht wenig Anlaß zur Genugtuung. Die Probleme der übrigen Weltregionen spitzen sich zu und es steht zu befürchten, daß der Westen den globalen Auswirkungen dieser Entwicklungen nicht gewachsen sein wird, wenn er die großen Umbrüche ringsum lediglich als Bestätigung der eigenen bisher verfolgten Politik, nicht aber als Herausforderung zum Nachdenken über sich selbst begreift. Dieses Nachdenken ist auch erforderlich, um einer unangemessenen Eskalation von Bedrohungsvorstellungen und möglichen Kurzschlußreaktionen (Abriegelung, Drohung, Intervention) entgegenzuwirken.

Es geht um die Bewältigung einer Aufgabe von präzedenzloser Größenordnung. Dabei kann der Westen die übrige Welt nicht kurieren, sondern deren Anstrengungen nur unterstützen. Zu einer solchen Unterstützung gehört im ökonomischen Bereich eine kreative, an die Verbreitung sinnvoller Entwicklungsvorhaben geknüpfte Entschuldung insbesondere der ärmsten EL, bei einzelnen Ländern und Ländergruppen eine größere Berücksichtigung binnenmarktorientierter Aktivitäten gegenüber der Forcierung von Exportstrategien (insbesondere bei der Nahrungsmittelproduktion), darüber hinaus die grundsätzliche Aufwertung des Landes (und der Landwirtschaft einschließlich der Subsistenzproduktion) gegenüber der Stadt und der Industrie.

Im ökologischen Bereich geht es vor allem um eine neue ökologisch angepaßte Verkehrs- und Energiepolitik der IL, um die forcierte Einschränkung des Naturverbrauchs und um einen vorsorglichen Schutz der natürlichen Ressourcen, der zunächst – vorbehaltlich der Entwicklung und Durchsetzung alternativer Formen des Wirtschaftens – auf globale Risikominimierung (nach dem Prinzip, daß es keine Belastungstoleranzen gibt, sondern jeder Eingriff das Risiko lebensbedrohender Kettenreaktionen mit sich bringt) ausgerichtet sein muß. Über den größeren Spielraum für ökologische Anpassungsleistungen verfügen immer noch die IL. Deshalb muß im Nord-Süd-Verhältnis das Prinzip gelten, daß die EL für ökonomische Einbußen bzw. Wettbewerbserschwernisse, die durch ökologische Anpassungsmaßnahmen verursacht werden, entschädigt werden.

Mit Blick auf die Migrationsproblematik kommt es darauf an, ein neues Gleichgewicht zwischen Zugangskontrolle, materieller und ideeller Unterstützung der (vorübergehenden) Eingliederung in die Gastgesellschaften und Bekämpfung von Migrationsursachen zu finden. Letztere steht bisher weitgehend auf dem Papier, während die Tendenz zur Verschärfung der Zugangskontrollen sich verstärkt.

Was schließlich den sicherheitspolitischen Bereich anbelangt, so sollten die westlichen IL jeder Versuchung widerstehen, ihr Drohpotential einfach von Osten nach Süden neu auszurichten und spezielle Rüstungsprogramme für neudefinierte Aufgaben der Sicherheitspolitik im Nord-Süd-Verhältnis zu forcieren. Jede militärisch ausgerichtete Sicherheitspolitik verstärkt letztlich nur den Wert, der dem Militärischen generell zugemessen wird, und führt auf jeder neuen Stufe militärischer Handlungsmöglichkeiten zu neuen Unsicherheiten. Der einzig erfolgversprechende Ansatz ist auch für das Nord-Süd-Verhältnis die Schaffung eines umfassenden Rüstungskontroll- und Abrüstungsregime, das freilich nur zustandekommen kann, wenn auch die Hochrüstungsstaaten ihre Arsenale (Chemiewaffen, Nuklearwaffen) zur Disposition stellen.

Literatur

(Mit Ausnahme der folgenden Titel ist die erwähnte Literatur im zusammenfassenden Literaturverzeichnis S. 492 ff. aufgeführt.)

Adam, K. 1990: Die Umwelt als Waffe. Wie die Dritte Welt die Erste zu erpressen sucht, in: FAZ, 15. August.

Arnold, H. 1991: Das „Jahrhundert des Flüchtlings" – ein Jahrhundert Europas", in: Außenpolitik, H.3, S. 271–280.

Evera, St. van 1990: Why Europe Matters, Why the Third World Doesn't: American Grand Strategy After the Cold War, in: The Journal of Strategic Studies, Bd. 13, Nr. 2, S. 1–53.

Fetter, St. 1991: Ballistic Missiles and Weapons of Mass Destruction: What is the Threat? What Should be Done?, in: International Security, Bd. 16, S. 5–42.

Krell, G. 1990: Geschichte – Weltlage – Friedensforschung. Zur Sicherheitsproblematik des Weltsystems zu Beginn der neunziger Jahre, in: Friedensgutachten 1990, Münster/Hamburg, S. 14–24.

Meyer-Abich, K. M. 1990: Im Treibhaus der Konflikte. Politische Krisen durch die Klimaänderung, in: Bild der Wissenschaft, 1990/1, S. 66–70

Mortimer, E. 1991: Christianity and Islam, in: International Affairs (London), Bd. 67, H.1, S. 7–14.

Müller, H. 1992: Strategie und Rüstung, in: Adams, W. P. u. a. (Hrsg.), Länderbericht USA, Bd. II, Bonn (2. Aufl.) i.E.
Nuscheler, F. 1990: Was kann der Bericht der Süd-Kommission bewirken?, in: epd-Entwicklungspolitik, H.15, S. 12–13.
Sommer, Theo 1991: Das Menetekel von Bari, in: Die Zeit, Nr. 34, 16. August.
Wörner, M. 1991: Die Atlantische Allianz in der neuen Ära, in: NATO Brief 39/1, S. 3–11.

VII. Anhang

Entwicklungspolitisches Glossar**

* Siehe das entsprechende Stichwort in diesem Glossar.
** Weitere und ausführlichere Begriffsabhandlungen und Organisationsanalysen enthält Dieter Nohlen (Hrsg.) 1991: Lexikon Dritte Welt, 4. Aufl., Reinbek.

AFDB = African Development Bank (Afrikanische Entwicklungsbank)
1963 gegründet, Sitz in Abidjan; seit 1979 auch für nichtregionale Mitglieder geöffnet; seit der 4. Kapitalaufstockung mit einem Grundkapital von 19,8 Mrd. US-$ ausgestattet. Der 1974 gegründete *African Devolopment Fund* (mit einem deutschen Finanzierungsanteil von 9%) gewährt den besonders armen Mitgliedsländern Darlehen zu (IDA*-)Vorzugsbedingungen.

AID = Agency for International Development
US-amerikanische Entwicklungsbehörde, 1961 gegründet, dem *State Department* unterstellt; sie verwaltet nur Teile der bi- und multilateralen Auslandshilfe (ohne Militär und Nahrungsmittelhilfe).

Akkulturation
In der Entwicklungs- und Kultursoziologie analysierter „Prozeß der Nachahmung und Übernahme ursprünglich fremder Kulturelemente in die eigene Kultur durch deren Diffusion, wobei die eigene Kultur unter Umständen tiefgreifende und umfassende Wandlungen durchmachen kann“ (nach R. F. Behrendt).

Akkumulation (Kapitalbildung)
Anhäufung von Reichtum, insbesondere von finanziellen Mitteln, die als Kapital in die Produktion und deren Bedingungen (Produktionsmittel) eingesetzt werden. A. umfaßt in der bürgerlichen Ökonomie die Vermögensbildung einer Volkswirtschaft, die sich aus den Spar- und Investitionstätigkeiten zusammensetzt, in der marxistischen Wirtschaftstheorie die Rückwandlung von Mehrwert in Kapital.

AKP-Staaten
Zunächst 46 Staaten in Afrika (=A), in der Karibik (=K) und im Südpazifik (=P), die 1975 mit der EG das 1. *Lomé-Abkommen** (Lomé I) unterzeichneten. Das Lomé IV-Abkommen von 1990 unterzeichneten 69 AKP-Staaten (vgl. Tab. 3, S. 26 ff.).

ALADI = Asociación Latinoamericana de Integración
1980 von den 11 Mitgliedsstaaten der ehemaligen ALALC (*Asociación Latinoamericana de Libre Comercio*) gegründet, deren Integrationsziele gescheitert waren. Im Gegensatz zur ALALC, die eine Multilateralisierung der Präferenzen anstrebte, legt die ALADI ihr Hauptaugenmerk auf bilaterale Liberalisierungsmechanismen im Rahmen von multilateralen Regionalpräferenzen. Die 1986 verabschiedete *Carta von Buenos Aires* enthält ein abgestuftes System von Handels- und Zollpräferenzen, das die Entwicklungsunterschiede der Mitgliedsländer berücksichtigt.

Allianz für den Fortschritt
Die A. wurde 1961 von den USA konzipiert, um nach der kubanischen Revolution weitere Revolutionen in Lateinamerika zu verhindern. Ziele: Stärkung demokratischer Institutionen und des privaten Unternehmertums, Agrarreform und soziale Reformen, Förderung der Mittelklasse gegenüber Oligarchien, Beschleunigung der Integration. Ergebnisse: Statt sozialer und politischer Reformen Systemstabilisierung mittels der Unterstützung von Militärdiktaturen und Counterinsurgency.

Alphabetisierung
Die UNESCO versteht unter funktionaler A. „zugleich pädagogische, ökonomische und soziale Aktion". A. bedeutet also nicht nur Aneignung von Lesen und Schreiben, sondern soll einen Beitrag zur sozialen Emanzipation und politischen Partizipation leisten.

Andenpakt
Im Abkommen von Cartagena (1969) schlossen sich Bolivien, Chile, Kolumbien, Ecuador und Peru in einer subregionalen Wirtschaftsgemeinschaft innerhalb der ALALC zusammen; 1974 trat Venezuela bei, 1976 schied Chile aus. Ziele: Abbau der Handelsschranken, gemeinsamer Außenzolltarif, gemeinsames Industrialisierungsprogramm, Harmonisierung der Wirtschafts- und Sozialpolitik. Ergebnisse: Ausweitung des intrazonalen Handels; die Absprachen über gemeinsame Industrialisierungsprogramme scheiterten jedoch am Hang zum Protektionismus, der durch die Wirtschaftskrise der 80er Jahre noch verstärkt wurde. Die Fristen für die Liberalisierung des Handels und die Einführung eines gemeinsamen Außenzolls konnten nicht eingehalten werden. Das *Protocolo Modificatorio* vom Mai 1987 sollte den erlahmten Integrationsprozeß reaktivieren.

Angepaßte Technologien
Im Gegensatz zu der kapitalintensiven und arbeitssparenden Importtechnologie eine den Bedürfnissen und Fähigkeiten der EL angepaßte Technologie, die vor allem die Kernprobleme von Kapitalmangel, Arbeitslosigkeit und geringem technisch-wissenschaftlichem Know-how berücksichtigt. Kritiker sehen in den a. T. eine „primitive Technologie", die den technologischen Rückstand der EL vergrößert.

ASDB = Asian Devolopment Bank
1965 mit Sitz in Manila gegründet; 32 regionale und 15 nichtregionale Mitglieder; beherrschender Einfluß von Japan; 1973 Gründung des *Asian Devolopment Fund*, der an die ärmeren Mitgliedsländer Kredite zu Vorzugsbedingungen vergibt; 1980 Einrichtung des *Technical Aid Special Fund*.

ASEAN = Association of South-East Asian Nations
1967 von Indonesien, Malaysia, Philippinen, Singapur und Thailand gegründet; 1984 trat Brunei bei. Ziel der Vereinigung ohne supranationale Integrationsstruktur: Regionale Kooperation und politische Stabilisierung der Region. Während die im *Treaty of Amity and Cooperation in South-East Asia* von 1976 vereinbarte wirtschaftliche Kooperation (Zollpräferenzen, Koordinierung der Industrialisierungsprogramme) wenig erfolgreich war, gewann die Region eine wachsende politische Bedeutung als prowestlicher Stabilitätsfaktor und als entwicklungspolitisches Vorbild. Seit 1980 besteht ein Handelsabkommen mit der EG. Die ASEAN-Region ist jedoch die Vorzugsregion japanischer Entwicklungshilfe und Privatinvestitionen.

Auslagerung/Produktionsverlagerung
Auslagerung von arbeitsintensiven Betrieben/Branchen (wie Textil und Leder) aus den IL in die sog. „Billiglohnländer" der Dritten Welt. Man kann in dieser weltweiten Verlagerung

von Produktionsstätten den Beginn einer neuen internationalen Arbeitsteilung erkennen, die die traditionelle Weltarbeitsteilung zwischen Rohstoff- und Fertigwarenproduzenten modifiziert.

Autozentrierte Entwicklung
Dependenztheoretisches Gegenprogramm zur weltmarktorientierten „Entwicklung nach außen“: Forcierung einer binnenmarktorientierten Entwicklung; Aufbau einer lebensfähigen Ökonomie, gestützt auf die lokal verfügbaren materiellen und menschlichen Ressourcen, mit dem Ziel, die Bedürfnisse der peripheren Gesellschaften mit eigenen Produkten zu befriedigen.

Baker-Plan
Die im Okt. 1985 vom damaligen US-Finanzminister James Baker unterbreitete Entschuldungsinitiative, die den 15 Hauptschuldnerländern (11 aus Lateinamerika) zusätzliche öffentliche und private Kredite zur Ankurbelung des Wachstums versprach, wenn sie sich marktwirtschaftlichen Strukturanpassungsprogrammen unterwerfen; er sah jedoch noch keine Schuldenreduktion durch einen Forderungsverzicht der öffentlichen und privaten Gläubiger vor. Der Plan wurde durch den *Brady-Plan**abgelöst (vgl. den Beitrag von Sangmeister).

Balanced Growth
Die von P. N. Rosenstein-Rodan und R. Nurkse vertretene Theorie des b. g. besagt, daß ein selbsttragendes Wachstum nur durch ein Gesamtkonzept aufeinander abgestimmter und gleichzeitig getätigter Investitionen, die eine wechselseitige Nachfrage erzeugen, herbeigeführt werden kann (vgl. den Beitrag von Menzel).

BID = Banco Interamericano de Desarrollo/Interamerikanische Entwicklungsbank (engl. IDB)
1959 von der OAS gegründet; seit 1976 sind auch außeramerikanische IL Mitglieder. Der BID ist die Hauptquelle multilateraler Hilfe in Lateinamerika. Die Kreditvergabe erfolgt über verschiedene Fonds zu unterschiedlichen Bedingungen: u. a. den allgemeinen Kapitalfonds zu kommerziellen Bedingungen; den Fonds für Sonderoperationen zu weichen Bedingungen und mit Rückzahlbarkeit in nationalen Währungen; den Treuhandfonds für sozialen Fortschritt.

Big Push
Schlüsselbegriff der von P. N. Rosenstein-Rodan entwickelten und in engem Zusammenhang mit der balanced growth-Theorie* stehenden Investitionstheorie, der zufolge nur ein geballter Investitionsstoß geeignet sei, Wachstumserfolge zu erzielen.

BIP (Bruttoinlandsprodukt)
Summe aller (von In- und Ausländern) innerhalb der Landesgrenzen einer Volkswirtschaft produzierten Güter bzw. erbrachten Dienstleistungen (siehe Sozialprodukt).

Blockfreiheit
Als blockfrei galten Länder, die nicht den ost-westlichen Bündnissystemen angehörten und sich zu einer Politik des Neutralismus bekannten. Letztlich galten alle Staaten jenseits teilweise sehr enger Außenverbindungen als blockfrei, die von der locker organisierten Bewegung der Blockfreien als Mitglieder aufgenommen wurden. Nach der Überwindung des Ost-West-Konflikts muß die Idee der Blockfreiheit neu definiert werden.

Brady-Plan
1989 vom US-Finanzminister Nicholas Brady vorgelegter Plan zur Lösung der Schuldenkrise, der nach dem Scheitern des Baker-Plans* für die 39 am höchsten verschuldeten EL erstmals einen teilweisen Schuldenerlaß durch verschiedene Optionen (Schuldenreduktion, Zinsermäßigung, Streckung der Rückzahlungsfristen) vorsah. Neue Kredite von IWF und Weltbank sollten den Schuldnerländern den Rückkauf von Schuldtiteln mit marktgerechten Abschlägen (*buy back**) ermöglichen. Die Planrealisierung wurde durch die Zurückhaltung der Privatbanken verzögert (vgl. den Beitrag von Sangmeister).

Brain Drain
Abwanderung von Fachkräften aus EL in die IL. Die ersteren übernehmen die Ausbildungskosten und die letzteren haben den Nutzen.

Brandt-Kommission
„Unabhängige Kommission für internationale Entwicklungsfragen" bzw. „Nord-Süd-Kommission" unter Vorsitz von Willy Brandt, die im März 1980 ihren Bericht „Das Überleben sichern" vorlegte, der wenig entwicklungspolitische Wirkung erzielte, weil sein „globaler Keynesianismus" mit der seit Beginn der 80er Jahre „herrschenden Lehre" des Neoliberalismus in Konflikt geriet.

Brundtland-Bericht
1987 vorgelegter Bericht der *World Commission on Environment and Development* unter Leitung der norwegischen Ministerpräsidentin Gro Harlem Brundtland. Der Bericht „Our Common Future" betonte die wechselseitige Abhängigkeit von Umwelt und Entwicklung und plädierte für eine sozial- und umweltverträgliche Wirtschaftspolitik in den IL und EL mit dem Ziel einer „dauerhaften Entwicklung"; er führte den Begriff *sustainable development** in die entwicklungspolitische Diskussion ein (vgl. den Beitrag von Harborth).

Buenos-Aires-Plan
Von der TCDC*-Konferenz in B. A. (1979) verabschiedeter Aktionsplan zur Förderung der technischen Zusammenarbeit unter den EL, der am Konzept der *collective self-reliance** orientiert war, aber zusammen mit diesem Konzept in Vergessenheit geriet, bis ihn der Bericht der *Süd-Kommission** (1990) zu reaktivieren versuchte.

Bufferstocks
Ausgleichslager für Rohstoffe, die im Rahmen des *Integrierten Rohstoffprogramms** zur Stabilisierung der Rohstoffpreise (durch Aufkauf bei Überangebot und Lagerverkäufe bei Übernachfrage) eingerichtet und vom *Gemeinsamen Fonds**finanziert werden sollten.

Bulk supplies
Massenlieferungen von Nahrungsmitteln im Rahmen der Nahrungsmittelhilfe: Sie bilden mit einem Anteil von rund zwei Dritteln den größten Posten der Nahrungsmittelhilfe und sind aus entwicklungspolitischen Gründen besonders umstritten (vgl. den Beitrag von Meyns).

Buy-back
Rückkauf von Schuldtiteln durch Schuldnerländer, in der Regel mit deutlichen Abschlägen von den Nominalwerten. Die Weltbank fördert diese Entschuldungsoperationen durch Kredite.

CARICOM = Caribbean Community/Karibische Gemeinschaft
CARICOM trat 1973 an die Stelle der Karibischen Freihandelszone (CARIFTA), deren Ziel

der Handelsliberalisierung um das Ziel der regionalen Integration erweitert wurde. Zwar konnte der intraregionale Handelsaustausch gesteigert und die regionale Infra- und Kommunikationsstruktur verbessert werden, aber aufgrund der geringen Komplementarität der exportorientierten Inselökonomien und ihrer Verflechtung mit Drittländern waren die Integrationsfortschritte gering.

Cartagena-Gruppe
Lockere Gruppierung der lateinamerikanischen Großschuldner, die in mehreren Stellungnahmen gemeinsame Forderungen zu Entschuldungsinitiativen erhoben, aber dann doch jeweils eigene Verhandlungslösungen anstrebten.

Cash Crops
Landwirtschaftliche Produkte (Kaffee, Tee, Baumwolle etc.), die zumeist auf Plantagen vorwiegend für den Export angebaut werden.

Cepalismo
Außenwirtschafts- und entwicklungstheoretische Positionen der CEPAL (UN-Wirtschaftskommission für LA), die das Dogma der komparativen Kosten* durch den Nachweis der sich verschlechternden terms of trade* zwischen IL und EL kritisierten und die historisch gewachsene „Entwicklung nach außen" durch Integration, Modernisierung und Strukturreformen zu korrigieren empfahlen. Cepalismo wurde zum Inbegriff des modernisierungstheoretischen Reformismus, der vor allem von den Dependenztheoretikern scharf kritisiert wurde.

Cocoyoc-Erklärung
Erklärung der auf dem UNEP/UNCTAD-Symposium in Cocoyoc/Mexiko vom Okt. 1974 versammelten Wissenschaftler, die grundlegende Bedeutung für die Neuorientierung der Entwicklungspolitik an Grundbedürfnissen gewann.

Collective Self-reliance
„Kollektive Eigenständigkeit" übertrug das Konzept der *self-reliance* (d. h. Selbstvertrauen, auf eigenen Füßen stehen und auf die eigenen Kräfte bauen) auf die Nord-Süd-Beziehungen: stärkere Zusammenarbeit unter EL, Aufbau einer stärkeren Gegen- und Verhandlungsmacht gegenüber den IL und den Multis, selektive oder gar kollektive Dissoziation* vom Weltmarkt. Der Bericht der *Süd-Kommission** versuchte, das Konzept zu reaktivieren.

Community Development
Versuch der Selbsthilfe-Mobilisierung der Gemeinden mit dem Ziel der Eigeninitiative und Teilnahme der Bevölkerung, besonders der Landbevölkerung, am Entwicklungsprozeß bei Bereitstellung von finanzieller, personeller und technischer Hilfe „von oben".

COMPEX
Übertragung von STABEX* auf sieben LLDC, die nicht zur AKP-Gruppe* gehören.

Consulting
Privates Beratungsunternehmen, das im Auftrag öffentlicher und privater Institutionen in IL und EL Projekte plant, Kosten und Nutzen berechnet und in verschiedenen Bereichen Beratung gegen Bezahlung zur Verfügung stellt.

Corea-Plan
Nach dem UNCTAD-Generalsekretär benannter Plan des *Integrierten Rohstoffprogramms** zur Preisstabilisierung der 18 wichtigsten Rohstoffe.

Counterparts
In den EL beheimatete Organisationen, die bei Entwicklungsprojekten den „partnerschaftlichen Part" übernehmen und diese nach der Förderungslaufzeit fortführen sollen.

DAC = Development Assistance Committee (der OECD)
Dem DAC gehören 18 westliche IL und die EG-Kommission an. Aufgaben: Erhebung von ODA*-Daten; Erarbeitung von gemeinsamen Grundsätzen und Zielen; Überprüfung der ODA-Leistungen der Mitgliedsländer anhand gemeinsamer Leitlinien („DAC-Examen").

DC = Development Committee
1974 gemeinsam von IWF und Weltbank eingerichteter Ministerausschuß von 22 Staaten. Beratungsschwerpunkte: Schuldenproblem, Ressourcentransfer, Abbau von Handelshemmnissen, Strukturanpassungspolitik u. a. m.

Debt-Equity-Swaps
Umwandlung von Forderungen ausländischer Gläubiger in Unternehmungsbeteiligungen bzw. in Schuldverschreibungen in der Inlandswährung des Schuldnerlandes.

Dept-for-Nature-Swaps
Schuldnerländer gehen im Tausch gegen auf dem Sekundärmarkt erworbene Schuldtitel entweder Verpflichtungen zu Umweltschutzmaßnahmen ein oder treten Eigentums- oder Verfügungsrechte an umweltpolitisch wichtigen Objekten, z. B. an Stücken von tropischen Regenwäldern, an die Erwerber der Schuldtitel ab. Diesen Versuch, die Entschuldung mit dem Umweltschutz zu verbinden, unternehmen vor allem internationale Umweltschutzorganisationen (wie der WWF).

Demographischer Übergang
Der d. Ü. bezeichnet eine Phase, in der sich aufgrund höherer Lebenserwartung rückläufige Geburtenraten noch nicht auf das Bevölkerungswachstum auswirken.

Desertifikation
Vordringen von Trocken- oder Wüstengebieten („Verwüstung") als Folge der Zerstörung des ökologischen Gleichgewichts.

Desertionsquote
Anteil der Kinder/Jugendlichen in % der jeweiligen Altersgruppe, die vor Erreichen eines bestimmten Schulabschlusses die Schule verlassen.

Direktinvestitionen
Kapitalanlagen im Ausland durch Erwerb von direkten Eigentumsrechten in Form von Zweigwerken, Auslandsniederlassungen, Geschäftsanteilen, Grundstücken und Gebäuden sowie Reinvestitionen von Gewinnen aus früheren Direktinvestitionen.

Dissoziation
Strategie der Abkoppelung vom Weltmarkt mit dem Ziel einer „autozentrierten Entwicklung"*, verstanden als Gegenmodell zur „abhängigen Reproduktion" innerhalb der bestehenden Weltwirtschaftsordnung.

Diversifizierung
Auffächerung der Produktions- und Exportstruktur in vertikaler Richtung (Verbreiterung des Produktionsprogramms auf vor- und nachgelagerte Produkte) und in horizontaler Richtung (Verbreiterung der Produktion auf verschiedene Produkte).

Dualismus
Das populäre, aber kritikwürdige Konzept des D. beschreibt EL (über alle Differenzierungen hinweg) als Zwei-Sektoren-Gesellschaften: dem modernen, dynamischen (kapitalistischen), in den Weltmarkt integrierten Sektor wird ein traditioneller, stagnierender und rückständiger Sektor gegenübergestellt, obwohl beide Sektoren (z. B. durch Arbeitskraft und Güteraustausch) funktional miteinander verknüpft sind.

Durchsicker- oder Trickle-down-These
Annahme, daß die durch Kapitaltransfer in den EL ausgelösten Wachstumsprozesse irgendwie zu den Massen durchsickern und deren Lebensbedingungen verbessern würden.

ECDC= Economic Cooperation among Developing Countries
Am Konzept der *collective self-reliance** orientiertes Aktionsprogramm der „Gruppe der 77", das in der verstärkten wirtschaftlichen Zusammenarbeit unter den EL eine Chance sieht, mehr politische und wirtschaftliche Unabhängigkeit und größere Verhandlungsmacht gegenüber den IL zu gewinnen.

ECOSOC = Economic and Social Council/Wirtschafts- und Sozialrat der UN
Eines der sechs Hauptorgane der UN mit den Aufgaben, die wirtschafts- und sozialpolitischen UN-Aktivitäten zu koordinieren und Berichte/Empfehlungen über die soziale Lage der Welt vorzulegen.

ECOWAS = Economic Community of West African States
1975 gegründet, 16 Mitglieder. Ziele: wirtschaftliche Kooperation und Integration, die durch erhebliche Größen- und Strukturunterschiede, koloniale Hypotheken, innen- und außenpolitische Interessengegensätze behindert werden.

EEF (FED) = Europäischer Entwicklungsfonds
1958 von der EG gegründet. Der EEF, gespeist aus Beiträgen der EG-Mitglieder, wickelt die in den Lomé-Abkommen* vereinbarten multilateralen Zusagen der EG an die AKP-Staaten* ab.

Enklave
Im entwicklungspolitischen Sprachgebrauch Bezeichnung für Sektoren der EL-Ökonomien, die für den Weltmarkt produzieren und mit der eigenen Ökonomie nur schwach verbunden sind.

Entwicklungsdekade
Von den UN seit 1961 jeweils für das folgende Jahrzehnt proklamierte „Dekadenstrategie". 1990 verabschiedete die UN-Vollversammlung die 4. Entwicklungsdekade für die 90er Jahre. Die drei abgelaufenen Entwicklungsdekaden zeichneten sich durch eine Sammlung hochgesteckter und verfehlter Entwicklungsziele aus.

Ethnozentrismus
Beurteilung wirtschaftlicher, sozialer, politischer und kultureller Verhältnisse, Vorgänge und Normen in anderen Kulturbereichen mittels Maßstäben und Werten des eigenen Kulturbereichs (Beispiel: Eurozentrismus).

Evaluierung
Erfolgskontrolle laufender oder abgeschlossener Projekte/Programme bzw. Teilprojekte; auch Überprüfung und Kritik von Entwicklungspolitiken anhand von vergabepolitischen Analysen und Normsetzungen.

Exportkulturen
Agrarerzeugnisse, die (fast) ausschließlich für den Export bestimmt sind und meist auf Plantagen angebaut werden (cash crops*).

Exportquote
Dieses Verhältnis des Wertes der Exporte zum BIP* zeigt die Exportabhängigkeit einer Volkswirtschaft an.

External Economies
Das nicht im Inland ersparte Investitionskapital, sondern im Ausland mobilisierte Fremdkapital (auswärtige Ersparnisse), das die Voraussetzungen für das wirtschaftliche Wachstum schaffen soll.

Extraprofite
In der marxistischen Wirtschaftstheorie diejenigen Profite, die über dem in den IL erzielten Durchschnittsprofit liegen und deshalb einen Beleg für Ausbeutung bilden.

FAO = Food and Agriculture Organization
Seit 1946 UN-Sonderorganisation mit Sitz in Rom. Die FAO untersucht die Probleme der Landwirtschaft und Ernährung, besonders in der Dritten Welt, empfiehlt Maßnahmen, leistet technische Hilfe im Agrarbereich und Katastrophenhilfe über verschiedene Sonderprogramme.

Food for Work
Arbeitsleistungen in Entwicklungsprojekten, die mit Nahrungsmitteln und anderen Gütern und Leistungen des Grundbedarfs entlohnt werden.

Freie Produktionszonen
Standorte der weltmarktorientierten industriellen Produktionsstätten, die Anreize für die Auslagerung von Produktionen aus den IL in die EL bieten (sollen): durch Befreiung von Zöllen, Abgaben und Einkommensteuern für einen bestimmten Zeitraum; Bereitstellung der materiellen Infrastruktur, von vergünstigten Transportleistungen und Krediten; freie Repatriierung der auf diese Weise erwirtschafteten Gewinne.

G7 = Gruppe der Sieben
Die sieben wichtigsten westlichen IL, die jährlich auf den „Weltwirtschaftsgipfeln" ihre Wirtschafts- und Weltpolitik untereinander abzustimmen versuchen.

GATT = General Agreement on Tariffs and Trade/Allgemeines Zoll- und Handelsabkommen
Dem GATT, 1947 von 23 Staaten abgeschlossen, gehören inzwischen 105 Staaten an, auf die etwa 80 % des Welthandels entfallen. Grundlegendes Ziel: Förderung eines freien Welthandels unter Nutzung komparativer Kostenvorteile*. Die GATT-Regeln verlangen a) die Meistbegünstigung* gegenüber allen Vertragspartnern; b) die rechtliche Gleichbehandlung von in- und ausländischen Gütern; c) das Verbot von Mengenbeschränkungen, Dumping und Exportsubventionen; d) das Prinzip der Gegenseitigkeit beim Abbau von Handelshemmnissen. Auf den bisher sieben „Zollrunden" wurden deutliche Zollsenkungen, nicht aber wurde die Beseitigung nicht-tarifärer Handelshemmnisse erreicht. Die im Herbst 1986 eingeleitete **Uruguay-Runde** konzentrierte sich auf drei Verhandlungsbereiche: Agrarhandel, Dienstleistungen und Schutz des „geistigen Eigentums" (Patente etc.); ihr Abschluß verzögerte sich aufgrund des Widerstandes der EG-Staaten gegen einen Abbau des Agrarprotektionismus.

Geburtenrate
Maßzahl für den Pro-Tausend-Anteil der Geburten an der Gesamtbevölkerung in einer bestimmten Periode.

Gemeinsamer Fonds
Element des *Integrierten Rohstoffprogramms** zur Finanzierung der Rohstoffabkommen bzw. der in diesem vorgesehenen Bufferstocks*. Nach den internationalen Vereinbarungen vom Juni 1980 sollte der G. F. zwei Schalter haben: Über den ersten Schalter sollten die Bufferstocks, über den zweiten rohstoffbezogene Maßnahmen zugunsten der ärmeren Länder (z. B. Diversifizierungs- und Vermarktungshilfen) finanziert werden. Der G. F. stand zu Beginn der 90er Jahre noch auf dem Papier.

Gini-Koeffizient
Statistische Kennzahl zur Messung wirtschaftlicher Konzentration, im besonderen der Einkommensverteilung, abgeleitet von der Lorenzkurve*.

GSTP = Global System for Trade Preferences among Developing Countries
Im April 1988 von EL unterzeichnetes Abkommen, in dem sich die beteiligten Länder verpflichteten, sich gegenseitig Zollpräferenzen einzuräumen. Unterschiedliche Entwicklungsniveaus und Interessen verhindern jedoch ein wirklich „globales System von Handelspräferenzen". GSTP hatte zunächst mehr symbolische als praktische Bedeutung für die Süd-Süd-Kooperation.

Grundbedürfnisse/Grundbedürfnisstrategie
Gb sind materielle (Ernährung, Trinkwasser, sanitäre Anlagen, Wohnung, Kleidung) und nicht-materielle (Gesundheit, Bildung, soziale Sicherheit, kulturelle Identität, Partizipation etc.) menschliche Grundbedürfnisse. Die in den 70er Jahren von den bi- und multilateralen Entwicklungsagenturen propagierte armuts- und zielgruppenorientierte Grundbedürfnisstrategie wurde nur ansatzweise umgesetzt, zu Beginn der 90er Jahre als Entwicklungsprogramm reaktiviert.

Grüne Revolution
Steigerung der Produktivität in der Landwirtschaft durch neue Anbaumethoden, Verwendung besseren Saatguts und größerer Mengen an Wasser, Energie, Dünge- und Pflanzenschutzmitteln sowie durch Mechanisierung.

„Gruppe der 77"
Lockerer organisatorischer Zusammenschluß von inzwischen 128 EL (1991), der als pressure group der Dritten Welt gemeinsame Verhandlungspositionen gegenüber den IL auf internationalen Konferenzen durchzusetzen und die UNCTAD* als Verhandlungsinstrument zu nutzen versucht.

GTZ = Deutsche Gesellschaft für Technische Zusammenarbeit
Die bundeseigene, aber privatrechtlich organisierte GTZ ist auf der Grundlage eines 1974 mit dem BMZ abgeschlossenen Generalvertrages damit beauftragt, Projekte und Programme der Technischen Zusammenarbeit (TZ) zu planen, durchzuführen oder zu überwachen.

Handelshemmnisse
Zu unterscheiden sind tarifäre und nicht-tarifäre H. Unter tarifären H. sind Zölle und weitere Ex- und Importabgaben, unter nicht-tarifären alle Regelungen und Praktiken zu verstehen, die z. B. durch Mengenbeschränkungen, Exportsubventionen, technische Normvorschriften etc. den freien Warenverkehr behindern.

HDI = Human Development Index
Von UNDP im *Human Development Report 1990* vorgestellter Index, der aus den drei Elementen Lebenserwartung bei Geburt, Alphabetisierungsgrad und realer Kaufkraft pro Kopf zusammengesetzt ist und besser als frühere Quality of Life-Indices den Grad sozialer Entwicklung zu messen beansprucht (vgl. S. 92 f.).

Humankapital
Wissen und Fähigkeiten der Menschen, das im Produktionsprozeß eingesetzte Sachkapital zu nutzen und weiterzuentwickeln. In der Regel Umschreibung für technisch-wissenschaftliche Kompetenz und Intelligenz.

IDA = International Development Association
Tochtergesellschaft der Weltbank; 1960 als spezielle Organisation für Darlehen an die ärmsten Länder zu besonders günstigen Bedingungen (zinsfrei, Bearbeitungsgebühr von 0,75 %, Laufzeit von 50 Jahren) gegründet.

IFAD = International Fund for Agrarian Development
Auf Empfehlung der Welternährungskonferenz (von 1974) 1977 in Rom gegründet. Aufgaben: Erhöhung der Nahrungsmittelproduktion in den Nahrungsmitteldefizitländern, Verbesserung der Ernährungslage der ärmsten Gruppen, Unterstützung der Kleinbauern.

IFC = International Finance Corporation
Tochtergesellschaft der Weltbank, 1956 zur Förderung von Privatinvestitionen in den EL gegründet.

ILO = International Labour Organization
Bereits 1919 gegründet, seit 1946 UN-Sonderorganisation mit Sitz in Genf. Das Weltbeschäftigungsprogramm von 1969 (WEP) propagierte die Strategie „Entwicklung durch Arbeitsplatzbeschaffung", das Aktionsprogramm von 1976 eine programmatisch überzeugende Grundbedürfnisstrategie, die jedoch erst zu Beginn der 90er Jahre im Weltbank-Konzept des „arbeitsintensiven Wachstums" wieder aufgegriffen wurde.

IMF (IWF) = International Monetary Fund/Internationaler Währungsfonds
1945 im Gefolge der Bretton Woods-Konferenz (1944) gegründet, um eine Neuordnung und Stabilisierung der internationalen Wirtschaftsbeziehungen auf der Basis fester Wechselkurse zwischen konvertiblen Währungen institutionell abzusichern. Der IMF wurde zu einem wichtigen, stark von den Interessen der kapitalkräftigen IL abhängigen Steuerungsinstrument der int. Währungs- und Finanzpolitik, seit den 80er Jahren zum Hauptakteur des internationalen Schuldenmanagements (vgl. die Beiträge von Sangmeister und Tetzlaff).

Importsubstitution (ISI)
Industrialisierung mit dem Ziel, Importe durch eigene Produktion und Diversifizierung der inländischen Produktionsstruktur zu ersetzen. ISI wurde zunächst von einigen lateinamerikanischen Ländern während der Weltwirtschaftskrise versucht, um den Rückgang der Exporterlöse und die Importengpässe auszugleichen, folgte aber dem Muster der bisher importierten Konsumgüter, so daß sie weder mit dem Aufbau einer Investitionsgüterindustrie noch mit der Güterproduktion für die breite Bevölkerung verbunden wurde.

Indexierung
Herstellung von festen Preisrelationen zwischen verschiedenen Gruppen von Gütern, im Forderungskatalog der EL die Anbindung der Rohstoffpreise an die Preise der IL.

Informeller Sektor
Der „Schattenwirtschaft“ oder „Überlebensökonomie“ des I. S. werden zugeordnet: arbeitsintensive Produktion, einfache Technologie, geringe Qualifikation, schlechte Bezahlung, keine soziale Sicherheit, geringer gewerkschaftlicher Organisationsgrad, aber unternehmerische Initiative und Kreativität.

Integriertes Rohstoffprogramm
Das auf der UNCTAD IV (1976 in Nairobi) beschlossene Kernstück der NWWO sollte die ungleichen Nutzeffekte der int. Rohstoffpolitik durch umfassende Regelungen und Eingriffe in das Marktgeschehen zugunsten der EL umverteilen. Der ursprüngliche *Corea-Plan** enthielt zehn Kernrohstoffe, für die Bufferstockabkommen* vereinbart werden sollten, sowie acht weitere Rohstoffe. Die einzelnen Rohstoffe sollten in ein integriertes Regelungs-, Verwaltungs-, Lagerungs-, An- und Verkaufs- sowie Finanzierungssystem einbezogen werden, gegen dessen marktwidrige Dirigismus- und Bürokratisierungstendenzen die IL entschieden Widerstand leisteten. Dieses Konzept wurde unter dem Druck der IL auf den wirkungslosen *Gemeinsamen Fonds** zurückgestutzt. Das I. R. steht nicht mehr auf der Agenda des Nord-Süd-Dialogs.

Investitionsgüter
Auch Kapitalgüter oder genauer Anlageinvestitionen: diejenigen Güter, die Aufbau, Erweiterung/Verbesserung oder Erhaltung der industriellen Produktionsausrüstung bestimmen.

Investitionsquote
Anteil der Nettoinvestitionen am Nettosozialprodukt (Nettoinvestition = Zuwachs der Produktionsmittel und Lagerbestände).

Investitionsrate
Anteil der Bruttoinvestitionen am BSP (= Summe aller Neu- und Reinvestitionen; Reinvestition = Ersatz der durch die Produktion verbrauchten Produktionsmittel).

Invisibles
Ausdruck für unsichtbare Aus- und Einfuhren in Form von Zahlungen für Dienstleistungen (wie Schiffsfracht, Hafenabgaben, Versicherungsgebühren, Zahlungen im Reiseverkehr).

KfW = Kreditanstalt für Wiederaufbau
Neben ursprünglichen Aufgaben (Wiederaufbau und Förderung der deutschen Wirtschaft, Übernahme von Bürgschaften) Vergabe und Abwicklung der Kapitalhilfe im Auftrag und in Abstimmung mit dem BMZ.

Komparative Kosten
Der Lehrsatz der k. K. geht auf D. Ricardo zurück. Er besagt, daß Arbeitsteilung und Spezialisierung zwischen zwei oder mehreren Ländern dann von Vorteil sind, wenn die ausgetauschten Güter relative Kostendifferenzen in der Herstellung dieser Güter besitzen. Die relativen Kosten werden durch das Verhältnis der Produktionskosten zweier Güter ermittelt.

Kompensatorische Finanzierungsfazilität
Vom IWF 1963 eingerichtete Kreditlinie, die bei Vorliegen bestimmter Voraussetzungen zusätzlich zu den allgemeinen Ziehungsrechten und bis zu bestimmten Obergrenzen eingeräumt wird, z. B. bei starken Schwankungen der Exporterlöse, der Einnahmen aus dem Tourismus oder bei Verteuerung der Getreideimporte.

Konditionalität
K. bedeutet die bedingte und mit Auflagen verbundene Gewährung von Finanzleistungen. Der IWF verlangt wirtschaftliche Strukturanpassungen, bevor er Beistandskredite gewährt. Neben dieser ökonomischen K. wenden die Geber eine „politische K." an, die Leistungen vom außenpolitischen Wohlverhalten, neuerdings von der Einhaltung der Menschenrechte und von der Verringerung der Rüstungsausgaben abhängig machen.

Latifundium (Latifundismus)
Der Begriff wird verwandt für landwirtschaftlichen Großgrundbesitz, der sich von der Plantage durch hohe Bodenkonzentration und niedrige Produktivität unterscheidet. Der Großgrundbesitzer (patrón) beherrscht seine regionale Umwelt und übt auch auf nationaler Ebene, gestützt auf Status und Einkommen, großen Einfluß aus. Latifundismus bezeichnet nicht nur Bodenbesitzstrukturen, sondern v. a. die darauf gegründeten Machtverhältnisse.

Lebenserwartung
Durchschnittliche LE bei Geburt, in Jahren angegeben, ist ein wichtiger, wenn nicht gar der beste Indikator für das Niveau der Ernährung und Gesundheit einer Bevölkerung.

LIBOR = London Interbank Offer Rate
Variabler Zinssatz für kurzfristige Kredite bis zu sechs Monaten Laufzeit am Bankplatz London.

Lieferbindung
Vertragliche Bindung von Kapitalhilfe an Lieferungen und Leistungen aus dem Geberland. EL fordern lieferungebundene Kredite, da sie diese entsprechend den dringendsten Bedürfnissen und zur Ausschöpfung von Preisvorteilen auf dem Weltmarkt einsetzen können.

Linkage-Effekte
Fähigkeit von Direktinvestitionen und importierter Technologie, weitere Investitionen bzw. zusätzliche Investitionssequenzen auszulösen. Man unterscheidet: 1. backward-linkages: Anregung zu weiteren Investitionen im Zulieferbereich infolge einer Industrietechnologie, welche die Nutzung einheimischer Rohstoffe ermöglicht: 2. forward-linkages: Anregung zu weiteren Investitionen in nachgelagerten Produktionsstufen.

LLDC = Least Developed Countries
Gruppe von EL, die nach einem Beschluß der UN-Vollversammlung von 1971 als „am wenigsten entwickelte EL" gelten. Die Zuordnung zu den LLDC erfolgt aufgrund von drei Indikatoren: BIP pro Kopf (seit 1985 unter 355 US-$); Anteil der industriellen Produktion am BIP (10 %); Alphabetisierungsquote (20 % der Altersgruppe über 15 J.). Die LLDC (1990: 42) bleiben unterhalb der in Klammern angegebenen Werte (vgl. Tab. 3, S. 26 ff.).

Lomé-Abkommen
Assoziierungsabkommen zwischen EG und zunächst 46, zuletzt 69 AKP-Staaten*. Lomé I von 1975 beschloß u. a. a) den freien Zugang fast aller Waren zum EG-Markt und umgekehrt die Meistbegünstigung für Waren aus der EG; b) Kapital- und Technische Hilfe über den EEF; c) Ausfuhrerlös-Stabilisierung (Stabex*). Lomé II (1980) richtete Minex* ein. Lomé II bis IV (1990 für 10 Jahre) bauten weitere Importbeschränkungen für Produkte aus den AKP-Staaten ab, erhöhten die Mittel des EEF und verstärkten die Hilfe für die Ernährungssicherung und ländliche Entwicklung. Lomé galt als „Modell für Partnerschaft", verlor aber diesen Anspruch auch aufgrund der geringen Finanzausstattung des EEF.

Londoner Club
Interessen- und Verhandlungsgemeinschaft der rund 1000 Gläubigerbanken, die sich in Verhandlungen mit den Regierungen der Schuldnerländer durch einen Lenkungsausschuß vertreten lassen. Der Ausschuß verhandelt über die Umschuldung von privaten und nicht öffentlich verbürgten Krediten an öffentliche Schuldner.

Lorenz-Kurve
Die nach M. C. Lorenz benannte Kurve stellt die Einkommensverteilung graphisch dar. In einem Koordinatensystem werden die Einkommensempfänger in n-Gruppen, meistens in Zehnergruppen, eingeteilt und nach steigenden PKE auf der Abszisse eingetragen. Die Anteile der Gruppen am Gesamteinkommen werden auf der Ordinate abgetragen. Entfällt auf jede Einkommensgruppe dasselbe PKE, entsteht eine Gerade. Die Lorenzkurve zeigt die reale Abweichung der Einkommensverteilung von der völligen Gleichverteilung an. Je stärker sich die Lorenzkurve von der Gerade entfernt, desto höher ist der Grad der Einkommenskonzentration.

Marginalität
Der Begriff der M. war ursprünglich bezogen auf die Gruppen, die im Zuge von Landflucht und Industrialisierung in Elendsvierteln an der Peripherie der großen Städte strandeten; er wurde in den 60er Jahren zunehmend auf die „strukturell gegenüber der Restgesellschaft von stabilen Arbeitsverhältnissen bei vernünftiger Produktivität und vernünftigem Einkommen ausgeschlossenen Bevölkerungssektoren" angewandt (Córdova 1973: 13 f.).

MDB = Multilateral Development Banks
Zu ihnen zählen neben der Weltbankgruppe (Weltbank, IDA*, IFC*) die vier regionalen Entwicklungsbanken.

Meistbegünstigungsklausel
Die M. verpflichtet einen Staat zur handelspolitischen Gleichbehandlung seiner Handelspartner; sie verbietet durch das sog. „Diskriminierungsverbot" die Schlechterstellung einzelner Länder.

MIGA = Multilateral Investment Guarantee Agency
1988 gegründete Tochtergesellschaft der Weltbank, deren Ziel es ist, das Investitionsklima für ausländische Direktinvestitionen in den EL zu verbessern. Das *Investment Guarantee Program* versichert ausländische Kapitalbeteiligungen, Dienstleistungs- und Managementverträge, Lizenz- und Franchiseabkommen.

Minifundium/Minifundismus
Unter M. versteht man einen landwirtschaftlichen Klein- oder Kleinstbetrieb. Das M. steht meist in engem Wechselverhältnis zum Latifundium*; man spricht von einem Komplex Latifundium-Minifundium. Die Bodenkonzentration überläßt dem Campesino nur kleine, abgelegene, minderwertige Böden. Eine andere Entstehungsursache ist die Erbteilung. Zwar gibt es für spezielle Kulturen auch einen marktorientierten Plantagen-Minifundismus, doch verbindet sich mit M. in der Regel Subsistenzwirtschaft.

MINEX/SYSMIN
Von Lomé II* eingeführtes System zur Stabilisierung von Exporterlösen für neun Bergbauerzeugnisse. Es soll die Exporteure in die Lage versetzen, ihre Produktionsanlagen auch bei Preis- und Erlöseinbrüchen zu erhalten. Der Stabilisierungsmechanismus wird erst bei einer bestimmten Abhängigkeits- und Auslöseschwelle ausgelöst – und solange die von der EG zur Verfügung gestellten Fondsmittel ausreichen.

Mischfinanzierung
Kombinierte Projektfinanzierung durch öffentliche Entwicklungshilfe und Kredite zu kommerziellen Bedingungen. Einerseits wurden durch die M. zusätzliche Finanzierungspotentiale erschlossen, andererseits verringert die M. das Zuschußelement* der ODA*.

Mixed Economy
Gemischtwirtschaftliche Orientierung der Volkswirtschaft, in der die Kapitalanteile der Unternehmen teilweise bei der Privatwirtschaft, teilweise bei der öffentlichen Hand liegen.

Monokultur/Monostruktur
Unter M. wird die Ausrichtung der Landwirtschaft/Volkswirtschaft auf im wesentlichen ein (Rohstoff-)Erzeugnis verstanden, welches den Export bestimmt. Viele EL sind von M. gekennzeichnet, teilweise weil sie von den Kolonialmächten in die koloniale Arbeitsteilung hineingezwungen wurden. Entgegen dem Theorem der komparativen Kosten erweist sich M. für die EL als Entwicklungsfalle.

MSAC = Most Seriously Affected Countries
Gruppe der EL, die nach Festlegung des UN-Generalsekretariats von der Krise der Weltwirtschaft im Anschluß an die Energieverteuerung am meisten betroffen wurde. Als Kriterien für die Zuordnung zu den MSACs wurden bestimmt: niedriges PKE; scharfer Preisanstieg bei wichtigen Importen im Vergleich zu den Exporten; gestiegene Transport- und Transitkosten; Schwierigkeiten, ausreichende Exporterlöse zu erzielen; hoher Schuldendienst; niedrige Währungsreserven; relativ große Bedeutung des Außenhandels. Aufgrund der gegenüber der LLDC-Liste weicheren Kriterien hat sich die Zahl der MSAC rasch auf 45 erhöht, in denen rund 40 % der Bevölkerung der Dritten Welt leben (vgl. Tab. 3, S. 26 ff.).

Multinationale/Transnationale Konzerne (TNK)
Im allgemeinen Verständnis weltweit operierende Konzerne wie die Ölkonzerne, General Motors, ITT oder Siemens. Eine Minimaldefinition bezeichnet Unternehmen schon dann als multi- oder transnational, wenn sie in mehr als einem Staat tätig sind. Es gibt weltweit rund 20 000 TNK mit rund 100 000 Tochterunternehmen. Die „Multis" sind vor allem umstritten, wenn sie in den EL tätig werden: Einerseits gelten sie als Hauptakteure des Handels, des Ressourcen- und Technologietransfers und der Modernisierung, andererseits seit Lenins Kapitalausfuhrtheorie als „Ausbeuter", als Instrumente der Denationalisierung und Dekapitalisierung. Seit den 80er Jahren stellt sich eher das Problem, daß die von allen Seiten umworbenen „Multis" den von Krisen erschütterten Investitionsstandort Dritte Welt meiden.

Netto-Kapitaltransfer
Differenz zwischen dem Zu- und Abfluß von Devisen im Laufe eines Jahres. Seit 1983 wuchs der N. aus dem Süden in den Norden, weil einerseits der Schuldendienst anstieg, andererseits der Zufluß von Direktinvestitionen, Bank- und Exportkrediten abnahm.

NGO/NRO = Non Governmental Organizations/Nicht-Regierungsorganisationen
Nichtstaatliche Akteure (wie u. a. die Kirchen), die in den Nord-Süd-Beziehungen als Hoffnungsträger einer nicht von politischen und wirtschaftlichen Interessen geleiteten, stärker armuts- und basisorientierten Entwicklungszusammenarbeit gelten (vgl. den Beitrag von Glagow).

NIC = Newly Industrializing Countries
Auch als *take-off-countries*, im deutschen Sprachgebrauch als Schwellenländer bezeichnet. Aufgrund unterschiedlicher Definitionen erscheinen auf den NIC-Listen der internationa-

len Organisationen verschiedene Länder, aber immer die vier „kleinen Tiger" in Ost- und Südostasien sowie Brasilien. Inzwischen werden die NIC auch als „Exporteure von Industrieprodukten" definiert (vgl. den Beitrag „Ende der Dritten Welt?" von Nohlen und Nuscheler).

Nyerere-Bericht siehe Süd-Kommission

Nyerere-Gruppe
Eine auf der 9. Gipfelkonferenz der Blockfreien (1989) gebildete informelle Ländergruppe unter Vorsitz des ehemaligen tanzanischen Präsidenten Julius Nyerere. Ziel: Intensivierung der Süd-Süd-Kooperation.

OAPEC = Organization of Arab Petroleum Exporting Countries
Umfaßt 10 arabische Förderländer, von denen sieben zugleich der OPEC angehören.

OAS = Organisation Amerikanischer Staaten
1948 mit Sitz in Washington und folgenden Zielen gegründet: kollektiver Beistand bei Bedrohung von außen; friedliche Regelung von Konflikten untereinander; wechselseitige Respektierung des Selbstbestimmungsrechts; Förderung der wirtschaftlichen und kulturellen Zusammenarbeit. Die USA nutzten die OAS zur Abwehr revolutionärer Bewegungen (Ausschluß Kubas und Sanktionierung ihrer Intervention in der Dominik. Republik). Die lateinam. Staaten melden seit den 70er Jahren ihre Interessen selbstbewußter an.

OAU = Organization of African Unity
1963 mit Sitz in Addis Abeba gegründet; die 50 Mitglieder (1980) sind sich über die Kampfansage gegen den Rassismus im Süden und über das Bekenntnis zur Blockfreiheit hinaus allenfalls noch über die Unantastbarkeit der von den Kolonialmächten gezogenen Grenzen einig.

ODA = Official Development Assistance
Nach der DAC-Definition werden unter ODA alle Mittelzuflüsse von staatlichen Stellen an EL und multilaterale Institutionen für die Verbesserung der Lebensbedingungen in den EL verstanden, die grundsätzlich zu vergünstigten (marktabweichenden) Bedingungen vergeben werden (bei Darlehen und Krediten mit einem Zuschußelement von mindestens 25 %). ODA grenzt sich ab gegen Leistungen, die nach Marktbedingungen erfolgen oder nicht entwicklungskonform (z. B. Militärhilfe) sind.

OECD = Organization for Economic Cooperation and Development
1961 gegründet, Sitz Paris. Die 24 Mitglieder sind identisch mit den westlichen IL, die fast drei Viertel des Welthandels und 60 % der Weltindustrieproduktion auf sich vereinen. Die OECD fungiert als Koordinierungsinstrument der Wirtschaftspolitik, ihr DAC* als Koordinierungsinstrument der ODA* der westlichen IL.

OIC = Organization of the Islamic Conference
Schon 1971 gegründet, entwickelte die Islamische Konferenz erst nach der sowjetischen Invasion in Afghanistan größere Aktivitäten. Zur angestrebten wirtschaftlichen und kulturellen Zusammenarbeit unter den 46 Mitgliedsstaaten wurde 1972 eine Nachrichtenagentur, 1974 die Islamische Entwicklungsbank und in ihrem Rahmen der Islamische Solidaritätsfonds gegründet.

OPEC = Organization of the Petroleum Exporting Countries
1960 gegründet, entwickelte sich die OPEC zum Modell eines erfolgreichen Rohstoffkartells und zugleich zu einem politischen Wortführer der Dritten Welt. Die OPEC-Länder leisteten

erhebliche Beiträge an IMF, Weltbank und an den 1976 gegründeten Sonderfonds zur Unterstützung von islamischen EL. Diese Leistungen verringerten sich seit der 2. Hälfte der 80er Jahre und nach dem 2. Golf-Krieg noch weiter, weil Kuwait als Geberland ausfiel.

Pariser Club
Interessen- und Verhandlungsgemeinschaft der öffentlichen Gläubiger, die erstmals 1956 zusammentrat, nach wie vor keine Satzung hat, sondern aus der Praxis heraus ein standardisiertes Verfahren der Umschuldungsverhandlungen entwickelte.

Pearson-Bericht
Von der Weltbank in Auftrag gegebener und 1969 vorgelegter Bericht einer Expertengruppe unter Leitung des ehem. kanadischen Außenministers Lester Pearson über die (negativen) Resultate von 20 Jahren Entwicklungshilfe und entwicklungspolitische Folgerungen für die II. Entwicklungsdekade.

Peripherer Kapitalismus
Dieser dependenztheoretische Begriff beruht auf der – vor allem von Samir Amin und Dieter Senghaas begründeten – Annahme, daß die Peripherie durch die Einbindung in den kapitalistischen Weltmarkt unterentwickelt und zu eigenständiger Entwicklung unfähig gemacht worden sei (vgl. den Beitrag von Boeckh).

Portfolioinvestitionen
Erwerb börsengängiger (fungibler) ausländischer Wertpapiere (Aktien oder Anleihen).

Produktionsquote
Auch Produktionskontingent: bezeichnet Produktionsmengen, auf die sich die Erzeugerländer und Exporteure bestimmter Güter einigen, um ein Überangebot auf dem Weltmarkt und damit einen fast unvermeidlichen Preisabfall zu verhindern.

Produktivität
Verhältnis des Produktionsertrags (output) zum Einsatz (input) an Produktionsfaktoren (Arbeit, Kapital etc.). Gemessen wird, wieviel mit einem bestimmten Faktoreinsatz (aller Einsatzmengen = globale P.; eines bestimmten Faktors = faktorbezogene P.) hergestellt wird. Die Einsatzmenge des Faktors Arbeit wird mit der Anzahl der Beschäftigten und der von ihnen insgesamt geleisteten Arbeitszeit bemessen.

Programmhilfe
Spezielle Form der Projekthilfe: beinhaltet die Förderung sektoral und regional abgrenzbarer Investitionsvorhaben und dient der (Teil-)Finanzierung vollständiger Programme. Man unterscheidet integrierte Sektor- und Regionalprogramme (Beispiel: Verkehrswege plus Agrarreform, Bewässerung, Kreditversorgung etc.) und Parallelprogramme (Beispiel: Krankenhäuser, Schulen).

Projekthilfe
Auch projektgebundene Hilfe: Teil der Kapitalhilfe, der zeitlich, technisch und ökonomisch abgrenzbare Entwicklungsvorhaben finanziert.

Pro-Kopf-Einkommen (PKE)
Das PKE entsteht durch die Division des BIP oder BSP durch die Anzahl der Bevölkerung eines Landes; es gilt trotz aller Kritik immer noch als wichtigster Indikator wirtschaftlicher Entwicklung und wird als Kernindikator für den Entwicklungsstand eines Landes in fast allen Versuchen, die EL zu gruppieren, verwandt.

SAARC = South Asian Association for Regional Cooperation
Mitglieder: Indien, Pakistan, Bangladesh, Sri Lanka, Nepal, Bhutan, Malediven. Auf der 1. Gipfelkonferenz in Dhaka (1985) wurde die SAARC-Charta unterzeichnet. Den Absichtserklärungen zur regionalen Zusammenarbeit folgten bisher nur wenige konkrete Schritte (z. B. die Einrichtung einer Nahrungsmittelreserve). Die Kooperation wird u. a. durch das Übergewicht Indiens und den Konflikt zwischen Indien und Pakistan erschwert.

SAF = Structural Adjustment Facilities
Spezielle Kreditlinien des IWF zur Unterstützung von Strukturanpassungsprogrammen in Schuldnerländern (vgl. den Beitrag von Tetzlaff).

SAP = Structural Adjustment Programme
Maßnahmenpaket der Weltbank zur Unterstützung von markt- und weltmarktorientierten Strukturanpassungsprogrammen in Form von technischer Hilfe, Strukturanpassungsdarlehen (SAL) und Sektoranpassungsdarlehen (SEL) (vgl. den Beitrag von Tetzlaff).

Schuldendienst
Die absolute Höhe der Zinsen und Tilgungsleistungen, die ein Schuldnerland in sog. „Hartwährungen" an die öffentlichen und privaten Gläubiger zahlen muß.

Schuldenquote
Die S. bezieht den Schuldenstand (nicht den Schuldendienst!) auf die jährlichen Exporterlöse. Als kritische Grenze gilt eine Quote von 15 %.

Schuldendienstquotient
Der S. bezieht den gesamten Schuldendienst (Tilgung und Zinsen) auf die Exporterlöse eines Berechnungsjahres. Die kritische Grenze wird bei 20 % angesetzt.

SELA = Sistema Económico Latinoamericano
Mit SELA schufen sich die lateinamerikanischen Staaten im Abkommen von Panama (1975) ein eigenes Forum und Koordinationsinstrument, das im Gegensatz zur OAS* von den USA unabhängig ist und Kuba einbezieht; bisher nutzten sie dieses Forum vor allem zur Positionsbestimmung vor internationalen Konferenzen.

Self-reliance
In der kritischen Auseinandersetzung mit westlich-kapitalistischen Entwicklungsstrategien entstandenes Konzept, das – ausgehend vom Vertrauen auf die eigenen Kräfte – die eigenen Ressourcen zur Befriedigung der menschlichen Grundbedürfnisse einsetzen will und dies per Massenmobilisierung und Partizipation der Bevölkerung zu erreichen sucht. SR ist verbunden mit der Suche nach einem eigenen, den jeweiligen Traditionen eines EL angepaßten Entwicklungsweg. Der Bericht der *Süd-Kommission** setzte wieder auf *self-reliant development*.

SILIC/SIMIC = Severely Indebted Low-Income Countries bzw. Middle-Income Countries
Bezeichnung der am höchsten verschuldeten EL. Die Weltbank zählte 26 SILIC und 19 SIMIC. Dies sind Länder, bei denen drei von vier Schuldenkennzahlen kritische Schwellenwerte überschritten haben: Verhältnis von Schulden zum BSP (50 %); Verhältnis von Schulden zu Exporterlösen (275 %); Verhältnis von Schuldendienstleistungen zu Exporterlösen (30 %); Verhältnis von Zinsleistungen zu Exporterlösen (20 %).

Sonderziehungsrechte (SZR)
Dieses zusätzliche Reservemedium des IWF* besteht seit 1969; es stellt ein synthetisches Weltgeld dar, das nur im Zahlungsverkehr zwischen den Zentralbanken verwendet wird. Die SZR sind gleichzeitig Kredit- und Zahlungsmittel und stellen im Gegensatz zu den übrigen Ziehungsrechten zusätzliche Währungsreserven für die einzelnen Staaten dar. Während das SZR ursprünglich in Gold bewertet wurde, wird sein Wert seit 1972 täglich auf der Basis eines „Korbes" der 16 wichtigsten Währungen der IWF-Mitglieder berechnet.

Sozialprodukt
Das SP entspricht dem Wert aller in einer Periode produzierten Güter (Waren und Dienstleistungen) abzüglich des Wertes der Güter, die wieder im heimischen Produktionsprozeß eingesetzt werden. Sein Umfang gibt einen Maßstab für die gesamte Jahresleistung einer Volkswirtschaft ab und zeigt an, was von der gesamten Wirtschaft an Sachgütern und Dienstleistungen neu geschaffen worden ist, was für den Verbrauch und für Investitionen zur Verfügung steht. So bilden Entstehung, Verteilung und Verwendung des SP die zentralen Grundlagen der volkswirtschaftlichen Gesamtrechnung. Zur genaueren Bezeichnung der gesamtwirtschaftlichen Leistungen werden drei Begriffspaare verwandt: 1. Brutto- und Nettoprodukte: in Nettoprodukten werden die Abschreibungen (für Abnutzung, Verschlechterung des Produktivvermögens) abgezogen. 2. Marktpreise und Faktorkosten: in den Marktpreisen sind Subventionen des Staates und von ihm erhobene Steuern enthalten, um die die Faktorkosten bereinigt sind. 3. Inlands- und Sozialprodukte: im Inlandsprodukt sind nur im Inland entstandene Güter bzw. Einkommen enthalten. Hingegen bezieht sich das SP auf die den inländischen Wirtschaftseinheiten unabhängig vom geographischen Einsatzort zufließenden Erwerbs- und Vermögenseinkommen. Zu unterscheiden sind: 1. Bruttosozialprodukt zu Marktpreisen (BSP), welches sich aus der Addition des privaten und staatlichen Konsums, den Nettoinvestitionen und dem Saldo aus Export und Import (Außenbeitrag) ergibt; 2. Nettosozialprodukt zu Marktpreisen (NSP) = BSP minus Abschreibungen; 3. Volkseinkommen = NSP minus indirekte Steuern plus Subventionen; 4. Bruttoinlandsprodukt zu Marktpreisen (BIP) ist das Ergebnis aller Produktionsprozesse innerhalb eines Landes; 5. Nettoinlandsprodukt zu Faktorkosten = NIP minus indirekte Steuern plus Subventionen. Die verschiedenen SP-Größen können zu jeweiligen Preisen oder auch zu Preisen eines Basisjahres, zu realen und konstanten Preisen berechnet werden.

Sparquote
Prozentualer Anteil des Volkseinkommens, der nicht dem sofortigen Konsum zugeführt, sondern gespart wird. Die S. ist ein Indikator für die Kapitalbildung eines Landes und damit für seine Fähigkeit zu produktiven Investitionen.

STABEX
System der Stabilisierung von Exporterlösen für landwirtschaftliche Grundstoffe im Rahmen der Lomé-Abkommen*.

Sterblichkeits- bzw. Sterbequote/Mortalitätsrate
Maßzahl für den Pro-Tausend-Anteil der Sterbefälle an der Gesamtbevölkerung in einer bestimmten Periode; bestimmt zusammen mit der Geburtenrate die Wachstumsrate der Bevölkerung.

Shifting Cultivation
Traditionelle, düngerlose Wald-Feld-Wechselwirtschaft (Wanderhackbau) in den Tropen.

Strukturanpassung
Ordnungspolitisches Programm zur wirtschaftlichen Stabilisierung, marktwirtschaftlichen

Deregulierung und Privatisierung sowie zur Liberalisierung des Außenhandels. Ziel ist die Wiederherstellung oder Verbesserung der internationalen Wettbewerbsfähigkeit und Kreditwürdigkeit auf der Grundlage eines ausgeglichenen Haushalts (zur Inflationsbekämpfung), der Erhöhung der internen Spar- und Investitionsrate und eines verbesserten Investitionsklimas für ausländische Investoren. IWF und Weltbank, flankiert von den regionalen Entwicklungsbanken und bilateralen Gebern, unterstützen durch ihre mit Auflagen verbundenen SAF* und SAP* diese Einpassung in den Weltmarkt und Anpassung an marktwirtschaftliche Strukturen (vgl. den Beitrag von Tetzlaff).

Subsistenzwirtschaft
Landw. Produktion, die der Eigenversorgung dient und nicht bzw. nur geringfügig den (überlokalen) Markt beliefert und deshalb außerhalb des monetären Kreislaufs bleibt. Die S. wird inzwischen auch dem sog. „informellen Sektor"* zugerechnet.

Süd-Kommission (Nyerere-Bericht)
Die Bildung der Kommission wurde von der Gipfelkonferenz der Blockfreien (1986) beschlossen. Ihr gehörten 26 hochrangige Vertreter aus Politik, Wirtschaft, Wissenschaft und gesellschaftlichen Organisationen an. Den Vorsitz übernahm der frühere tanzanische Präsident Julius Nyerere. Die Kommission legte im August 1990 ihren vielbeachteten Bericht „The Challenge to the South" vor, dessen Kerngedanken in den Formeln *self-reliant development* und Süd-Süd-Kooperation verdichtet werden können.

Süd-Süd-Beziehungen (Cooperation among Developing Countries)
Unter CDC – mit den Teilprogrammen ECDC* und TCDC* – wird der von der „Gruppe der 77" und Blockfreienbewegung propagierte Versuch verstanden, die Zusammenarbeit unter den EL zu verstärken, um den in den Nord-Süd-Beziehungen liegenden Ungleichgewichten und Abhängigkeiten durch *collective self-reliance** zu begegnen. Der Bericht der Süd-Kommission* versuchte, CDC als Mittel der Gegenmachtbildung wiederzubeleben.

Sustainable Development
Der vom Brundtland-Bericht (1987)* in die entwicklungspolitische Diskussion eingeführte Begriff fordert eine sozial- und umweltverträgliche Wirtschafts- und Entwicklungspolitik: von den IL einen ökologischen Umbau der Produktions- und Konsummuster, für die EL eine ökologisch angepaßte Befriedigung der Grundbedürfnisse (vgl. den Beitrag von Harborth). Der Begriff ist austauschbar mit Ecodevelopment.

Take-off
Schlüsselbegriff der Wachstums- und Stadientheorien (besonders von W. W. Rostow), der – in Analogie zum Abheben eines Flugzeugs – das Stadium bezeichnen soll, in dem eine Volkswirtschaft ein selbsttragendes Wachstum (self-sustained growth) erreicht. Deshalb werden die NIC* oder Schwellenländer auch als *take-off-countries* bezeichnet.

TCDC = Technical Cooperation among Developing Countries
Im Rahmen der Süd-Süd-Beziehungen entwickeltes und im Buenos-Aires-Plan* von 1979 konzipiertes Programm der technischen Zusammenarbeit unter den EL, um die technologische Abhängigkeit von den IL zu verringern.

Technologietransfer
Übertragung von technischem Wissen in Form von Produkten (Maschinen etc.) oder in nicht-gegenständlicher Form (Blaupausen, technische Beratung, Patente), fast ausschließlich auf einer Einbahnstraße aus den IL in die EL.

Terms of Trade (ToT)
Reale Austauschrelationen zwischen Primärgütern (Rohstoffen) und Industriegütern. Die von R. Prebisch entwickelte „Theorie der säkularen Verschlechterung der ToT" folgert aus einem langfristigen Vergleich der Preise dieser beiden Gütergruppen, daß sich das Austauschverhältnis langfristig zuungunsten der Primärgüter (= EL) und zum Vorteil der IL verändert habe. Um die Wirkweisen der ToT angemessen bewerten zu können, muß zwischen ihren verschiedenen Typen und Berechnungsarten unterschieden werden (siehe S. 48).

Tribalismus
T. bezeichnet das auf einen „Stamm" (tribe) begrenzte Denken und Handeln. Der Begriff ist pejorativ besetzt, weil er häufig mit Primitivität assoziiert und als Störelement der Modernisierung und des nation building-Prozesses (besonders in Afrika) begriffen wird. Die Wissenschaft hat ihn deshalb durch Ethnizität ersetzt.

Unbalanced Growth
Das von A. O. Hirschman in Gegensatz zu balanced growth* vertretene Konzept geht von der Annahme knapper Investitionsmittel aus und empfiehlt deshalb eine bedacht ungleichgewichtige Förderung einiger Industrien/Sektoren. Die dadurch entstehenden Engpässe in vor- und nachgelagerten Branchen/Sektoren würden in immer weiteren Bereichen Investitionen, Beschäftigung etc. anregen (vgl. den Beitrag von Menzel).

UNCED = UN Conference on Environment and Development
2. UN-Umweltkonferenz vom 1. bis 12. Juni 1992 in Rio de Janeiro mit den Verhandlungsschwerpunkten Atmosphärenschutz und Erhalt der biologischen Vielfalt. Zentraler Streitpunkt zwischen IL und EL– die Einrichtung finanzieller und institutioneller Regelungsmechanismen für eine globale Umweltpolitik.

UNCLOS = UN Conference on the Law of the Sea/Intern. Seerechtskonferenz
1958 UNCLOS I, 1960 UNCLOS II, 1973–82 UNCLOS III, die 1982 die neue Seerechtskonvention verabschiedete, die als „dritte Aufteilung der Welt" bezeichnet wurde. Sie regelt maritime Wirtschaftszonen (200 Meilen), den Tiefseebergbau („Manganknollen"), die Meeresforschung und den Meeresschutz, die Einrichtung eines Internationalen Seegerichtshofes u. a. m. Das Inkrafttreten der neuen Weltmeeresordnung wird vor allem durch die USA behindert, die eine Einschränkung der „Freiheit der Meere" und einen internationalen Dirigismus, vor allem bei der Nutzung der Ressourcen des Meeresbodens, befürchten.

UNCTAD = UN Conference on Trade and Development
Organisator der seit 1964 in Abständen von 4 Jahren stattfindenden Welthandelskonferenzen mit einem ständigen Sekretariat in Genf; UNCTAD, auf Drängen der EL gegründet, wurde zum Organisationskern und Promoter der NWWO-Verhandlungen, aber gerade deshalb in den 80er Jahren auf Druck der IL als zentrales Forum des Nord-Süd-Dialogs ausgeschaltet.

UNDP = UN Development Programme
1965 gegründet, seit 1970 Koordinationsstelle aller UN-Hilfsprogramme; finanziert aus freiwilligen Beiträgen der UN-Mitglieder (zu 90% von den westlichen IL). Seit 1990 legt UNDP einen jährlichen *Human Development Report* vor, der soziale Entwicklungen in der Welt analysiert und dokumentiert.

UNEP = UN Environment Programme
Nach der Weltumweltkonferenz 1972 von der UN-Vollversammlung gegründet, Sitz Nai-

robi. Aufgaben: Koordination von UN-Projekten auf dem Gebiet des Umweltschutzes. Die schwache finanzielle und personelle Ausstattung verhindert eine dem globalen Problem der Umweltzerstörung angemessene Tätigkeit von UNEP.

UNESCO = UN Educational, Scientific and Cultural Organization
1945 gegründet, mit Sitz in Paris. Aufgaben: Förderung der internationalen Zusammenarbeit auf den Gebieten der Wissenschaft, Erziehung, Kultur, Information und Kommunikation. In den 70er Jahren wandte sich die UNESCO entwicklungspolitischen Aktivitäten zu, v. a. der Bekämpfung des Analphabetismus durch die Förderung von Alphabetisierungskampagnen. Die Forderung nach einer Neuen Weltinformationsordnung, aber auch die Kritik an der „Politisierung" und am hohen Verwaltungsaufwand führten zum Austritt der USA (1984), Großbritanniens und Singapurs (1985). Der Verlust von 25% des Etats erzwang Spar- und Reformprogramme.

UNFPA = UN Fund for Population Activities
1967 gegründet, dem UNPP unterstellt, seit 1971 Koordinationsstelle der bevölkerungspolitischen UN-Aktivitäten. 60% der durch freiwillige Beiträge aufgebrachten Mittel werden für Programme zur Familienplanung aufgewendet. UNFPA ist mangels Geld und Personal außerstande, einen wirksamen Beitrag zur Lösung des Bevölkerungsproblems zu leisten.

Ungleicher Tausch
Werttheoretische Begründung der Unterentwicklung, die selbst von marxistischen Entwicklungstheoretikern nicht mehr vertreten wird (vgl. den Beitrag von A. Schmidt in HDW II.1).

UNHCR = UN High Commissioner for Refugees
1951 gegründet, Sitz in Genf; er leistet Rechtsschutz, organisiert Nothilfe (Flüchtlingslager) und bemüht sich um Repatriierung der Flüchtlinge; er ist aufgrund eines engen Mandats und knapper Finanzmittel außerstande, dem wachsenden Flüchtlingsproblem wirksam zu begegnen; er kann nur kurative Nothilfe leisten, aber nicht präventiv tätig werden.

UNICEF = UN Children's Fund
Das UN-Kinderhilfswerk, 1946 gegründet, finanziert sich zu rund 25% durch freiwillige Beiträge der Staaten, zu rund 22% durch private Spenden, Verkaufserlöse und Benefizveranstaltungen. Hauptaufgaben: Schutz der Kinder vor Hunger, Krankheit und Ausbeutung durch Kinderarbeit und -prostitution; Förderung der Schulbildung; Verwirklichung der UN-Kinderkonvention von 1989.

UNIDO = UN Industrial Development Organization
1965 gegründet, mit Sitz in Wien. Aufgaben: Förderung der Industrialisierung der EL, der industriellen Zusammenarbeit und des Technologietransfers durch Expertise, Koordinierung aller industriepolitischen UN-Aktivitäten. Auf den UNIDO-Konferenzen steckten die EL hohe Ziele (z. B. das „Lima-Ziel" von 25%-Anteil an der Weltindustrieproduktion bis zum Jahre 2000) und stellten hohe Forderungen (z. B. nach einem Industrialisierungsfonds in Höhe von 300 Mrd. US-$ bis zum Jahre 2000), die von den IL abgelehnt wurden.

UNRISD = UN Research Institute for Social Development
1964 gegründet, mit Sitz in Genf. Aufbau einer Datenbank und Forschung zu Sozial- und Entwicklungsindikatoren.

Warenhilfe
Teil der Kapitalhilfe, der nicht projektgebunden ist und den Einfuhrbedarf an zivilen Gütern und Leistungen finanzieren soll.

Weltbank
Im Rahmen der Bretton Woods-Beschlüsse (von 1944) zum Wiederaufbau der kriegszerstörten Länder konzipiert und 1945 in Washington, D. C. gegründet. Die geographische Nähe zum Machtzentrum der USA blieb symbolisch für die Nähe zu den US-amerikanischen Interessen. Die „Bank der Armen" hat sich – zusammen mit ihrer Tochtergesellschaft IDA* als Schalter für weiche Kredite an die LLDC – zum wichtigsten multilateralen Kreditgeber der Dritten Welt entwickelt. Sie finanziert ihre Operationen a) durch Einzahlungen ihrer Mitglieder, b) aus Kreditaufnahmen auf den internationalen Kapitalmärkten, vor allem in Form von Schuldverschreibungen gegenüber Staats- und Privatbanken, c) aus Einnahmen aus den eigenen Kreditgeschäften. Sie vergibt Kredite zu kommerziellen Bedingungen und unter strengen Kontrollen der Kreditwürdigkeit und Rentabilität; sie ist zugleich programmatische Vordenkerin der internationalen EP und seit den 80er Jahren – zusammen mit dem IWF – Exekutorin der Strukturanpassungspolitik (vgl. den Beitrag von Tetzlaff). Seit Beginn der 90er Jahre ist sie auch maßgeblich an der marktwirtschaftlichen Restrukturierung Osteuropas beteiligt.

WFC = World Food Council
1974 von der Welternährungskonferenz mit den Aufgaben gegründet, die Welternährungslage zu analysieren, Programme zur Überwindung des Hungers zu erarbeiten und die UN-Hilfprogramme entsprechend zu orientieren.

WFP = World Food Programme
1961 gegründet, mit Sitz in Rom. Hauptaufgabe: Bekämpfung akuter Hungersnöte mit Hilfe von Nahrungsmittelreserven, die von Überschußländern (besonders den USA) bereitgestellt werden.

WHO = World Health Organization/Weltgesundheitsorganisation
1948 gegründet, mit Sitz in Genf. Ziel: „Allen Völkern der Erde ein Höchstmaß an Gesundheit bringen". Erfolge erzielte die WHO vor allem bei der weltweiten Bekämpfung von Seuchen (z. B. Ausrottung der Pocken). Ihre 1975 beschlossene Strategie einer grundbedürfnis- und massenorientierten Präventiv- und Einfachmedizin stößt nicht nur an das Problem der Unter- und Fehlernährung, die für viele Krankheiten ursächlich sind, sondern auch an die Interessen der multinationalen Pharma-Industrie. Ihre Impfkampagnen werden durch Geldmangel behindert.

Zehnerclub/Zehnergruppe
Gruppe der wichtigsten westlichen IL, die Mitglieder der Allgemeinen Kreditvereinbarungen (AKV) des IWF sind. Nach dem Beitritt der Schweiz (1983) wird auch vom Elferclub gesprochen.

Zuschußelement
Meßgröße für den Grad der Vergünstigung „weicher Kredite" (Zinssatz, Laufzeit, Freijahre) gegenüber Krediten zu marktüblichen Bedingungen. Ein reiner Zuschuß (grant) hat ein Zuschußelement von 100 %. Der DAC verlangt ein Zuschußelement von mindestens 25 %, damit öffentliche Darlehen als ODA* anerkannt werden.

Literatur und Datensammlungen

I. Lexika – Handbücher – Bibliographien

Andersen, U./Woyke, W. (Hrsg.) 1985: Handwörterbuch internationaler Organisationen, Opladen.
Besters, H./Boesch, E. E. (Hrsg.) 1966: Entwicklungspolitik. Handbuch und Lexikon, Stuttgart etc.
BIVS (Berliner Institut für Vergleichende Sozialforschung) 1991: Weltflüchtlingsbericht. Ein Handbuch zu Fluchtursachen und Asyl, Bevölkerungsbewegungen und Entwicklungspolitik, Berlin.
BMZ: Journalisten-Handbuch, Bonn.
Chenery, H./Srinivasan, T. (Hrsg.) 1988: Handbook of Development Economies, New York.
Crump, A. 1991: Dictionary of Environment and Development, London.
Delurie, G. E. (Hrsg.) 1983: World Encyclopedia of Political Systems, New York.
DSE (Deutsche Stiftung für internationale Entwicklung): Literatur zum Themenbereich Entwicklungspolitik/Entwicklungsländer, Bonn.
Deutsches Übersee-Institut/Hamburg: Ausgewählte neuere Literatur; Kurzbibliographien; Spezialbibliographien (unregelmäßig).
International Business Intelligence (Hrsg.) 1988: Development Aid. A Guide to National and International Agencies, London etc.
Jacquemot, P. (Dir.) 1981: Économie et sociologie du Tiers-Monde. Un guide bibliographique et documentaire, Paris.
Kurian, G. T. 1982: Encyclopedia of the Third World, 2 Bde., London.
Menzel, U. 1991: Geschichte der Entwicklungstheorie. Einführung und systematische Bibliographie, Hamburg.
Minority Rights Group (Hrsg.) 1990: World Directory of Minorities, Harlow/Chicago.
Nohlen, D. (Hrsg.) 1989: Lexikon Dritte Welt, 3. Aufl., Reinbek.
– Pipers Wörterbuch zur Politik, Bd. 6: Dritte Welt, München/Zürich; Neuauflage i. E.
OECD 1990: Directory of Non-Governmental Development Organizations in OECD Member States, Paris.
Stier, P. (Hrsg.) 1988: Handbuch Entwicklungsländer, Berlin.
Vereinigung für Internationale Zusammenarbeit (Hrsg.): Handbuch für Internationale Zusammenarbeit, Baden-Baden (Loseblattform).
Welsh, B. W. W./Butarin, P. 1990: Directory of Development. Third World Economy, Environment, Society, 2 Bde., New York/London.

II. Jahresberichte – Jahrbücher – Periodika

(teilweise in mehrjährigen Abständen)

ACDA: World Military Expenditures and Arms Transfers, Washington, D. C.
Amnesty International: Jahresbericht, Frankfurt/M.
Birckenbach, H.-M./Jäger, U./Wellmann, Ch. (Hrsg.): Jahrbuch Frieden, München.
Center for Migration Studies (Hrsg.): International Migration Review, New York.
Deutsches Übersee-Institut (Hrsg.): Jahrbuch Dritte Welt, München.
Fischer Weltalmanach 1959 ff., Frankfurt/M.
GATT 1971 ff.: International Trade, Genf (halbjährlich).
– 1969 ff.: GATT Activities, Genf.
IMF (International Monetary Fund): Jahresberichte, Washington, D. C.

– World Economic Outlook (halbjährlich).
Nowak, M./Swinehart, T. (Hrsg.) 1989 ff.: Human Rights in Developing Countries, Kehl/Straßburg/Arlington.
OECD 1962 ff.: Zusammenarbeit im Dienst der Entwicklung, Paris.
– 1985 ff.: Financing and External Debt of Developing Countries, Paris.
– 1981 ff.: Geographical Distribution of Financial Flows to Developing Countries, Paris.
– Economic Outlook, Paris (halbjährlich).
SIPRI (Stockholm International Peace Research Institute): Yearbook. World Armaments and Disarmament, Oxford.
Sivard, R. L. 1974 ff.: World Military and Social Expenditures, Washington, D. C.
Statesman Yearbook 1864 ff., London/Berlin.
Stiftung Entwicklung und Frieden 1991 ff.: Globale Trends, Bonn.
Third World Foundation for Social and Economic Studies 1988 ff.: Third World Affairs, London.
United Nations: Yearbook of the United Nations, New York.
– 1949 ff.: Demographic Yearbook, New York.
– 1951 ff.: World Economic Survey, New York.
– 1989 ff.: World Survey on the Role of Women in Development, New York.
UNCTAD: Commodity Yearbook, New York.
– Trade and Development Report, Genf/New York.
– 1989 ff.: The Least Developed Countries, New York.
UNDP 1990 ff.: Human Development Report, New York/Oxford.
UNEP 1986 ff.: The State of the World Environment, Nairobi.
UNESCO 1949 ff.: International Yearbook of Education, Paris.
– 1989 ff.: World Communication Report, Paris.
UNFPA 1990 ff.: Weltbevölkerungsbericht (DGVN), Bonn.
UNICEF 1981 ff.: Zur Situation der Kinder in der Welt, Köln.
UNIDO 1985 ff.: Industry and Development. Global Report, Wien.
– 1977 ff.: Development and Transfer of Technology Series, Wien.
– 1971 ff.: Industrial Development Abstracts, Wien.
Union of International Associations 1949 ff.: Yearbook of International Organizations, Brüssel.
– 1976 ff.: Yearbook of World Problems and Human Potential, Brüssel.
Weltbank 1947 ff.: Jahresbericht, Washington, D. C.
– 1978 ff.: Weltentwicklungsbericht, Washington, D. C.
– Trends in Developing Economies, Washington, D. C. (unregelmäßig).
World Resources Institute: World Resources. A Guide to the Global Environment, New York/London.
Worldwatch Institute: Zur Lage der Welt, Frankfurt/M.

III. **Datensammlungen**

(vgl. auch Abt. II)

FAO 1947 ff.: Yearbook of Food and Agricultural Statistics, Rom.
– 1974 ff.: Production Yearbook, Rom.
ILO 1941 ff.: Yearbook of Labour Statistics, Genf.
– 1964 ff.: Bulletin of Labour Statistics, Genf.
IMF 1947 ff.: International Financial Statistics, Washington, D. C.
– 1949 ff.: Balance of Payment Statistics, Washington, D. C.
– 1958 ff.: Direction of Trade Statistics, Washington, D. C.

Lindgren, G. 1990: World Data in Figures, Uppsala University.
OECD 1985 ff.: Environmental Data, Paris (unregelmäßig).
– 1989 ff.: External Debt Statistics 1987–88, Paris.
Statistisches Bundesamt: Länderberichte (seit 1955); Länderkurzberichte (seit 1967).
United Nations 1949 ff.: Statistical Yearbook, New York.
– 1950 ff.: Yearbook of International Trade Statistics, New York.
– 1957 ff.: Yearbook of National Accounts Statistics, New York.
UNCTAD 1964 ff.: Handbook of International Trade and Development Statistics, Genf/New York.
– 1990: Atlas of the Least Developed Countries, Genf.
UNESCO 1963 ff.: Statistical Yearbook, Paris.
Weltbank 1974 ff.: World Bank Atlas, Washington, D. C.
– 1973 ff.: World Debt Tables, Washington, D. C.
– 1976 ff.: World Tables, Washington, D. C.
WHO 1962 ff.: World Health Statistics Annual, Genf.
– 1968 ff. World Health Statistics Report, Genf.

IV. **Literaturauswahl zum Rahmenthema**

(Die Literatur zu den Schwerpunktthemen wird am Ende der Beiträge aufgeführt.)

Abkürzungen für Periodika, Sammelwerke und Institutionen

APuZ	Aus Politik und Zeitgeschichte
Blätter	Blätter für deutsche und internationale Politik
BMZ	Bundesministerium für wirtschaftliche Zusammenarbeit
DGVN	Deutsche Gesellschaft für die Vereinten Nationen
DIE	Deutsches Institut für Entwicklungspolitik/Berlin
EJ	The Economic Journal
E + Z	Entwicklung und Zusammenarbeit
HDW	Handbuch der Dritten Welt (I = 1. Aufl. 1974 ff.; II = 2. Aufl. 1982 ff.)
LAB	Lateinamerika. Analysen und Berichte
LARR	Latin America Research Review
PROKLA	Probleme des Klassenkampfes
PVS	Politische Vierteljahresschrift
TWQ	Third World Quarterly
VJB	Vierteljahresberichte
WD	World Development

Abdalla, I. S. 1978: Heterogeneity and Differentiation. The End of Third World, in: Development Dialogue, Bd. 2, S. 3–21.
Addicks, G./Bünning, H.-H. 1979: Ökonomische Strategien der Entwicklungspolitik, Stuttgart.
Adelman, I. 1961: Theories of Economic Growth and Development, Stanford.
– /Morris, C. T. 1978: Growth and Impoverishment in the Middle of the Nineteenth Century, in: WD, Bd. 6, S. 245–273.
– 1989: Nineteenth-Century Development Experience and Lessons for Today, in: WD, Bd. 17, S. 1417–1432.

Agarwal, J. P./Dippl, M./Glismann, H. H. 1984: Wirkungen der Entwicklungshilfe (Forschungsberichte des BMZ, Nr. 50), Köln.
Agarwarla, P. N. 1983: The New International Economic Order: An Overview, Oxford.
Aglietta, M. 1979: A Theory of Capitalist Regulation, London.
Albertini, R. von 1982: Kolonialherrschaft und Unterentwicklung, in: Fürnrohr, W. (Hrsg.), Afrika im Geschichtsunterricht europäischer Länder, München, S. 49–68.
Alt, G./Wrobèl-Leipold, A. 1988: Armut im Süden durch Wohlstand im Norden? Nachträge und Schlaglichter zur Dependenz-Theorie, München.
Altvater, E. 1987: Sachzwang Weltmarkt. Verschuldungskrise, blockierte Industrialisierung, ökologische Gefährdung – der Fall Brasilien, Hamburg.
Amin, S. 1974: Zur Theorie von Akkumulation und Entwicklung in der gegenwärtigen Weltgesellschaft, in: Senghaas 1974, S. 71–97.
– 1975: Die ungleiche Entwicklung, Hamburg.
– 1990: Delinking. Towards a Polycentric World, London.
Andersen, U. 1991: Neue Weltwirtschaftsordnung – von alten Konzepten zu neuen Realitäten, in: Politische Bildung, Jg. 24, H. 1, S. 31–42.
Apter, D. E. 1987: Rethinking Development. Modernization, Dependency and Postmodern Politics, Newbury Park etc.
Asche, H. 1974: Industrialisierte Dritte Welt? Ein Vergleich von Gesellschaftsstrukturen, Hamburg.
– 1985: Über junge Industrieländer und Schwellenländer in Ostasien, in: Nuscheler 1985, S. 97–112.
– /Ramalho, L. 1984: Die Schwellenländer in der Weltwirtschaftskrise, in: Peripherie, Nr. 15/16, S. 10–41.
Ashoff, G. 1988: Rent-Seeking: Zur Relevanz eines relativ neuen Konzepts in der ökonomischen Theorie der Politik und der entwicklungstheoretischen Diskussion, in: VJB, Nr. 112, S. 103–125.
Ayoob, M. 1989: The Third World in the System of States, in: International Studies Quarterly, Bd. 33, S. 67–79.
– 1991: The Security Problematic of the Third World, in: World Politics, Bd. 43, S. 257–283.
Balassa, B. 1981: The Newly Industrializing Countries in the World Economy, New York.
Ball, N. 1988: Security and Economy in the Third World, London.
Baloyra, E. A. (Hrsg.) 1987: Comparing New Democracies, London etc.
Barati-Novbari, N./Seelow, F. 1982: Das Ende einer Dritten Welt, Bochum.
Bärtschi, W. 1976: Ausbeutung und Einkommensverteilung in den internationalen Wirtschaftsbeziehungen, Berlin.
Beblawi, H./Luciani, G. (Hrsg.) 1987: The Rentier State, London etc.
Behrendt, R. F. 1968: Soziale Strategie für Entwicklungsländer, Frankfurt/M.
– 1971: Die Zukunft der Entwicklungsländer als Problem des Spätmarxismus, in: Bohnet 1971, S. 86–101.
Bennholdt-Thomsen, V. 1979: Marginalität in Lateinamerika – Eine Theoriekritik, in: LAB, Bd. 3, S. 45–85.
Berg-Schlosser, D. (Hrsg.) 1972: Die politischen Probleme der Dritten Welt, Hamburg.
– 1985: Zu den Bedingungen von Demokratie in der Dritten Welt, in: Nuscheler 1985, S. 233–267.
– 1988: Politische Systemtypen als Determinanten wirtschaftlicher und sozialer Entwicklung in Afrika – Vergleichende Fallstudien, in: Schmidt. M. G. 1988, S. 330–359.
Bergmann, Ch. 1983: Schwellenländer. Kriterien und Konzepte (BMZ-Forschungsbericht, Bd. 41), Köln.
Besters, H./Boesch, E. E. (Hrsg.) 1966: Entwicklungspolitik. Handbuch und Lexikon, Stuttgart etc.

Besters, H. 1966: Theorien zur wirtschaftlichen Entwicklung, in: Besters/Boesch 1966, S. 243–304.
Bhagwati, J. N. 1977: The New International Economic Order. The North-South Debate, Cambridge.
Bhatt, V. V. 1964: Theories of Balanced and Unbalanced Growth: A Critical Appraisal, in: Kyklos, Bd. 17, S. 612–626.
Bitar, S. 1988: Neo-conservativism versus Neo-structuralism in Latin America, in: CEPAL Review, Bd. 34, S. 45–62.
Blaschke, J. (Hrsg.) 1983: Perspektiven des Weltsystems. Materialien zu Immanuel Wallerstein „Das moderne Weltsystem“, Frankfurt/New York.
Bodemer, K. 1985: Programmentwicklung in der Entwicklungspolitik der Bundesrepublik Deutschland, in: Nuscheler 1985, S. 178–307.
Bodenheimer, S. J. 1971: Dependency and Imperialism: The Roots of Latin American Underdevelopment, in: Politics and Society, Bd. 1, S. 327–357.
Boeckh, A. 1982: Abhängigkeit, Unterentwicklung und Entwicklung. Zum Erklärungswert der Dependencia-Ansätze, in: HDW II, Bd. 1, S. 133–151.
– 1985: Dependencia und kapitalistisches Weltsystem, oder: Die Grenzen globaler Entwicklungstheorien, in: Nuscheler 1985, S. 56–74.
– 1988: Die Schuldenkrise und die Krise des bürokratischen Entwicklungsstaates in Venezuela, in: PVS, Bd. 29, S. 636–655.
Boeke, J. H. 1953: Economics and Economic Policy in Dual Societies, New York.
Bohnet, M. (Hrsg.) 1971: Das Nord-Süd-Problem, München.
– 1982: Ökonomische Entwicklungstheorien und Entwicklungspolitik, in: HDW II, 1, S. 292–311.
Booth, D. 1988: Marxismus und Entwicklungssoziologie: Der Weg in die Sackgasse, in: PROKLA, Nr. 71, S. 13–48.
Borrmann, A./Fasbender, K./Härtel, H.-H./Holthus, M. 1990: Soziale Marktwirtschaft, Hamburg.
Bornschier, V. 1982: The World Economy in the World System: Structure, Dependence and Change, in: International Social Science Journal, Bd. 34, S. 37–59.
Bosse, H. 1979: Diebe, Lügner, Faulenzer. Zur Ethno-Hermeneutik von Abhängigkeit und Verweigerung in der Dritten Welt, Frankfurt/M.
Bradhan, P. 1989: The New Institutional Economics and Development Theory: A Brief Assessment, in: WD, Bd. 17, S. 1389–1395.
Brandt-Bericht 1980: Das Überleben sichern. Gemeinsame Interessen der Industrie- und Entwicklungsländer, Köln.
Brandt, W. (Hrsg.) 1983: Hilfe in der Weltkrise. Ein Sofortprogramm. Der 2. Bericht der Nord-Süd-Kommission, Reinbek.
– 1985: Der organisierte Wahnsinn, Köln.
Bratzel, P./Müller, H. 1979: Regionalisierung der Erde nach dem Entwicklungsstand der Länder, in: Geographische Rundschau, Jg. 31, H. 4, S. 131–136.
Braun, G. 1985: Nord-Süd-Konflikt und Entwicklungspolitik, Opladen.
– 1991: Vom Wachstum zur dauerhaften Entwicklung, in: APuZ, Bd. 25–26/91, S. 12–19.
– /Hillebrand, K. 1991: Dritte Welt. Fortschritt und Fehlentwicklung, Paderborn.
Braveboy-Wagner, J. A. 1986: Interpreting the Third World. Politics, Economics and Social Issues, New York.
Brenner, R. 1983: Das Weltsystem. Theoretische und historische Perspektiven, in: Blaschke 1983, S. 80–111.
Brock, L. 1982: Entspannungspolitik als globales Problem, in: Schlotter, P. (Red.), Europa zwischen Konfrontation und Kooperation, Frankfurt/M., S. 83–102.
– 1990: Die Auflösung des Ost-West-Konflikts und die Zukunft der Nord-Süd-Beziehungen, in: Jahrbuch Frieden 1991, S. 87–97.

– 1991: Der Nord-Süd-Konflikt: Geschichte, Erscheinungsformen und weltpolitische Bedeutung der Fehlentwicklung in der Dritten Welt, in: Knapp, M./Krell, G. (Hrsg.), Einführung in die Internationale Politik, 2. Aufl., München/Wien.
– /Hessler, St. 1991: Ein neues Feindbild für die 90er Jahre?, in: Jahrbuch Frieden 1992, i. E.
Brzoska, M. 1989: ABC-Waffen und Raketen in der Dritten Welt, in: Jahrbuch Dritte Welt 1990, S. 130–152.
– 1990: Die Dritte Welt: Hausgemachte Bedrohung für die Industriestaaten?, in: Jahrbuch Frieden 1990, S. 172–182.
Brundtland-Bericht 1987: Unsere gemeinsame Zukunft. Bericht der Weltkommission für Umwelt und Entwicklung, hg. von V. Hauff, Greven.
Buckley, P. J./Clegg, J. (Hrsg.) 1991: Multinational Enterprises and Less Developed Countries, Basingstoke.
Bull, H. 1984: The Revolt Against the West, in: Ders./Watson, A. (Hrsg.), The Expansion of International Society, Oxford, S. 217–228.
Camps, M./Gwin, C. 1981: Collective Management. The Reform of Global Economic Organizations, New York.
Cardoso, F. H. 1973: Estado y sociedad en América Latina, Buenos Aires.
– 1977: The Consumption of Dependency Theory in the United States, in: LARR, Bd. 12, S. 7–24.
– 1981: Die Entwicklung auf der Anklagebank, in: Peripherie, Nr. 5/6, S. 6–31.
– 1986/87: Democracy in Latin America, in: Politics and Society, Bd. 15, S. 23–41.
– /Faletto, E. 1971: Dependencia y desarrollo en América Latina, 2. Aufl., Mexico.
Cassen, R. 1990: Entwicklungszusammenarbeit, Bern/Stuttgart.
CEPAL 1990: Transformación productiva con equidad, Santiago de Chile.
Chenery, H./Ahluwalia, M./Bell, C. L. G./Duloy, J. H./Jolly, R. 1974: Redistribution with Growth, New York.
Cheresky, I./Chonchol, J. (Hrsg.) 1985: Crisis y transformación de los regimes autoritarios, Buenos Aires.
Chilton, St. 1988: Defining Political Development, Boulder/London.
Chirot, D./Hall, Th. D. 1982: World System Theory, in: Annual Review of Sociology, Bd. 8, S. 81–106.
Colman, D. 1986: Economics of Change in Less Developed Countries, Oxford.
Córdova, A. 1973: Strukturelle Heterogenität und wirtschaftliches Wachstum, Frankfurt/M.
– /Michelena, S. 1969: Die wirtschaftliche Struktur Lateinamerikas, Frankfurt/M.
Cueva, A. 1988: Las democracias restringidas de América Latina, Quito.
DAC (Development Assistance Committee) 1989: Grundorientierungen der Entwicklungspolitik und der Entwicklungszusammenarbeit in den 90er Jahren, Paris.
Dag-Hammarskjöld-Bericht 1975: Über Entwicklung und internationale Zusammenarbeit, in: Friedensanalysen für Theorie und Praxis, H. 3/4.
Datta, A. 1984: Welthandel und Welthunger, München.
Dauderstädt, M. 1984: Entwicklungspolitik – Politik ohne Entwicklung, Bonn.
– /Pfaller, A. 1984: Bestandsaufnahme und Bewertung neuer entwicklungspolitischer Ansätze, Köln.
David, St. R. 1991: Explaining Third World Alignment, in: World Politics, Bd. 43, S. 233–256.
Der Überblick 3/91: Der informelle Sektor – Marktwirtschaft im Schatten? Mehrere Beiträge zum Begriff und zu Erscheinungsformen des informellen Sektors.
De Silva, L. 1990: The Least Developed Countries – an Overview, Genf.
De Soto, H. 1989: The Other Path. The Invisible Revolution in the Third World, Cambridge.
Deutsch, K. W. 1980: Sprengstoff Süden, in: Die politische Meinung, Nr. 190, S. 58–70.
Dirmoser, D./Gronemeyer, R./Rakelmann, G. (Hrsg.) 1991: Mythos Entwicklungshilfe, Gießen.

Domar, E. D. 1970: Kapitalexpansion, Wachstumsrate und Beschäftigung, in: König, H. (Hrsg.), Wachstum und Entwicklung in der Wirtschaft, Köln (engl. 1946).
Donges, J. B. 1981: Außenwirtschafts- und Entwicklungspolitik, Berlin.
– /Müller-Ohlsen, L. 1978: Außenwirtschaftsstrategien und Industrialisierung in Entwicklungsländern, Tübingen.
Ehrke, M. 1989: Jenseits der Strategien. Lateinamerika als Verlierer der Weltwirtschaft, in: LAB, Bd. 13, S. 17–44.
– u. a. (Hrsg.) 1983: Fortschritt der Destruktivkräfte – Ökologische Krise und Gegenwehr, in: LAB, Bd. 7, Hamburg.
Eicher, P./Mette, N. (Hrsg.) 1989: Auf der Seite der Unterdrückten? Theologie der Befreiung im Kontext Europas, Düsseldorf.
Eikenberg, A. 1983: Die Dritte Welt – Abschied von einer bequemen Vorstellung, in: Weltpolitik, Bd. 3, S. 166–192.
Eisenstadt, S. N. 1964: Breakdowns of Modernization, in: Economic Development and Cultural Change, Bd. 12, S. 345–367.
– 1966: Modernization, Protest and Change, Englewood Cliffs.
– 1982: Revolution und die Transformation von Gesellschaften, Opladen.
Ekstein, H./Apter D. (Hrsg.) 1963: Comparative Politics, New York.
Elsenhans, H. 1981: Abhängiger Kapitalismus oder bürokratische Entwicklungsgesellschaft, Frankfurt/New York.
– 1984: Das Bedrohungspotential der Dritten Welt, in: E + Z, Nr. 25, S. 4–5.
– 1985: Der periphere Staat: Zum Stand der entwicklungstheoretischen Diskussion, in: Nuscheler 1985, S. 135-156.
– 1986: Dependencia, Unterentwicklung und der Staat in der Dritten Welt, in: PVS, Bd. 27, S. 133–158.
– 1987: Nord-Süd-Beziehungen, 2. Aufl., Stuttgart etc.
Emmanuel, A. 1972: L'échange inégal, Paris.
– 1984: Angepaßte Technologie oder unterentwickelte Technologie?, Frankfurt/New York.
Emmerij, L. 1987: Development Policies and the Crisis of the 1980s, Paris.
– 1989: One World or Several?, Paris.
Erler, B. 1988: Tödliche Hilfe, 11. Aufl., Freiburg.
Ernst, D. 1973: Entwicklung durch importsubstituierende Industrialisierung?, in: Das Argument, H. 4–6, S. 332–403.
Eßer, K. 1987: Lateinamerika in der Krise. Neostrukturalismus als wirtschaftliche Reaktion, in: VJB, Nr. 107, S. 5–20.
Evans, P. B./Rueschemeyer, D./Skocpol, T. (Hrsg.) 1985: Bringing the State Back In, Cambridge.
Evers, H. D./Schiel, T. 1988: Strategische Gruppen. Vergleichende Studien zu Staat, Bürokratie und Klassenbildung in der Dritten Welt, Berlin.
Evers, H. D./Senghaas, D./Wienholtz, H. (Hrsg.) 1983: Auf dem Weg zu einer Neuen Weltwirtschaftsordnung?, Baden-Baden.
Evers, T. T. 1977: Bürgerliche Herrschaft in der Dritten Welt. Zur Theorie des Staates in ökonomisch unterentwickelten Gesellschaftsformationen, Frankfurt.
Faaland, J. 1986: The Political Economy of Development, London.
Fajnzylber, F. 1988: La industrialización trunca de América Latina, 2. Aufl., Mexico.
– 1989: Industrialización en América Latina: de la „caja negra“ al „casillo vacio“, Santiago de Chile.
Faletto, E./Martner, G. (Hrsg.) 1986: Repensar el futuro. Estilos de desarrollo, Caracas.
Felix, D. 1989: Import Substitution and Late Industrialization: Latin America and Asia Compared, in: WD, Bd. 17, S. 1455–1469.
Ffrench, Davies, R. 1988: An Outline of a Neo-structuralist Approach, in: CEPAL Review, Bd. 34, S. 37–44.

Frank, A. G. 1970: The Development of Underdevelopment, in: Rhodes 1970, S. 4–17.
– 1982: Dependent Accumulation and Underdevelopment, London.
– 1983: Die gegenwärtige Krise und die Perspektiven des Weltsystems, in: Blaschke 1983, S. 230–255.
– 1984: Critique and Anti-Critique. Essays on Dependence and Reformism, London.
– 1990: A Theoretical Introduction to 5000 Years of World System History, in: Review, Bd. 13, H. 2, S. 155–248.
Friedrich-Ebert-Stiftung (Hrsg.) 1983: Unfähig zum Überleben? Reaktionen auf den Brandt-Report, Bonn.
Fritsch, B. (Hrsg.) 1968: Entwicklungsländer, Köln/Berlin.
Fritsche, K. (Hrsg.) 1989: Verlorene Träume? Sozialistische Entwicklungsländer in der Dritten Welt, Stuttgart.
Fröbel, F./Heinrichs, J./Kreye, O. 1977: Die neue internationale Arbeitsteilung, Reinbek.
– 1986: Umbruch in der Weltwirtschaft, Reinbek.
Fues, Th. 1988: Entwicklungs- oder Befreiungshilfe?, in: Blätter, H. 8, S. 928–937.
Fukuyama, F. 1989: The End of History?, in: The National Interest, Nr. 18. The „End of History" Debate, in: Dialogue, H. 3/90, S. 8–13.
Galbraith, J. K. 1964: Economic Development, Cambridge/Mass.
Galtung, J. 1972: Eine strukturelle Theorie des Imperialismus, in: Senghaas 1972, S. 29–103.
– 1983: Self-Reliance (hg. von Mir A. Ferdowsi), München.
Geiger, W./Mansilla, H. C. F. 1983: Unterentwicklung. Theorien und Strategien zu ihrer Überwindung, Frankfurt/M. etc.
Ghai, D. (Hrsg.) 1991: IMF and the South, London.
Glagow, M. (Hrsg.) 1983: Deutsche Entwicklungspolitik: Aspekte und Probleme ihrer Entscheidungsstruktur, Saarbrücken/Fort Lauderdale.
– 1990: Deutsche und internationale Entwicklungspolitik, Opladen.
Gómez Calcano, L. (Hrsg.) 1987: Crisis y movimientos sociales en Venezuela, Caracas.
Gormsen, E. von/Thimm, S. (Hrsg.) 1990: Armut und Armutsbekämpfung in der Dritten Welt, Mainz.
Grabowski, R. 1988: The Theory of Induced Institutional Innovation: A Critique, in: WD, Bd. 16, S. 385–394.
Griffin, K. 1974: The Political Economy of Agrarian Change. An Essay on the Green Revolution, London.
– 1990: Alternative Strategies for Economic Development, Houndmills etc.
– /Knight, J. (Hrsg.) 1991: Human Development and International Development Strategy for the 1990s, New York.
Grimm, K. 1979: Theorien der Unterentwicklung und Entwicklungsstrategien, Opladen.
Guha, A. 1985: Development Alternative, Stockholm.
Hagen, T. 1988: Wege und Irrwege der Entwicklungshilfe, Zürich.
Halperin-Donghi, T. 1982: „Dependency Theory" and Latin American Historiography, in: LARR, Bd. 17, S. 115–130.
Hamann, R. (Hrsg.) 1986: Die „Süddimension" des Ost-West-Konflikts, Baden-Baden.
Hancock, G. 1989: Händler der Armut, München.
Hanisch, R./Tetzlaff, R. (Hrsg.) 1980: Historische Konstitutionsbedingungen des Staates in Entwicklungsländern, Frankfurt/M.
– (Hrsg.) 1981: Staat und Entwicklung, Frankfurt/New York.
Haq, M. ul 1976: The Poverty Curtain, New York.
Harborth, H.-J. 1989: Dauerhafte Entwicklung (Sustainable Development), Wissenschaftszentrum Berlin.
Harris, N. 1986: The End of the Third World, London/Harmondsworth.
Harrod, R. F. 1970: Ein Essay zur dynamischen Theorie, in: König, H. (Hrsg.), Wachstum und Entwicklung in der Wirtschaft, Köln, S. 35–54 (engl. 1939).

Hart, J. 1983: The New International Economic Order. Conflict and Cooperation in North-South Economic Relations, 1974–1977, London.
Hauck, G. 1975: Das Elend der bürgerlichen Entwicklungstheorie, in: Tibi/Brandes 1975, S. 36–63.
– 1990: Modernisierung, Dependencia, Marxismus – was bleibt?, in: Peripherie, Nr. 39/40, S. 68–81.
Hauser, J. 1990: Bevölkerungs- und Umweltprobleme der Dritten Welt, Bd. 1, Bern/Stuttgart.
Head, I. L. 1989: South-North Dangers, in: Foreign Affairs, Bd. 68, H. 3, S. 71–86.
Heckscher, E. F. 1949: The Effect of Foreign Trade on the Distribution of Income, in: Ellis, H. S./Metzler, L. A. (Hrsg.), Readings in the Theory of International Trade, Philadelphia.
Hein, W. 1981: Fachübersicht: Zur Theorie der Unterentwicklung und ihrer Überwindung, in: Peripherie, Nr. 5/6, S. 64–91.
– 1985: Konstitutionsbedingungen einer kritischen Entwicklungstheorie, in: Nuscheler 1985, S. 27–55.
– 1989: Tropenwälder – Ökologisches Reservat der Menschheit?, in: Jahrbuch Dritte Welt 1990, S. 27–55.
– 1990: Der Umbruch der achtziger Jahre – entwicklungstheoretische Herausforderungen, in: Peripherie, Nr. 39/40, S. 176–195.
– 1990: Umwelt und Entwicklungstheorie – Ökologische Grenzen der Entwicklung in der Dritten Welt?, in: Nord-Süd-Aktuell, Jg. 4, H. 1, S. 37–52.
Heinz, W. S. 1986: Ursachen und Folgen von Menschenrechtsverletzungen in der Dritten Welt, Saarbrücken/Fort Lauderdale.
Hemmer, H.-R. 1988: Wirtschaftsprobleme der Entwicklungsländer, 2. Aufl., München.
Herrera, A. O./Skolnik, H. D. u. a. 1977: Die Grenzen des Elends – Das Bariloche Modell: So kann die Menschheit überleben, Frankfurt/M.
Hesse, H./Sautter, H. 1977: Entwicklungstheorie und -politik, Bd. 1, Entwicklungstheorie, Tübingen/Düsseldorf.
Hettne, B. 1990: Development Theory and the Three Worlds, London.
Heuwinkel, L. 1978: Autozentrierte Entwicklung und die neue Wirtschaftsordnung, Saarbrücken.
Hippler, J. 1991: Die Neue Weltordnung, Hamburg.
Hirschman, A. O. 1967: Die Strategie der wirtschaftlichen Entwicklung, Stuttgart (engl. 1958).
– 1989: Aufstieg und Niedergang der Entwicklungsökonomie, in: Ders., Entwicklung, Markt und Moral, München.
Hobbensiefken, G. 1989: Ökologieorientierte Volkswirtschaftslehre, München.
Hoffmann, L. 1965: Entwicklungstheorien des ausgewogenen und unausgewogenen Wachstums: eine Gegenüberstellung, in: Zeitschrift für die gesamte Staatswissenschaft, Bd. 121, H. 3, S. 523–574.
– /Sanders, H. 1980: Entwicklungspolitik I: Strategien, in: Handwörterbuch der Wirtschaftswissenschaft, Bd. 2, Stuttgart, S. 393–407.
Hoffmeyer, M./Schrader, J.-V./Tewes, T. 1988: Internationale Rohstoffabkommen, Kiel.
Holm, H. H. 1990: The End of the Third World?, in: Journal of Peace Research, Bd. 27, H. 1, S. 1–7.
Holt, R. T./Turner, J. E. 1966: The Political Basis of Economic Development, Princeton etc.
Holthus, M./Kebschull, D. (Hrsg.) 1985: Entwicklungspolitik wichtiger OECD-Länder, 2 Bde., Hamburg.
Horowitz, I. L. 1966: Three Worlds of Development, Oxford.
Hünermann, P. 1990: Die übersehene Dimension. Anthropologisch-theologische Bedingungen der Entwicklung, in: Weber 1990, S. 44–63.
Hunt, D. 1989: Economic Theories of Development, New York etc.

Huntington, S. P. 1968: Political Order in Changing Societies, New York/London.
Hurtienne, Th. 1982: Sozialismus und autozentrierte Entwicklung, in: Friedensanalysen, Nr. 15, S. 307–358.
– 1985/86: Fordismus, Entwicklungstheorie und Dritte Welt, in: Peripherie, Nr. 6, S. 60–110.
ILO 1976: Beschäftigung, Wachstum und Grundbedürfnisse. Ein weltweites Problem, Genf.
– 1977: The Basic Needs Approach to Development, Genf.
Imbusch, P. 1990: Das moderne Weltsystem. Eine Kritik der Weltsystemtheorie Immanuel Wallersteins, Marburg.
Informationszentrum Dritte Welt 1984: Entwicklungspolitik – Hilfe oder Ausbeutung?, 8. Aufl., Freiburg.
Jelin, E. (Hrsg.) 1987: Movimientos sociales y democracia emergente, Buenos Aires (2 Bde.).
Jochimsen, R. 1968: Dualismus als Problem der wirtschaftlichen Entwicklung, in: Fritsch, 1968, S. 65–80.
Jungfer, J. 1991: Grundbedürfnisstrategie oder Ordnungspolitik als Wege zur Überwindung wirtschaftlicher Unterentwicklung, Bern/Stuttgart.
Kaiser, M./Wagner, N. 1986: Entwicklungspolitik (Schriftenreihe der Bundeszentrale für politische Bildung), Bonn.
Kappel, R. 1990: Wege aus der Entwicklungskrise, Frankfurt/M.
Kasch, V./Leffler, U./Schmitz, P./Tetzlaff, R. 1985: Multis und Menschenrechte in der Dritten Welt, Bornheim-Merten.
Kebschull, D. 1985: Handels- und Entwicklungspolitik im Nord-Süd-Dialog, Hamburg.
Keith, N./Keith, N. Z. (Hrsg.) 1988: New Perspectives on Social Class and Socioeconomic Development in the Periphery, London.
Keohane, R. O./Nye, J. S. 1977: Power and Interdependence, Boston.
Khan, K. M. 1989: Nord-Süd-Dialog: Ende oder Wende?, Hamburg.
– (Hrsg.) 1980: Self-reliance als nationale und kollektive Entwicklungsstrategie, München.
Killick, T. 1988: Economic Theory and the Role of the State in Developing Countries, London.
Klemp, L. 1988: Entwicklungshilfekritik. Analyse und Dokumentation, Bonn.
Kloten, N. 1990: Verwicklung und Entwicklung, in: Weber 1990, S. 64–84.
Kochendörfer-Lucius, G. 1990: Der „Informelle Sektor": Schattenwirtschaft oder Wirtschaft der Zukunft?, in: Jahrbuch Dritte Welt 1991, München, S. 61–78.
Kohler-Koch, B. 1990: Interdependenz, in: Rittberger 1990, S. 110–129.
Kollatz, U. 1988: Entwicklungshilfe – Entwicklungspolitik, Heidelberg.
Kommission für Internationale Entwicklung 1969: Der Pearson-Bericht, Wien.
Kuznets, S. 1955: Economic Growth and Income Inequality, in: American Economic Review, Bd. 45, H. 1, S. 1–28.
Lake, D. A. 1987: Power and the Third World: Toward a Realistic Political Economy of North-South-Relations, in: International Studies Quarterly, Nr. 31, S. 217–234.
Lal, D. 1983: The Poverty of Development Economics. Relevance of Economic Theory to Contemporary Development Problems, London.
Lall, S. 1976: Conflict of Concepts: Welfare Economics and Developing Countries, in: WD, Bd. 4, S. 181–195.
Langhammer, R. J./Stecher, B. 1980: Der Nord-Süd-Konflikt, Würzburg/Wien.
Langmann, A. 1991: Der Beitrag internationaler Kommissionen zur entwicklungspolitischen Strategiedebatte: Von der Pearson- zur Süd-Kommission, in: Politische Bildung, Jg. 24, H. 1, S. 19–30.
Laumas, P. S. 1966: Balanced and Unbalanced Growth in the Theory of Economic Development, in: Weltwirtschaftliches Archiv, Bd. 97, H. 1, S. 139–152.
Leggewie, C. 1982: Nichtkapitalistischer Entwicklungsweg – Alternative, Bluff oder Herrschaftsideologie?, in: HDW II, Bd. 1, S. 395–413.

Leibenstein, H. 1963: Economic Backwardness and Economic Growth, New York.
– 1989: Organizational Economics and Institutions as Missing Elements in Economic Development Anaysis, in: WD, Bd. 17, S. 1361–1373.
Lembke, H. H. 1991: „Umwelt" in den Nord-Süd-Beziehungen (DIE), Berlin.
Lewis, W. A. 1954: Economic Development with Unlimited Supplies of Labour, in: The Manchester School of Economic and Social Studies, Bd. 22, H. 2, S. 139–191.
– 1956: Die Theorie des wirtschaftlichen Wachstums, Tübingen.
Lin, C. 1988: East Asia and Latin America as Contrasting Models, in: Economic Development and Cultural Change, Bd. 36, S. 153–197.
Link, W./Tücks, P. 1985: Der Nord-Süd-Konflikt und die Zusammenarbeit der Entwicklungsländer, Berlin.
Lipietz, A. 1985: Mirages et miracles, Paris.
– 1989: Choisir l'audace. Une alternative pour le XXIe siècle, Paris.
Lipton, M. 1977: Why Poor People Stay Poor. A Study of Urban Bias in Development, London.
Lisk, F. 1977: Conventional Development Strategies and Basic-Needs Fulfilment, in: International Labour Review, Bd. 115, H. 2, S. 175–191.
List, F. 1920: Das nationale System der Politischen Ökonomie, Jena (1. Aufl. 1841).
Löwenthal, R. 1963: Staatsfunktionen und Staatsformen in den Entwicklungsländern, in: Nuscheler 1986, S. 241–275.
Lütkenhorst, W. 1982: Zielbegründung und Entwicklungspolitik, Tübingen.
Lutz, B. 1984: Der kurze Traum immerwährender Prosperität, Frankfurt/New York.
Lyon, P. 1984: Emergence of the Third World, in: Bull/Watson 1984, S. 229–238.
Mansilla, H. C. F. (Hrsg.) 1974: Probleme des Dritten Weges, Darmstadt/Neuwied.
– 1978: Entwicklung als Nachahmung, Meisenheim.
– 1986a: Umweltproblematik und Fortschrittsideologie in Lateinamerika, in: Ibero-Amerikanisches Archiv, Bd. 12, S. 261–280.
– 1986b: Die Trugbilder der Entwicklung in der Dritten Welt, Paderborn etc.
Mármora, L./Messner, D. 1989: Theorieruinen der Entwicklungsforschung, in: Blätter, H. 10, S. 1206–1219.
– 1990: Drei, zwei, eine Welt ... Plädoyer für einen neuen Internationalismus, in: Blätter, H. 1, S. 88–100.
– 1990a: Regionenbildung in der Dritten Welt, in: Nord-Süd aktuell, Nr. 4, S. 511–526.
Massarrat, M. 1978: Die Theorie des ungleichen Tauschs in der Sackgasse, in: Die Dritte Welt, Bd. 6, S. 40–73.
Matthies, V. 1980: Neue Weltwirtschaftsordnung, Opladen.
– 1982: Kollektive Self-Reliance, in: HDW II, Bd. 1, S. 380–394.
– 1982a: Süd-Süd-Beziehungen, München.
– 1985: Die Blockfreien, Opladen.
– 1985a: Die Dritte Welt als Flüchtlingslager, in: Jahrbuch Dritte Welt 1985, S. 58–70.
– 1988: Kriegsschauplatz Dritte Welt, München.
– 1991: Neues Feindbild Dritte Welt: Verschärft sich der Nord-Süd-Konflikt?, in: APuZ, B. 25–26/91, S. 3–19.
May, S. 1985: Tourismus in der Dritten Welt, Frankfurt/New York.
McClelland, D. C. 1966: Die Leistungsgesellschaft. Psychologische Analyse der Voraussetzungen wirtschaftlicher Entwicklung, Stuttgart usw.
Meadows, D. L. u. a. 1972: Die Grenzen des Wachstums. Bericht des Club of Rome zur Lage der Menschheit, Hamburg.
Meier, G. M. 1989: Leading Issues in Economic Development, 5. Aufl, Oxford.
– /Seers, D. (Hrsg.) 1985: Pioneers in Development. A World Bank Publication, Oxford.
Menzel, U. 1983: Der Differenzierungsprozeß in der Dritten Welt und seine Konsequenzen für den Nord-Süd-Konflikt und die Entwicklungstheorie, in: PVS, Jg. 24, H. 1, S. 31–59.

– 1985a: In der Nachfolge Europas. Autozentrierte Entwicklung in den ostasiatischen Schwellenländern Südkorea und Taiwan, München.
– 1985b: Die ostasiatischen Schwellenländer. Testfälle für die entwicklungstheoretische Diskussion, in: PROKLA, Bd. 15, S. 9–33.
– 1988: Auswege aus der Abhängigkeit. Die entwicklungspolitische Aktualität Europas, Frankfurt/M.
– 1991: Das Ende der „Dritten Welt" und das Scheitern der großen Theorie, in: PVS, Jg. 32, H. 1, S. 4–33.
– 1991a: Geschichte der Entwicklungstheorie. Einführung und systematische Bibliographie, Hamburg.
– /Senghaas, D. 1983: Autozentrierte Entwicklung in historischer Perspektive, in: Evers, H. D. u. a. 1983, S. 77–96.
– /Senghaas, D. 1985: Indikatoren zur Bestimmung von Schwellenländern, in: Nuscheler 1985, S. 75–96.
– /Senghaas, D. 1986: Europas Entwicklung und die Dritte Welt. Eine Bestandaufnahme, Frankfurt/.
Meschkat, K. 1989: Ökologie und soziale Bewegungen in Kolumbien, in: Zeitschrift für Lateinamerika, Bd. 36, S. 37–46.
Messerlin, P./Sauvant, K. P. (Hrsg.) 1990: The Uruguay Round. Services in the World Economy, New York/Washington, D. C.
Messner, D. 1988: Südkorea: Kontrastfall in der Verschuldungskrise – Streitfall in der entwicklungstheoretischen Debatte, in: Peripherie, Nr. 33/34, S. 140–170.
Meyer-Stamer, J. 1989: Mythen allerorten, in: Blätter, H. 7, S. 875–882.
Meyers, R. 1987: Klio und Kalliope – oder realhistorische und mythische Elemente der Erklärung des Imperialismus und der internationalen Abhängigkeit, in: Neue Politische Literatur, Bd. 32, S. 5–22.
Meyns, P. 1985: Einheit und Heterogenität – Ansätze zur Erklärung der Blockfreiheit in der Weltpolitik, in: Nuscheler 1985, S. 323–348.
Michler, W. 1991: Weißbuch Afrika, 2. Aufl., Bonn.
Mols, M. 1985: Demokratie in Lateinamerika, Stuttgart etc.
– 1989: Entwicklung, in: Pipers Wörterbuch zur Politik, Bd. 1, S. 198–203.
Moore, Jr.B. 1966: Social Origins of Dictatorship and Democracy, Boston.
Mortimer, R. A. 1984: The Third World Coalition in International Politics, 2. Aufl., Boulder/London.
Mosley, P. u. a. 1991: Aid and Power, 2 Bde., London etc.
Muni, S. D. 1979: The Third World: Concept and Controversy, in: TWQ, Bd. 1, H. 3, S. 119–128.
Myrdal, G. 1959: Ökonomische Theorie und unterentwickelte Regionen, Stuttgart.
– 1972: Politisches Manifest über die Armut der Welt, Frankfurt/M.
– 1973: Asiatisches Drama, Frankfurt/M.
– 1981: Relief Instead of Development Aid, in: Intereconomics, Jg. 16, H. 2, S. 86–89.
Nicholson, W. 1990: Der Marsch. Aufbruch der Massen nach Europa, Rosenheim.
Nohlen, D. 1980: Modernization and Dependence, in: Intereconomics, März/April, S. 81–86.
– 1986: Regimewechsel in Lateinamerika, in: Nuscheler 1986, S. 204–238.
– /Sturm, R. 1982: Über das Konzept der strukturellen Heterogenität, in: HDW II, Bd. 1, S. 92–116.
– /Barrios, H. 1989: Redemokratisierung in Südamerika, in: APuZ, Bd. 4/89, S. 3–25.
– /Solari, A. (Hrsg.) 1988: Reforma Política y Consolidación Democrática, Caracas.
Nord-Süd-Kommission 1980: Das Überleben sichern. Der Brandt-Report, Frankfurt/M.
North, D. C. 1989: Institutions and Economic Growth: An Historical Introduction, in: WD, Bd. 17, S. 1319–1333.

Nurkse, R. 1953: Problems of Capital Formation in Underdeveloped Countries, Oxford.
Nuscheler, F. 1974: Bankrott der Modernisierungstheorien?, in: HDW I, Bd. 1, S. 195–207.
– 1976: Theorien zur politischen Entwicklung, in: Stammen, T. (Hrsg.), Vergleichende Regierungslehre, Darmstadt, S. 399–450.
– 1982: „Befriedigung der Grundbedürfnisse" als neue entwicklungspolitische Lösungsformel, in: HDW II, Bd. 1, S. 332–358.
– (Hrsg.) 1985: Dritte Welt-Forschung. Entwicklungstheorie und Entwicklungspolitik (PVS-Sonderheft 16), Opladen.
– (Hrsg.) 1986: Politikwissenschaftliche Entwicklungsländerforschung, Darmstadt.
– 1988: Learning from Experience or Preaching Ideologies?, in: Law and State, Bd. 38, S. 104–125.
– 1990: UNCTAD: Ein Beispiel für die Ohnmacht politischer Institutionen?, in: Glagow 1990, S. 103–120.
– 1991: Lern- und Arbeitsbuch Entwicklungspolitik, 3. Aufl., Bonn.
– 1991a: Die Transformation im Osten und die Nord-Süd-Beziehungen, in: Holtmann, D. (Hrsg.), Die Revolution in Mittel- und Osteuropa und ihre Folgen, Bochum, S. 160–173.
Nyerere, J. 1982: South-South Option. Third World Lecture, London.
– Nyerere-Bericht (1990) siehe South Commission (1990).
O'Donnell, G. 1979: Modernization and Bureaucratic Authoritarianism. Studies in Southern American Politics, Berkeley.
– /Schmitter, P. C./Whitehead, L. 1986: Transitions from Authoritarian Rule, London etc.
Oberndörfer, D./Hanf, Th. (Hrsg.) 1986: Entwicklungspolitik, Stuttgart etc.
Ochel, W. 1982: Die Entwicklungsländer in der Weltwirtschaft, Köln.
Ohlin, B. 1930: Die Beziehungen zwischen internationalem Handel und internationalen Bewegungen von Kapital und Arbeit, in: Zeitschrift für Nationalökonomie, Bd. 31, H. 2, S. 161–199.
Opitz, P. J. (Hrsg.) 1990: Weltprobleme, 3. Aufl., München.
– 1991: Grundprobleme der Entwicklungsländer, München.
Parsan, E. 1991: South-South Trade: Options and Development, London.
Pater, S. 1990: Stichwort: Wende. Konservative Entwicklungspolitik in den Achtzigern, Dortmund.
Pawelka, P./Aves, A. M. (Hrsg.) 1990: Arabische Golfstaaten in der Krise, Tübingen.
Paz, P. F. 1981: El enfoque de la dependencia en el desarrollo del pensamiento económico latinoamericano, in: Economia de América Latina, Bd. 6, S. 61–81.
Pelzer, R. 1989: Befreiungsmythen – Plädoyer für die Revision einiger Leitvorstellungen der Dritte-Welt-Bewegung, in: Blätter, H. 4, S. 446–461.
Platt, D. C./Di Tella, G. (Hrsg.) 1985: Argentina, Australia and Canada. Studies in Comparative International Development, 1870–1965, Oxford.
Prebisch, R. 1968: Für eine bessere Zukunft der Entwicklungsländer. Ausgewählte ökonomische Studien, Berlin (Ost).
Preston, P. W. 1987: Making Sense of Development, London/New York.
Raffer, K. 1989: Verschuldung, Wirtschaft und Umwelt, in: Zeitschrift für Lateinamerika, Bd. 36, S. 47–61.
Raghavan, C. 1990: Recolonization. GATT, the Uruguay Round and the Third World, Penang.
Ramis, G. 1978: Equity and Growth in Taiwan. How „special" is a „special" case?, in: WD, Bd. 6, S. 397–409.
Ravenhill, J. 1990: The North-South Balance of Power, in: International Affairs, Bd. 66, S. 731–748.
Reitsma, H. A./Kleinpenning, J. M. G. 1989: The Third World in Perspective, Assen.
Rhodes, R. I. (Hrsg.) 1970: Imperialism and Underdevelopment, New York.
Riddell, R. C. 1988: Foreign Aid Reconsidered, Baltimore.

Riedel, J. u. a. 1990: Sozio-kulturelle Herausforderungen für die Entwicklungspolitik. Die Republik Niger, München/Köln/London.
Riegel, K.-G. 1976: Politische Soziologie unterindustrialiserter Gesellschaften: Entwicklungsländer, Wiesbaden.
– 1982: Tradition und Modernität. Zum Modernisierungspotential traditioneller Kulturen nichtwestlicher Gesellschaften, in: HDW II, Bd. 1, S. 73–91.
Ringer, K. 1966: Zur Begriffsbestimmung der Entwicklungsländer, in: Besters/Boesch 1966, S. 1–28.
Rist, G./Sabelli, F. 1989: Das Märchen von der Entwicklung, Zürich.
Rittberger, V. (Hrsg.) 1990: Theorien der internationalen Beziehungen (PVS-Sonderheft 21), Opladen.
Rosenstein-Rodan, R. N. 1943: Problems of Industrialization of Eastern and South-Eastern Europe, in: EJ, Jg. 53, S. 202–211.
– 1961: Notes on the Theory of the „Big Push", in: Ellis, H. S./Wallich, H. C. (Hrsg.), Economic Development for Latin America, London.
Rostow, W. W. 1960: Stadien wirtschaftlichen Wachstums, Göttingen.
Ruf, W. (1991): Vom Kalten Krieg zur heißen Ordnung?, Münster/Hamburg.
Sachs, W. 1989: Zur Archäologie der Entwicklungsidee, in: epd-Entwicklungspolitik, H. 10.
– 1991: Globale Ökologie, in: epd-Entwicklungspolitik, H. 14/15, S. 14–17.
Saladin, P. V. 1981: Die Strategie für das Dritte Entwicklungsjahrzehnt (1981–1990), in: Außenwirtschaft, Jg. 36, H. 3, S. 259–287.
Salin, E. 1959: Unterentwickelte Länder – Begriff und Wirklichkeit, in: Kyklos, Bd. 12, S. 402–427.
Satzinger, W./Schwefel, D. 1982: Entwicklung als soziale Entwicklung: Über Irrwege und Umwege entwicklungstheoretischer Strategieversuche, in: HDW II, Bd. 1, S. 312–331.
Sauvant, K. P. (1981): Group of Seventy Seven, New York.
Schiffer, J. 1981: The Changing Post-War Pattern of Development: The Accumulated Wisdom of Samir Amin, in: WD, Bd. 9, S. 515–537.
Schmid, C./Pawelka, P. 1990: Der moderne Rentier-Staat im Vorderen Orient und seine Strategien der Krisenbewältigung, in: Pawelka/Aves 1990, S. 91–117.
Schmidt, A. 1976: Strategien gegen Unterentwicklung. Zwischen Weltmarkt und Eigenständigkeit, Frankfurt/New York.
– 1979: Internationale Arbeitsteilung oder ungleicher Tausch. Kontroversen über den Handel zwischen Industrie- und Entwicklungsländern, Frankfurt/New York.
– 1982: Ungleicher Tausch, in: HDW II, Bd. 1, S. 117–132.
Schmidt, M. G. (Hrsg.) 1988: Staatstätigkeit. International und historisch vergleichende Analysen (PVS-Sonderheft 19), Opladen.
(Schmidt-Bericht 1989): Bericht einer unabhängigen Gruppe über Finanzströme in die Entwicklungsländer: Angesichts der Einen Welt, Bonn.
Scholz, F. 1985: Entwicklungsländer. Beiträge der Geographie zur Entwicklungsforschung, Darmstadt.
Schweers, R. 1980: Kapitalistische Entwicklung und Unterentwicklung, Frankfurt/M.
Schwefel, D. 1978: Grundbedürfnisse und Entwicklungspolitik, Baden-Baden.
Seers, D. 1979: The Birth, Life and Death of Development Economics, in: Development and Change, Jg. 10, H. 4, S. 707–718.
Seitz, K./Windfuhr, M. 1989: Landwirtschaft und Welthandelsordnung, Hamburg.
Selim, H. M. 1983: Development Assistance Policies and the Performance of Aid Agencies, Houndmills etc.
Sen, A. 1983: Development: Which Way Now?, in: EJ, Jg. 93, S. 745–762.
Senghaas, D. (Hrsg.) 1972: Imperialismus und strukturelle Gewalt, Frankfurt/M.
– 1974: Peripherer Kapitalismus. Analysen über Abhängigkeit und Unterentwicklung, Frankfurt/M.

– 1977: Weltwirtschaftsordnung und Entwicklungspolitik. Plädoyer für Dissoziation, Frankfurt/M.
– (Hrsg.) 1979: Kapitalistische Weltökonomie, Frankfurt/M.
– 1982: Von Europa lernen. Entwicklungsgeschichtliche Betrachtungen, Frankfurt/M.
– 1987: Die Entwicklungsproblematik. Überlegungen zum Stand der Diskussion, in: APuZ, Bd. 8/87, S. 3–12.
– 1988: Konfliktformationen im internationalen System, Frankfurt/M.
Shiva, V. 1989: Das Geschlecht des Lebens. Frauen, Ökologie und Dritte Welt, Berlin.
Sieberg, H. 1985: Colonial Development, Wiesbaden.
Simmons, O. G. 1988: Perspectives on Development and Population Growth in the Third World, New York.
Simonis, G. 1981: Autozentrierte Entwicklung und kapitalistisches Weltsystem – Zur Kritik der Theorie der abhängigen Reproduktion, in: Peripherie, Nr. 5/6, S. 32–48.
– 1985: Der Entwicklungsstaat in der Krise, in: Nuscheler 1985, S. 157–183.
– /Ludwig, S. 1986: Die neue Südpolitik der Bundesrepublik: zwischen Krisenmanagement und Neomerkantilismus, in: Peripherie, Nr. 25/26, S. 22–42.
Simonis, U. E. (Hrsg.) 1983: Ordnungspolitische Fragen zum Nord-Süd-Konflikt, Berlin.
– 1984: Umweltkrise in den Entwicklungsländern, in: Jahrbuch Dritte Welt, Bd. 2, München, S. 24–36.
– (Hrsg.) 1986: Entwicklungstheorie – Entwicklungspraxis, Berlin.
– 1990: Beyond Growth. Elements of Sustainable Growth, Berlin.
Singer, H. 1949: Relative Prices of Exports and Imports of Underdeveloped Countries, New York.
Singer, H. W./Ansari, J. A. 1988: Rich and Poor. Consequences of International Disorder, 4. Aufl., London etc.
Singh, A. 1986: The Great Continental Divide: Asian and Latin American Countries in the World Economic Crisis, in: Labour and Society, Bd. 11, S. 415–427.
Sklair, L. 1988: Transcending the Impasse: Metatheory, Theory, and Empirical Research in the Sociology of Development and Underdevelopment, in: WD, Bd. 16, S. 697–709.
Skocpol, Th. 1977: Wallerstein's World Capitalist System: A Theoretical and Historical Critique, in: American Journal of Sociology, Bd. 82, S. 1075–1090.
– 1985: Bringing the State Back In: Strategies of Analysis in Current Research, in: Evans u. a. 1985, S. 3–37.
Skriver, A. 1986: Zu viele Menschen?, München/Zürich.
Slater, D. (Hrsg.) 1985: New Social Movements and the State in Latin America, Amsterdam.
Somjee, A. H. 1991: Development Theory: Critiques and Explorations, Basingstoke.
Sonntag, H. R. 1973: Der Staat des unterentwickelten Kapitalismus, in: Kursbuch, Nr. 31, S. 157–183.
– 1988: Duda, certeza, crisis. La evolución de las ciencias sociales de América Latina, Caracas.
South Commission 1990: The Challenge to the South, Oxford; Bericht der Süd-Kommission: Die Herausforderung des Südens (Stiftung Entwicklung und Frieden), Bonn 1991.
Stavenhagen, R. 1969: Sieben falsche Thesen über Lateinamerika, in: Kritik des bürgerlichen Anti-Imperialismus (Rotbuch 15), Berlin.
Steinweg, R. (Red.) 1989: Militärregime und Entwicklungspolitik, Frankfurt/M.
Stern, N. 1989: The Economics of Development. A Survey, in: EJ, Jg. 99, S. 597–685.
Stockhausen, J. von 1986: Theorie und Politik der Entwicklungshilfe, Köln.
Stokke, O. (Hrsg.) 1989: Western Middle Powers and Global Poverty, Uppsala.
Streeten, P. 1972: The Frontiers of Development Studies, London.
– /Burki, S. J./Haq, M. ul/Hicks, N./Steward, F. 1981: First Things First. Meeting Basic Human Needs in Developing Countries, New York.
– 1986: Changing Emphases in Development Theory, in: Simonis, U. E. 1986, S. 13–39.

– 1989: Development Perspectives, Part I: Concepts, Values and Methods, London.
Stucken, R. 1966: Der „Circulus vitiosus" der Armut in Entwicklungsländern, in: Besters/ Boesch 1986, S. 53–70.
Sunkel, O. 1989: Institutionalism and Structuralism, in: CEPAL Review, Bd. 38, S. 147–155.
Tetzlaff, R. 1980: Die Weltbank: Machtinstrument der USA oder Hilfe für die Entwicklungsländer?, München/London.
– 1982: Perspektiven und Grenzen der Neuen Weltwirtschaftsordnung, in: HDW II, Bd. 1, S. 273–291.
– 1991: Demokratisierung von Herrschaft und gesellschaftlicher Wandel in Afrika: Perspektiven der 90er Jahre (Friedrich-Ebert-Stiftung), Bonn.
Tibi, B. 1981: Die Krise des modernen Islam, München.
– /Brandes, V. (Hrsg.) 1975: Handbuch 2. Unterentwicklung, Frankfurt/Köln.
Tinbergen, J. v. 1976: RIO. Reshaping the International Order, Amsterdam.
– (Hrsg.) 1977: Der Dialog Nord-Süd, Frankfurt/M.
Todaro, M. P. 1989: Economic Development in the Third World, 4. Aufl., New York.
Töpper, B. 1985: Kapitalakkumulation und politische Herrschaft in Kolumbien, Baden-Baden.
– 1990: Die Frage der Demokratie in der Entwicklungstheorie, in: Peripherie, Nr. 39/40, S. 127–160.
Tolba, M. K. u. a. 1989: Die Umwelt bewahren. Die globale Umweltkrise als neue Dimension von Sicherheitspolitik, Bonn.
Toye, J. 1987: Dilemmas of Development, Oxford/New York.
UNCTAD 1990: Atlas of the Least Developed Countries, New York.
– 1990a: The Least Developed Countries – Experience in the 1980s, New York.
UNESCO (Hrsg.) 1988: Goals of Development, Paris.
Vandergeest, P./Buttel, F. H. 1988: Marx, Weber and Development Sociology: Beyond the Impasse, in: WD, Bd. 16, S. 683–695.
Waller, P. 1991: After East-West Détente: Towards a Human Rights Orientation in North-South Development Cooperation? (DIE), Berlin.
Wallerstein, I. 1974: The Modern World-System I. Capitalist Agriculture and the Origins of the European World-Economy in the Sixteenth Century, San Diego etc.
– 1979: The Capitalist World Economy, Cambridge.
– 1980: The Modern World System II. Mercantilism and the Consolidation of the European World-Economy, 1600–1750, New York etc.
– 1989: The Modern World-System III. The Second Era of Great Expansion of the Capitalist World- Economy, 1730–1840s, San Diego etc.
Walton, J. 1987: Small Gains for Big Theories: Recent Work on Development, in: LARR, Bd. 22, S. 192–201.
Wälty, S./Knecht, Th./Seitz, G. (Hrsg.) 1990: Von nachholender zu nachhaltiger Entwicklung, Zürich.
Weber, H. (Hrsg.) 1990: Entwicklung. Der Begriff und die Praxis (KAAD), Bonn.
Weede, E. 1985: Warum bleiben die armen Leute arm? Rent-Seeking und Dependenz als Erklärungsansätze für die Armut in der Dritten Welt, in: PVS, Bd. 26, S. 270–286.
– 1985: Entwicklungsländer in der Weltgesellschaft, Opladen.
– 1986: Die kapitalistische Marktwirtschaft als Entwicklungsmotor, in: PVS, Bd. 27, S. 109–114.
Wehler, H.-U. 1975: Modernisierungstheorie und Geschichte, Göttingen.
Weidmann, K. 1991: Die EG-Entwicklungspolitik in Afrika: Hungerhilfe oder Elitenförderung?, Baden-Baden.
Weiner, M./Huntington, S. P. 1987: Understanding Political Development, Boston/Toronto.
Weiss, J. 1986: Japan's Post-War Protection Policy: Some Implications for Less Developed Countries, in: Journal of Development Studies, Bd. 22, S. 385–406.

Weizsäcker, E. U. von 1990: Erdpolitik, Darmstadt.
Weltbank 1989: Sub-Sahara-Africa. From Crisis to Sustainable Growth. A Long-Term Perspective Study, Washington, D. C.
– Weltentwicklungsbericht 1990: Die Armut.
– Weltentwicklungsbericht 1991: The Challenge of Development.
– 1990: Trends in Developing Economies, Washington, D. C.
Wendorff, R. 1984: Dritte Welt und westliche Zivilisation, Opladen.
Westlake, M. 1991: The Third World is no longer a meaningful concept, in: Marxism Today, August, S. 14–17.
Weyand, K. 1972: Entwicklung, in: Ritter, K. (Hrsg.), Historisches Wörterbuch der Philosophie, Darmstadt, Bd. 2, S. 550–557.
Winpenny, J. (Hrsg.) 1991: Development Research: The Environmental Challenge, London.
Wittpoth, J. 1991: Entwicklung in der Sackgasse – Wer entwickelt den Norden?, in: epd-Entwicklungsdienst, H. 16, S. f–k.
Wöhlcke, M. u. a. 1977: Die neue entwicklungstheoretische Diskussion, Frankfurt/M.
– 1987: Umweltzerstörung in der Dritten Welt, München.
– 1989: Der Fall Lateinamerika, München.
– 1990: Umwelt- und Ressourcenschutz in der internationalen Entwicklungspolitik: Probleme und Zielkonflikte, Baden-Baden.
– 1991: Globale Gefährdungen in den Entwicklungsländern, in: Außenpolitik, H. 3, S. 251–260.
– 1991a: Risiken aus dem „Süden“ (Stiftung Wissenschaft und Politik, SWP – S. 365), Ebenhausen.
Wolf-Phillips, L. 1987: Why „Third World“: Origin, Definition and Usage, in: TWQ, Bd. 9/10, S. 1311–1327.
Worsley, P. 1979: How Many Worlds?, in TWQ, Bd. 1, S. 100–108.
– 1983: Drei Welten oder eine? Eine Kritik der Weltsystemtheorie, in: Blaschke 1983, S. 32–79.
– 1984: The Three Worlds. Culture and World Development, Chicago.
Ziebura, G. 1988: Über das Chamaeleonhafte linker Intellektueller, in: PROKLA, Nr. 70, S. 19–32.

Autorenverzeichnis

Altvater, Elmar	Dr., Professor für Politische Wissenschaft an der Freien Universität Berlin
Boeckh, Andreas	Dr., Professor für Politische Wissenschaft an der Universität Tübingen
Braun, Gerald	Dr., Wiss. Mitarbeiter am Alfred-Bergstraesser-Institut (ABI) und Lehrbeauftragter an der Universität Freiburg i. Br.
Brock, Lothar	Dr., Professor für Politische Wissenschaft an der Universität Frankfurt/Main
Glagow, Manfred	Dr., Akad. Oberrat für Soziologie, Universität Bielefeld
Harborth, Hans-Jürgen	Dr., Akad. Oberrat für Volkswirtschaftslehre, RWTH Aachen
Klemp, Ludgera	Dr., Soziologin, entwicklungspolitische Gutachterin
Matthies, Volker	Dr., Privatdozent, Institut für Politische Wissenschaft der Universität Hamburg
Menzel, Ulrich	Dr., Privatdozent, Lehrstuhlvertreter an der Universität-GH-Duisburg
Mertens, Heide	Dr., Soziologin, Lehrbeauftragte an der Universität Münster
Meyns, Peter	Dr., Professor für Politische Wissenschaft an der Universität-GH-Duisburg
Nissen, Hans-Peter	Dr., Professor für Volkswirtschaftslehre an der Universität-GH-Paderborn
Opitz, Peter J.	Dr., Professor für Politische Wissenschaft an der Universität München
Rösel, Jakob	Dr., Wiss. Assistent am Soziologischen Institut der Universität Freiburg i. Br., z. Zt. Wiss. Mitarbeiter am Arnold-Bergstraesser-Institut (ABI)
Sangmeister, Hartmut	Dr., Privatdozent an der Universität Heidelberg, Institut für international vergleichende Wirtschafts- und Sozialstatistik
Tetzlaff, Rainer	Dr., Professor für Politische Wissenschaft an der Universität Hamburg

Herausgeber

Nohlen, Dieter	Dr., Professor für Politische Wissenschaft an der Universität Heidelberg Anschrift: Marstallstr. 6, 6900 Heidelberg

Nuscheler, Franz | Dr., Professor für Politische Wissenschaft an der Universität-GH-Duisburg
Anschrift: Institut für Entwicklung und Frieden, Geibelstr. 41, 4100 Duisburg 1

Die Deutsche Bibliothek – CIP-Einheitsaufnahme

Handbuch der Dritten Welt / hrsg. von Dieter Nohlen
und Franz Nuscheler. – Bonn : Dietz.
Bis 2. Aufl. im Verl. Hoffmann und Campe, Hamburg
ISBN 3-8012-0200-3
NE: Nohlen, Dieter [Hrsg.]

Bd. 1. Grundprobleme – Theorien – Strategien. –
3. Aufl., 1., durchges. Nachdr., 6.–10. Tsd. – 1993
ISBN 3-8012-0201-1